高等学校特色专业建设点教材 【中国现当代文学书系】

◎丛书主编：陈少华　张玉金

# 中国现代小说细读

ZHONGGUO XIANDAI XIAOSHUO XIDU

姚玳玫/编著

广东高等教育出版社
Guangdong Higher Education Press
广州

**图书在版编目（CIP）数据**

中国现代小说细读/姚玳玫编著．—广州：广东高等教育出版社，2016.2
（高等学校特色专业建设点教材）
ISBN 978-7-5361-5568-8

Ⅰ．①中…　Ⅱ．①姚…　Ⅲ．①现代小说-小说研究-中国　Ⅳ．①I207.42

中国版本图书馆CIP数据核字（2016）第038692号

| | |
|---|---|
| 出版发行 | 广东高等教育出版社<br>社址：广州市天河区林和西横路<br>邮编：510500　　营销电话：（020）87554153<br>http://www.gdgjs.com.cn |
| 印　　刷 | 广州市穗彩印务有限公司 |
| 开　　本 | 850毫米×1 168毫米　1/32 |
| 印　　张 | 17.375 |
| 字　　数 | 435千字 |
| 版　　次 | 2016年2月第1版 |
| 印　　次 | 2016年2月第1次印刷 |
| 印　　数 | 1~2 000册 |
| 定　　价 | 35.00元 |

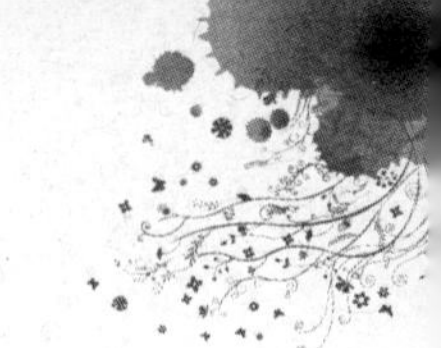



# 总　序

陈少华　张玉金

华南师范大学中国语言文学（师范）专业历史悠久，是建校时就创办的专业之一，它的前身是广东文理学院中文专业。本专业重视教学、科研、学科建设和师资队伍建设。自创办以来，中文专业教师取得了丰硕的科研成果，获得了一系列重要的奖项。目前，中文专业拥有中国语言文学一级学科硕士学位授予权，中国语言文学一级学科博士后流动站，有中国古代文学、中国现当代文学、汉语言文字学三个二级学科博士学位授权点。中文专业涌现了许多成就突出、在国内外有影响力的专家，如廖苾光教授、吴三立教授、李镜池教授、廖子东教授、李育中教授、钟旭元教授、管林教授、曹础基教授、唐启运教授、诸孝正教授、沈开木教授等。现有专任教师86人，其中教授24人（含博士生导师11人）、副教授31人，有博士学位的教师37人。本专业教学成就突出，2004年被批准为广东省名牌专业，2007年获批为国家特色专业建设点。

如何建设国家特色专业？教育部专门为此发出了《关于加强“质量工程”本科特色专业建设的指导性意见》（教高司函〔2008〕208号）。我们认为，其核心是强化优势、突出特色，而特色是在比较中得来的。就华南师范大学中国语言文学专业而言，与综合性大学以及其他专科大学相比，其特色显然是在“师范性”上；与其他教学型本科师范院校相比，其特色是“研究性”“示范性”；与同类同层次师范大学相比，其特色应是“国际性”，即发挥毗邻香港和澳门特区的优势，加强交流合作，以拓宽本科生的国际视野，增强他们的国际竞争力。

建设国家特色专业的目的是培养优秀人才，培养优秀人才的主渠道是课程和课堂，而课堂授课需要好的教材。正因如此，我们把编写教材作为教学改革的突破口。

我们编写的教材系列具有以下鲜明的特色：

第一，定位上具有明确性。华南师范大学属于教学研究型大学，是国家“211 工程”重点建设的大学，中国语言文学专业是师范专业，培养的学生90%到学校就业。因此，我们所编写的教材，必须适应学校的办学定位和中文专业的师范特点，必须考虑绝大部分学生到学校就业的去向。

第二，书目上具有系统性。本教材系列是一个系统，系统内又包含一些子系统，即一些书系。如古代汉语书系、现代汉语书系、古代文学书系、现代文学书系、当代文学书系、外国文学书系等。我们希望经过长期的建设，形成比较完善的具有鲜明特色的中国语言文学（师范）专业教材系统。由于是一个完整的体系，所以要照顾到彼此的衔接，相互之间要有明确的分工，避免不必

要的重复。

第三，内容上具有新颖性。学术研究不断进步，本教材系列要全面吸收学术界最新的定论性成果，特别注意使教师的科研成果转化为教学内容，解决现有教材内容陈旧、落后于学术研究的问题。不但讲授知识，更注重传授科学研究的方法。要深入研究基础教育界对人才知识、能力、素质结构的要求，积极开发反映这些要求的新课程。

第四，教法上具有先进性。要突破以知识传授为中心的传统教学模式，避免“满堂灌式”的教学方法，而探索以能力培养为主的教学模式。要善于使用现代信息工具，采用探究式、研究性教学方法，推进启发式教学。

这次推出的是本教材系列的第一辑，具体书目如下：张桂光的《古汉字学简论》《简明书法教程》，沈建民的《汉语音韵学概论》，吴辛丑的《训诂学》，钟明立的《古代汉语词汇引论》，张玉金的《古代汉语语法学》，谭赤子的《古代汉语和广东的方言》，戴伟华的《唐诗宋词研究》，马茂军的《唐宋散文研究》，谢洁瑕的《诗词格律》，陈剑晖的《现代散文研究》，姚玳玫的《中国现代小说细读》，侯桂新的《中国现代抒情文学经典导读》，陈少华、王世诚的《当代中篇小说选读》，凌逾的《跨媒介：港台叙事作品选读》。

这是一支高水平的作者队伍，有教授9人（其中博士生导师4人)、副教授4人。上述教材，大多数是作者在多年的教学实践基础上编写而成的，既吸收了学术界

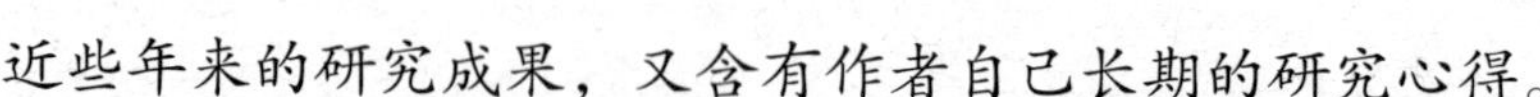

近些年来的研究成果，又含有作者自己长期的研究心得。

我们有个长期的宏伟规划。目前出的是第一辑，以后要出第二辑、第三辑，直至建立起比较完善的中国语言文学（师范）专业的教材体系。此后，我们还要根据中国语言文学学科的发展以及基础教育行业的需求，不断地加以修订、完善。在编写教材的基础上，我们还要编写相关的教学参考资料，开发相应的教学课件，要推进这种三位一体的立体化教材建设。与之相关的，还要进行网络课程建设、国家特色专业建设点网站建设等。

为了实现这一远大的目标，我们要本着认真负责的精神，一步一个脚印，踏踏实实地去做，这样我们的目的就一定能够达到。

2010 年元月

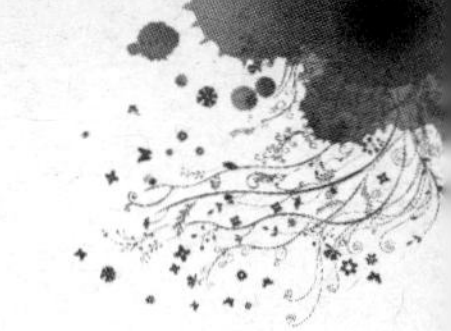

# 目 录

## 上 编

## 下　编

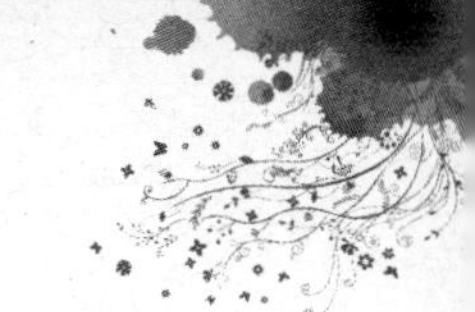

# 上 编

## 课程说明

对于中国文学来说，20 世纪是小说唱主角的时代。1902 年梁启超在日本横滨创办《新小说》，发表著名论文《论小说与群治之关系》，揭“小说界革命”之帜，为小说评功摆好，称：“欲新一国之民，不可不新一国之小说。故欲新道德，必新小说；欲新宗教，必新小说；欲新政治，必新小说；欲新学艺，必新小说；乃至欲新人心，欲新人格，必新小说。何以故？小说有不可思议之力支配人道故……”伊始，“小说”便成为中国文学的重头戏。1917 年文学革命运动揭幕，现代文学诞生。1918 年现代文学史上第一篇现代小说、鲁迅的《狂人日记》发表于《新青年》第四卷第五号上，小说创作进入一个全新的时期。之后至 1949 年新中国成立前，小说热潮迭起，数量浩繁，杰作层出，硕果累累。

1917—1949 年，小说创作既是一种个人行为，更为各种流行的文学观念所导引，形成多个流派。这个时期出现的小说流派主要有：问题小说，“为人生”小说，自叙传小说，乡土小说，社会剖析小说，新感觉派小说，京派小说，“七月”派小说，等等。这个时期，小说流派林立，大师辈出，风格各异，品种繁多，共构了一个丰富多元的小说世界。

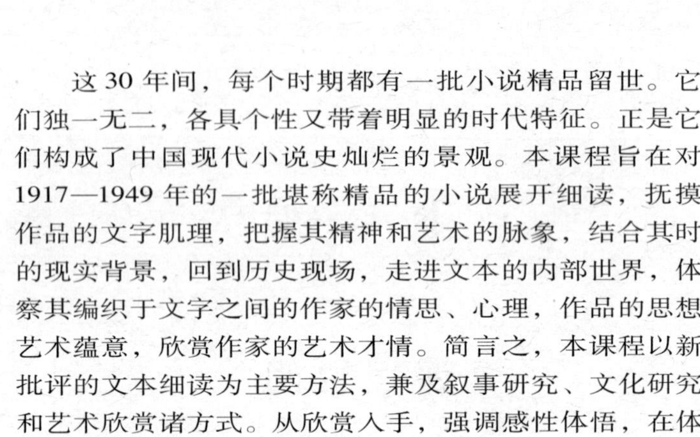

这30年间，每个时期都有一批小说精品留世。它们独一无二，各具个性又带着明显的时代特征。正是它们构成了中国现代小说史灿烂的景观。本课程旨在对1917—1949年的一批堪称精品的小说展开细读，抚摸作品的文字肌理，把握其精神和艺术的脉象，结合其时的现实背景，回到历史现场，走进文本的内部世界，体察其编织于文字之间的作家的情思、心理，作品的思想艺术蕴意，欣赏作家的艺术才情。简言之，本课程以新批评的文本细读为主要方法，兼及叙事研究、文化研究和艺术欣赏诸方式。从欣赏入手，强调感性体悟，在体悟的基础上追踪作家的思想意图，分析作品的话语构成，还原作品与时代的内在联系。引领学生鲜活而多维地解读作品，以期达到培养学生的艺术感受力和训练学生的文学研究思辨力两个目标。

需要说明的是，本书中的小说解读，是编著者独立撰写的文字，只代表编著者个人的观点，不是文学史的标准答案，更不是作为检测学生学习情况的标准答案。每位同学都可以按自己的感受来解读作品，得出自己的读后心得和研究成果。相信，一百位读者就有一百部《红楼梦》——这是本课程期待达到的目标。

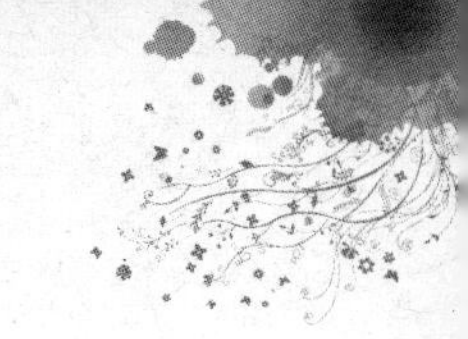

# 鲁迅简介

鲁迅（1881—1936），浙江绍兴人。原名周樟寿，字豫山。1898 年离开绍兴，往南京求学，改名周树人。同年进江南水师学堂，1899 年改入江南陆师学堂附设的矿务铁路学堂。1902 年 1 月毕业，同年 3 月赴日本留学，原在仙台医学院学医，后弃医，从事文学翻译和写作。留学期间发表了《摩罗诗力说》、《文化偏至论》等文。1909 年，与二弟周作人合译的《域外小说集》（两册）出版。同年回国，先后在杭州、绍兴任教。1912 年 3 月在南京临时政府教育部任部员，5 月随教育部迁往北京，任社会教育司第二科科长。1918 年 5 月，首次以“鲁迅”作笔名，在《新青年》第 4 卷第 5 号上发表了中国现代文学史上第一篇白话小说《狂人日记》。同年，《新青年》第 4 卷第 4 号开设社会评论专栏——《随感录》，鲁迅成为几位执笔者之一。从此，“作些短篇小说和短评”（鲁迅《自传》）成为鲁迅写作两个主要方面。小说方面，他接连推出《孔乙己》、《药》、《明天》、《风波》、《阿 Q 正传》等一批力作。1923 年小说集《呐喊》由北京新潮社出版。1926 年小说集《彷徨》由北京北新书局出版。这期间，他先后在北京大学、北京师范大学、北京女子师范大学兼任讲师。1925 年的女师大风潮，1926 年的“三一八”惨案，一年多来与章士钊等斗争，鲁迅遭北洋政府通缉。1926 年 8 月他离开北京到厦门大学任文科教授。1927 年 1 月又离开厦门赴广州中山大学任文科主任兼教务主任。1927 年 4 月国民党“四一二”“清党”，“我一生

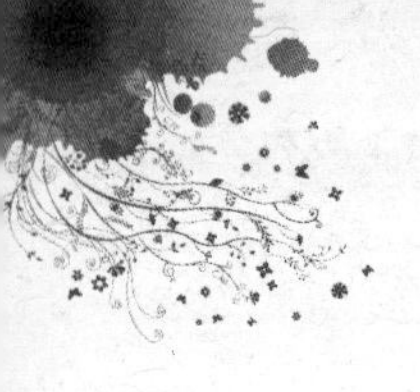



从未见过有这么杀人的，我就辞了职，回到上海。”（鲁迅《自传》）1927 年 10 月初，到达上海，开始他“上海十年”的生活。1936 年 10 月鲁迅在上海去世。鲁迅一生著作等身，代表作有：小说集《呐喊》、《彷徨》、《故事新编》，散文集《朝花夕拾》，散文诗集《野草》，杂文集《坟》、《热风》、《华盖集》、《南腔北调集》、《三闲集》、《二心集》、《而已集》，书信《两地书》等。

## 伤　逝

——涓生的手记

鲁　迅

如果我能够，我要写下我的悔恨和悲哀，为子君，为自己。

会馆里的被遗忘在偏僻里的破屋是这样地寂静和空虚。时光过得真快，我爱子君，仗着她逃出这寂静和空虚，已经满一年了。事情又这么不凑巧，我重来时，偏偏空着的又只有这一间屋。依然是这样的破窗，这样的窗外的半枯的槐树和老紫藤，这样的窗前的方桌，这样的败壁，这样的靠壁的板床。深夜中独自躺在床上，就如我未曾和子君同居以前一般，过去一年中的时光全被消灭，全未有过，我并没有曾经从这破屋子搬出，在吉兆胡同创立了满怀希望的小小的家庭。

不但如此。在一年之前，这寂静和空虚是并不这样的，常常含着期待；期待子君的到来。在久待的焦躁中，一听到皮鞋的高底尖触着砖路的清响，是怎样地使我骤然生动起来呵！于是就看见带着笑涡的苍白的圆脸，苍白的瘦的臂膊，布的有条纹的衫子，玄色的裙。她又带了窗外的半枯的槐树的新叶来，使我看

见，还有挂在铁似的老干上的一房一房的紫白的藤花。

然而现在呢，只有寂静和空虚依旧，子君却决不再来了，而且永远，永远地！……

子君不在我这破屋里时，我什么也看不见。在百无聊赖中，顺手抓过一本书来，科学也好，文学也好，横竖什么都一样；看下去，看下去，忽而自己觉得，已经翻了十多页了，但是毫不记得书上所说的事。只是耳朵却分外地灵，仿佛听到大门外一切往来的履声，从中便有子君的，而且橐橐地逐渐临近，——但是，往往又逐渐渺茫，终于消失在别的步声的杂沓中了。我憎恶那不像子君鞋声的穿布底鞋的长班的儿子，我憎恶那太像子君鞋声的常常穿着新皮鞋的邻院的搽雪花膏的小东西！

莫非她翻了车么？莫非她被电车撞伤了么？……

我便要取了帽子去看她，然而她的胞叔就曾经当面骂过我。

蓦然，她的鞋声近来了，一步响于一步，迎出去时，却已经走过紫藤棚下，脸上带着微笑的酒窝。她在她叔子的家里大约并未受气；我的心宁帖了，默默地相视片时之后，破屋里便渐渐充满了我的语声，谈家庭专制，谈打破旧习惯，谈男女平等，谈伊孛生，谈泰戈尔，谈雪莱……她总是微笑点头，两眼里弥漫着稚气的好奇的光泽。壁上就钉着一张铜板的雪莱半身像，是从杂志上裁下来的，是他的最美的一张像。当我指给她看时，她却只草草一看，便低了头，似乎不好意思了。这些地方，子君就大概还未脱尽旧思想的束缚，——我后来也想，倒不如换一张雪莱淹死在海里的记念像或是伊孛生的罢；但也终于没有换，现在是连这一张也不知那里去了。

"我是我自己的，他们谁也没有干涉我的权利！"

这是我们交际了半年，又谈起她在这里的胞叔和在家的父亲时，她默想了一会之后，分明地，坚决地，沉静地说了出来的话。其时是我已经说尽了我的意见，我的身世，我的缺点，很少

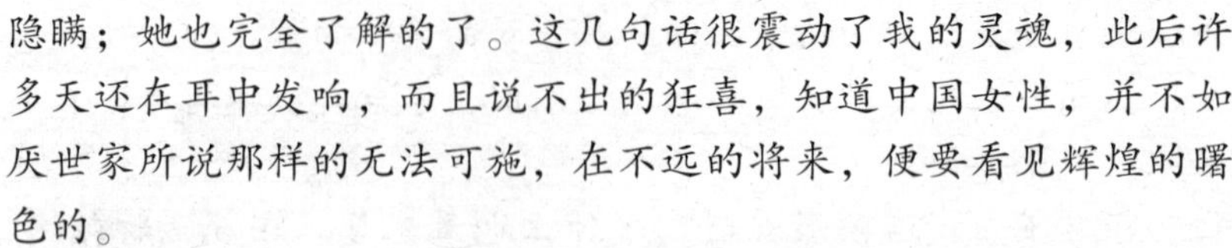

隐瞒；她也完全了解的了。这几句话很震动了我的灵魂，此后许多天还在耳中发响，而且说不出的狂喜，知道中国女性，并不如厌世家所说那样的无法可施，在不远的将来，便要看见辉煌的曙色的。

送她出门，照例是相离十多步远；照例是那鲇鱼须的老东西的脸又紧帖在脏的窗玻璃上了，连鼻尖都挤成一个小平面；到外院，照例又是明晃晃的玻璃窗里的那小东西的脸，加厚的雪花膏。她目不邪视地骄傲地走了，没有看见；我骄傲地回来。

“我是我自己的，他们谁也没有干涉我的权利！”这彻底的思想就在她的脑里，比我还透澈，坚强得多。半瓶雪花膏和鼻尖的小平面，于她能算什么东西呢？

我已经记不清那时怎样地将我的纯真热烈的爱表示给她。岂但现在，那时的事后便已模胡，夜间回想，早只剩了一些断片了；同居以后一两月，便连这些断片也化作无可追踪的梦影。我只记得那时以前的十几天，曾经很仔细地研究过表示的态度，排列过措辞的先后，以及倘或遭了拒绝以后的情形。可是临时似乎都无用，在慌张中，身不由己地竟用了在电影上见过的方法了。后来一想到，就使我很愧恧，但在记忆上却偏只有这一点永远留遗，至今还如暗室的孤灯一般，照见我含泪握着她的手，一条腿跪了下去……

不但我自己的，便是子君的言语举动，我那时就没有看得分明；仅知道她已经允许我了。但也还仿佛记得她脸色变成青白，后来又渐渐转作绯红，——没有见过，也没有再见的绯红；孩子似的眼里射出悲喜，但是夹着惊疑的光，虽然力避我的视线，张皇地似乎要破窗飞去。然而我知道她已经允许我了，没有知道她怎样说或是没有说。

她却是什么都记得：我的言辞，竟至于读熟了的一般，能够滔滔背诵；我的举动，就如有一张我所看不见的影片挂在眼下，

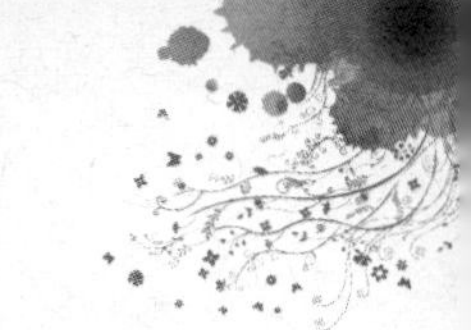

叙述得如生，很细微，自然连那使我不愿再想的浅薄的电影的一闪。夜阑人静，是相对温习的时候了，我常是被质问，被考验，并且被命复述当时的言语，然而常须由她补足，由她纠正，像一个丁等的学生。

这温习后来也渐渐稀疏起来。但我只要看见她两眼注视空中，出神似的凝想着，于是神色越加柔和，笑窝也深下去，便知道她又在自修旧课了，只是我很怕她看到我那可笑的电影的一闪。但我又知道，她一定要看见，而且也非看不可的。

然而她并不觉得可笑。即使我自己以为可笑，甚而至于可鄙的，她也毫不以为可笑。这事我知道得很清楚，因为她爱我，是这样地热烈，这样地纯真。

去年的暮春是最为幸福，也是最为忙碌的时光。我的心平静下去了，但又有别一部分和身体一同忙碌起来。我们这时才在路上同行，也到过几回公园，最多的是寻住所。我觉得在路上时时遇到探索，讥笑，猥亵和轻蔑的眼光，一不小心，便使我的全身有些瑟缩，只得即刻提起我的骄傲和反抗来支持。她却是大无畏的，对于这些全不关心，只是镇静地缓缓前行，坦然如入无人之境。

寻住所实在不是容易事，大半是被托辞拒绝，小半是我们以为不相宜。起先我们选择得很苛酷，——也非苛酷，因为看去大抵不像是我们的安身之所；后来，便只要他们能相容了。看了二十多处，这才得到可以暂且敷衍的处所，是吉兆胡同一所小屋里的两间南屋；主人是一个小官，然而倒是明白人，自住着正屋和厢房。他只有夫人和一个不到周岁的女孩子，雇一个乡下的女工，只要孩子不啼哭，是极其安闲幽静的。

我们的家具很简单，但已经用去了我的筹来的款子的大半；子君还卖掉了她唯一的金戒指和耳环。我拦阻她，还是定要卖，我也就不再坚持下去了；我知道不给她加入一点股分去，她是住

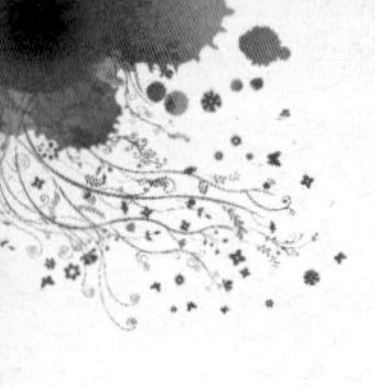



不舒服的。

和她的叔子，她早经闹开，至于使他气愤到不再认她做侄女；我也陆续和几个自以为忠告，其实是替我胆怯，或者竟是嫉妒的朋友绝了交。然而这倒很清静。每日办公散后，虽然已近黄昏，车夫又一定走得这样慢，但究竟还有二人相对的时候。我们先是沉默的相视，接着是放怀而亲密的交谈，后来又是沉默。大家低头沉思着，却并未想着什么事。我也渐渐清醒地读遍了她的身体，她的灵魂，不过三星期，我似乎于她已经更加了解，揭去许多先前以为了解而现在看来却是隔膜，即所谓真的隔膜了。

子君也逐日活泼起来。但她并不爱花，我在庙会时买来的两盆小草花，四天不浇，枯死在壁角了，我又没有照顾一切的闲暇。然而她爱动物，也许是从官太太那里传染的罢，不一月，我们的眷属便骤然加得很多，四只小油鸡，在小院子里和房主人的十多只在一同走。但她们却认识鸡的相貌，各知道那一只是自家的。还有一只花白的叭儿狗，从庙会买来，记得似乎原有名字，子君却给它另起了一个，叫作阿随。我就叫它阿随，但我不喜欢这名字。

这是真的，爱情必须时时更新，生长，创造。我和子君说起这，她也领会地点点头。

唉唉，那是怎样的宁静而幸福的夜呵！

安宁和幸福是要凝固的，永久是这样的安宁和幸福。我们在会馆里时，还偶有议论的冲突和意思的误会，自从到吉兆胡同以来，连这一点也没有了；我们只在灯下对坐的怀旧谭中，回味那时冲突以后的和解的重生一般的乐趣。

子君竟胖了起来，脸色也红活了；可惜的是忙。管了家务便连谈天的工夫也没有，何况读书和散步。我们常说，我们总还得雇一个女工。

这就使我也一样地不快活，傍晚回来，常见她包藏着不快活

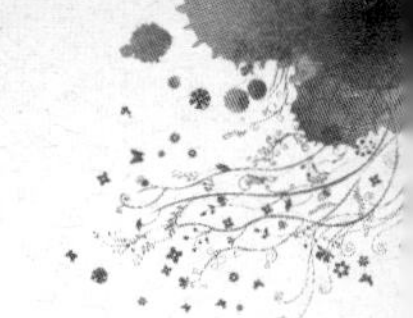



的颜色，尤其使我不乐的是她要装作勉强的笑容。幸而探听出来了，也还是和那小官太太的暗斗，导火线便是两家的小油鸡。但又何必硬不告诉我呢？人总该有一个独立的家庭。这样的处所，是不能居住的。

我的路也铸定了，每星期中的六天，是由家到局，又由局到家。在局里便坐在办公桌前钞，钞，钞些公文和信件；在家里是和她相对或帮她生白炉子，煮饭，蒸馒头。我的学会了煮饭，就在这时候。

但我的食品却比在会馆里时好得多了。做菜虽不是子君的特长，然而她于此却倾注着全力；对于她的日夜的操心，使我也不能不一同操心，来算作分甘共苦。况且她又这样地终日汗流满面，短发都粘在脑额上；两只手又只是这样地粗糙起来。

况且还要饲阿随，饲油鸡，……都是非她不可的工作。

我曾经忠告她：我不吃，倒也罢了；却万不可这样地操劳。她只看了我一眼，不开口，神色却似乎有点凄然；我也只好不开口。然而她还是这样地操劳。

我所豫期的打击果然到来。双十节的前一晚，我呆坐着，她在洗碗。听到打门声，我去开门时，是局里的信差，交给我一张油印的纸条。我就有些料到了，到灯下去一看，果然，印着的就是——

> 奉
>
> 局长谕史涓生着毋庸到局办事
>
> 秘书处启　十月九号

这在会馆里时，我就早已料到了；那雪花膏便是局长的儿子的赌友，一定要去添些谣言，设法报告的。到现在才发生效验，已经要算是很晚的了。其实这在我不能算是一个打击，因为我早就决定，可以给别人去钞写，或者教读，或者虽然费力，也还可以译点书，况且《自由之友》的总编辑便是见过几次的熟人，两月前还通过信。但我的心却跳跃着。那么一个无畏的子君也变了色，尤其使我痛心；她近来似乎也较为怯弱了。

“那算什么。哼，我们干新的。我们……”她说。

她的话没有说完；不知怎地，那声音在我听去却只是浮浮的；灯光也觉得格外黯淡。人们真是可笑的动物，一点极微末的小事情，便会受着很深的影响。我们先是默默地相视，逐渐商量起来，终于决定将现有的钱竭力节省，一面登“小广告”去寻求钞写和教读，一面写信给《自由之友》的总编辑，说明我目下的遭遇，请他收用我的译本，给我帮一点艰辛时候的忙。

“说做，就做罢！来开一条新的路！”

我立刻转身向了书案，推开盛香油的瓶子和醋碟，子君便送过那黯淡的灯来。我先拟广告；其次是选定可译的书，迁移以来未曾翻阅过，每本的头上都满漫着灰尘了；最后才写信。

我很费踌躕，不知道怎样措辞好，当停笔凝思的时候，转眼去一瞥她的脸，在昏暗的灯光下，又很见得凄然。我真不料这样微细的小事情，竟会给坚决的，无畏的子君以这么显著的变化。她近来实在变得很怯弱了，但也并不是今夜才开始的。我的心因此更缭乱，忽然有安宁的生活的影像——会馆里的破屋的寂静，在眼前一闪，刚刚想定睛凝视，却又看见了昏暗的灯光。

许久之后，信也写成了，是一封颇长的信；很觉得疲劳，仿佛近来自己也较为怯弱了。于是我们决定，广告和发信，就在明日一同实行。大家不约而同地伸直了腰肢，在无言中，似乎又都感到彼此的坚忍倔强的精神，还看见从新萌芽起来的将来的希望。

外来的打击其实倒是振作了我们的新精神。局里的生活，原如鸟贩子手里的禽鸟一般，仅有一点小米维系残生，决不会肥

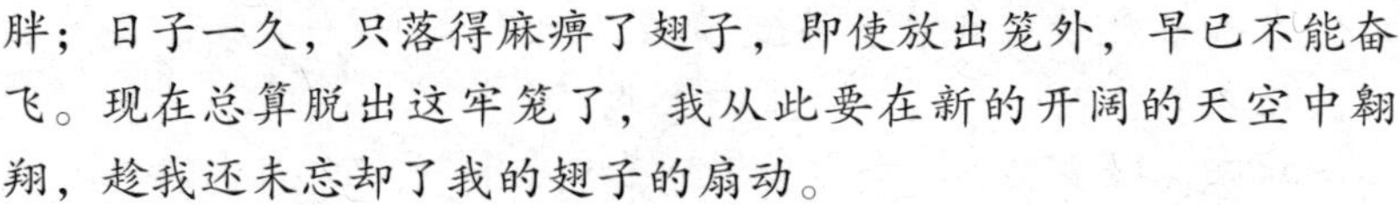

胖；日子一久，只落得麻痹了翅子，即使放出笼外，早已不能奋飞。现在总算脱出这牢笼了，我从此要在新的开阔的天空中翱翔，趁我还未忘却了我的翅子的扇动。

小广告是一时自然不会发生效力的；但译书也不是容易事，先前看过，以为已经懂得的，一动手，却疑难百出了，进行得很慢。然而我决计努力地做，一本半新的字典，不到半月，边上便有了一大片乌黑的指痕，这就证明着我的工作的切实。《自由之友》的总编辑曾经说过，他的刊物是决不会埋没好稿子的。

可惜的是我没有一间静室，子君又没有先前那么幽静，善于体贴了，屋子里总是散乱着碗碟，弥漫着煤烟，使人不能安心做事，但是这自然还只能怨我自己无力置一间书斋。然而又加以阿随，加以油鸡们。加以油鸡们又大起来了，更容易成为两家争吵的引线。

加以每日的“川流不息”的吃饭；子君的功业，仿佛就完全建立在这吃饭中。吃了筹钱，筹来吃饭，还要喂阿随，饲油鸡；她似乎将先前所知道的全都忘掉了，也不想到我的构思就常常为了这催促吃饭而打断。即使在坐中给看一点怒色，她总是不改变，仍然毫无感触似的大嚼起来。

使她明白了我的作工不能受规定的吃饭的束缚，就费去五星期。她明白之后，大约很不高兴罢，可是没有说。我的工作果然从此较为迅速地进行，不久就共译了五万言，只要润色一回，便可以和做好的两篇小品，一同寄给《自由之友》去。只是吃饭却依然给我苦恼。菜冷，是无妨的，然而竟不够；有时连饭也不够，虽然我因为终日坐在家里用脑，饭量已经比先前要减少得多。这是先去喂了阿随了，有时还并那近来连自己也轻易不吃的羊肉。她说，阿随实在瘦得太可怜，房东太太还因此嗤笑我们了，她受不住这样的奚落。

于是吃我残饭的便只有油鸡们。这是我积久才看出来的，但

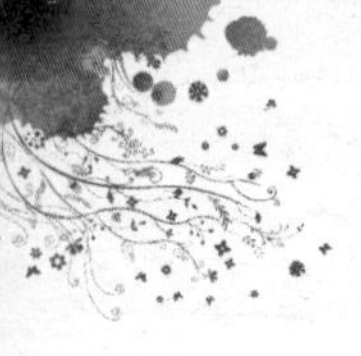



同时也如赫胥黎的论定“人类在宇宙间的位置”一般，自觉了我在这里的位置：不过是叭儿狗和油鸡之间。

后来，经多次的抗争和催逼，油鸡们也逐渐成为肴馔，我们和阿随都享用了十多日的鲜肥；可是其实都很瘦，因为它们早已每日只能得到几粒高粱了。从此便清静得多。只有子君很颓唐，似乎常觉得凄苦和无聊，至于不大愿意开口。我想，人是多么容易改变呵！

但是阿随也将留不住了。我们已经不能再希望从什么地方会有来信，子君也早没有一点食物可以引它打拱或直立起来。冬季又逼近得这么快，火炉就要成为很大的问题；它的食量，在我们其实早是一个极易觉得的很重的负担。于是连它也留不住了。

倘使插了草标到庙市去出卖，也许能得几文钱罢，然而我们都不能，也不愿这样做。终于是用包袱蒙着头，由我带到西郊去放掉了，还要追上来，便推在一个并不很深的土坑里。

我一回寓，觉得又清静得多多了；但子君的凄惨的神色，却使我很吃惊。那是没有见过的神色，自然是为阿随。但又何至于此呢？我还没有说起推在土坑里的事。

到夜间，在她的凄惨的神色中，加上冰冷的分子了。

“奇怪。——子君，你怎么今天这样儿了？”我忍不住问。

“什么？”她连看也不看我。

“你的脸色……”

“没有什么，——什么也没有。”

我终于从她言动上看出，她大概已经认定我是一个忍心的人。其实，我一个人，是容易生活的，虽然因为骄傲，向来不与世交来往，迁居以后，也疏远了所有旧识的人，然而只要能远走高飞，生路还宽广得很。现在忍受着这生活压迫的苦痛，大半倒是为她，便是放掉阿随，也何尝不如此。但子君的识见却似乎只是浅薄起来，竟至于连这一点也想不到了。

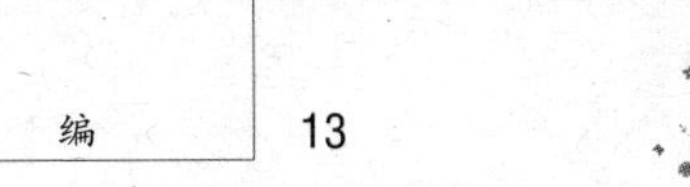

我拣了一个机会，将这些道理暗示她；她领会似的点头。然而看她后来的情形，她是没有懂，或者是并不相信的。

天气的冷和神情的冷，逼迫我不能在家庭中安身。但是，往那里去呢？大道上，公园里，虽然没有冰冷的神情，冷风究竟也刺得人皮肤欲裂。我终于在通俗图书馆里觅得了我的天堂。

那里无须买票；阅书室里又装着两个铁火炉。纵使不过是烧着不死不活的煤的火炉，但单是看见装着它，精神上也就总觉得有些温暖。书却无可看：旧的陈腐，新的是几乎没有的。

好在我到那里去也并非为看书。另外时常还有几个人，多则十余人，都是单薄衣裳，正如我，各人看各人的书，作为取暖的口实。这于我尤为合式。道路上容易遇见熟人，得到轻蔑的一瞥，但此地却决无那样的横祸，因为他们是永远围在别的铁炉旁，或者靠在自家的白炉边的。

那里虽然没有书给我看，却还有安闲容得我想。待到孤身枯坐，回忆从前，这才觉得大半年来，只为了爱，——盲目的爱，——而将别的人生的要义全盘疏忽了。第一，便是生活。人必生活着，爱才有所附丽。世界上并非没有为了奋斗者而开的活路；我也还未忘却翅子的扇动，虽然比先前已经颓唐得多……

屋子和读者渐渐消失了，我看见怒涛中的渔夫，战壕中的兵士，摩托车中的贵人，洋场上的投机家，深山密林中的豪杰，讲台上的教授，昏夜的运动者和深夜的偷儿……子君，——不在近旁。她的勇气都失掉了，只为着阿随悲愤，为着做饭出神；然而奇怪的是倒也并不怎样瘦损……

冷了起来，火炉里的不死不活的几片硬煤，也终于烧尽了，已是闭馆的时候。又须回到吉兆胡同，领略冰冷的颜色去了。近来也间或遇到温暖的神情，但这却反而增加我的苦痛。记得有一夜，子君的眼里忽而又发出久已不见的稚气的光来，笑着和我谈到还在会馆时候的情形，时时又很带些恐怖的神色。我知道我近

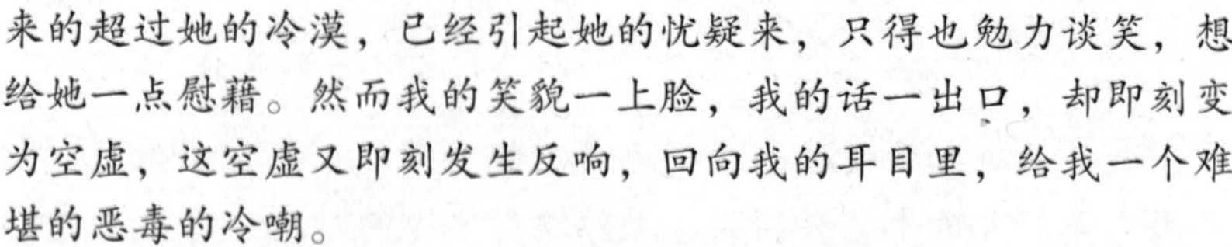

来的超过她的冷漠，已经引起她的忧疑来，只得也勉力谈笑，想给她一点慰藉。然而我的笑貌一上脸，我的话一出口，却即刻变为空虚，这空虚又即刻发生反响，回向我的耳目里，给我一个难堪的恶毒的冷嘲。

子君似乎也觉得的，从此便失掉了她往常的麻木似的镇静，虽然竭力掩饰，总还是时时露出忧疑的神色来，但对我却温和得多了。

我要明告她，但我还没有敢，当决心要说的时候，看见她孩子一般的眼色，就使我只得暂且改作勉强的欢容。但是这又即刻来冷嘲我，并使我失却那冷漠的镇静。

她从此又开始了往事的温习和新的考验，逼我做出许多虚伪的温存的答案来，将温存示给她，虚伪的草稿便写在自己的心上。我的心渐被这些草稿填满了，常觉得难以呼吸。我在苦恼中常常想，说真实自然须有极大的勇气的；假如没有这勇气，而苟安于虚伪，那也便是不能开辟新的生路的人。不独不是这个，连这人也未尝有！

子君有怨色，在早晨，极冷的早晨，这是从未见过的，但也许是从我看来的怨色。我那时冷冷地气愤和暗笑了；她所磨练的思想和豁达无畏的言论，到底也还是一个空虚，而对于这空虚却并未自觉。她早已什么书也不看，已不知道人的生活的第一着是求生，向着这求生的道路，是必须携手同行，或奋身孤往的了，倘使只知道捶着一个人的衣角，那便是虽战士也难于战斗，只得一同灭亡。

我觉得新的希望就只在我们的分离；她应该决然舍去，——我也突然想到她的死，然而立刻自责，忏悔了。幸而是早晨，时间正多，我可以说我的真实。我们的新的道路的开辟，便在这一遭。

我和她闲谈，故意地引起我们的往事，提到文艺，于是涉及

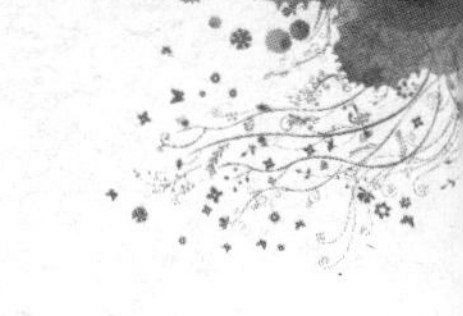

外国的文人，文人的作品：《诺拉》，《海的女人》。称扬诺拉的果决……也还是去年在会馆的破屋里讲过的那些话，但现在已经变成空虚，从我的嘴传入自己的耳中，时时疑心有一个隐形的坏孩子，在背后恶意地刻毒地学舌。

她还是点头答应着倾听，后来沉默了。我也就断续地说完了我的话，连余音都消失在虚空中了。

"是的。"她又沉默了一会，说，"但是，……涓生，我觉得你近来很两样了。可是的？你，——你老实告诉我。"

我觉得这似乎给了我当头一击，但也立即定了神，说出我的意见和主张来：新的路的开辟，新的生活的再造，为的是免得一同灭亡。

临末，我用了十分的决心，加上这几句话——

"……况且你已经可以无须顾虑，勇往直前了。你要我老实说；是的，人是不该虚伪的。我老实说罢：因为，因为我已经不爱你了！但这于你倒好得多，因为你更可以毫无挂念地做事……"

我同时豫期着大的变故的到来，然而只有沉默。她脸色陡然变成灰黄，死了似的；瞬间便又苏生，眼里也发了稚气的闪闪的光泽。这眼光射向四处，正如孩子在饥渴中寻求着慈爱的母亲，但只在空中寻求，恐怖地回避着我的眼。

我不能看下去了，幸而是早晨，我冒着寒风径奔通俗图书馆。

在那里看见《自由之友》，我的小品文都登出了。这使我一惊，仿佛得了一点生气。我想，生活的路还很多，——但是，现在这样也还是不行的。

我开始去访问久已不相闻问的熟人，但这也不过一两次；他们的屋子自然是暖和的，我在骨髓中却觉得寒冽。夜间，便蜷伏在比冰还冷的冷屋中。

冰的针刺着我的灵魂，使我永远苦于麻木的疼痛。生活的路

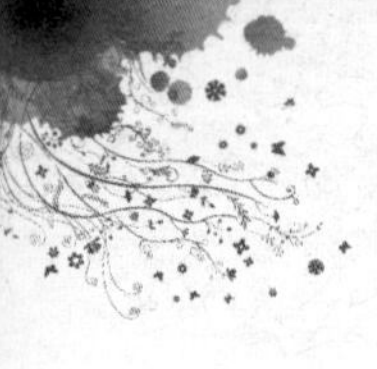



还很多，我也还没有忘却翅子的扇动，我想。——我突然想到她的死，然而立刻自责，忏悔了。

在通俗图书馆里往往瞥见一闪的光明，新的生路横在前面。她勇猛地觉悟了，毅然走出这冰冷的家，而且，——毫无怨恨的神色。我便轻如行云，漂浮空际，上有蔚蓝的天，下是深山大海，广厦高楼，战场，摩托车，洋场，公馆，晴明的闹市，黑暗的夜……

而且，真的，我豫感得这新生面便要来到了。

我们总算度过了极难忍受的冬天，这北京的冬天；就如蜻蜓落在恶作剧的坏孩子的手里一般，被系着细线，尽情玩弄，虐待，虽然幸而没有送掉性命，结果也还是躺在地上，只争着一个迟早之间。

写给《自由之友》的总编辑已经有三封信，这才得到回信，信封里只有两张书券：两角的和三角的。我却单是催，就用了九分的邮票，一天的饥饿，又都白挨给于己一无所得的空虚了。

然而觉得要来的事，却终于来到了。

这是冬春之交的事，风已没有这么冷，我也更久地在外面徘徊；待到回家，大概已经昏黑。就在这样一个昏黑的晚上，我照常没精打采地回来，一看见寓所的门，也照常更加丧气，使脚步放得更缓。但终于走进自己的屋子里了，没有灯火；摸火柴点起来时，是异样的寂寞和空虚！

正在错愕中，官太太便到窗外来叫我出去。

“今天子君的父亲来到这里，将她接回去了。”她很简单地说。

这似乎又不是意料中的事，我便如脑后受了一击，无言地站着。

“她去了么？”过了些时，我只问出这样一句话。

“她去了。”

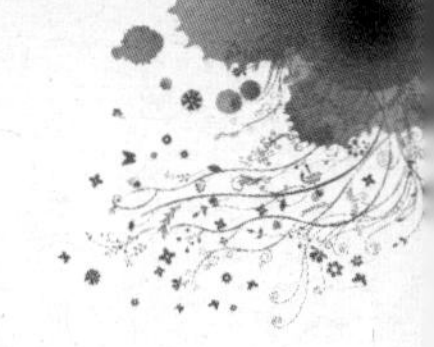

"她，——她可说什么？"

"没说什么。单是托我见你回来时告诉你，说她去了。"

我不信；但是屋子里是异样的寂寞和空虚。我遍看各处，寻觅子君；只见几件破旧而黯淡的家具，都显得极其清疏，在证明着它们毫无隐匿一人一物的能力。我转念寻信或她留下的字迹，也没有；只是盐和干辣椒，面粉，半株白菜，却聚集在一处了，旁边还有几十枚铜元。这是我们两人生活材料的全副，现在她就郑重地将这留给我一个人，在不言中，教我借此去维持较久的生活。

我似乎被周围所排挤，奔到院子中间，有昏黑在我的周围；正屋的纸窗上映出明亮的灯光，他们正在逗着孩子玩笑。我的心也沉静下来，觉得在沉重的迫压中，渐渐隐约地现出脱走的路径：深山大泽，洋场，电灯下的盛筵；壕沟，最黑最黑的深夜，利刃的一击，毫无声响的脚步……

心地有些轻松，舒展了，想到旅费，并且嘘一口气。

躺着，在合着的眼前经过的豫想的前途，不到半夜已经现尽；暗中忽然仿佛看见一堆食物，这之后，便浮出一个子君的灰黄的脸来，睁了孩子气的眼睛，恳托似的看着我。我一定神，什么也没有了。

但我的心却又觉得沉重。我为什么偏不忍耐几天，要这样急急地告诉她真话的呢？现在她知道，她以后所有的只是她父亲——儿女的债主——的烈日一般的严威和旁人的赛过冰霜的冷眼。此外便是虚空。负着虚空的重担，在严威和冷眼中走着所谓人生的路，这是怎么可怕的事呵！而况这路的尽头，又不过是——连墓碑也没有的坟墓。

我不应该将真实说给子君，我们相爱过，我应该永久奉献她我的说谎。如果真实可以宝贵，这在子君就不该是一个沉重的空虚。谎语当然也是一个空虚，然而临末，至多也不过这样的沉重。

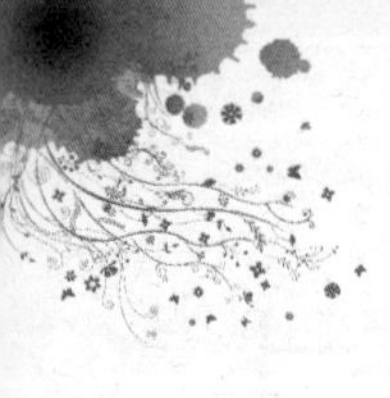



我以为将真实说给子君，她便可以毫无顾虑，坚决地毅然前行，一如我们将要同居时那样。但这恐怕是我错误了。她当时的勇敢和无畏是因为爱。

我没有负着虚伪的重担的勇气，却将真实的重担卸给她了。她爱我之后，就要负了这重担，在严威和冷眼中走着所谓人生的路。

我想到她的死……我看见我是一个卑怯者，应该被摈于强有力的人们，无论是真实者，虚伪者。然而她却自始至终，还希望我维持较久的生活……

我要离开吉兆胡同，在这里是异样的空虚和寂寞。我想，只要离开这里，子君便如还在我的身边；至少，也如还在城中，有一天，将要出乎意表地访我，像住在会馆时候似的。

然而一切请托和书信，都是一无反响；我不得已，只好访问一个久不问候的世交去了。他是我伯父的幼年的同窗，以正经出名的拔贡，寓京很久，交游也广阔的。

大概因为衣服的破旧罢，一登门便很遭门房的白眼。好容易才相见，也还相识，但是很冷落。我们的往事，他全都知道了。

"自然，你也不能在这里了，"他听了我托他在别处觅事之后，冷冷地说，"但那里去呢？很难。——你那，什么呢，你的朋友罢，子君，你可知道，她死了。"

我惊得没有话。

"真的？"我终于不自觉地问。

"哈哈。自然真的。我家的王升的家，就和她家同村。"

"但是，——不知道是怎么死的？"

"谁知道呢。总之是死了就是了。"

我已经忘却了怎样辞别他，回到自己的寓所。我知道他是不说谎话的；子君总不会再来的了，像去年那样。她虽是想在严威和冷眼中负着虚空的重担来走所谓人生的路，也已经不能。她的

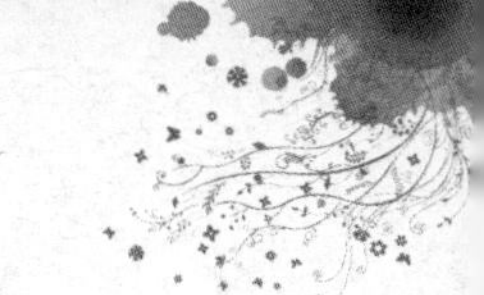

命运，已经决定她在我所给与的真实——无爱的人间死灭了！

自然，我不能在这里了；但是，“那里去呢?”

四围是广大的空虚，还有死的寂静。死于无爱的人们的眼前的黑暗，我仿佛一一看见，还听得一切苦闷和绝望的挣扎的声音。

我还期待着新的东西到来，无名的，意外的。但一天一天，无非是死的寂静。

我比先前已经不大出门，只坐卧在广大的空虚里，一任这死的寂静侵蚀着我的灵魂。死的寂静有时也自己战栗，自己退藏，于是在这绝续之交，便闪出无名的，意外的，新的期待。

一天是阴沉的上午，太阳还不能从云里面挣扎出来；连空气都疲乏着。耳中听到细碎的步声和咻咻的鼻息，使我睁开眼。大致一看，屋子里还是空虚；但偶然看到地面，却盘旋着一匹小小的动物，瘦弱的，半死的，满身灰土的……

我一细看，我的心就一停，接着便直跳起来。

那是阿随。它回来了。

我的离开吉兆胡同，也不单是为了房主人们和他家女工的冷眼，大半就为着这阿随。但是，“那里去呢?”新的生路自然还很多，我约略知道，也间或依稀看见，觉得就在我面前，然而我还没有知道跨进那里去的第一步的方法。

经过许多回的思量和比较，也还只有会馆是还能相容的地方。依然是这样的破屋，这样的板床，这样的半枯的槐树和紫藤，但那时使我希望，欢欣，爱，生活的，却全都逝去了，只有一个虚空，我用真实去换来的虚空存在。

新的生路还很多，我必须跨进去，因为我还活着。但我还不知道怎样跨出那第一步。有时，仿佛看见那生路就像一条灰白的长蛇，自己蜿蜒地向我奔来，我等着，等着，看看临近，但忽然便消失在黑暗里了。

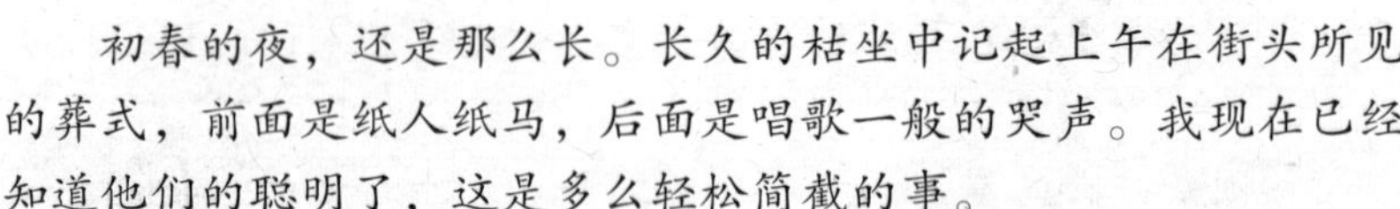

初春的夜，还是那么长。长久的枯坐中记起上午在街头所见的葬式，前面是纸人纸马，后面是唱歌一般的哭声。我现在已经知道他们的聪明了，这是多么轻松简截的事。

然而子君的葬式却又在我的眼前，是独自负着虚空的重担，在灰白的长路上前行，而又即刻消失在周围的严威和冷眼里了。

我愿意真有所谓鬼魂，真有所谓地狱，那么，即使在孽风怒吼之中，我也将寻觅子君，当面说出我的悔恨和悲哀，祈求她的饶恕；否则，地狱的毒焰将围绕我，猛烈地烧尽我的悔恨和悲哀。

我将在孽风和毒焰中拥抱子君，乞她宽容，或者使她快意……

但是，这却更虚空于新的生路；现在所有的只是初春的夜，竟还是那么长。我活着，我总得向着新的生路跨出去，那第一步，——却不过是写下我的悔恨和悲哀，为子君，为自己。

我仍然只有唱歌一般的哭声，给子君送葬，葬在遗忘中。

我要遗忘；我为自己，并且要不再想到这用了遗忘给子君送葬。

我要向着新的生路跨进第一步去，我要将真实深深地藏在心的创伤中，默默地前行，用遗忘和说谎做我的前导……

1925 年 10 月 21 日毕

（选自《彷徨》，《鲁迅全集》第 2 卷，
人民文学出版社 1981 年版）

## 追求的背面：《伤逝》解读

### 1. 个人偶遇与时代追求

《伤逝》写于 1925 年，其时“五四”学生爱国运动已过去六年，青年男女追求个性解放的步履终于迈出实质性的一步：自由恋爱、自主婚姻被普通认可并蔚为一时风尚。自主婚姻作为个

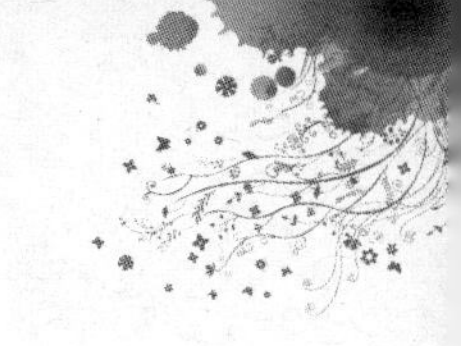

性解放运动的产物，开始走下观念的神坛，走进民间的日常生活之中，成为一种私人行为。在这种背景下，鲁迅写了《伤逝》，写男女主人公在时代潮流的推拥下，追求、迷惘、挣扎乃至毁灭的过程，勾画出个人偶遇与时代追求之间的裂痕。

从小说情节看，涓生与子君的走到一块，起因于彼此间的寂寞，涓生说："我爱子君，仗着她逃出这寂静和空虚。"借着时代环境的鼓励，追求自由爱情成为主人公宣泄内心苦闷的途径。"在久待的焦躁中"，子君走进涓生的生活。他们相爱了，"谈家庭专制，谈打破旧习惯，谈男女平等，谈伊孛生，谈泰戈尔，谈雪莱……"小说夹叙夹议的叙述，描画出其时流行的爱情的轮廓：反抗家长制，接受外来思潮影响，追求个性解放。这个时期，重大的时代话题已经进入青年男女谈情说爱的具体情境中，妥帖地转换为私人化的恋爱表达，影响着青年男女感情的发展路向。热恋中涓生最担心的是封建家长的压力和恋人深层意识"未脱尽束缚"。值得注意的是，从恋爱到同居，主人公的着眼点都没有放在两情相悦上面，而是逸出"爱"本身，更着意于"个性解放"、"我是我自己的"诸个人价值观念的追求上。爱的注意力一开始就为"反抗"所转移，为维护自我选择（狭义的自主婚姻，其中不乏与家长做意气用事的较劲）行为所遮蔽，而忽略对其选择本身——"爱"做更为切题的关注。从男女主人公同居后，很快就"相对无言"看来，他们之间或许一开始就缺乏一种刻骨铭心的爱。有人说，他们的爱情走向末路起因涓生的失业，其实并非如此，早在失业之前，涓生就发现他们彼此间的隔膜："许多先前以为了解而现在看来却是隔膜，即所谓真的隔膜了。"

"五四"追求个性解放的时代追求，进入私人生活的层面，有意无意地改变了私人事件原本的含义。"我是我自己的"，而"自己"又是什么？一个潜在的事实是：自己的选择可能是一种社会时尚左右的结果。当涓生和子君的这场符合时代理想的“爱”，进入日常生活的维持阶段以后，情况就开始发生变化：租房子、购家具、对付三餐、消磨傍晚相对无言的时光……世俗生活没有再给理想的演绎留下空间，原先反抗封建家长制的激情已为日常生活所消磨，三餐一宿中的磕磕碰碰，使“爱”走形变样，涓生和子君的爱巢一年间颓然塌崩。

**2. 两种视角**

这篇小说让涓生以追忆的口吻讲出整个故事，从而为这种第一人称叙事做了双重限定：一是倒叙的时空限定；二是涓生的视角限定。前者赋予那场“盲目的爱”以理性洞察的回旋余地，后者则把洞察限定在涓生个人所能理解到的范围内。

这篇小说用两种视角交替进行。一种是作为当事人涓生热恋时及同居后置身小家庭生活中的视角：耳朵“分外地灵”，“仿佛听到大门外一切往来的履声，从中便有子君的，而且橐橐地逐渐临近……”纤细的感觉里有热恋者的深情和期待。另一种是事后涓生追忆的视角——冷静的反刍式客观化的视觉印象和理性的判断：子君苍白的脸，瘦的臂膊，玄色的裙，“未脱尽束缚”的软弱。两种视角穿插进行，浑然一体。有意思的是，小说自始至终呈现了“事后”视角对“当事”视角的控制。热恋中欣喜、羞涩的叙述，在夹叙夹议的“事后”视角干预下不断改变叙事的走向，当子君发出“我是我自己的”的时候，涓生旁白的声音紧接着说出：“这几句话很震动了我的灵魂，此后许多天还在耳中发响，而且说不出的狂喜，知道中国女性，并不如厌世家所说那样的无法可施，在不远的将来，便要看见辉煌的曙色的。”戏谑的口气透出涓生对这句话的怀疑，外表夸张内在冷静的反讽笔调的突然介入，预示了叙事的转向。及至涓生下跪求爱一幕，“爱的空虚”的实质已经完全暴露出来。

同居之后，“当事”视角开始以个人主义的思路检视小家庭

如何陷入平庸、世俗的困境，并发出“爱情需要更新”的感慨。而“事后”视角则把这一切视为虚妄，包括个人主义对世俗庸常的拯救：“去年在会馆的破屋里讲过的那些话，但现在已经变成空虚，从我的嘴里传入自己的耳中，时时疑心有一个隐形的坏孩子，在背后恶意地刻毒地学舌。”“事后”视角开始不断地审视子君思想的变化，揭发其陷入平庸的实质：“她所磨练的思想和豁达无畏的言论，到底也还是一个空虚，而对于这空虚却并未自觉。她早已什么书也不看，已不知道人的生活的第一着是求生，向着这求生的道路，是必须携手同行，或奋身孤往的了，倘使只知道捶着一个人的衣角，那便是虽战士也难于战斗，只得一同灭亡。”“事后”视角摆脱了当事人的情感羁绊，不断对同居生活的缺陷进行反讽、揭发和议论，并且把主要责任推给子君。至此，小说叙事指向已明显呈多元特征，爱情悲剧的原因已变得一言难尽。

3. **两性之隔**

无论是涓生视角，还是作者视角，《伤逝》终究是男性叙事者对“五四”爱情经历的一次悲哀的叙述。这种叙述既不是完全自我解剖式的主观叙述，像《在酒楼上》、《孤独者》那样；也不是完全面对“他者”的客观叙事，像《祝福》、《明天》那样。叙事者自我解剖的同时，还得面对另一个主人公，一个对他来说其实很陌生的女性人物——子君。这使他的叙述显得有些吃力。男性叙事人对女性人物心理的难以进入，使整篇小说充满犹豫、彷徨的色彩，它实际上是男性叙事人的一席独白，是“他”的一面之词。

把叙事的可感知范围规定在涓生的视界以内，未曾不是一种避重就轻的方式。涓生或者是鲁迅本人在面对子君时，有一种莫名的沉重和吃力，那不仅出于男性叙事人对女性牺牲者一种愧疚之情，更可能是面对一种隔膜：对女性心理无法进入的惶惑与不安。小说中子君的形象是单薄而扁平的，人物性格心理境况模糊而隐晦，情感轨迹呈单向性特征。整篇小说中，子君前后只说过三句话，第一句是他们交往半年后，面对她的胞叔和父亲的干预，她默想了一下，沉静地说；“我是我自己的，他们谁也没有干涉我的权利！”第二句话是涓生接到局里的辞呈，子君变了色，说“那算什么。哼，我们干新的。我们……”第三句话是发现涓生对她越来越冷淡，质问道：“……涓生，我觉得你近来很两样了。可是的？你，——你老实告诉我。”正是最后这句话引出了涓生的“因为我已经不爱你了”一语。子君这三句话与其说是为了透出人物的心理活动迹象，不如说是承担叙事的某种功能性环节——正是散落于事态发展不同阶段的这三句话，推动了情节的发展，使叙述获得其前因后果的一致性。子君一系列偏执的行为背后，看不到更复杂、绵密的心理纹路，每一次情节的转折都有突然而来的生硬。路子似乎是早已拟定的，是男性叙事者对女性行为心理的一种设想和理解：原先她（子君一类的女子）得为自己的命运而抗争，而今命运攥在她自己手里，她却不知所措，她又回到中国传统妇女的位置上：操持家务，埋头三餐，爱情不再更新。这一思路与鲁迅对“娜拉出走后”的估计其实是一致的。

整篇小说，涓生的叙述基本以“我”为视角和价值中心，在复述语调的强制性引导下，故事按既定的路子展开。这种叙述未曾不是男性叙事人的一面之词。

当然，有深刻的自省意识的鲁迅，也没有让他的男性人物从此逍遥自在，背负良心十字的涓生，依然无路可走。对现代爱情残缺性的洞察，《伤逝》的叙事没有陷入简单化的窠臼。

（此文根据姚玳玫《追求的背面——重读〈伤逝〉》节选、改写，《文学评论丛刊》第4卷第1期）

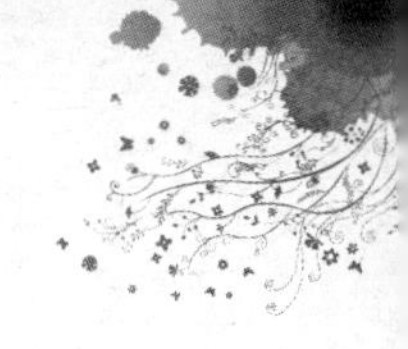



# 郁达夫简介

郁达夫（1896—1945），原名郁文，字达夫，浙江富阳人。三岁丧父，七岁入私塾，1907年改入新式学堂——富阳县立高等小学。1911年入杭州府中学，1912年入美国长老会办的之江大学预科，不及半载，因参加学潮而被开除。14岁起，开始大量创作旧体诗，并向《全浙公报》、《之江日报》投稿。1913年随在北京高等审判厅任推事而被派赴日本考察司法的兄长郁曼陀赴日本。1914年入读东京第一高等学校预科，获官费生资格。1919年预科毕业后，考入日本东京帝国大学经济部。1920年暑期回国，与富阳孙荃结婚。同年开始小说创作，以写自叙传小说见长。1921年6月，与郭沫若、成仿吾等在东京成立创造社，同年，将已写就的《沉沦》、《银灰色的死》、《南迁》结为小说集，以《沉沦》为书名，由上海泰东图书局初版，此为中国现代文学史上第一部短篇小说集。1922年7月回国。成为《创造季刊》、《创造月刊》、《洪水》的编辑和主要撰稿人，其后主持过创造社出版部工作。先后任教于各地高校，曾任北京大学统计学讲师、武昌师范大学文科教授、广东大学（即后来的中山大学）文科教授。1927年6月与杭州王映霞订婚，与孙荃分居。半年后与王结婚。1927年8月退出创造社。1930年参与发起“左联”，不久因个性不合而辞职。1933年后移居杭州。1938年赴新加坡，主编《星岛日报》，任新加坡文化界抗日联合会主席等职。1940年3月与王映霞离婚。1942—1945年在印尼苏门答腊岛，化名赵廉，以经营酒

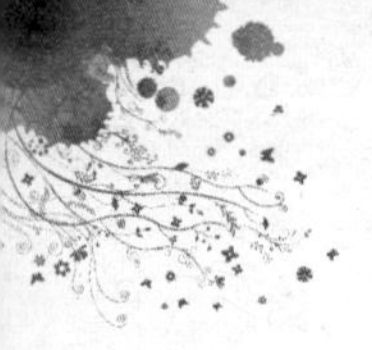



厂为掩护，准备长期隐蔽。因精通日语，被日本宪兵队强征为翻译，暗中保护了不少文化人和当地抗日分子。1945年秋深夜被日本宪兵队诱骗出郊野秘密杀害。1952年被中央人民政府追认为烈士。代表作有《沉沦》、《银灰色的死》、《春风沉醉的晚上》、《采石矶》、《青烟》、《迟桂花》等。

## 迟 桂 花

郁达夫

××兄：

突然间接着我这一封信，你或者会惊异起来，或者你简直会想不出这发信的翁某是什么人。但仔细一想，你也不在做官，而你的境遇，也未见得比我的好几多倍，所以将我忘了的这一回事，或者是还不至于的。因为这除非是要贵人或境遇很好的人才做得出来的事情。前两礼拜为了采办结婚的衣服家具之类，才下山去。有好久不上城里去了，偶尔去城里一看，真是像丁令威的化鹤归来，触眼新奇，宛如隔世重生的人。在一家书铺门口走过，一抬头就看见了几册关于你的传记评论之类的书。再踏进去一问，才知道你的著作竟积成了八九册之多了。将所有的你的和关于你的书全买将回来一读，仿佛是又接见了十余年不见的你那副音容笑语的样子。我忍不住了，一遍两遍的尽在翻读，愈读愈想和你通一次信，见一次面。但因这许多年数的不看报，不识世务，不亲笔砚的缘故，终于下了好几次决心，而仍不敢把这心愿来实现。现在好了，关于我的一切结婚的事情的准备，也已经料理到了十之七八，而我那年老的娘，又在打算着于明天一侵早就进城去，早就上床去躺下了。我那可怜的寡妹，也因为白天操劳

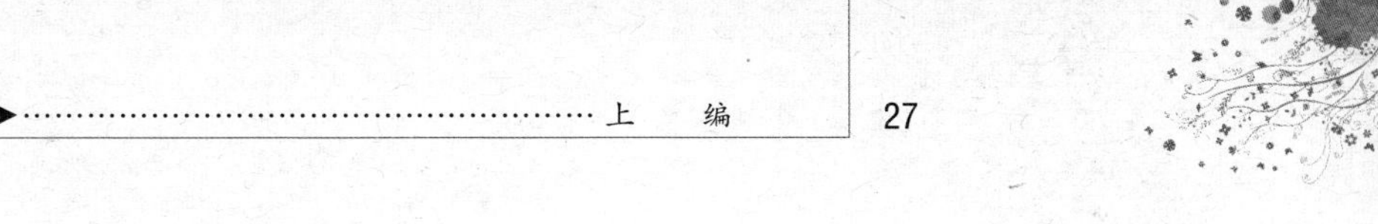

过了度，这时候似乎也已经坠入了梦乡，所以我可以静静儿的来练这久未写作的笔，实现我这已经怀念了有半个多月的心愿了。

提笔写将下来，到了这里，我真不知将如何的从头写起。和你相别以后，不通闻问的年数，隔得这么的多，读了你的著作以后，心里头触起的感觉情绪，又这么的复杂；现在当这一刻的中间，汹涌盘旋在我脑里想和你谈谈的话，的确，不止像一部二十四史那么的繁而且乱，简直是同将要爆发的火山内层那么的热而且烈，急遽寻不出一个头来。

我们自从房州海岸别来，到现在总也约莫有十多年光景了罢！我还记得那一天晴冬的早晨，你一个人立在寒风里送我上车回东京去的情形。你那篇《南迁》的主人公，写的是不是我？我自从那一年后，竟为这胸腔的恶病所压倒，与你再见一次面和通一封信的机会也没有，就此回国了。学校当然是中途退了学，连生存的希望都没有了的时候，哪里还顾得到将来的立身处世？哪里还顾得到身外的学艺修能？到这时候为止的我的少年豪气，我的绝大雄心，是你所晓得的。同级同乡的同学，只有你和我往来得最亲密。在同一公寓里同住得最长久的，也只有你一个人；时常劝我少用些功，多保养身体，预备将来为国家为人类致大用的，也就是你。每于风和日朗的晴天，拉我上多摩川上井之头公园及武藏野等近郊去散走闲游的，除你以外，更没有别的人了。那几年高等学校时代的愉快的生活，我现在只教一闭上眼，还历历透视得出来。看了你的许多初期的作品，这记忆更加新鲜了。我的所以愈读你的作品，愈想和你通一次信者，原因也就在这些过去的往事的追怀。这些都是你和我两人所共有的过去，我写也没有写得你那么好，就是不写你总也还记得的，所以我不想再说。我打算详详细细向你来作一个报告的，就是从那年冬天回故乡以后的十几年光景的山居养病的生活情形。

那一年冬天咯了血，和你一道上房州去避寒，在不意之中，

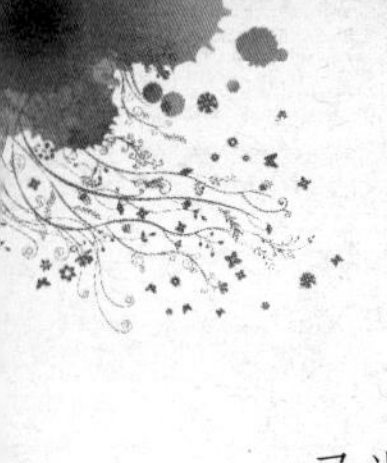



又遇见了那个肺病少女——是真砂子罢？连她的名字我都忘了——无端惹起了那一场害人害已的恋爱事件。你送我回东京之后，住了一个多礼拜，我就回国来了。我们的老家在离城市有二十来里地的翁家山上，你是晓得的。回家住下，我自己对我的病，倒也没什么惊奇骇异的地方，可是我痰里的血丝，脸上的苍白，和身体的瘦削，却把我那已经守了好几年寡的老母急坏了，因为我那短命的父亲，也是患这同样的病而死去的。于是她就四处的去求神拜佛，采药求医，急得连粗茶淡饭都无心食用，头上的白发，也似乎一天一天的加多起来了。我哩！恋爱已经失败了，学业也已辍了，对于此生，原已没有多大的野心，所以就落得去由她摆布，积极地虽尽不得孝，便消极地尽了我的顺。初回家的一年中间，我简直门外也不出一步，各色各样的奇形的草药，和各色各样的异味的单方，差不多都尝了一个遍。但是怪得很，连我自己都满以为没有希望的这致命的病症，一到了回国后所经过的第二个春天，竟似乎有神助似地忽然减轻了，夜热也不再发，盗汗也居然止住，痰里的血丝早就没有了。我的娘的喜欢，当然是不必说，就是在家里替我煮药缝衣，代我操作一切的我那位妹妹，也同春天的天气一样，时时展开了她的愁眉，露出了她那副特有的真真是讨人欢喜的笑容。到了初夏，我药也已经不服，有兴致的时候，居然也能够和她们一道上山前山后去采采茶，摘摘菜，帮她们去服一点小小的劳役了。是在这一年的——回家后第三年的——秋天，在我们家里，同时候发生了两件似喜而又可悲，说悲却也可喜的悲喜剧。第一，就是我那妹妹的出嫁，第二，就是我定在城里的那家婚约的解除。妹妹那年十九岁了，男家是只隔一支山岭的一家乡下的富家。他们来说亲的时候，原是因为我们祖上是世代读书的，总算是来和诗礼人家攀婚的意思。定亲已经定过了四五年了，起初我娘却嫌妹妹年纪太小，不肯马上准他们来迎娶，后来就因为我的病，一搁就又搁起

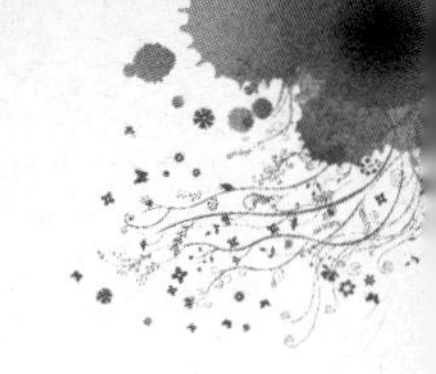

了两三年。到了这一回，我的病总算已经恢复，而妹妹却早到了该结婚的年龄了。男家来一说，我娘也就应允了他们，也算完了她自己的一件心事。至于我的这家亲事呢，却是我父亲在死的前一年为我定下的，女家是城里的一家相当有名的旧家。那时候我的年纪虽还很小，而我们家里的不动产却着实还有一点可观。并且我又是一个长子，将来家里要培植我读书处世是无疑的，所以那一家旧家居然也应允了我的婚事。以现在的眼光看来，这门亲事，当然是我们去竭力高攀的，因为杭州人家的习俗，是吃粥的人家的女儿，非要去嫁吃饭的人家不可的。还有乡下姑娘，嫁往城里，倒是常事，城里的千金小姐，却不大会下嫁到乡下来的，所以当时的这个婚约，起初在根本上就有点儿不对。后来经我父亲的一死，我们家里，丧葬费用，就用去了不少。嗣后年复一年，母子三人，只吃着家里的死饭。亲族戚属，少不得又要对我们孤儿寡妇，时时加以一点剥削。母亲又忠厚无用，在出卖田地山场的时候，也不晓得市价的高低，大抵是任凭族人在从中勾搭。就因这种种关系的结果，到我考取了官费，上日本去留学的那一年，我们这一家世代读书的翁家山上的旧家，已经只剩得一点仅能维持衣食的住屋山场和几块荒田了。当我初次出国的时候，承蒙他们不弃，我那未来的亲家，还送了我些赆仪路费。后来于寒假暑假回国的期间，也曾央原媒来催过完姻。可是接着就是我那致命的病症的发生，与我的学业的中辍，于是两三年中，他们和我们的中间，便自然而然的断绝了交往。到了这一年的晚秋，当我那妹妹嫁后不久的时候，女家忽而又央了原媒来对母亲说：“你们的大少爷，有病在身，婚娶的事情，当然是不大相宜的，而他家的小姐，也已经下了绝大的决心，立志终身不嫁了，所以这一个婚约，还是解除了的好。”说着就打开包裹，将我们传红时候交去的金玉如意，红绿帖子等，拿了出来，退还了母亲。我那忠厚老实的娘，人虽则无用，但面子却是死要的，一听

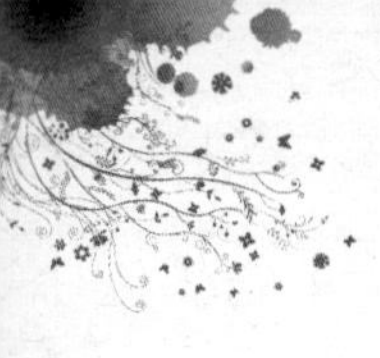



了媒人的这一番说话，目瞪口僵，立时就滚下了几颗眼泪来。幸亏我在旁边，做好做歹的对娘劝慰了好久，她才含着眼泪，将女家的回礼及八字全帖等检出，交还了原媒。媒人去后，她又上山后我父亲的坟边去大哭了一场。直到傍晚，我和同族邻人等一道去拉她回来，她在路上，还流着满脸的眼泪鼻涕，在很伤心地呜咽。这一出赖婚的怪剧，在我只有高兴，本来是并没有什么大不了的，可是由头脑很旧的她看来，却似乎是翁家世代的颜面家声都被他们剥尽了。自此以后，一直下来，将近十年，我和她母子二人，就日日的寡言少笑，相对茕茕，直到前年的冬天，我那妹夫死去，寡妹回来为止，两个所过的，都是些在炼狱里似的沉闷的日子。

说起我那寡妹，她真也是前世不修。人虽则很长大，身体虽则很强壮，但她的天性，却永远是一个天真活泼的小孩子。嫁过去那一年，来回郎的时候，她还是笑嘻嘻地如同上城里去了一趟回来了的样子，但双满月之后，到年下边回来的时候，从来不晓得悲泣的她，竟对我母亲掉起眼泪来了。她们夫家的公公虽则还好，但婆婆的繁言吝啬，小姑的刻薄尖酸和男人的放荡凶暴，使她一天到晚过不到一刻安闲自在的生活。工作操劳本系是她在家里的时候所惯习的，倒并不以为苦，所最难受的，却是多用一枝火柴，也要受婆婆责备的那一种俭约到不可思议的生活状态。还有两位小姑，左一句尖话，右一句毒语，仿佛从前我娘的不准他们早来迎娶，致使她们的哥哥染上了游荡的恶习，在外面养起了女人这一件事情，完全是我妹妹的罪恶。结婚之后，新郎的恶习，仍旧改不过来，反而是在城里他那旧情人家里过的日子多，在新房里过的日子少。这一笔账，当然又要写在我妹妹的身上。婆婆说她不会侍奉男人，小姑们说她不会劝，不会骗。有时候公公看得难受，替她申辩一声，婆婆就尖着喉咙，要骂上公公的脸去："你这老东西！脸要不要，脸要不要，你这扒灰老！"因我

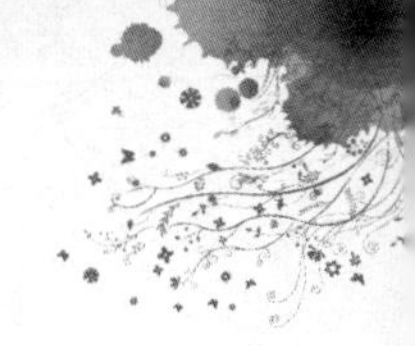

那妹夫，过的是这一种不自然的生活，所以前年夏天，就染了急病死掉了，于是我那妹妹又多了一个克夫的罪名。妹妹年轻守寡，公公少不得总要对她客气一点，婆婆在这里就算抓住了扒灰的证据，三日一场吵，五日一场闹，还是小事，有几次在半夜里，两老夫妇还会大哭大骂的喧闹起来。我妹妹于有一回被骂被逼得特别厉害的争吵之后，就很坚决地搬回到了家里来住了。自从她回来之后，我娘非但得到了一个很大的帮手，就是我们家里的沉闷的空气，也缓和了许多。

这就是和你别后，十几年来，我在家里所过的生活的大概。平时非但不上城里去走走，当风雪盈途的冬季，我和我娘简直有好几个月不出门外的时候。我妹妹回来之后，生活又约略变过了。多年不做的焙茶事业，去年也竟出产了一二百斤。我的身体，经了十几年的静养，似乎也有一点把握了。从今年起，我并且在山上的晏公祠里参加入了一个训蒙的小学，居然也做了一位小学教师。但人生是动不得的，稍稍一动，就如滚石下山，变化便要接连不断的簇生出来。我因为在教教书，而家里头又勉强地干起了一点事业，今年夏季居然又有人来同我议婚了。新娘是近邻乡村里的一位老处女，今年二十七岁，家里虽称不得富有，可也是小康之家。这位新娘，因为从小就读了些书，曾在城里进过学堂，相貌也还过得去——好几年前，我曾经在一处市场上看见过她一眼的——故而高不凑，低不就，等闲便度过了她的锦样的青春。我在教书的学校里的那位名誉校长——也是我们的同族——本来和她是旧亲，所以这位校长就在中间做了个传红线的冰人。我独居已经惯了，并且身体也不见得分外强健，若一结婚，难保得旧病的不会复发，故而对这门亲事，当初是断然拒绝了的。可是我那年老的母亲，却仍是雄心未死，还在想我结一头亲，生下几个玉树芝兰来，好重振重振我们的这已经坠落了很久的家声，于是这亲事就又同当年生病的时候服草药一样，勉强地

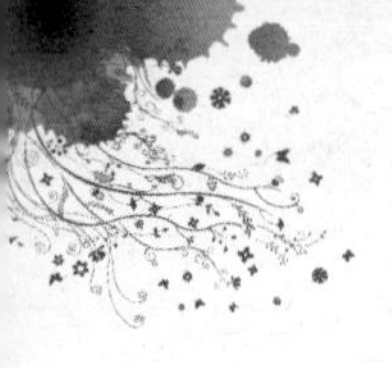



被压上我的身上来了。我哩，本来也已经入了中年了，百事原都看得很穿，又加以这十几年的疏散和无为，觉得在这世上任你什么也没甚大不了的事情，落得随随便便的过去，横竖是来日也无多了。只教我母亲喜欢的话，那就是我稍稍牺牲一点意见也使得。于是这婚议，就在很短的时间里，成熟得妥妥帖帖，现在连迎娶的日期也已经拣好了，是旧历九月十二。

是因为这一次的结婚，我才进城里去买东西，才发见了多年不见的你这老友的存在，所以结婚之日，我想请你来我这里吃喜酒，大家来谈谈过去的事情。你的生活，从你的日记和著作中看来，本来也是同云游的僧道一样的。让出一点工夫来，上这一区僻静的乡间来住几日，或者也是你所喜欢的事情。你来，你一定来，我们又可以回顾回顾一去而不复返的少年时代。

我娘的房间里，有起响动来了，大约天总就快亮了罢。这一封信，整整地费了我一夜的时间和心血，通宵不睡，是我回国以后十几年来不曾有过的经验，你单只看取了我的这一点热忱，我想你也不好意思不来。

啊，鸡在叫了，我不想再写下去了，还是让我们见面之后再来谈罢！

一九三二年九月　翁则生上

刚在北平住了个把月，重回到上海的翌日，和我进出的一家书铺里，就送了这一封挂号加邮托转交的厚信来。我接到了这信，捏在手里，起初还以为是一位我认识的作家，寄了稿子来托我代售的。但翻转信背一看，却是杭州翁家山的翁某某所发，我立时就想起了那位好学不倦，面容妩媚，多年不相闻问的旧同学老翁。他的名字叫翁矩，则生是他的小名。人生得矮小娟秀，皮色也很白净，因而看起来总觉得比他的实际年龄要小五六岁。在我们的一班里，算他的年纪最小，操体操的时候，总是他立在最

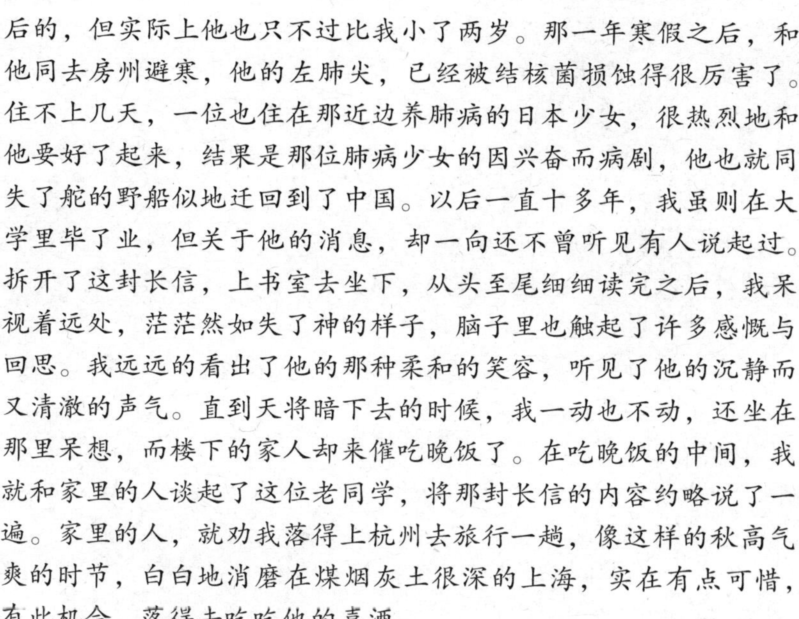

后的，但实际上他也只不过比我小了两岁。那一年寒假之后，和他同去房州避寒，他的左肺尖，已经被结核菌损蚀得很厉害了。住不上几天，一位也住在那近边养肺病的日本少女，很热烈地和他要好了起来，结果是那位肺病少女的因兴奋而病剧，他也就同失了舵的野船似地迁回到了中国。以后一直十多年，我虽则在大学里毕了业，但关于他的消息，却一向还不曾听见有人说起过。拆开了这封长信，上书室去坐下，从头至尾细细读完之后，我呆视着远处，茫茫然如失了神的样子，脑子里也触起了许多感慨与回思。我远远的看出了他的那种柔和的笑容，听见了他的沉静而又清澈的声气。直到天将暗下去的时候，我一动也不动，还坐在那里呆想，而楼下的家人却来催吃晚饭了。在吃晚饭的中间，我就和家里的人谈起了这位老同学，将那封长信的内容约略说了一遍。家里的人，就劝我落得上杭州去旅行一趟，像这样的秋高气爽的时节，白白地消磨在煤烟灰土很深的上海，实在有点可惜，有此机会，落得去吃吃他的喜酒。

第二天仍旧是一天晴和爽朗的好天气，午后二点钟的时候，我已经到了杭州城站，在雇车上翁家山去了。但这一天，似乎是上海各洋行与机关的放假的日子，从上海来杭州旅行的人，特别的多。城站前面停在那里候客的黄包车，都被火车上下来的旅客雇走了，不得已，我就只好上一家附近的酒店去吃午饭。在吃酒的当中，问了问堂倌以去翁家山的路径，他便很详细地指示我说：

"你只教坐黄包车到旗下的陈列所，搭公共汽车到四眼井下来走上去好了。你又没有行李，天气又这么的好，坐黄包车直去是不上算的。"

得到了这一个指教，我就从容起来了，慢慢的喝完了半斤酒，吃了两大碗饭，从酒店出来，便坐车到了旗下。恰好是三点前后的光景，湖六段的汽车刚载满了客人，要开出去。我到了四眼井下车，从山下稻田中间的一条石板路走进满觉陇去的时候，

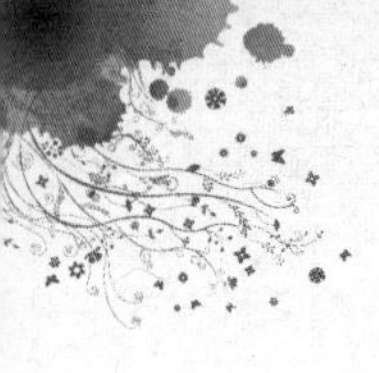



太阳已经平西到了三五十度斜角度的样子，是牛羊下山，行人归舍的时刻了。在满觉陇的狭路中间，果然遇见了许多中学校的远足归来的男女学生的队伍。上水乐洞口去坐下喝了一碗清茶，又拉住了一位农夫，问了声翁则生的名字，他就晓得得很详细似地告诉我说：

“是山上第二排的朝南的一家，他们那间楼房顶高，你一上去就可以看得见的。则生要讨新娘子了，这几天他们正在忙着收拾。这时候则生怕还在晏公祠的学堂里哩。”

谢过了他的好意，付过了茶钱，我就顺着上烟霞洞去的石级，一步一步的走上了山去。渐走渐高，人声人影是没有了，在将暮的晴天之下，我只看见了许多树影。在半山亭里立住歇了一歇，回头向东南一望，看得见的，只是些青葱的山和如云的树，在这些绿树丛中又是些这儿几点，那儿一簇的屋瓦与白墙。

“啊啊，怪不得他的病会得好起来了，原来翁家山是在这样的一个好地方。”

烟霞洞我儿时也曾来过的，但当这样晴爽的秋天，于这一个西下夕阳东上月的时刻，独立在山中的空亭里，来仔细赏玩景色的机会，却还不曾有过。我看见了东天的已经满过半弓的月亮，心里正在羡慕翁则生他们老家的处地的幽深，而从背后又吹来了一阵微风，里面竟含满着一种说不出的撩人的桂花香气。

“啊……”

我又惊异了起来：

“原来这儿到这时候还有桂花？我在以桂花著名的满觉陇里，倒不曾看到，反而在这一块冷僻的山里面来闻吸浓香，这可真也是奇事了。”

这样的一个人独自在心中惊异着，闻吸着，赏玩着，我不知在那空亭里立了多少时候。突然从脚下树丛深处，却幽幽的有晚钟声传过来了，东嗡，东嗡的这钟声实在真来得缓慢而凄清。我

听得耐不住了，拔起脚跟，一口气就走上了山顶，走到了那个山下农夫曾经教过我的烟霞洞西面翁则生家的近旁。约莫离他家还有半箭路远时候，我一面喘着气，一面就放大了喉咙向门里面叫了起来：

“喂，老翁！老翁！则生！翁则生！”

听见了我的呼声，从两扇关在那里的腰门里开出来答应的却不是被我所唤的翁则生自己，而是我从来也没有见过面的，比翁则生略高三五分的样子，身体强健，两颊微红，看起来约莫有二十四五的一位女性。

她开出了门，一眼看见了我，就立住脚惊疑似地略呆了一呆。同时我看见她脸上却涨起了一层红晕，一双大眼睛眨了几眨，深深地吞了一口气。她似乎已经镇静下去了，便很腼腆地对我一笑。在这一脸柔和的笑容里，我立时就看到了翁则生的面相与神气，当然她是则生的妹妹无疑了，走上了一步，我就也笑着问她说：

“则生不在家么？你是他的妹妹不是？”

听了我这一句问话，她脸上又红了一红，柔和地笑着，半俯了头，她方才轻轻地回答我说：

“是的，大哥还没有回来，你大约是上海来的客人罢？吃中饭的时候，大哥还在说哩！”

这沉静清澈的声气，也和翁则生的一色而没有两样。

“是的，我是从上海来的。”

我接着说：

“我因为想使则生惊骇一下，所以电报也不打一个来通知，接到他的信后，马上就动身来了。不过你们大哥的好日也太逼近了，实在可也没有写一封信来通知的时间余裕。”

“你请进来罢，坐坐吃碗茶，我马上去叫了他来。怕他听到了你来，真要惊喜得像疯了一样哩。”

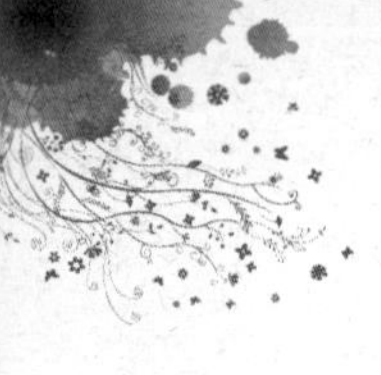



走上台阶，我还没有进门，从客堂后面的侧门里，却走出了一位头发雪白，面貌清癯，大约有六十内外的老太太来。她的柔和的笑容，也是和她的女儿儿子的笑容一色一样的。似乎已经听见了我们在门口所交换过的谈话了，她一开口就对我说：

“是郁先生么？为什么不写一封快信来通知？则生中饭还在说，说你若要来，他打算进城上车站去接你去的。请坐，请坐，晏公祠只有十几步路，让我去叫他来罢，怕他真要高兴得像什么似的哩。”说完了，她就朝向了女儿，吩咐她上厨下去烧碗茶来。她自己却踏着很平稳的脚步，走出大门，下台阶去通知则生去了。

“你们老太太倒还轻健得很。”

“是的，她老人家倒还好。你请坐罢，我马上起了茶来。”

她上厨下去起茶的中间，我一个人，在客堂里倒得了一个细细观察周围的机会。则生他们的住屋，是一间三开间而有后轩后厢房的楼房。前面阶沿外走落台阶，是一块可以造厅造厢楼的大空地。走过这块数丈见方的空地，再下两级台阶，便是村道了。越村道而下，再低数尺，又是一排人家的房子。但这一排房子，因为都是平屋，所以挡不杀翁则生他们家里的眺望。立在翁则生家的空地里，前山后山的山景，是依旧历历可见的。屋前屋后，一段一段的山坡上，都长着些不大知名的杂树，三株两株夹在这些杂树中间，树叶短狭，叶与细枝之间，满撒着锯末似的黄点的，却是木犀花树。前一刻在半山空亭里闻到的香气，源头原来就系出在这一块地方的。太阳似乎已下了山，澄明的光里，已经看不见日轮的金箭，而山脚下的树梢头，也早有一带晚烟笼上了。山上的空气，真静得可怜，老远老远的山脚下的村里，小儿在呼唤的声音，也清晰地听得出来。我在空地里立了一会，背着手又踱回到了翁家的客厅，向四壁挂在那里的书画一看，却使我想起了翁则生信里所说的事实。琳琅满目，挂在那里的东西，果然是件件精致，不像是乡下人家的俗恶的客厅。尤其使我看得有

趣的，是陈豪写的一堂《归去来辞》的屏条，墨色的鲜艳，字迹的秀腴，有点像董香光而更觉得柔媚。翁家的世代书香，只须上这客厅里来一看就可以知道了。我立在那里看字画还没有看得周全，忽而背后门外老远的就飞来了几声叫声：

“老郁！老郁！你来得真快！”

翁则生从小学校里跑回来了，平时总很沉静的他，这时候似乎也感到了一点兴奋。一走进客堂，他握住了我的两手，尽在喘气，有好几秒钟说不出话来。等落在后面的他娘走到的时候，三人才各放声大笑了起来。这时候他妹妹也已经将茶烧好，在一个朱漆盘里放着三碗搬出来摆上桌子来了。

“你看，则生这小孩，他一听见我说你到了，就同猴子似的跳回来了。”他娘笑着对我说。

“老翁！说你生病生病，我看你倒仍旧不见得衰老得怎么样，两人比较起来，怕还是我老得多哩？”

我笑说着，将脸朝向了他的妹妹，去征她的同意。她笑着不说话，只在守视着我们的欢喜笑乐的样子。则生把头一扭，向他娘指了一指，就接着对我说：

“因为我们的娘在这里，所以我不敢老下去吓。并且媳妇儿也还不曾娶到，一老就得做老光棍了，那还了得！”

经他这么一说，四个人重又大笑起来了，他娘的老眼里几乎笑出了眼泪。则生笑了一会，就重新想起了似的替他妹妹介绍：

“这是我的妹妹，她的事情，你大约是晓得的罢？我在那信里是写得很详细的。”

“我们可不必你来介绍了，我上这儿来，头一个见到的就是她。”

“噢，你们倒是有缘啊！莲，你猜这位郁先生的年纪，比我大呢，还是比我小？”

他妹妹听了这一句话，面色又涨红了，正在嗫嚅困惑的中

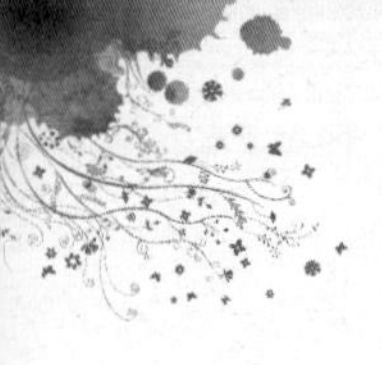



间，她娘却止住了笑，问我说：

“郁先生，大约是和则生上下年纪罢？”

“那里的话，我要比他大得多哩。”

“娘，你看还是我老呢，还是他老？”

则生又把这问题转向了他的母亲。他娘仔细看了我一眼，就对他笑骂般的说：

“自然是郁先生来得老成稳重，谁更像你那样的不脱小孩子脾气呢！”

说着，她就走近了桌边，举起茶碗来请我喝茶。我接过来喝了一口，在茶里又闻到了一种实在是令人欲醉的桂花香气。掀开了茶碗盖，我俯首向碗里一看，果然在绿莹莹的茶水里散点着有一粒一粒的金黄的花瓣。则生以为我在看茶叶，自己拿起了一碗喝了一口，他就对我说：

“这茶叶是我们自己制的，你说怎么样？”

“我并不在看茶叶，我只觉这触鼻的桂花香气，实在可爱得很。”

“桂花吗？这茶叶里的还是第一次开的早桂，现在在开的迟桂花，才有味哩！因为开得迟，所以日子也经得久。”

“是的是的，我一路上走来，在以桂花著名的满觉陇里，倒闻不着桂花的香气。看看两旁的树上，都只剩了一簇一簇的淡绿的桂花托子了，可是到了这里，却同做梦似地，所闻吸的尽是这种浓艳的气味，老翁，你大约是已经闻惯了，不觉得什么罢？我……我……”

说到了这里，我自家也忍不住笑了起来。则生尽管在追问我，“你怎么样？你怎么样？”到了最后，我也只好说了：

“我，我闻了，似乎要起性欲冲动的样子。”

则生听了，马上就大笑了起来，他的娘和妹妹虽则并没有明确地了解我们的说话的内容，但也晓得我们是在说笑话，母女俩

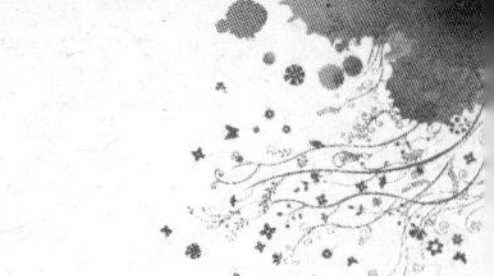

便含着微笑，上厨下去预备晚饭去了。

我们两人在客厅上谈谈笑笑，竟忘记了点灯，一道银样的月光，从门里洒进来了。则生看见了月亮，就站起来想去拿煤油灯，我却止住了他，说：

“在月光底下清谈，岂不是很好么？你还记不记得起，那一年在井之头公园里的一夜游行？”

所谓那一年者，就是翁则生患肺病的那一年秋天。他因为用功过度，变成了神经衰弱症。有一天，他课也不去上，竟独自一个在公寓里发了一天的疯。到了傍晚，他饭也不吃，从公寓里跑出去了。我接到了公寓主人的注意，下学回来，就远远的在守视着他，看他走出了公寓，就也追踪着他，远远地跟他一道到了井之头公园。从东京到井之头公园去的高架电车，本来是有前后的两乘，所以在电车上，我和他并不遇着。直到下车出车站之后，我假装无意中和他冲见了似的同他招呼了。他红着双颊，问我这时候上这野外来干什么，我说是来看月亮的，记得那一晚正是和这天一样地有月亮的晚上。两人笑了一笑，就一道的在井之头公园的树林里走到了夜半方才回来。后来听他的自白，他是在那一天晚上想到井之头公园去自杀的，但因为遇见了我，谈了半夜，胸中的烦闷，有一半消散了，所以就同我一道又转了回来。“无限胸中烦闷事，一宵清话又成空！”他自白的时候，还念出了这两句诗来，借作解嘲。以后他就因伤风而发生了肺炎，肺炎愈后，就一直的为结核菌所压倒了。

谈了许多怀旧话后，话头一转，我就提到了他的这一回的喜事。

“这一回的喜事么？我在那信里也曾和你说过。”

谈话的内容，一从空想追怀转向了现实，他的声气就低了下去，又回复了他旧日的沉静的态度。

“在我是无可无不可的，对这事情最起劲的，倒是我的那位年老的娘。这一回的一切准备麻烦，都是她老人家在替我忙的。这半个月中间，她差不多日日跑城里。现在是已经弄得完完全全，什么都预备好了，明朝一日，就要来搭灯彩，下午是女家送嫁妆来，后天就是正日。可是老郁，有一件事情，我觉得很难受，就是莲儿——这是我妹妹的小名——近来，似乎是很不高兴的样子，她话虽则不说，但因为她是很天真的缘故，所以在态度上表情上处处我都看得出来。你是初同她见面，所以并不觉得什么，平时她着实要活泼哩，简直活泼得同现代的那些时髦女郎一样，不过她的活泼是天性的纯真，而那些现代女郎，却是学来的时髦。……按说哩，这心绪的恶劣，也是应该的，她虽则是一个纯真的小孩子，但人非木石，究竟总有一点感情，看到了我们这里的婚事热闹，无论如何，总免不得要想起她自己的身世凄凉的。并且还有一个最重要的动机，仿佛是她在觉得自己今后的寄身无处。这儿虽是娘家，但她却是已经出过嫁的女儿了，哥哥讨了嫂嫂，她还有什么权利再寄食在娘家呢？所以我当这婚事在谈起的当初，就一次两次的对她说过了，不管它怎样，她总是我的妹妹，除非她要再嫁，则没有话说，要是不然的话，那她是一辈子有和我同居，和我对分财产的权利的，请她千万不要自己感到难过。这一层意思，她原也明白，我的性情，她是晓得的，可是不晓得怎么，她近来似乎总有点不大安闲的样子。你来得正好，顺便也可以劝劝她。并且明天发嫁妆结灯彩之类的事情，怕她看了又要想到自己的身世，我想明朝一早就叫她陪你出去玩去，省得她在家里一个人在暗中受苦。”

“那好极了，我明天就陪她出去玩一天回来。”

“那可不对，假使是你陪她出去玩的话，那是形迹更露，愈加要使她难堪了。非要装作是你要她去作陪不行。仿佛是你想出去玩，但我却没有工夫陪你，所以只好勉强请她和你一道出去。要这样，她才安逸。”

“好，好，就这么办，明天我要她陪我去逛五云山去。”

正谈到了这时，他的那位老母从客室后面的那扇侧门里走出来了，看到了我们坐在微明灰暗的客室里谈天，她又笑了起来说：

“十几年不见的一段总账，你们难道想在这几刻工夫里算它清来么？有什么话谈得那么起劲，连灯都忘了点一点？则生，你这孩子真像是疯了，快立起来，把那盏保险灯点上。”

说着她又跑回到了厨下，去拿了一盒火柴出来。则生爬上桌子，在点那盏悬在客室正中的保险灯的时候，她就问我吃晚饭之先，要不要喝酒。则生一边在点灯，一边就从肩背上叫他娘说：

“娘，你以为他也是肺痨病鬼么？郁先生是以喝酒出名的。”

“那么你快下来去开坛去罢，今天挑来的那两坛酒，不晓得好不好，请郁先生尝尝看。”

他娘听了他的话后，就也昂起了头，一面在看他点灯，一面在催他下来去开酒去。

“幸而是酒，请郁先生先尝一尝新，倒还不要紧，要是新娘子，那可使不得。”

他笑说着从桌子上跳了下来，他娘眼睛望着了我，嘴唇却朝着了他啐了一声说：

“你看这孩子，说话老是这样不正经的！”

“因为他要做新郎官了，所以在高兴。”

我也笑着对他娘说了一声，旋转身就一个人踱出了门外，想看一看这翁家山的秋夜的月明，屋内且让他们母子俩去开酒去。

月光下的翁家山，又不相同了。从树枝里筛下来的千条万条的银线，像是电影里的白天的外景。不知躲在什么地方的许多秋虫的鸣唱，骤听之下，满以为在下急雨。白天的热度，日落之后，忽然收敛了，于是草木很多的这深山顶上，就也起了一层白茫茫的透明雾障。山上电灯线似乎还没有接上，远近一家一家看得见的几点煤油灯光，仿佛是大海湾里的渔灯野火。一种空山秋

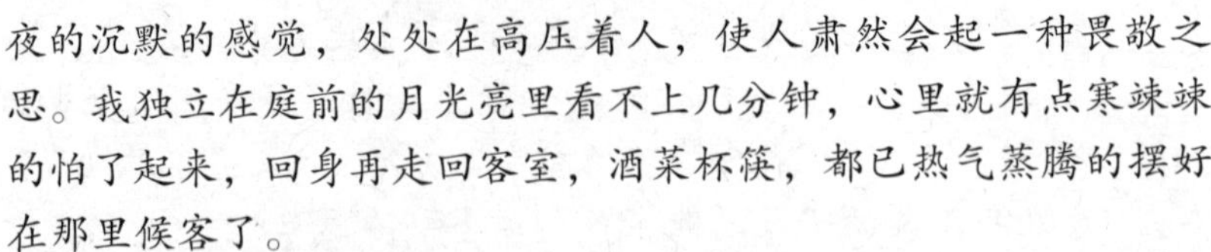

夜的沉默的感觉，处处在高压着人，使人肃然会起一种畏敬之思。我独立在庭前的月光亮里看不上几分钟，心里就有点寒竦竦的怕了起来，回身再走回客室，酒菜杯筷，都已热气蒸腾的摆好在那里候客了。

四个人当吃晚饭的中间，则生又说了许多笑话。因为在前回听取了一番他所告诉我的衷情之后，我于举酒杯的瞬间，偷眼向他妹妹望望，觉得在她的柔和的笑脸上，的确似乎是有一种说不出的悲寂的表情流露在那里的样子。这一餐晚饭，吃尽了许多时间，我因为白天走路走得不少，而谈话之后又感到了一点兴奋，肚子有点饿了，所以酒和菜，竟吃得比平时要多一倍。到了最后将快吃完的当儿，我就向则生提出说：

“老翁，五云山我倒还没有去玩过，明天你可不可以陪我一道去玩一趟？”

则生仍复以他的那种滑稽的口吻回答我说：

“到了结婚的前一日，新郎官哪里走得开呢，还是改天再去罢。等新娘子来了之后，让新郎新娘抬了你去烧香，也还不迟。”

我却仍复主张着说，明天非去不行。则生就说：

“那么替你去叫一顶轿子来，你坐了轿子去，横竖是明天轿夫会来的。”

“不行不行，游山玩水，我是喜欢走的。”

“你认得路么？”

“你们这一种乡下的僻路，我哪里会认得呢？”

“那就怎么办呢？……”

则生抓着头皮，脸上露出了一脸为难的神气。停了一二分钟，他就举目向他的妹妹说：

“莲！你怎么样！你是一位女豪杰，走路又能走，地理又熟悉，你替我陪了郁先生去怎么样？”

他妹妹也笑了起来，举起眼睛来向她娘看了一眼。接着她娘就说：

“好的，莲，还是你陪了郁先生去罢，明天你大哥是走不开的。”

我一看她脸上的表情，似乎已经有了答应的意思了，所以又追问了她一声说：

“五云山可着实不近哩，你走得动的么？回头走到半路，要我来背，那可办不到。”

她听了这话，就真同从心坎里笑出来的一样笑着说：

“别说是五云山，就是老东岳，我们也一天要往返两次哩。”

从她的红红的双颊，挺突的胸脯，和肥圆的肩臂看来，这句话也决不是她夸的大口。吃完晚饭，又谈了一阵闲天，我们因为明天各有忙碌的操作在前，所以一早就分头到房里去睡了。

山中的清晓，又是一种特别的情景。我因为昨天夜里多喝了一点酒，上床去一睡，就同大石头掉下海里似的，一直就酣睡到了天明。窗外面吱吱唧唧的鸟声喧噪得厉害，我满以为还是夜半，月明将野鸟惊醒了，但睁开眼掀开帐子来一望，窗内窗外已饱浸着晴天爽朗的清晨光线，窗子上面的一角，却已经有一缕朝阳的红箭射到了。急忙滚出了被窝，穿起衣服，跑下楼去一看，他们母子三人，也已梳洗得妥妥服服，说是已经在做了个把钟头的事情之后。平常他们总是于五点钟前后起床的。这一种日出而作，日入而息的山中住民的生活秩序，又使我对他们感到了无穷的敬意。四人一道吃过了早餐，我和则生的妹妹，就整了一整行装，预备出发。临行之际，他娘又叫我等一下子，她很迅速地跑上楼上去取了一枝黑漆手杖下来，说，这是则生生病的时候用过的，走山路的时候，用它来撑扶撑扶，气力要省得多。我谢过了她的好意，就让则生的妹妹上前带路，走出了他们的大门。

早晨的空气，实在澄鲜得可爱。太阳已经升高了，但它的领域，还只限于屋檐，树梢，山顶等突出的地方。山路两旁的细草上，露水还没有干，而一味清凉触鼻的绿色草气，和入在桂花香

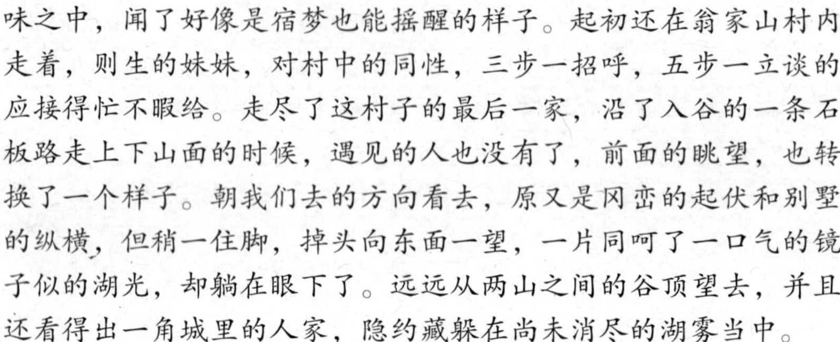

味之中，闻了好像是宿梦也能摇醒的样子。起初还在翁家山村内走着，则生的妹妹，对村中的同性，三步一招呼，五步一立谈的应接得忙不暇给。走尽了这村子的最后一家，沿了入谷的一条石板路走上下山面的时候，遇见的人也没有了，前面的眺望，也转换了一个样子。朝我们去的方向看去，原又是冈峦的起伏和别墅的纵横，但稍一住脚，掉头向东面一望，一片同呵了一口气的镜子似的湖光，却躺在眼下了。远远从两山之间的谷顶望去，并且还看得出一角城里的人家，隐约藏躲在尚未消尽的湖雾当中。

我们的路先朝西北，后又向西南，先下了山坡，后又上了山背，因为今天有一天的时间，可以供我们消磨，所以一离了村境，我就走得特别的慢。每这里看看，那里看看的看个不住。若看见了一件稍可注意的东西，那不管它是风景里的一点一堆，一山一水，或植物界的一草一木与动物界的一鸟一虫，我总要拉住了她，寻根究底的问得它仔仔细细。说也奇怪，小时候只在村里的小学校里念过四年书的她——这是她自己对我说的——对于我所问的东西，却没有一样不晓得的。关于湖上的山水古迹，庙宇楼台哩，那还不要去管它，大约是生长在西湖附近的人，个个都能够说出一个大概来的，所以她的知道得那么详细，倒还在情理之中，但我觉得最奇怪的，却是她的关于这西湖附近的区域之内的种种动植物的知识。无论是如何小的一只鸟，一个虫，一株草，一棵树，她非但各能把它们的名字叫出来，并且连几时孵化，几时他迁，几时鸣叫，几时脱壳，或几时开花，几时结实，花的颜色如何，果的味道如何等，都说得非常有趣而详尽，使我觉得仿佛是在读一部活的桦候脱的《赛儿鹏自然史》（G. White's *Natural History and Antiquities of Selborne*）。而桦候脱的书，却决没有叙述得她那么朴质自然而富于刺激，因为听听她那种舒徐清澈的语气，看看她那一双天生成像饱使过耐吻胭脂棒般的红唇，更加上以她所特有的那一脸微笑，在知识分子之外还不得不添一

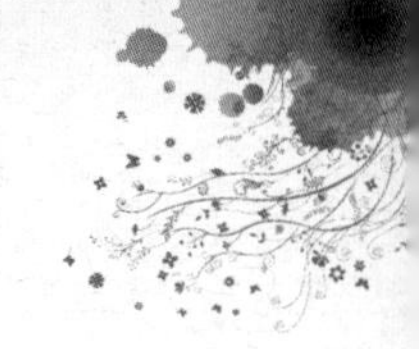

种情的成分上去，于书的趣味之上更要兼一层人的风韵在里头。我们慢慢的谈着天，走着路，不上一个钟头的光景，我竟恍恍惚惚，像又回复了青春时代似的完全为她迷倒了。

她的身体，也真发育得太完全，穿的虽是一件乡下裁缝做的不大合式的大绸夹袍，但在我的前面一步一步的走去，非但她的肥突的后部，紧密的腰部，和斜圆的胫部的曲线，看得要簇生异想，就是她的两只圆而且软的肩膊，多看一歇，也要使我贪鄙起来。立在她的前面和她讲话哩，则那一双水汪汪的大眼，那一个隆正的尖鼻，那一张红白相间的椭圆嫩脸，和因走路走得气急，一呼一吸涨落得特别快的那个高突的胸脯，又要使我恼杀。还有她那一头不曾剪去的黑发哩，梳的虽然是一个自在的懒髻，但一映到了她那个圆而且白的额上，和短而且腴的颈际，看起来，又格外的动人。总之，我在昨天晚上，不曾在她身上发见的康健和自然的美点，今天因这一回的游山，完全被我观察到了。此外我又在她的谈话之中，证实翁则生也和我曾经讲到过的她的生性的活泼与天真。譬如我问她今年几岁了？她说，二十八岁。我说这真看不出，我起初还以为你只有二十三四岁，她说，女人不生产是不大会老的。我又问她，对于则生这一回的结婚，你有点什么感触？她说，另外也没有什么，不过以后长住在娘家，似乎有点对不起大哥和大嫂。像这一类的纯粹真率的谈话，我另外还听取了许多许多，她的朴素的天性，真真如翁则生之所说，是一个永久的小孩子的天性。

爬上了龙井狮子峰下的一处平坦的山顶，我于听了一段她所讲的如何栽培茶叶，如何摘取焙烘，与那时候的山家生活的如何紧张而有趣的故事之后，便在路旁的一块大岩石上坐下了。遥对着在晴天下太阳光里躺着的杭州城市，和近水遥山，我的双眼只凝视着苍空的一角，有半晌不曾说活。一边在我的脑里，却只在回想着德国的一位名延生（Jenson）的作家所著的一部小说《野

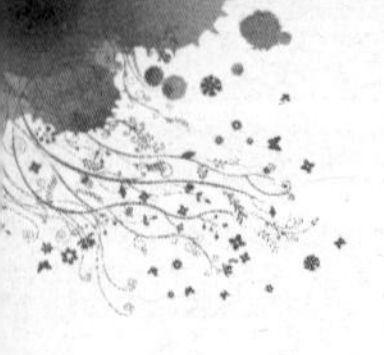



紫薇爱立喀》(*Die Braune Erika*)。这小说后来又有一位英国的作家哈特生(Hodson)摹仿了,写了一部《绿阴》(*Green Mansions*)。两部小说里所描写的,都是一个极可爱的生长在原野里的天真的女性,而女主人公的结果,后来都是不大好的。我沉默着痴想了好久,她却从我背后用了她那只肥软的右手很自然地搭上了我的肩膀。

"你一声也不响的在那里想什么?"

我就伸上手去把她的那只肥手捏住了,一边就扭转了头微笑着看入了她的那双大眼,因为她是坐在我的背后的。我捏住了她的手又默默对她注视了一分钟,但她的眼里脸上却丝毫也没有羞惧兴奋的痕迹出现,她的微笑,还依旧同平时一点儿也没有什么的笑容一样。看了我这一种奇怪的形状,她过了一歇,反又很自然的问我说:

"你究竟在那里想什么?"

倒是我被她问得难为情起来了,立时觉得两颊就潮热了起来。先放开了那只被我捏住在那儿的她的手,然后干咳了两声,最后我就鼓动了勇气,发了一声同被绞出来似的答语:

"我……我在这儿想你!"

"是在想我的将来如何的和他们同住么?"

她的这句反问,又是非常的率真而自然,满以为我是在为她设想的样子。我只好沉默着把头点了几点,而眼睛里却酸溜溜的觉得有点热起来了。

"啊,我自己倒并没有想得什么伤心,为什么,你,你却反而为我流起眼泪来了呢?"

她像吃了一惊似的立了起来问我,同时我也立起来了,且在将身体起立的行动当中,乘机拭去了我的眼泪。我的心地开朗了,欲情也净化了,重复向南慢慢走上岭去的时候,我就把刚才我所想的心事,尽情告诉了她。我将那两部小说的内容讲给了她

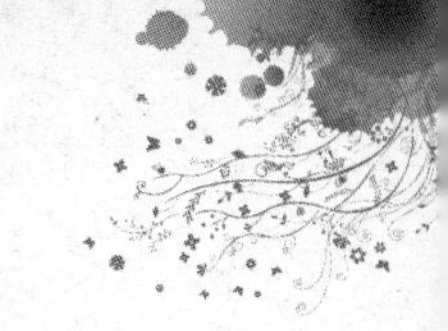

听，我将我自己的邪心说了出来，我对于我刚才所触动的那一种自己的心情，更下了一个严正的批判，末后，便这样的对她说：

“对于一个洁白得同白纸似的天真小孩，而加以玷污，是不可赦免的罪恶。我刚才的一念邪心，几乎要使我犯下这个大罪了。幸亏是你的那颗纯洁的心，那颗同高山上的深雪似的心，却救我出了这一个险。不过我虽则犯罪的形迹没有，但我的心，却是已经犯过罪的。所以你要罚我的话，就是处我以死刑，我也毫无悔恨。你若以为我是那样卑鄙，而将来永没有改善的希望的话，那今天晚上回去之后，向你大哥母亲，将我的这一种行为宣布了也可以。不过你若以为这是我的一时糊涂，将来是永也不会再犯的话，那请你相信我的誓言，以后请你当我作你大哥一样那么的看待，你若有急有难，有不了的事情，我总情愿以死来代替着你。”

当我在对她作这些忏悔的时候，两人起初是慢慢在走的，后来又在路旁坐下了。说到了最后的一节，倒是她反同小孩子似的发着抖，捏住了我的两手，倒入了我的怀里，呜呜咽咽的哭了起来。我等她哭了一阵之后，就拿出了一块手帕来替她揩干了眼泪，将我的嘴唇轻轻地搁到了她的头上。两人偎抱着沉默了好久，我又把头俯了下去，问她，我所说的这段话的意思，究竟明白了没有。她眼看着了地上，把头点了几点。我又追问了她一声：

“那么你承认我以后做你的哥哥了不是？”

她又俯视着把头点了几点，我撒开了双手，又伸出去把她的头捧了起来，使她的脸正对着了我。对我凝视了一会，她的那双泪珠还没有收尽的水汪汪的眼睛，却笑起来了。我乘势把她一拉，就同她搀着手并立了起来。

“好，我们是已经决定了，我们将永久地结作最亲爱最纯洁的兄妹。时候已经不早了，让我们快一点走，赶上五云山去吃午饭去。”

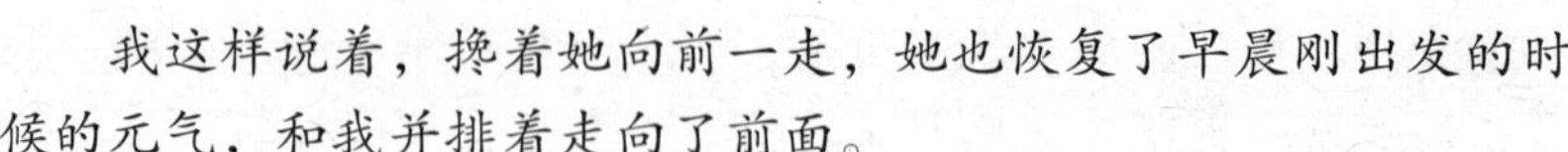

我这样说着，搀着她向前一走，她也恢复了早晨刚出发的时候的元气，和我并排着走向了前面。

两人沉默着向前走了几十步之后，我侧眼向她一看，同奇迹似地忽而在她的脸上看出了一层一点儿忧虑也没有的满含着未来的希望和信任的圣洁的光耀来。这一种光耀，却是我在这一刻以前的她的脸上从没有看见过的。我愈看愈觉得对她生起敬爱的心思来了，所以不知不觉，在走路的当中竟接连着看了她好几眼。本来只是笑嘻嘻地在注视着前面太阳光里的五云山的白墙头的她，因为我的脚步的迟乱，似乎也感觉到了我的注意力的分散了，将头一侧，她的双眼，却和我的视线接成了两条轨道。她又笑起来了，同时也放慢了脚步。再向我看了一眼，她才腼腆地开始问我说：

"那我以后叫你什么呢?"

"你叫则生叫什么，就叫我也叫什么好了。"

"那么——大哥!"

大哥的两字，是很急速的紧连着叫出来的，听到了我的一声高声的"啊!"的应声之后，她就涨红了脸，撇开了手，大笑着跑上前面去了。一面跑，一面她又回转头来，"大哥!""大哥!"的接连叫了我好几声。等我一面叫她别跑，一面我自己也跑着追上了她背后的时候，我们的去路已经变成了一条很窄的石岭，而五云山的山顶，看过去也似乎是很近了。仍复了平时的脚步，两人分着前后，在那条窄岭上缓步的当中，我才觉得真真是成了她的哥哥的样子，满含着了慈爱，很正经地吩咐她说：

"走得小心，这一条岭多么险啊!"

走到了五云山的财神殿里，太阳刚当正午，庙里的人已经在那里吃中饭了。我们因为在太阳底下的半天行路，口已经干渴得像旱天的树木一样，所以一进客堂去坐下，就教他们先起茶来，然后再开饭给我们吃。洗了一个手脸，喝了两三碗清茶，静坐了

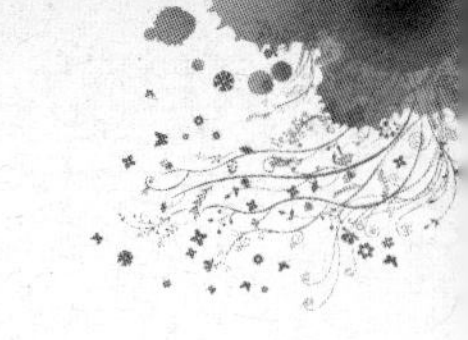

十几分钟，两人的疲劳兴奋，都已平复了过去，这时候饥饿却抬起头来了，于是就又催他们快点开饭。这一餐只我和她两人对食的五云山上的中餐，对于我正敌得过英国诗人所幻想着的亚力山大王的高宴，若讲到心境的满足，和谐，与食欲的高潮亢进，那恐怕亚力山大王还远不及当时的我。

吃过午饭，管庙的和尚又领我们上前后左右去走了一圈。这五云山，实在是高，立在庙中阁上，开窗向东北一望，湖上的群山，都像是青色的土堆了。本来西湖的山水的妙处，就在于它的比舞台上的布景又真实伟大一点，而比各处的名山大川又同盆景似地整齐渺小一点这地方。而五云山的气概，却又完全不同了。以其山之高与境的僻，一般脚力不健的游人是不会到的，就在这一点上，五云山已略备着名山的资格了，更何况前面远处，蜿蜒盘曲在青山绿野之间的，是一条历史上也着实有名的钱塘江水呢？所以若把西湖的山水，比作一只锁在铁笼子里的白熊来看，那这五云山峰与钱塘江水，便是一只深山的野鹿。笼里的白熊，是只能满足满足胆怯无力者的冒险雄心的；至于深山的野鹿，虽没有高原的狮虎那么雄壮，但一股自由奔放之情，却可以从它那里摄取得来。

我们在五云山的南面又看了一会钱塘江上的帆影与青山，就想动身上我们的归路了，可是举起头来一望，太阳还在中天，只西偏了没有几分。从此地回去，路上若没有耽搁，是不消两个钟头就能到翁家山上的；本来是打算出来把一天光阴消磨过去的我们，回去得这样的早，岂不是辜负了这大好的时间了么？所以走到了五云山西南角的一条狭路边上的时候，我就又立了下来，拉着了她的手亲亲热热地问了她一声：

“莲，你还走得动走不动?”

“起码三十里路总还可以走的。”

她说这句话的神气，是富有着自信和决断，一点也不带些夸

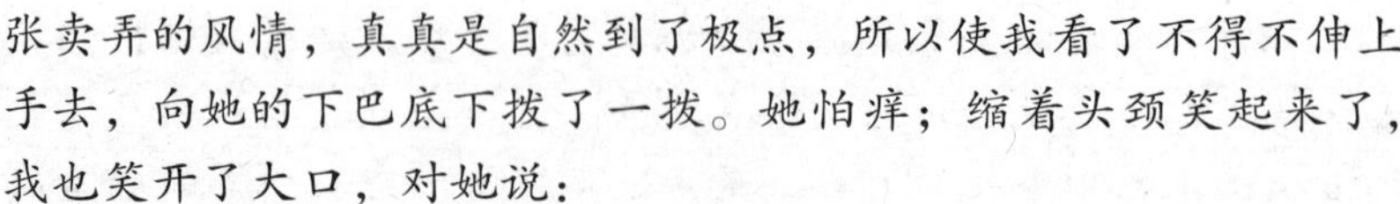

张卖弄的风情，真真是自然到了极点，所以使我看了不得不伸上手去，向她的下巴底下拨了一拨。她怕痒；缩着头颈笑起来了，我也笑开了大口，对她说：

“让我们索性上云栖去罢！这一条是去云栖的便道，大约走下去，总也没有多少路的，你若是走不动的话，我可以背你。”

两人笑着说着，似乎只转瞬之间，已经把那条狭窄的下山便道走尽了大半了。山下面尽是些绿玻璃似的翠竹，西斜的太阳晒到了那条坞里，一种又清新又寂静的淡绿色的光同清水一样，满浸在这附近的空气里在流动。我们到了云栖寺里坐下，刚喝完了一碗茶，忽而前面的大殿上，有嘈杂的人声起来了，接着就走进了两位穿着分外宽大的黑布和尚衣的老僧来。知客僧便指着他们夸耀似地对我们说：

“这两位高僧，是我们方丈的师兄，年纪都快八十岁了，是从城里某公馆里回来的。”

城里的某巨公，的确是一位佞佛的先锋，他的名字，我本系也听见过的，但我以为同和尚来谈这些俗天，也不大相称，所以就把话头扯了开去，问和尚大殿上的嘈杂的人声，是为什么而起的。知客僧轻鄙似地笑了一笑说：

“还不是城里的轿夫在敲酒钱，轿钱是公馆里付了来的，这些穷人心实在太凶。”

这一个伶俐世俗的知客僧的说话，我实在听得有点厌起来了，所以就要求他说：

“你领我们上寺前寺后去走走罢?”

我们看过了“御碑”及许多石刻之后，穿出大殿，那几个轿夫还在咕噜着没有起身。我一半也觉得走路走得太多了，一半也想给那个知客僧以一点颜色看看，所以就走了上去对轿夫说：

“我给你们两块钱一个人，你们抬我们两人回翁家山去好不好?”

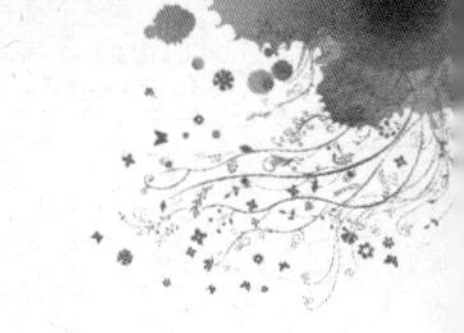



轿夫们喜欢极了，同打过吗啡针后的鸦片嗜好者一样，立时将态度一变，变得有说有笑了。

知客僧又陪我们到了寺外的修竹丛中，我看了竹上的或刻或写在那里的名字诗句之类，心里倒有点奇怪起来，就问他这是什么意思。于是他也同轿夫他们一样，笑迷迷地对我说了一大串话。我听了他的解释，倒也觉得非常有趣，所以也就拿出了五圆纸币，递给了他，说：

“我们也来买两枝竹放放生罢！”

说着我就向立在我旁边的她看了一眼，她却正同小孩子得到了新玩意儿还不敢去抚摸的一样，微笑着靠近了我的身边轻轻地问我：

“两枝竹上，写什么名字好？”

“当然是一枝上写你的，一枝上写我的。”

她笑着摇摇头说：

“不好，不好，写名字也不好，两个人分开了写也不好。”

“那么写什么呢？”

“只教把今天的事情写上去就对。”

我静立着想了一会，恰好那知客僧向寺里去拿的油墨和笔也已经拿到了。我拣取了两株并排着的大竹，提起笔来，就各写上了“郁翁兄妹放生之竹”的八个字。将年月日写完之后，我搁下了笔，回头来问她这八个字怎么样，她真像是心花怒放似的笑着，不说话而尽在点头。在绿竹之下的这一种她的无邪的憨态，又使我深深地，深深地受到了一个感动。

坐上轿子，向西向南的在竹荫之下走了六七里坂道，出梵村，到闸口西首，从九溪口折入九溪十八涧的山坳，登杨梅岭，到南高峰下的翁家山的时候，太阳已经悬在北高峰与天竺山的两峰之间了。他们的屋里，早已挂上了满堂的灯彩，上面的一对红灯，也已经点尽了一半的样子。嫁妆似乎已经在新房里摆好，客

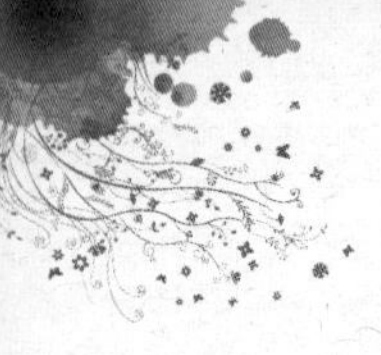



厅上看热闹的人，也早已散了。我们轿子一到，则生和她的娘，就笑着迎了出来。我付过轿钱，一踱进门槛，他娘就问我说：

“早晨拿出去的那枝手杖呢?”

我被她一问，方才想起，便只笑着摇摇头对她慢声的说：

“那一枝手杖么——做了我的祭礼了。”

“做了你的祭礼？什么祭礼?”则生惊疑似地问我。

“我们在狮子峰下，拜过天地，我已经和你妹妹结成了兄妹了。那一枝手杖，大约是忘记在那块大岩石的旁边的。”

正在这个时候，先下轿而上楼去换了衣服下来的他的妹妹，也嬉笑着，走到了我们的旁边。则生听了我的话后，就也笑着对他的妹妹说：

“莲，你们真好！我们倒还没有拜堂，而你和老郁，却已经在狮子峰拜过天地了，并且还把我的一枝手杖忘掉，作了你们的祭礼。娘！你说这事情应怎么罚罚他们?”

经他这一说，说得大家都笑了起来，我也情愿自己认罚，就认定后日馔房，算作是我一个人的东道。

这一晚翁家请了媒人，及四五个近族的人来吃酒，我和新郎官，在下面奉陪。做媒人的那位中老乡绅，身体虽则并不十分肥胖，但相貌态度，却也是很富裕的样子。我和他两人干杯，竟干满了十八九杯。因酒有点微醉，而日里的路，也走得很多，所以这一晚睡得比前一晚还要沉熟。

九月十二的那一天结婚正日，大家整整忙了一天。婚礼虽系新旧合参的仪式，但因两家都不喜欢铺张，所以百事也还比较简单。午后五时，新娘轿到，行过礼后，那位好好先生的媒人硬要拖我出来，代表来宾，说几句话。我推辞不得，就先把我和则生在日本念书时候的交情说了一说，末了我就想起了则生同我说的迟桂花的好处，因而就抄了他的一段话来恭祝他们：

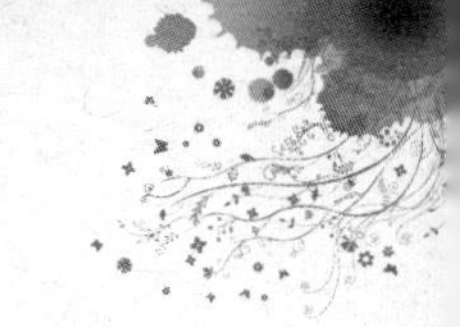



“则生前天对我说，桂花开得愈迟愈好，因为开得迟，所以经得日子久。现在两位的结婚，比较起平常的结婚年龄来，似乎是觉得大一点了，但结婚结得迟，日子也一定经得久。明年迟桂花开的时候，我一定还要上翁家山来。我预先在这儿计算，大约明年来的时候，在这两株迟桂花的中间，总已经有一株早桂花发出来了。我们大家且等着，等到明年这个时候，再一同来吃他们的早桂的喜酒。”

说完之后，大家就坐拢来吃喜酒。猜猜拳，闹闹房，一直闹到了半夜，各人方才散去。当这一日的中间，我时时刻刻在注意着偷看则生的妹妹的脸色，可是则生所说而我也曾看到过的那一种悲寂的表情，在这一日当中却终日没有在她的脸上流露过一丝痕迹。这一日，她笑的时候，真是乐得难耐似的完全是很自然的样子。因了她的这一种心情的反射的结果，我当然可以不必说，就是则生和他的母亲，在这一日里，也似乎是愉快到了极点。

因为两家都喜欢简单成事的缘故，所以三朝回郎等繁缛的礼节，都在十三那一天白天行完了，晚上馔房，总算是我的东道。则生虽则很希望我在他家里多住几日，可以和他及他的妹妹谈谈笑笑，但我一则因为还有一篇稿子没有做成，想另外上一个更僻静点的地方去做文章，二则我觉得我这一次吃喜酒的目的也已经达到了，所以在馔房的翌日，就离开翁家山去乘早上的特别快车赶回上海。

送我到车站的，是翁则生和他的妹妹两个人。等开车的信号钟将打，而火车的机关头上在吐白烟的时候，我又从车窗里伸出了两手，一只捏着了则生，一只捏着了他的妹妹，很重很重的捏了一回。汽笛鸣后，火车微动了，他们兄妹俩又随车前走了许多步，我也俯出了头，叫他们说：

“则生！莲！再见，再见！但愿得我们都是迟桂花！”

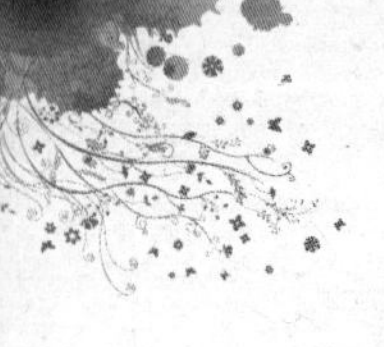



火车开出了老远老远，月台上送客的人都回去了，我还看见他们兄妹俩直立在东面月台篷外的太阳光里，在向我挥手。

一九三二年十月在杭州写

读者注意！这小说中的人物事迹，当然都是虚拟的，请大家不要误会。

——作者附著

（原载1932年12月1日《现代》第2卷第2期）

## 回归平静：《迟桂花》解读

### 1. 从《沉沦》到《迟桂花》

郁达夫早期生活穷困，身体瘦弱，性格忧郁，酗酒，经常处于焦虑性、抑郁性的心理状态中。《沉沦》写一个处于青春躁动期的忧郁、孤僻、敏感、无助的留日学生在异国的遭遇：穷困潦倒，体弱多病，不受尊重，渴望异性之爱却无法实现。压抑中引发心理变态，自慰，偷窥，买醉寻欢，又自怨自艾，颓唐绝望，难以自拔。《沉沦》奠定了郁达夫小说创作的基调：以自我经历为线索，坦然诉说自己心理和身体感受；感情澎湃跌宕，文字郁闷焦灼充满躁动不安的心理情绪和自我表达的冲动，淡化情节，不讲谋篇，一气呵成，酣畅淋漓。由此形成这一时期典型的自叙传小说样式，郁达夫也成为自叙传小说的开创者。之后，他的小说书写基本沿用这种方式。

在郁达夫并不很长的小说生涯里，《迟桂花》算是他后期的作品。这依然是一篇自叙传小说，依然采用心情诉述的方式，却由前期波浪滔天的情感泛滥转向后期平淡恬静的情感流淌——涓涓细流，汩汩而出，无喜无忧，丰富细腻，如一潭深深的水，表面波纹不动，内里却自有景色。

从《沉沦》到《迟桂花》，显现了作者从激愤颓丧的青年心境到平淡从容的中年心境的转化。

**2. 没有结构的结构**

这篇小说几乎没有谋篇结构。有人称它为散文，正是就其结构松散而言的。它以“我”为活动线索，“我”像一个漫无目的的游走者，走走停停，见有好风光处，便驻足不前，留恋不已，敷衍出一个又一个片段。整个过程毫无计划，情节的推进顺其自然。“我”应邀参加好友翁则生的婚礼。到达翁家山之前，收到翁则生的一封信。这封信长达 6000 多字，占近一半的篇幅。将《沉沦》《南迁》诸前段“我”所经历的相关故事联系起来，交代了“五四”前后那个得肺病的留日青年归国后的情况。“自叙传”特点依然。郁达夫的小说，主人公几乎都是同一个人，不同篇目，讲的是关于一个人的故事，可以做前后对读和联系。这封漫无目的的信正起到这样的作用：将 10 年后“我”的翁家山经历与 10 年前《沉沦》等作品中那个寻爱不得的留日青年相勾连；紧接着带出的故事，“我”在翁家邂逅莲，这个美好的女子再度唤醒了“我”的情欲。“我”的最终释然和情感升华，与早年“于质夫”的经历恰好做反衬和对比，隔着岁月的风霜，“我”已经不是昔日那个见着风就是雨的毛头小子了。

经过一番无关紧要的铺垫之后，小说才引出其主体部分：“我”在翁家认识了翁则生守寡的妹妹莲，在则生的建议下，“我”与莲同游五云山，男女主人公开始了一场情感交往。

全篇行文缓慢松散，叙述毫无节制。整篇小说没有明确的谋篇布局，纯粹由“游”带动叙述，构成自然、舒缓而没有刻意营造的另一种结构，这可能是中年郁达夫有意追求的一种“结构”，一种境界。

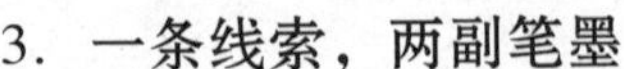

### 3. 一条线索，两副笔墨

《迟桂花》其实有一条内在的线索：“我”的从情欲骚动到心境归于平静到灵魂得到净化的过程。这条线索由两个主要人物的互动关系构成：“莲”的率真自然，净化了“我”的灵魂。而“我”不断变化着的从骚动到平静到净化的心理过程，又反衬、凸显着“莲”纯洁率真的性情。小说对这两个人物的描写采用两种角度：写“我”用的是内视角，写内在感受——心潮起伏，自我反省，灵魂净化。写“莲”用的是外视角，由“我”眼中所见的“莲”：“无邪的憨态”，天真活泼的性情，率性而为的举止，自然清纯的人性。两副笔墨互为照应，相得益彰，从不同角度回应了“迟桂花”的主题。

这篇小说以“我”的情欲/心理为线索，串起相关的细节——

A. 伏笔：先是闻到“一种说不出的撩人的桂花香气”，心中惊异着、吸闻着、玩赏着，由桂花香气掀动情绪；然后是莲的出现。她一见我，“立住脚惊疑似地略呆了一呆”，“脸上却涨起一层红晕，一双大眼睛眨了几眨，深深地吞了一口气”。寥寥几笔活现人物微妙的心绪和情感，而这一切其实是由“我”看见的，异性之情已萌生；之后是喝桂花茶，又闻“触鼻的桂花香气，实在可爱得很”，“我，我闻了，似乎要起性欲冲动的样子”，幽香挑动“我”的情欲，迟桂花的香味与莲的美好相联系；再后是，则生提出让我带其寡妹出去解闷，于是有游五云山的决议。出行之前，我大胆地挑逗“莲”：“五云山可着实不近哩，你走得动的么？回头走到半路，要我来背，那可办不到。”男主人公已经有意无意地开着一种似爱非爱、带有某种情欲意向的玩笑了。

B. 起笔：于是两人同游五云山。“我”各方面的感觉非常活跃。视觉：“听听她那种舒徐清澈的语气，看看她那一双天生

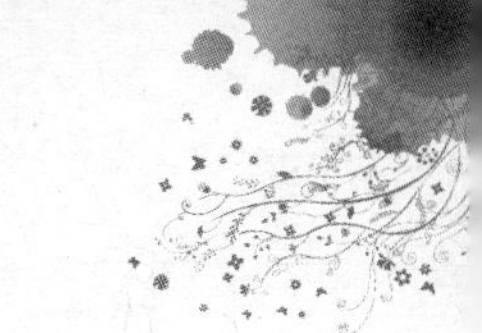

成像饱使过耐吻胭脂棒般的红唇，更加上以她所特有的那一脸微笑，在知识分子之外还不得不添一种情的成分上去……我竟恍恍惚惚，像又回复了青春时代似的完全为她迷倒了”；触觉：“我沉默着痴想了好久，她却从我背后用了她那只肥软的右手很自然地搭上了我的肩膀。”“我就伸上手去把她的那只肥手捏住了……”“我”的情欲已蠢蠢欲动。知觉：“我捏住了她的手又默默对她注视了一分钟，但她的眼里脸上却丝毫也没有羞惧兴奋的痕迹出现……反又很自然的问我说：‘你究竟在那里想什么?’倒是我被她问得难为情起来了，立时觉得两颊就潮热了起来……”面对莲的无邪，“我”的情欲得到抑制。

C. 转笔：知觉继续展开：“‘我在这儿想你!’‘是在想我的将来如何的和他们同住么?’”她“非常的率真而自然，满以为我是在为她设想的样子。我只好沉默着把头点了几点，而眼睛里却酸溜溜的觉得有点热起来了。‘啊，我自己倒并没有想得什么伤心，为什么，你，你却反而为我流起眼泪来了呢?’”情感欲望在莲那里得不到回应，情势发生陡转。

D. 净化及升华：“……乘机拭去了我的眼泪。我的心地开朗了，欲情也净化了。”“末后，便这样的对她说：‘对于一个洁白得同白纸似的天真小孩，而加以玷污，是不可赦免的罪恶。’”

E. 结局：“莲”与“我”结为兄妹，两人坦然相待。为男女之情累了大半生的郁达夫，用他这篇优美的力作，为他一直热衷的感情诉说，画上一个圆满的句号。

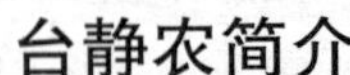

## 台静农简介

台静农（1903—1990），字伯简，安徽霍邱人。幼承庭训，读经史，习书法，中学后入北京大学国文系旁听，后北京大学研究所国学门肄业，奠定了国学基础。1925 年夏，鲁迅发起成立未名社，台静农为社员。其创作以短篇小说为主，以写乡土小说见长，兼写诗歌、散文，作品多载于《莽原》、《未名》等刊物。后结为短篇小说集《地之子》、《建塔者》，由未名社出版。《地之子》共收小说 14 篇，从民间取材，充满乡土气息，富有地方特色的个性化人物语言，单纯质朴的写实方法，台静农由此成为 20 年代乡土文学的代表作家之一。从 1927 年起，台静农任教于辅仁大学、厦门大学、山东大学及齐鲁大学等。抗战后，举家迁至四川，任职于国立编译馆。1946 年赴台，后任台湾大学中文系教授。台静农治学严谨，涉足文学、书画、经史等多个领域，以人格耿介、文章书画脱俗驰名。

## 拜　堂

台静农

黄昏的时候，汪二将蓝布夹小袄托蒋大的屋里人[①]当了四百大钱。拿了这些钱一气跑到吴三元的杂货店，一屁股坐在柜台前破旧的大椅上，椅子被坐得格格地响。

---

① 屋里人即内人。

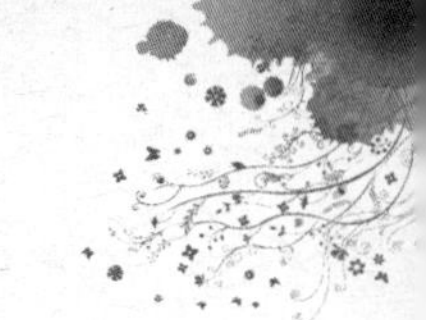

“哪里来，老二？”吴家二掌柜问。

“从家里来。你给我请三股香，数二十张黄表。”

“弄什么呢？”

“人家下书子①，托我买的。”

“那么不要蜡烛吗？”

“他妈的，将蜡烛忘了，那么就给我拿一对蜡烛罢。”

吴家二掌柜将香表蜡烛裹在一起，算了账，付了钱。汪二在回家的路上走着，心里默默地想：同嫂子拜堂成亲，世上虽然有，总不算好事。哥哥死了才一年，就这样了，真有些对不住。转而想，要不是嫂子天天催，也就可以不用磕头②，糊里糊涂地算了。不过她说得也有理：肚子眼看一天大似一天，要是生了一男半女，到底算谁的呢？不如率性磕了头，遮遮羞，反正人家是笑话了。

走到家，将香纸放在泥砌的供桌上。嫂子坐在门口迎着亮上鞋。

“都齐备了么？”她停了针向着汪二问。

“都齐备了，香，烛，黄表。”汪二蹲在地上，一面答，一面擦了火柴吸起旱烟来。

“为什么不买炮呢？”

“你怕人家不晓得么，还要放炮！”

“那么你不放炮，就能将人家瞒住了？”她深深地叹了一口气。“既然丢了丑，总得图个吉利，将来日子长，要过活的。我想哈③要买两张灯红纸，将窗户糊糊。”

“俺爹可用告诉他呢？”

---

① 下书子即过婚书。

② 磕头即拜堂。

③ “哈”作“还”解。

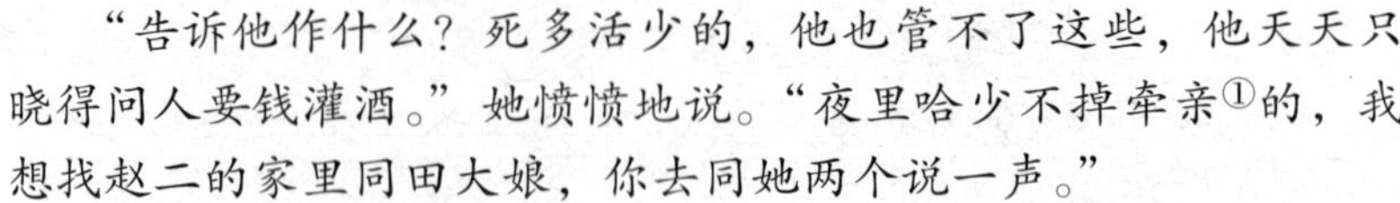

“告诉他作什么？死多活少的，他也管不了这些，他天天只晓得问人要钱灌酒。”她愤愤地说。“夜里哈少不掉牵亲[①]的，我想找赵二的家里同田大娘，你去同她两个说一声。”

“我不去，不好意思的。”

“哼，”她向他重重地看了一眼。“要讲意思，就不该作这样丢脸的事！”她冷悄地说。

这时候，汪二的父亲缓缓地回来了。右手提了小酒壶，左手端着一个白碗，碗里放着小块豆腐。他将酒壶放在供桌上，看见了那包香纸，于是不高兴地说：

“妈的，买这些东西作什么？”

汪二不理他，仍旧吸烟。

“又是许你妈的什么愿，一点本事都没有，许愿就能保佑你发财了？”

汪二还是不理他。他找了一双筷子，慢慢地在拌豆腐，预备下酒。全室都沉默了，除了筷子搗碗声，汪二的吸旱烟声，和汪大嫂的上鞋声。

镇上已经打了二更，人们大半都睡了，全镇归于静默。

她趁着夜静，提了蔑编的小灯笼，悄悄地往田大娘那里去。才走到田家荻柴门的时候，已听着屋里纺线的声音，她知道田大娘还没有睡。

“大娘，你开开门。哈在纺线呢。”她站在门外说。

“是汪大嫂么？在哪里来呢，二更都打了？”田大娘早已停止了纺线，开开门，一面向她招呼。

她坐在田大娘纺线的小椅上，半晌没有说话，田大娘很奇怪，也不好问。终于她说了：

“大娘，我有点事……就是……”她未说出又停住了。“真

---

① 牵亲即傧相。

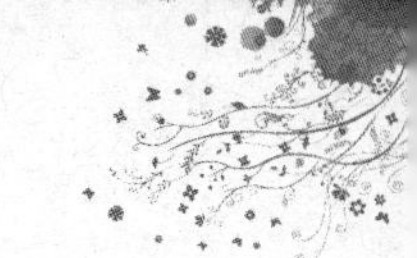

是丑事，现在同汪二这样了。大娘，真是丑事，如今有了四个月的胎了。”她头是深深地低着，声音也随之低微。“我不恨我的命该受苦，只恨汪大丢了我，使我孤零零地，又没有婆婆，只这一个死多活少的公公。……我好几回就想上吊死去，……”

“嗳，汪大嫂你怎么这样说！小家小户守什么？况且又没有个牵头①；就是大家的少奶奶，又有几个能守得住的？”

“现在真没有脸见人……”她的声音有些哽咽了。

“是不是想打算出门呢？本来应该出门，找个不缺吃不缺喝的人家。”

“不呀，汪二说不如磕个头，我想也只有这一条路。我来就是想找大娘你去。”

“要我牵亲么？”

“说到牵亲，真丢脸，不过要拜天地，总得要旁人的；要是不恭不敬地也不好，将来日子长，哈要过活的。”

“那么，总得哈要找一个人，我一个也不大好。”

“是的，我想找赵二嫂。”

“对啦，她很相宜，我们一阵去。”田大娘说着，在房里摸了一件半旧的老蓝布褂穿了。

这深夜的静寂的帷幕，将大地紧紧地包围着，人们都酣卧在梦乡里，谁也不知道大地上有这么两个女人，依着这小小的灯笼的微光，在这漆黑的帷幕中走动。

渐渐地走到了，不见赵二嫂屋里的灯光，也听不见房内有什么声音，知道她们是早已睡了。

“赵二嫂，你睡了么？”田大娘悄悄地走到窗户外说。

“是谁呀？”赵二嫂丈夫的口音。

“是田大娘么？”赵二嫂接着问。

---

① 牵头指儿女。

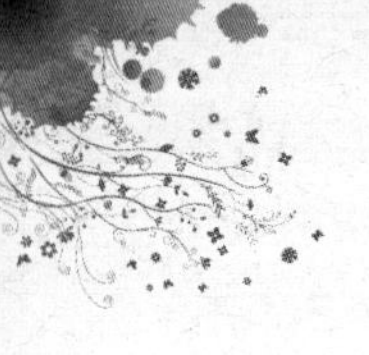



“是的，二嫂你开开门，有话跟你说。”

赵二嫂将门开开，汪大嫂就便上前招呼：

“二嫂已经睡了，又麻烦你开门。”

“怎么，你两个吗，这夜黑头①从哪里来呢？”赵二嫂很惊奇地问。“你俩请到屋里坐，我来点灯。”

“不用，不用，你来我跟你说！”田大娘一把拉了她到门口一棵柳树的底下。低声地说了她们的来意。结果赵二嫂说：

“我去，我去，等我换件褂子。”

少顷，她们三个一起在这黑的路上缓缓走着了，灯笼残烛的微光，更加黯弱。柳条迎着夜风摇摆，荻柴沙沙地响，好像幽灵出现在黑夜中的一种阴森的可怕，顿时使这三个女人不禁地感觉着恐怖的侵袭。汪大嫂更是胆小，几乎全身战栗得要叫起来了。

到了汪大嫂家以后，烛已熄灭，只剩了烛烬上一点火星了。汪二将茶已煮好，正在等着；汪大嫂端了茶敬奉这两位来客。赵二嫂于是问：

“什么时候拜堂呢？”

“就是半夜子时罢，我想。”田大娘说。

“你两位看着罢，要是子时，就到了，马上要打三更的。”汪二说。

“那么，你就净净手，烧香罢。”赵二嫂说着，忽然看见汪大嫂还穿着孝。“你这白鞋怎么成，有黑鞋么？”

“有的，今天下晚才赶着上起来的。”她说了，便到房里换鞋去了。

“扎头绳也要换大红的，要是有花，哈要戴几朵。”田大娘一面说着，一面到了房里帮着她去打扮。

汪二将香烛都已烧着，黄表预备好了。供桌捡得干干净净

① 夜黑头即黑夜。

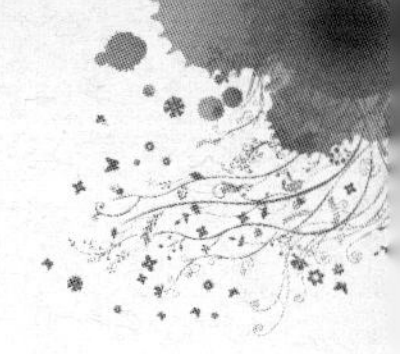

的。于是轻轻地跑到东边墙外半间破屋里，看看他的爹爹是不是睡熟了，听在打鼾，倒放下心。

赵二嫂因为没有红毡子，不得已将汪大嫂床上破席子拿出铺在地上。汪二也穿了一件蓝布大褂，将过年的洋缎小帽戴上，帽上小红结，系了几条水红线；因为没有红丝线，就用几条绵线替代了。汪大嫂也穿戴周周正正地同了田大娘走出来。

烛光映着陈旧褪色的天地牌，两人恭敬地站在席上，顿时显出庄严和寂静。

“站好了，男左女右，我来烧黄表。”田大娘说着，向前将表对着烛焰燃起，又回到汪大嫂身边。“磕罢，天地三个头。”赵二嫂说。

汪大嫂本来是经过一次的，也倒不用人扶持；听赵二嫂说了以后，却静静地和汪二磕了三个头。

“祖宗三个头。”

汪大嫂和汪二，仍旧静静地磕了三个头。

“爹爹呢，请来，磕一个头。”

“爹爹睡了，不要惊动罢，他的脾气又不好。”汪二低声说。

“好罢，那就给他老人家磕一个堆着罢。”

“再给阴间的妈妈磕一个。”

“哈有……给阴间的哥哥也磕一个。”

忽而汪大嫂的眼泪扑的落下地了，全身是颤动和抽搐；汪二也木然地站着，颜色变得难看，可怕。全室中情调，顿成了阴森惨淡。双烛的光辉，竟黯了下去，大家都张皇失措了。终于田大娘说：

“总得图个吉利，将来还要过活的！”

汪大嫂不得已，忍住了眼泪，同了汪二，又呆呆地磕了一个头。

第二天清晨，汪二的爹爹，提了小酒壶，买了一个油条，坐

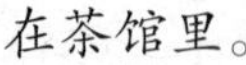



在茶馆里。

“给你老头道喜呀，老二安了家①。”推车的吴三说。

“道他妈的喜，俺不问他妈的这些屌事！”汪二的爹爹愤然地说。“以前我叫汪二将这小寡妇卖了，凑个生意本。他妈的，他不听，居然他俩个弄起来了！”

“也好。不然，老二到哪里安家去，这个年头？”拎画眉笼的齐二爷庄重地说。

“好在肥水不落外人田。”好像摆花生摊的小金从后面这样说。

汪二的爹爹没有听见，低着头还是默默地喝他的酒。

1927 年 6 月 6 日

（原载 1927 年 6 月 10 日《莽原》第 2 卷第 11 期）

## 人性与伦理的较劲：《拜堂》解读

《拜堂》写一对不合乡村伦常规则的叔嫂深夜拜堂成亲的故事。作者没有将男女主人公在拜堂过程中的犹豫、矛盾、勉强拜堂，简单地当作乡下人的封建、落后、愚昧加以批判，而是经由整个过程的细致描写，致力于人性深层的挖掘，人性与伦理、与生存环境的顽强较劲，有悖乡间伦常的叔嫂成亲的尴尬，夹杂着细腻的风俗描写，将人物摆在鲜活的现实困境中来展开故事。挖掘人物的深层心理，写出穷困生活环境中人的苦苦挣扎，努力撑破命运规定的求生意志。

### 1. 人性与伦理的较劲

这篇不足 3000 字的小说，将人性与伦理的紧张而难堪的关

① 安了家即娶了妻子。

系表现得淋漓尽致。叔嫂相好，属乱伦行为。但大兄已死，这种相好就有可能，何况孤男寡女同处于一屋檐之下。人性终于冲破伦理的樊篱，男女主人公勇敢地生活在一起。但伦理并非只是一纸外部限定的空文，它其实已经内化为人的一种情感诉求和行为自制，因此，大嫂对刚死的丈夫，汪二对刚死的哥哥，都怀有一种深深的愧疚之情。人虽敢于冲破规则，却又希望得到规则的认同，何况还得为马上要出生的胎儿着想，这才有“拜堂”一幕。“拜堂”显示了男女主人公对自己行为的心虚，祈求通过“拜堂”仪式，使他们的结合获得伦理意义上的合法性。人性在伦理围困下的难堪得以淋漓尽致地表现。正是人性与伦理的较劲，形成了小说的张力。

**2．于细节处写尽人生的尴尬**

人性与伦理的冲突，使男女主人公处于尴尬境地。小说写了几种尴尬：叔嫂相爱的尴尬，守孝期怀孕不得不拜堂的尴尬，经济窘迫条件下成亲、活得猥琐苟且的尴尬，父亲的嘲弄、乡亲的窥视带来的尴尬等。作者用许多细节写人物各种微妙的感受。整个拜堂过程没有喜气，只有一种欲哭无泪的阴郁，一种欲罢不能的无奈。乡村穷困、苟且的青年男女挣扎生活底层的尴尬局面尽致显现。

**3．环境和心理的阴冷**

这篇小说采用阴冷的、沉滞、高度写实的白描笔法，渲染阴沉、死寂的气氛，挖掘人物灰暗、绝望的心境，活现乡村落后、冷漠、幸灾乐祸的人际关系。半夜拜堂成亲，上有祖宗和死去哥哥的神位，屋里有个顽固残忍的父亲，四周黑夜里有无数正盯着他们的乡亲，环境的阴暗与人物心理的灰暗，浑然一体。拜堂本为喜事，而这件事从头到尾没有一丝“喜”的迹象，阴冷的气氛严严实实地覆盖了一切——从外部环境到人物心理都为“阴冷”所覆盖。

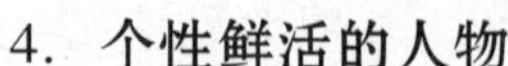

### 4. 个性鲜活的人物

小说里几位主要人物都个性鲜活，是有血有肉的人。大嫂话不多，但聪慧、有主意、明事理。不像汪二活得猥琐将就。拜堂一事虽然难堪，却不得不办："既然丢了丑，总得图个吉利，将来日子长，要过活的。"她明白丢丑是小事，过活是大事。她请田大娘做牵亲人，用自己的不幸打动田大娘："我不恨我的命该受苦，只恨汪大丢了我，使我孤零零地，又没有婆婆，只这一个死多活少的公公。……我好几回就想上吊死去，……"每句话都在情在理，让人同情。整个拜堂过程，实际上是她在起主导作用。汪二比大嫂糊涂、苟且得多，沉闷寡言，得过且过，如果没有大嫂在后面推着，也许拜不成堂。那是典型的只受本能驱使做了越轨的事却对未来没有任何计划和追求的乡间愚昧青年。田大娘善解人意，体贴人情："嗳，汪大嫂你怎么这样说！小家小户守什么？"三言两语，宽慰了大嫂，使一切变得顺理成章。汪二爹是个酒鬼，性格粗俗残忍。当乡邻用嘲笑口吻向他道喜，他说："道他妈的喜，俺不问他妈的这些屌事！……以前我叫汪二将这小寡妇卖了，凑个生意本。他妈的，他不听，居然他俩个弄起来了！"几句话将经济困境中汪爹的冷酷自私、汪大嫂任人摆布的不幸、汪二大事小事拿捏不住的糊涂，和盘托出。小说用节制的笔墨，写活了人物的性格心理。

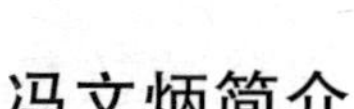

# 冯文炳简介

冯文炳（1901—1967），字蕴仲，笔名废名，湖北黄梅县人。1922年考入北京大学预科，预科两年结业后转入北大英国文学系。1922年开始，在《语丝》周刊、《晨报副镌》、《浅草》等刊物发表小说、散文。1925年短篇小说《竹林的故事》、长篇小说《桥》之一章在《语丝》周刊上发表，开启了京派小说之脉，成为早期京派小说最有代表性的作家。作为语丝社成员，周作人的弟子，活跃于周氏门下的师生圈子中。1929年经周作人推荐，留北京大学任中国文学系讲师。1930年，与俞平伯、徐祖正、冯至等创办《骆驼草》文学周刊并主持编务，此刊成为京派文学的园地。1937年避难故乡，在黄梅县教小学。1946年重返北大，任国文系副教授，1949年后任教授。1952年调入长春东北人民大学（现吉林大学）中文系任教授，1956年任中文系主任。被选为吉林省文联副主席、吉林省政协常委等。1967年因癌症病逝于长春。主要作品有：小说集《竹林的故事》、《桃园》、《枣》，长篇小说《桥》、《莫须有先生传》、《莫须有先生坐飞机以后》，论著《谈新诗》等，其小说作品以田园的风味和诗化的意境在中国现代小说史上独树一帜，被人们称为“田园小说”和“诗化小说”。

# 竹林的故事

废　名

出城一条河，过河西走，坝脚下有一簇竹林，竹林里露出一重茅屋，茅屋两边都是菜园：十二年前，它们的主人是一个很和气的汉子，大家呼他老程。

那时我们是专门请一位先生在祠堂里讲《了凡纲鉴》，为得拣到这菜园来割菜，因而结识了老程，老程有一个小姑娘，非常的害羞而又爱笑，我们以后就借了割菜来逗她玩笑。我们起初不知道她的名字，问她，她笑而不答，有一回见了老程呼“阿三”，我才挽住她的手：“哈哈，三姑娘！”我们从此就呼她三姑娘。从名字看来，三姑娘应该还有姊妹或兄弟，然而我们除掉她的爸爸同妈妈，实在没有看见别的谁。

一天我们的先生不在家，我们大家聚在门口掷瓦片，老程家的捏着香纸走我们的面前过去，不一刻又望见她转来，不笔直的循走原路，勉强带笑的弯近我们：“先生！替我看看这签。”我们围着念菩萨的绝句，问道：“你求的是什么呢？”她对我们诉一大串，我们才知道她的阿三头上本来还有两个姑娘，而现在只要让她有这一个，不再三朝两病的就好了。

老程除了种菜，也还打鱼卖。四五月间，霪雨之后，河里满河山水，他照例拿着摇网走到河边的一个草墩上，——这墩也就是老程家的洗衣裳的地方，因为太阳射不到这来，一边一棵树交荫着成一座天然的凉棚。水涨了，搓衣的石头沉在河底，剩现绿团团的坡，刚刚高过水面，老程老像乘着划船一般站在上面把摇网朝水里兜来兜去；倘若兜着了，那就不移地转过身倒在挖就了的荡里，——三姑娘的小小的手掌，这时跟着她的欢跃的叫声热闹起来，一直等到蹦跳蹦跳好容易给捉住了，才又坐下草地望着爸爸。

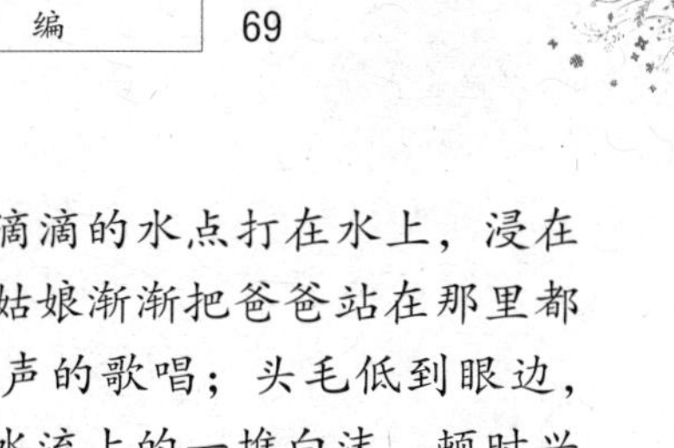

流水潺潺，摇网从水里探起，一滴滴的水点打在水上，浸在水当中的枝条也冲击着嚓嚓作响。三姑娘渐渐把爸爸站在那里都忘掉了，只是不住的抠土，嘴里还低声的歌唱；头毛低到眼边，才把脑壳一扬，不觉也就瞥到那滔滔水流上的一堆白沫，顿时兴奋起来，然而立刻不见了，偏头又给树叶子遮住了，——使得眼光回复到爸爸的身上，是突然一声“啊呀”！这回是一尾大鱼！而妈妈也沿坝走来，说盐钵里的盐怕还够不了一飧饭。

老程由街转头，茅屋顶上正在冒烟，叱咤一声，躲在园里吃菜的猪飞奔的跑，——三姑娘也就出来了，老程从荷包里掏出一把大红头绳：“阿三，这个打辫好吗?”三姑娘抢在手上，一面还接下酒壶，奔向灶角里去。“留到端午扎艾蒿，别糟蹋了!”妈妈这样答应着，随即把酒壶伸到灶孔烫。三姑娘到房里去了一会又出来，见了妈妈抽筷子，便赶快拿出杯子——家里只有这一个，老是归三姑娘照管——踮着脚送在桌上；然而老程终于还是要亲自朝中间挪一挪，然后又取出壶来。“爸爸喝酒，我吃豆腐干!”老程实在用不着下酒的菜，对着三姑娘慢慢的喝了。

三姑娘八岁的时候，就能够代替妈妈洗衣。然而绿团团的坡上，从此也不见老程的踪迹了，——这只要看竹林的那边河坝倾斜成一块平坦的上面，高耸着一个不毛的同教书先生（自然不是我们的先生）用的戒方一般模样的土堆，堆前竖着三四根只有杪梢还没有斩去的枝桠吊着被雨粘住的纸幡残片的竹竿，就可以知道是什么意义。

老程家的已经是四十岁的婆婆，就在平常，穿的衣服也都是青蓝大布，现在不过系鞋的带子也不用那水红颜色的罢了，所以并不现得十分异样。独有三姑娘的黑地绿花鞋的尖头蒙上一层白布，虽然更显得好看，却叫人见了也同三姑娘自己一样懒懒的没有话可说了。

然而那也并非是长久的情形。母女都是那样勤敏，家事的兴

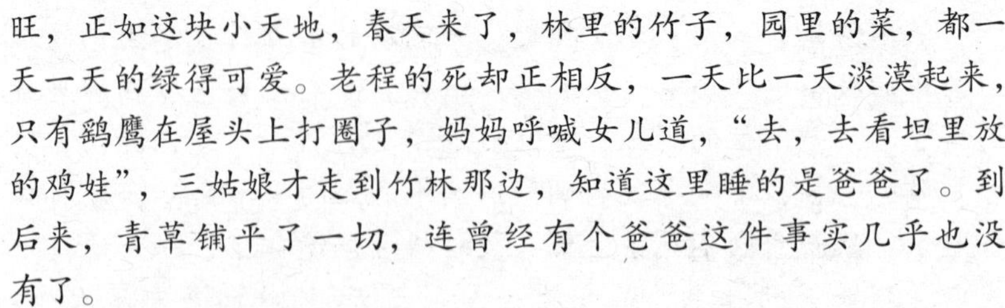

旺，正如这块小天地，春天来了，林里的竹子，园里的菜，都一天一天的绿得可爱。老程的死却正相反，一天比一天淡漠起来，只有鹞鹰在屋头上打圈子，妈妈呼喊女儿道，“去，去看坦里放的鸡娃”，三姑娘才走到竹林那边，知道这里睡的是爸爸了。到后来，青草铺平了一切，连曾经有个爸爸这件事实几乎也没有了。

正二月间城里赛龙灯，大街小巷，真是人山人海。最多的还要算邻近各村上的女人，她们像一阵旋风，大大小小牵成一串从这街冲到那街，街上的汉子也借这个机会撞一撞她们的奶。然而能够看得见三姑娘同三姑娘的妈妈吗？不，一回也没有看见！锣鼓喧天，惊不了她母女两个，正如惊不了栖在竹林的雀子。鸡上埘的时候，比这里更西也是住在坝下的堂嫂子们顺便也邀请一声“三姐”，三姑娘总是微笑的推辞。妈妈则极力鼓励着一路去，三姑娘送客到坝上，也跟着出来，看到底攀缠着走了不；然而别人的渐渐走得远了，自己的不还是影子一般的依在身边吗？

三姑娘的拒绝，本是很自然的，妈妈的神情反而有点莫名其妙了！用询问的眼光朝妈妈脸上一瞧，——却也正在瞧过来，于是又掉头望着嫂子们走去的方向：

“有什么可看？成群打阵，好像是发了疯的！”

这话本来想使妈妈热闹起来，而妈妈依然是无精打采沉着面孔。河里没有水，平沙一片，现得这坝从远远看来是蜿蜒着一条蛇，站在上面的人，更小到同一颗黑子了。由这里望过去，半圆形的城门，也低斜得快要同地面合成了一起；木桥俨然是画中见过的，而往来蠕动都在沙滩；在坝上分明数得清楚，及至到了沙滩，一转眼就失了心目中的标记，只觉得一簇簇的仿佛是远山上的树林罢了。至于聒聒的喧声，却比站在近旁更能入耳，虽然听不着说的是什么，听者的心早被他牵引了去了。竹林里也同平常一样，雀子在奏他们的晚歌，然而对于听惯了的人只能够增加

静寂。

打破这静寂的终于还是妈妈：

“阿三！我就是死了也不怕猫跳！你老这样守着我，到底……”

妈妈不作声，三姑娘抱歉似的不安，突然来了这埋怨，刚才的事倒好像给一阵风赶跑了，增长了一番力气娇恼着：

“到底！这也什么到底不到底！我不欢喜玩！”

三姑娘同妈妈间的争吵，其原因都出在自己的过于乖巧，比如每天清早起来，把房里的家具抹得干净，妈妈却说，“乡户人家呵，要这样？”偶然一出门做客，只对着镜子把散在额上的头毛梳理一梳理，妈妈却硬从盒子里拿出一枝花来。现在站在坝上，眶子里的眼泪快要迸出来了，妈妈才不作声。这时节难为的是妈妈了，皱着眉头不转睛的望，而三姑娘老不抬头！待到点燃了案上的灯，才知道已经走进了茅屋，这期间的时刻竟是在梦中过去了。

灯光下也立刻照见了三姑娘，拿一束稻草，一菜篮适才饭后同妈妈在园里割回的白菜，坐下板凳三棵捆成一把。

“妈妈，这比以前大得多了！两棵怕就有一斤。”

妈妈哪想到屋里还放着明天早晨要卖的菜呢？三姑娘本不依恃妈妈的帮忙，妈妈终于不出声的叹一口气伴着三姑娘捆了。

三姑娘不上街看灯，然而当年背在爸爸的背上是看过了多少次的，所以听了敲在城里响在城外的锣鼓，都能够在记忆中画出是怎样的情境来。“再是上东门，再是在衙门口领赏，……”忖着声音所来的地方自言自语的这样猜。妈妈正在做嫂子的时候，也是一样的欢喜赶热闹，那情境也许比三姑娘更记得清白，然而对于三姑娘的仿佛亲临一般的高兴，只是无意的吐出来几声“是”，——这几乎要使得三姑娘稀奇得伸起腰来了：“刚才还催我去玩哩！”

三姑娘实在是站起来了，一二三四的点着把数，然后又一把

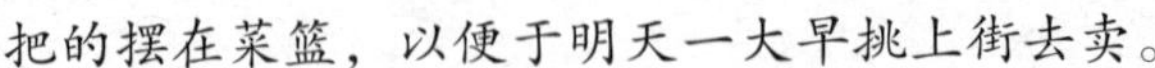

把的摆在菜篮，以便于明天一大早挑上街去卖。

见了三姑娘活泼泼的肩上一担菜，一定要奇怪，昨夜晚为什么那样没出息，不在火烛之下现一现那黑然而美的瓜子模样的面庞的呢？不，——倘若奇怪，只有自己的妈妈。人一见了三姑娘挑菜，就只有三姑娘同三姑娘的菜，其余的什么也不记得，因为耽误了一刻，三姑娘的菜就买不到手；三姑娘的白菜原是这样好，隔夜没有浸水，煮起来比别人的多，吃起来比别人的甜了。

我在祠堂里足足住了六年之久，三姑娘最后留给我的印象，也就在卖菜这一件事。

三姑娘这时已经是十二三岁的姑娘，因为是暑天，穿的是竹布单衣，颜色淡得同月色一般，——这自然是旧的了，然而倘若是新的，怕没有这样合式，不过这也不能够说定，因为我们从没有看见三姑娘穿过新衣：总之三姑娘是好看罢了。三姑娘在我们的眼睛里同我们的先生一样熟，所不同的，我们一望见先生就往里跑，望见三姑娘都不知不觉的站在那里笑。然而三姑娘是这样淑静，愈走近我们，我们的热闹便愈是消灭下去，等到我们从她的篮里拣起菜来，又从自己的荷包里掏出了铜子，简直是犯了罪孽似的觉得这太对不起三姑娘了。而三姑娘始终是很习惯的，接下铜子又把菜篮肩上。

一天三姑娘是卖青椒。这时青椒出世还不久，我们大家商议买四两来煮鱼吃——鲜青椒煮鲜鱼，是再好吃没有的。三姑娘在用秤称，我们都高兴的了不得，有的说买鲫鱼，有的说鲫鱼还不及鳊鱼。其中有一位是最会说笑的，向着三姑娘道：

“三姑娘，你多称一两，回头我们的饭熟了，你也来吃，好不好呢？”

三姑娘笑了：

“吃先生们的一餐饭使不得？难道就要我出东西？”

我们大家也都笑了；不提防三姑娘果然从篮子里抓起一把掷

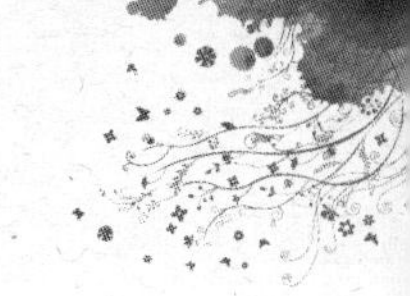

在原来称就了的堆里。

“三姑娘是不吃我们的饭的，妈妈在家里等吃饭。我们没有什么谢三姑娘，只望三姑娘将来碰一个好姑爷。”

我这样说。然而三姑娘也就赶跑了。

从此我没有见到三姑娘。到今年，我远道回家过清明，阴雾天气，打算去郊外看烧香，走到坝上，远远望见竹林，我的记忆又好像一塘春水，被微风吹起波皱了。正在徘徊，从竹林上坝的小径，走来两个妇人，一个站住了，前面的一个且走且回应，而我即刻认定了是三姑娘！

“我的三姐，就有这样忙，端午中秋接不来，为得先人来了饭也不吃！”

那妇人的话也分明听到。

再没有别的声息：三姑娘的鞋踏着沙土。我急于要走过竹林看看，然而也暂时面对流水，让三姑娘低头过去。

1924 年 10 月

（原载 1925 年 2 月《语丝》第 14 期）

## 小说写得像散文：《竹林的故事》解读

### 1. 像诗，像散文

这篇小说写得像诗，像散文。没有情节，没有开端、发展、高潮和跌落的故事脉络，没有大悲和大喜的情感跌宕。只是致力于写人物，写一个叫“三姑娘”的女孩，写由“我”，一个纯情男孩眼中所见的“三姑娘”。笔法也不是写实的，而是忆想的，用白描式的概括和默想式的叙述，勾勒出“三姑娘”剪影：“老程有一个小姑娘，非常的害羞而又爱笑，我们以后就借了割菜来逗她玩笑。我们起初不知道她的名字，问她，她笑而不答，有一回见了老程呼‘阿三’，我才挽住她的手：‘哈哈，三姑娘！’……”“老程由街转头，茅屋顶上正在冒烟，叱咤一声，躲在园里吃菜的猪飞奔的跑，——三姑娘也就出来了，老程从荷包里掏出一把大红头绳：‘阿三，这个打辫好吗？’三姑娘抢在手上，一面还接下酒壶，奔向灶角里去。”之后，老程死了，“……三姑娘的黑地绿花鞋的尖头蒙上一层白布，虽然更显得好看，却叫人见了也同三姑娘自己一样懒懒的没有话可说了。”“三姑娘是这样淑静，愈走近我们，我们的热闹便愈是消灭下去，等到我们从她的篮里拣起菜来，又从自己的荷包里掏出了铜子，简直是犯了罪孽似的觉得这太对不起三姑娘了。而三姑娘始终是很习惯的，接下铜子又把菜篮肩上。”三姑娘静若处子，安于一隅，不爱凑热闹，以不变应万变，贞静勤快，善良大方。这种描写方式与其说在写“人物”，不如说在写“风景”，一个清纯美好的女孩就是一幕风景。人物关系简单，没有矛盾冲突，从结构到描写方式都像散文。

周作人说：“有时候很想找点温和的读，正如一个人喜欢在树阴下闲坐，虽然晒太阳也是一件快事。我读冯君的小说便是坐在树阴下的时候。”“文学不是实录，乃是一个梦：梦并不是醒生活的复写，然而离开了醒生活梦也就没有了材料，无论所做的是反应的或是满愿的梦。冯君所写多是乡村的儿女翁媪的事，这便因为他所见的人生是这一部分……”“冯君的小说我并不觉得是逃避现实的。”（周作人《〈竹林的故事〉序》）周作人是真正读懂这篇小说的人。

**2. 语言很“涩”**

《竹林的故事》的语言有“涩”味，行文并不流畅，词的排列不很规范，常用倒装句，多用长句子，拗口而别有韵味；文意的跳跃性大，词与词、句与句之间留有许多空白，让读者在阅读时加以补充。试看下面一段：

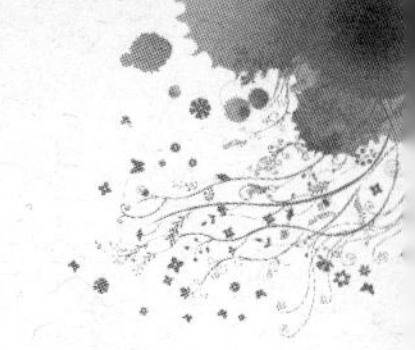

流水潺潺，摇网从水里探起，一滴滴的水点打在水上，浸在水当中的枝条也冲击着嚓嚓作响。三姑娘渐渐把爸爸站在那里都忘掉了，只是不住的抠土，嘴里还低声的歌唱；头毛低到眼边，才把脑壳一扬，不觉也就瞥到那滔滔水流上的一堆白沫，顿时兴奋起来，然而立刻不见了，偏头又给树叶子遮住了，——使得眼光回复到爸爸的身上，是突然一声"啊呀"！这回是一尾大鱼！

树林里显然有一双眼睛在注视三姑娘，那可能是"我"的眼睛，但没有交代清楚。由于句子与句子之间，跳跃性强，整段话显得有些前言不搭后语：谁看到那堆白沫？三姑娘还是藏在树林里的"我"？"立刻不见"是指白沫不见了还是三姑娘不见？谁把"眼光回复到爸爸的身上"？"我"还是"三姑娘"？全知视角与限知视角相混合。连续的主语省略，使句子不流畅，语意不清晰，有生涩的味道。有人说这是蒙太奇手法，有人说这是意识流手法。周作人称之为"平淡木讷的作风"。

**3. 印象式景物描写**

《竹林的故事》的景物描写多是感官印象式的描写，景中有情，有心绪，有主观情思的过滤，是印象式的景。你难以将情从景中剥离开来，所有的景都沉积着人物的心情，所有的景都不是纯客观之景，可谓真正意义上的情景交融。如上例。还是用周作人的话来概括更为到位："废名君小说中的人物，不论老的少的，村的俏的，都在这一种空气中行动，好像是在黄昏天气，在这时候朦胧暮色之中一切生物无生物都消失在里面，都觉得互相亲近，互相和解。"（周作人《〈桃园〉跋》）各式各样的人，都为同一种空气所包容。动的静的，人物与自然，浑然一体。

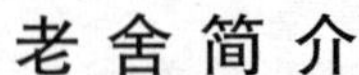

# 老舍简介

老舍（1899—1966），原名舒庆春，字舍予。满族正红旗人。1899 年出生于北京西城小杨家胡同（原名“小羊圈”）一个贫民家庭。父亲舒永寿是清朝保卫皇城的一名护军，1900 年在与八国联军作战时阵亡。母亲马氏出身农家，不识字，丈夫死后靠给人缝洗、做杂工，勉强维持一家生活。老舍 1913 年入北京市立三中，半年后因交不起学费，转入免费供给膳宿的北京师范学校，1918 年毕业。1922 年在南开学校任中学部国文教员。1924 年赴英国伦敦大学东方学院任华文讲师。1925 年完成处女作、长篇小说《老张的哲学》，连载于《小说月报》，署名老舍。接着在《小说月报》连载《赵子曰》、《二马》，赢得声誉，奠定其文坛地位。他一生著作等身，主要代表作有《离婚》、《骆驼祥子》、《断魂枪》、《月牙儿》、《我这一辈子》、《四世同堂》、《正红旗下》、《茶馆》、《龙须沟》、《残雾》、《方珍珠》、《春华秋实》等。新中国成立后北京市政府授予他“人民艺术家”的称号。“文革”开始后，遭批斗和多方侮辱。1966 年 8 月 24 日，因不堪人格受污辱、身心受摧残，投湖自杀。

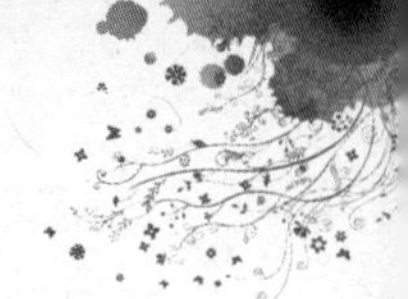

# 断魂枪

老　舍

沙子龙的镳局已改成客栈。

东方的大梦没法子不醒了。炮声压下去马来与印度野林中的虎啸。半醒的人们，揉着眼，祷告着祖先与神灵；不大会儿，失去了国土、自由与主权。门外立着不同面色的人，枪口还热着。他们的长矛毒弩，花蛇斑彩的厚盾，都有什么用呢；连祖先与祖先所信的神明全不灵了啊！龙旗的中国也不再神秘，有了火车呀，穿坟过墓破坏着风水。枣红色多穗的镳旗，绿鲨皮鞘的钢刀，响着串铃的口马[①]，江湖上的智慧与黑话，义气与声名，连沙子龙，他的武艺、事业，都梦似的变成昨夜的。今天是火车、快枪，通商与恐怖。听说，有人还要杀下皇帝的头呢！

这是走镳已没有饭吃，而国术还没被革命党与教育家提倡起来的时候。

谁不晓得沙子龙是短瘦、利落、硬棒，两眼明得像霜夜的大星？可是，现在他身上放了肉。镳局改了客栈，他自己在后小院占着三间北房，大枪立在墙角，院子里有几只楼鸽。只是在夜间，他把小院的门关好，熟习熟习他的“五虎断魂枪”。这条枪与这套枪，二十年的工夫，在西北一带，给他创出来：“神枪沙子龙”五个字，没遇见过敌手。现在，这条枪与这套枪不会再替他增光显胜了；只是摸摸这凉、滑、硬而发颤的杆子，使他心中少难过一些而已。只有在夜间独自拿起枪来，才能相信自己还是“神枪沙”。在白天，他不大谈武艺与往事；他的世界已被狂风吹了走。

在他手下创练起来的少年们还时常来找他。他们大多数是没

---

① 口马，指张家口外的马匹。

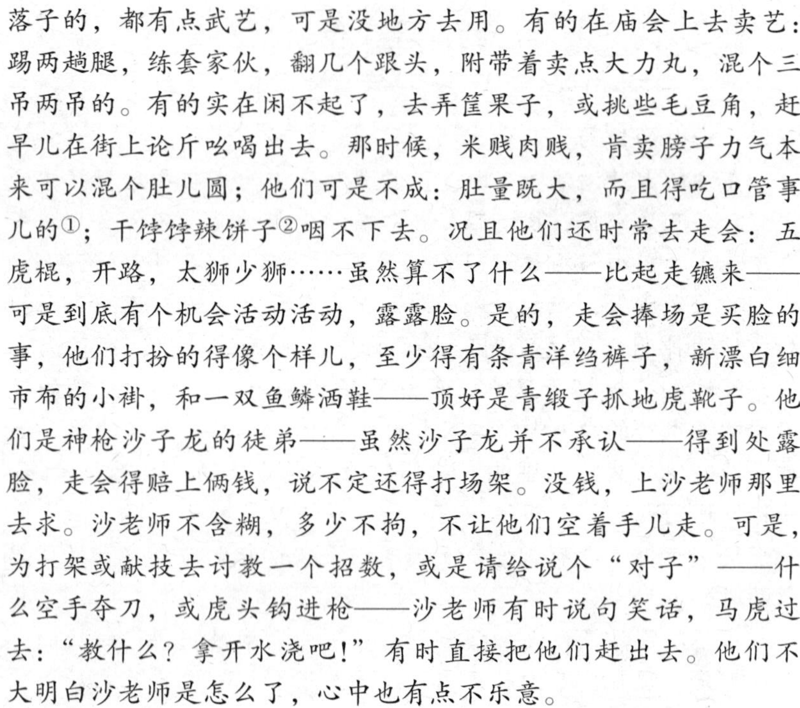

落子的，都有点武艺，可是没地方去用。有的在庙会上去卖艺：踢两趟腿，练套家伙，翻几个跟头，附带着卖点大力丸，混个三吊两吊的。有的实在闲不起了，去弄筐果子，或挑些毛豆角，赶早儿在街上论斤吆喝出去。那时候，米贱肉贱，肯卖膀子力气本来可以混个肚儿圆；他们可是不成：肚量既大，而且得吃口管事儿的①；干饽饽辣饼子②咽不下去。况且他们还时常去走会：五虎棍，开路，太狮少狮……虽然算不了什么——比起走镳来——可是到底有个机会活动活动，露露脸。是的，走会捧场是买脸的事，他们打扮的得像个样儿，至少得有条青洋绉裤子，新漂白细市布的小褂，和一双鱼鳞洒鞋——顶好是青缎子抓地虎靴子。他们是神枪沙子龙的徒弟——虽然沙子龙并不承认——得到处露脸，走会得赔上俩钱，说不定还得打场架。没钱，上沙老师那里去求。沙老师不含糊，多少不拘，不让他们空着手儿走。可是，为打架或献技去讨教一个招数，或是请给说个“对子”——什么空手夺刀，或虎头钩进枪——沙老师有时说句笑话，马虎过去：“教什么？拿开水浇吧！”有时直接把他们赶出去。他们不大明白沙老师是怎么了，心中也有点不乐意。

可是，他们到处为沙老师吹腾，一来是愿意使人知道他们的武艺有真传授，受过高人的指教；二来是为激动沙老师：万一有人不服气而找上老师来，老师难道还不露一两手真的么？所以：沙老师一拳就砸倒了个牛！沙老师一脚把人踢到房上去，并没使多大的劲！他们谁也没见过这种事，但是说着说着，他们相信这是真的了，有年月，有地方，千真万确，敢起誓！

王三胜——沙子龙的大伙计——在土地庙拉开了场子，摆好了家伙。抹了一鼻子茶叶末色的鼻烟，他抡了几下竹节钢鞭，把

① 管事儿的，有营养，吃了不至于不久又饿的。

② 辣饼子，剩下的隔夜干粮。

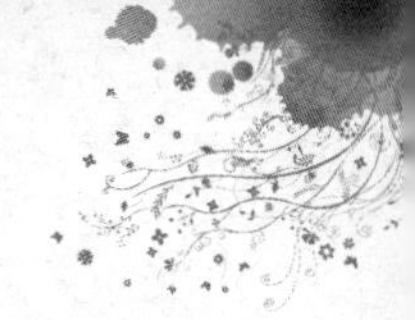

场子打大一些。放下鞭，没向四围作揖，叉着腰念了两句："脚踢天下好汉，拳打五路英雄！"向四围扫了一眼："乡亲们，王三胜不是卖艺的；玩艺儿会几套，西北路上走过镳，会过绿林中的朋友。现在闲着没事，拉个场子陪诸位玩玩。有爱练的尽管下来，王三胜以武会友，有赏脸的，我陪着。神枪沙子龙是我的师傅；玩艺地道！诸位，有愿下来的没有？"他看着，准知道没人敢下来，他的话硬，可是那条钢鞭更硬，十八斤重。

王三胜，大个子，一脸横肉，努着对大黑眼珠，看着四围。大家不出声。他脱了小褂，紧了紧深月白色的"腰里硬"，把肚子杀进去。给手心一口唾沫，抄起大刀来。

"诸位，王三胜先练趟瞧瞧。不白练，练完了，带着的扔几个；没钱，给喊个好，助助威。这儿没生意口。好，上眼[①]！"

大刀靠了身，眼珠努出多高，脸上绷紧，胸脯子鼓出，像两块老桦木根子。一跺脚，刀横起，大红缨子在肩前摆动。削砍劈拨，蹲越闪转，手起风生，忽忽直响。忽然刀在右手心上旋转，身弯下去，四围鸦雀无声，只有缨铃轻叫。刀顺过来，猛的一个"跺泥"，身子直挺，比众人高着一头，黑塔似的。收了势："诸位！"一手持刀，一手叉腰，看着四围。稀稀的扔下几个铜钱，他点点头。"诸位！"他等着，等着，地上依旧是那几个亮而削薄的铜钱，外层的人偷偷散去。他咽了口气："没人懂！"他低声的说，可是大家全听见了。

"有功夫！"西北角上一个黄胡子老头儿答了话。

"啊？"王三胜好似没听明白。

"我说：你——有——功——夫！"老头子的语气很不得人心。

放下大刀，王三胜随着大家的头往西北看。谁也没看重这个老人：小干巴个儿，披着件粗蓝布大衫，脸上窝窝瘪瘪，眼陷进

① 上眼，请观众注意看。

去很深，嘴上几根细黄胡，肩上扛着条小黄草辫子，有筷子那么细，而绝对不像筷子那么直顺。王三胜可是看出这老家伙有功夫，脑门亮，眼睛亮——眼眶虽深，眼珠可黑得像两口小井，深深的闪着黑光。王三胜不怕：他看得出别人有功夫没有，可更相信自己的本事，他是沙子龙手下的大将。

"下来玩玩，大叔！"王三胜说得很得体。

点点头，老头儿往里走。这一走，四外全笑了。他的胳臂不大动；左脚往前迈，右脚随着拉上来，一步步的往前拉扯，身子整着[①]，像是患过瘫痪病。蹭到场中，把大衫扔在地上，一点没理会四围怎样笑他。

"神枪沙子龙的徒弟，你说？好，让你使枪吧；我呢？"老头子非常的干脆，很像久想动手。

人们全回来了，邻场耍狗熊的无论怎么敲锣也不中用了。

"三截棍进枪吧？"王三胜要看老头子一手，三截棍不是随便就拿得起来的家伙。

老头子又点点头，拾起家伙来。

王三胜努着眼，抖着枪，脸上十分难看。

老头子的黑眼珠更深更小了，像两个香火头，随着面前的枪尖儿转，王三胜忽然觉得不舒服，那俩黑眼珠似乎要把枪尖吸进去！四外已围得风雨不透，大家都觉出老头子确是有威。为躲那对眼睛，王三胜耍了个枪花。老头子的黄胡子一动："请！"王三胜一扣枪，向前躬步，枪尖奔了老头子的喉头去，枪缨打了一个红旋。老人的身子忽然活展了，将身微偏，让过枪尖，前把一挂，后把撩王三胜的手。拍，拍，两响，王三胜的枪撒了手。场外叫了好。王三胜连脸带胸口全紫了，抄起枪来；一个花子，连枪带人滚了过来，枪尖奔了老人的中部。老头子的眼亮得发着黑

① 身子整着，两臂不动，身体僵硬地走路。

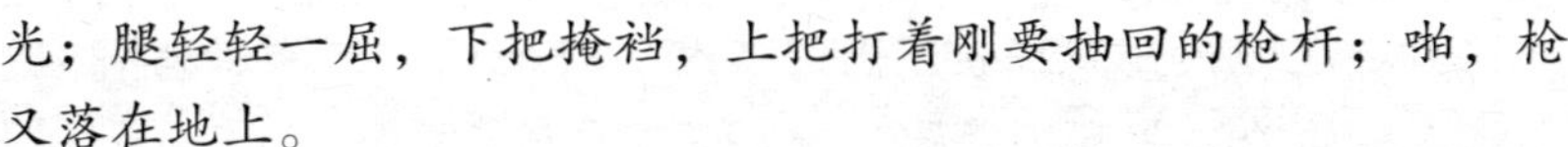


光；腿轻轻一屈，下把掩裆，上把打着刚要抽回的枪杆；啪，枪又落在地上。

场外又是一片彩声。王三胜流了汗，不再去拾枪，努着眼，木在那里。老头子扔下家伙，拾起大衫，还是拉拉着腿，可是走得很快了。大衫搭在臂上，他过来拍了王三胜一下："还得练哪，伙计！"

"别走！"王三胜擦着汗："你不离，姓王的服了！可有一样，你敢会会沙老师？"

"就是为会他才来的！"老头子的干巴脸上皱起点来，似乎是笑呢。"走；收了吧；晚饭我请！"

王三胜把兵器拢在一处，寄放在变戏法二麻子那里，陪着老头子往庙外走。后面跟着不少人，他把他们骂散了。

"你老贵姓？"他问。

"姓孙哪，"老头子的话与人一样，都那么干巴。"爱练；久想会会沙子龙。"

沙子龙不把你打扁了！王三胜心里说。他脚底下加了劲，可是没把孙老头落下。他看出来，老头子的腿是老走着查拳门中的连跳步；交起手来，必定很快。但是，无论他怎么快，沙子龙是没对手的。准知道孙老头要吃亏，他心中痛快了些，放慢了些脚步。

"孙大叔贵处？"

"河间的，小地方。"孙老者也和气了些："月棍年刀一辈子枪，不容易见功夫！说真的，你那两手就不坏！"

王三胜头上的汗又回来了，没言语。

到了客栈，他心中直跳，唯恐沙老师不在家，他急于报仇。他知道老师不爱管这种事，师弟们已碰过不少回钉子，可是他相信这回必定行，他是大伙计，不比那些毛孩子；再说，人家在庙会上点名叫阵，沙老师还能丢这个脸么？

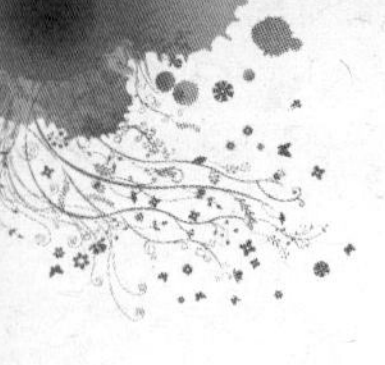



“三胜，”沙子龙正在床上看着本《封神榜》，“有事吗?”

三胜的脸又紫了，嘴唇动着，说不出话来。

沙子龙坐起来，“怎么了，三胜?”

“栽了跟头!”

只打了个不甚长的哈欠，沙老师没别的表示。

王三胜心中不平，但是不敢发作；他得激动老师：“姓孙的一个老头儿，门外等着老师呢；把我的枪，枪，打掉了两次!”他知道“枪”字在老师心中有多大分量。没等吩咐，他慌忙跑出去。

客人进来，沙子龙在外间屋等着呢。彼此拱手坐下，他叫三胜去泡茶。三胜希望两个老人立刻交了手，可是不能不沏茶去。孙老者没话讲，用深藏着的眼睛打量沙子龙。沙很客气：

“要是三胜得罪了你，不用理他，年纪还轻。”

孙老者有些失望，可也看出沙子龙的精明。他不知怎样好了，不能拿一个人的精明断定他的武艺。“我来领教领教枪法!”他不由地说出来。

沙子龙没接碴儿。王三胜提着茶壶走进来——急于看二人动手，他没管水开了没有，就沏在壶中。

“三胜，”沙子龙拿起个茶碗来，“去找小顺们去，天汇见，陪孙老者吃饭。”

“什么!”王三胜的眼珠几乎掉出来。看了看沙老师的脸，他敢怒而不敢言地说了声“是啦!”走出去，撅着大嘴。

“教徒弟不易!”孙老者说。

“我没收过徒弟。走吧，这个水不开！茶馆去喝，喝饿了就吃。”沙子龙从桌子上拿起缎子褡裢，一头装着鼻烟壶，一头装着点钱，挂在腰带上。

“不，我还不饿!”孙老者很坚决，两个“不”字把小辫从肩上抡到后边去。

“说会子话儿。”

“我来为领教领教枪法。”

“功夫早搁下了，”沙子龙指着身上，“已经放了肉！”

“这么办也行，”孙老者深深的看了沙老师一眼：“不比武，教给我那趟五虎断魂枪。”

“五虎断魂枪？”沙子龙笑了：“早忘干净了！早忘干净了！告诉你，在我这儿住几天，咱们各处逛逛，临走，多少送点盘缠。”

“我不逛，也用不着钱，我来学艺！”孙老者立起来，“我练趟给你看看，看够得上学艺不够！”一屈腰已到了院中，把楼鸽都吓飞起去。拉开架子，他打了趟查拳：腿快，手飘洒，一个飞脚起去，小辫儿飘在空中，像从天上落下来一个风筝；快之中，每个架子都摆得稳、准，利落；来回六趟，把院子满都打到，走得圆，接得紧，身子在一处，而精神贯串到四面八方。抱拳收势，身儿缩紧，好似满院乱飞的燕子忽然归了巢。

“好！好！”沙子龙在台阶上点着头喊。

“教给我那趟枪！”孙老者抱了抱拳。

沙子龙下了台阶，也抱着拳：“孙老者，说真的吧；那条枪和那套枪都跟我入棺材，一齐入棺材！”

“不传？”

“不传！”

孙老者的胡子嘴动了半天，没说出什么来。到屋里抄起蓝布大衫，拉拉着腿：“打搅了，再会！”

“吃过饭走！”沙子龙说。

孙老者没言语。

沙子龙把客人送到小门，然后回到屋中，对着墙角立着的大枪点了点头。

他独自上了天汇，怕是王三胜们在那里等着。他们都没有去。

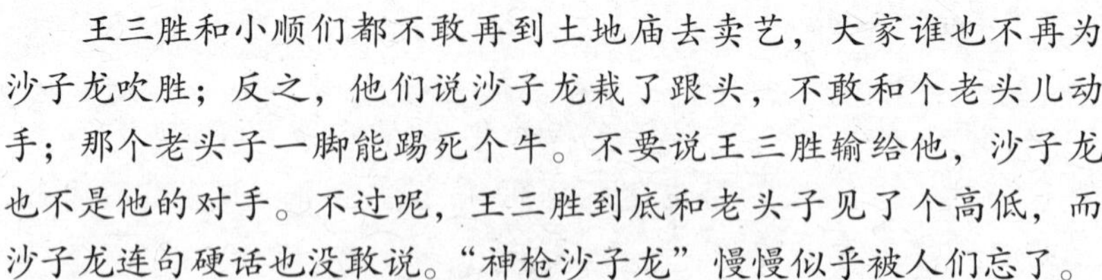

王三胜和小顺们都不敢再到土地庙去卖艺，大家谁也不再为沙子龙吹胜；反之，他们说沙子龙栽了跟头，不敢和个老头儿动手；那个老头子一脚能踢死个牛。不要说王三胜输给他，沙子龙也不是他的对手。不过呢，王三胜到底和老头子见了个高低，而沙子龙连句硬话也没敢说。“神枪沙子龙”慢慢似乎被人们忘了。

夜静人稀，沙子龙关好了小门，一气把六十四枪刺下来；而后，拄着枪，望着天上的群星，想起当年在野店荒林的威风。叹一口气，用手指慢慢摸着凉滑的枪身，又微微一笑，“不传！不传！”

（原载1935年9月22日天津《大公报·文艺》第13期）

## 民族“断魂”的困境：《断魂枪》解读

《断魂枪》文笔苍凉，写一位武术大师在近代中国背景下空怀绝技、引退江湖、精神失重、文化“断魂”的故事。近代中国，在外来列强的炮轰下，一觉醒来，突然间发现自己与这个世界对不上号——原先拥有的优势已不再是优势，比如武术。在一个以真枪实弹论英雄的年代，武术再高明，又有何用？赤手空拳，与人家的现代武器对垒，简直天方夜谭。曾经值得炫耀的绝技，如今一无用处，自己的世界被风吹走，那种恐慌，那种绝望，一言难尽。

**1. 古老中华民族在外来列强炮轰下的精神失重和文化“断魂”**

这篇小说有多重意蕴，最值得注意的有三点：

A. 在一个“火车、快枪，通商与恐怖”的时代，主人公沙子龙虽身怀“五虎断魂枪”绝技，却一无用处。猛虎归山，只好以“生命是闹着玩的”自我解嘲，“他的世界已被狂风吹了

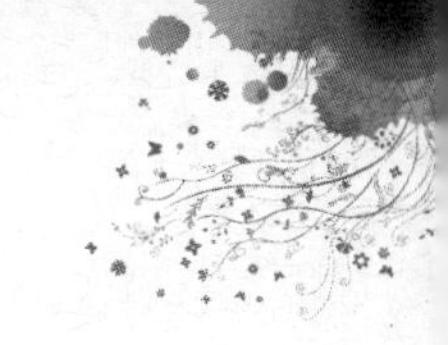



走”。人生的空茫感、悲凉感跃然纸上。“断魂枪”之断魂有双重含义：曾让对手丧魂落魄的断魂枪绝技已经作废，武术大师或称中华民族赖以立足的精神文化之魂随之也断裂了。

B. 夜间独练，写尽曾经辉煌一时的主人公对过去的怀想、眷恋；他宁可将绝技带进棺材而“不传！不传！”的悲凉、无奈；英雄归隐的倔强、孤傲。他拒绝向另一个世界屈服，这也是中华民族其时的一种悲凉而自尊的心态。

C. 两个崇拜者的设置，包含着作者复杂的情感态度。一方面明知“断魂枪”时代已永远过去，回天乏力，却仍设置几位痴情的断魂枪绝技的崇拜者，对主人公沙子龙表达深深的同情和敬仰之心，且力挽颓势，从而增强了作品的张力和悲剧感；另一方面，借助孙老者一类刚毅者对绝技的支持、继承，作者仍坚信民族火种不灭。老舍一直在检讨民族弱点与振兴民族精神之间往返，他试图于反省中重建民族的自尊自信。

**2. 人物描写简洁传神**

这篇小说侧重于形象描写，主要从肖像描写、行为描写、语言描写三方面展开：

A. 肖像描写：沙子龙，一位末路英雄的形象——“短瘦、利落、硬棒，两眼明得像霜夜的大星？可是，现在他身上放了肉……”因为已经收山，镖局改为客栈，靠武术没法糊口。不再练武，他的身上也就放了肉；王三胜，沙子龙的徒弟，处处为老师捣腾吹嘘，一个无谋的勇者——“大个子，一脸横肉，努着对大黑眼珠，看着四周”，一副傻大个的模样；孙老头子，其貌不扬，行动缓慢，一个深藏不露的高手——“脑门亮……眼珠可黑得像两口小井，深深的闪着黑光”，眼睛像两口深潭无底的井，其才智不可测量。

B. 行为描写：两个副角，孙老者和王三胜，一个貌似年迈体衰：“老头儿……胳臂不大动；左脚往前迈，右脚随着拉上来，

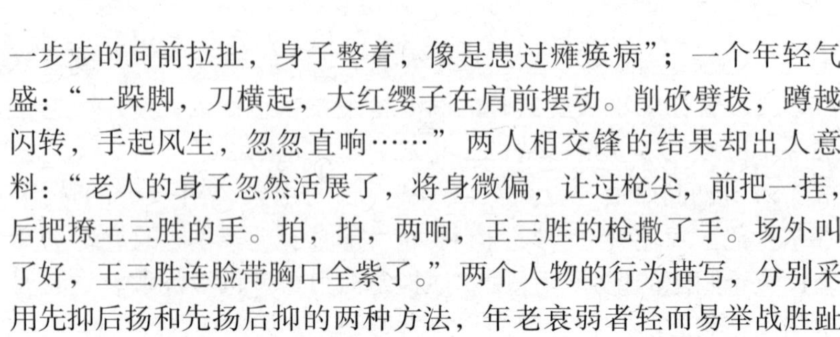

一步步的向前拉扯，身子整着，像是患过瘫痪病”；一个年轻气盛：“一跺脚，刀横起，大红缨子在肩前摆动。削砍劈拨，蹲越闪转，手起风生，忽忽直响……”两人相交锋的结果却出人意料：“老人的身子忽然活展了，将身微偏，让过枪尖，前把一挂，后把撩王三胜的手。拍，拍，两响，王三胜的枪撒了手。场外叫了好，王三胜连脸带胸口全紫了。”两个人物的行为描写，分别采用先抑后扬和先扬后抑的两种方法，年老衰弱者轻而易举战胜趾高气扬者。寥寥几笔，活现了人物的性格心理，精彩传神。

C. 语言描写：小说中人物语言精彩鲜活，成为人物个性不可剥离的一部分。如王三胜的一番话：“诸位，王三胜先练趟瞧瞧。不白练，练完了，带着的扔几个；没钱，给喊个好，助助威。这儿没生意口，好，上眼！”其自以为是、雷声大雨点小的性格跃然纸上。每个人物的语言都是独一无二的，贴切于人物身份及其个性心理。老舍是一位语言大师，无论是人物语言还是叙述语言，都达到炉火纯青的境界：简洁、干净、鲜活、纯熟。俗白得彻底，精致得到位，语词、句式、语气以至说话的神态气韵，都有一股独特的味儿——京味儿。

**3. 对比与烘托**

这篇小说善用对比和烘托。小说对主人公沙子龙着墨不多，而两位副角——王三胜、孙老者却花了不少笔墨。两人性格各异，武艺高强，争强斗胜，又都折服于沙子龙。两位副角的设置意在烘托沙子龙。他们武艺再高强，与沙子龙相比，也是小巫见大巫，强中自有强中手。另者，沙子龙的“不传”五魂枪绝技与两位副角的恳切期待学艺，也形成对照。“艺”的传承与中断，蕴含悲剧性的内容。还有，两位副角本身也构成一种对比：王三胜好吹嘘，性格外露，天真义气；孙老者干巴直率，诚恳内敛，不恃强凌弱，各有特点。两人的性格心理又从不同角度烘托了主人公沙子龙的性格心理。

# 沈从文简介

沈从文（1902—1988），原名沈岳焕，字崇文，现名从文，笔名休芸芸、甲辰、懋琳等，湖南凤凰县人，苗族。小学毕业后，因家道败落，不得已入行伍。随所属土著军队，辗转流徙于湘、川、黔三省边境。1923年脱离行伍，独自来到北京，1924年开始写作，四处投稿，屡被退稿，生活无着。曾投书郁达夫，申诉不幸，请求帮助。郁达夫撰著名的《给一个文学青年的公开信》，这位“青年”指沈从文。在郁达夫帮助下，该年11月开始在《晨报·北京栏》、《晨报副镌》发表作品。之后又在《京报·民众文艺》、《现代评论》等发表小说、散文。结识胡也频和丁玲。创作勤奋，非常多产。1927年伊始，小说《我的邻》、《在私塾》、《或人的太太》、《柏子》、《雨后》、《诱讵》、《第一次作男人的那个人》、《萧萧》、《丈夫》等在《小说月报》发表，产生广泛影响。1931—1938年，出版小说集、散文集、论文集20多部，中篇小说《边城》，长篇小说《长河》，短篇小说集《虎雏》、《如蕤集》、《八骏图》，散文集《从文自传》、《湘行散记》、《湘西》等是这个时期的作品。先后任教于上海暨南大学、武汉大学、青岛大学。1933年接手主编天津《大公报·文艺副刊》，成为京派作家群的领衔。1938年初抵达湘西沅陵，5月抵昆明，任教于西南联大，授写作课，萧乾称：“写作上最好的老师从文先生”。得意门生有汪曾祺等。新中国成立后在中国历史博物馆和中国社会科学院历史研究所工作，主要从事中国古代历史、古代服饰研究。撰写

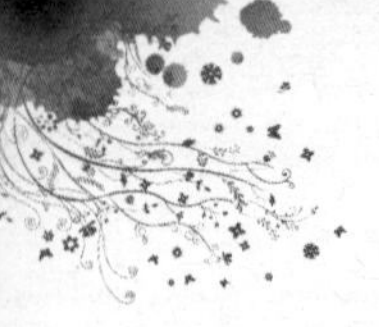



出版了《唐宋铜镜》、《龙凤艺术》、《战国漆器》、《中国古代服饰研究》等学术专著。1988年病逝于北京。

## 丈　夫

沈从文

落了春雨，一共有七天，河水涨大了。

河中涨了水，平常时节泊在河滩的烟船、妓船，离岸极近，船皆系在吊脚楼下的支柱上。

在四海春茶馆楼上喝茶的闲汉子，伏身在临河一面窗口，可以望到对河的宝塔“烟雨红桃”好景致，也可以知道船上妇人陪客烧烟的情形。因为那么近，上下都方便，有喊熟人的声音，从上面或从下面喊叫，到后是互相见到了，谈话了，取了亲昵样子，骂着野话粗话，于是楼上人会了茶钱，从湿而发臭的甬道走去，从那些肮脏地方走到船上了。

上了船，花钱半元到五块，随心所欲吃烟睡觉，同妇人毫无拘束地放肆取乐，这些在船上生活的大臀肥身年青女人，就用一个妇人的好处，服侍男子过夜。

船上人，她们把这件事也像其余地方一样称呼，这叫做“生意”。她们都是做生意而来的。在名分上，那名称与别的工作同样，既不与道德相冲突，也并不违反健康。她们从乡下来，从那些种田挖园的人家，离了乡村，离了石磨同小牛，离了那年青而强健的丈夫，跟随到一个熟人，就来到这船上做生意了。做了生意，慢慢的变成为城市里人，慢慢的与乡村离远，慢慢的学会了一些只有城市里才需要的恶德，于是这妇人就毁了。但那毁，是慢慢的，因为需要一些日子，所以谁也不去注意了。而且也仍然不缺少在任何情形下还依然会好好的保留着那乡村纯朴气质的妇

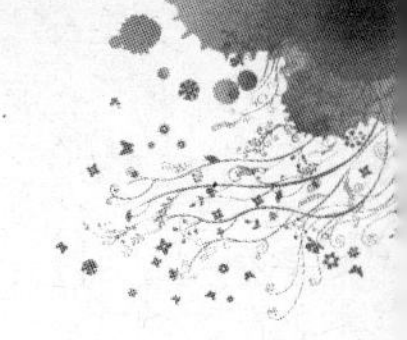

人，所以在市的小河妓船上，决不会缺少年青女子的来路。

事情非常简单，一个不亟亟于生养孩子的妇人，到了城市，能够每月把从城市里两个晚上所得的钱，送给那留在乡下诚实耐劳种田为生的丈夫处去，在那方面就可以过了好日子，名分不失，利益存在，所以许多年青的丈夫，在娶妻以后，把妻送出来，自己留在家中耕田种地安分过日子，也竟是极其平常的事。

这种丈夫，到什么时候，想及那在船上做生意的年青的媳妇，或逢年过节，照规矩要见见媳妇的面了，自己便换了一身浆洗干净的衣服，腰带上挂了那个工作时常不离口的短烟袋，背了整箩整篓的红薯糍粑之类，赶到市上来，像访远亲一样，从码头第一号船上问起，一直到认出自己女人所在的船上为止。问明白了，到了船上，小心小心地把一双布鞋放到舱外护板上，把带来的东西交给了女人，一面便用着吃惊的眼睛，搜索女人的全身。这时节，女人在丈夫眼下自然已完全不同了。

大而油光的发髻，用小镊子扯成的细细眉毛，脸上的白粉同绯红胭脂，以及那城市里人神气派头，城市里人的衣裳，都一定使从乡下来的丈夫感到极大的惊讶，有点手足无措。那呆相是女人很容易清楚的。女人到后开了口，或者问："那次五块钱得了么？"或者问："我们那对猪养儿子了没有？"女人说话时口音自然也完全不同了，变成像城市里做太太的大方自由，完全不是在乡下做媳妇的神气了。

听女人问到钱，问到家乡豢养的猪，这作丈夫的看出自己做主人的身份，并不在这船上失去，看出这城里奶奶还不完全忘记乡下，胆子大了一点，慢慢地摸出烟管同火镰。第二次惊讶，是烟管忽然被女人夺去，即刻在那粗而厚大的掌握里，塞了一枝哈德门香烟的缘故。吃惊也仍然是暂时的事，于是这做丈夫的，一面吸烟一面谈话……

到了晚上，吃过晚饭，仍然在吸那有新鲜趣味的香烟。来了

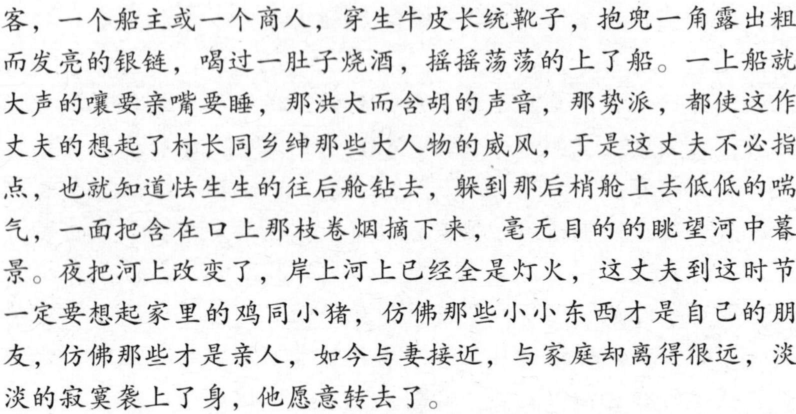

客，一个船主或一个商人，穿生牛皮长统靴子，抱兜一角露出粗而发亮的银链，喝过一肚子烧酒，摇摇荡荡的上了船。一上船就大声的嚷要亲嘴要睡，那洪大而含胡的声音，那势派，都使这作丈夫的想起了村长同乡绅那些大人物的威风，于是这丈夫不必指点，也就知道怯生生的往后舱钻去，躲到那后梢舱上去低低的喘气，一面把含在口上那枝卷烟摘下来，毫无目的的眺望河中暮景。夜把河上改变了，岸上河上已经全是灯火，这丈夫到这时节一定要想起家里的鸡同小猪，仿佛那些小小东西才是自己的朋友，仿佛那些才是亲人，如今与妻接近，与家庭却离得很远，淡淡的寂寞袭上了身，他愿意转去了。

当真转去没有？不。三十里路路上有豺狗，有野猫，有查夜的放哨的团丁，全是不好惹的东西，转去自然做不到。船上的大娘自然还得留他上三元宫看夜戏，到四海春去喝清茶，并且既然到了市上，大街上的灯同城市中的人更不可不去看看。于是留下了，坐到后舱看河中景致，等候大娘的空暇。到后要上岸了，就由小阳桥上扳篷架到船头；玩过后，仍然由那旧地方转到船上，小心小心使声音放轻，省得留在舱里躺到床上烧烟的人发怒。

到要睡觉的时候，城里起了更，西梁山上的更鼓冬冬响了一会，悄悄的从板缝里看看客人还不走，丈夫没有什么话可说，就在梢舱上新棉絮里一个人睡了。半夜里，或者已睡着，或者还在胡思乱想，那媳妇抽空爬过了后舱，问是不是想吃一点糖。本来非常欢喜口含冰糖的脾气，是做媳妇的记得清楚明白，所以即或说已经睡觉，已经吃过，也仍然还是塞了一小片冰糖在口里。媳妇用着略略抱怨自己那种神气走去了，丈夫把冰糖含在口里，正像仅仅为了这一点理由，就得原谅媳妇的行为，尽她在前舱陪客，自己也仍然很和平地睡觉了。

这样的丈夫在黄庄多着，那里出强健女子同忠厚男人。地方实在太穷了，一点点收成照例要被上面的人拿去一大半，手足贴

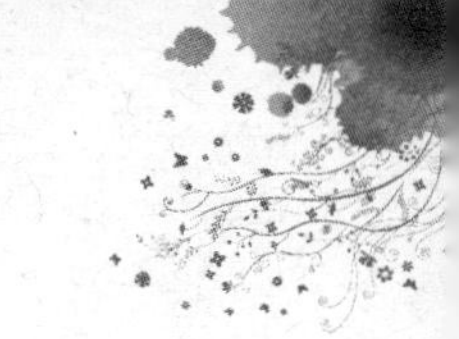

地的乡下人，任你如何勤省耐劳的干做，一年中四分之一时间，即或用红薯叶子拌和糠灰充饥，总还不容易对付下去。地方虽在山中，离大河码头只三十里，由于习惯，女子出乡讨生活，男人通明白这做生意的一切利益。他懂事，女子名分上仍然归他，养得儿子归他，有了钱，也总有一部分归他。

那些船排列在河下，一个陌生人，数来数去是永远无法数清的。明白这数目，而且明白那秩序，记忆得出每一个船与摇船人样子，是五区一个老水保。

水保是个独眼睛的人。这独眼就据说在年青时节因殴斗杀过一个水上恶人，因为杀人，同时也就被人把眼睛抠瞎了。但两只眼睛不能分明的，他一只眼睛却办到了。一个河里都由他管事。他的权力在这些小船上，比一个中国的皇帝、总统在地面上的权力还统一集中。

涨了河水，水保比平时似乎忙多了。由于责任，他得各处去看看。是不是有些船上做父母的上了岸，小孩子在哭奶了。是不是有些船上在吵架，需要排难解纷。是不是有些船因照料无人，有溜去的危险。在今天，这位大爷，并且要到各处去调查一些从岸上发生影响到了水面的事情。岸上这几天来发生三次小抢案，据公安局那方面人说，是凡地上小缝小罅都找寻到了，还是毫无痕迹。地上小缝小罅都亏那些体面的在职人员找过，于是水保的责任便到了。他得了通知，就是那些说谎话的公安局办事处通知，要他到半夜会同水面武装警察上船去搜索“歹人”。

水保得到这个消息时是上半天。一个整白天他要做许多事。他要先尽一些从平日受人款待好酒好肉而来的义务了，于是沿了河岸，从第一号船起始，每个船上去谈谈话。他得先调查一下，问问这船上是不是留容得有不端正的外乡人。

做水保的人照例是水上一霸，凡是属于水面上的事他无有不知。这人本来就是一个吃水上饭的人，是立于法律同官府对面，

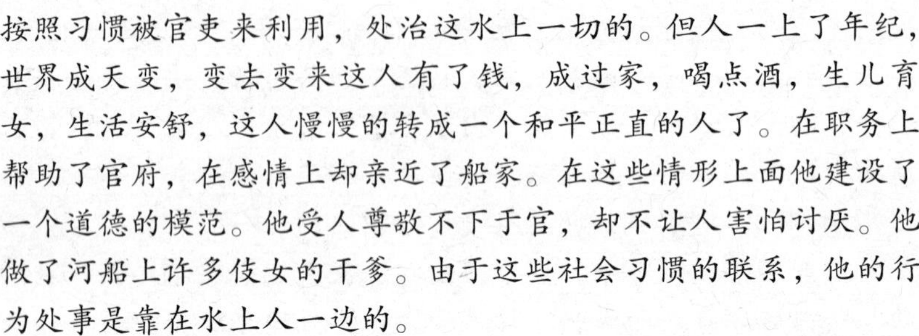

按照习惯被官吏来利用，处治这水上一切的。但人一上了年纪，世界成天变，变去变来这人有了钱，成过家，喝点酒，生儿育女，生活安舒，这人慢慢的转成一个和平正直的人了。在职务上帮助了官府，在感情上却亲近了船家。在这些情形上面他建设了一个道德的模范。他受人尊敬不下于官，却不让人害怕讨厌。他做了河船上许多伎女的干爹。由于这些社会习惯的联系，他的行为处事是靠在水上人一边的。

他这时正从一个木跳板上跃到一只新油漆过的“花船”头，那船位置在较清静的一家莲子铺吊脚楼下。他认得这只船归谁管，一上船就喊“七丫头”。

没有声音。年青的女人不见出来，年老的掌班也不见出来。老年人很懂事情，以为或者是大白天有年青男子上船做呆事，就站在船头眺望，等了一会。

过一阵他又喊了两声，又喊伯妈，喊五多；五多是船上的小毛头，年纪十二岁，人很瘦，声音尖锐，平时大人上了岸就守船，买东西煮饭，常常挨打，爱哭，过一会儿又唱起小调来。但是喊过五多后，也仍然得不到结果。因为听到舱里又似乎实在有声音，像人出气，不像全上了岸，也不像全在做梦。水保就钩身窥觑舱口，向暗处询问是谁在里面。

里面还是不作答。

水保有点生气了，大声地问：“你是哪一个?”

里面一个很生疏的男子声音，又虚又怯回答说，“是我。”接着又说，“都上岸去了。”

“都上岸了么?”

“上岸了。她们……”

好像单单是这样答应，还深恐开罪了来人，这时觉得有一点义务要尽了，这男子于是从暗处爬出来，在舱口，小心小心扳到篷架，非常拘束的望到来人。

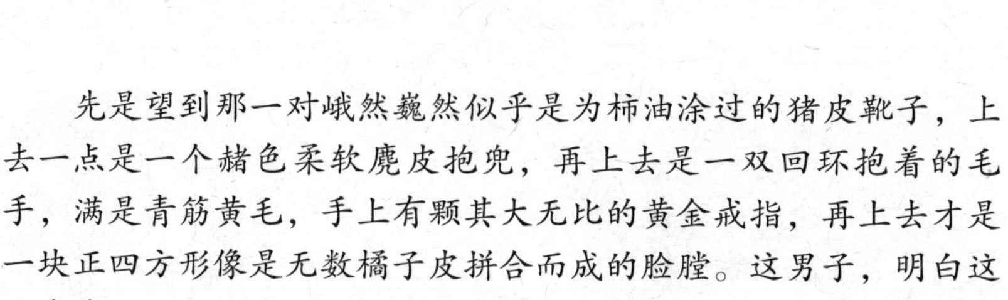

先是望到那一对峨然巍然似乎是为柿油涂过的猪皮靴子，上去一点是一个赭色柔软麂皮抱兜，再上去是一双回环抱着的毛手，满是青筋黄毛，手上有颗其大无比的黄金戒指，再上去才是一块正四方形像是无数橘子皮拼合而成的脸膛。这男子，明白这是有身份的主顾了，就学到城市里人说话，说，“大爷，您请里面坐坐，她们就回来。”

从那说话的声音，以及干浆衣服的风味上，这水保一望就明白这个人是才从乡下来的种田人。本来女人不在就想走，但年青人忽然使他发生了兴味，他留着了。

“你从什么地方来的?”他问他，为了不使人拘束，水保取得是做父亲的和平样子，望到这年青人。“我认不得你。”

他想了一下，好像也并不认得客人，就回答，“我昨天来的。”

“乡下麦子抽穗了没有?”

“麦子吗? 水碾子前我们那麦子，哈，我们那猪，哈，我们那……”

这个人，像是忽然明白了答非所问，记起了自己是同一个有身分的城里人说话，不应当说“我们”，不应当说我们“水碾子”同“猪”，把字眼用错，所以再也接不下去了。

因为不说话，他就怯怯的望到水保笑，他要人了解他，原谅他——他是个正派人，并不敢有意张三拿四。

水保是懂这个意思的。且在这对话中，明白这是船上人的亲戚了，他问年青人，“老七到什么地方去了，什么时候可以回来?”

这时节，这年青人答语小心了。他仍然说，“是昨天来的。”他又告水保，他“昨天晚上来的。”末了才说，老七同掌班、五多上岸烧香去了，要他守船。因为守船必得把守船身份说出，他还告给了水保，他是老七的“汉子”。

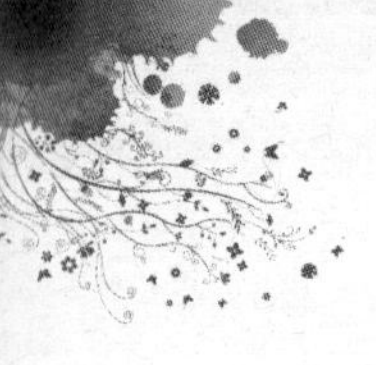



因为老七平常喊水保都喊干爹，这干爹第一次认识了女婿，不必挽留，再说了几句，不到一会儿，两人皆爬进舱中了。

舱中有个小小床铺，床上有锦绸同红色印花洋布铺盖，摺叠得整整齐齐。来客照规矩应当坐在床沿。光线从舱口来，所以在外面以为舱中极黑，在里面却一切分明。

年青人为客找烟卷，找自来火，毛脚毛手打翻了身边一个贮栗子的小坛子，圆而发乌金光泽的板栗在薄明的船舱里各处滚去，年青人各处用手去捕捉，仍然放到小坛中去，也不知道应当请客人吃点东西。但客人却毫不客气，从舱板上把栗拾起咬破了吃，且说这风干的栗子真好。

“这个很好，你不欢喜么？”因为水保见到主人并不剥栗子吃。

“我欢喜。这是我屋后栗树上长的。去年结了好多，乖乖的从刺球里爆出来，我欢喜。”他笑了，近于提到自己儿子模样，很高兴说这个话。

“这样大栗子不容易得到。”

“我一个一个选出来的。”

“你选？”

“是的，因为老七欢喜吃这个，我才留下来。”

“你们那里可有猴栗？”

“什么猴栗？”

水保就把故事所说的“猴子在大山上住，被人辱骂时，抛下拳大栗子打人。人想这栗子，就故意去山下骂丑话，预备捡栗子。”一一说给乡下人听。

因为栗子，正苦无话可说的年青人，得到同情他的人了。他就告水保另外属于栗子的种种事情。他知道的乡下问题可多咧。于是他说到地名“栗坳”的新闻。又说到一种栗木作成的犁具如何结实合用。这人是太需要说到这些了。昨天来一晚上都有客人

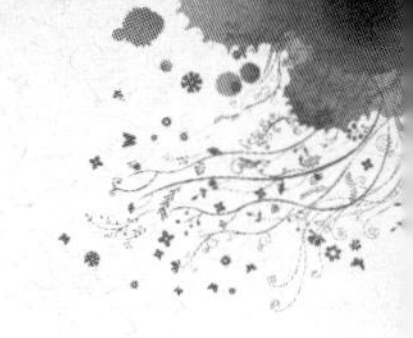

吃酒烧酒，把自己关闭在小船后梢，同五多说话，五多睡得成死猪。今天一早上，本来应当有机会同媳妇谈到乡下事情了，女人又说要上岸过七里桥烧香，派他一个人守船。坐到船上等了半天，还不见人回，到后梢去看河上景致，一切新奇不同，全只给自己发闷。先一时，正睡在舱里，就想这满江大水若到乡下涨，鱼梁上不知道应当有多少鲤鱼上梁！把鱼捉来时，用柳条穿鳃到太阳下去晒，正计算到那数目，总算不清楚。忽然客人来到船上，似乎一切鱼都争着跳进水中去了。

来了客人，且在神气上看出来人是并不拒绝这些谈话的，所以这年青人，凡是预备到同自己媳妇在枕边诉说的各样事情，这时得到了一个好机会，都拿来同水保谈了。

他告给水保许多乡下情形，说到小猪捣乱的脾气，叫小猪名字是“乖乖”，又说到新由石匠整治过的那副石磨，顺便告给了一个石匠的笑话。又说到一把失去了多久的镰刀，一把水保梦想不到的小镰刀，他说：

“你瞧，奇怪不奇怪？我赌咒我各处都找到了。我们的床下，门枋上，仓角里，什么不找到？它躲了。躲猫猫一样，不见了。我为这件事骂过老七。老七哭过。可还是不见。鬼打岩，蒙蒙眼，原来它躲在屋梁上饭箩里！半年躲在饭箩里！它吃饭！一身锈得像生疮。这东西多狡猾！我说这个你明白我没有？怎么会到饭箩里半年？那是一只做样子的东西，挂到斗窗上。我记起那事了，是我削楔子，手上刮了皮，流了血，生了大气，赌气把刀一丢。……到水上磨了半天，还不错，仍然能吃肉，你一不小心，就得流血。我还不曾同老七说到这个，她不会忘记那哭得伤心的一回事。找到了，哈哈，真找到了。”

“找到它就好了。”水保随便那么说着。

“是的，得到了它那是好的。因为我总疑心这东西是老七掉到溪里，不好意思说明。我知道她不骗我了。我明白了。我知道

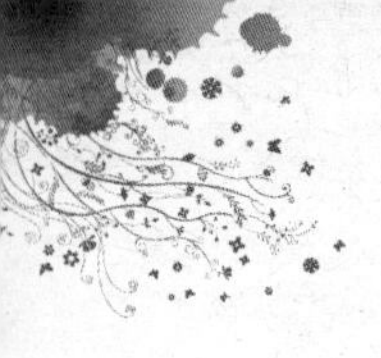



她受了冤屈，因为我说过：‘找不出么？那我就要打人！’我并不曾动过手。可是生气时也真吓人。她哭了半夜！”

“你不是用得着它割草么?”

“嗨，哪里，用处多咧。是小镰刀，那么精巧，你怎么说是割草？那是削一点薯皮，刮刮簫：这些这些用的。小得很，值三百钱，钢火妙极了。我们都应当有这样一把刀放到身边，不明白么?”

水保说，“明白明白：都应当有一把，我懂你这个话。”

他以为水保当真是懂的，什么也说到了，甚至于希望明年来一个小宝宝，这样只合宜于同自己的媳妇睡到一个枕头上商量的话也说到了。年青人毫无拘束的还加上许多粗话蠢话。说了半天，水保起身要走了，他才记起问客人贵姓。

“大爷，您贵姓？留一个片子到这里，我好回话。”

“不用不用。你只告她有这么一个大个儿到过船上，穿这样大靴子。告她晚上不要接客，我要来。”

“不要接客，您要来?”

“就是这样说，我一定要来的。我还要请你喝酒。我们是朋友。”

“我们是朋友，是朋友。”

水保用他那大而肥厚的手掌，拍了一下年青人的肩膊，从船头上岸，走到别一个船上去了。

在水保走后，年青人就一面等候一面猜想这个大汉子是谁。他还是第一次同这样尊贵的人物谈话。他不会忘记这很好的印象的。人家今天不仅是同他谈话，还喊他做朋友，答应请他喝酒！他猜想这人一定是老七的“熟客”。他猜想老七一定得了这人许多钱。他忽然觉得愉快，感到要唱一个歌了，就轻轻的唱了一首山歌。用四溪人体裁，他唱得是“水涨了，鲤鱼上梁，大的有大草鞋那么大，小的有小草鞋那么小。”

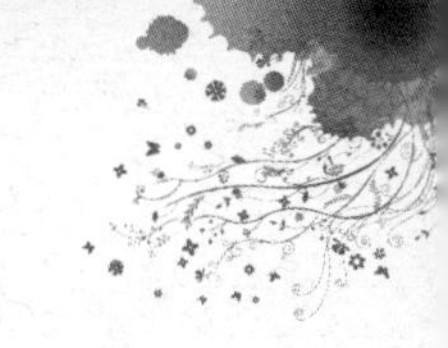

但是等了一会还不见老七回来，一个鬼也不回来，他又想起那大汉子的丰采言谈了。他记起那一双靴子，闪闪发光，以为不是极好的山柿油涂到上面，是不会如此体面好看的。他记起那黄而发沉的戒指，说不分明那将值多少钱，一点不明白那宝贝为什么如此可爱。他记起那伟人点头同发言，一个督抚的派头，一个军长的身份——这是老七的财神！他于是又唱了一首歌。用杨村人不庄重口吻，唱得是“山坳的团总烧炭，山脚的地保爬灰；爬灰红薯才肥，烧炭脸庞发黑。”

到午时，各处船上都已有人烧饭了。湿柴烧不燃，烟子各处窜，使人流泪打嚏，柴烟平铺到水面时如薄绸。听到河街馆子里大师傅用铲子敲打锅边的声音，听到邻船上白菜落锅的声音，老七还不见回来。可是船上烧湿柴的本领年青人还没有学到，小钢灶总是冷冷的不发吼。做了半天还是无结果，只有把它放下一个办法了。

应当吃饭时候不得饭吃，人饿了，坐到小凳上敲打舱板，他仍然得想一点事情。一个不安分的估计在心上滋长了。正似乎为装满了钱钞便极其骄傲模样的抱兜，在他眼下再现时，把原有的和平已失去了。一个用酒糟同红血所捏成的橘皮红色四方脸，也是极其讨厌的神气，保留到印象上。并且，要记忆有什么用？他记忆得到那嘱咐，是当到一个丈夫面前说的！“今晚上不要接客，我要来。”该死的话，是那么不客气的从那吃红薯的大口里说出！为什么要说这个？有什么理由要说这个？……

胡想使他心上增加了愤怒，饥饿重复揪着了这愤怒的心，使有一些原始人就不缺少的情绪，在这个年青简单的人情绪中长大不已。

他不能再唱一首歌了。喉咙为妒嫉所扼，唱不出什么歌。他不能再有什么快乐。按照一个种田人的脾气，他想到明天就要回家。

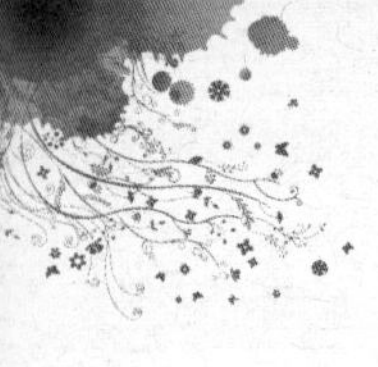



有了脾气再来烧火，自然更不行了，于是把所有的柴全丢到河里去了。

“雷打你这柴！要你到洋里海里去！”

但那柴是在两三丈以外，便被别个船上的人捞起了的。那船上人似乎一切都准备好了，正等待一点从河面漂流而来的湿柴，把柴捞上，即刻就见到用废缆一段引火，且即刻满船发烟，火就带着小小爆裂声音燃好了。看到这一切，新的愤怒使年青人感到羞辱，他想不必等待人回船就要走路。

在街尾遇到女人同小毛头五多两个人，正牵了手说着笑着走来。五多手上拿得有一把胡琴，崭新的样子，这是做梦也不曾遇到的一件家伙！

“你走哪里去?”

“我——要回去。”

“要你看船船也不看，要回去。什么人得罪了你，这样小气?”

“我要回去，你让我回去。”

“回到船上去！”

看看媳妇，样子比说话还硬劲。并且看到那一张胡琴，明知道这是特别买来给他的，所以再不能坚持，摸了摸自己发烧的额角，幽幽的说，“回去也好，回去也好”，就跟了媳妇的身后跑转船上。

掌班大娘也赶来了，原来提了一副猪肺，好像东西只是乘便偷来的，深恐被人追上带到衙门里去。所以跑得颧骨发了红，喘气不止。大娘一上船，女人在舱中就喊：

“大娘，你瞧，我家汉子想走！”

“谁说的，戏都不看就走！”

“我们到街口碰到他，他生气样子，一定是怪我们不早回来。”

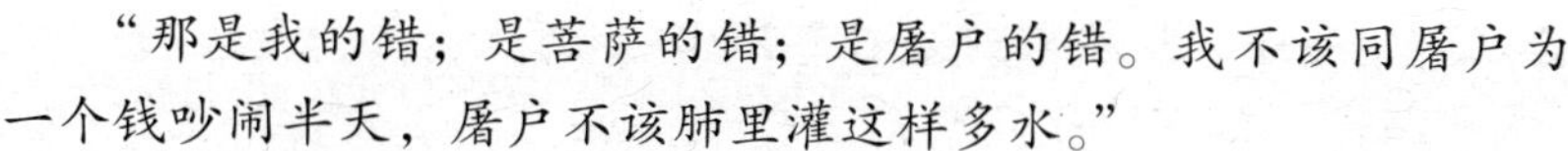

“那是我的错；是菩萨的错；是屠户的错。我不该同屠户为一个钱吵闹半天，屠户不该肺里灌这样多水。”

“是我的错。”陪男子在舱里的女人，这样说了一句话，坐下了。对面是男子汉。她于是有意的在把衣服解换时，露出极风情的红绫胸褡。胸褡上绣了“鸳鸯戏荷”。

男子觑着，不说话。有说不出的什么东西，在血里窜着涌着。

在后梢，听到大娘同五多谈着柴米。

“怎么我们的柴都被谁偷去了！”

“米是谁淘好的？”

“一定是火烧不燃。……姐夫是乡下人，只会烧松香。”

“我们不是昨天才解散一捆柴么？”

“都完了。”

“去前面搬一捆，不要说了。”

“姐夫只知道淘米！”

听到这些话的年青汉子，一句话不说，静静的坐在舱里，望到那一把新买来的胡琴。

女人说，“弦都配好了，试拉拉看。”

先是不作声，到后把琴搁在膝上，查看松香。调琴时，生疏的音从指间流出，拉琴人便快乐的微笑了。

不到一会，满舱是烟，男子被女人喊出去，仍然把琴拿到外面去，站在船头调弦。

到后吃中饭时，五多说：

“姐夫，你回头拉‘孟姜女哭长城’，我唱。”

“我不会拉。”

“我听说你拉得很好，你骗我谎我。”

“我不骗你。”

大娘说，“我听老七说你拉得好，所以到庙里，一见这琴，我就想起你才说就为姐买回去吧。是运气，烂贱就买来了。这到

乡里一块钱还恐怕买不到，不是么？”

“是的。值多少钱？”

“一吊六。他们都说值得！”

五多说，“谁说值得？”

大娘很生气的说，“毛丫头，谁说不值得？你知道什么！撕你的嘴！”

因为这琴是从一个卖琴熟人手上拿来，一个钱不花，听到大娘的谎话，五多分辨，大娘就骂五多，老七却笑了。男子以为这是笑大娘不懂事，所以也在一旁干笑。

男子先把饭吃完，就动手拉琴，新琴声音又清又亮，五多高兴到得意忘形，放下碗筷唱将起来，被大娘结结实实打了一筷子头，才忙着吃饭、收碗、洗锅子。

到了晚上，前舱盖了篷，男子拉琴，五多唱歌，老七也唱歌，美孚灯罩子有红纸剪成的遮光帽，全舱灯光红红的如办大喜事，年青人在热闹中像过年，心上开了花。可是过不久，有兵士从河街过身，喝得烂醉，听到这声音了。

两个醉鬼踉踉跄跄到了船边，两手全是污泥，用手扳船，口含胡桃那么混混胡胡的嚷叫：

“什么人唱，报上名来！唱得好，赏一个五百。不听到么？老子赏你五百！”

里面琴声戛然而止，沉静了。

醉鬼用脚不住踢船，蓬蓬蓬发出钝而沉闷的声音，且想推篷，搜索不到篷盖接榫处，于是又叫嚷，“不要赏么，婊子狗造的？装聋，装哑？什么人敢在这里作乐？我怕谁？皇帝我也不怕。大爷，我怕皇帝我不是人！我们军长师长，都是混账王八蛋！是皮蛋鸡蛋，寡了的臭蛋！我才不怕。”

另一个喉咙发沙的说道：

“骚婊子？出来拖老子上船！”

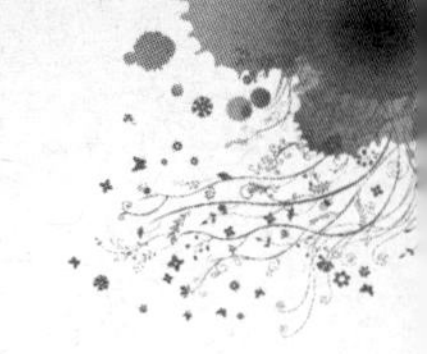

且即刻听到用石头打船篷，大声的辱骂祖宗。一船人都吓慌了。大娘忙把灯扭小一点，走出去推篷，男子听到那汹汹声气，夹了胡琴就往后舱钻去。不一会，醉人已经进到前舱了。两个人一面说着野话一面要争到同老七亲嘴，同大娘五多亲嘴。且听到问："是什么人在此唱歌作乐，把拉琴的抓来再给老子唱一个歌。"

大娘不敢作声，老七也无主意了，两个酒疯子就大声的骂人。

"臭货，喊龟子出来，跟老子拉琴，赏一千！英雄盖世的曹孟德也不会这样大方！我赏一千，一千个红薯，快来，不出来我烧掉你们这只船！听着没有，老东西?！赶快，莫让老子们生了气，灯笼子认不得人?"

"大爷，这是我们自己家几个人玩玩，不是外人……"

"不！不！不！老婊子，你不中吃。你老了，皱皮柑！快叫拉琴的来！杂种！我要拉琴，我要自己唱！"一面说一面便站起身来，想向后舱去搜寻。大娘弄慌了，把口张大合不拢去。老七急中生智，拖着那醉鬼的手，安置到自己的大奶上。醉人懂到这意思，又坐下了。"好的，妙的，老子出得起钱，老子今天晚上要到这里睡觉！孤王酒醉在桃花宫，韩素梅生来好貌容……"

这一个在老七左边躺下去后，另一个不说什么，也在右边躺了下去。

年青人听到前舱仿佛安静了一会，在隔壁轻轻的喊大娘。正感到一种侮辱的大娘，悄悄爬过去，男子还不大分明是什么事情，问大娘：

"什么事情?"

"营上的副爷，醉了，像猫，等一会儿就得走。"

"要走才行。我忘记告你们了，今天有一个大方脸人来，好像大官，吩咐过我，他晚上要来，不许留客。"

“是脚上穿大皮靴子，说话像打锣么?”

“是的，是的。他手上还有一个大金戒子。”

“那是老七干爹。他今早上来过了么?”

“来过的。他说了半天话才走，吃过些干栗子。”

“他说些什么?”

“他说一定要来，一定莫留客……还说一定要请我喝酒。”

大娘想想，来做什么?难道是水保自己要来歇夜?难道是老对老，水保注意到……想不通，一个老鸨虽一切丑事做成习惯，什么也不至于红脸，但被人说到“不中吃”时，是多少感到一种羞辱的。她悄悄的回到前舱，看前舱新事情不成样子，扁了扁瘪嘴，骂了一声猪狗，终归又转到后舱来了。

“怎么?”

“不怎么。”

“怎么，他们走了?”

“不怎么，他们睡了。”

“睡了?”

大娘虽不看清楚这时男子的脸色，但她很懂这语气，就说:“姐夫，你难得上城来，我们可以上岸玩去。今夜三元宫夜戏，我请你坐高台子，是‘秋胡三戏结发妻’。”

男子摇头不语。

兵士胡闹一阵走后，五多、大娘、老七都在前舱灯光下说笑，说那兵士的醉态。男子留在后舱不出来。大娘到门边喊过了二次，不答应，不明白这脾气从什么地方发生。大娘回头就来检查那四张票子的花纹，因为她已经认得出票子的真假了。票子倒是真的，她在灯光下指点给老七看那些记号，那些花，且放到鼻子上嗅嗅，说这个一定是清真馆子里找出来的，因为有牛油味道。

五多第二次又走过去，“姐夫，姐夫，他们走了，我们来把

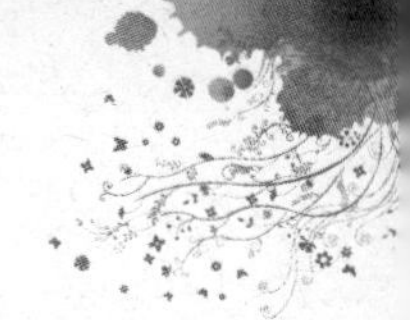



那个唱完，我们还得……”

女人老七像是想到了什么心事，拉着了五多，不许她说话。

一切沉默了。男子在后舱先还是正用手指扣琴弦，作小小声音，这时手也离开那弦索了。

三个女人都听到从河街上飘来的锣鼓唢呐声音，河街上一个做生意人办喜事，客来贺喜，大唱堂戏，一定有一整夜热闹。

过了一会，老七一个人轻脚轻手爬到后舱去，但即刻又回来了。

大娘问：“怎么了？”

老七摇摇头，叹了一口气。

先以为水保恐怕不会来的，所以大家仍然睡了觉，大娘、老七、五多三个人在前舱，只把男子放到后面。

查船的在半夜时，由水保领来了，水面鸦雀无声，四个全副武装警察守在船头，水保同巡官晃着手电筒进到前舱。这时大娘已把灯捻明了，她经验多，懂得这不是大事情。老七披了衣坐在床上，喊干爹，喊巡官老爷，要五多倒茶。五多还睡意迷蒙，只想到梦里在乡下摘三月莓。

男子被大娘摇醒揪出来，看到水保，看到一个穿黑制服的大人物，吓得不能说话，不晓得有什么严重事情发生。

那巡官装成很有威风的神气开了口：“这是什么人？”

水保代为答应，“老七的汉子，才从乡下来走亲戚。”

老七说道，“老爷，他昨天才来的。”

巡官看了一会儿男子，又看了一会儿女人，仿佛看出水保的话不是谎话，就不再说话了，随意在前舱各处翻翻。待注意到那个贮风干栗子的小坛子时，水保便抓了一大把栗子塞到巡官那件体面制服的大口袋里去，巡官只是笑，也不说什么。

一伙人一会儿就走到另一船上去了。大娘刚要盖篷，一个警察回来传话：

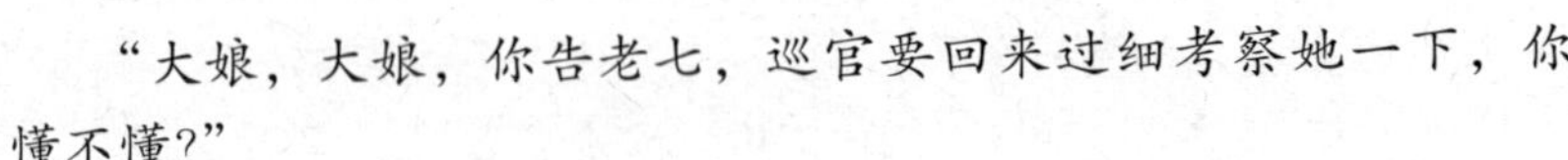

“大娘，大娘，你告老七，巡官要回来过细考察她一下，你懂不懂?”

大娘说，“就来么?”

“查完夜就来。”

“当真吗?”

“我什么时候同你这老婊子说过谎?”

大娘很欢喜的样子，使男子很奇怪，因为他不明白为什么巡官还要回来考察老七。但这时节望到老七睡起的样子，上半晚的气已经没有了，他愿意讲和，愿意同她在床上说点家常私话，商量件事情，就傍床沿坐定不动。

大娘像是明白男子的心事，明白男子的欲望，也明白他不懂事，故只同老七打知会，“巡官就要来的!”

老七咬着嘴唇不作声，半天发痴。

男子一早起来就要走路，沉默的一句话不说，端整了自己的草鞋，找到了自己的烟袋。一切归一了，就坐到那矮床边沿，像是有话说又说不出口。

老七问他，“你不是昨晚上答应过干爹，今天到他家中吃中饭吗?”

“……”摇摇头，不作答。

“人家特意为你办了酒席，好意思不领情?”

“……”

“戏也不看看么?”

“……”

“满天红的荤油包子，到半日才上笼，那是你欢喜的包子。”

“……”

一定要走了，老七很为难，走出船头呆了一会，回身从荷包里掏出昨晚上那兵士给的票子来，点了一下数，一共四张，捏成一把塞到男子左手心里去。男子无话说，老七似乎懂到那意思了，“大娘，你拿那三张也把我。”大娘将钱取出，老七又把这钱塞到男子右手心里去。

男子摇摇头，把票子撒到地下去，两只大而粗的手掌捣着脸孔，像小孩子那样莫名其妙的哭了起来。

五多同大娘看情形不好，一齐逃到后舱去了。五多心想这真是怪事，那么大的人会哭，好笑。可是她并不笑。她站在船后梢舵，看见挂在梢舱顶梁上的胡琴，很愿意唱一个歌，可是不知为什么也总唱不出声音来。

水保来船上请远客吃酒，只有大娘同五多在船上。问到时，才明白两夫妇一早都回转乡下去了。

1930 年 4 月作于吴淞

（原刊载于 1930 年 4 月《小说月报》第 21 卷第 4 号）

## 无法缝合的裂痕：《丈夫》解读

沈从文的《丈夫》发表于 1930 年 4 月的《小说月报》（第 21 卷第 4 号）。写一位生活于乡下的丈夫到城里看望在花船上当妓女的妻子的经历。小说没有夸大卖淫的罪恶，而是当作一种当地的风俗来写。那里人人都这样：妻子到城里来做生意，丈夫留在家里耕田种地，“名分不失，利益存在”。丈夫每年会到城里看望妻子，在花船上会逗留一些日子。在这种双方都能接受的契约关系中，作者将笔触伸到夫妻之间，揭开覆盖在这一貌似平常实际却是畸形的夫妻关系上的面纱，写尽其中人性受折磨的情形。

**1．于畸形的夫妻关系中，写人性受折磨的情形**

小说就写这一年一度丈夫在船上与妻子团聚的片段。在花船上的丈夫，无可能是正常意义上的丈夫。作者用闲闲几笔，写丈夫在一天间的尴尬境遇。首先是水保来了，不容置疑地嘱咐丈夫："告诉她（老七），晚上不要接客，我要来。"这句话深深地触痛丈夫麻木的神经——这话"是当到一个丈夫面前说的！……该死的话，是那么不客气的从那吃红薯的大口里说出！为什么要说这个？有什么理由要说这个？"自尊心的受伤害使男人决定不等老七她们回船就走路。之后是老七的极力安抚："她于是有意的在把衣服解换时，露出极风情的红绫胸褡。胸褡上绣了'鸳鸯戏荷'。男子觑着，不说话。有说不出的什么东西，在血里窜着涌着"，夫妻和好。吃过晚饭，她们拉琴唱歌，其乐融融。谁知船上来两个喝醉了的兵，一上船就大声嚷着要亲嘴要睡觉。于是，丈夫不必指点，也知道该往后舱钻去。让出妻子、听着喝醉嫖客的胡闹。再后是水保陪巡官来了，临走吩咐巡官还要回来考察老七……丈夫的忍耐终于到了极限："男子摇摇头，把票子撒到地下去，两只大而粗的手掌捣着脸孔，像小孩子那样莫名其妙的哭了起来。"那是一个特殊的空间，丈夫在这个空间对妻子不拥有配偶的权利。因此难堪、自尊心受伤、欲望受挫，都是随时随处会发生的事。这个过程充满欲望、自尊心与金钱利益三者的冲突及抗衡，丈夫最终选择放弃金钱利益，带妻子回乡，正是其作为人的基本尊严和性欲权利被剥夺后的一种猛醒。钱肉交换契约没有给人留下互惠的空间，终于导致当事人对这纸契约的自觉撕毁。

沈从文笔下1930年代湘西乡间及附近城镇，人伦秩序依然以男尊女卑为规则。值得注意的是，小说中，丈夫与妻子之间卑尊关系发生过几次换位：丈夫的由尊而卑、再由卑而尊与妻子的由卑而尊、再由尊而卑。花船上，乡下人的丈夫见到一年没见的妻子。他一面把从乡下带来的东西交给女人，一面用吃惊的眼睛搜索女人的全身："大而油光的发髻，用小镊子扯成的细细眉毛，

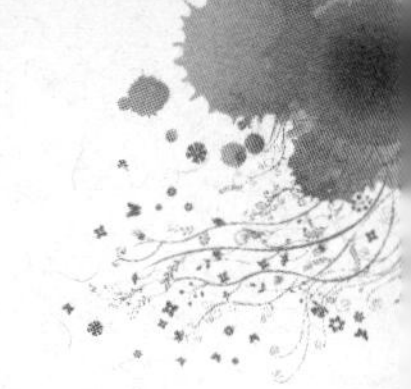

脸上的白粉同绯红胭脂，以及那城市里人神气派头，城市里人的衣裳……”女人变了，变得漂亮了，有城市人的打扮和见识，大方自由，连说话的口气都与以前不一样，这使“从乡下来的丈夫感到极大的惊讶，有点手足无措”。在女人面前，丈夫显得土气。加上花船上没有丈夫的位置，这一切令丈夫自卑，不敢正眼看妻子。传统伦常的夫为妻纲、男尊女卑的秩序，在商品化潮流的冲击下，发生紊乱。在这种夫妻格局中，丈夫找不到自己的位置。名分的缺失和人性的受折磨，唤醒了丈夫，终于决定带妻子回乡。夫妻关系的尊卑地位又一次发生掉转，又回到正常的传统夫妻的秩序上来。值得追问的是，女人回乡后，还会是原来那个妻子么？

这篇小说写出20世纪30年代中国城市商品化潮流对乡村的冲击，以及乡村在这种现实面前为维护自身的生活秩序而做出的回应。

**2. 小说主题有难以弥合的裂痕**

《丈夫》以写风俗的笔调来写一个卖淫故事，不褒不贬，不动声色，感情中立。写水保、大娘、五多、老七之间的脉脉温情，写丈夫的理解和认同，却又回避不了人性在特定际遇中受折磨、受伤害的问题。这个故事的主题并不明晰。于作者而言，他似乎更想展现湘西的一种风土人情。此前，沈从文写湘西人的两性生活也有这个特点，他更关注爱欲与整个风俗环境的关系，甚至把一些畸形的爱当作湘西人朴素的天性来写，比如《边城》中水手与妓女的爱情就有理想化的痕迹。他不大注意爱情生活的复杂性和多样性，而总是极力突出它的单纯性。

到了《丈夫》，沈从文依然用“地方志式的文字”（王晓明语）、讲风俗故事的方式来写，但他发现走不通，故事本身的复杂性使他无法按“风俗”的套路来处理。人性受折磨的沉重现实摆在他面前，使他渲染田园牧歌的热情明显减弱。他似乎一方面在写淳厚、朴素的民风，另一方面又向你展示人性麻木、难堪、受污辱的现实；他一边渲染风情，一边又对这种风情充满疑虑。看上去他仍在描画乡下人质朴的生活图景，其实，随着画卷的打开，原先潜伏在一角的生活阴影，一点一点地向中央处蔓延，愈演愈烈，终至不可收拾。从某种意义上说，《丈夫》的主题有难以弥合的裂痕，歌颂性与批判性两种指向相掺和，内在主旨并不统一。

# 叶灵凤简介

叶灵凤（1905—1975），原名叶蕴璞，笔名叶灵凤、L·F、亚灵等。江苏南京人。毕业于上海美术专科学校。1925年，在学期间，到创造社出版部帮忙，参与编辑《洪水》半月刊。为刊物画插图。模仿英国著名的唯美—颓废主义杂志《黄面志》的美术编辑比亚兹莱的插图画风，画各类黑白线条插图画，画有颓废感和装饰感的“莎乐美”形象，引领20世纪20年代末30年代初文艺杂志插图的一时风骚，自称中国的比亚兹莱。1926年与潘汉年合作、主编《幻洲》，成为该刊的主笔。1928年初《幻洲》被禁。1928年1月与潘汉年编辑《现代小说》，由上海现代书局发行。在《现代小说》上发表《肺病初期患者》、《浴》、《明天》、《鸠绿媚》、《罪状》、《妻的恩慧》、《摩伽的试探》、《国仇》、《落雁》、《神迹》、《穷愁的自传》、《初雪纪事》等小说，奠定其在现代文坛的地位。小说代表作有《菊子夫人》、《女娲氏的遗孽》、《鸠绿媚》、《处女的梦》、《红的天使》、《我的生活》、《穷愁的自传》、《时代的姑娘》、《永久的女性》和《未完成的忏悔录》等。1930年加入“左联”，不久即脱离。1934年与穆时英合编《文艺画报》。1937年抗日战争爆发，参加《救亡日报》工作，后随《救亡日报》到广州。1938年广州失守后赴香港定居。太平洋战争前编过《立报》副刊《言林》、《星岛日报》副刊《星座》，积极参加抗日宣传活动。长期为《大公报》、《新晚报》、《文艺世纪》、《海洋文艺》等报刊写稿。他藏书甚丰，临终嘱咐将所藏善

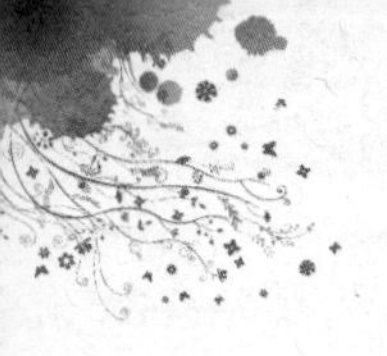



本清嘉庆《新安县志》捐与广州中山图书馆，其余藏书尽献于香港中文大学。1975年病逝于香港。

## 流行性感冒

叶灵凤

流线式车身

V形水箱

浮力座子

水压灭震器

五挡变速机

她，像一辆一九三三型的新车，在五月橙色的空气里，沥青的街道上，鳗一样的在人丛中滑动着。

蓁子，这样快的走着，为的是他吗？

见着前面走的是她，便抢上了几步，用肩胛轻轻的碰了一下。

回过头来见着是我：

不是，难道为的是你吗？

便也停下脚步，点点头，狡狯的笑了。

知道不会有这样幸福的。

可是，今天赶着过来，却正为的是看你哩。

我笑了。

那么，我说，在这二十世纪，真的有使人不相信的神迹出现了吗？

不要空想罢，是使人失望的现实问题哟：他要毕业了，想送他一条像你第一次来看我时用的那条领带。

用着修道士的姿势，停住脚，我向空画了一个十字。

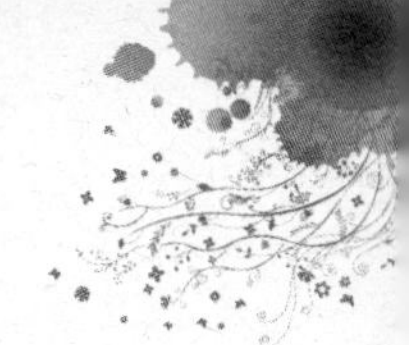

怎么样？她惊异的问。

不祥的东西哟！买了那条领带的第一晚，还没有结上，在公园里，她就对我说她觉得有点爱我。

那么，便在第一次来看我的时候，也结上了吗？

说着，将嘴撅了起来。一挺身，脚步突然的加快了。

从第四挡换到第五挡的变速机。迎着风，雕出了一九三三型的健美姿态：V 形水箱，半球形的两只车灯，爱莎多娜·邓肯式的向后飞扬的短发。

便也抢着追了上去。

为什么要向我化装呢？知道你不是这样的女性哟！

难道在敌人夸耀到这样的时候，还不应该自卫吗？

居然已经是敌人了吗？

谁和你这样！

可是，计速表上的指针却渐渐的倒退了下来。

在五月橙色的空气里，公寓门前霓虹灯，已经从远远的街路的右边透了过来。

说是来看我的，那么，就到我那里坐坐罢。

不去了。

那么，我陪你去买那一条领带罢。就在前面的毕洛索夫衣店里。

因为不喜爱你的那条领带，所以才想也买一条送给他的。可是经你那样一说，我不要买了。我并没有将他当作鱼的野心。我要买一条最喜爱的送给他。

将最喜爱的东西送给最不喜爱的人，孩子也不相信这样的逻辑哟。

那么，你上次为什么说，因为爱“她”，所以极希望“她”和另一个男子结婚呢？

是因为我说了他，便也说“她”来向我报复吗？老实说，

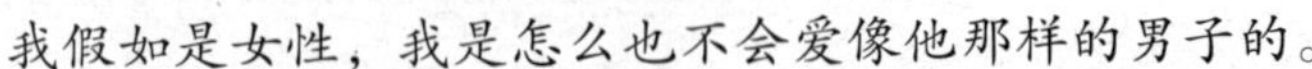

我假如是女性，我是怎么也不会爱像他那样的男子的。

可是，我虽然不是“她”，我却觉得也有爱你的可能哩。

这样说着，将脚步的距离缩短了半步，让她的左肩在我的右肩上撞了一下。

对不起哟！她笑着说了。

我心里一跳。

这东西你喜欢吗？侧过头，指着路旁一家橱窗里的陈设，我匆忙的说了。

橱窗里的陈设是：堪察加的大蟹，鲑鱼，加利福利亚的番茄，青豆，德国灌肠，英国火腿，青的，绿的，红的，紫的。橱窗的玻璃上弧形的写着：

麦瑞伦伙食公司

见着橱窗里所陈列的是这些，自己赶着想将说出口的话收回，可是已经来不及了。

她站住向橱窗里望了一眼，笑起来了：

喜欢的，假如这些都是精神上的粮食的话。可是，为什么突然这样的慌乱呢？

我不开口。回过脸去，借着对面公寓门口霓虹灯的光影，掩饰住了我脸上的红色。

过去坐坐吗？

说过不去的。买一条最喜爱的领带，我要看他去。我要问他：你爱不爱我？假如他说不爱我，我便……

两只眼睛定定的望着我。

S. O. S!

我在心里轻轻的呼救着。

……假如他说不爱我，我便来爱你，好吗？

见着我不开口，便接着又说：

等待着。再会，傻孩子，为什么这样的发愣呢？

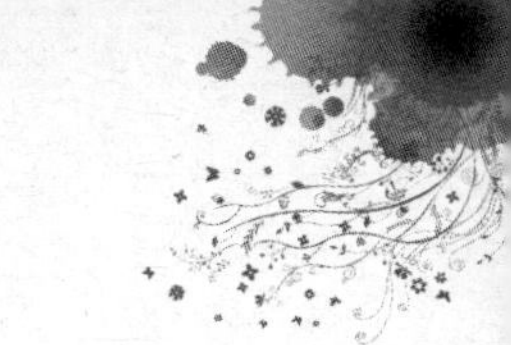

一溜身，钻到人丛中去了。

望着鳗一样的消失在人丛中的蓁子，我茫然地站着。

认识蓁子，是在电影一样的场合之下。

二月的傍晚，翻起了大衣领，在寒风里，我正站在南京路一家洋书店门口，望着橱窗里陈列着的新书，做着 Bibliomaniac 的美梦，忽然有人在旁边低声读着橱窗里一本赫明卫身短篇集的书名：

*MEN WITHOUT WOMEN*

迂徐地，可是却是挑战的声音。

我一抬头：一件黑丝绒的短外套，鼠色毛织品的旗袍，抱着猩红的大钱夹，咬着丰满的下嘴唇，两只猫一样的圆而黑的眼睛正躲在头发的阴影里得意的笑着。

是怎样一回事呢？是嘲笑我吗，这样想着，便咳嗽了一声，却低低的将书名倒念起来：

*WOMEN WITHOUT MEN*

她猛的一回头，向我一望，随时对着玻璃里面自己的影子说：

为什么这样的量狭呢？我并不是读给你听的。

我向她道歉，我问她，你也喜欢赫明卫的小说吗？

她摇摇头。

我说，那么，你为什么单单的读着他的书名呢？

她笑了。

不要这样逼紧了人家哟！她忽然不好意思的这样说。

天气冷哟，我说，从 Office 里出来吗？说着，一面将大衣领拉得更紧一点。

她点点头，也将黑绒短大衣的领子拉得更紧一点。

可以认识你吗？我问。

认识我吗？她将两道眉毛一扬，琼·克劳馥式的答应了一声。

先将你的名字告诉我。

我将夹在胁下的一册书翻了开来，将贴在里面的藏书票上的名字，指给她看。

她看了一眼，随即不声不响的打开猩红色的手提袋，在里面拿了一张名片给我。小小的名片上印着四号仿宋聚珍字：秦蓁子，江西路七号半五楼恒利洋行写字间。

名片上带着很浓的柯狄香粉的香味。

那么，是朋友了，我说，天气很冷，我请你到对面去喝一杯可可。

这样，在电影一样的场合之下，便认识了蓁子。

在沙利文蜜糖和乳酪的氛围里，我知道她是一个独居在上海，还有一个他，在沪西一家私立的大学里读书，今年快毕业了，是个章鱼一样的男子，必要的时候可以毫不吝啬的将自己的情人吞下去充饥的动物。

假如你不措意，下次有机会我可以给你介绍。不过，你不必将他当作了竞技的对手。

我默默的端起了放在面前的可可。倒是一个有弹力的女性哟，心里不觉这样的想着。

望着消失在人丛中的蓁子，这样想着和她认识的经过，便也不回到公寓去：尽是沿了人行道向前走了起来。

五月的街，在逐渐昏茫的空气里，用着每一只街灯的眼，在散布着哀愁的菌子。饶舌的无线电播电器，奏完了一只流行的小曲以后，又用着嘶哑的声调，报告着美国实行通货膨胀政策，放弃金本位，南方书局出版了关于推克诺克拉西制度的解释的书籍，虹口水果店新到有新鲜的黑叶荔枝。

听见荔枝，便想到已经是五月了，认识了蓁子已经有三个月，而“她”的走，便是七个月以前的事了。

在冬的寒夜里，突然从我身边消失了的“她”，遗下了无边的黑暗。在这黑暗的空虚中，蓁子的认识，是像彗星的出现一样，突然用她夺目的光芒，从远不可及的云层中，填满了这广大的黑暗的空间。

第一次，从我的寓所的墙上，蓁子发现了我是另有一个“她”的时候，虽然认识了已经有一个月，可是立时就装了无关心的脸色说：

为什么吝啬着不使我知道呢？我不是早已将他告诉了你吗？

因为怕你要成为“她”的情敌。

冷冷的一笑。

只要你不想成为他的情敌，我是不会成为“她”的情敌的。

可是，逐渐的，用着超越了友谊的关心的限度，蓁子利用着每一个不同角度的视点，开始测量着“她”的一切。

为什么还不来呢？倒是一个狠心的姑娘哟？

真的有这样的一位“她”吗？不要仅是当作了自己的保护色哟！

我说，捏造了一个“她”当作自己的保护色，我不是那样懦怯的动物。“她”不来，或者在准备结婚，结了婚自然会来的。

倒是一位慷慨王子哩！用着冷淡的声调，蓁子掩饰着自己吃惊的脸色说。不过，她又说，假如真的是那样的慈善家，她倒也要准备做一个乞人。

走在黄昏的街上，想着蓁子这种带着磁性的话，琼·克劳馥式的声音，觉得在自己的面前，蓁子已经是一辆红色警备车。对于“她”，不时都在重重的威胁着。只要自己略略的露出一点破绽，立时就有被装进去了的危险。

带着浓重的布尔什维克意味的份子，法西斯蒂黑色的阴影是随时都在追踪着的。

我知道，为着对于“她”的防卫，若不将蓁子迅速的成为自己的俘虏，世界是怎么也不会和平的。他，就让他落选罢。

走到路角上的毕洛索夫衣着店，在蓝色霓虹灯的光晕里，那一条领带还垂直的吊在一件衬衫的领口上。将这条领带当作了竞技落选的锦标，从橱窗的玻璃上，银幕一样的我幻想着那就要开始的电影的场面。

D. 黑暗的太空，电一样的横扫过去的彗星的尾。

D. I. 光茫中逐渐显出来的蓁子的脸。

特写 蓁子的眼睛，眼睛中伸出章鱼一样的触手，被俘虏的动物，挣扎。(F. O.)

字幕：我虽然不是“她”，却觉得也有爱你的可能。

F. I. 抱着“她”的照片的自己。站在一旁冷笑着的蓁子。放下照片，笑，向镜头走来。

特写 吃惊的可是同时却又欣喜的蓁子的脸。

远景 春的街。花。燕子。颤动的笑声。水银上升的寒暑表。

近景 竞技场，将近终点的激烈竞争的选手。

特写 记分牌：自己的名字，他的名字。

插入 落选的锦标：领带。

字幕 因为不喜爱你的那条领带，所以才想也买一条送给他的。

特写 捧着锦标的落选选手的悲容。

特写 蓁子的脸。

D. I. 化成“她”的脸。

D. I. 又化成逐渐移近来的蓁子的脸……

望着逐渐向自己凑近来的蓁子的脸，从玻璃上反射过来霓虹灯的反光，耀着我的眼睛，一阵风吹过来，我止不住一连打了几个喷嚏。

眼角上微微的有一点润湿。

想到是五月，微寒的黄昏的街，正是流行性感冒传布的时候，记起隔壁是德国人的汉堡大药房，便决定走进去买一份安替比林的发汗剂。

一九三三，七月

（原载一九三三年九月《现代》第三卷第五期）

## 时尚是一种流行病：《流行性感冒》解读

这篇小说几乎没有什么情节，有的是由无数“感觉”碎片拼贴而成的生活片段。

在 1933 年的中国城市，时尚如一种流行性感冒，一阵风吹来，细菌弥漫于空中，于是大家患上同一种病—— 一种流行性的时尚病。城市里的摩登男女追逐时尚，时尚是生活在时代前沿的标志，是财富和品位的象征。一阵风吹过，人们争先恐后地追随它，整条街、整座城市都患上同一种病。叶灵凤这篇写于 1933 年的小说，用短促的句子，感性的文字，将 1933 年城市里如风疾行的种种时尚景观徐徐推出：流线型跑车、五月橙色的空气、沥青的街道、鳗一样在人丛中滑动的女人……这种背景，为男女主人公的相遇，做了铺垫。

这篇小说写的是一个两性邂逅故事，与传统鸳鸯蝴蝶派小说那种缠绵悱恻的男女情爱故事不一样，这回，城市里的摩登男女，在茫茫的人海中，一句主动出击的“可以认识你吗?”便是两人迅速交往、坠入情网的名片。没有故作深沉的阴悒或“大隐于市”的做作，交谈的不是抽象的思想哲理而是具象的物质感受和肉欲

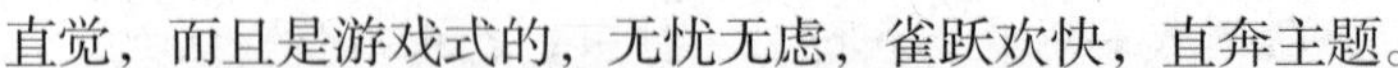

直觉，而且是游戏式的，无忧无虑，雀跃欢快，直奔主题。

“我”身边的“她”来得快，消失得也快。“在这黑暗的空虚中，蓁子的认识，是像彗星的出现一样，突然用她夺目的光芒，从远不可及的云层中，填满了这广大的黑暗的空间。”黑暗的空虚，需要爱欲的填充，两性的邂逅如走马灯一样的快来快去——从不可及的云层里突然冒出来，几分钟内迅速奔赴高潮，之后又消失得无影无踪。“我”与“蓁子”的故事由一堆印象碎片叠合而成，没有开头没有结尾，只有夺目的光芒碎片。

凭感官触觉去触摸世界，新感觉派作家笔下人物与外部世界的关系，就全然不同于以往作家笔下的景象。那种关系瞬息即变，短暂浮游，没有根性，没有线性的时间逻辑。在感官触摸之下，这个世界充斥着物质性的声色——速度感：“迎着风，雕出了一九三三型的健美姿态：V 形水箱，半球形的两只车灯，爱莎多娜·邓肯式的向后飞扬的短发”；混沌性的气息感：“橙色的空气”（色彩 + 气息）、“沙利文蜜糖和乳酪的氛围”（味觉 + 气息）、“五月的街，在逐渐昏茫的空气里，用着每一只街灯的眼，在散布着哀愁的菌子”（时间 + 空间，视觉 + 情感）。包括爱情在内的所有一切都是短暂的，瞬息即变的，逢场作戏的。

在这种氛围中，人与物几乎同体化了，充满互喻的色彩。小说中，作者将鳗一样的女体与汽车互为比喻：她没有灵魂，却有优美的躯体；相当机械，又十分艺术；不追求生命的内在充盈，却有生命外在的体积感、流线感和运动感。她没有思想、没有灵魂、没有内在精神，却是快乐的，可消费、可使用、可交换的，是生蹦活跳的人体。这种对人及其身体的理解和想象，超越高蹈的灵魂主宰模式，也超越单纯的色情耽想模式，反而更贴近城市物质时尚的内蕴。它颠覆了传统的风花雪月的两性故事那种或天长地久、理想高雅或纯色情游戏的情爱逻辑，将情欲与物质性存在相联系，抑制虚空的灵魂性叙述，放开具象的身体性叙述，同

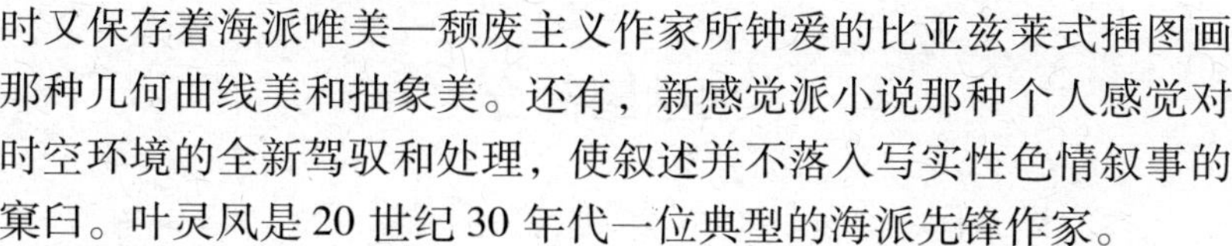

时又保存着海派唯美—颓废主义作家所钟爱的比亚兹莱式插图画那种几何曲线美和抽象美。还有，新感觉派小说那种个人感觉对时空环境的全新驾驭和处理，使叙述并不落入写实性色情叙事的窠臼。叶灵凤是20世纪30年代一位典型的海派先锋作家。

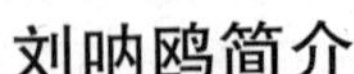

# 刘呐鸥简介

刘呐鸥（1900—1939），原名刘灿波，笔名洛生等，台湾台南人。家庭长期侨居日本。刘本人出生并长大于日本，日语讲得比汉语流畅。先后就读于东京青山学院、庆应大学。1925 年毕业后回国，入上海震旦大学法文特别班，与杜衡、施蛰存、戴望舒是同班同学。1928 年出资创办第一线书店，邀请施蛰存、戴望舒主持编辑工作，出版文艺半月刊《无轨列车》，这是“新感觉派小说”的第一块实验地。在该刊上发表小说《游戏》、《风景》、《列车餐室》、《流》等。以第一线书店名义出版译著——现代日本小说集《色情文化》，收入日本新感觉派作家的小说七则。同年《无轨列车》因宣传赤化罪名被禁止，第一线书店被警告停业。1929 年又创办水沫书店，出版《新文艺》月刊，在该刊上发表《卫生与礼仪》、《残留》和《方程式》等小说。从《游戏》开始，他的小说以节奏跳跃、凸显瞬间印象、拼接感觉片段、表现都市迷狂生活诸特点自成一格，成为中国新感觉派小说的创始者。1930 年小说集《都市风景线》由水沫书店出版。代表作有《游戏》、《两个时间的不感症者》、《卫生与礼仪》和《热情之骨》等。同时是著名的电影评论家，写有《电影节奏简论》等。“一·二八”事变后东渡日本。于 1939 年投靠汪精卫政府，同年出面筹办伪上海《文汇报》，于此期间被暗杀。

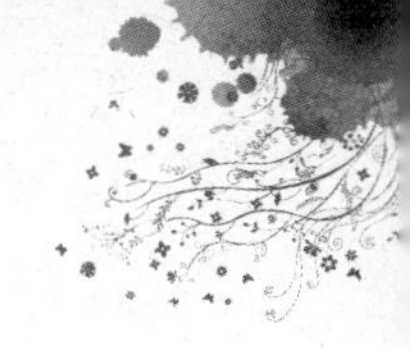

# 热情之骨

刘呐鸥

午后的街头是被闲静浸透了的，只有秋阳的金色的鳞光在那树影横斜的铺道上跳跃着。从泊拉达那斯的疏叶间漏过来的蓝青色的澄空，掠将颊边过去的和暖的气流，和这气流里的不知从何处带来的烂熟的栗子的甜的芳香，都使着比也尔熏醉在一种兴奋的快感中，早把出门时的忧郁赶回家里去了。他觉得浑身的热力奔流，好像有什么不意的美满在前头等着他似的，就把散步的手杖轻轻地漫拖着走。

可是这时从他肩膀摩擦过去的两个白帽蓝衣的女尼，却把他唤到故国家乡的幻影里去了。也是这一样天清气朗的太阳之国，地中海的沿岸。他走的是一条赭褐色的岩边的小径。旁边是这些像吃饱了日光，在午梦里睡觉着的龙舌兰。前面的空际是一座巍巍地耸立着的苍然的古城，脚底下的一边，接近断崖深处，是一框受着吉夫拉尔达尔那面夕阳反照的碧油油的海水。杂草间微风把罗马时代的废址的土味送过来。他仿佛听了喷泉边村里汲水的女儿们嬉笑的声音。然而他好像感觉到了什么气味似的，忽在一片光亮的玻璃前住步了。

玻璃的近旁弥漫着色彩和香味，玻璃的里面是一些润湿而新鲜的生命在歌唱着。玫瑰花和翠菊，满身披着柔软的阳光正在那儿谈笑。好乐的丁香花也同那怕羞的Marguerite老是不依地吵闹着。只是瓶里头的郁金香却伸着懒腰，张开大口，打着呵欠，想抽空睡一睡午觉。比也尔在棕榈的后面看见一个女性的背影，便由一扇半开着，写着“Say it with flowers”的金字的小门进去。

——你这儿是有香橙花的吗，姑娘？

从花的围墙中跳起来的是一个花妖似的动人的女儿。

——你要香橙花吗，先生？那你不到温室里去是没有的。

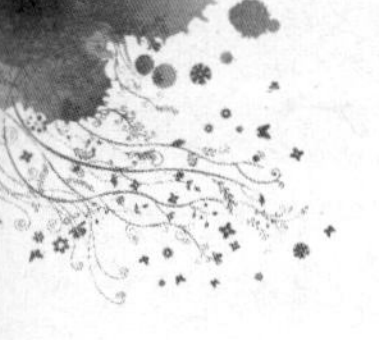



一对圆睁睁的眼波，比也尔心头跳了一下。

——是的吗？可是诱惑我进来的确是香橙花香呵。

——啊，先生是不是刚喝过可可？你试闻一闻这花看哪，可不是仿佛有那种香？

她把一朵从这些渊明菊，Cineraire 的中间拾起来的大轮金盏花拿到她这买花客的刮得光滑可爱，刀迹苍然的下颏去。

比也尔向后稍退，把手杖从腋下拿了下来说，

——不错，正是这个。可是你怎么说我刚喝了可可？

—— ……

比也尔只看见红海里浮出两扇的白帆，并听见人鱼答应的声音。比也尔再用眼光催促着她。

——呃，我只觉得在甜蜜的兴奋之后，闻了这金盏花，似乎有那种相近香橙花香的。

——哟，姑娘，你像是从春神的花园里出来的。

比也尔从没见过像在他襟前纤弱地动着的那样秀腻的小手。他想，把这朵金盏花换了这一只小手，常挂在胸前观赏可不是很有趣的吗？他想把栗动着的嘴唇凑近去时，那小手已经缩回去了。

——我看你好像很是热爱着香橙花的呢，先生？

——哼，香橙花吗？我对你说。我家乡的小村是围聚在橙树的绿林中的。住在村里，四时可以闻见微风把橙香和鸟声一块送过来。而且我也曾在阳光和暖的橙树下献给了真实的心肠，也曾在橙香微醉里尝了红唇儿的滋味。我每喝香橙水，闻到了那种芳烈的气味，就想起一对像地中海水一样地碧绿的眼睛。

——喝，那么好的地方吗？西班牙？意大利？

——Non！Le Midi！Southern France！

——啊！Riviera，Côte d'azur 吗，蜜月旅行最好的？我以前也很想……但现在，……

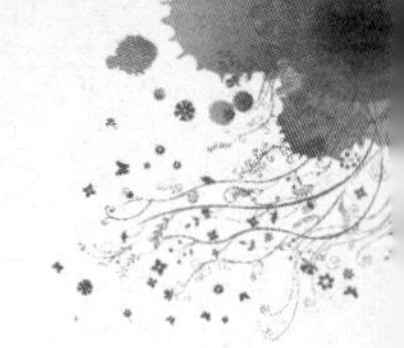

这时携着小孩的妇人的顾客进来了。

——那么，再会！这朵天竺牡丹也插去吧！今年是天竺牡丹在墨西哥发见的第三百五十年。

比也尔抱着爽朗的感情走出了花店时，听见背后金丝雀叫了两三声。街头依然晒着澄媚的秋光。

比也尔还是个二十四五岁的青年。他是生在常年受着太阳的恩惠的法国南方的。那对闪烁的眼底下的深窝，表着他奔放的热情。那延到深棕色的头发上去的白皙的额角，表着他的无限的想象力。他在自己的村里学好了一些写和读，就被人送到中部一个城里的僧侣书院。他的童年时代的大部就在这庄严的高墙中过去的。在那里他天天只是在拉丁文的古籍中埋着头，对着正统的教义研磨。但是在这少年郁勃的胸中，就是有了多么宏大的罗马文化，处女受胎的故事也是不能生出效力的。他要求的并不是没生命的过去，他的愿望确是自然切实的现在。于是他的感情便学着院内那些攀墙摸壁的藤蔓的样，爬过那层厚重的墙垣了。他时常利用假期回南方去，在青空下跟着同年辈的异性如同大地上的野兽似的自然地游戏。完结了这沉重的过程，他便上都城巴黎去。在这儿，几年间，他的心神并不全是在专门的政治教典上的，他学了在卢森堡公园干恋爱的方法。他也跟着了同学，朋友们追逐酒店的女儿。在郊外的Bois de Boulogne的晨星下掠夺女同学的处子之夸，也算是他这几年间所收获的一个。

然而在这几年间他到底得到了什么呢！他的精神不是依然饥饿着吗？虽然一踏进酒店，夜光杯里是充满着莱茵地方的美酒，台子上就有浓艳的女脚跳着癫痫性的却尔斯顿，结局听说往时一到冬天从附近的树林就有豺狼出来咬人的巴黎市的灰色的昙空，是他厌恶的。他仰慕着日光，仰慕着苍穹下的自由。就使这儿几年间所得到的一些像罩住塞纳河上的北方的水雾一般的印象和感觉一时消灭了去，他也是丝毫不感到怜惜的。所以他就和毕业同

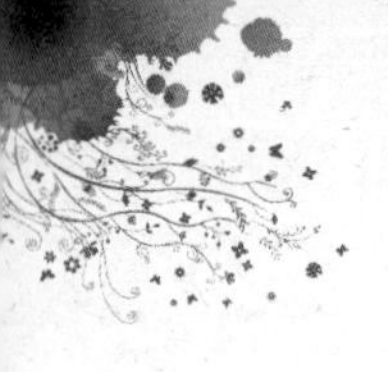



时，弃掉了那灰雾里的都市，到这西欧人理想中的黄金国，浪漫的巢穴的东洋来了。

但是一来之后，他是大半为之失望了的。他觉得手里拿着铁铲的白色禽兽满挤在黄金国的门口。来不上半年，就有同僚的一个先辈，为了经济上的目的，说少壮的外交官是不应该孤零一个人的，拿着一个近视眼的女儿强迫着他娶做妻子。所以他这一年来的外国生活都是不愉快的事情居多。但是他不绝望。他觉得一定有像罗谛小说中一样的故事，或是女性在什么他不晓得的地方等着他。

这就在今天实现了。他真不相信这么动人，这么可爱的菊子竟会这么近在眼前。他想一想，觉得她的全身从头至尾差不多没有一节不是可爱的。那黑眸像是深藏着东洋的热情，那两扇真珠色的耳朵不是 Venus 从海里生出的贝壳吗？那腰的四围的微妙的运动有的是雨果诗中那些近东女子们所没有的神秘性。纤细的蛾眉，啊！那不任一握的小足！比较那动物的西欧女是多么脆弱可爱啊！这一定是不会把蔷薇花的床上的好梦打破的。比也尔一想到这儿只觉得心头跳动。

比也尔的两脚再被揪到那间小花店里去的是隔天的下午。

可是比也尔在那儿寻出的却是一个四五岁的小女。小女量一量他的样子，就做着手势，口里像说，

——姊姊吗？就来了。

不一会，她真的来了。她认出了是他，便露出满脸的笑容，表示着无上的欢迎说，

——是先生吗？再给你一朵金盏花儿好吗，大轮的？

比也尔还未答应便双手拿一个办事室用的小皮包，献出一个结着红丽绷的美丽的盒子。

——这是马尔塞的巧格力糖，同小妹妹来吃吃吧！

她开了的口，片刻不能合了下来。但是她并不客气地说，

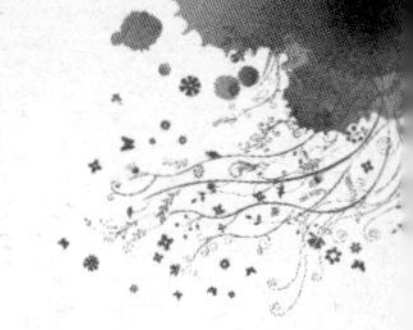

——谢谢你，先生。可是我不知道这样破费你好不好。

三人就在凤尾草的吊盆下赏起马尔塞庖丁的腕力来。尤其是小妹妹，好像急遽地觉得这碧眼的洋先生一时亲密起来了一样，大块小块尽管吃。

——马尔塞的巧格力糖听说有初恋的滋味，你相信吗！

——那我不大知道，可是我记得我们女学校的朋友们都把巧格力糖当做一种接吻的代名词。

——啾，啁，啁啾。

金丝雀像说着“我也要吃”似的叫了两三声。

吃也吃完，谈笑也谈饱了的这天黄昏时候，比也尔只得了她明天同去看日戏的应诺，就匆匆地离开了那家芸芳满室的花店。

戏院的路是通着菜馆的，菜馆的路又通着舞场。就是那郊外处处好驱车的坦平的道路也不像同这些没有连接的。何况又在这秋光澄媚的时候呢？由过去的一个月，比也尔已知道了金发的女儿所喜欢的，黑发的女儿也无不喜欢。她现在已经向他开口就“比也尔！比也尔，啊，比也尔”的叫了起来了。然而这一个月间，关于女人自身，比也尔所得到的知识却很少。他只知道了她也和碧眼的女儿一样欢喜吃糖果，欢喜喝混合酒，欢喜看蹴球的比赛，和她以前也曾在市内的外国人办的学堂里念过好几年书，经过很奢华的生活。至于她的家庭怎么样呢，比也尔是不明白的。她似乎不大愿意说，比也尔也怕听见她这样可爱的女人有了脸黄骨枯，终日躺在床上对着小红灯的父亲，和跑起路来恰像水鸭陆行的母亲。那个小妹妹又怎么同她住在一块，这也是他愿意知道而不知道的。然而他所关心的究竟是她一个人。他若能够时常听见她那讲起外国话来有特别魅人的声音。能够不时看见那对神秘的黑眼睛，他是什么都可以不问的。

一天晚上，从影戏院出来，比也尔便把那娇小的身体夹到月明的河岸上去了。岸旁是一只大型的摩托船待着他们。

渴了的喉咙，一杯的威司基曹达使他们甦生了，阿尔哥尔把他们从银幕所受的幻影赶了出去。她说船里太暖，把那缎子的薄外套脱了下来，就在窗边柔软的坐褥上躺下。

船穿过了两条新月形的大桥，一直向河口驶去。夜半的水上是寂无人声的。月光使水面跳着金色的鱼鳞。从船窗望去，濛雾里的大建筑物的黑影恰像是都会的妖怪。大门口那两盏大头灯就是一对吓人的眼睛。

——这儿好了吧！觉得青草的气味吗？

从司机室出来的比也尔说，

——不，桂花吧！什么地方呢？

——海岸公园的下面。

比也尔看见她两个眼圈被体内的热气烘得粉红，便接着说，

——把这灯熄了吧，凉爽一点。

她的轮廓在淡黄色的月光里浮映出来了。头发是小冈上的疏草。

——你看那颗金星哪，不是不时都孤零吗？我以前就像它，但是自从得到了你之后，我就有了领前的明灯了。你知道我是热爱着你的。

比也尔把她搂在怀里，在她的头发上印下了嘴唇。这样寂静的半夜，身在月明的船上，与爱人共感着同一的脉搏，他觉得世间的一切都消沉了。橙树的香风也吹不到他的身边，巴黎的雾景也唤不起他心弦上的波纹。他只觉这是天上并非人间。

——Ma Chérie，你不冷吧！

她摇头，疏发下只是醉眼矇眬。

这时比也尔的内面好像一道热汤滚了起来一样。他觉得从她颈部升上来的一种暖气是不能忍耐的。他心头一跳，便把她软绵绵的身体放在坐褥上，喘出几个声音来。

——Ma Chérie，我……

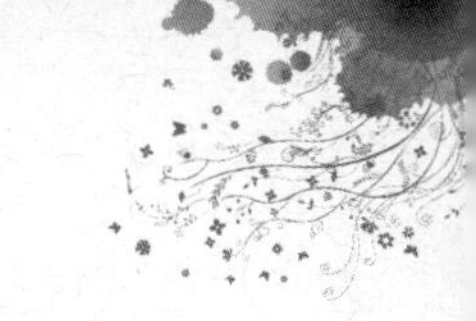

在那强大的压迫的下面，那脆弱的身体像要溃碎了。她并不抵抗，只以醉眼望着他。但是忽然樱桃一破，她说，

——给我五百元好么？

比也尔一时好像从头上被覆了一盆冷水一样地跳了起来。他只是跪在椅褥下，把抱着腰围的两手放松。半晌不能讲出半句话来。他想，梦尽了，热情也飞了，什么一切都完了。他真猜不出这女人为什么在这个时候说出这种话来。我的爱人竟是个常人以下的娼妇吗？他不能相信自己了。幻灭，落胆，他只好在玫瑰路中彷徨了。并不是金钱的问题，五百元也不够买自己想买给她的钻石的戒指。他想她真是在打趣他。他觉得自己真是可怜，同时又觉得一种愤怒，眼圈即时热将起来。半晌他站起来默默地开了灯；走进司机室里去。寂静的水上被发动机的声音打破了。这时女人也已经爬了起来，整好纷乱的衣衫，披上了外套，出神地，默坐在那苍青半明的灯光下。

高层的建筑物造成的午夜的深巷的铺道上。两个黑影寂寞寞地走去了。比也尔觉得那天上的月亮也在笑他。他那里预想得到这身边的有灵魂的人物竟是一块不值三文的肉块。突然透过一层寒冷的空气来了一阵长长短短，断断续续，嘈杂不齐的汽笛声。街店的玻璃也在响应了。他这时才知道他忘了这市里有这么许多的轮船和工厂。比也尔把他那跌落了泥土的爱人送回家里去，回来踏上自己的寓所的阶梯时，东方的天空里已经浮出一片红云了。

第二天比也尔整天卧在床上。办公是不在他头里的。一直到了那秋日的余光在西窗边踌躇不去的时候，侍者才拿了一封桃色的信封进来。比也尔翻了起来坐在床上，两只手像缩了筋一样地战栗着，眼光像要透过纸背。用不到说是她的手迹。虽是不大高明的外国文，然而所欲讲的却讲得很清楚。它的大意是这样：

我真想不到你会这么样生气。你的爱我，我是很知道的。但是我对于你的心理，你却有些不知道。你以为我是一

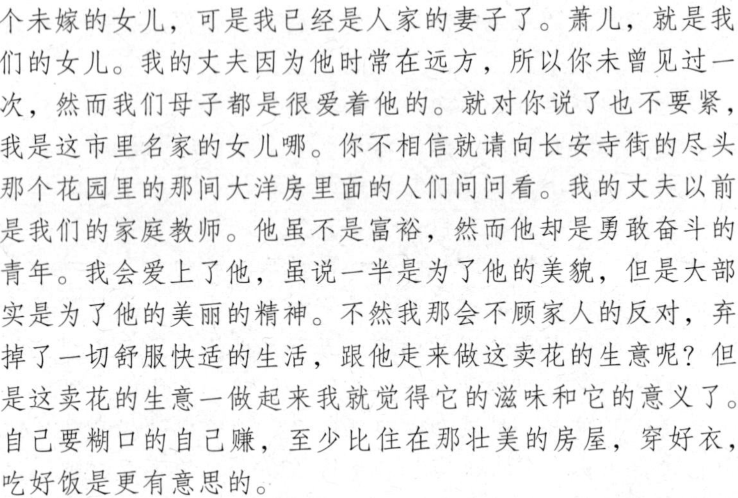

个未嫁的女儿，可是我已经是人家的妻子了。萧儿，就是我们的女儿。我的丈夫因为他时常在远方，所以你未曾见过一次，然而我们母子都是很爱着他的。就对你说了也不要紧，我是这市里名家的女儿哪。你不相信就请向长安寺街的尽头那个花园里的那间大洋房里面的人们问问看。我的丈夫以前是我们的家庭教师。他虽不是富裕，然而他却是勇敢奋斗的青年。我会爱上了他，虽说一半是为了他的美貌，但是大部实是为了他的美丽的精神。不然我那会不顾家人的反对，弃掉了一切舒服快适的生活，跟他走来做这卖花的生意呢？但是这卖花的生意一做起来我就觉得它的滋味和它的意义了。自己要糊口的自己赚，至少比住在那壮美的房屋，穿好衣，吃好饭是更有意思的。

有了这样一个家庭而更在过去的一个月内，跟着你吃，跟着你看，这不是有思想的人做得到的。何况又肯委身于你呢？比也尔，不，先生，你想想看吧。你说我太金钱的吗？但是在这一切抽象的东西，如正义，道德的价值都可以用金钱买的经济时代，你叫我不要拿贞操向自己所心许的人换点紧急要用的钱来用吗？在我五百块钱，如果向我父亲写一封信去，不说五百块，就是五千块也可以马上拿到手里的。可是我觉得向你要便当一点。我知道你是不会吝惜这五百块钱的。就是这一个月间你为我花的也不在这数目的两倍之下吧！还是你说我不应该在那个时候说出来吗？我本来是不受管束的女人，想说就说，那种不能把自己的思想随时随刻表示出来的人们是我所不能理解的。我这个人太 Materielle 也好的。

你每开口就像诗人一样地做诗，但是你所要求的那种诗，在这个时代是什么地方都找不到的。诗的内容已经变换了。就是有诗在你的眼前，恐怕你也看不出吧。这好了，好

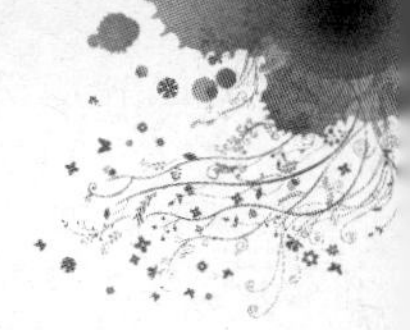

让你去做着往时的旧梦。

玲玉　上

比也尔·普涅先生。

把这个看完，比也尔便像吞下了铁钉一样地忧郁起来。

二八，十，二六。

（原载1928年12月《熔炉》创刊号）

## 让感觉和情绪自由游走：《热情之骨》解读

比起叶灵凤，刘呐鸥对感觉主义手法的运用更早、更娴熟。写于1928年的《热情之骨》可见一斑：

> 午后的街头是被闲静浸透了的，只有秋阳的金色的鳞光在那树影横斜的铺道上跳跃着。从泊拉达那斯的疏叶间漏过来的蓝青色的澄空，掠将颊边过去的和暖的气流，和这气流里的不知从何处带来的烂熟的栗子的甜的芳香，都使着比也尔熏醉在一种兴奋的快感中……

街景是感觉化的街景，整条街被闲静所浸透，散发着无所事事的雀跃的鳞光。从窗帘百叶间漏进来的澄空、和暖的气流和气流里的芬芳，都让比也尔兴奋无比……自然景观以感受者的感觉为中介而浮现出来，所有的景象都浸透着人的感受。这是新感觉派小说的特点。各种感觉都被打通，渗合，互为印证，形成叠合式的繁复情状，诸如这样的文字："他走的是一条赭褐色的岩边的小径。旁边是这些像吃饱了日光，在午梦里睡觉着的龙舌兰。""玻璃的近旁弥漫着色彩和香味，玻璃的里面是一些润湿而新鲜

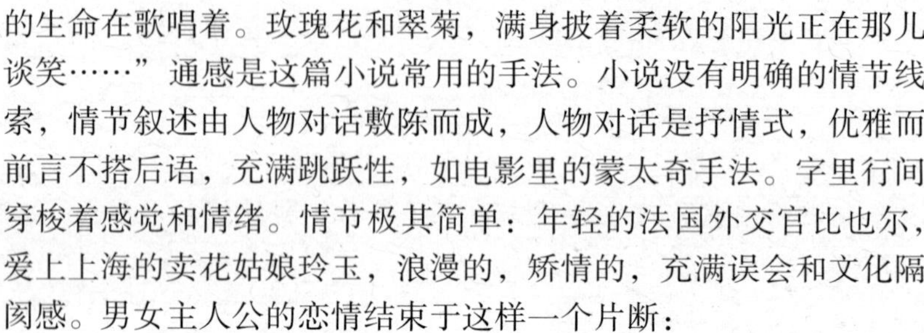

的生命在歌唱着。玫瑰花和翠菊，满身披着柔软的阳光正在那儿谈笑……”通感是这篇小说常用的手法。小说没有明确的情节线索，情节叙述由人物对话敷陈而成，人物对话是抒情式，优雅而前言不搭后语，充满跳跃性，如电影里的蒙太奇手法。字里行间穿梭着感觉和情绪。情节极其简单：年轻的法国外交官比也尔，爱上上海的卖花姑娘玲玉，浪漫的，矫情的，充满误会和文化隔阂感。男女主人公的恋情结束于这样一个片断：

> 在那强大的压迫的下面，那脆弱的身体像要溃碎了。她并不抵抗，只以醉眼望着他。但是忽然樱桃一破，她说，
>
> ——给我五百元好么？
>
> 比也尔一时好像从头上被覆了一盆冷水一样地跳了起来。他只是跪在椅褥下，把抱着腰围的两手放松。半晌不能讲出半句话来。他想，梦尽了，热情也飞了，什么一切都完了。他真猜不出这女人为什么在这个时候说出这种话来。我的爱人竟是个常人以下的娼妇吗？他不能相信自己了……

故事至此还没结束。在比也尔万分沮丧之际，玲玉来了一封信，说明自己的身世原委后，她说：“你每开口就像诗人一样地做诗，但是你所要求的那种诗，在这个时代是什么地方都找不到的。诗的内容已经变换了。……这好了，好让你去做着往时的旧梦。”时代已经变化，诗意般的爱情已不存在了。这就是城市里捉摸不定的故事！

刘呐鸥小说聚焦于城市漂浮不定的焦虑情感体验，这种体验往往围绕一个两性的故事来展开。他用文字来摹拟他所身处的那个灯红酒绿、嘈杂斑驳、瞬息万变的现代城市，用情节也用感觉化的言辞凸显玩游戏的都市男女人物迷乱的心态：“两个肢体抱合了。全身的筋肉也和着那癫痫性的节律，发抖地战栗起来。当

觉得一阵暖温的香气从他们的下体扑上他的鼻孔来的时候，他已经耽醉在麻痹性的音乐迷梦中了。”（《游戏》）他用“癫痫性”的“战栗”、眼睛“发焰”、“巴不得把这一团肉体即刻吞下去”来描述他们如何耽迷于肉欲追逐的疯狂状态；他用“时间不感症”来形容他们如何在“玩”同时也“被玩”，在迷宫般的游戏格局中迷失了自己，不知今夕何夕（《两个时间不感症者》）；他用“卫生”及“礼仪”来调侃两性交往的失控、泛滥状态，即便在这种状态中，他们还要用毫无意义的借口来自我掩饰，他们生活紊乱，精神空虚，能够抓住的就是及时行乐这根稻草（《卫生与礼仪》）。

在刘呐鸥笔下，繁乱的城市人生被简化为一个非理性的、迷乱状态下的两性故事，通过两性肉欲交往中的种种体验：迷狂、漂泊、错位、失重乃至失控的感受性现实，来复原一个没有灵魂的城市的影面。刘呐鸥的第一部小说集名为《都市风景线》，他是中国现代城市小说的开山者，前此，还没有人像他这样自觉地书写城市及其人生。

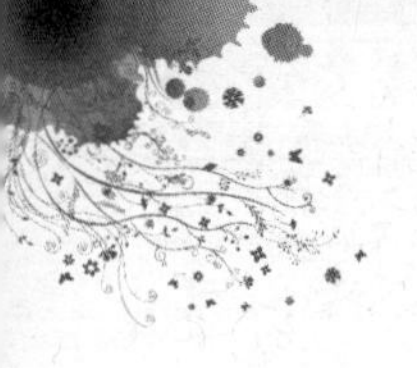



# 穆时英简介

穆时英（1912—1940），笔名伐扬、匿名子等，浙江慈溪人。毕业于上海光华大学中文系。1929 年开始小说创作，1930 年第一篇小说《咱们的世界》在《新文艺》上发表，1931 年小说《南北极》经施蛰存推荐在《小说月报》上发表，引起文坛关注。1932 年，他的小说《公墓》在《现代》杂志创刊号上发表，之后，《断了条胳膊的人》、《上海的狐步舞》、《夜总会里的五个人》、《街景》、《本埠新闻栏编辑室里一札废稿上的故事》、《父亲》等相继在《现代》发表。1932 年出版第一本小说集《南北极》，描写城市下层流浪汉的生活及其疯狂的反抗。1933 年出版第二本小说集《公墓》，转而描写光怪陆离的都市生活，技巧上明显模仿日本新感觉派小说家横光利一等的现代派笔法。以其独一无二的文体风格，与刘呐鸥、施蛰存等形成中国文坛上的新感觉派。他少年老成，笔法独特，勤奋多产。通过感觉、印象、意识流和心理分析多种手法来描绘光怪陆离的都市生活，人物多是醉生梦死、热衷肉欲、追求感官刺激的洋场摩登男女。被称为“鬼才”作家、“中国新感觉派的圣手”。代表作有《白金的女体塑像》、《圣处女的感情》、《夜总会里的五个人》和《上海的狐步舞》等。曾任国民党中央图书杂志审查委员会委员。抗日战争爆发后赴香港。1939 年回沪，在伪刊物《国民新闻》、《文汇报》等报刊供职。1940 年春被国民党特工人员暗杀。

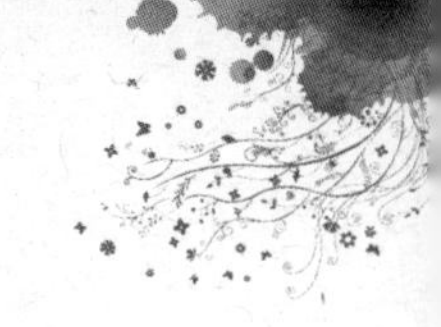

# 骆驼·尼采主义者与女人

穆时英

## 一

灵魂是会变成骆驼的。

许多沉重的东西在那儿等着灵魂，等着那个驮着重担的，顽强而可敬的灵魂：因为沉重的和顶沉重的东西能够增进它的力量。

“沉重算得什么呢?”驮着重担的灵魂那么地问着；于是跪了下来，一只骆驼似的，预备再给放些担子上去。

“什么是顶沉重的东西呵，英雄们?”驮着重担的灵魂问。“让我驮上那些东西，为自己的力量而喜悦着吧。”

……那一切沉重的东西，驮着重担的灵魂全拿来驮在自己的背上，像驮了重担就会向漠野中驰去的骆驼似的，灵魂也那么地往它的漠野中驰去了。

（录自《查拉图斯屈拉如是说》之三变）

灵魂是会变成骆驼的，所以：

他从右边的袋子里掏出一包皱缩的吉士牌来，拿手指在里边溜了一下，把空纸包放到嘴旁吹了一口气，拍的打扁了，从左边的袋子里掏出一包臃肿的骆驼牌。

点上了火，沙色的骆驼便驮着他的沉重的灵魂在空中彳亍起来了。

“没有驼铃的骆驼呵!”

牙齿咬着烟卷的蒂，慢慢地咀嚼着苦涩的烟草，手插在口袋里边，面对着古铜色的金字塔的麻木的味觉，嘘嘘地吹着静默的烟。

在染了急性腥红热的回力球场里边，嘘嘘地吹着沙色的

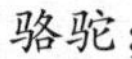

骆驼；

在铺着蔚蓝色的梦的舞场里边，嘘嘘地吹着沙色的骆驼；

在赌场的急行列车似的大轮盘旁边，嘘嘘地吹着沙色的骆驼；

在生满郁金香的郊外，嘘嘘地吹着沙色的骆驼；

在酒排的绿色的薄荷酒的长脖子玻璃杯上面，嘘嘘地吹着沙色的骆驼；

在饱和了 Beaut'e exotigue 的花铺前面，也嘘嘘地吹着沙色的骆驼；

甚至在有着黄色的墙的 Cafe Napoli 里边，也嘘嘘地吹着沙色的骆驼。

## 二

是紫暗暗的晚霞直扑到地沥青铺道上的下午六点钟，从街端吹来的四月的风把蔚蓝色的静谧吹上两溜褐色的街树，辽远的白鸽的翅上散布着静穆的天主教寺的晚祷钟，而南国风的 Cafe Napoli 便把黄色的墙在铺道上投出了莲紫色的影子。

商店有着咖啡座的焦香，插在天空的年红灯也温柔得像诗。树荫下满是煊亮的初夏流行色，飘荡的裙角，闲暇的微尘，和恋人们脸上葡萄的芳息。

就在这么雅致的，沉淀了商业味的街上，他穿了灰色的衣服，嘘嘘地吹着沉重的骆驼。

走过 Cafe Napoli 的时候，在那块大玻璃后面，透过那重朦胧的黄纱帏，绿桌布上的白磁杯里面，茫然地冒着叹息似的雾气，和一些隽永的谈笑，一些欢然的脸。桌子底下，在桌脚的错杂中寂然地摆列着温文的绅士的脚，梦幻的少女的脚，常青树似的，穿了深棕色的鞋的独身汉的脚，风情的，少妇的脚……可是在那边角上，在一条嫩黄的裙子下交叉着一双在墨绿的鞋上织着纤丽的丝的梦的脚，以为人生就是一条朱古律砌成的，平坦的大道似

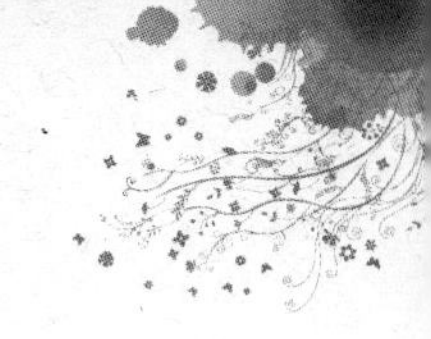

的摆在那儿。

“又来了！今天是她第五天咧。”

嘘嘘地吹着沉重的骆驼，拍拍地走了进去，在黄纱帏后面伸出了驮着重担在漠野中奔驰的，有着往后弯曲的关节的异样的脚，在茫然地冒着的咖啡的雾气旁边摆着蜡人样的脸色。

坐在他前面桌上的正是那个有着在墨绿的鞋上织着纤丽的丝的梦的脚的，那个异教徒。

她绘着嘉宝型的眉，有着天鹅绒那么温柔的黑眼珠子，和红腻的嘴唇，穿了白绸的衬衫，嫩黄的裙。正是和她的脚一样的人！

她在白磁杯里放下了五块方糖，大口地，喝着甜酒似的喝着咖啡；在她，咖啡正是蜜味的，滋润的饮料。不知道咖啡有苦涩的味的人怕不会有吧？而她是在咖啡的苦味里边溶解了多量的糖，欺骗了自己的舌蕾，当做蔻力梭喝着的。

可是她的抽烟的姿态比她的错误的喝咖啡方法还要错误！光洁的指尖中间夹着有殷红的烟蒂的朱唇牌，从嘴里慢慢地滤出莲紫色的烟来，吹成一个个的圈，在自己眼前弥漫着，一面微笑地望着那些烟的圈，一面玩味着那纯醇的，淡淡的郁味，就像抽烟不是一件痛苦的事似的。

“人生不是把朱唇牌夹在指尖中间，吹着莲紫色的烟的圈，是把骆驼牌咬在牙齿中间咀嚼着，让口腔内的分泌物给烟草滤成苦涩的汁，慢慢地从喉咙里渗下去。”那么地想着，对于她抽烟的姿态像要呕吐似的，厌恶起来。

便把白磁杯挪到桌子的那一边，背对着她坐了，嘘嘘地吹着沉重的骆驼。

从后边直蒸腾过来，那纯醇的朱唇牌的郁味，穿越了古铜色的骆驼味，刺着他的鼻管，连喉咙也痒了起来。

“异教徒！”那么地在肚子里骂了一声，只得又搬了过去。

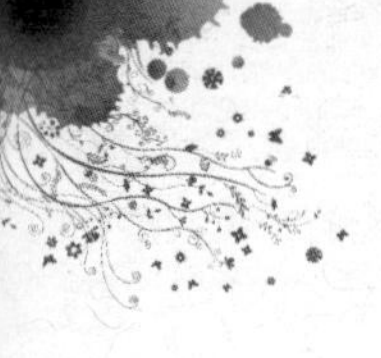



在莲紫色的烟圈后面的她的脸鲜艳地笑了起来。

他猛的站了起来，走到她前面道：

“我实在忍不住了，小姐，我要告诉你，你喝咖啡的方法和抽烟的姿态完全是一种不可容恕的错误。”

她茫然地喷着烟笑道：

“先生，我觉得你实在是很有趣味的人。请坐下来谈谈吧，我的朋友怕不会来了，我正觉得一个人坐着没意思。”

他在她对面坐下了：

“小姐，人生不是莲紫色的烟圈，而是那燃烧着的烟草。”绷着严肃的扑克脸那么地教训着她。

“我不懂你的话。”

“人生是骆驼牌，骆驼是静默，忍耐，顽强的动物，你永远看不见骆驼掉眼泪，骆驼永远不会疲倦，骆驼永远不叹一口气，骆驼永远迈着稳定的步趾……”

“先生，我没法子懂你的话。”

“不懂吗？我告诉你，我们要做人，我们就抽骆驼牌，因为沙色的骆驼的苦汁能使灵魂强健，使脏腑残忍，使器官麻木。”

她耸了肩膀：“我完全不明白你的话。”

他苦苦地抽了一口烟，望着她道：“你知道灵魂会变成骆驼的吗？”

她摇了摇脑袋道：“我只知道你是个很有趣的人，也生得很强壮，想同你在一起吃一顿饭，看你割牛排的样子……”

他不由笑了起来：

“多么有趣的人哟！”

## 三

吃晚饭的时候，她教了他三百七十三种烟的牌子，二十八种咖啡的名目，五千种混合酒的成分配列方式。

“请试一试这一种酒吧！”

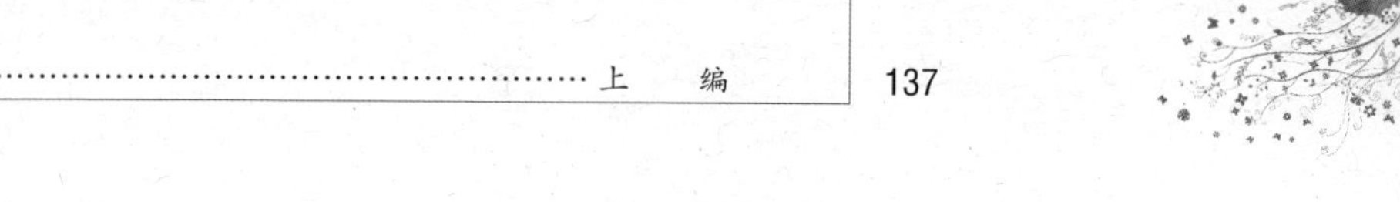

他皱着眉尖喝了一口，便仰着脖子把一杯酒喝完了。

“这种混合酒是有着特殊的香味的。”

“这种葡萄酒是用一种秘制的方法酿造的，你闻一下这烂熟的葡萄味!”

“这种威司忌是亨利第八的御酒，你也尝一下吧?”

“这种白兰地是拿破仑进彼得堡时，法国民众送得去劳军的。”

吃完了饭，喝那杯饭后酒的时候，他把领带拉了出来，把沙色的骆驼喷着她，觉得每个人都有着古怪的脸。

坐到街车上面，他瞧着她，觉得她的绸衫薄了起来，脱离了她的身子，透明体似的凝冻在空中。一阵原始的热情从下部涌上来，他扔了沙色的骆驼，扑了过去，一面朦朦胧胧想：

“也许尼采是阳萎症患者吧!”

（原刊载《万象》1934 年第 1 期）

## 两性隐喻：《骆驼·尼采主义者与女人》解读

感觉主义城市小说叙事模式由刘呐鸥创建，至穆时英臻于成熟。

与刘呐鸥以享乐者及苦恼人的双重身份叙述城市略为不同，穆时英明确地从一个城市挫败者的身份角度来叙述城市。这种身份使他与城市之间保持某种微妙的距离，并采用调侃性、批判性、消解性的方式来确立其叙事姿态。1932 年 11 月穆时英感觉主义城市小说的代表作《上海的狐步舞》在《现代》（第 2 卷第 1 期）发表，其时他年仅 21 岁，但已是一名小说老手。他 18 岁开始写小说，21 岁就出版第一本小说集《南北极》。他没有将城市想象成一个充满布尔乔亚小资情调的、温情脉脉的绅士，而是想象成一个散发着珠光宝气的无耻的“尤物”，在狂欢极欲的外表之下包裹着一个苍白的灵魂。他从刘呐鸥的两性游戏迷宫里走出来，以嘲弄的目光看待这种人生。由此他的城市两性故事出现新格局，包含新内容。

《骆驼·尼采主义者与女人》讲述了一个充满隐喻色彩的两性相遇故事。穆时英关于两性角色的隐喻性叙述包含在这篇3000来字的小说里。小说开篇以尼采的《查拉图斯屈拉如是说》为引子，引述西方哲人关于灵魂与骆驼的喻说："灵魂是会变成骆驼的。许多沉重的东西在那儿等着灵魂，等着那个驮着重担的，顽强而可敬的灵魂：因为沉重的和顶沉重的东西能够增进它的力量。"骆驼者灵魂也，它的"沉重"指称人的丰富的精神世界，象征着人的高贵及深刻。

然而，男主人公对"骆驼"怀有的崇敬的热情很快遭到他自己潜意识的抵制和嘲弄，"骆驼"被置换成"一包臃肿的骆驼牌"香烟，一种物品——"点上了火，沙色的骆驼便驮着他的沉重的灵魂在空中彳亍起来了"。他其实无法如骆驼般地驮着重担走进幽深的精神世界里。在缭绕的烟雾中，他的"灵魂"出窍了，它在回力球场、舞厅、赌场、酒吧和Cafe Napoli等到处游荡，捕掠猎物。

"走过Cafe Napoli的时候，在那块大玻璃后面，透过那重朦胧的黄纱帏，绿桌布上的白磁杯里面，茫然地冒着叹息似的雾气，和一些隽永的谈笑，一些欢然的脸……可是在那边角上，在一条嫩黄的裙子下交叉着一双在墨绿的鞋上织着纤丽的丝的梦的脚，以为人生就是一条朱古律砌成的，平坦的大道似的摆在那儿……"在迅速消费掉那包象征沉重灵魂的骆驼牌香烟后，男主人公便径直朝着少女走过去。他发现这个"绘着嘉宝型的眉，有着天鹅绒那么温柔的黑眼珠子，和红腻的嘴唇"的少女，喝咖啡、抽烟的方法都是错误的。"不知道咖啡有苦涩的味的人怕不会有吧？而她是在咖啡的苦味里边溶解了多量的糖，欺骗了自己的舌蕾，当做蔻力梭喝着的"。"人生不是把朱唇牌夹在指尖中间，吹着莲紫色的烟的圈，是把骆驼牌咬在牙齿中间咀嚼着，让口腔内的分泌物给烟草滤成苦涩的汁，慢慢地从喉咙里渗下去”。他要纠正她这种“异教徒”式抽烟、喝咖啡方法。他觉得自己是灵魂拥有者、人生导师，那位没有灵魂的、“以为人生就是一条朱古律砌成的，平坦的大道”的少女应该接受他的调教。谁知他不仅调教不成功，而且很快向少女臣服，在“尼采是阳萎症患者”的慨叹中剥下哲学的面具，跟着少女走了。

小说将灵魂与肉欲、男性与女性，做了一个两元类比和隐喻。在灵肉交战中，灵魂显得苍白无力。那个无知的少女不断以“我没法子懂你的话”来消解灵魂自居者的说教。她拒绝进入灵魂的世界：“我只知道你是个很有趣的人，也生得很强壮，想同你在一起吃一顿饭，看你割牛排的样子……”如此而已。消解灵魂叙述，凸显身体关注，少女淡淡的几句话，摆明了这种姿态。一场关于灵魂何谓的对话被软绵绵的“我不懂”所消解，“肉”最终战胜了“灵”。这是都市的真实状况。男主人公的败阵道出了穆时英的都市感受，灵魂的让位于肉体正是穆时英们所无奈又不得不接受的“趣事”。穆时英的都市小说包含更深层的关于人性、关于生存的思考。

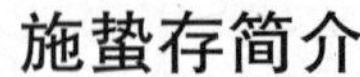

# 施蛰存简介

施蛰存（1905—2003），学名德普，字蛰存。浙江杭州人。施家世代儒生，家道清贫。1913 年随父母迁居上海近郊松江。1921 年在杭州结识戴望舒、杜衡、张天翼等，组织兰社，出版《兰友》旬刊，戴望舒为主编。这年中学毕业，考入杭州之江大学。1922 年在《礼拜六》上发表第一篇小说《恢复名誉之梦》，之后又发表《老画师》和《寂寞的街》等。1924 年改进大同大学，1926 年转入上海震旦大学法文特别班，与同班的戴望舒、刘呐鸥、杜衡等一起创办《璎珞》旬刊，发表《上元灯》和《周夫人》。1928 年在《小说月报》发表《娟子》。1928—1929 年先后编辑《无轨列车》和《新文艺》，1932—1935 年主编《现代》月刊。这期间，小说集《将军底头》、《上元灯》和《梅雨之夕》由上海新中国书局出版；《李师师》和《善女人行品》由上海良友图书印刷公司出版。1935 年编辑《文饭小品》。自 1929 年作《鸠摩罗什》之后，有意运用弗洛伊德精神分析学说来创作心理小说，与穆时英等的新感觉派小说合流。代表作有《将军底头》、《石秀》、《梅雨之夕》和《春阳》等。1936 年出版《小珍集》，创作手法由现代主义向现实主义回归。抗战后，执教于云南大学、厦门大学、暨南大学和光华大学等。1952 年起任教于华东师范大学。主要从事欧洲文学翻译工作，译作甚丰。2003 年病逝于上海。

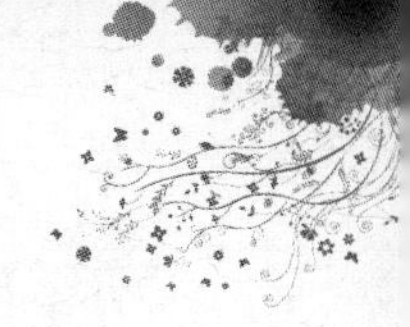



# 鸠摩罗什

施蛰存

## 一

带领着一大群扈从和他的美丽的妻子，走在空旷的山谷里的时候，高坐在骆驼背上的大智鸠摩罗什给侵晓的沙漠风吹拂着，宽大的襟袖和腰带飘扬在金色的太阳光里，他的妻子也坐在一匹同样高的骆驼上，太阳光照着她明媚的脸，闪动着庄严的仪态。她还一直保留着一个龟兹国王女的风度。她在罗什稍后一些，相差只半个骆驼，罗什微微的回过头去，便看见她的深湛的眼睛正凝视在远方，好像从前路的山瘴中看见了蜃楼的幻景。再回过头去一些，在一行人众的身后，穿过飞扬起的尘土，便看见一带高山峻岭包裹着的那座乌鸦形的凉州城。那是在一个大山谷中，太阳光还未完全照到，但已有一部分最高的雉堞、堡垒、塔楼和浮屠上面给镶了一道金色的边缘。有几所给那直到前几天停止的猛烈的战争毁了的堡垒的废墟上，还缕缕地升上白色和黑色的余烬，矗起在半天里的烽火台上，还涌上余剩的黄色的狼烟，但这是始终不曾有效，没有一个救援到来，连那个管烽火的小卒也早已死在台下，但无理智的残烟还未曾消隐。

在骆驼背上回看着那个战伤了的古边城的大智鸠摩罗什不觉得喟叹起来。三河王的事业显见得永远地失败了，想想吕氏十余年来的苦心经营，想想这一场恶战的生命的残害，想想吕氏的末裔少年吕弼的慷慨的死状，慈悲的大智鸠摩罗什虽然很轻视吕氏，也不免有些替他惋惜了，但一想到“十余年来在凉州所能得到的是什么”这个不时盘旋在心中的疑问，便又觉得如这样渎佛的武夫是死有余辜的。在这十余年中，岂但不会使自己的道行精进一些，并且，为了吕光的对于佛教的轻蔑，甚至还被破坏了自己的金刚身，自从七岁时候跟了母亲出家以来，走遍西域诸国，

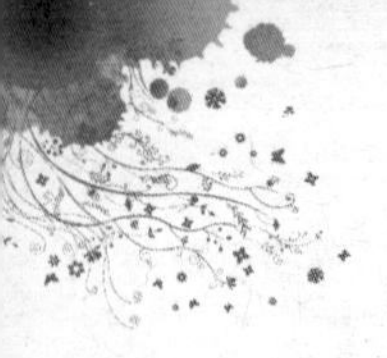



几曾看见过一个出家人有妻呢？但自己现今却明明是带着妻子到秦国去了。说起秦国，也颇有些不能了解它，到了那里是不是将如在凉州一样地被那些官吏和那最高的统治人所尊敬而同时又轻蔑呢？不，听说秦王比吕氏父子高明得多，他是尊崇佛法之人，所以此番命姚硕德统兵来伐吕氏的时候，曾经嘱咐他要把自己好好地带回长安去，并且还把自己封做国师，从这些扈从们的口中听来，恐怕姚王还会亲自出城来迎接，当到达京都城下的时候。从这方面看来，大约此去或许会有些好处。

一阵风吹响着一行骆驼的铃从山谷里一直飘扬到山顶上，沿路草碛中的兔儿和松鼠都惊窜了，沉思着的罗什忽然也醒悟转来，回眼一看明媚的他的表妹、他的妻此时是正在浏览着四围的山色，应合着骆驼的款段的步式，做出娉婷的姿态。他忽然觉得又像在家人一样地胸中升起了爱恋。这是十几年来时常苦闷着的，罗什的心里蓄着两种相反的企念，一种是如从前剃度的时候一样严肃的想把自己修成正果，一种是想如凡人似地爱他的妻子。他相信自己是一个虔诚的佛教徒，一切经典的妙谛他已经都参透了，但同时感觉到未能放怀的是对于妻的爱心。他尝自己相信这一定是一重孽缘，因为他对于他的终于娶这个为龟兹王女的表妹为妻的这回事，觉得无论如何不是偶然的。想想小时候和她曾在一块儿玩，童心里对于这个明媚的姑娘似乎确曾天真地爱恋过，但自从随着母亲到沙勒国去出家学道之后，十三年间，竟完全将她忘了。勤敏好学的少年的心中，只是充满了释迦牟尼的遗教，女人，即使是表妹，已完全被禁制着不敢去想到了。回到龟兹国来，已是俨然传授了佛祖的衣钵的大师，母舅龟兹国王替他造起了讲坛，每天翻检着贝叶经文对着四方来的学者说法，所以虽然在讲坛下也间或有时看见表妹的美妙庄严的仪容，虽然她的深黑的眼波不时地在凝注着他，但他是不能不压伏住那在他心中蠢动的热情了。屡次地，每当幽凉的月夜，在葡萄与贝多树丛中，当他散步着静参禅法的时候，他的表妹总偷偷掩掩地走过来在他背后悄悄地跟随着。她并不招呼他，但是这样地窥伺着他的动静，或窃听着他偶然的虔诚的教理的独白，但她这种跟踪是有好几次曾因池水边孔雀的惊叫或林叶间夜鸦的啼声而促起了他的返身回顾的。

他每次发觉了她跟踪着在背后，心中常觉得有些窘涩。他自己是很自信为一个有定性的僧人，他十余年来的潜修已经很能够保证他的德行。看见了别个女人，即使是很美丽的，他绝不曾动过一点杂念，但这样地每次在月夜的园林中看见了他的天女似的表妹，真不觉得有些心中不自持了。所以，他晓得，这是菩萨降给他的诱惑，最大的、最后的诱惑，勘破了这一重孽缘，便是到达了正果的路。他便合掌着跪下来，祈祷着：

——佛祖释迦牟尼，凭着你的光荣，我皈依着你的圣洁的教训，我恪守着清规，我每日每时在远避着罪过，你的一切经文中的每一个字都在我心里回响着，我将承受了你的恩宠，向地上众生去光大你的教义。我知道，凭着你的神圣的功德，使我能够避免了一切魔鬼的引诱，但还要祈求你，凭着你的神圣的法力，叱责那些魔鬼的引诱使他们永远地离开了我。让我好平安地在每天的讲坛上赞美你，因为我怕我的定力现在还不够抵抗那最大的引诱。

当他这样祈祷着的时候，她，那个龟兹国王的爱女，总是挥动着手中的白孔雀羽扇和月光一同微笑着。她尊敬着她的有崇高的功德的表兄，她也听得懂他每次在坛上讲说的教义是何等光明的大道。她并未想恶意地破坏他的潜修，但她确已不自禁地爱了他，她要占有他，这是在她以为是唯一的光辉。她微笑着，凝看着在虔诚地祷告的她的表兄：

——表兄鸠摩罗什大智的僧人在这样的月夜也要做着严厉的功课吗？难道释迦牟尼佛连一点夜里的树叶的香气也不许他的弟

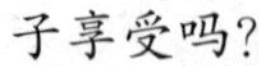

子享受吗?

——树叶的香气也是一样能够引乱寂定的道心的。表妹，善女人，在这里，我是如同在沙漠里一样地没有看见什么，我相信我已经能够生活在这个华丽的大城里如在沙漠里一样的不经意，不被身外的魔鬼引诱了去，以致败坏了道行。但是，你，我劝你立刻就离开此地，否则，请让我立刻离开了你，因为，我怕，只有你会得破坏了我。

——大智的僧人，听了你的话，我赞美你！我怕我真的会破坏了你，因为我的确觉得有一股邪道的大力附着在身上。但是，表兄鸠摩罗什，你可以用你的崇高的教义，照耀在我心里，让我得到了一个纯正的解脱，并且使你自己也避免了一重磨难，真的，在我们之间，我真觉得有一重不容易勘破的磨难。来罢，让我们去坐在那清冽的泉边，你再宣扬一回那个慈悲的太子的教训。

——不啊，表妹，善女人，那是在讲经的坛上，我可以替你宣扬佛祖的妙谛，但不是在这里啊！我害怕我快要失掉我的定力了。善女人，让我回进去罢。你看，月光已经给黑云遮着了，我知道这里有着最可怕的魔鬼。

这样说着，他觉得心猿动了，他急急地将枯瘦的手掌掩了脸，剩下了她独自在黑暗的贝多树丛里，管自己走进了他的禅室，在佛像前虔诚地跪下来整夜地忏悔着。

在到长安去的路上行进着的高据在骆驼上的大智鸠摩罗什冥想着十余年前从沙勒国回到龟兹国的时候，觉得自己真的曾经是一个德行很高了的僧人，在最最难于自己克制潜修的青年时代，毕竟完全做到了五蕴皆空的境地，这也不可不算是难能的了。但这十几年时，是仿佛已经完全从那功德的最高点跌了下来，虽然熟习着经文，但已经有了室家之累了；虽然还可能掩饰着人，但自己觉得好像已经在一重幽暗氛围气里，对人说话也低了声音，神色之间也短了不少的光辉，似乎已无异于在家人了。想着了这些，便不禁又抱怨起那渎圣的武夫吕光来了。自己是后悔着当龟兹国被吕氏攻破的时候，不该忽然起了一点留恋之心，遂被吕氏所羁縻。到后来吕光将他和她都灌醉了酒，赤裸了身子幽闭在同一间陈设得异常奢侈的密室里，以致自己亵了苦行，把不住了定力，终于与她犯下了奸淫，这些回想起来是一半怨着自己一半恨着吕光的。因此，虽然是一个有学问的方外人，也不禁对于吕氏今番的败灭有点快意了。

但是鸠摩罗什还并未忘记了从前母亲离开龟兹国回到天竺去的时候对他说的和他对她说的那些话。她是早已先知着他是定命着把不可思议的教义宣传到东土去的唯一的僧人，但这事业却于他本身是有害无利的，他对于她的预告，曾应允着不避自身的苦难去流传佛家的教化。由这桩事情上思量起来，在凉州十几年来所受的各种大大小小的灾难或者都是定命的，甚至要这个明媚的表妹为妻的这一重孽缘也是母亲所早已先知着的。鸠摩罗什忽然又在骆驼背上想起了他的母亲，他即便勒住了骆驼，下来在道旁向着辽远的云天对天竺合掌祈祷着，求他母亲的圣洁的荣光帮助他抵抗前途的种种磨难。因为他晓得，在到达秦国的京都之前，一定是还会有许多可以毁灭他的仅剩的一些功德的灾难的。

重又跨上骆驼之际，又看见他的妻的天女一般庄严的脸相正忧愁地在给沙漠的风吹着，头巾猎猎，在风中飘舞。她好像负担着什么凄苦。当他在那被封闭的密室里和她第一次有肉体的关系的时候，他曾深深地感觉到她有着一种沉重的苦闷。为了爱恋的缘故，将灼热的肉身献呈给他是她心中的一种愉快，但明知因此他将被毁灭了法身的戒行，在她是也颇感受着自己的罪过，她心中同时又有了对于或者会得降临给她的天刑的恐怖。十几年来，被这两重心绪相互地啮蚀着她的灵魂，人也变得忧郁又憔悴了。在鸠摩罗什，他是很懂得她的心曾怎样想，他所自己以为不幸的是，对于因她之故而被毁坏了戒行这回事虽然自己很忿恨着，但对于她的热情，却竟会得如一个在家人似地接受着，享用着，这是他自己也意料不到的照他这样的戒行看来，一切的色、声、香、味、触，都可以坚定地受得住，正不必远远地避居到沙漠的团瓢里去，刻意地离绝官感的诱惑。但他的大危险是对于妻的爱恋。即使有了肉体的关系，只要并不爱着就好了。他曾经对人说他的终于纳了表妹为妻这回事，在他的功德这方面，是并没有什么影响的，这是正如从臭泥中会得产生出高洁的莲花来，取莲花的人不会得介意到臭泥的。为了要充分地证实他的比喻，他便开始饮酒荤食，过着绝对与在家人一样的生活。但这个比喻虽然骗得满凉州的人都更加信仰他的德行不凡，而他自己的心里却埋藏着不可告人的苦楚，他觉得无论如何他与这个龟兹国王女是互相依恋着，决不真是如莲花与臭泥一样的不相干的。

骆驼踏着沉重的脚步，曳着清越的铃声渐渐地离凉州城愈远了。他看着妻的愁颜，又前前后后的思想着，觉得自己已经完全不能了解自己了，由这样壮盛的扈从和仪仗卫送着到京都去的，是为西番的出名的僧人的鸠摩罗什呢，还是为一个平常的通悟经文的在家人的鸠摩罗什呢？这是在第一日的旅程中的他自己虽然也思索着，但不能解决的疑问。

## 二

第三日的旅程是从一个小市集上出发的。翻过了一个山冈，走下一条修长的坂道来的时候，太阳刚从东方诸山的背后升起来。四周围看看广漠的景色，鸠摩罗什忽然心中觉得也空旷起来，前两天的烦恼全都消隐下去了。他并不觉得有如前两天的思维的必要。并且，甚至觉得前两天的种种烦恼全是浪费了的。这个照耀在大野上的光明的太阳，好像给予他一重暗示，爱欲和功德是并没有什么冲突的。这是个奇怪的概念，他自己也不很明白何以会这样地想，何以会看了这个第三个旅行日的朝阳而想到这个从来没有一个僧人敢于辩解的思绪。他默数着天竺诸国的高行的僧人娶妻荤食的也并非绝对没有，于是自己又坚信了一些自己的功德或者不会得全毁灭了。但随即又想，不知以前的有妻室的僧人，对于妻是否也这样地痴恋着。这个恐怕未必……于是觉得自己的情形又两样了，怕仍旧难免要不能修成正果。

为希望着成正果而禁欲，而苦修的僧人不是有大智慧的释子，这个是与为要做官而读书，为要受报应而行善的人同样的低微。罗什心中一转，这样想着了。他忽然感到一阵寒颤，自觉这好像又叛道了。为什么一个正宗的佛弟子会这样的不遵守着清规呢？为什么娶了妻，染了爱欲，不自己设法忏悔，而又勉强造作出这种惊人的理解来替自己辩护呢？从这方面想来，他觉得自己真的是一个叛道者了。这时候，他刚在穿过一个白桦树林，听见了大群的骆驼的践踏，林里忽然惊起了一个狐狸，用着狡猾的眼对罗什凝望了一次，曳着毛茸茸的尾巴逃走了。太阳在这片刻间，好像失去了光亮，罗什眼前觉到一阵的昏黑，他知道这是魔鬼的示兆，当一个虔诚的僧人想入邪道的时候，魔鬼是就会这样地出现的。他觉得灵魂很难受着，他正想下了骆驼，收束起一切的邪念来祈祷，但其时一缕强烈的阳光从树叶隙缝里泻了下来，恰恰射在他脸上，他闭了一次眼、恍惚中听见后面骆驼上的妻在发着悠长的叹息。

他回顾她的时候，她正在垂着头发着第二次的叹息。于是他好像忽然被另一种力勒住了，废去了刚才的要想祈祷的心绪，蹙着眉头，勒停了骆驼，看着他的妻，等她上前来。

他们两头骆驼并行着了。

——善良的妻，不是有什么不舒快么？为什么天女的容颜显得这样地憔悴而眼睛里含着悲怨呢？莫不是两日的征行使得疲乏了么？或者是在憎厌着前路茫茫，还不到东土的古都么？安心些罢，你看，泥土是一步一步的在松软起来，花草树木是在渐渐地

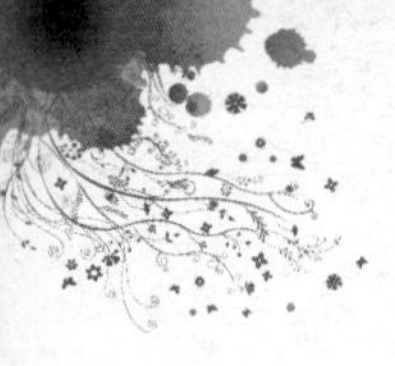



美丽起来，下面一大片平原之外，与天相接的一条黄色的是什么呀，哦，我知道了，那就是东土的大江，名字叫做黄河的是也。渡过那条神圣的大江，我们便到了繁华的天国。美丽的王女呀，你将受到东方的不相识的众人的欢迎。

——啊！我的表兄，我的光荣，我的丈夫，我可曾梦见过到那辽远的辉煌的东土去吗？不啊！我从来没有，我也不曾敢这样想。我并没觉得疲乏，但我是坐不住在这骆驼上了；我并没觉得前途茫茫，我反而觉得好像今天我可以走完了我该当走的路。我看见前面有着我的归宿，我将尽着今天一日的功夫去走到那儿安息。我并没有什么不舒快，我的心地是这样的和静，你看，我并不心跳。在你的后面我闻到你的宗教的芬芳，我看见你的大智慧的光。你是到东土去宣扬教义的唯一的人，但我是你的灾难，我跟着你到秦国去，我会得阻梗了你的事业，我会得损害了你的令闻。啊，我的大智鸠摩罗什，我是好像已经得到了前知，我们是该当分开了。你看，我的生命已经在自行消隐下去，正如干了油的长明灯里的光焰，在今天夕暮的时候，它是要熄灭了。

说着她又叹息了一声，这正像一匹杜鹃的悲啼。罗什凝看着她，又听着她的颤抖的声音，她看见在她的脸色上已浮起了死的幻影，凭着他的睿智，他知道她确是要在夕暮的时候死了。忽然他感觉到一阵急剧的悲怆，他全然不类一个四大皆空的僧人似地迸流着眼泪，十多年来的夫妇的恩爱全都涌上在他的心头，一样一样地回忆着，他想挽救这个厄运，搜索着替她缓免的方法，但结果是不可能。他哽咽着，垂倒了头，甚至一眼也不敢回看她。

那些扈从的官吏，他们是不懂得龟兹话的，当他和她说话的时候，他们虽然听着，但一点也不知道在说些什么。但他们是看得出他现在在流着眼泪，这一定是在这个国师的心里有了很大的悲伤，于是一个凉州的小吏问他：

——我们的高僧，我们的国师，可感觉到了什么悲伤，流着

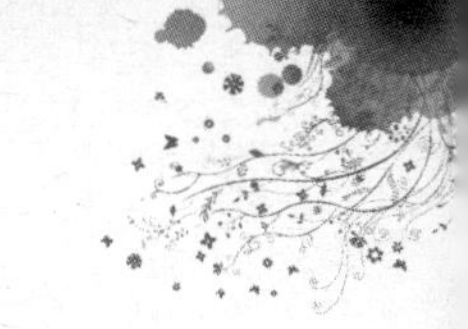

这样的眼泪？如果我们这些庸俗的凡人能够做得到，请让我们替国师效力来解除了这种悲哀罢。否则，也请你不要藏匿着不愿意我们替你分一些烦恼。

他用学会了的凉州方言回答着：

——好心的官儿们，不必替我分心。为了我的根基浅薄的功德，我今天将遭逢到一个很大的灾难。以后的事都会得因此而不能逆料，我自己也参不透我以后会得怎样，我怕到达你们长安的时候，我已经变成一个平凡的俗人，没有什么好处可以配得上享受你们的尊敬了。这就是我现在为什么哭泣的缘故。

于是另外一个小官说：

——智慧的国师，你说今天将遭逢到一个很大的灾难，凭着你的圣洁和崇高，我们相信你是不会错的。但是，如我们这样的凡人，不知在这个灾难还未曾显现之前，能不能先听到它一点？

——为什么不能够呢，尊敬的太阳的国度里的官儿们。你们看，看着我的妻，龟兹国的尊荣的王女，她将为了她不幸的丈夫的缘故，在今天夕暮的时候，死在这孤寂的旅途上。她将不能再看见一个她的亲族，她将没有福气受到你们的欢迎与赞美，她将永远地长眠在这一大片荒原上。尊敬的官儿们，请你们告诉我，今晚我们将歇宿在哪一个城里？

——国师啊，真的有这样悲惨的运命要降给你吗？一个官吏看着她说，啊，龟兹国王的爱女，我们的国师的慈惠的妻子，佛国里来的香花，难道天吝惜着不教我们东方的人瞻仰她一回吗？在这个可怕的夕暮啊，我们是还走不到任何一个大城，我们要去歇宿在那条从天上来的黄河的岸边，听一夜的溅溅水声，明天早晨渡过那条大江之后，我们才会得远远地看见一个大城的灰色的影子。

于是那个在骆驼背上闪着忧郁的、空虚的眼色的女人说了：

——啊，我看见了，那远远的一片黄色的东西不就是那出名

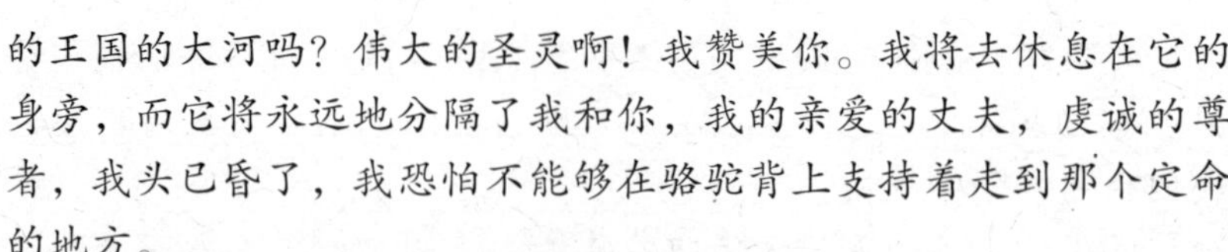

的王国的大河吗？伟大的圣灵啊！我赞美你。我将去休息在它的身旁，而它将永远地分隔了我和你，我的亲爱的丈夫，虔诚的尊者，我头已昏了，我恐怕不能够在骆驼背上支持着走到那个定命的地方。

说着，那个美艳的王女忽然昏倒在骆驼背上。

他扶着她，同乘在一头骆驼上，前后围拥着秦国的官吏，全都屏息着静静地走，他们在接连的山谷间行进，他们每个人都望着茫茫的前路。苏醒了的她间歇地发了一声悠长的叹息，这声音，哀怨得好像震颤了山壁起了惊心的回响。她身体烦热着，使他几乎抱持不住。她是害了急剧的热病。同行的人群中有着大夫，他自荐来替她诊视，但结果是紧蹙着眉额。他姑且拿出一两颗药丸来送进她紧闭着的嘴唇中，但并不减轻她的热度。三小时的旅程继续着，虽然道旁有草木，却始终找不到一处泉水。

可怕的热度增高着，她在他怀抱里，不停地啮着嘴唇，红润的美人的唇已经变成黑色了。鼻子下已经发出了许多水泡，说着可怕的呓语。他手臂里抱着这个危殆的妻，闭着眼，任凭那童子牵着骆驼一高一低地走，虔诚地默诵着经文。

——阿弥陀佛，何处有泉水响着？烦你们想法去找一找罢，让她喝一口活水。

在太阳已把这一行人的影子长长地投在前面的时候，他耳朵中忽然听见泉水的流声，他这样说着。于是有几个小差役分头去跟踪着水声去寻找了。

绕过一个土丘，走进了一丛树林，他们在一条伏流于密青中的清溪旁边歇下了。他把她平卧在草地上，自己便坐下在她身旁。有人用革囊舀满了溪水来灌给她，渐渐地她又清醒转来。

这时光，已经是垂暮了。傍晚的风吹动着木叶，簌簌地响个不停。乌鸦都在树头上打着围，啃啃地乱噪着，一缕阳光从树叶缝中照下在她的残花的脸上。

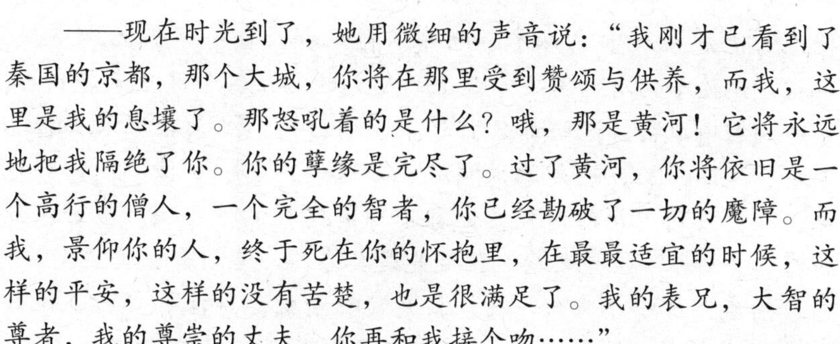

——现在时光到了，她用微细的声音说：“我刚才已看到了秦国的京都，那个大城，你将在那里受到赞颂与供养，而我，这里是我的息壤了。那怒吼着的是什么？哦，那是黄河！它将永远地把我隔绝了你。你的孽缘是完尽了。过了黄河，你将依旧是一个高行的僧人，一个完全的智者，你已经勘破了一切的魔障。而我，景仰你的人，终于死在你的怀抱里，在最最适宜的时候，这样的平安，这样的没有苦楚，也是很满足了。我的表兄，大智的尊者，我的尊崇的丈夫，你再和我接个吻……”

他跪着，两手抵着草地，俯下头去和她接最后的吻。她含住他的舌头，她两眼闭拢来了。树枝间忽然一头乌鸦急促地啼了几声，他抬起头来，一阵风吹落叶片大的木叶盖上了她的安息的脸。他觉得身上很冷。

他痴呆地蹲踞在她的尸身边，默想着，从行的人都静静地站着，他们都垂倒着头，闭了眼。这样好久。

他觉醒转来。他虔敬地向她的尸体膜拜了一次，他吩咐护卫的兵士给她埋葬了，不用什么封识。

走出树林向黄河边的小村集投宿去的时候，天色已经完全黑暗了。这天夜里，他睡得很酣熟。

次日，渡过黄河之后，他对从人说，他现在已是功德快要完满的僧人，一切的人世间的牵引，一切的魔难，一切的诱惑，全都勘破了，现在是真的做到了一尘不染，五蕴皆空的境地，他自信他将在秦国受着盛大的尊敬和欢迎而没有一些内疚。

## 三

是的，他一些不觉得内疚，他受着秦王姚兴的款待，官吏，宫女，王妃，中土的僧人和百姓们的膜拜，整整的一个月，都城里轰动着。为了旅途疲倦的缘故，他在西明阁里休养，每天只出来一个时辰接受大众的顶礼，其余的时候，他不看经典，不因为对于东土的风物的好奇而出来。他合上眼在蒲团上打坐，人家会

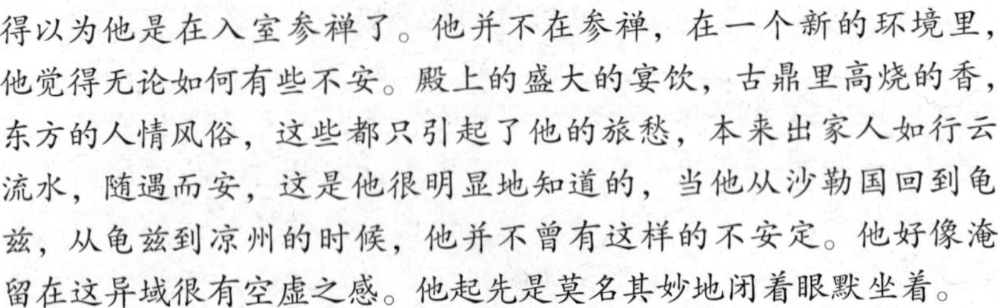

得以为他是在入室参禅了。他并不在参禅，在一个新的环境里，他觉得无论如何有些不安。殿上的盛大的宴饮，古鼎里高烧的香，东方的人情风俗，这些都只引起了他的旅愁，本来出家人如行云流水，随遇而安，这是他很明显地知道的，当他从沙勒国回到龟兹，从龟兹到凉州的时候，他并不曾有这样的不安定。他好像淹留在这异域很有空虚之感。他起先是莫名其妙地闭着眼默坐着。

简直不像一个方外人呢。他想。凭着他这样深的戒行，他知道是不应当会有这种感觉的了。但终于抛撇不开地这样烦虑着，那是一定又被什么魔难诱引着了。他于是立刻屏绝了华腆的饮食，撤去了一切的款待，一个国师的富丽的陈设，并且吩咐伺候的人不要让他在他的禅房里听见外面的人声，无论男的和女的。他完全恢复了从前在沙勒国的大沙漠里从师学道的时候所过的虔诚的禁欲的苦修生活。他祈祷着：

——慈悲的佛祖啊，难道我从前那样的苦修还不够使我生活在这个东土的京城里吗？我曾经大胆地自己相信我的戒行已经能够抵抗了一切的诱引，我吃荤，我听音乐，我睁着眼睛在繁华的大街上游行，我并且娶了妻，但在凉州的十余年间，我并不曾有过一天如像在这里似的不安，我以为我可以接触一切而彼此没有什么牵涉。但现在不知怎的，我还是一样地镇定着心，但它却会得自然而然地游移起来。这难道是我的戒行还不够么？现在我是惊惶着，怕我会得在这里沉沦了，我小心地仍旧过着一个开始修行的人的生活，愿慈悲的佛祖保佑我，让我好安静下来，替你在这里传扬你的光荣的圣道。否则，我和你全都要失望了。

虽然这样虔敬地祈祷着，但他也有时理智地觉得对于曾经娶妻这事却未能绝然地无所容心。树林里，溪流旁边，临终的龟兹王女的容颜常常浮现在他眼前，使他战栗着。同时他又感觉到自己又应当负担一重对佛祖说了谎话的罪过。

他开始懊悔小时候不该受了剃度的。他真的想走下蒲团来，

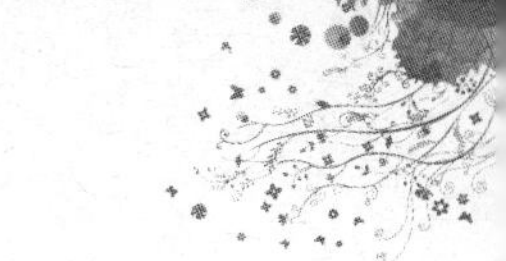

脱去了袈裟，重又穿凡人的衣服，生活在凡人中间。这虽然从此抛撇了成正果的光荣的路，但或者会熄灭了这样燃烧在心中的烦躁的火。但是，啊！现在妻也死了，便是重又还俗，也是如同嚼干矢橛一样的无味了。我还是应当抵抗了这些诱引，道高一尺，魔高一丈，现在是挣扎的时候了，可怕呀。

他继续着他的绝对禁欲的、刻苦的生活，道和魔在他迷惑的心里动乱着，争斗着。

受了国王的礼请，对着东土的善男子，善女人，比丘僧，比丘尼公开讲经的日子到了。草堂寺里已经打扫得干干净净，大殿上焚起了浓熏的香，听众一直拥挤到大殿的阶石下，还大家争抢着椅子站起来。有些人因为来得迟了，便高高地爬起在院子里的古柏上，肩背上被遗着鸟矢和雀羽。鸠摩罗什还没有升上讲座，好奇的人喧噪着纷纷议论。

——大哥，你也来听听佛法了吗？我看你是只要少宰杀几只猪就够延寿一纪了。

一个商人挤了进来对一个坐在前排的屠户说。

——我吗，我是高兴来看看的。

——究竟今天来讲经的是怎么样一个人呀？旁边一个女人疑惑地问。

——你没有看见过吗？

——没有。

——是个得道的西番和尚，姚硕德将军从凉州去请来的。

——啐，得道的！吃荤娶妻子的贼秃呢。一个士人愤怒地说。旁边一个瘦削的和尚听了，望了他一眼，嘴里开始念起阿弥陀佛来。

那个士人的话是很有些魅力，听见的人全部露着惊诧的神色。有伴侣的都在互相探问着：

——真的吗？

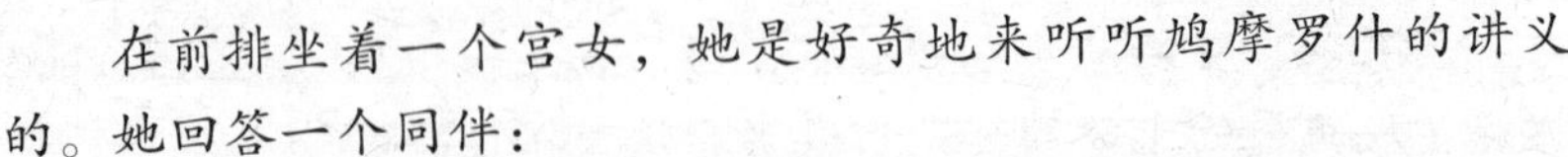

在前排坐着一个宫女，她是好奇地来听听鸠摩罗什的讲义的。她回答一个同伴：

——真的，那些送他来的官儿们都说那个西番和尚吃荤的，他是像在家人一样的，有一个美丽的妻子，听说还是一个什么国王的公主呢。可惜在路上死了，没有来。才来的头几天，那个和尚还吃荤喝酒，我都亲眼看见，可是这几天都断绝了，听说是因为生病呢。

听见了她的话，于是大家又对于这个少见的情形议论着。这时候，从外面挤进一个明艳的女人来，她向坐着的人家周流了一个媚眼，男子们都喝起彩来欢迎她。当她走过一个市井闲浪人身边的时候，他伸起手来把她臀部一推，高声地说：

——你们看，孟家大娘也来了，她是来候补活佛太太的。

大家都轰笑了。

——啐你的，老娘做了活佛太太，你就来替老娘剥鸡眼儿。那个女人喷着笑声说。

——真的吗？你有本领勾搭上了活佛，我准来给你剥鸡眼儿。那个浪人拍着大腿说。

——好约会！我来做中证。旁边一个好管闲事的人嚷着。大众又哄堂大笑着，望着那个放浪的女人。她有些害羞了，搭讪着到前排去挨在那个宫女身边坐下。

这时候，鸠摩罗什乘着舆来了，钟磬响动，顷刻间这挤满了人的大殿上静得鸦雀无声。大众都回头望着外面，用着好奇的眼色，看这个西域的胡僧缓步地支着锡杖走进来。

连接着许多日的禁欲生活，大智罗什的面庞瘦削了许多，但他的两眼还是炯炯地发着奇异的光彩，好像能看透到人的心之深处去似的。他还是继续着一重烦闷，二重人格的冲突的苦楚深深地感受着，要不是不愿意第一次地失信于大众，他是不会来草堂寺作这一次的讲演的。

他从人丛中的狭路上走进去，凝视着每一个人。每一个人心里吃了一惊，好像一切的隐事被他发现了似的。他走进去经过那个放浪的女人身旁。他也照例地看她一眼，出于不意的是这个大胆的女人并不觉得吃惊，她受得住他的透心的凝视，她也对他笑了一笑，她的全部的媚态，她的最好的容色，在一瞬间都展露给他。他心中忽然吃惊着，全身颤抖了。

他知道这第一日来听讲经的人是好奇的居多，讲得时间久了，有人会得不耐烦，所以他并不预备什么深长的讲辞。但即使在他是以为很简短了，而因好奇而来的听众，在既已看见了他之后，听着他用那不很能懂得的凉州话讲着不可解的佛义，也觉得有些沉闷了，于是在后面的人一个一个地悄悄地溜走了。大殿上只剩了数百个虔诚恭敬的僧人，在垂倒了头如同睡熟了似的倾听着，而此外，使他心中烦乱的是那个放肆的女人，却还平静地坐在那些宫女旁边，她们都好像很懂得他所讲演的奥义似的，并不有一些烦躁。他流动着他的光亮的眼，穿过弥漫的香烟，看着旁边宝座上的国王，看看宫女们，又不禁看到这荡女的脸上。至于她，老是凝视着他，她好像懂得他心中在怎么样，对他微笑着，并且当他眼光注射着她的时候，又微微地点着头，发髻旁边斜插着的一支玉蝉便颤动起来。这时候，一个小飞虫从讲座旁边的黄绫幔上飞下来，嘤嘤地在罗什脸前绕圈儿，最后它停住在罗什嘴唇上，为了要维持他的庄严之故，他不得不稍微伸出了头去驱逐那个小虫。它飞了开去，向讲坛下飞，一径停住在那个荡女的光泽的黑发上。罗什觉得身上又剧烈地震颤了一阵，他急闭了眼，匆匆地将他的讲辞收束了。他心里悲伤着自己的功德是越发低降了，即使想睁开了眼睛对大众讲经也支持不住。这不是比平凡的僧人并不高明一些么。

在回归到逍遥园去的舆中，他闭着眼，合着掌，如同一个普通的僧人，忏悔着又祈祷着。

## 四

晚上，天气很闷热，罗什在树林间散步。他放弃了一切严肃的教义，专心于探求自己近几日来心绪异样的真源。如果那个已死的妻在这里呢，那是至少会得如像在凉州一样的平静。但他的对于爱并不执着的，他明知爱是一个空虚，然则又何以会这样地留恋着妻呢？如果另外有一个女人，譬如像日间所看见的那个放肆的长安女人，来代替了他的妻的地位，他将怎样呢？他不敢再想下去。

说是被那个放肆的女人所诱惑而他在讲经的时候感觉到烦躁的吗？那也未必就这样简单。放肆的，甚至淫荡的女人也不是没有见过，从前却并不曾有一点留恋，只如过眼浮华那样地略一瞬视，而何以此番却这样地萦心经意起来。至于别的理由，倒也搜索不出。难道真的心里已不自主地爱了这个东土的女人吗？

他觉得异常蒸热。他在一个石鼓上坐下，脱去了袈裟，觉得胸前轻快了许多。他深深地呼了一口气，晴和的春夜的树林中散发着的新鲜的草叶的气息，从鼻子里沁透进心底，给予他一阵新生的活力。渐渐听到有个人的脚步声在丛林外的小径上走近来，他问：

——谁呀？

——我，是国师吗？

走近身来，他认得出这是侍卫中的一个。是个年纪又轻，容貌又俊伟的禁卫军。他仿佛记起日间当他讲经完毕，出了草堂寺的山门登舆的时候，曾看见一个侍卫趁着纷乱之际挤着一个女人，而她曾撒着娇痛骂着，那个侍卫可不是他吗？至于那个被挤的女人，是谁呢？仿佛也是熟识的似地，他沉思着，他忽然害怕起来，那个女人好像是自己的亡妻！没有的事！噢，想起来了，好像是那些在前排坐着的宫女中的一个呢。但为什么会想着了亡妻，这却不可解。

——国师在打坐吗？那个年轻的禁卫军问。

——不打坐。

——那么是在玩玩？

——在玩玩，是的。

他好像对于这个年轻的禁卫军有些不快，但他并不曾与他有过什么仇隙，他又没有什么地方得罪了他。同时又觉得在这个禁卫军身上可以得到一些什么，一些什么！他不很明白。终于他说。

——唅，官儿，你姓什么，叫什么？

——我吗，姓姚，名字叫叶裕，我是陇西王的第八个儿子。

——所以你敢调戏宫女吗？罗什笑起来了。

那禁卫军愕然了，他不明白罗什在说什么。罗什笑看着他，觉得心里很舒服似的。

——忘记了吗？你日间不是曾经在草堂寺的山门外挤得一个宫女骂了起来吗？你这样地做了亵渎菩萨的事，还假装着吗？阿弥陀佛。

——挤一个宫女？……不，国师，你看错了，我曾经挤一个伎女，是的，一个伎女。

——一个伎女？

——你说的是不是那个发髻边戴着玉蝉的放浪的女人呢？国师！

罗什好像从梦中醒来似地忽然憬悟着这个年轻美貌的禁卫军日间所曾推挤的女人，并不是那些宫女中的一个，而的确是那个放肆的女人。但她是个伎女吗？

——是的，她是个伎女吗？

——只除了你国师没认识她，谁不知道她是这里长安的名伎孟娇娘。

——阿弥陀佛！

罗什的两眼闭上了。他有着一个要见一见这个伎女的企望，很热心的企望。但不知为了哪一种动机，他沉思了一会：

——那是个苦难的女人呢。

——不，是个欢乐的，幸福的女人。那年轻的禁卫军说。

——但灵魂是苦难着的。

——她没有灵魂，况且名为灵魂的那件东西，她是不必要有的。

——她要老了呢，那时候灵魂将使她感受到苦难。虽然现在是青春，是欢乐，是幸福。

——不，国师，在她是没有老，只有死。她永远是青春，永远是欢乐的，你没有看见她常是对着人笑吗？

——阿弥陀佛，官儿，你罪过了。

罗什那摩着手掌，又闭了两眼，装着虔敬的忏悔，但心里忽然升上了一阵烦乱。那禁卫军却失笑了，他说：

——听说国师是有妻房的，可真的吗？

——真的，曾经娶一个妻，已经死了呢。

——僧人可以娶妻房吗？

——什么都可以，只要把得住心，一样可修成正果的。只有戒力不深的人不敢这样做。

——那么让我带国师去看看孟娇娘，怎样？

——此刻吗？

——此刻。

——这几天恐怕会中了魔难……罗什沉吟着这样说，但旋即改口了："不过，去看看也可以，我该当去感化她。"

那禁卫军笑起来道：

——恐怕就是连国师那样的人也要反给她感化了去呢。

或许真是这样，罗什心中自想着。

——这样的深夜了，不会给巡街的官儿抓住吗？他问。

——巡街的官儿是我的哥哥。

从一个阒黑的墙门进去，穿过两重院落，他们由一个侍女领导着走进一排灯光辉煌的上房。披挂着的锦绣与炉中氤氲着的香料，最初使罗什的心摇荡了。

——大娘在家吗？这位国师要见见呢。那禁卫军问着那个侍女。

——在家，那个侍女向西上房努了努嘴，在那边陪着独孤大爷呢。既是国师要见，待我去通报一声就来。说着，她走了出去。

罗什听见西上房有女人笑语的声音，正是日间在草堂寺门前所听到的骂声。他想从这淫猥的笑语声里幻想出她的容貌来。但很奇怪，在这个著名的伎女的华丽的房间中，除了自己的妻的容颜之外，却再也想不起另外一个美丽的女人的脸来。他吃惊着，他曾竭力忘却了他的妻，他怕她的幻像会得永远地跟随着他，这是为了修道之故很危险的。他想用孟娇娘的幻像来破灭他的妻的幻像，然后再使孟娇娘的幻像破灭掉，这样的自己能解是比较容易些，因为对于一个伎女，他想至少总容易幻灭一些，同时他又想真的超度这个出名的可怜的伎女。但他却不意即使到了这里也还是想起了妻，这是为了什么缘故呢？虽然曾经有过一时舍弃不了，但自从重新又过着刻苦的禁欲生活以来，确不曾再浮上她的幻影，而何以今天又这样地不安了呢？很注意着这个伎女，而何以始终想不起她的容貌来？这个伎女与自己的妻可有什么关系没有？不，决不会有一些……

罗什正在这样闭着眼沉思着，西上房里的孟娇娘的笑声已在移出来向这边来了。笑声悠然地停止了，在房门外，听到她说着：

——好不荣耀呀，连活佛都到这里来了。

罗什依然寂定着，那摩着手，做着打坐的姿态。闭着的眼睛在下看着心，心跳动得可以听得到声音。罗什听她走进房间来，听她剪去了每一支烛上的烟煤，听她在走近来。

——哈！哈！哈！哈！国师到这里来打坐吗？我这里只参欢

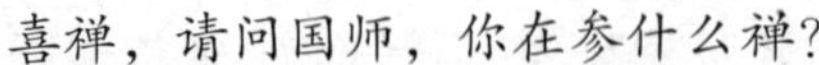

喜禅，请问国师，你在参什么禅？

罗什睁开眼来，装着庄严的仪态，看着她。他完全不认识她，她是谁？他愣住了，难道这就是孟娇娘吗？难道日间的那个放肆的女人就是她吗？不——明明记得不是这样一个女人，但看她发髻上插着的颤巍巍的玉蝉，却又明明是日间看见过的。是的，曾经有一个小飞虫给这支摇动的首饰惊走了。但何以在记忆中却想不起她的容貌呢？他迷惑着。

那年轻的禁卫军看在旁边，看见罗什这样地惶乱，他笑起来，对那个伎女说：

——大娘，你今晚若留得国师在这里歇宿，我另外有赏。

——那很容易，我只怕国师要一连地歇宿下去，连草堂寺讲经也不肯去，那时我倒脱不出干系呢。她说着又高声地笑起来。

罗什忽然感到一阵嫌厌，看着这可怜的灵魂完全给这富丽辉煌的生活欺骗了，他已经完全没有了来时的心境。便是想超度她也懒得做了。他对于她已完全不像刚才未见面的时候那样的含有一种莫名的企望，他看出她是完全一个沉沦了的妖媚的女人，所有的只是肉欲。

他那摩着手掌，阿弥陀佛、阿弥陀佛地宣着佛号。他离了坐对那个禁卫军看了一眼，表示要走的样子。但那个年轻人却被慑住了，他不再愿意领罗什回去。他犹豫着：

——国师，回去的路你还认得吗？

罗什懂得他的话。他让他留着，独自走出了上房，穿出了院子，一路上耳朵里听见她和他的笑声渐渐地在低下去。

## 五

次晨，罗什并没有做早课，也没有译经，他对着在东方升起来的朱红的太阳祈祷着，他希望光明的菩萨指示他该怎样做。因为他疑惑自己。在昨夜，他是以为被那个伎女诱惑了，心里升起了一种冲动，所以和那个禁卫军同去的。但是既见了那个伎女之后，他觉得他并不曾被她所挑诱，而他的定力也并不曾被她所破坏。他仍然保守了他的庄严回到逍遥园里。只是到如今仿佛还有什么事没有做了似地牵挂着，他一刻也不能安静下来。因而害怕着自己的功德的毁灭，所以祈祷着。

午刻既过，又到了讲经的时候。侍卫们已经预备了，并且着人通报进来请他预备登舆。他觉得很疲倦。他没有讲经的兴味，但这是不能停止的，有许多虔诚的听众已经在大殿上等候着了。他们是都想由他的讲演上得到一点启示去修成正果的。

升上讲坛，下面黑黝黝的全是人，弘治王陛下也恭敬地坐在一旁，罗什顿然心神收束，俨然又如从前在龟兹国讲经的时候那样地严肃起来。他略略地闭目思索了一番，拈得了讲题，开始起讲。

讲了一半，下面寂然无声，连咳嗽的人都没有。他心中疑怪着何以昨日是那样地人声嘈杂而今日是这样地肃静呢，难道今天来听讲的人都是虔诚地皈依佛教的么？他试睁开眼睛来留心观察一下坛下的听众。

第一眼他看见的是如昨日一样地在前排坐着的几个宫女，而在那个伎女所曾坐过的座位上，他所看见的是什么？这是使他立刻又闭上了两眼的。……他的妻的幻像又浮了上来，在他眼前行动着，对他笑着，头上的玉蝉在风中颤动，她渐渐地从坛下走近来，走上了讲坛，坐在他怀里，做着放浪的姿态。并且还搂抱了他，将他的舌头吮在嘴里，如同临终的时候一样。

大智鸠摩罗什完全不能支持了。他突然停止了讲经，闭着眼在讲坛上发着颤抖，脸色全灰白了。底下听讲的人众全觉得他有了异样，大家哗噪起来，说他一定是急病了。弘治王自己走上讲坛，在他耳边问着："怎么了？国师怎么了？"

罗什还是闭着眼，指着那个宫女坐着的地方，喘息着说：

——孽障，我的妻，两个小孩子，这是孽障。

次日，满城都沸扬着国师鸠摩罗什在讲经的时候忽然中意了一个宫女，当夜国王就把那个宫女赐给他做妻子。有些人还因此而议论着，对于他的功德也怀疑起来。

是的，鸠摩罗什，他自己也对于自己怀疑起来，当他和那个貌似亡妻的宫女在禅房中觉醒转来的时候。从前是什么事情都能够凭着自己的智慧推测出来，而近来却完全地蒙昧。昨天的事，也是一些不先知着的，不知怎的，一阵强烈的诱惑竟会得破坏了他，使他那样地昏迷。难道妻的灵魂故意来这样地败乱他吗？不，虽然是妻的幻影，但姿态却是那个伎女的。要是戒行坚定的僧人，昨天不会那样地胡乱的。啊，这可悲的东土！

他忏悔地离去了淫乱的床榻，走出到澄玄堂上，佛龛前的长明灯里虽然满着油，但灯芯却熄灭了。他颤抖着，知道佛祖已经离开了他。这回的罪过是比娶妻的时候重大呢。

他知道因了昨夜的淫乱，都城里的人会得怎样评论着。现在是在他，第一要紧定人民和僧人对于他的信仰，否则，他，一个西番的僧人，不知将受到什么危险，而自己内心的二重人格倒是只得忍耐着慢慢地想法子解决的了。所以，在这第三日讲经的时候，草堂寺里又挤满了好奇的人，他竭尽他的辩才，申说禁欲者并不是最高的僧人，而荤食娶妻的僧人并不是难成正果的。况且，一个僧人要先能经历过一切欲念，一切魔难，能够不容心，然后他的功德是金刚一般的永不磨涅了的，所以在沙漠里的高僧一到了华丽的都城，会得立刻丧失了他的戒行的。但是虽然这样说，没有对于自己的功德有相当的信任的僧人，还是应当去过一种刻苦的禁欲生活，否则他是很容易沉沦了的。

听着这样的辩解，大家对于他的谣言和诽话立刻消灭了，便是弘治王自己也反而增加了对于他的虔敬。就在这天晚晌，勅旨下来，给他迁居到永贵里廨舍，并赐伎女十余人，据说是让他广弘法嗣的。

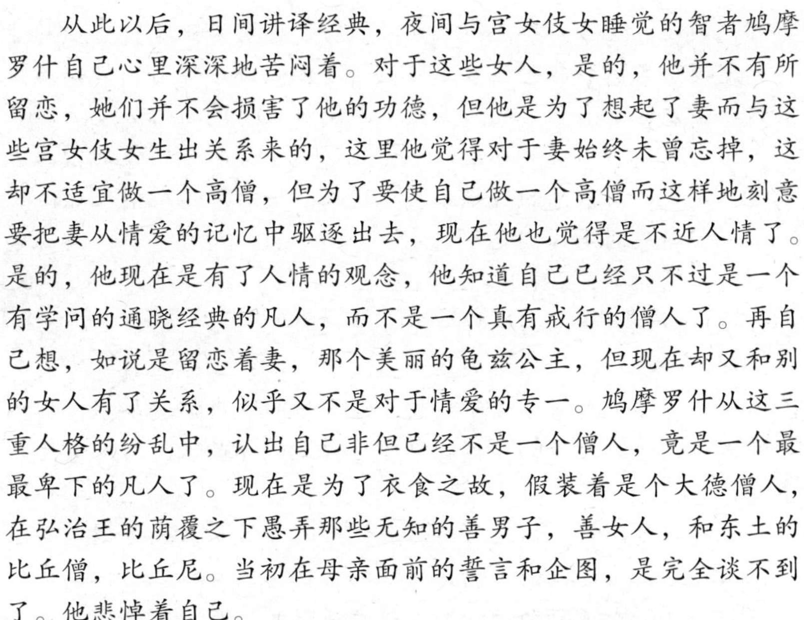

从此以后，日间讲译经典，夜间与宫女伎女睡觉的智者鸠摩罗什自己心里深深地苦闷着。对于这些女人，是的，他并不有所留恋，她们并不会损害了他的功德，但他是为了想起了妻而与这些宫女伎女生出关系来的，这里他觉得对于妻始终未曾忘掉，这却不适宜做一个高僧，但为了要使自己做一个高僧而这样地刻意要把妻从情爱的记忆中驱逐出去，现在他也觉得是不近人情了。是的，他现在是有了人情的观念，他知道自己已经只不过是一个有学问的通晓经典的凡人，而不是一个真有戒行的僧人了。再自己想，如说是留恋着妻，那个美丽的龟兹公主，但现在却又和别的女人有了关系，似乎又不是对于情爱的专一。鸠摩罗什从这三重人格的纷乱中，认出自己非但已经不是一个僧人，竟是一个最最卑下的凡人了。现在是为了衣食之故，假装着是个大德僧人，在弘治王的荫覆之下愚弄那些无知的善男子，善女人，和东土的比丘僧，比丘尼。当初在母亲面前的誓言和企图，是完全谈不到了。他悲悼着自己。

一日的早上，罗什忽听得外面街路上人声鼎沸，好像有了什么大事一般，正在疑虑倾听之间，有侍者通报进来说，因为有两个僧人昨夜宿伎，给街坊捉住了要捆送衙门，于是城里的僧人动起公愤来，说国师还要宫女伎女睡觉，僧人偶尔玩玩，算什么回事，坚执不许送官。因此两方面争吵起来，一直惊动了上头，有圣旨下来，命将两个僧人发交国师处置，所以现在外面人声嘈杂，要等国师出去发落。

罗什听了报告，知道这是弘治王给他的难题，但自己这样的每夜宿着伎女，虽则明知是很难修成正果了，但于别人却不会有什么影响。而这两个僧人却显然地因为他前几天在草堂寺自辩的话而敢于这样大胆地去狎伎的。要是真的长安所有的僧人都这样起来，那是罪过更深重了。他这样踌躇着，他想现在不得不借助于小时候曾经从术士处学会了的魔法了，那是自从剃度修行以后

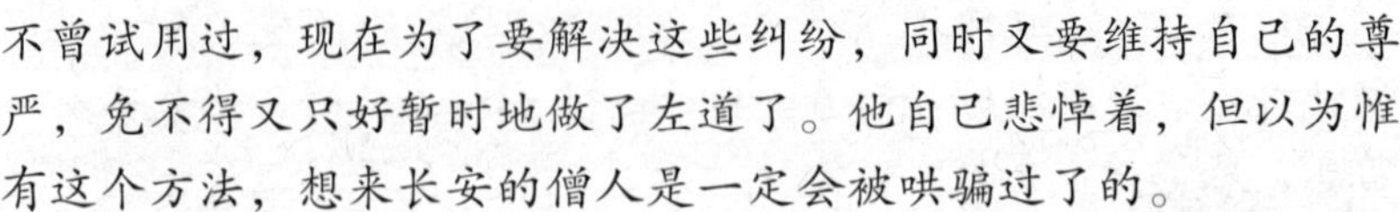

不曾试用过，现在为了要解决这些纠纷，同时又要维持自己的尊严，免不得又只好暂时地做了左道了。他自己悲悼着，但以为惟有这个方法，想来长安的僧人是一定会被哄骗过了的。

于是他走了出去。在大厅上，他召进了那两个宿伎的僧人和其他的僧人；看热闹的百姓都拥了进来。他对那两个僧人说：

——宿伎的是你们吗？

——是的。

——为什么出家人这样地不守清规呢？

那两个僧人都讽刺地笑起来了。一个说：

——国师，其实你是不该处置这事情的。我们是奉承了你国师的教训，你忘记了吗？你在草堂寺说过的那些话，僧人是可以不必禁欲的。

——阿弥陀佛，你没有听见我说那一等僧人只能过刻苦的禁欲生活。你们宿着伎，不错，可以的，但你们有什么功德，你们该证明给大众看。有功德的僧人是有戒行的，有戒行的僧人是得了解脱的，即使每夜宿伎，他还是五蕴皆空，一尘不染的，你们知道吗？

——那么国师有什么功德曾证明给大众看呢？一个狡猾的僧人说。

——我吗？我可以就证明给大众的。

罗什说着叫侍者到佛龛里去取出一个来，他开了盖，递给一个僧人。

——你看，这里是什么？

——针。

罗什取回针钵来，抓起一把针，吞下腹去。再抓了一把，又吞下腹去。看的人全都惊吓了，一时堂前肃静，大家屏着气息。罗什刚吞到最后一把，中间的最后一支针的时候，他一瞥眼一见旁边正立着那个孟娇娘，看见了她立刻又浮上了妻的幻像于是觉

得一阵欲念升了上来，那支针便刺着在舌头上再也吞不下去。他身上冒着冷汗，趁人不见的当儿，将这一支针吐了出来，夹在手指缝中。他笑着问这两个僧人。

——你们能不能这样做？

——饶恕了罢，国师，以后不这样的犯规了。

在纷乱的赞叹声里，鸠摩罗什心里惭愧着回了进去，但舌头依然痛楚着。

以后，也便永远是这样地，他的舌头刺痛着，常常提起他对于妻的记忆，而他自己也隐然以一个凡人自居，虽然对外俨然地乔装着是一个西域来的大德僧人。所以在他寂灭之后，弘治王替他依照外国方法举行火葬的时候，他的尸体是和凡人一样地枯烂了，只留着那个舌头没有焦朽，代替了舍利子留给他的信仰者。

1929 年 9 月

（原载《将军底头》，1932 年新中国书店初版）

## 欲望何处安置？——《鸠摩罗什》解读

施蛰存的小说《鸠摩罗什》以《出三藏记集》和《高僧记》等历史典籍所记载的鸠摩罗什生平史实为情节线索，却将这位高僧的宗教信念与性欲念之间的冲突拿到显微镜下，加以文学化叙述，呈现其性欲受煎熬的过程，还原其作为有七情六欲的人本来面目。

小说中的鸠摩罗什一直活在两副无法统一的躯体中：一个是剃度的、努力让自己修成正果的僧人，一个是享受着有妻子和家庭生活的凡人。自从破戒娶龟兹国国王之女为妻后，他这样劝慰自己："为希望着成正果而禁欲，而苦修的僧人不是有大智慧的释子，这个是与为要做官而读书，为要受报应而行善的人同样的

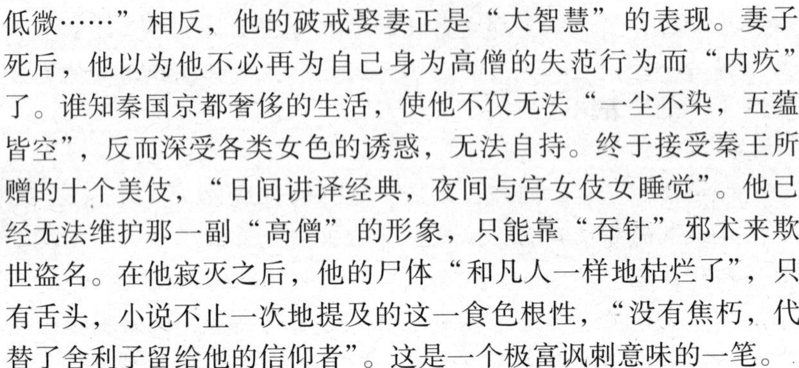

低微……”相反，他的破戒娶妻正是“大智慧”的表现。妻子死后，他以为他不必再为自己身为高僧的失范行为而“内疚”了。谁知秦国京都奢侈的生活，使他不仅无法“一尘不染，五蕴皆空”，反而深受各类女色的诱惑，无法自持。终于接受秦王所赠的十个美伎，“日间讲译经典，夜间与宫女伎女睡觉”。他已经无法维护那一副“高僧”的形象，只能靠“吞针”邪术来欺世盗名。在他寂灭之后，他的尸体“和凡人一样地枯烂了”，只有舌头，小说不止一次地提及的这一食色根性，“没有焦朽，代替了舍利子留给他的信仰者”。这是一个极富讽刺意味的一笔。

“着魔”是施蜇存对人物陷入性欲迷障的一种比喻，“魔”既是人物心中的根性，又是外在于人物的一种蛊惑，一种不可知、不可把握的外部力量。在这一抵制内外诱惑的苦苦挣扎的过程中，他的人物身心俱裂。施蛰存笔下的这类人物多为男性，尤其是有身份约束的男人，如高僧、将军等。他突出力比多情欲对男性的困扰，而女性则成了驱动这种情欲的外部诱因——“魔”的所在。

施蛰存的多数小说，并非狭义的都市小说。对于他的小说而言，人物生活在都市或乡村环境中并不重要，重要的是他们有着大致相似的人欲本性。对这种本性做深层挖掘，形成施蛰存小说的基本特征。与刘呐鸥、穆时英在都市环境中如鱼得水的状况不一样，施蛰存来自上海近郊的松江，面对上海大都市，他总有边缘人的感觉。加上他有深厚的古典文学功底，喜欢民间故事。在小说创作上，有一度，他喜欢做历史故事的重写，用精神分析、心理分析和潜意识分析的方法重新解读、重写一些家喻户晓的历史人物及其故事，如《石秀》、《将军底头》和《鸠摩罗什》等。老故事，老人物，新眼光，新方法——重写使施蛰存的小说别具意味，另见洞天，显示了文学叙事独特的魅力。

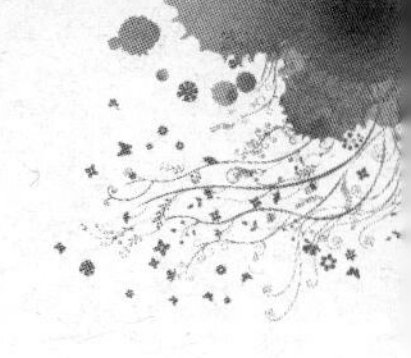



# 林徽因简介

林徽因（1904—1955），原名林徽音，出生于杭州，祖籍福建闽侯。父亲林长民为民国元老，民国元年代表福建省参加南京临时参议院，被推为秘书长，民国六年任北洋政府司法总长。林徽因1916年入北京培华女子中学，1920年随父林长民赴欧洲游历，同年入伦敦圣玛利女校学习。1921年回国后复入培华女中读书。1923年参加新月社活动，1924年印度诗人泰戈尔访华，与徐志摩陪同其左右，被戏称为“金童玉女”。同年6月与梁思成相伴赴美留学。9月入读宾夕法尼亚大学，因该校建筑系不招女生，改入美术学院。1927年毕业后入耶鲁大学戏剧学院学习舞台设计。1931年开始从事文学创作，其诗作散见于《晨报副刊》、《新月》月刊和新月书店创办的《诗刊》、天津《大公报·文艺》等，主要有《谁爱这不息的变幻》、《仍然》、《那一晚》、《激昂》、《笑》、《深夜里听到乐声》、《情愿》等诗作和小说《窘》。1934年在《学文》月刊发表小说《九十九度中》、诗《你是人间四月天》，这两篇作品成为她的代表作。新中国成立后被聘为清华大学建筑系一级教授。1955年病逝于北京。

# 九十九度中

林徽因

三个人肩上各挑着黄色，有“美丰楼”字号大圆篓的，用着六个满是泥泞凝结的布鞋，走完一条被太阳晒得滚烫的马路之

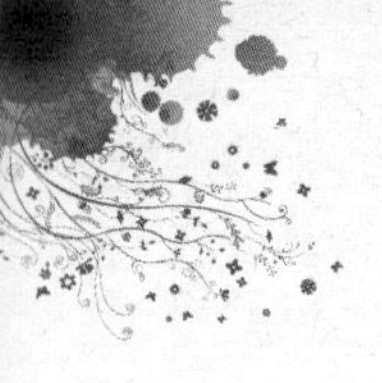



后，转弯进了一个胡同里去。

“劳驾，借光——三十四号甲在哪一头?”在酸梅汤的摊子前面，让过一辆正在飞奔的家车——钢丝轮子亮得晃眼的——又向蹲在墙角影子底下的老头儿，问清了张宅方向后，这三个流汗的挑夫便又努力地往前走。那六只泥泞布履的脚，无条件地，继续着他们机械式的展动。

在那轻快的一瞥中，坐在洋车上的卢二爷看到黄篓上饭庄的字号，完全明白里面装的是丰盛的筵席，自然地，他估计到他自己午饭的问题。家里饭乏味，菜蔬缺乏个性，太太的脸难看，你简直就不能对她提到那厨子问题。这几天天太热，太热，并且今天已经二十二，什么事她都能够牵扯到薪水问题上，孩子们再一吵，谁能够在家里吃中饭!

“美丰楼饭庄”黄篓上黑字写得很笨大，方才第三个挑夫挑得特别吃劲，摇摇摆摆地使那黄篓左右的晃……

美丰楼的菜不能算坏，义永居的汤面实在也不错……于是义永居的汤面？还是市场万花斋的点心？东城或西城？找谁同去聊天？逸九新从南边来的住在哪里？或许老孟知道，何不到和记理发馆借个电话？卢二爷估计着，犹豫着，随着洋车的起落。他又好像已经决定了在和记借电话，听到伙计们的招呼，“……二爷您好早？……用电话，这边您哪！……”

伸出手臂，他睨一眼金表上所指示的时间，细小的两针分停在两个钟点上，但是分明的都在挣扎着到达十二点上边。在这时间中，车夫感觉到主人在车上翻动不安，便更抓稳了车把，弯下一点背，勇猛地狂跑。二爷心里仍然疑问着面或点心；东城或西城；车已赶过前面的几辆。一个女人骑着自行车，由他左侧冲过去，快镜似的一瞥鲜艳的颜色，脚与腿，腰与背，侧脸、眼和头发，全映进老卢的眼里，那又是谁说过的……老卢就是爱看女人！女人谁又不爱？难道你在街上真闭上眼不瞧那过路的漂亮的！

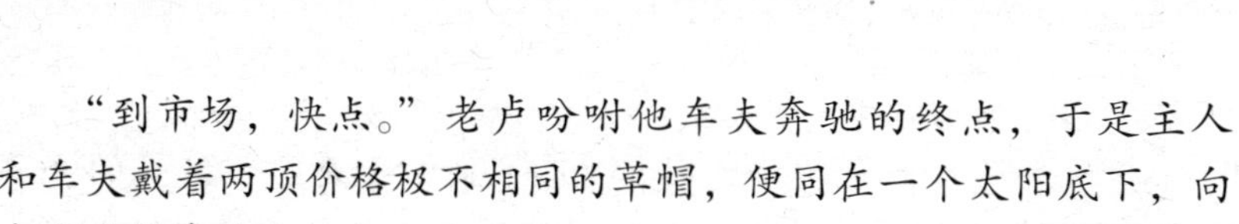

“到市场，快点。”老卢吩咐他车夫奔驰的终点，于是主人和车夫戴着两顶价格极不相同的草帽，便同在一个太阳底下，向东安市场奔去。

很多好看的碟子和鲜果点心，全都在大厨房院里，从黄色层篓中检点出来。立着监视的有饭庄的“二掌柜”和张宅的“大师傅”；两人都因为胖的缘故，手里都有把大蒲扇。大师傅举着扇，扑一下进来凑热闹的大黄狗。

“这东西最讨嫌不过！”这句话大师傅一半拿来骂狗，一半也是来权作和掌柜的寒暄。

“可不是？他×的，这东西最可恶。”二掌柜好脾气地用粗话也骂起狗。

狗无聊地转过头到垃圾堆边闻嗅隔夜的肉骨。

奶妈抱着孙少爷进来，七少奶每月用六元现洋雇她，抱孙少爷到厨房，门房，大门口，街上一些地方喂奶连游玩的。今天的厨房又是这样的不同；饭庄的“头把刀”带着几个伙计在灶边手忙脚乱地炒菜切肉丝，奶妈觉得孙少爷是更不能不来看：果然看到了生人，看到狗，看到厨房桌上全是好看的干果，鲜果，糕饼，点心，孙少爷格外高兴，在奶妈怀里跳，手指着要吃。奶妈随手赶开了几只苍蝇，拣一块山楂糕放到孩子口里，一面和伙计们打招呼。

忽然看到陈升走到院子里找赵奶奶，奶妈对他挤了挤眼，含笑地问：“什么事值得这么忙？”同时她打开衣襟露出前胸喂孩子奶吃。

“外边挑担子的要酒钱。”陈升没有平时的温和，或许是太忙了的缘故。老太太这次做寿，比上个月四少奶小孙少爷的满月酒的确忙多了。

此刻那三个粗蠢的挑夫蹲在外院槐树荫下，用黯黑的毛巾擦他们的脑袋，等候着他们这满身淋汗的代价。一个探首到里院偷偷看院内华丽的景象。

里院和厨房所呈的纷乱固然完全不同，但是它们纷乱的主要原因则是同样的，为着六十九年前的今天。六十九年前的今天，江南一个富家里又添了一个绸缎金银裹托着的小生命。经过六十九个像今年这样流汗天气的夏天，又产生过另十一个同样需要绸缎金银的生命以后，那个生命乃被称为长寿而又有福气的妇人。这个妇人，今早由两个老妈扶着，坐在床前，拢一下斑白稀疏的鬓发，对着半碗火腿稀饭摇头：

“赵妈，我哪里吃得下这许多？你把锅里的拿去给七少奶的云乖乖吃罢……”

七十年的穿插，已经卷在历史的章页里，在今天的院里能呈露出多少，谁也不敢说，事实是今天，将有很多打扮得极体面的男女来庆祝，庆祝能够维持这样长久寿命的女人，并且为这一庆祝，饭庄里已将许多生物的寿命裁削了，拿它们的肌肉来补充这庆祝者的肠胃。

前两天这院子就为了这事改变了模样，簇新的喜棚支出瓦檐丈余尺高。两旁红喜字玻璃方窗，由胡同的东头，和顺车厂的院里是可以看得很清楚的。前晚上六点左右，小三和环子，两个洋车夫的儿子，倒土筐的时候看到了，就告诉他们嬷：“张家喜棚都搭好了，是哪一个孙少爷娶新娘子?”他们嬷为这事，还拿了鞋样到陈大嫂家说个话儿。正看到她在包饺子，笑嘻嘻地得意得很，说老太太做整寿，——多好福气——她当家的跟了张老太爷多少年。昨天张家三少奶还叫她进去，说到日子要她去帮个忙儿。

喜棚底下圆桌面就有七八张，方凳更是成叠地堆在一边；几个夫役持着鸡毛帚，忙了半早上才排好五桌。小孩子又多，什么孙少爷，侄孙少爷，姑太太们带来的那几位都够淘气的。李贵这边排好几张，那边小爷们又扯走了排火车玩。天热得厉害，苍蝇是免不了多，点心干果都不敢先往桌子上摆。冰化得也快，篓子

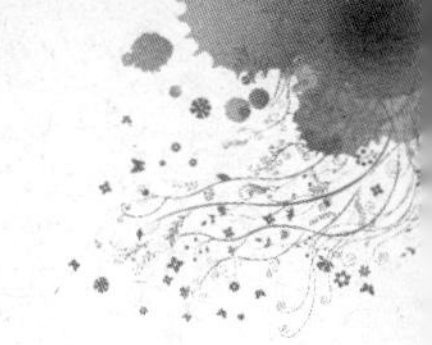

底下冰水化了满地！汽水瓶子挤满了厢房的廊上，五少奶看见了只嚷不行，全要冰起来。

全要冰起来！真是的，今天的食品全摆起来够像个菜市，四个冰箱也腾不出一点空隙。这新买来的冰又放在哪里好？李贵手里捧着两个绿瓦盆，私下里咕噜着为这筵席所发生的难题。

赵妈走到外院传话，听到陈升很不高兴地在问三个挑夫要多少酒钱。

“瞅着给罢。”一个说。

“怪热天多赏点吧。”又一个抿了抿干燥的口唇，想到方才胡同口的酸梅汤摊子，嘴里觉着渴。

就是这嘴里渴得难受，杨三把卢二爷拉到东安市场西门口，心想方才在那个“喜什么堂”门首，明明看到王康坐在洋车脚蹬上睡午觉。王康上月底欠了杨三十四吊钱，到现在仍不肯还；只顾着躲他。今天债主遇到赊债的赌鬼，心头起了各种的计算——杨三到饿的时候，脾气常常要比平时坏一点。天本来就太热，太阳简直是冒火，谁又受得了！方才二爷坐在车上，尽管用劲踩铃，金鱼胡同走道的学生们又多，你撞我闯的，挤得真可以的。杨三擦了汗一手抓住车把，拉了空车转回头去找王康要账。

“要不着八吊要六吊，再要不着，要他×的几个混蛋嘴巴！”杨三脖干儿上太阳烫得像火烧。“四吊多钱我买点羊肉，吃一顿好的。葱花烙饼也不坏——谁又说大热天不能喝酒？喝点又怕什么——睡得更香。卢二爷到市场吃饭，进去少不了好几个钟头……”

喜燕堂门口挂着彩，几个乐队里人穿着红色制服，坐在门口喝茶——他们把大铜鼓撂在一旁，铜喇叭夹在两膝中间。杨三知道这又是哪一家办喜事。反正一礼拜短不了有两天好日子，就在这喜燕堂，哪一个礼拜没有一辆花马车，里面搀出花溜溜的新娘？今天的花车还停在一旁……

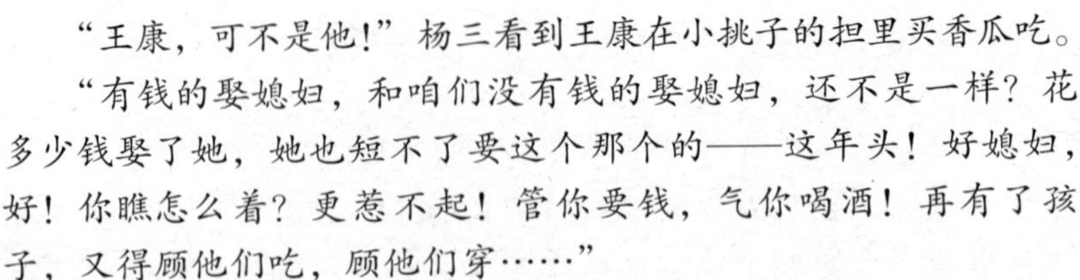

“王康，可不是他！”杨三看到王康在小挑子的担里买香瓜吃。

“有钱的娶媳妇，和咱们没有钱的娶媳妇，还不是一样？花多少钱娶了她，她也短不了要这个那个的——这年头！好媳妇，好！你瞧怎么着？更惹不起！管你要钱，气你喝酒！再有了孩子，又得顾他们吃，顾他们穿……”

王康说话就是要“逗个乐儿”，人家不敢说的话他敢说：一群车夫听到他的话，各各高兴地凑点尾声。李荣手里捧着大饼，用着他最现成的粗话引着那几个年轻的笑。李荣从前是拉过家车的——可惜东家回南，把事情就搁下来了——他认得字，会看报，他会用新名词来发议论：“文明结婚可不同了，这年头是最讲‘自由’‘平等’的了。”底下再引用了小报上捡来离婚的新闻打哈哈。

杨三没有娶过媳妇，他想娶，可是“老家儿”早过去了，没有给他定下亲，外面瞎姘的他没敢要。前两天，棚铺的掌柜娘要同他做媒；提起了一个姑娘说是什么都不错，这几天不知道怎么又没有讯儿了。今天洋车夫们说笑的话，杨三听了感着不痛快。看看王康的脸在太阳里笑得皱成一团，更使他气起来。

王康仍然笑着说话，没有看到杨三，手里咬剩的半个香瓜里面，黄黄的一把瓜子像不整齐的牙齿向着上面。

“老康！这些日子都到哪里去了？我这儿还等着钱吃饭呢！”杨三乘着一股劲发作。

听到声，王康怔了向后看，“呵，这打哪儿说得呢？”他开始赖账了，“你要吃饭，你打你×的自己腰包里掏！要不然，你出个份子，进去那里边，”他手指着喜燕堂，“吃个现成的席去。”王康的嘴说得滑了，禁不住这样嘲笑着杨三。

周围的人也都跟着笑起来。

本来准备着对付赖账的巴掌，立刻打到王康的老脸上了。必须地扭打，由蓝布幕的小摊边开始，一直扩张到停洋车的地方。

来往汽车的喇叭，像被打的狗，呜呜叫号。好几辆正在街心奔驰的洋车都停住了，流汗车夫连喊着“靠里！”，“瞧车！”脾气暴的人顺口就是：“他×的，这大热天，单挑这么个地方！！”

巡警离开了岗位；小孩子们围上来；喝茶的军乐队人员全站起来看；女人们吓得只喊，“了不得，前面出事了罢！”

杨三提高嗓子直嚷着问王康：“十四吊钱，是你——是你拿走了不是了？——”

呼喊的声浪由扭打的两人出发，膨胀，膨胀到周围各种人的口里：“你听我说……”

“把他们拉开……”

“这样挡着路……瞧腿要紧。”

嘈杂声中还有人叉着手远远地喊，“打得好呀，好拳头！”

喜燕堂正厅里挂着金喜字红幛，几对喜联，新娘正在服从号令，连连地深深地鞠躬。外边的喧吵使周围客人的头同时向外面转，似乎打听外面喧吵的原故。新娘本来就是一阵阵地心跳，此刻更加失掉了均衡；一下子撞上，一下子沉下，手里抱着的鲜花随着只是打颤。雷响深入她耳朵里，心房里……

“新郎新娘——三鞠躬——……三鞠躬。”阿淑在迷惘里弯腰伸直，伸直弯腰。昨晚上她哭，她妈也哭，将一串经验上得来的教训，拿出来赠给她——什么对老人要忍耐点，对小的要和气，什么事都要让着点——好像生活就是靠容忍和让步支持着！

她焦心的不是在公婆妯娌间的委曲求全。这几年对婚姻问题谁都讨论得热闹，她就不懂那些讨论的道理遇到实际时怎么就不发生关系。她这结婚的实际，并没有因为她多留心报纸上，新文学上，所讨论的婚姻问题，家庭问题，恋爱问题，而减少了问题。

“二十五岁了……”有人问到阿淑的岁数时，她妈总是发愁似的轻轻地回答那问她的人，底下说不清是叹息是啰嗦。

在这旧式家庭里，阿淑算是已经超出应该结婚的年龄很多了，她知道，父母那急着要她出嫁的神情使她太难堪！他们天天在替她选择合适的人家——其实哪里是选择！反对她尽管反对，那只是消极的无奈何的抵抗，她自己明知道是绝对没有机会选择，乃至于接触比较合适，理想的人物！她挣扎了三年，三年的时间不算短，在她父亲看去那更是不可信的长久……

“余家又托人来提了，你和阿淑商量商量吧，我这身体眼见得更糟，这潮湿天……”父亲的话常常说得很响，故意要她听得见，有时在饭桌上脾气或许更坏一点。“这六十块钱，养活这一大家子！养儿养女都不够，还要捐什么钱？干脆饿死！”有时更直接、更难堪：“这又是谁的新褂子？阿淑，你别学时髦穿了到处走，那是找不着婆婆家的——外面瞎认识什么朋友我可不答应，我们不是那种人家！”……懦弱的母亲低着头装作缝衣：“妈劝你将就点……爹身体近来不好，……女儿不能在娘家一辈子的……这家子不算坏；差事不错，前妻没有孩子不能算填房……”

理论和实际似乎永不发生关系；理论说婚姻得怎样又怎样，今天阿淑都记不得那许多了。实际呢，只要她点一次头，让一个陌生的，异姓的，异性的人坐在她家里，乃至于她旁边，吃一顿饭的手续，父亲和母亲这两三年——兴许已是五六年来的——难题便突然地在他们是觉得极文明的解决了。

对于阿淑这订婚的疑惧，常使她父亲像小孩子似的自己安慰自己：阿淑这门亲事真是运气呀，说时总希望阿淑听见这话。不知怎样，阿淑听到这话总很可怜父亲，想装出高兴样子来安慰他。母亲更可怜；自从阿淑订婚以来总似乎对她抱歉，常常哑着嗓子说：“看我做母亲的这份心上面。”

看做母亲的那份心上面！那天她初次见到那陌生的，异姓的异性的人，那个庸俗的典型触碎她那一点脆弱的爱美的希望，她怔住了，能去寻死，为婚姻失望而自杀么？可以大胆告诉父亲，这婚约是不可能的么？能逃脱这家庭的苛刑（在爱的招牌下的）

去冒险，去漂落么？

她没有勇气说什么，她哭了一会儿，妈也流了眼泪，后来妈说：阿淑你这几天瘦了，别哭了，做娘的也只是一份心。……现在一鞠躬，一鞠躬地和幸福作别，事情已经太晚得没有办法了。

吵闹的声浪愈加明显了一阵，伴娘为新娘戴上戒指，又由赞礼的喊了一些命令。

迷离中阿淑开始幻想那外面吵闹的原因：洋车夫打电车吧，汽车轧伤了人吧，学生又请愿，当局派军警弹压吧……但是阿淑想怎么我还如是焦急，现在我该像死人一样了，生活的波澜该沾不上我了，像已经临刑的人。但临刑也好，被迫结婚也好，在电影里到了这种无可奈何的时候总有一个意料不到快慰人心的解脱，不合法，特赦，恋人骑着马星夜奔波地赶到……但谁是她的恋人？除却九哥！学政治法律，讲究新思想的九哥，得着他表妹阿淑结婚的消息不知怎样？他恨由父母把持的婚姻……但谁知道他关心么？他们多少年不来往了，虽然在山东住的时候，他们曾经邻居，两小无猜地整天在一起玩。幻想是不中用的，九哥先就不在北平，两年前他回来过一次，她记得自己遇到九哥扶着一位漂亮的女同学在书店前边，她躲过了九哥的视线，惭愧自己一身不入时的装束，她不愿和九哥的女友做个太难堪的比较。

感到手酸，心酸，浑身打颤，阿淑由一堆人拥簇着退到里面房间休息。女客们在新娘前后彼此寒暄招呼，彼此注意大家的装扮。有几个很不客气在批评新娘子，显然认为不满意。“新娘太单薄点!”一个摺着十几层下颏的胖女人，摇着扇和旁边的六姨说话。阿淑觉到她自己真可以立刻碰得粉碎；这位胖太太像一座石臼，六姨则像一根铁杵横在前面，阿淑两手发抖拉紧了一块丝巾，听老妈在她头上不住地搬弄那几朵绒花。

随着花露水香味进屋子来的，是锡娇和丽丽，六姨的两个女儿，她们的装扮已经招了许多羡慕的眼光。有电影明星细眉的锡

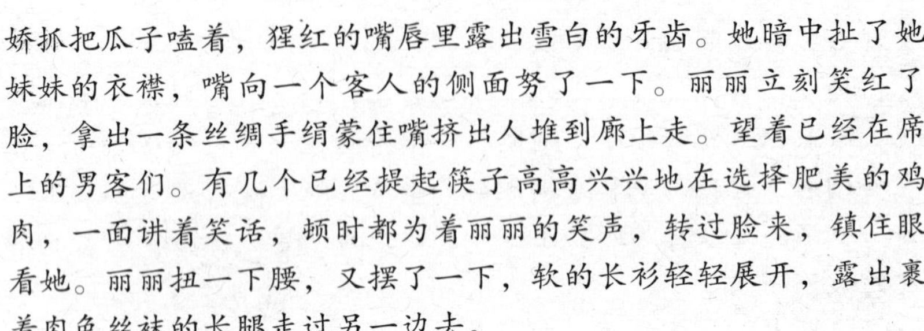
娇抓把瓜子嗑着，猩红的嘴唇里露出雪白的牙齿。她暗中扯了她妹妹的衣襟，嘴向一个客人的侧面努了一下。丽丽立刻笑红了脸，拿出一条丝绸手绢蒙住嘴挤出人堆到廊上走。望着已经在席上的男客们。有几个已经提起筷子高高兴兴地在选择肥美的鸡肉，一面讲着笑话，顿时都为着丽丽的笑声，转过脸来，镇住眼看她。丽丽扭一下腰，又摆了一下，软的长衫轻轻展开，露出裹着肉色丝袜的长腿走过另一边去。

年轻的茶房穿着蓝布大褂，肩搭一块桌布，由厨房里出来，两只手拿四碟冷荤，几乎撞住丽丽。闻到花露香味，茶房忘却顾忌地斜过眼看。昨晚他上菜的时候，那唱戏的云娟坐在首席曾对着他笑，两只水钻耳坠，打秋千似的左右晃。他最忘不了云娟旁座的张四爷，抓住她如玉的手臂劝干杯的情形。笑眯眯的带醉的眼，云娟明明是向着正端着大碗三鲜汤的他笑。他记得放平了大碗，心还怦怦地跳。直到晚上他睡不着，躺在院里板凳上乘凉，随口唱几声“孤王……酒醉……”才算松动了些。今天又是这么一个笑嘻嘻的小姐，穿着这一身软，茶房垂下头去拿酒壶，心底似乎恨谁似的一股气。

“逸九，你喝一杯什么？”老卢做东这样问。

“我来一杯香桃冰淇凌吧。”

“你去拣几块好点心，老孟。”主人又招呼那一个客。午饭问题算是如此解决了。为着天热，又为着起得太晚，老卢看到点心铺前面挂的“卫生冰淇凌，咖啡，牛乳，各样点心”这种动人的招牌，便决意里面去消磨时光。约到逸九和老孟来聊天，老卢显然很满意了。

三个人之中，逸九最年少，最摩登。在中学时代就是一口英文，屋子里挂着不是“梨娜”就是“琴妮”的相片，从电影杂志里细心剪下来的，圆一张，方一张，满壁动人的娇憨——他到

上海去了两年，跳舞更是出色了，老卢端详着自己的脚，打算找逸九带他到舞场拜老师去。

“哪个电影好，今天下午?”老孟抓一张报纸看。

邻座上两个情人模样男女，对面坐着呆看。男人有很温和的脸，抽着烟没有说话；女人的侧相则颇有动人的轮廓，睫毛长长的活动着，脸上时时浮微笑。她的青纱长衫罩着丰润的肩臂，带着神秘性的淡雅。两人无声地吃着冰淇凌，似乎对于一切完全的满足。

老卢、老孟谈着时局，老卢既是机关人员，时常免不了说“我又有个特别的消息，这样看来里面还有原因”，于是一层一层地做更详细原因的检讨，深深地浸入政治波澜里面。

逸九看着女人的睫毛，和浮起的笑涡，想到好几年前同在假山后捉迷藏的琼两条发辫，一个垂前，一个垂后地跳跃。琼已经死了这六七年，谁也没有再提起过她。今天这青长衫的女人，单单叫他心底涌起琼的影子。不可思议的，淡淡的，记忆描着活泼的琼。在极旧式的家庭里淘气，二舅舅提根旱烟管，厉声地出来停止她各种的嬉戏。但是琼只是敛住声音低低地笑。雨下大了，院中满是水，又是琼胆子大，把裤腿卷过膝盖，赤着脚，到水里装摸鱼。不小心她滑倒了，还是逸九去把她抱回来。和琼差不多大小的还有阿淑，住在对门，他们时常在一起玩，逸九忽然记起瘦小，不爱说话的阿淑来。

“听说阿淑快要结婚了，嬷嘱咐到表姨家问候，不知道阿淑要嫁给谁!”他似乎怕到表姨家。这几年的生疏叫他为难，前年他们遇见一次，装束不入时的阿淑倒有种特有的美，一种灵性……奇怪今天这青长衫女人为什么叫他想起这许多……

“逸九，你有相当的聪明，手腕，你又能巴结女人，你也应该来试试，我介绍你见老王。”

倦了的逸九忽然感到苦闷。

老卢手弹着桌边表示不高兴："老孟你少说话，逸九这位大少爷说不定他倒愿意去演电影呢！"种种都有一点落伍的老卢嘲笑着翩翩年少的朋友出气。

青纱长衫的女人和她朋友吃完了，站了起来。男的手托着女人的臂腕，无声地绕过他们三人的茶桌前面，走出门去。老卢逸九注意到女人有秀美的腿，稳健的步履。两人的融洽，在不言不语中流露出来。

"他们是甜心！"

"愿有情人都成眷属。"

"这女人算好看不？"

三个人同时说出口来，各各有所感触。

午后的热，由窗口外嘘进来，三个朋友吃下许多清凉的东西，更不知做什么好。

"电影院去，咱们去研究一回什么'人生问题''社会问题'吧？"逸九望着桌上的空杯，催促着卢、孟两个走。心里仍然浮着琼的影子。活泼、美丽、健硕，全幻灭在死的幕后，时间一样的向前，计量着死的实在。像今天这样，偶尔地回忆就算是证实琼有过活泼生命的唯一的证据。

东安市场门口洋车像放大的蚂蚁一串，头尾衔接着放在街沿。杨三已不在他寻常停车的地方。

"区里去，好，区里去！咱们到区里说个理去！"就是这样，王康和杨三到底结束了殴打，被两个巡警弹压下来。

刘太太打着油纸伞，端正地坐在洋车上，想金裁缝太不小心了，今天这件绸衫下摆仍然不合适，领也太小，紧得透不了气，想不到今天这样热，早知道还不如穿纱的去。裁缝赶做的活总要出点毛病。实甫现在脾气更坏一点，老嫌女人们麻烦。每次有个应酬你总要听他说一顿的。今天张老太太做整寿，又不比得寻常的场面可以随便……

对面来了浅蓝色衣服的年轻小姐，极时髦的装束使刘太太睁大了眼注意了。

“刘太太哪里去？”蓝衣小姐笑了笑，远远招呼她一声过去了。

“人家的衣服怎么如此合适！”刘太太不耐烦地举着花纸伞。

“呜呜——呜呜……”汽车的喇叭响得震耳。

“打住。”洋车夫紧抓车把，缩住车身前冲的趋势。汽车过去后，由刘太太车旁走出一个巡警，带着两个粗人：一根白绳由一个的臂膀系到另一个的臂上。巡警执着绳端，板着脸走着。一个粗人显然是车夫；手里仍然拉着空车，嘴里咕噜着。很讲究的车身，各件白铜都擦得放亮，后面铜牌上还镌着“卢”字。这又是谁家的车夫，闹出事让巡警拉走。刘太太恨恨地一想车夫们爱肇事的可恶，反正他们到区里去少不了东家设法把他们保出来的……

“靠里！……靠里！”威风的刘家车夫是不耐烦挤在别人车后的——老爷是局长，太太此刻出去阔绰的应酬，洋车又是新打的，两盏灯发出银光……哗啦一下，靠手板在另一个车边擦一下，车已猛冲到前头走了。刘太太的花油纸伞在日光中摇摇荡荡地迎着风，顺着街心溜向北去。

胡同口酸梅汤摊边刚走开了三个挑夫。酸凉的一杯水，短时间地给他们愉快，六只泥泞的脚仍然踏着滚烫的马路行去。卖酸梅汤的老头儿手里正数着几十枚铜元，一把小鸡毛帚夹在腋下。他翻上两颗黯淡的眼珠，看看过去的花纸伞，知道这是到张家去的客人。他想今天为着张家做寿，客人多，他们的车夫少不得来摊上喝点凉的解渴。

“两吊……三吊！……”他动着他的手指，把一叠铜元收入摊边美人牌香烟的纸盒中。不知道今天这冰够不够使用的，他翻开几重荷叶，和一块灰黑色的破布，仍然用着他黯淡的眼珠向磁缸里的冰块端详了一会儿。“天不热，喝的人少，天热了，冰又化的太快！”事情哪一件不有为难的地方，他叹口气再翻眼看看过去的汽车。汽车轧起一阵尘土，笼罩着老人和他的摊子。

寒暑表中的水银从早起上升，一直过了九十五度的黑线上。喜棚底下比较荫凉的一片地面上曾聚过各种各色的人物。丁大夫也是其间一个。

丁大夫是张老太太内侄孙，德国学医刚回来不久，麻利，漂亮，现在社会上已经有了声望，和他同席的都借着他是医生的缘故，拿北平市卫生问题做谈料，什么虎疫，伤寒，预防针，微菌，全在吞咽八宝东瓜，瓦块鱼，锅贴鸡，炒虾仁中间讨论过。

“贵医院有预防针，是好极了。我们过几天要来麻烦请教了。”说话的以为如果微菌听到他有打预防针的决心也皆气馁了。

“欢迎，欢迎。”

厨房送上一碗凉菜。丁大夫踌躇之后决意放弃吃这碗菜的权利。

小孩们都抢了盘子边上放的小冰块，含到嘴里嚼着玩，其他客喜欢这凉菜的也就不少。天实在热！

张家几位少奶奶装扮得非常得体，头上都戴朵红花，表示对旧礼教习尚仍然相当遵守的。在院子中盘旋着做主人，各人心里都明白自己今天的体面。好几个星期前就顾虑到的今天，她们所理想到的今天各种成功，已然顺序的，在眼前实现。虽然为着这重要的今天，各人都轮流着觉得受过委屈；生过气；用过心思和手腕；将就过许多不如意的细节。

老太太颤巍巍地喘息着，继续维持着她的寿命。杂乱模糊的回忆在脑子里浮沉。兰兰七岁的那年……送阿旭到上海医病的那年真热……生四宝的时候在湖南，于是生育，病痛，兵乱，行

旅，婚娶，没秩序，没规则地纷纷在她记忆下掀动。

“我给老太太拜寿，您给回一声吧。”

这又是谁的声音？这样大！老太太睁开打瞌睡的眼，看一个浓装的妇人对她鞠躬问好。刘太太——谁又是刘太太，真是的！今天客人太多了，好吃劲。老太太扶着赵妈站起来还礼。

“别客气了，外边坐吧。”二少奶伴着客人出去。

谁又是这刘太太……谁？……老太太模模糊糊地又做了一些猜想，望着门槛又堕入各种的回忆里去。

坐在门槛上的小丫头寿儿，看着院里石榴花出神。她巴不得酒席可以快点开完，底下人们可以吃中饭，她肚子里实在饿得慌。一早眼睛所接触的，大部分几乎全是可口的食品，但是她仍然是饿着肚子，坐在老太太门槛上等候呼唤。她极想再到前院去看看热闹，但为想到上次被打的情形，只得竭力忍耐。在饥饿中，有一桩事她仍然没有忘掉她的高兴。因为老太太的整寿大少奶给她一副银镯。虽然为着捶背而酸乏的手臂懒得转动，她仍不时得意地举起手来，晃摇着她的新镯子。

午后的太阳斜到东廊上，后院子暂时沉睡在静寂中。幼兰在书房里和羽哭着闹脾气：

“你们都欺侮我，上次赛球我就没有去看。为什么要去？反正人家也不欢迎我，……慧石不肯说，可是我知道你和阿玲在一起玩得上劲。”抽噎的声音微微地由廊上传来。

“等会客人进来了不好看……别哭……你听我说……绝对没有这么回事的。咱们是亲表谁不知道我们亲热，你是我的兰，永远，永远的是我的最爱最爱的……你信我……”

“你在哄骗我，我……我永远不会再信你的了……”

“你又来伤我，你心狠……”

声音微下去，也和缓了许多，又过了一些时候。才有轻轻的笑语声。小丫头仍然饿得慌，仍然坐在门槛上没有敢动，她听着

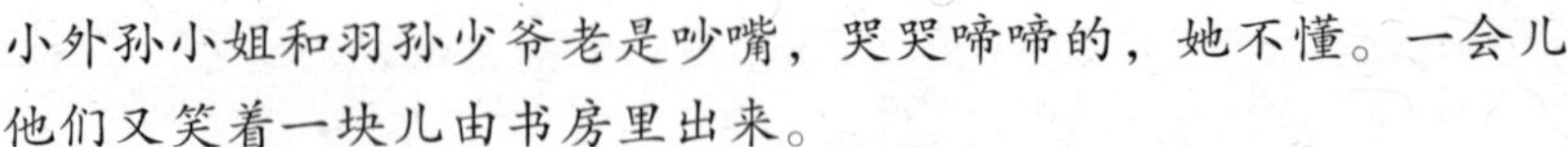

小外孙小姐和羽孙少爷老是吵嘴，哭哭啼啼的，她不懂。一会儿他们又笑着一块儿由书房里出来。

“我到婆婆的里间洗个脸去。寿儿你给我打盆洗脸水去。”

寿儿得着打水的命令，高兴地站起来。什么事也比坐着等老太太睡醒都好一点。

“别忘了晚饭等我一桌吃。”羽说完大步地跑出去。

后院顿时又堕入闷热的静寂里；柳条的影子画上粉墙，太阳的红比得胭脂。墙外天蓝蓝的没有一片云，像戏台上的布景。隐隐地送来小贩子叫卖的声音——卖西瓜的——卖凉席的，一阵一阵。

挑夫提起力气喊他孩子找他媳妇。天快要黑下来，媳妇还坐在门口纳鞋底子；赶着那一点天亮再做完一只。一个月她当家的要穿两双鞋子，有时还不够的，方才当家的回家来说不舒服，睡倒在炕上，这半天也没有醒。她放下鞋底又走到旁边一家小铺里买点生姜，说几句话儿。

断续着呻吟，挑夫开始感到苦痛，不该喝那冰凉东西，早知道这大暑天，还不如喝口热茶！迷惘中他看到茶碗，茶缸，施茶的人家，碗，碟，果子杂乱地绕着大圆篓，他又像看到张家的厨房。不到一刻他肚子里像纠麻绳一般痛，发狂地呕吐使他沉入严重的症候里和死搏斗。

挑夫媳妇失了主意，喊孩子出去到药铺求点药。那边时常夏天是施暑药的……

邻居积渐知道挑夫家里出了事，看过报纸的说许是霍乱，要扎针的。张秃子认得大街东头的西医丁家，他披上小褂子，一边扣钮子，一边跑。丁大夫的门牌挂高高的，新漆大门两扇紧闭着。张秃子找着电铃死命地按，又在门缝里张望了好一会儿，才有人出来开门。什么事？什么事？门房望着张秃子生气，张秃子看着丁宅的门房说：“劳驾——劳驾您大爷，我们‘街坊’李挑子中了暑，托我来行点药。”

“丁大夫和管药房先生‘出份子去了’没有在家，这里也没有旁人，这事谁又懂得?!”门房吞吞吐吐地说，“还是到对门益年堂打听吧。”大门已经差不多关上。

张秃子又跑了，跑到益年堂，听说一个孩子拿了暑药已经走了。张秃子是信教的，他相信外国医院的药，他又跑到那边医院里打听，等了半天，说那里不是施医院，并且也不收传染病的，医生晚上也都回家了，助手没有得上边话不能随便走开的。

“最好快报告区里，找卫生局里人。”管事的告诉他，但是卫生局又在哪里……

到张秃子失望地走回自己院子里的时候，天已经黑了下来，他听见李大嫂的哭声知道事情不行了。院里磁罐子里还放出浓馥的药味。他顿一下脚，“咱们这命苦的……”他已在想如何去捐募点钱，收殓他朋友的尸体。叫孝子挨家去磕头吧！

大黑了下来张宅跨院里更热闹，水月灯底下围着许多孩子，看变戏法的由袍子里捧出一大缸金鱼，一盘子“王母蟠桃”献到老太太面前。孩子们都凑上去验看金鱼的真假。老太太高兴地笑。

大爷熟识捧场过的名伶自动地要送戏，正院前边搭着戏台，当差的忙着拦阻外面杂人往里挤，大爷由上海回来，两年中还是第一次——这次碍着母亲整寿的面，不回来太难为情。这几天行市不稳定，工人们听说很活动，本来就不放心走开，并且厂里的老赵靠不住，大爷最记挂……

看到院里戏台上正开场，又看廊上的灯，听听厢房各处传来的牌声，风扇声，开汽水声，大爷知道一切都圆满地进行，明天事完了，他就可以走了。

“伯伯上哪儿去?”游廊对面走出一个清秀的女孩。他怔住了看，慧石——是他兄弟的女儿，已经长的这么大了？大爷伤感

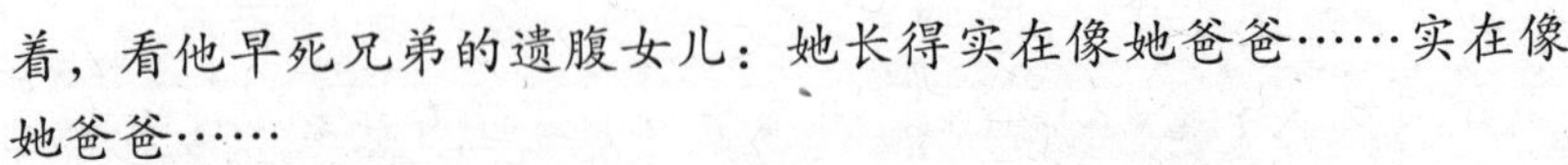


着，看他早死兄弟的遗腹女儿：她长得实在像她爸爸……实在像她爸爸……

“慧石，是你。长得这样俊，伯伯快认不得了。”

慧石只是笑，笑。大伯伯还会说笑话，她觉得太料想不到的事，同时她像被电击一样，触到伯伯眼里蕴住的怜爱，一股心酸抓紧了她的嗓子。

她仍只是笑。

“哪一年毕业？”大伯伯问她。

“明年。”

“毕业了到伯伯那里住。”

“好极了。”

“喜欢上海不？”

她摇摇头：“没有北平好。可是可以找事做，倒不错。”

伯伯走了，容易伤感的慧石急忙回到卧室里，想哭一哭，但眼睛湿了几回，也就不哭了，又在镜子前抹点粉笑了笑；她喜欢伯伯对她那和蔼态度。嬷常常不满伯伯和伯母的，常说些不高兴他们的话，但她自己却总觉得喜欢这伯伯的。

也许是骨肉关系有种不可思议的亲热，也许是因为感激知己的心，慧石知道她更喜欢她这伯伯了。

厢房里电话铃响。

“丁宅呀，找丁大夫说话？等一等。”

丁大夫的手气不坏，刚和了一牌三翻，他得意地站起来接电话：

“知道了，知道了，回头就去叫他派车到张宅来接。什么？要暑药的？发痧中暑？叫他到平济医院去吧。”

“天实在热，今天，中暑的一定不少。”五少奶坐在牌桌上抽烟，等丁大夫打电话回来。“下午两点的时候刚刚九十九度啦！”她睁大了眼表示严重。

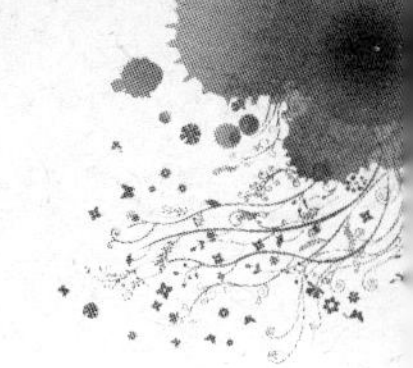

“往年没有这么热，九十九度的天气在北平真可以的了。”一个客人摇了摇檀香扇，急着想做庄。

咯突一声，丁大夫将电话挂上。

报馆到这时候积渐热闹，排字工人流着汗在机器房里忙着。编辑坐到公事桌上面批阅新闻。本市新闻由各区里送到；编辑略略将张宅名伶送戏一节细细看了看，想到方才同太太在市场吃冰淇凌后，遇到街上的打架，又看看那段厮打的新闻，于是很自然地写着“西四牌楼三条胡同卢宅车夫杨三……”新闻里将杨三王康的争斗形容得非常动听，一直到了“扭区成讼”。

再看一些零碎，他不禁注意到挑夫霍乱数小时毙命一节，感到白天去吃冰淇凌是件不聪明的事。

杨三在热臭的拘留所里发愁，想着主人应该得到他出事的消息了，怎么还没有设法来保他出去。王康则在又一间房子里喂臭虫，苟且地睡觉。

“……哪儿呀，我卢宅呀，请王先生说话，……”老卢为着洋车被扣已经打了好几个电话了，在晚饭桌他听着太太的埋怨……那杨三真是太没有样子，准是又喝醉了，三天两回闹事。

“……对啦，找王先生有要紧事，出去饭局了么，回头请他给卢宅来个电话！别忘了！”

这大热晚上难道闷在家里听太太埋怨？杨三又没有回来，还得出去雇车，老卢不耐烦地躺在床上看报，一手抓起一把蒲扇赶开蚊子。

（原载 1934 年 5 月《学文》第一卷第一期）

# 叙事犹如针线穿行：《九十九度中》解读

《九十九度中》写一个华氏99度的大热天，北京某一胡同里形形色色的众生态。小说以某胡同一天24小时，时针不停地移动、气温不停地上升的时空结构为轴，以胡同里40多人的生活起居为面，演绎了一个“朱门酒肉臭，路有冻死骨”的故事。作者不动声色，用原生态呈现的笔法，纵横交错，面面俱到，滴水不漏地讲述她的故事。第三人称全知的客观叙述与人物视角限知的主观叙述、人物的视觉叙述与人物的心理叙述穿插进行，每个人都在自己生活的困阱里挣扎着，或为存活这个最低要求而卖命；或斗富摆阔，肆意挥霍；或自怨自艾，活得悲伤；或闹事斗殴，活得野蛮无奈。这篇小说得到李健吾的高度评价，他说：“在我们好些男子不能控制自己热情奔放的时代，却有这样一位女作家，用最快利的明净的镜头（理智），摄来人生的一个断片，而且缩在这样短小的纸张（篇幅）上。……在我们过去短篇小说的制作中，尽有气质更伟大的，材料更事实的，然而却只有这样一篇，最富有现代性。”

这篇小说结构和叙事视角颇为特别，可追问一下：全篇有多少条故事线索？多线索怎样穿插展开，线索最终是中断了，还是首尾有呼应？这种横断面的多线索展开，能收到怎么样的效果？整篇小说采用谁的视角？是同一个人还是有多个人？

**1. 叙事线索**

大热天，三个挑夫，挑“美丰楼”大篓子一摇一晃往张宅送祝寿点心，“用着六个满是泥泞凝结的布鞋，走完一条被太阳晒得滚烫的马路之后，转弯进了一个胡同里去”（客观描写）——六只泥泞布履不得不向飞奔而来的家车让路。洋车上饥肠辘辘的卢二爷，为美丰楼篓子所吸引，他明白“里面装的是丰盛的筵席”（换上卢的视角，述其心理感受）——家中饭菜的乏味，太太脸色的难看，孩子们的哭闹，薪水的问题……该往哪里去吃？于是主人与车夫，戴着价格不同的草帽，同在一个太阳底下，奔向东安市场——挑夫到达张宅，等待“这满身淋汗的代价”（回到客观描述）——挑夫往张宅里张望、大汗淋漓、喝生水（换上挑夫视角，挑夫眼中张宅）——张宅的华丽，祝寿排场的奢华，院子里各式人物从老太太到孙少爷的欢腾，从管家到奶妈的忙碌，大热天所有的食品都要搁冰，冰水化了满地。大汗淋淋的挑夫还没有得到赏钱。——回到卢二爷车上，卢二爷已进市场吃饭，曝晒下的杨三口渴唇干，心如火燎，何况于此时见到“喜什么堂”门前的王康！（换为黄包车夫杨三的视角）。喜燕堂刺激着没钱娶媳妇的杨三，杨记起王的欠债，于是追债，王抵赖，杨、王满街打架（杨三视角与客观叙述相混合）——杨、王打架吵闹声传到喜燕堂，喜燕堂正在举办婚礼，新娘阿淑，听着街上的吵闹声，看眼前婚宴的繁乱，神情恍惚。（叙述转为阿淑视角及心理展示）父母如何为她的婚事操心，警告她“别学时髦穿了到处走，那是找不着婆婆家的！”她如何挣扎了三年，因对婚姻对象的失望而起过自杀之念。又想起小时的表亲九哥，她一直暗恋讲究新思想的九哥，直到有一天见他“扶着一位漂亮的女同学在书店前边……”——回到现实中来，一个胖女人的话把她震醒：“新娘太单薄点！”六姨两个满身香气的女儿娇憨举止打断阿淑的思绪，众人目光集中到两个姑娘身上——酒楼这边，老卢、老孟、逸九在聊天，有谁一句“听说阿淑快要结婚了”，把话题扯到阿淑身上。摩登浪荡少年逸九，与阿淑已非常生疏，“前年他们遇见一次，装束不入时的阿淑倒有种特有的美，一种灵性……”言谈中有一种浪子回头的意思——杨、王继续打架，被巡警带走。午后屋外水银温度计继续上升，一直过了九十五度的黑线。喝过酸梅汤的三个车夫心满意足地离去，张家的寿宴从中午吃到晚上。宴席上，丁大夫谈笑风生，耽于玩牌，敷衍

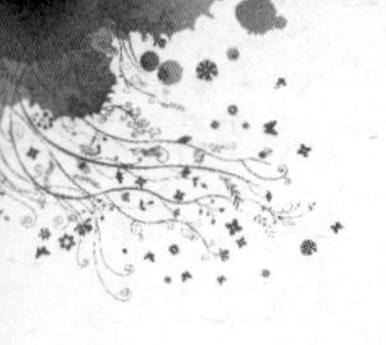



病人告急的几次来电——美丰楼挑夫得霍乱，数小时毙命——报馆报道车夫死亡消息。

十多个情节片段粘连在一起，又散发性地各自展开，单纯而又错综。共在的胡同、一天的时光、99度的高温，规定了这40多个人物大致接近的生态面相，尽管各色人物贫富等级的千差万别，能敷陈出不同的故事，到底共在的时空轴心还是将这些面相黏合在一起，叙述由此获得一个独特而有效的角度。

2. **几点特色**

(1) 坐黄包车上穿梭于胡同街巷的卢二爷是整个故事的见证人、引线者和观看者，又是其中的一个人物——既起叙述的功能性作用，又是小说中的一部分内容。

(2) 叙述侧重于“看”。小说由一个个片断组成，这些断片由各色人物“眼睛”所见的人事景观拼贴、叠合而成。其视觉笔法与新感觉派小说笔法颇接近，但文化感觉不一样。那是一双本土的穿行于北京胡同里的眼睛——挑着美丰楼食品篓子、穿街走巷的挑夫的眼睛，坐在人力车上无所事事捕掠自家街坊喧嚣人事的眼睛，燥热天气下的苦力者仇人相见分外眼红的眼睛，胡同深处大户人家婚宴寿宴席上亲友间闲聊、窥探、游荡交聚的眼睛。那是一篇用“看”缀连起来的小说，那眼睛是一双看胡同大杂院人事风情的眼睛，其本身就是胡同众生的一员。其时，北京的胡同依然是一个大村庄，那里的人际交往方式依然是农业社会密集型、自家兄弟式的方式。小说的意象感觉依然是大村庄式的感觉，采用的依然是风情笔法，这使它与新感觉派的小说，有明显差别。

(3) 小说有意无意地浮现贫富对比、路有冻死骨（挑夫之死）诸批判性题旨，带有某种左翼小说的笔意。但此作仍是一篇典型的京派小说，笔法上努力创新，用共时的空间叙述笔法，用视觉叙述的笔法等。但文化感觉上则仍然是中国乡土风情风俗叙述的笔法。

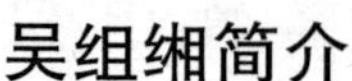

# 吴组缃简介

吴组缃（1908—1994），原名吴祖襄，字仲华，笔名吴组缃。安徽泾县人。1921 年起先后在宣城安徽省立第八中学、芜湖安徽省立第五中学、南京新民中学和上海私立持志大学求学。1923 年在芜湖五中念书时主持编辑学生会创办的文艺周刊《赭山》；同年，小说《不幸的小草》在上海《国民日报》副刊《觉悟》发表。1929 年考入清华大学经济系，一年后转入中文系。1933 年小说《菉竹山房》发表于《清华周刊》。1934 年小说《一千八百担》发表于《文学季刊》，入选鲁迅和茅盾为美国人伊罗生编选短篇小说集《草鞋脚》。同年，小说集《西柳集》由上海生活书店出版。1935 年小说散文集《饭余集》由上海文化生活出版社出版。这些小说以鲜明的写实主义风格享誉文坛。1936 年与欧阳山和张天翼等左翼作家创办《小说家》杂志。1938 年参与发起中华全国文艺界抗敌协会，担任“文协”常务理事。1943 年长篇小说《鸭嘴涝》列为“抗战文艺丛书”，由重庆文艺奖助金管理委员会出版部出版。1942 年任教于中央大学师范学院国文部，1946 年随冯玉祥赴美考察。新中国成立后任清华大学教授、中文系主任。1952 年调任北京大学教授，讲授“中国现代文学作品选”“中国现代文学史”，同时潜心于古典文学尤其是明清小说的研究。1994 年病逝于北京。

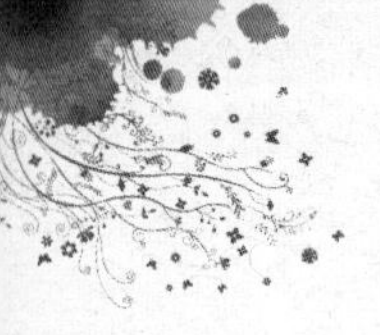



# 菉竹山房

吴组缃

阴历五月初十日和阿圆到家，正是家乡所谓“火梅”① 天气：太阳和淫雨交替迫人，那苦况非身受的不能想象。母亲说，前些日子二姑姑托人传了口信来，问我们到家没有；说“我做姑姑的命不好，连侄儿侄媳也冷淡我。”意思之间，是要我和阿圆到她老人家村上去住些时候。

二姑姑家我只于年小时去过一次，至今十多年了。我连年羁留外乡，过的是电灯电影洋装书籍柏油马路的另一世界的生活。每当想起家乡，就如记忆一个年远的传说一样。我脑中的二姑姑家，到现在更是模糊得如云如烟。那座阴森敞大的三进大屋，那间摊乱着雨蚀虫蛀的古书的学房，以及后园中的池塘竹木，想起来都如依稀的梦境。

二姑姑的故事好似一个旧传奇的仿本。她的红颜时代我自然没有见过，但从后来我所见到的她的风度上看来：修长的身材，清瘦白晰的脸庞，狭长而凄清的眼睛，以及沉默少言笑的阴暗调子，都和她的故事十分相称。

故事在这里不必说得太多。其实，我所知道的也就有限；因为家人长者都讳谈②它。我所知道的一点点，都是日长月远，家人谈话中偶然流露出来，由零碎摭拾起来的。

多年以前，叔祖的学塾③中有个聪明年少的门生，是个三代孤子。因为看见叔祖房里的帏幔，笔套，与一幅大云锦上的刺

① “火梅”天气：我国长江下游，每年四五月间，梅子黄熟，连日阴雨，被称为梅雨季节。因为太阳和淫雨交替迫人，又叫“火梅”天气。

② 讳（huì 会）谈：因为有所忌而不说。

③ 学塾：又称私塾。旧时私人举办的学馆。

绣，绣的都是各种姿态的美丽蝴蝶，心里对这绣蝴蝶的人起了羡慕之情：而这绣蝴蝶的姑娘因为听叔祖常常夸说这人，心里自然也早就有了这人。这故事中的主人以后是乘一个怎样的机缘相见相识，我不知道，长辈们恐怕也少知道。在我所摭拾的零碎资料中，这以后便是这悲惨故事的顶峰：一个三春天气的午间，冷清的后园的太湖石洞中，祖母因看牡丹花，拿住了一对仓皇失措的系裤带的顽皮孩子。

这幕才子佳人的喜剧闹了出来，人人夸说的绣蝴蝶的小姐一时连丫头也要加以鄙夷。放佚风流[①]的叔祖虽从中尽力撮合周旋，但当时究未成功。若干年后，扬子江中八月大潮，风浪陡作，少年赴南京应考，船翻身亡。绣蝴蝶的小姐那时才十九岁，闻耗后，在桂花树下自缢[②]，为园丁所见，救活了，没死。少年家觉得这小姐尚有稍些可风之处[③]，商得了女家同意，大吹大擂接小姐过去迎了灵柩；麻衣红绣鞋，抱着灵牌参拜家堂祖庙，做了新娘。

这故事要不是二姑姑的，并不多么有趣；二姑姑要没这故事，我们这次也就不致急于要去。

母亲自然怂恿我们去。说我们是新结婚，也难得回家一次。二姑姑家孤寂了一辈子，如今如此想念我们，这点子人情是不能不尽的。但是阿圆却有点怕我们家乡的老太太。这些老太太——举个例，就如我的大伯娘，她老人家就最喜欢搂阿圆在膝上喊宝宝，亲她的脸，咬她的肉，摩挲她的臂膊；又要我和她接吻给她老人家看。一得闲空，就托支水烟袋坐到我们房里来，盯着眼看

① 放佚风流：旧时指一种人的风度，有才气而不受礼法拘束，品格清高，举止潇洒。

② 自缢：上吊自杀。

③ 可风之处：可以教化之处。

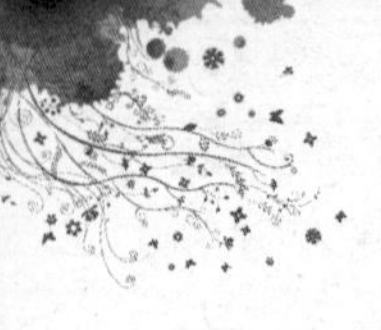



守着我们作迷迷笑脸，满口反复地说些叫人红脸不好意思的夸美的话。这种种罗唣[①]，我倒不大在意；可是阿圆就老被窘得脸红耳赤，不知该往哪里躲。——因此，阿圆不愿去。

我知道弊病之所在，告诉阿圆：二姑姑不是这种善于表现的快乐天真的老太太。而且我会投年轻姑娘之所好，照二姑姑原来的故事又编上了许多的动人的穿插，说得阿圆感动得红了眼睛叹长气。听说二姑姑决不会给她那种罗唣，她的不愿去的心就完全消除；再听了二姑姑的故事，有趣得如从线装书中看下来的一样；又想到借此可以暂时躲避家下的老太太；而且又知道金燕村中风景好，菉竹山房的屋舍阴凉宽畅：于是阿圆不愿去的心，变成急于要去了。

我说金燕村，就是二姑姑的村；菉竹山房就是二姑姑的家宅。沿着荆溪的石堤走，走的七八里地，回环合抱的山峦渐渐拥挤，两岸葱翠古老的槐柳渐密，溪中暗赭色的大石渐多，哗哗的水激石块声越听越近。这段溪，渐不叫荆溪，而是叫响潭。响潭的两岸，槐树柳树榆树更多更老更葱茏，两面缝合，荫罩着乱喷白色水沫的河面，一缕太阳光也晒不下来。沿着响潭两岸的树林中，疏疏落落点缀着二十多座白垩瓦屋。西岸上，紧临着响潭，那座白屋分外大；梅花窗的围墙上面探露着一丛竹子；竹子一半是绿色的，一半已开了花，变成槁色。——这座村子便是金燕村，这座大屋便是二姑姑的家宅菉竹山房。

阿圆是外乡生长的，从前只在中国山水画上见过的景子，一朝忽然身历其境，欣跃之情自然难言。我一时回想起平日见惯的西式房子，柏油马路，烟囱，工厂等等，也觉得是重入梦境，作了许多缥缈之想。

二姑姑多年不见，显见得老迈了。

---

① 罗唣：吵闹，纠缠。此处同“唠叨”。

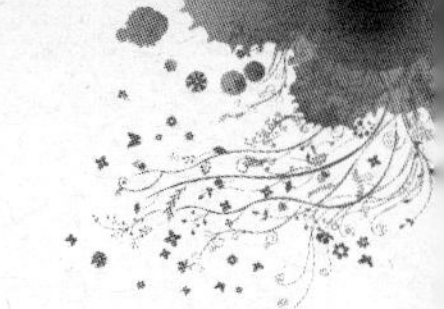

"昨天夜里结了三颗大灯花，今朝喜鹊在屋脊上叫了三四次，我知道要来人。"

那张苍白皱摺的脸没多少表情。说话的语气，走路的步法，和她老人家的脸庞同一调子：阴暗，凄苦，迟钝。她引我们进到内屋里，自己蹒跚颤颤地到房里去张罗果盘，吩咐丫头为我们打脸水。——这丫头叫兰花，本是我家的丫头，三十多岁了。二姑姑陪嫁丫头死去后，祖父便拨了身边的这丫头来服侍姑姑，和姑姑作伴。她陪姑姑住守这所大屋子已二十多年，跟姑姑念诗念经，学姑姑绣蝴蝶，她自己说不要成家的。

二姑姑说没指望我们来得如此快，房子都没打扫。领我们参观全宅，顺便叫我们自己拣一间合意的住。四个人分作三排走，姑姑在前，我俩在次，兰花在最后。阿圆蹈着姑姑的步子走，显见得拘束不自在，不时昂头顾我，作有趣的会意之笑。我们都无话说。

屋子高大，阴森，也是和姑姑的人相谐调的。石阶，地砖，柱础，甚至板壁上，都染涂着一层深深浅浅的暗绿，是苔尘。一种与陈腐的土木之气混合的霉气扑满鼻官。每一进屋的梁上都吊有淡黄色的燕子窝，有的已剥落，只留着痕迹；有的正孵着雏儿，叫得分外响。

我们每走到一进房子，由兰花先上前开锁；因为除姑姑住的一头两间的正屋而外，其余每一间房，每一道门都是上了锁的。看完了正屋，由侧门一条巷子走到花园中。邻着花园有座雅致的房，门额上写着"邀月"两个八分字。百叶窗，古瓶式的门，门上也有明瓦纸的册叶小窗。我爱这地方近花园，较别处明朗清新得多，和姑姑说，我们就住这间房。姑姑叫兰花开了锁，两扇门一推开，就噗噗落下三只东西来：两只是壁虎，一只是蝙蝠。我们都怔了一怔。壁虎是悠悠地爬走了；兰花拾起那只大蝙蝠，轻轻放到墙隅里，呓语着似地念了一套怪话：

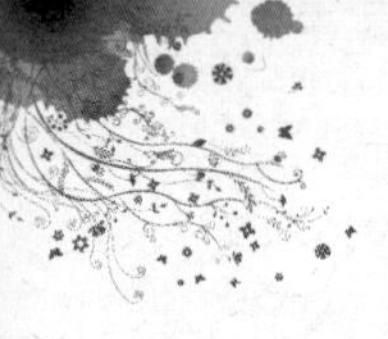



"福公公，你让让房，有贵客要在这里住。"

阿圆惊惶不安的样子，牵一牵我的衣角，意思大约是对着这些情景，不敢在这间屋里住。二姑姑年老还不失其敏感，不知怎样她老人家就窥知了阿圆的心事：

"不要紧。——这些房子，每年你姑爹回家时都打扫一次。停会，叫兰花再好好来收拾。福公公虎爷爷都会让出去的。"

又说：

"这间邀月庐是你姑爹最喜欢的地方；去年你姑爹回来，叫我把它修葺①一下。你看看，里面全是新崭崭的。"

我探身进去张看，兜了一脸蜘蛛网。里面果然是新崭崭的。墙上字画，桌上陈设，都很整齐。只是蒙上一层薄薄的尘灰罢了。

我们看兰花扎了竹叶把，拿了扫帚来打扫。二姑姑自回前进去了。阿圆用一个小孩子的神秘惊奇的表情问我说：

"怎么说姑爹？……"

兰花放下竹叶把，瞪着两只阴沉的眼睛低幽地告诉阿圆说：

"爷爷灵验得很啦！三朝两天来给奶奶托梦。我也常看见的，公子帽，宝蓝衫，常在这园里走。"

阿圆扭着我的袖口，只是向着兰花的两只眼睛瞪看。兰花打扫好屋子，又忙着抱被褥毯子席子为我们安排床铺。里墙边原有一张檀木榻，榻几上面摆着一套围棋子，一盘瓷制的大蟠桃。把棋子蟠桃连同榻几拿去，铺上被席，便是我们的床了。二姑姑蹒跚颤颤地走来，拿着一顶蚊帐给我们看，说这是姑爹用的帐，是玻璃纱制的；问我们怕不怕招凉。我自然愿意要这顶凉快帐子；但是阿圆却望我瞪着眼，好像连这顶美丽的帐子也有可怕之处。

这屋子的陈设是非常美致的，只看墙上的点缀就知道。东墙上挂着四幅大锦屏，上面绣着"菉竹山房唱和诗"，边沿上密密

① 修葺（qì）：泛指修理房屋。

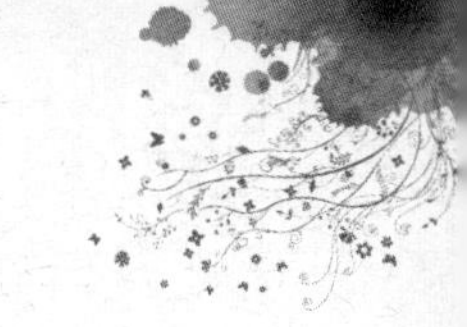



齐齐地绣着各色的小蝴蝶，一眼看上去就觉得很灿烂。西墙上挂着一幅彩色的《钟馗捉鬼图》①，两边有洪北江②的“梅雪松风清几榻，天光云影护琴书”的对子。床榻对面的南墙上有百叶窗子可以看花园，窗下一书桌，桌上一个朱砂古瓶，瓶里插着马尾云拂。

我觉得这地方好。陈设既古色古香，而窗外一丛半绿半黄的修竹，和墙外隐约可听的响潭之水，越衬托得闲适恬静。

不久吃晚饭，我们都默然无话。我和阿圆是不知在姑姑面前该说些什么好；姑姑自己呢，是不肯多说话的。偌大屋子如一大座古墓，没一丝人声；只有堂厅里的燕子啾啾地叫。兰花向天井檐上张一张，自言自语地说：

“青姑娘还不回来呢！”

二姑姑也不答话，点点头。阿圆偷眼看看我。——其实我自己也正在纳罕着的。吃了饭，正洗脸，一只燕子由天井飞来，在屋里绕了一道，就钻进檐下的窝里去了。兰花停了碗，把筷子放在嘴沿上，低低地说：

“青姑娘，你到这时才回来。”悠悠地长叹一口气。

我释然，向阿圆笑笑；阿圆却不曾笑，只瞪着眼看兰花。

我说邀月庐清新明朗，那是指日间而言。谁知这天晚上，大雨复作，一盏三支灯草的豆油檠摇晃不定，远远正屋里二姑姑和兰花低幽地念着晚经，听来简直是“秋坟鬼唱鲍家诗”③；加以

① 《钟馗捉鬼图》：钟馗是传说中一个捉鬼的勇士，旧时民间有悬挂《钟馗捉鬼图》以驱除邪祟的风俗。相传最早的钟馗像为唐朝画家吴道子所作。

② 洪北江：即洪亮吉，清乾隆时的进士，研究经史、地理的学者，善诗文，著作有《洪北江全集》。

③ “秋坟鬼唱鲍家诗”：是唐朝诗人李贺所作《秋来》中的诗句。“鲍家诗”指南朝诗人鲍照的诗。

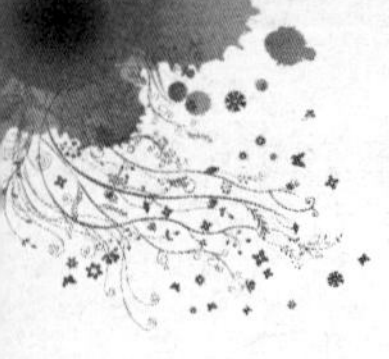



外面雨声虫声风弄竹声合奏起一支凄戾的交响曲，显得这周遭的确鬼气殊多。也不知是循着怎样的一个线索，很自然地便和阿圆谈起《聊斋》① 的故事来。谈一回，她越靠紧我一些，两眼只瞪着西墙上的《钟馗捉鬼图》，额上鼻上渐渐全渍着汗珠。钟馗手下按着的那个鬼，披着发，撕开血盆口，露出两支大獠牙，栩栩欲活。我偶然瞥一眼，也不由得一惊。这时觉得那钟馗，那恶鬼，姑姑和兰花，连同我们自己俩，都成了鬼故事中的人物了。

阿圆瑟缩地说："我想睡。"

她紧紧靠住我，我走一步，她走一步。睡到床上，自然很难睡着。不知辗转了多少时候，雨声渐止，月光透过百叶窗，映照得满屋凄幽。一阵飒飒的风摇竹声后，忽然听得窗外有脚步之声。声音虽然轻微，但是入耳十分清楚。

"你……听见了……没有?"阿圆把头钻在我的腋下，喘息地低声问。

我也不禁毛骨悚然。

那声音渐听渐近，没有了；换上的是低沉的戚戚声，如鬼低诉。阿圆已浑身汗濡。我咳了一声，那声音突然寂止；听见这突然寂止，想起兰花日间所说的话，我也不由得不怕了。

半晌没有声息，紧张的心绪稍稍平缓，但是两人的神经都过分紧张，要想到梦乡去躲身，究竟不能办到。为要解除阿圆的恐怖，我找了些快乐高兴的话和她谈说。阿圆也就渐渐敢由我的腋下伸出头来了。我说：

"你想不想你的家?"

"想。"

"怕不怕了?"

"还有点怕。"

---

① 《聊斋》：即《聊斋志异》，清初文言短篇小说集，蒲松龄作。

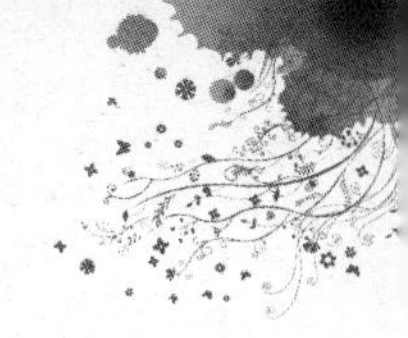

正答着话，她突然尖起嗓子大叫一声，搂住我，嚎啕，震抖，迫不成声：

“你……看……门上！……”

我看门上——门上那个册叶小窗露着一个鬼脸，向我们张望；月光斜映，隔着玻璃纱帐看得分外明晰。说时迟，那时快。那个鬼脸一晃，就沉下去不见了。我不知从那里涌上一股勇气，推开阿圆，三步跳去，拉开门。

门外是两个女鬼！

一个由通正屋的小巷窜远了；一个则因逃避不及，正在我的面前蹲着。

“是姑姑吗?”

“唔——”幽沉的一口气。

我抹着额上的冷汗，不禁轻松地笑了。我说：

“阿圆，莫怕了，是姑姑。”

1932 年 11 月 26 日

（原载 1933 年 1 月《清华周刊》第 38 卷 12 期）

## “窥房”的心理深处：《菉竹山房》解读

《菉竹山房》写“我”的“二姑姑”的故事，从“我”带新婚妻子阿圆回故乡探亲写起。穿插缝合，娓娓道来。从“我”对二姑姑模糊的记忆，到她早年如“旧传奇的仿本”般演绎小姐书生一见钟情的风流韵事，到她抱着灵牌做新娘的结局，将跨越几十年时空的人事缝合在一起，而其中的主角当然是二姑姑。

小说并不在二姑姑爱情悲剧故事上多花笔墨，而是将故事的背景及前因做了个简单交代之后，就着力于写“我们”到二姑家时目睹的情境：阴森的住地，尘封的住房，两个单身的老女

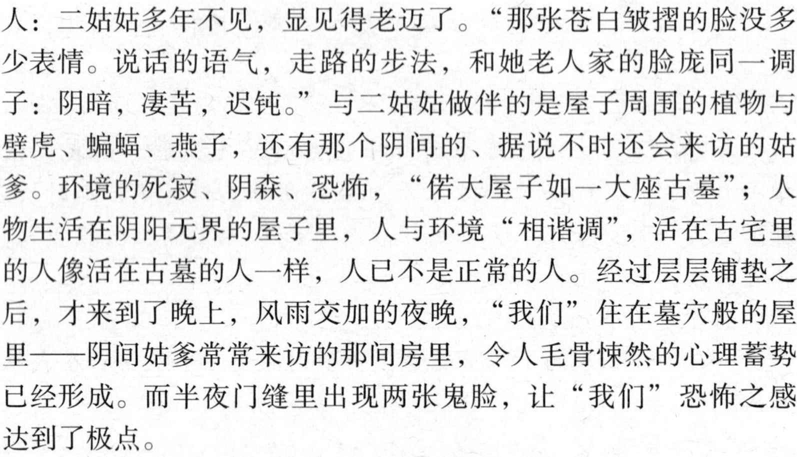

人：二姑姑多年不见，显见得老迈了。“那张苍白皱摺的脸没多少表情。说话的语气，走路的步法，和她老人家的脸庞同一调子：阴暗，凄苦，迟钝。”与二姑姑做伴的是屋子周围的植物与壁虎、蝙蝠、燕子，还有那个阴间的、据说不时还会来访的姑爹。环境的死寂、阴森、恐怖，“偌大屋子如一大座古墓”；人物生活在阴阳无界的屋子里，人与环境“相谐调”，活在古宅里的人像活在古墓的人一样，人已不是正常的人。经过层层铺垫之后，才来到了晚上，风雨交加的夜晚，“我们”住在墓穴般的屋里——阴间姑爹常常来访的那间房里，令人毛骨悚然的心理蓄势已经形成。而半夜门缝里出现两张鬼脸，让“我们”恐怖之感达到了极点。

二姑姑的“窥房”，使小说抵达高潮。之后又峰回路转，揭开“窥房”之谜，人物难以言传的病态心理暴露无遗。

“窥房”对于作为长辈的姑姑来说，虽有悖于她的身份，但却呈现了她作为一个正常人的本性。这个早年勇敢地追求爱情，而后又愿意抱着神位牌成亲的女子，虽然在墓穴般的环境中生活了那么久，内心深处，依然有着对人的正常生活的羡慕和向往。这篇三千多字的小说揭示了中国古宅里女性幽暗的一幕。

# 沙汀简介

沙汀（1904—1992），生于四川安县。原名杨朝熙，又名杨只青（杨子青）。幼年丧父，随母亲投靠舅父郑慕周。郑因替一位友人报仇，枪杀了当地一个有势力的司令官，双方展开枪战。郑拉起二三十人的队伍，闯荡于县城乡镇之间。沙汀跟随舅父到处游荡，传递情报。1922 年在舅父一位幕僚帮助下，入读成都省立第一师范学校。1926 年省师卒业后，到北京，准备投考北大听鲁迅的课，谁知考期已过，鲁迅也已南下到厦门。1929 年流亡上海，与同乡创办辛垦书店。1931 年与从新加坡被逐回国的艾芜相遇，互相激励，采用“沙汀”笔名开始文学创作。1932 年参加左联，第一个短篇小说集《法律外的航线》由上海辛垦书店出版。1935 年鲁迅、茅盾为美国记者伊罗生编选中国现代作家短篇小说集《草鞋脚》，选了沙汀的《老人》。1938 年 8 月与何其芳、卞之琳一道赴延安。任鲁迅艺术学院文学系代主任。1940 年回到重庆，发表《在其香居茶馆里》等短篇小说。1943 年由重庆文化生活出版社出版长篇小说《淘金记》，之后，《困兽记》和《还乡记》相继出版。1949 年以后主要生活和工作于成都。1978 年调北京，任中国社会科学院文学研究所所长、中国作家协会副主席等职。1992 年病逝于成都。

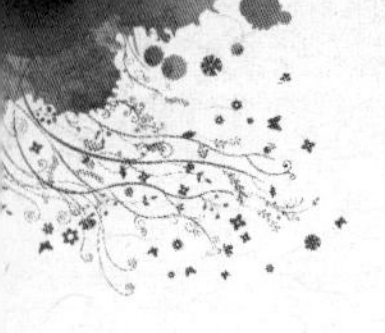



# 在其香居茶馆里

沙　汀

坐在其香居茶馆里联保主任方治国，当他看见从东头走来，嘴里照例扰嚷不休的邢幺吵吵的时候，他简直立刻冷了半截，觉得身子快要坐不稳了。

使他发生这种异状的有下面几个原因：为了种种糊涂的措施，他目前正处在全镇市民的围攻当中，这是一；其次，幺吵吵第二个儿子，因为缓役了四次，好多人在讲闲话了；加之，新县长又是宣言了要整顿兵役的，于是他糊糊涂涂地上了一封密告，而在三天前被兵役科捉进城了。

但最重要的是：如全市所批评，幺吵吵是不忌生冷的人，什么话都说得出来的。而他本人虽不可怕，但他的大哥是全县极有威望的耆宿，他的舅子是财务委员，县政上的活跃分子，并且，就是主任的令尊在世的时候，也是对幺吵吵那张嘴表示头痛的。

但幺吵吵终于吵过来了。这是那种精力充足，对这世界上任何物事都抱了一种毫不在意的态度的典型男性。在这类人身上是找不出悲观和扫兴的。他常打着哈哈在茶馆里自白道：

“老子这张嘴么，就这样！说是要说的，吃也是要吃的；说够了回去两杯甜酒一喝，倒下去就睡！……”

现在，他一面跨上其香居的阶沿，拖了把圈椅坐了下去，一面直着嗓子，干笑着嚷道：

“嗨，对！看阳沟里还把船翻了么！”

他所参加的那张茶桌已经有三个茶客，全是熟人：十年前当过视学的俞视学；前征收局的管账，现在靠着利金生活的黄光锐；会文纸店的老板汪世模汪二。

他们大家，以及旁的茶客，都向他打着招呼：

“拿碗茶来，钱我给了。”

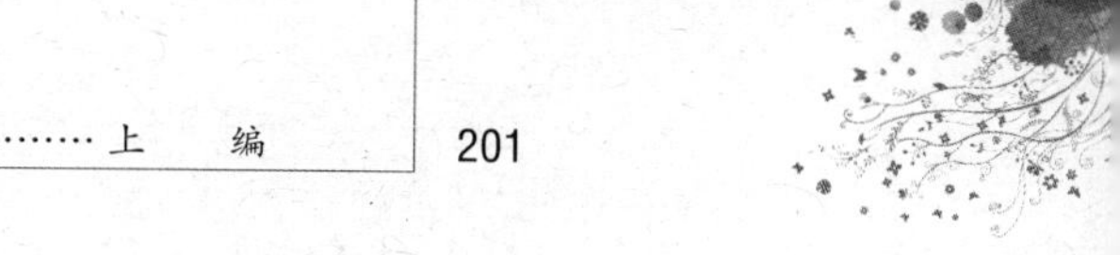

“坐上来好吧，”视学客气道，“这里要舒服些。”

“我要那么舒服做甚么哇，”出乎意外，吵吵红着脸叫嚷道：“你知道么，我坐了上席会头昏的，——没有那个资格！”

本分人的视学禁不住红起脸来。但他立刻觉得幺吵吵是针对着联保主任说的，因为在说的时候，他看见他满含恶意地瞥了坐在后面首席上的方治国一眼。

除却主任，那桌还坐的有张三监爷。他们都说他是方治国的军师，但实际上，他只能跟主任坐坐酒馆，在紧要关头，尽点忠告。但这又并不特别，他原是对什么事也关心的，而往往忽略了自己。他的老婆在家里是经常饿着饭的。

同监爷对坐着的是黄毛牛肉，正在吞服着一种秘制的戒烟丸药。他是主任的重要助手；虽然并无过人之才，唯一的特点是毫无顾忌；“现在的事你管那么多做甚么哇，”他常常说，“拿得到的你就拿！”

他应付这世界上一切足以使人大惊小怪的事变，只有一种态度：装做不懂。因此，他小声向主任说道：

“你不要管他的，”他眨眼而且努嘴，“发神经！”

“这回子把蜂窝戳破了。”主任发出苦笑说。

“我看要赶紧‘缝’啊，”监爷拿着暗淡无光的黄铜水烟袋，沉吟道：“另外找一个人‘抵’怎样？”

“已经来不及了呀。”主任叹口气说。

“不要管他的，”牛肉道，“他是个火炮性子。”

这时，幺吵吵已经拍着桌子，放开嗓子叫了。但他的战术还停留在第一阶段上，即并不指出被攻击的人的姓名，只是隐射着，似乎像一通没头没脑的谩骂。

“搞到我名下来了！”他佯装着打了一串哈哈，“好得很！老子今天就要看他是甚么鸡巴人出来的：人鸡巴？狗鸡巴？你们见过狗鸡巴么，嗨，那才有趣！”

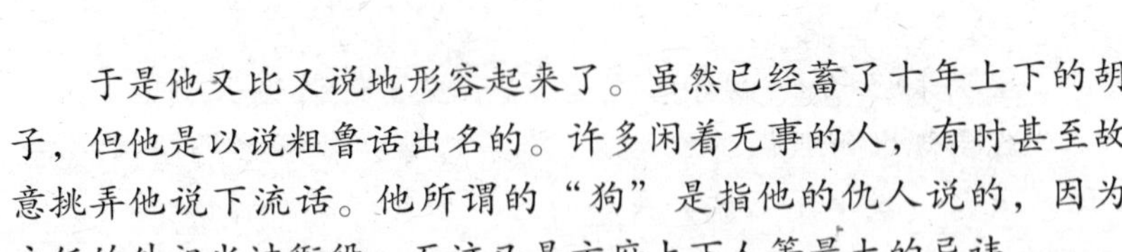

于是他又比又说地形容起来了。虽然已经蓄了十年上下的胡子，但他是以说粗鲁话出名的。许多闲着无事的人，有时甚至故意挑弄他说下流话。他所谓的“狗”是指他的仇人说的，因为主任的外祖当过衙役，而这又是方府上下人等最大的忌讳。

因为他形容得太难堪了，那视学插嘴道：

“少造点口孽，有道理讲得清的。”

“我有什么道理哇！”吵吵忽然正色道，“有道理我也当什么鸡巴主任了。两眼墨黑，见钱就拿！”

“吓，邢表叔！”

气得脸青面黑的瘦小的主任，一下子忍不住站起来了。

“吓，邢表叔，”他说，“你说话要负责啊！”

“什么叫做负责哇！我就不懂，——什么人是你表叔，你认错人了，是你表叔你也不吃我了！”

“对，对，对，我吃你！”主任解嘲地说，一面坐了下去。

“不是吗？”吵吵拍了一掌桌子，“兵役科的人亲自对我老大说的！你的报告真做得好呢。我倒要看你今天是长的几个卵子！……”

他愈说，就愈觉得这并非玩笑的事，如一向以来的瞎吵瞎闹一样，他感到愤激了。

他相信，要是一年或者半年以前，他是用不着怎样着急的，事情好办得很，只需给他大哥一个通知，他的老二就会自自由由走回来的。而且以往他就避掉过四次。但现在是不同了，一切都要照规矩办了。而且更重要的，他的老二已经抓进城了。

照经验，事情一露了头，弄到县长面前去了，就难办的。他已经派了老大进城，但带回来的口信是：因为新县长的脾味还不清楚，而且一接印就宣布他是要整顿兵役的，所以他的大哥和舅子都表示情形的险恶。额外那捎信人又说，壮丁就要送进省了。

凡是邢大老爷都感觉棘手的事，人还能有什么办法呢？这也是说，他的老二只有作炮灰了。

“你怕我是聋子吧，”幺吵吵简直在咆哮了，“去年蒋家寡母子的儿子五百，你放了；陈二靴子两百，你也放了！你比土匪头儿肖大个子还厉害，钱也拿了，脑壳也保住了，——老子也有钱！你要张一张嘴呀？……”

“说话要负责啊！邢幺老爷！”

主任咕噜着，而且现出假装的笑容。

这是一个糊涂而胆怯的人。胆怯是因为富有，而且在这个边野地方，从来没有摸过枪炮的原故。这里是每一个人都能来两手的。他一直规规矩矩地吃着祖宗的田产，在好几年以前，因为预征太多，许多人怕当公事，于是在一种策动下，他当团总了。

他明白这是阴谋。但一向忍气吞声的日子引诱他接受了这个挑战。他起初老是垫钱，但后来他发觉甜头了：回扣，黑粮等等，并且走进茶馆的时候，招呼茶钱的声音也来得更响亮，更众多了。

而在五年以前，他的大门上已经有了一道县长颁赠的匾额：

“尽瘁桑梓”

但不管怎样，如他自己所感觉的一般，在回龙镇，还是有人压住他的。他看得清楚，所以他现在很失悔做了糊涂事情。他老是强笑着，满不在意似的说道：

“你发气做什么啊，都不是外人。……”

“你也知道不是外人么？”对方反问道：“你知道不是外人，就不该搞我了，告我的密了！”

“我只问你一句！”

主任又站起来了，他笑问道：

“你说一句就是了：兵役科什么人告诉你的？”

“总有那个人呀！”

吵吵说，十分气派地摊在圈椅里面；一面冷笑着加添道：

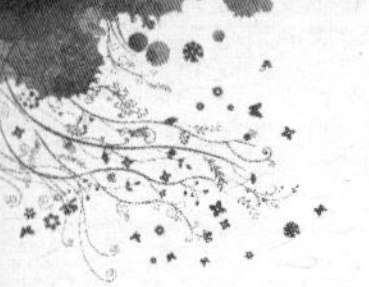



“像还是我造谣呢。”

“不是，你要告诉我呀。”

看见吵吵松了劲，主任知道可以说理的机会到了，他就势坐向视学侧面去，赌咒发誓地分辩起来，说他是一辈子都不会做出这样胆大糊涂的事情来的。

但却并不向着吵吵，而是视学们。他说：

“你们想吧，”他平摊开手，侧仰他那瘦瘦的铁青的脸蛋，“你们想，我是吃饭长大的呀！并且，我一定要他去做什么呢？难道委员长会给我一个状元当么？没讲的话，这街上的事，一向糊得圆我总是糊的！”

“你才会糊！”吵吵叹着气抵了一句。

“那总是我吹牛啊！”主任无可奈何地说，“别的不讲，就拿公债来说吧，别人写的多少，你写的多少？”

他又挨近视学的耳朵呻唤道：

“连丁八字都是五百元呀！”

他之所以说得如此秘密的有两个原因，其一，是想充分表示出事情的重要性；又其一，是因为街上看热闹的人已经多了。公开宣布出来究竟太不光彩，而且容易引起纠纷。

大约视学相信了他的话，或者被他的诚意所感动了。兼之又是出名的好好先生；因此他劝解道：

“幺哥！我看这样啊，”他斯斯文文地扫了扫喉咙，“人不抓，已经抓去了，横竖是为了国家。……”

“这你才会说呢！”吵吵一下撑起来了：“这样会说，你怎么不把你自己的送去呢？”

“好！我不同你讲。”

视学红着脸说，故意勾下脑袋吃茶去了。

“你讲呀！”吵吵重又坐了下去，继续道：“真是没有生过娃娃不晓得×痛！怎么把你个好好先生遇到了啊：冬瓜做不做得甑

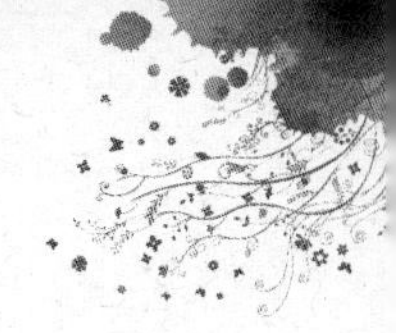

子？做得。蒸垮了呢？那是要垮的，——你个老哥子真是！”

他的形容引来了一片笑声。但他自己并不笑，他把他那结实的身子移动了一下，抹抹胡子，宣言道：

“闲话少讲！方大主任，说不清楚你走不掉的！”

“好呀”主任应声道，一面懒懒地退还原地方去：“回龙镇只有这样大一个地方哩。往哪里跑？要跑也跑不脱的。”

他的声口和表情照例带着一种嘲笑的意味，至于是嘲笑自己或者对方，那就要凭你猜了。他是经常凭借了这点武器来掩护他自己的。而且经常弄得顽强的敌手哭笑不得。他们叫他做软硬人。

当回到原位的时候，他的助手一面吞服着戒烟丸，生气道：

“我白还懒得答呢，你就让他吵去！”

“不行不行，”监爷意味深长地说，“事情不同了。”

他一直这样坚持自己的意见是有理由的。他确信镇上已在进行一种大规模的控告；而且邢大老爷是可以左右它的；他可以使这成为事实，也可以打消它，所以联络邢家乃是一个必要的步骤。

何况谁知道新县长是怎样一副脾气的人呢！

这时候，茶堂里的来客已增多了。连平时懒于出门的陈新老爷也走来了。新老爷是科举时代最末一次的秀才，当了十年团总，十年哥老会的头目，八年前才退休的。但他的说话还是同团总一样有效。

这可见幺吵吵已经布置好一台讲茶了。茶堂里响着一片呼唤声，有单向堂倌叫拿茶来的，有站起来让座位的，有的甚至于怒气冲冲地吼道：

“不许乱收钱啦！嗨！这个龟儿子听到没有？……”

于是立刻跑去塞一张钞票在堂倌手里。

在这种种热情的骚动中间，争执的双方，已经变平静了。主

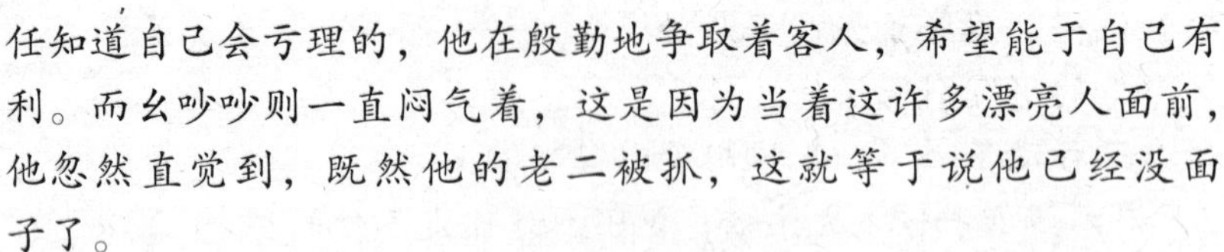

任知道自己会亏理的，他在殷勤地争取着客人，希望能于自己有利。而幺吵吵则一直闷气着，这是因为当着这许多漂亮人面前，他忽然直觉到，既然他的老二被抓，这就等于说他已经没面子了。

这镇上是流行着这样一种风气的，凡是按规矩行事的，那就是平常人。重要人物都是站在一切规矩之外的。比如陈新老爷，他并不是惜疼金钱的角色，但就连打醮这种小事他也是没有份的；不然便是惹起人们大惊小怪，以为新老爷失了面子，快倒霉了。

面子在这里就如此的厉害，所以吵吵闷着脸，只是懒懒地打着招呼。直到新老爷问起他是否欠安的时候，他才稍稍振作地答道：

“人倒是好的，”他苦笑着，“就是眉毛快给人剪光了！”他一连打了一串干燥无味的哈哈。

“你瞎说！”新老爷严肃地晃着脑袋，切断他。“你瞎说！”

“当真哩，不然也不敢劳驾你老哥子动步了。”

为了表示关切，新老爷叹了口气；并且问道：

“大哥有信来没有呢？”

“他也没办法呀！”

吵吵呻唤了。但为了免除人们的误会，以为他的大哥已经成了没面子的角色，遂又立刻加上一番解释：

“你想吧，新县长的脾气又没有摸到，他怎么办呢？常言说，新官上任三把火，他又是闹起要搞兵役的；谁晓得他会发什么猫儿毛病呢！前天我又托蒋门神打听去了。”

“这个人怕难说话，”一个新近从城里回来的小商人插入道，“看样子就晓得了：戴他妈副黑眼镜子……”

但严肃沉默的空气没有使小商人说下去。

大家都不知道应该如何表示自己的感情才好。表示高兴是会

得罪人的，因为情形确乎有些严重；但说是严重吧，也不对，这又将显得邢府上太无能了。所以彼此只好暧昧不明地摇头叹气，喝起茶来。

看出主任有点焦灼和担心的神情，似乎正在考虑一种行动，牛肉包着丸药，小声道：

“不要管，这么快县长就叫他们喂家了么?”

“去找新老爷是对的!”监爷说。

这个脸面浮肿，常以足智多谋自负的没落者的建议正投了主任的机，他是已经在考虑着这个必要的办法的了。

使他迟疑的是他和新老爷的关系，与新老爷同邢家的关系的比较。他觉得差得多，并且虽然在派款和收粮上面，他没有对不住新老爷的地方，但在几件小事情上，他是开罪过他的。

比如，有一回曾布客想压制他，抬出老团总的招牌来，说道：

“好的，我们在新老爷那里去说!”

“你把时候记错了!”他发火道，“前几年的皇历用不上了!——你想吓倒我不行!”

后来，事情虽然依然在新老爷的意志下和平解决，但他的话语也一定散播开去，新老爷给记下一笔账了。可是他终于站起身来，向了新老爷走去。

这行动立刻使人们振作起来了，他们都期待着一个新的开端和发展。有几人在大叫拿开水来，以图缓和一下他们紧张的心情。吵吵自然也是注意到主任的攻势的，但他不当作攻势看，以为他是要求新老爷转圆的。但他却猜不准转圆的方式。

而且，他又觉得，在他目前的处境上，任何调解他都是难于接受的。这不能道歉了事，也不能用金钱的赔偿弥补，那么剩下的只有上法庭了。然则在一个整饬兵役的县长面前这件事他会操胜算么!

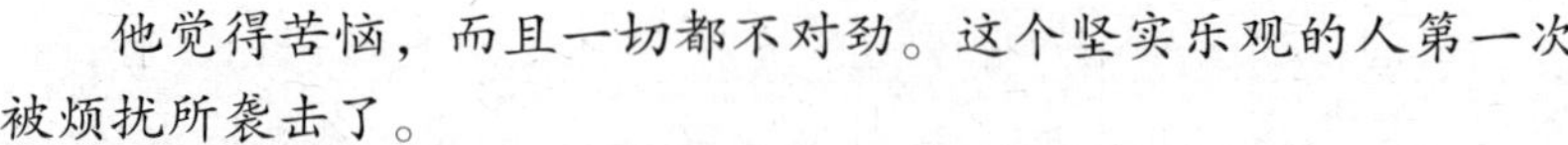


他觉得苦恼，而且一切都不对劲。这个坚实乐观的人第一次被烦扰所袭击了。

他在桌面上拍了一掌，苦笑着自言自语道：

“哼，乱整吧，老子大家乱整！”

“你又来了，”那视学说，“他总会拿话出来说呀。”

“这还有什么说的呢？你个老哥怎么不想想啊：难道什么天王老子还有面子把人给我取脱手么?!”

“不是那么讲。取不出来也有取不出来的办法的。”

“那我就请教你，”吵吵依旧忍耐着说，“什么办法呢?！说一句对不住了事？打死了让他赔命？……”

“也不是那样讲。……”

“那又是怎样讲？”他简直大发其火了：“老实说吧！他就没有办法！我们只有到场外前大河里去喝水了！”

这宣言引起一阵新的骚动。许多人都像预感到节目的精彩部分了。一个看客，他是立在阶沿下人堆里的，他大声回绝着朋友的催促：

“你走你的嘛！我还要玩一会！”

提着水壶穿堂走过的堂倌也在兴高采烈叫道：

“让开点，你个龟儿子，看把脑壳烫肿！”

在当街的最末一张桌子上，那里离幺吵吵隔着四张桌子，一种平心静气的谈判已近结束。但效果显然很少，因为长条子的陈新老爷，忽然板着脸站起来了。

陈新老爷仰着脸把颈子一扭，大叫道：

“你倒说你娃条鸟啊！”

但他随又坐了下去，手指很响地击着桌面。

“老弟！”他一直望着主任，“我不会害你的！一个人眼光要远大点，目前的事是谁也料不到的。”

“我知道呀！你都会害我么？”

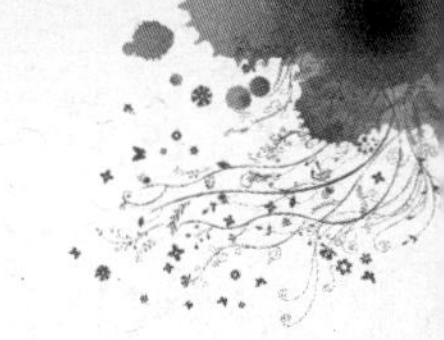

“那你就该听大家劝呀?”

“查出来要这样呀，我的老先人?”

主任苦滞地叫着，用手在后颈一比：他怕杀头。

这的确也可虑，因为严惩兵役舞弊的明令，已经来过三四次了。这就算不上数，我们这里隔上峰还远，但县长于我们的情形却全然不相同了：他简直就在你的鼻子下面。并且既已捉去，要额外买人替换是更难了。

加之前一任县长正为壮丁问题撤职的，而新县长一上任便宣称他要扫除兵役上的种种积弊。谁知道也如一般新县长一样，说过了事，或者他更认真干一下?他的脾气又是怎样的呢?

此外，他还有不能冒这危险的理由。他已经四十岁了，但他还没有取得父亲的资格。他的两个太太都不中用，虽然一般人把这责任归在他的先天不足上面，好像就是再活下去，他也将永远无济于事。

但不管如何，便从他那畏惧的性格着想，他也是决不冒险的了。所以停停，他又解嘲地继续道：

“我的老先人！这个险我是不敢冒的。你说认真是我告了他的密都想得出……”

他佯笑着，而且装得很安静的神情。同幺吵吵一样，他也看出了事情的诸般困难的；而他应该否决那密告的责任。但他没料到，他是把新老爷激恼了。

新老爷并不让他说完便很生气地，截住他道：

“你才会装呢！可惜是大老爷亲自听兵役科说的!”

“方大主任，”吵吵也直接地插入了，“是人鸡巴搞出来的你就撑住吧！我告诉你：赖是赖不脱的!”

“嘴巴不要伤人啊!”

主任认真起来了；但幺吵吵的嗓子也更提高了：

“是的，老子说了，是人搞出来的你就撑住!”

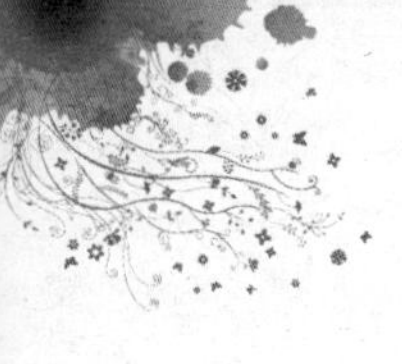



“好嘛，你多凶啊。”

“老子就是这样！”

“对对对，你是老子！哈哈！……”

联保主任干笑着，一壁退回自己原先的座位上去。他觉得他在全市镇的人家面前受了辱，他决心要同他的敌人斗了。

他的同伴依旧担心着他。那牛肉说：

“你愈让他就愈来了，是吧！”

“不行不行，事情不同了，”监生叹着气。

许多人都感到事情已经闹僵了局，接着而来的一定是谩骂，是散场了。因为情形很明显，争吵的双方都是不会动拳头的，有的人是在准备回家吃午饭了。

但茶客们却谁也不能动身，这会很失体统，得罪人的。并且新老爷已经请了吵吵过去，在互相商量着，希望能有一个顾全体面的办法，虽然一个二十岁的青年人的生命不会恰恰就和体面相等。

然而由于一种不得已的苦衷，幺吵吵终至让步了；他带着决然忍受一切的神情，说道：

“好好，就照你哥子说的做吧！”

“那么方主任，”于是陈新老爷站起来宣布了，“这一下就看你怎样：一切用费幺老爷出，人由你找。事情由你进城办；办不通还有他们大老爷，——”

“就请大老爷不更方便些么！”主任插入说。

“是呀！也请他们大老爷，不过你负责就是了。”

“我负不了这个责。”

“什么呀？”

“你想，我怎么能负责呢？”

“好！”

新老爷简紧地说，闷着脸坐下去了。他显然是被对方弄得不

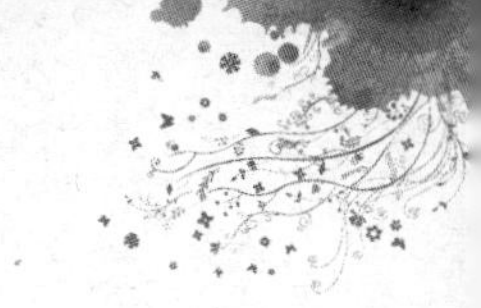

快意了；但沉默一会，他随耐着性子问道：

“你是怕用的钱会推在你身上么？”

“笑话！我怕什么，又不是我的事。”

“那是什么人的事呢？”

“我晓得的呀！”

主任说这些话的时候一直带着一种做作的安闲态度，而且嘲弄似的笑着；好像他什么都不懂，因此什么也不觉可怕，但他没有料到吵吵冲过来了。而且那个气得胡子发抖的汉子一把扭牢了他。

他扭住他的领口朝街面上拖，嚷叫道：

“我晓得你是个软硬人，我晓得你是个软硬人！”

“有话好好说啊！”人们劝解着；“都是熟人熟事的！”

但一面劝解、一面偷溜开的人也就不少。堂倌已经在忙着收茶碗了。监爷在四处向人求援。

“这太不成话了，”他摇着头说，“大家把他们分开吧！”

“我管不了！”视学微笑着说，“看血喷在我身上。”

牛肉在包裹着戒烟丸药，一面咭咕道：

“这样就好！哪个没有生得有手么！好得很！”

但当他收拾停当的时候，主任已经吃了亏了。他淌着鼻血，左眼睛已经青肿。他被新老爷解救出来；他一只手摸着眼睛，嚷叫道：

“你姓邢的是对的，你打得好！……”

“你嘴硬吧！”吵吵则在唾着牙血，喘气着，“你嘴硬吧！”

黄毛牛肉建议主任应该即到医生那里去，但他被拒绝了，反而要他赶快去租滑竿。主任觉得还是保持原样的好，因为他就要进城向县署控告去了。

主任的眷属，尤其是他的母亲，那个以悭吝出名的小老太婆，一看过主任模样便连连叫道：

“咦，兴这样打么！这样的眼睛不认人么！”

邢幺太太也在丈夫耳朵边咕咕哝哝着：

“眼睛都肿来像毛桃子了！”

“不要管，”吵吵吐着牙血，一面说，“打死了还有我报命！”

别的来看热闹的妇女也不少，整个市镇几乎全给翻了转来。吵架和打架本身就值得看，一对有面子的人的动手动脚，自然也就更可观了！

但正当人心沸腾的时候，一个左腿微跛，满脸胡须的矮汉子忽然挤将进来。这正是蒋米贩子，因为人呆滞尴尬，他又叫蒋门神。前天进城吵吵就托过他捎信的。所以他立刻为大家所注意了。首先拖住他的是幺太太。

这是个顶着假发的胖妇人，爱做作，爱谈话，诨名九娘子。她担心地，颤声颤气地问道：

“怎么样了？……你坐下来说吧！”

“怎么样，”跛子冷淡地说，“人已经出来了。”

“当真的呀！”许多人吃惊了。

“那还是假话么！我走的时候还在十字口牌桌子上呢。昨天夜里点名，报数报错了，队长说他不够资格打国仗就开革了；打了一百军棍。”

“一百军棍？”又是许多声音。

“不是面子大，你就是再挨几个一百也出来不了呢。起初都讲新县长厉害，其实很好说话。前天大老爷请客，一个人老早就到了：戴他妈副黑眼镜子……”

正说着，他忽然注意到了幺吵吵和联保主任。

“你们是怎么搞的？”他问着，“你牙齿痛吗？你的眼睛怎么肿了？……”

（原载1940年12月1日《抗战文艺》第6卷第4期）

## 张弛有致的对垒：《在其香居茶馆里》解读

沙汀是四川安县人，在四川土生土长的作家，少年时跟着舅父的一支小队伍，在安县附近闯荡，有丰富阅历。抗战时期的小说与张天翼齐名，同样擅长讽刺小说。但沙汀的讽刺笔法与张天翼的笔法颇不同。沙汀擅长写四川国民党地方官僚和当地恶霸乡绅形象，用白描手法，精选细节，经由其谈吐和行为，挖掘人物深层的性格心理，呈现人物的灵魂。沙汀的小说有浓厚的地方特色，但不是靠写一般的乡土风俗来呈现这种特色，而是靠特定地域的人物尤其是当地基层官员或乡绅的行为心理刻画、复杂的带有地域特征的人际关系描写和精彩的人物地域语言来获得这一特色。

《在其香居茶馆里》通过当地两个有权势人物的一场吵架，暴露国民党兵役制度腐败的内幕。故事空间被安置在镇上的其香居茶馆里（一个该镇的公共场所，乡绅解决乡里问题的场所），各式人物在这个空间登台表演。通过主要人物的吵架，旁人的劝架，城里不时传来的信息，多条线索交织映衬，结成一个完整的故事。

因联保主任方治国的告密，一再逃兵役的邢幺吵吵的二儿子在县城里被警方拘留，新任县长要整顿兵役，以邢家老二为典型，拿他“开刀”。以这事为导火线，方、邢在茶馆里大吵其架，大打出手。有实权却对其告密不无心虚的联保主任方治国与有势力却对事态没有把握的当地恶霸邢幺吵吵，一软一硬，一阴诈一粗野，一守一攻，一内忍一凶悍，把一场攻守有致的吵架演绎得有声有色，丰富饱满。请看下面的例句：

软者：坐在其香居茶馆里联保主任方治国，当他看见正从东头走来、嘴里照例嚷嚷不休的邢幺吵吵的时候，他简直立刻冷了

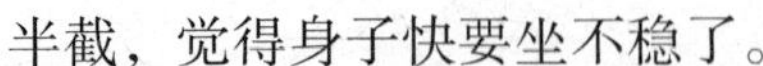

半截，觉得身子快要坐不稳了。

硬者：幺吵吵终于吵过来了。这是那种精力充足，对这世界上任何物事都抱了一种毫不在意的态度的典型男性。

（他）拖了把圈椅坐了下去，一面直着嗓子，干笑着嚷叫道：

“嗨，对！看阳沟里还把船翻了么！”

硬者挑衅：（有人让座）“我要那么舒服做甚么哇，”出乎意外，吵吵红着脸叫嚷道：“你知道么，我坐了上席会头昏的，——没有那个资格！”

软者心虚：“这回子把蜂窝戳破了。”主任发出苦笑说。

开战：幺吵吵已经拍着桌子，放开嗓子叫了。但他的战术还停留在第一阶段上，即并不指出被攻击的人的姓名，只是隐射着对方，似乎像一通没头没脑的谩骂。

“搞到我名下来了！”他佯装着打了一串哈哈，“好得很！老子今天就要看他是甚么鸡巴人出来的：人鸡巴？狗鸡巴？你们见过狗鸡巴么，嗨，那才有趣！”

回应：“吓，邢表叔！”气得脸青面黑的瘦小的主任，一下子忍不住站起来了。“吓，邢表叔，”他说：“你说话要负责啊！”

硬者更激烈地撒野：“不是吗？”幺吵吵拍了一巴掌桌子，嗓子更加高了，“兵役科的人亲自对我老大说的！你的报告真做得好呢。我倒要看你今天是长的几个卵子！……”

开始捅张的娄子：“你怕我是聋子吧，”幺吵吵简直在咆哮了，“去年蒋家寡母子的儿子五百，你放了；陈二靴子两百，你也放了！你比土匪头儿肖大个子还厉害，钱也拿了，脑壳也保住了，——老子也有钱！你要张一张嘴呀？……”

软者以软克硬：“我只问你一句！”联保主任又一下站起来了，而他的笑容更加充满一种讨好的意味“你说一句就是了：兵役科什么人告诉你的？”“总有那个人呀！”幺吵吵冷笑说。“像还是我造谣呢。”“不是，你要告诉我呀。”联保主任说，态度装得异常诚恳。因为看见幺吵吵松了劲，他察觉出可以说理的机会到了。

软者以退为进，捅邢的娄子：“那总是我吹牛啊！”联保主任无可奈何地辩解说，瞥了一眼他的对手，“别的不讲，就拿公债来说吧，别人写的多少，你写的多少？”他随又把嘴凑近视学的耳朵边呻唤道：“连丁八字都是五百元呀！”联保主任表演得如此精彩，这不是没原因的，他想充分显示出事情的重要性，和他对待幺吵吵的一片苦心。

软硬人的本事：联保主任的声调和表情照例带着一种嘲笑的意味，至于是嘲笑自己，或者嘲笑对方，那就要凭你猜了。他是经常凭借了这点武器来掩护自己的；而且经常弄得顽强的敌手哭笑不得。人们一般都叫他做软硬人；碰见老虎他是绵羊，如果对方是绵羊呢，他又变成了老虎了。

陈新老爷介入，双方陷入僵局：争执的双方，已经很平静了。联保主任知道自己会亏理的，他正在积极地制造舆论，希望能于自己有利。而幺吵吵则一直闷着张脸，这是因为当着这许多漂亮人物面前，他忽然深切地感觉到，既然他的老二被抓，这就等于说他已经失掉了面子！

邢幺吵吵没把握，摸不清新县长的底细：幺吵吵觉得苦恼，而且感觉一切都不对劲。这个一向坚实乐观的汉子，第一次遭到烦扰的袭击了，简直就同一个处在这种境况的平常人不差上下；一点抓拿没有！

第一回合，两人似乎打了个平手，没输没赢。矛盾激化，邢大打出手：联保主任回答这句话的时候，带着一种做作的安闲态度，而且嘲弄似地笑着，好像他是什么都不懂得，因此什么也未觉得可怕；但他没有料到幺吵吵冲过来了。而且那个气得胡子发抖的汉子，一把扭牢他的领口就朝街面上拖。“我晓得你是个软

硬人!”

双方闹到不可开交之际，米贩子到场，带来信息：老二已被释放。官官相护，互相捅娄子，一场闹剧！张、邢吵架过程将官场的黑幕徐徐拉开，裸露其中的黑暗丑陋。

这篇小说的叙述富有节奏，层次分明，人物心理和事态变化，步步推进，水到渠成。

# 下　编

## 课程说明

本课以女性主义批评和文本细读为方法，对1919—1949年中国现代女性作家的若干小说展开研读，既立足于一种性别文化解读，也兼及小说艺术赏读。这两方面的工作同时展开，构成本课的一个特色。本课从女性主义批评角度解读女性小说，课前，虽会对女性主义理论做简要介绍，但本课的侧重点仍是中国现代女性小说文本细读。参加本课学习的同学要有意识地让自己在女性主义文学批评的运用和小说文本细读两方面都得到相应的训练。

本课共16周，32节课，首尾两次由老师主讲，做该课的导读和总结。中间14周，每周解读一位作家的作品。第一节由两位同学主讲（每人20分钟，自愿报名），解读该作品；第二节由老师解读作品，对同学的发言做评述和总结，以此达到教学相互动、教学相长的目的。

**附：女性小说研读参考书目**

孟悦，戴锦华. 浮出历史地表［M］. 郑州：河南人民出版社，1989.

夏晓虹. 晚清女性与近代中国［M］. 北京：北京大学出版社，2004.

戴锦华. 涉渡之舟：新时期中国女性写作与女性文

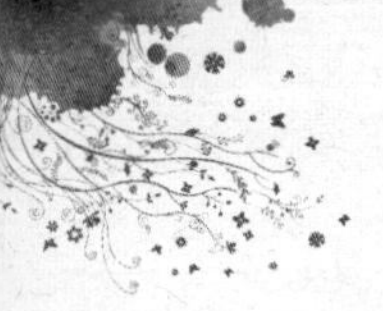



化［M］. 北京：北京大学出版社，2007.

林丹娅. 当代中国女性文学史论［M］. 厦门：厦门大学出版社，2003.

康正果. 女权主义与文学［M］. 北京：中国社会科学出版社，1994.

姚玳玫. 想像女性——海派小说（1892—1949）的叙事［M］. 北京：中国社会科学出版社，2004.

罗斯玛丽·童. 女性主义思潮导论［M］. 艾晓明等译. 武汉：华中师范大学出版社，2002.

鲍晓兰. 西方女性主义研究评介［M］. 北京：生活·读书·新知三联书店，1995.

刘慧英. 走出男权传统的樊篱：文学中男权意识的批判［M］. 北京：生活·读书·新知三联书店，1995.

叶舒宪. 性别诗学［M］. 北京：社会科学文献出版社，1999.

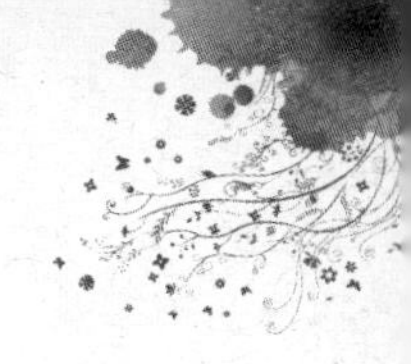

# 冰心简介

冰心（1900—1999），原名谢婉莹，笔名冰心。出生于福建省福州市，原籍长乐县横岭村。父亲谢葆璋是清末海军军官，曾参加中日甲午战争。1913 年全家迁往北京。1914 年就读于北京教会学校贝满女中。1918 年入读协和女子大学理科预科，1921 年预科毕业后转考文科，时值协和女子大学并入燕京大学。1923 年由燕京大学毕业后，到美国波士顿的威尔斯利学院攻读英国文学。1919 年 8 月在《晨报》上第一篇小说《两个家庭》，第一次采用“冰心”笔名。之后写问题小说，《斯人独憔悴》、《去国》、《秋风秋雨愁煞人》等。1921 年以一位在校学生的身份加入了文学研究会，1920 年受泰戈尔《飞鸟集》影响，开始写短诗集《繁星》、《春水》。两集于 1923 年出版。同年赴美国留学途中，写《寄小读者》系列通讯，在《晨报》副刊“儿童世界”连载。1926 年回国后，相继在燕京大学、清华大学和女子文理学院任教。1929 年至 1933 年写有《分》、《南归》、《冬儿姑娘》和《我们太太的客厅》等。抗战期间，在重庆用“男士”笔名写《关于女人》等。1946 年随丈夫吴文藻赴日本，1951 年回国。曾任中国文联副主席、中国作家协会名誉主席、中国翻译工作者协会名誉理事等。1999 年病逝于北京。

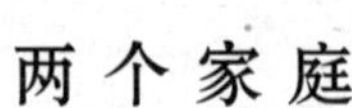

# 两个家庭

冰　心

前两个多月，有一位李博士来到我们学校，演讲“家庭与国家关系”。提到家庭的幸福和苦痛，与男子建设事业能力的影响，又引证许多中西古今的故实，说得痛快淋漓。当下我一面听，一面速记在一个本子上，完了会已到下午四点钟，我就回家去了。

路上车上，我还是看那本笔记。忽然听见有一个小姑娘的声音叫我说：“姐姐！来我们家里坐坐。”抬头一看，已经走到舅母家门口，小表妹也正放学回来；往常我每回到舅母家，必定说一两段故事给她听，所以今天她看见我，一定要拉我进去。我想明天是星期日，今晚可以不预备功课，无妨在这里玩一会儿，就下了车，同她进去。

舅母在屋里做活，看见我进来，就放下针线，拉过一张椅子，叫我坐下。一面笑说：“今天难得你有工夫到这里来，家里的人都好么？功课忙不忙？”我也笑着答应一两句，还没有等到说完，就被小表妹拉到后院里葡萄架底下，叫我和她一同坐在椅子上，要我说故事。我一时实在想不起来，就笑说：“古典都说完了。只有今典你听不听？”她正要回答，忽然听见有小孩子啼哭的声音。我要乱她的注意，就问说：“妹妹！你听谁哭呢？”她回头向隔壁一望说：“是陈家的大宝哭呢，我们看一看去。”就拉我走到竹篱旁边，又指给我看说：“这一个院子就是陈家，那个哭的孩子，就是大宝。”

舅母家和陈家的后院，只隔一个竹篱，本来篱笆上面攀缘着许多扁豆叶子，现在都枯落下来；表妹说是陈家的几个小孩子，把豆根拔去，因此只有几片的黄叶子挂在上面，看过去是清清楚楚的。

陈家的后院，对着篱笆，是一所厨房，里面看不清楚，只觉

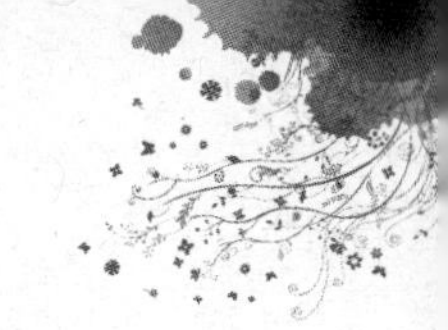

得墙壁被炊烟熏得很黑。外面门口，堆着许多什物，如破瓷盆之类。院子里晾着几件衣服。廊子上有三个老妈子，廊子底下有三个小男孩。不知道他们弟兄为什么打吵，那个大宝哭的很厉害，他的两个弟弟也不理他，只管坐在地下，抓土捏小泥人玩耍。那几个老妈子也咕咕哝哝的不知说些什么。表妹悄悄地对我说："他们老妈子真可笑，各人护着各人的少爷，因此也常常打吵。"

这时候陈太太从屋里出来，挽着一把头发，拖着鞋子，睡眼惺忪，容貌倒还美丽，只是带着十分娇惰的神气。一出来就问大宝说："你哭什么？"同时那两个老妈子把那两个小男孩抱走，大宝一面指着他们说："他们欺负我，不许我玩！"陈太太啐了一声："这一点事也值得这样哭，李妈也不劝一劝！"李妈低着头不知道说些什么，陈太太一面坐下，一面摆手说："不用说了，横竖你们都是不管事的，我花钱雇你们来作什么，难道是叫你们帮着他们打架么？"说着就从袋里抓出一把铜子给了大宝说："你拿了去跟李妈上街玩去罢，哭的我心里不耐烦，不许哭了！"大宝接了铜子，擦了眼泪，就跟李妈出去了。

陈太太回头叫王妈，就又有一个老妈子，拿着梳头匣子，从屋里出来，替她梳头。当我注意陈太太的时候，表妹忽然笑了，拉我的衣服，小声说："姐姐！看大宝一手的泥，都抹到脸上去了！"

过一会子，陈太太梳完了头。正在洗脸的时候，听见前面屋里电话的铃响。王妈去接了，出来说："太太，高家来催了，打牌的客都来齐了。"陈太太一面擦粉，一面说："你说我就来。"随后也就进去。

我看得忘了神，还只管站着，表妹说："他们都走了，我们走罢。"我摇手说："再等一会儿，你不要忙！"

十分钟以后。陈太太打扮得珠围翠绕的出来，走到厨房门口，右手扶在门框上，对厨房里的老妈说："高家催得紧，我不

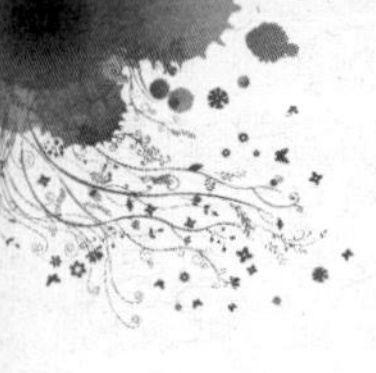



吃晚饭了，他们都不在家，老爷回来，你告诉一声儿。”说完了就转过前面去。

我正要转身，舅母从前面来了，拿着一把扇子，笑着说：“你们原来在这里，树荫底下比前院凉快。”我答应着，一面一同坐下说些闲话。

忽然听有皮鞋的声音，穿过陈太太屋里，来到后面廊子上。表妹悄声对我说：“这就是陈先生。”只听见陈先生问道：“刘妈，太太呢？”刘妈从厨房里出来说：“太太刚到高家去了。”陈先生半天不言语。过一会儿又问道：“少爷们呢？”刘妈说：“上街玩去了。”陈先生急了，说：“快去叫他们回来。天都黑了还不回家。而且这街市也不是玩的去处。”

刘妈去了半天，不见回来。陈先生在廊子上踱来踱去，微微的叹气，一会子又坐下。点上雪茄，手里拿着报纸，却抬头望天凝神深思。

又过了一会儿，仍不见他们回来，陈先生猛然站起来，扔了雪茄，戴上帽子，拿着手杖径自走了。

表妹笑说：“陈先生又生气走了。昨天陈先生和陈太太拌嘴，说陈太太不像一个当家人，成天里不在家，他们争辩以后，各自走了。他们的李妈说，他们拌嘴不止一次了。”

舅母说：“人家的事情，你管他作什么，小孩子家，不许说人！”表妹笑着说：“谁管他们的事，不过学舌给表姊听听。”舅母说：“陈先生真也特别，陈太太并没有什么大不好的地方，待人很和气，不过年轻贪玩，家政自然就散漫一点，这也是小事，何必常常动气！”

谈了一会儿，我一看表，已经七点半，车还在外面等着，就辞了舅母，回家去了。

第二天早起，梳洗完了，母亲对我说：“自从三哥来到北京，你还没有去看看，昨天上午亚茜来了，请你今天去呢。”——三

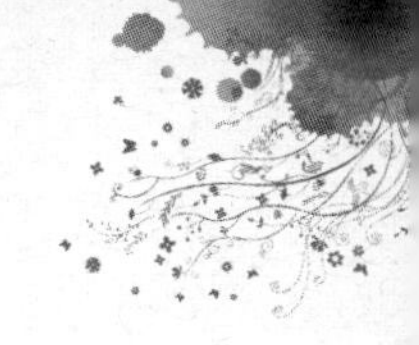

哥是我的叔伯哥哥，亚茜是我的同学，也是我的三嫂。我在中学的时候，她就在大学第四年级，虽只同学一年，感情很厚，所以叫惯了名字，便不改口。我很愿意去看看他们，午饭以后就坐车去了。

他们住的那条街上很是清静，都是书店和学堂。到了门口，我按了铃，一个老妈出来，很干净伶俐的样子，含笑的问我："姓什么？找谁？"我还没有答应，亚茜已经从里面出来，我们见面，喜欢的了不得，拉着手一同进去。六年不见，亚茜更显得和蔼静穆了，但是那活泼的态度，仍然没有改变。

院子里栽了好些花，很长的一条小径，从青草地上穿到台阶底下。上了廊子，就看见苇帘的后面藤椅上，一个小男孩在那里摆积木玩。漆黑的眼睛，绯红的腮颊，不问而知是闻名未曾见面的侄儿小峻了。

亚茜笑说："小峻，这位是姑姑。"他笑着鞠了一躬，自己觉得很不自然，便回过头去，仍玩他的积木，口中微微的唱歌。进到中间的屋子，窗外绿荫遮满，几张洋式的椅桌，一座钢琴，几件古玩，几盆花草，几张图画和照片，错错落落的点缀得非常静雅。右边一个门开着，里面几张书橱，垒着满满的中西书籍。三哥坐在书桌旁边正写着字，对面的一张椅子，似乎是亚茜坐的。我走了进去，三哥站起来，笑着说："今天礼拜！"我道："是的，三哥为何这样忙？"三哥说："何尝是忙，不过我同亚茜翻译了一本书，已经快完了，今天闲着，又拿出来消遣。"我低头一看，桌上对面有两本书，一本是原文，一本是三哥口述亚茜笔记的，字迹很草率，也有一两处改抹的痕迹。在桌子的那一边，还垒着几本，也都是亚茜的字迹，是已经翻译完了的。

亚茜微微笑说："我哪里配翻译书，不过借此多学一点英文就是了。"我说："正合了梁任公先生的一句诗'红袖添香对译书'了。"大家一笑。

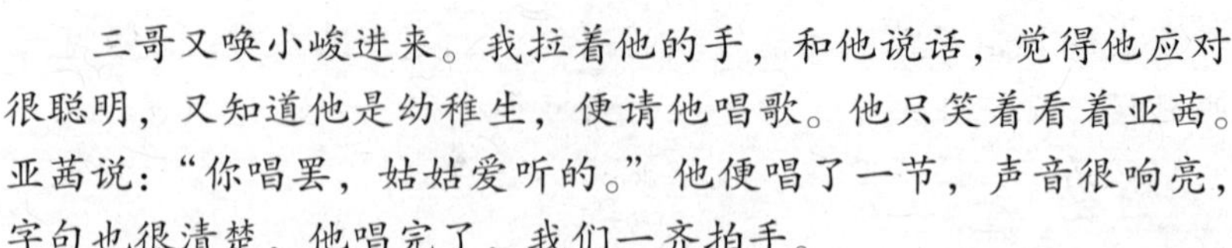

三哥又唤小峻进来。我拉着他的手，和他说话，觉得他应对很聪明，又知道他是幼稚生，便请他唱歌。他只笑着看着亚茜。亚茜说："你唱罢，姑姑爱听的。"他便唱了一节，声音很响亮，字句也很清楚，他唱完了，我们一齐拍手。

随后，我又同亚茜去参观他们的家庭，觉得处处都很洁净规则，在我目中，可以算是第一了。

下午两点钟的时候，三哥出门去访朋友，小峻也自去睡午觉。我们便出来，坐在廊子上，微微的风，送着一阵一阵的花香。亚茜一面织着小峻的袜子，一面和我谈话。一会儿三哥回来了，小峻也醒了，我们又在一处游玩。夕阳西下，一抹晚霞，映着那灿烂的花，青绿的草，这院子里，好像一个小乐园。

晚餐的菜肴，是亚茜整治的，很是可口。我们一面用饭，一面望着窗外，小峻已经先吃过了，正在廊下捧着沙土，堆起几座小塔。

门铃响了几声，老妈子进来说："陈先生来见。"三哥看了名片，便对亚茜说："我还没有吃完饭，请我们的小招待员去领他进来罢。"亚茜站起来唤道："小招待员，有客来了！"小峻抬起头来说："妈妈，我不去，我正盖塔呢！"亚茜笑着说："这样，我们往后就不请你当招待员了。"小峻立刻站起来说："我去，我去。"一面抖去手上的尘土，一面跑了出去。

陈先生和小峻连说带笑的一同进入客室，——原来这位就是住在舅母隔壁的陈先生——这时三哥出去了，小峻便进来。天色渐渐的黑暗，亚茜捻亮了电灯，对我说："请你替我说几段故事给小峻听。我要去算账了。"说完了便出去。

我说着"三只熊"的故事，小峻听得很高兴，同时我觉得他有点倦意，一看手表，已经八点了。我说："小峻，睡觉去罢。"他揉一揉眼睛，站了起来，我拉着他的手，一同进入卧室。

他的卧房实在有趣，一色的小床小家具，小玻璃柜子里排着

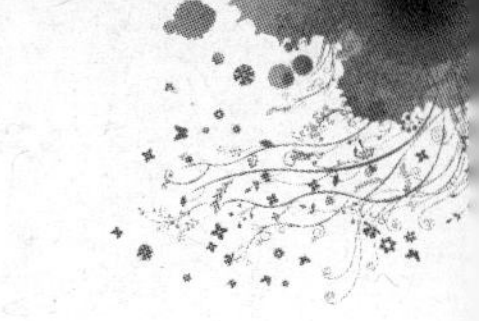

各种的玩具，墙上挂着各种的图画，和他自己所画的剪的花鸟人物。

他换了睡衣，上了小床，便说："姑姑，出去罢，明天见。"我说："你要灯不要？"他摇一摇头，我把灯捻下去，自己就出来了。

亚茜独坐在台阶上，看见我出来，笑着点一点头。我说："小峻真是胆子大，一个人在屋里也不害怕，而且也不怕黑。"亚茜笑说："我从来不说那些神怪悲惨的故事，去刺激他的娇嫩的脑筋。就是天黑，他也知道那黑暗的原因，自然不懂得什么叫做害怕了。"

我也坐下，看着对面客室里的灯光很亮，谈话的声音很高。这时亚茜又被老妈子叫去了，我不知不觉的就注意到他们的谈话上面去。

只听得三哥说："我们在英国留学的时候，觉得你很不是自暴自弃的一个人，为何现在有了这好闲纵酒的习惯？我们的目的是什么，希望是什么，你难道都忘了么？"陈先生的声音很低说："这个时势，不游玩，不拚酒，还要做什么，难道英雄有用武之地么？"三哥叹了一口气说："这话自是有理，这个时势，就有满腔的热血，也没处去洒，实在使人灰心。但是大英雄，当以赤手挽时势，不可为时势所挽。你自己先把根基弄坏了，将来就有用武之地，也不能做个大英雄，岂不是自暴自弃？"

这时陈先生似乎是站起来，高大的影子，不住的在窗前摇漾，过了一会说："也难怪你说这样的话，因为你有快乐，就有希望。不像我没有快乐，所以就觉得前途非常的黑暗了！"这时陈先生的声音里，满含愤激悲惨。

三哥说："这又奇怪了，我们一同毕业，一同留学，一同回国。要论职位，你还比我高些，薪俸也比我多些，至于素志不偿，是彼此一样的，为何我就有快乐，你就没有快乐呢？"陈先

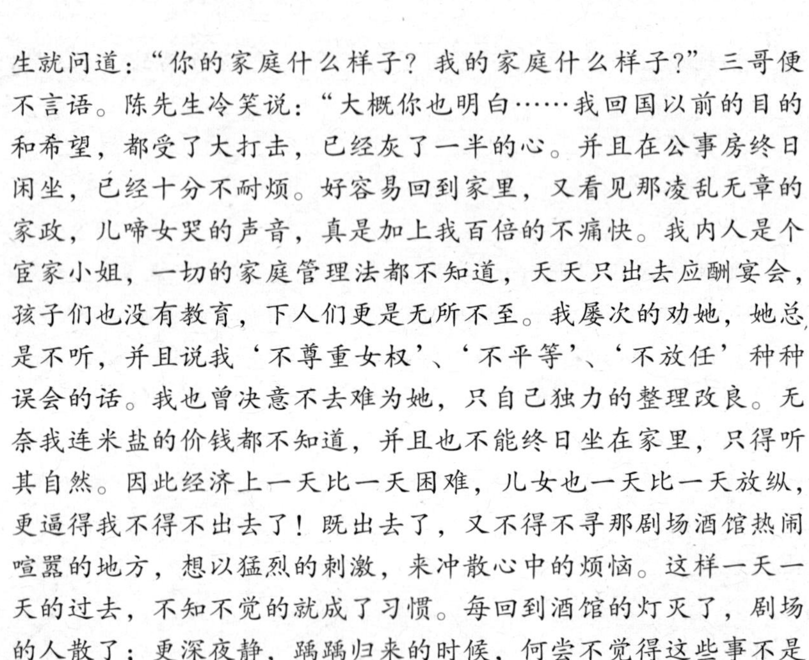

生就问道："你的家庭什么样子？我的家庭什么样子？"三哥便不言语。陈先生冷笑说："大概你也明白……我回国以前的目的和希望，都受了大打击，已经灰了一半的心。并且在公事房终日闲坐，已经十分不耐烦。好容易回到家里，又看见那凌乱无章的家政，儿啼女哭的声音，真是加上我百倍的不痛快。我内人是个宦家小姐，一切的家庭管理法都不知道，天天只出去应酬宴会，孩子们也没有教育，下人们更是无所不至。我屡次的劝她，她总是不听，并且说我'不尊重女权'、'不平等'、'不放任'种种误会的话。我也曾决意不去难为她，只自己独力的整理改良。无奈我连米盐的价钱都不知道，并且也不能终日坐在家里，只得听其自然。因此经济上一天比一天困难，儿女也一天比一天放纵，更逼得我不得不出去了！既出去了，又不得不寻那剧场酒馆热闹喧嚣的地方，想以猛烈的刺激，来冲散心中的烦恼。这样一天一天的过去，不知不觉的就成了习惯。每回到酒馆的灯灭了，剧场的人散了；更深夜静，踽踽归来的时候，何尝不觉得这些事不是我陈华民所应当做的？然而……咳！峻哥呵！你要救救我才好！"这时已经听见陈先生呜咽的声音。三哥站起来走到他面前。

门铃又响了，老妈进来说我的车子来接我了，便进去告辞了亚茜，坐车回家。

两个月的暑假又过去了，头一天上学从舅母家经过的时候，忽然看见陈宅门口贴着"吉屋招租"的招贴。

放学回来刚到门口，三哥也来了，衣襟上缀着一朵白纸花，脸上满含着凄惶的颜色，我很觉得惊讶，也不敢问，彼此招呼着一同进去。

母亲不住的问三哥："亚茜和小峻都好吗？为什么不来玩玩？"这时三哥脸上才转了笑容，一面把那朵白纸花摘下来，扔在字纸篮里。

母亲说："亚茜太过于精明强干了，大事小事，都要自己亲手去做，我看她实在太忙。但我却从来没有看见过她有一毫勉强慌急的态度，匆忙忧倦的神色，总是喜喜欢欢、从从容容的。这个孩子，实在可爱！”三哥说：“现在用了一个老妈，有了帮手了，本来亚茜的意思还不要用。我想一切的粗活，和小峻上学放学路上的照应，亚茜一个人是决然做不到的。并且我们中国人的生活程度还低，雇用一个下人，于经济上没有什么出入，因此就雇了这个老妈，不过在粗活上，受亚茜的指挥，并且亚茜每天晚上还教她念字片和《百家姓》，现在名片上的姓名和账上的字，也差不多认得一多半了。”

我想起了一件事，便说：“是了，那一天陈先生来见，给她名片，她就知道是姓陈。我很觉得奇怪，却不知是亚茜的学生。”

三哥忽然叹了一口气说：“陈华民死了，今天开吊，我刚从那里回来。”——我才晓得那朵白纸花的来历，和三哥脸色不好的缘故——母亲说：“是不是留学的那个陈华民？”三哥说：“是。”母亲说：“真是奇怪，像他那么一个英俊的青年，也会死了，莫非是时症？”三哥说：“哪里是时症，不过因为他这个人，太聪明了，他的目的希望，也太过于远大。在英国留学的时候养精蓄锐的，满想着一回国，立刻要把中国旋转过来。谁知回国以后，政府只给他一名差遣员的缺，受了一月二百块钱无功的俸禄，他已经灰了一大半的心了。他的家庭又不能使他快乐，他就天天的拚酒，那一天他到我家里去，吓了我一大跳。从前那种可敬可爱的精神态度，都不知丢在哪里去了，头也垂了，眼光也散了，身体也虚弱了，我十分的伤心，就恐怕不大好，因此劝他常常到我家里来谈谈解闷，不要再拚酒了，他也不听。并且说：‘感谢你的盛意，不过我一到你家，看见你的儿女和你的家庭生活，相形之下，更使我心中难过，不如……’以下也没说什么，只有哭泣，我也陪了许多眼泪。以后我觉得他的身子，一天一天的软弱下去，便勉强他一同去到一个德国大夫那里去察验身体。

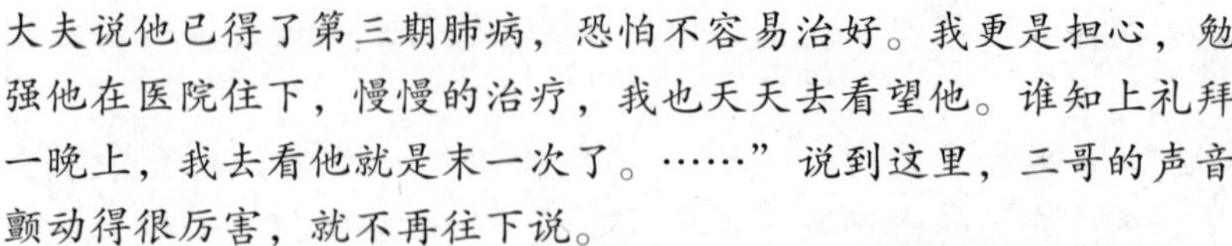

大夫说他已得了第三期肺病，恐怕不容易治好。我更是担心，勉强他在医院住下，慢慢的治疗，我也天天去看望他。谁知上礼拜一晚上，我去看他就是末一次了。……”说到这里，三哥的声音颤动得很厉害，就不再往下说。

母亲叹了一口气说：“可惜可惜！听说他的才干和学问，连英国的学生都很妒羡的。”三哥点一点头，也没有说什么。这时我想起陈太太来了，我问：“陈先生的家眷呢？”三哥说：“要回到南边去了。听说她的经济很拮据，债务也不能清理，孩子又小，将来不知怎么过活！”母亲说：“总是她没有受过学校的教育，否则也可以自立。不过她的娘家很有钱，她总不至于十分吃苦。”三哥微笑说：“靠弟兄总不如靠自己！”

三哥坐一会儿，便回去了，我送他到门口，自己回来，心中很有感慨。随手拿起一本书来看看，却是上学期的笔记，末页便是李博士的演说，内中的话就是论到家庭的幸福和苦痛，与男子建设事业能力的影响。

（原载 1919 年 9 月 18 日至 22 日北京《晨报》第七版）

## 叩询：现代女性该扮演何种角色？

——《两个家庭》解读

冰心，人称“大姐”：20 世纪中国第一代现代女作家群中的大姐，中国现代女性小说叙事的开创者之一。前此，留学美国的陈衡哲也发表小说，但零星几篇，没有构成影响。冰心 1919 年开始在《晨报》发表小说，其时她才 19 岁。因报纸篇幅短，每篇小说都得连载。翻开 1919 年 9 月以后至 1920 年 8 月的《晨报》，几乎每天都有冰心的小说：9 月 18 日—22 日《两个家庭》；10 月 7 日—12 日《斯人独憔悴》；10 月 30 日—11 月 3 日

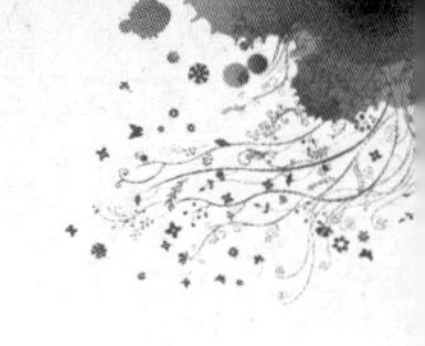

《秋风秋雨愁煞人》；11 月 22 日—26 日《去国》；1920 年 1 月 6 日—7 日《庄鸿的姐姐》；1 月 29 日《一篇小说的结局》；3 月 11 日《最后的安息》；4 月 30 日《“无限之生”的界线》；5 月 12 日—21 日《还乡》；6 月 10 日《一个兵丁》；8 月 9 日《一个军官的日记》。这种作品见刊的高密度和《晨报》的影响力，使冰心成为其时出名最早的女作家。

女性如何讲述自己的故事，冰心是一个尝试者。她带着中国式的家庭教养和西洋教会式的文化熏陶，走进文坛。来自基督教的博爱情怀与中国古老的母性传统相融合，使冰心笔下的女性含义获得一种现代改良：由从父从夫从子的陈词滥调中解脱出来，而换上以爱为精神支点涵括良好教养、学识、持家能力及耐劳品质诸新内容。

《两个家庭》写于 1918 年，连载于 1919 年 9 月 18 日—22 日的《晨报》上，那是冰心最早见刊于《晨报》的小说。其时冰心 19 岁， 位燕京大学在校学生。这篇小说用一种近乎学生作文的幼稚和清浅，写两个小家庭的故事，由此带出冰心关于中国女性新的角色身份的想象和叙述。

冰心借助“我”——一个未成年女学生的眼睛，观察两位家庭主妇：“我”的堂嫂亚茜与陈太太。经由两位家庭主妇治家方式的对比，带出女性在家庭该扮演何种角色的问题。此为“五四”早期、人伦变革背景中最早出现的问题小说。人物形象偏平，行为动机及理由简单化（没有超出一个中学生所能理解的理由限度），没有心理细节，情节转折生硬，叙述人褒贬态度鲜明。陈太太的好闲好玩，耽于享乐，家政散漫、杂乱；亚茜的能干体贴、好学勤奋、相夫课子、治家有方，都在“我”粗线条的、感受式的叙述中浮现出来。“我”到舅母家玩，看到她的邻居陈太太每天到朋友家打牌，家事不管，把三个孩子打发到街上，孩子互相打架，满脸污泥。丈夫对她很不满，夫妻间经常拌嘴；

“我”来堂兄三哥家，看到的完全是另一种景观——堂嫂亚茜正和三哥在翻译一本书：

> 亚茜微微笑说：“我哪里配翻译书，不过借此多学一点英文就是了。”我说：“正合了梁任公先生的一句诗‘红袖添香对译书’了。”大家一笑。

亚茜不仅是三哥的精神伴侣，而且能整治一手好菜，教子有方，孩子健康活泼。小说还安排一个细节：三哥与陈先生是留学英国时的同学，两个家庭的比较就更为鲜明，三哥对陈先生成家后的自暴自弃、好闲纵酒非常担忧，以此反衬妻子的不贤惠带来的不幸，陈因此早早去世。作者要告诉人们，两个家庭的不同结局，与两位女性的品行、能力、治家方式有直接关联。

这篇小说将考察视角规定在一个十多岁少女所能感受、理解的范围之内，内容非常清浅、简单。但在这种叙述中，作者对女性在社会、在家庭该扮演何种角色，有自己清晰的看法。做一个以爱为出发点的贤妻良母，是冰心对现代女性角色的一种指认，这种认识包含作者非常直观而又出乎本性的体会和认知，较之“五四”时期鼓励“娜拉”出走的激进的女性观念，这种认识更合乎中国的实际情况，它着眼于秩序的“和谐”而非个人的“快乐”或“独立”。“五四”以降，女性问题一直被关注，女性该扮演什么角色，该为个人、为家庭还是为社会？一直争论不休，至今仍没有平息。经过了近一个世纪的努力，在男女平等已成为现代人的一种基本观念的今天，人们似乎更乐意于主张两性和谐，将女性放在特定的秩序系统中来认识。从这个角度看，冰心的观点，仍有其意义。

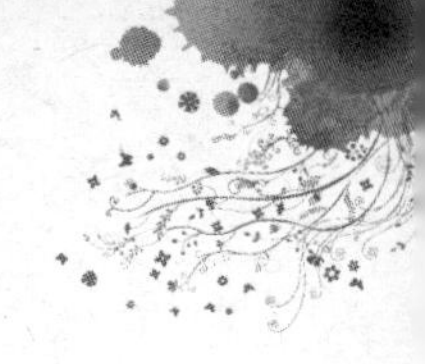

# 庐隐简介

庐隐（1898—1934），“五四”时期著名的作家，原名黄淑仪，又名黄英，笔名庐隐。福建省闽侯县人。1912年考入河南女子师范学校，1917年毕业后任教于北平公立女子中学、安徽安庆小学及河南女子师范学校，1919年考入北京高等女子师范学校国文系。1921年加入文学研究会。同年在《小说月报》发表小说《一个著作家》，之后，《两个小学生》、《红玫瑰》、《灵魂可以卖么?》、《思潮》、《余泪》、《月下的回忆》、《或人的悲哀》、《彷徨》、《丽石日记》、《海滨故人》、《沦落》和《旧稿》等一批小说频频推出，成为《小说月报》的高产作者。1922年大学毕业后到安徽宣城中学任教，半年后回北平师范大学附属中学教国文。1923年冲破重重阻力，与有妇之夫郭梦良结婚。郭不久病逝。1925年第一本小说集《海滨故人》由商务印书馆初版。几年间，母亲、丈夫、哥哥和挚友石评梅先后逝世，悲哀情绪浸透在这个时期出版的作品集《灵海潮汐》和《曼丽》之中。1930年与李唯建结婚，1931年出版了二人的通信集《云欧情书集》。婚后他们一度在东京居住，出版《东京小品》。36岁时因临盆难产子宫破裂，在上海去世。

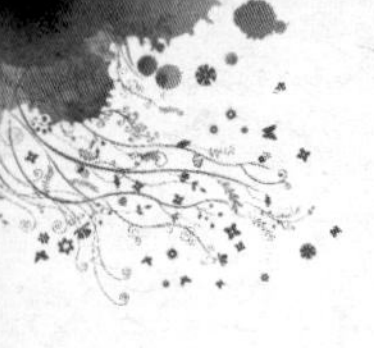



# 海滨故人（节选）

庐 隐

## 一

呵！多美丽的图画！斜阳红得像血般，照在碧绿的海波上，露出紫蔷薇般的颜色来，那白杨和苍松的荫影之下，她们的旅行队正停在那里，五个青年的女郎，要算是熟客了，她们住在靠海的村子里；只要早晨披白绡的安琪儿，在天空微笑时，她们便各人拿着书跳舞般跑了来。黄昏红裳的哥儿回去时，她们也必定要到。

她们到是什么来历呢，有一个名字叫露沙，她在她们五人里，是最活泼的一个。她总喜欢穿白纱的裙子，用云母石作枕头，仰面睡在草地上默默凝想。她在城里念书，现在正是暑假期中，约了她的好朋友——玲玉，莲裳，云青，宗莹住在海边避暑，每天两次来赏鉴海景。她们五个人的相貌和脾气都有极显著的区别，露沙是个很清瘦的面庞和体格。但却十分刚强，她们给她的赞语是“短小精悍”。她的脾气很爽快，但心思极深，对于世界的谜仿佛已经识破，对人们交接，总是诙谐的。玲玉是富于情感，而体格极瘦弱，她常常喜欢人们的赞美和温存。她认定世界的伟大和神秘，只是爱的作用，她喜欢笑，更喜欢哭，她和云青最要好。云青是个理智比感情更强的人，有时她不耐烦了，不能十分温慰玲玉，玲玉一定要背人偷拭泪，有时竟至放声痛哭了。莲裳为人最周到，无论和什么人都交际得来，而且到处都被人欢迎，她和云青很好。宗莹在她们里头，是最娇艳的一个，她极喜欢艳妆，也喜欢向人夸耀她的美和她的学识，她常常说过分的话。露沙和她很好，但露沙也极反她思想的近俗，不过觉得她人很温和，待人很好，时时牺牲了自己的偏见，来附和她。她们样样不同的朋友，而能比一切同学亲热，就在她们都是很有抱负

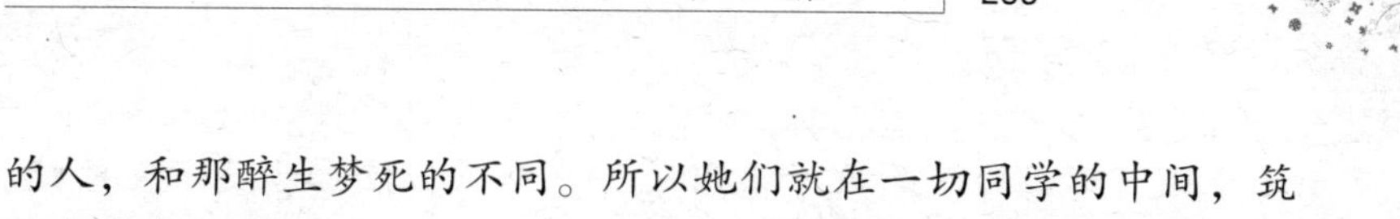

的人，和那醉生梦死的不同。所以她们就在一切同学的中间，筑起高垒来隔绝了。

有一天朝霞罩在白云上的时候，她们五个人又来了。露沙睡在海崖上，宗莹蹲在她的身旁，莲裳、玲玉、云青站在海边听怒涛狂歌，看碧波闪映，宗莹和露沙低低地谈笑，远远忽见一缕白烟从海里腾起，玲玉说："船来了！"大家因都站起来观看，渐渐看见烟筒了，看见船身了，不到五分钟整个的船都可以看得清楚，船上许多水手都对她们望着，直到走到极远才止。她们因又团团坐下，说海上的故事。

开始露沙述她幼年时，随她的父母到外省做官去，也是坐的这样的海船。有一天因为心里烦闷极了，不住声地啼哭，哥哥拿许多糖果哄她，也止不住哭声，妈妈用责罚来禁止她的哭声，也是无效。这时她父亲正在作公文，被她搅得急起来，因把她抱起来要往海里抛。她这时惧怕那油碧碧的海心，才止住哭声。

宗莹插言道："露沙小时的历史，多着呢，我都知道。因我妈妈和她家认识，露沙生的那天，我妈妈也在那里。"玲玉说："你既知道，讲给我们听听好不好？"宗莹看着露沙微笑，意思是探她许可与否，露沙说："小时的事情我一概不记得，你说说也好，叫我也知道知道。"

于是宗莹开始说了：露沙出世的时候，亲友们都庆贺她的命运，因为露沙的母亲已经生过四个哥儿了。当孕着露沙的时候，只盼望是个女儿。这时露沙正好出世。她母亲对这嫩弱的花蕊，十分爱护，但同时意外的事情发生了，不免妨碍露沙的幸运，就是生露沙的那一天，她的外祖母死了。并且曾经派人来接她的母亲，为了露沙的出世，终没去成，事后每每思量，当露沙闭目恬适睡在她臂膀上时，她便想到母亲的死，晶莹的泪点往往滴在露沙的颊上。后来她忽感到露沙的出世有些不祥，把思量母亲的热情，变成憎厌露沙的心了！

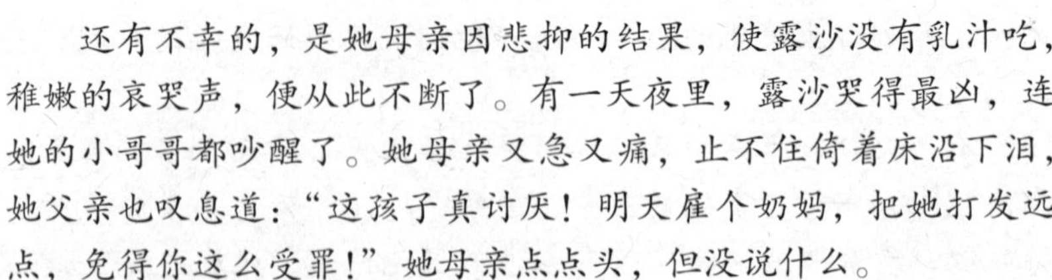

还有不幸的，是她母亲因悲抑的结果，使露沙没有乳汁吃，稚嫩的哀哭声，便从此不断了。有一天夜里，露沙哭得最凶，连她的小哥哥都吵醒了。她母亲又急又痛，止不住倚着床沿下泪，她父亲也叹息道：“这孩子真讨厌！明天雇个奶妈，把她打发远点，免得你这么受罪！”她母亲点点头，但没说什么。

过了几天，露沙已不在她母亲怀抱里了，那个新奶妈，是乡下来的，她梳着奇异像蝉翼般的头，两道细缝的小眼，上唇撅起来，露着牙龈。露沙初次见她，似乎很惊怕，只躲在娘怀里不肯仰起头来，后来那奶妈拿了许多糖果和玩物，才勉强把她哄去。但到了夜里，她依旧要找娘去，奶妈只把她搂在怀里，轻轻拍着，唱催眠歌儿。才把她哄睡了。

露沙因为小时吃了母亲忧抑的乳汁，身体十分孱弱，况且那奶妈又非常的粗心，她有时哭了，奶妈竟不理她，这时她的小灵魂，感到世界的孤寂和冷刻了。她身体健康更一天不如一天。到三岁了她还不能走路和说话，并且头上还生了许多疮疥。这可怜的小生命，更没有人注意她了。

在那一年的春天，鸟儿全都轻唱着，花儿全都含笑着，露沙的小哥哥都在绿草地上玩耍，那时露沙得极重的热病，关闭在一间厢房里。当她病势沉重的时候，她母亲绝望了，又恐怕传染，她走到露沙的小床前，看着她瘦弱的面庞说：“唉！怎变成这样了！……奶妈！我这里孩子多，不如把她抱到你家里去治吧！能好再抱回来，不好就算了！”奶妈也正想回去看看她的小黑，当时就收拾起来，到第二天早晨，奶妈抱着露沙走了。她母亲不免伤心流泪。露沙搬到奶妈家里的第二天，她母亲又生了个小妹妹，从此露沙不但不在她母亲的怀里，并且也不在她母亲的心里了。

奶妈的家，离城有二十里路，是个环山绕水的村落，她的屋子，是用茅草和黄泥筑成的，一共四间，屋子前面有一座竹篱

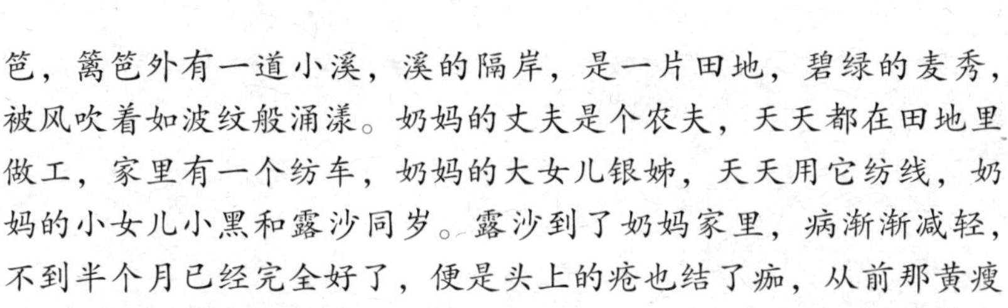

笆，篱笆外有一道小溪，溪的隔岸，是一片田地，碧绿的麦秀，被风吹着如波纹般涌漾。奶妈的丈夫是个农夫，天天都在田地里做工，家里有一个纺车，奶妈的大女儿银姊，天天用它纺线，奶妈的小女儿小黑和露沙同岁。露沙到了奶妈家里，病渐渐减轻，不到半个月已经完全好了，便是头上的疮也结了痂，从前那黄瘦的面孔，现在变成红黑了。

露沙住在奶妈家里，整整过了半年，她忘了她的父母，以为奶妈便是她的亲娘，银姊和小黑是她的亲姊姊。朝霞幻成的画景，成了她灵魂的安慰者，斜阳影里唱歌的牧童，是她的良友，她这时精神身体都十分焕发。

露沙回家的时候，已经四岁了。到六岁的时候，就随着她的父母做官去。以后的事情我就不知道了。

宗莹说到这里止住了。露沙只是怔怔地回想，云青忽喊道："你看那海水都放金光了，太阳已经到了正午，我们回去吃饭吧！"她们随着松荫走了一程已经到家了。

在这一个暑假里，寂寞的松林，和无言的海流，被这五个女孩子点染得十分热闹，她们对着白浪低吟，对着激潮高歌，对着朝霞微笑，有时竟对着海月垂泪。不久暑假将尽了，那天夜里正是月望的时候，她们黄昏时拿着箫笛等来了。露沙说："明天我们就要进城去，这海上的风景，只有这一次的享受了。今晚我们一定要看日落和月出……这海边上虽有几家人家，但和我们也混熟了，纵晚点回去也不要紧，今天总要尽兴才是。"大家都极同意。

西方红灼灼地光闪烁着，海水染成紫色，太阳足有一个脸盆大，起初盖着黄色的云，有时露出两道红来，仿佛火神怒睁两眼，向人间狠视般，但没有几分钟那两道红线化成一道，那彩霞和彗星般散在西北角上，那火盆般的太阳已到了水平线上，一霎眼那太阳已如狮子滚绣球般，打个转身沉向海底去了。天上立刻露出淡灰色来，只在西方还有些五彩余辉闪烁着。

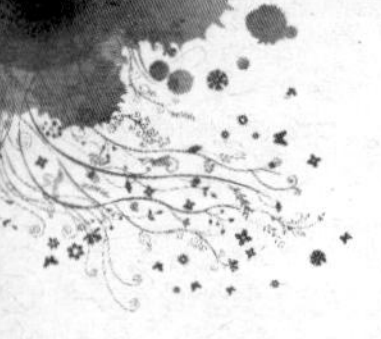



海风吹拂在宗莹的散发上，如柳丝轻舞，她倚着松柯低声唱道：

我欲登芙蓉之高峰兮，
白云阻其去路。
我欲攀绿萝之俊藤兮；
惧颓岩而踟躇。
伤烟波之荡荡兮；
伊人何处？
叩海神久不应兮；
唯漫歌以代哭！

接着歌声，又是一阵箫韵，其声嘤嘤似蜂鸣群芳丛里，其韵溶溶似落花轻逐流水，渐提渐高激起有如孤鸿哀唳碧空，但一折之后又渐转和缓恰似水渗滩底呜咽不绝，最后音响渐杳，歌声又起道：

临碧海对寒素兮，
何烦纡之萦心！
浪滔滔波荡荡兮，
伤孤舟之无依！
伤孤舟之无依兮，
愁绵绵而永系！

大家都披了歌声的催眠，沉思无言，便是那作歌的宗莹，也只有微叹的余音，还在空中荡漾罢了。

二

她们搬进学校了。暑假里浪漫的生活，只能在梦里梦见，在回想中想见。这几天她们都是无精打采的。露沙每天只在图书馆，一张长方桌前坐着，拿着一支笔，痴痴地出神，看见同学走过来时，她便将人家慢慢分析起来，同学中有一个叫松文的从她面前走过，手里正拿着信，含笑的看着，露沙等她走后，便把她

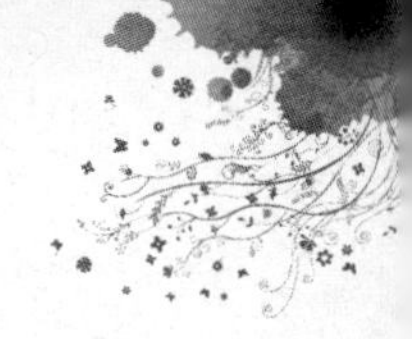

从印象中提出，层层地分析，过了半点钟。便抽去笔套，在一册小本子上写道：

“一个很体面的女郎，她时时向人微笑，多美丽啊！只有含露荼蘼能比拟她。但是最真诚和甜美的笑容，必定当她读到情人来信时才可以看见！这时不止像含露的荼蘼了。并且像斜阳熏醉的玫瑰。又柔媚又艳丽呢！”她写到这里又有一个同学从她面前走过。她放下她的小本子，换了宗旨不写那美丽含笑的松文了！她将那个后来的同学照样分析起来。这个同学姓郦在她一级中年纪最大，——大约将近四十岁了——她拿着一堆书，皱着眉走过去。露沙望着她的背影出神。不禁长叹一声，又拿起笔来写道：——“她是四十岁的母亲了，——她的儿已经十岁——当她拿着先生发的讲义——二百余页的讲义，细细地理解时，她不由得想起她的儿来了。”她那时皱紧眉头，合上两眼，任那眼泪把讲义湿透，也仍不能止住她的伤心。

先生们常说：“她是最可佩服的学生。”我也只得这么想，不然她那紧皱的眉峰，便不时惹起我的悲哀；我必定要想到：“人多么傻啊！因为不相干的什么知识——甚至于一张破纸文凭，把精神的快活完全牺牲了……”当当一阵吃饭钟响，她才放下笔，从图书馆出来，她一天的生活大约如是，同学们都说她有神经病，有几个刻薄的同学给她起个绰号，叫“著作家”，她每逢听见人们嘲笑她的时候。只是微笑说：“算了吧！著作家谈何容易？”说完这话，便头也不回地跑到图书馆去了。

宗莹最喜欢和同学谈情。她每天除上课之外，便坐在讲堂里，和同学们说：“人生的乐趣，就是情。”她们同级里有两个人，一个叫作兰馨，一个叫作孤云，她们两人最要好，然而也最爱打架。她们好的时候，手挽着手，头偎着头，低低地谈笑。或商量两个人做一样衣服，用什么样花边，或者做一样的鞋，打一样的别针，使无论什么人一见她们，就知道她们是顶要好的朋友。有时预算星期六回家，谁到谁家去，她们说到快意的时候，竟手舞足蹈，合唱起来。这时宗莹必定要拉着玲玉说："你看她们多快乐啊！真是人若没有感情，就不能生活了。情是滋润草木的甘露，要想开美丽的花，必定要用情汁来灌溉。"玲玉也悄悄地谈论着。我们级里谁最有情，谁有真情，宗莹笑着答她道："我看你最多情，——最没情就是露沙了。她永远不相信人，我们对她说情，她便要笑我们。其实她的见地实在不对。"玲玉便怀疑着笑说道："真的吗？……我不相信露沙无情，你看她多喜欢笑，多喜欢哭呀。没情的人，感情就不应当这么易动。"宗莹听了这话，沉思一回，又道："露沙这人真奇怪呀！……有时候她闹起来，比谁都活泼，及至静起来，便谁也不理的躲起来了。"

她们一天到晚，只要有闲的时候，便如此的谈论，同学们给她们起了绰号，叫"情迷"。她们也笑纳不拒。

云青整天理讲义，记日记。云青的姊妹最多，她们家庭里因组织了一个娱乐会。云青全份的精神都集中在这里，下课的时候，除理讲义，抄笔录和记日记外，就是做简章和写信。她性情极圆和，无论对于什么事，都不肯吃亏，而且是出名的拘谨。同级里每回开级友会，或是爱国运动。她虽热心帮忙，但叫她出头露面，她一定不答应。她唯一的推辞只说："家里不肯。"同学们能原谅她的，就说她家庭太顽固，她太可怜，不能原谅她，就冷笑着说："真正是个薛宝钗。"她有时听见这种的嘲笑，便呆呆坐在那里。露沙若问她出什么神？她便悲抑着说："我只想求人了解真不容易！"露沙早听惯看惯她这种语调态度，也只冷冷地答道："何必求人了解？老实说便是自己有时也不了解自己呢？"云青听了露沙的话，就立刻安适了，仍旧埋头做她的工作。

莲裳和他们四人不同级，她学的是音乐，她每日除了练琴室里弹琴，便是操场上唱歌。她无忧无虑，好像不解人间有烦恼事，她每逢听见云青、露沙谈人无味一类的话，她必插嘴截住她

们的话说："哎呀！你们真讨厌。竟说这些没意思的话，有什么用处呢？来吧！来吧！操场玩去吧！"她跑到操场里，跳上秋千架，随风上下翻舞。必弄得一身汗她才下来，她的目的，只是快乐。她最憎厌学哲理的人，所以她和露沙她们不能常常在一处，只有假期中，她们偶然聚会几次罢了。

她们在学校里的生活很平淡，差不多没有什么意外的事情发现。到了第三个年头，学校里因为爱国运动，常常罢课。露沙打算到上海读书。开学的时候，同学们都来了，只缺一个露沙，云青、玲玉、宗莹都感十分怅惘，云青更抑抑不能耐，当日就写了一封信给露沙道：

露沙：

赐书及宗莹书，读悉一是；离愁别恨，思之痛，言之更痛！露沙！千丝万缕，从何诉说？知惜别之不免，悔欢聚之多事矣！悠悠不决之学潮，至兹告一结束，今日已始行补课，同堂相见，问及露沙，上海去也。局外人已不胜为吾四人憾，况身受者乎？吾不欲听其问，更不忍笔之于此以增露沙愁也！所幸吾侪之以志行相契，他日共事社会，不难旧雨重逢，再作昔日之游，话别情，倾积愫，且喜所期不负，则理想中乐趣，正今日离愁别恨有以成之；又何惜今日之一别，以致永久之乐乎？云素欲作积极语，以是自慰，亦勉以是为露沙慰，知露沙离群之痛，总难恝然于心。姑以是作无聊之极想，当耐味之榆柑可也。

今日校中之开学式，一种萧条气象，令人难受，露沙所谓"别时容易见时难"，吾终不能如太上之忘情，奈何！得暇多来信，余言续详，顺颂

康健

云青

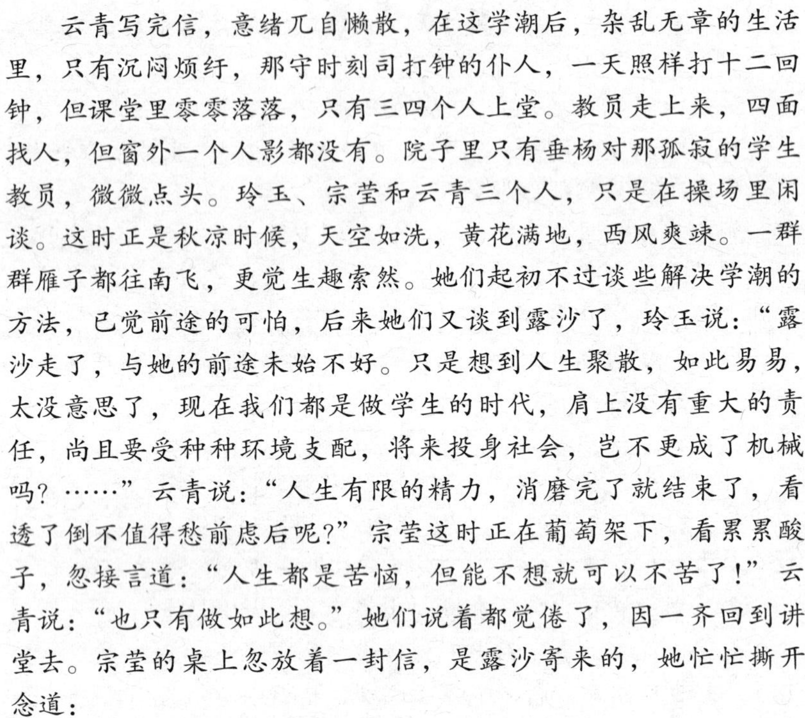

云青写完信，意绪兀自懒散，在这学潮后，杂乱无章的生活里，只有沉闷烦纡，那守时刻司打钟的仆人，一天照样打十二回钟，但课堂里零零落落，只有三四个人上堂。教员走上来，四面找人，但窗外一个人影都没有。院子里只有垂杨对那孤寂的学生教员，微微点头。玲玉、宗莹和云青三个人，只是在操场里闲谈。这时正是秋凉时候，天空如洗，黄花满地，西风爽竦。一群群雁子都往南飞，更觉生趣索然。她们起初不过谈些解决学潮的方法，已觉前途的可怕，后来她们又谈到露沙了，玲玉说："露沙走了，与她的前途未始不好。只是想到人生聚散，如此易易，太没意思了，现在我们都是做学生的时代，肩上没有重大的责任，尚且要受种种环境支配，将来投身社会，岂不更成了机械吗？……"云青说："人生有限的精力，消磨完了就结束了，看透了倒不值得愁前虑后呢？"宗莹这时正在葡萄架下，看累累酸子，忽接言道："人生都是苦恼，但能不想就可以不苦了！"云青说："也只有做如此想。"她们说着都觉倦了，因一齐回到讲堂去。宗莹的桌上忽放着一封信，是露沙寄来的，她忙忙撕开念道：

> 人寿究竟有几何？穷愁潦倒过一生；未免不值得！我已决定日内北上，以后的事情还讲不到，且把眼前的快乐享受了再说。
>
> 宗莹云青玲玉从此不必求那永不开口的月姊——传我们心弦之音了！啊！再见！

宗莹喜欢得跳起来，玲玉、云青也尽展愁眉，她们并且忙跑去通知莲裳，预备欢迎露沙。

露沙到的那天，她们都到火车站接她。把她的东西交给底下人拿回去。她们五个人一齐走到公园里。在公园里吃过晚饭，便在社稷坛散步，她们谈到暑假分别时曾叮嘱到月望时，两地看月

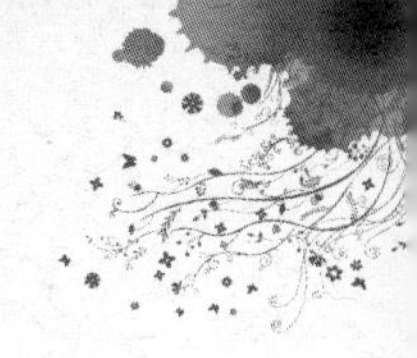

传心曲，谁想不到三个月，依旧同地赏月了！在这种极乐的环境里，她们依旧恢复她们天真活泼的本性了。

她们谈到人生聚散的无定，露沙感触极深，因述说她小时的朋友的一段故事：

“我从九岁开始念书，启蒙的先生是我姑母，我的书房，就在她寝室的套间里。我的书桌是红漆的，上面只有一个墨盒，一管笔，一本书，桌子面前一张木头椅子。姑母每天早晨教我一课书，教完之后，她便把书房的门倒锁起来，在门后头放着一把水壶，念渴了就喝白开水，她走了以后，我把我的书打开。忽听见院子里妹妹唱歌，哥哥学猫叫，我就慢慢爬到桌上站在那里，从窗眼往外看，妹妹笑，我也由不得要笑，哥哥追猫，我心里也像帮忙一块追似的，我这样站着两点钟也不觉倦，但只听见姑母的脚步声，就赶紧爬下来，很规矩地坐在那里，姑母一进门，正颜厉色地向我道：‘过来背书！’我哪里背得出。便认也不曾认得。姑母怒极，喝道：‘过来！’我不禁哀哀地哭了，她拿着皮鞭抽了几鞭。然后狠狠地说：‘十二点再背不出，不用想吃饭啊！’我这时恨极这本破书了。但为要吃午饭，也不能不拼命地念，侥幸背出来了，混了一顿午饭吃。但是念了一年，一本三字经还不曾念完。姑母恨极了，告诉了母亲把我狠狠责罚了一顿，从此不教我念书了。我好像被赦的死囚，高兴极了。”

有一天我正在同妹妹做小衣服玩，忽听见母亲叫我说：“露沙！你一天在家里不念书，竟顽皮，把妹妹都引坏了。我现在送你上学校去，你若不改，被人赶出来，我就不要你了。”我听了这话，又怕又伤心，不禁放声大哭。后来哥哥把我抱上车，送我到东城一个教会学堂里，我才迈进校长室，心里便狂跳起来。在我的小生命里，是第一次看见蓝眼睛、高鼻子的外国人，况且这校长满脸威严。我哥哥和她说：“这小孩是我的妹妹，她很顽皮，请你不用客气地管束她。那是我们全家所感激的。”那校长对我

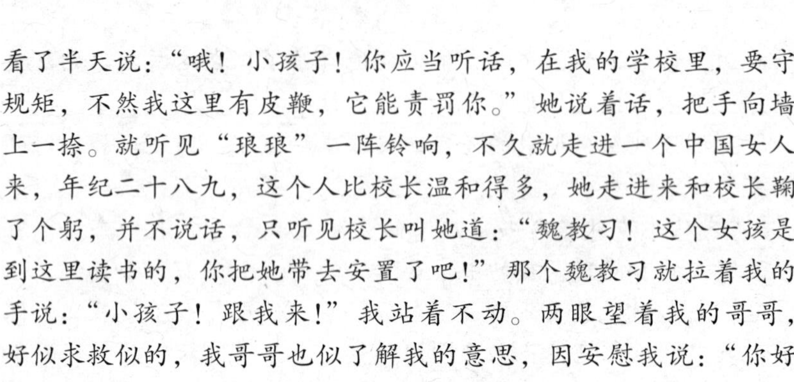

看了半天说："哦！小孩子！你应当听话，在我的学校里，要守规矩，不然我这里有皮鞭，它能责罚你。"她说着话，把手向墙上一捺。就听见"琅琅"一阵铃响，不久就走进一个中国女人来，年纪二十八九，这个人比校长温和得多，她走进来和校长鞠了个躬，并不说话，只听见校长叫她道："魏教习！这个女孩是到这里读书的，你把她带去安置了吧！"那个魏教习就拉着我的手说："小孩子！跟我来！"我站着不动。两眼望着我的哥哥，好似求救似的，我哥哥也似了解我的意思，因安慰我说："你好好在这里念书，我过几天来看你。"我知道无望了，只得勉勉强强跟着魏教习到里边去。

这学校的学生，都是些乡下孩子，她们有的穿着打补钉的蓝布褂子，有的头上扎着红头绳，见了我都不住眼地打量，我心里又彷徨，又凄楚。在这满眼生疏的新环境里，觉得好似不系之舟，前途命运真不可定呵。迷糊中不知走了多少路，只见魏教习领我走到楼下东边一所房子前站住了。用手轻轻敲了几下门，那门便"呀"的一声开了。一个女郎戴着蔚蓝眼镜，两颊娇红，眉长入鬓，身上穿着一件月白色的长衫，微笑着对魏教习鞠了躬说："这就是那新来的小学生吗？"魏教习点点头说："我把她交给你，一切的事情都要你留心照应。"说完又回头对我说："这里的规矩，小学生初到学校，应受大学生的保护和管束。她的名字叫秦美玉，你应当叫她姐姐，好好听她的话，不知道的事情都可以请教她。"说完站起身走了。那秦美玉拉着我的手说："你多大了？你姓什么？叫什么？……这学校的规矩很厉害，外国人是不容情的，你应当事事小心。"她正说着，已有人将我的铺盖和衣物拿进来了。我这时忽觉得诧异，怎么这屋子里面没有床铺啊？后来又看她把墙壁上的木门推开了。里头放着许多被褥，另外还有一个墙橱，便是放衣服的地方，她告诉我这屋里住五个人，都在这木板上睡觉。此外，有一张长方桌子，也是五个人公

用的地方，我从来没看见过这种简陋的生活，仿佛到了一个特别的所在，事事都觉得不惯。并且那些大学生，又都正颜厉色地指挥我打水扫地，我在家从来没做过，况且年龄又大幼弱，怎么能做得来。不过又不敢不做，到烦难的时候，只有痛哭，那些同学又都来看我，有的说："这孩子真没出息！"有的说："管管她就好了。"那些没有同情的刺心话，真使我又羞又急，后来还是秦美玉有些不过意，抚着我的头说："好孩子！别想家，跟我玩去。"我擦干了眼泪，跟她走出来。院子里有秋千架，有荡木，许多学生在那里玩耍，其中有一个学生，和我差不多大，穿着藕荷色的洋纱长衫，对我含笑地望，我也觉得她和别的同学不同，很和气可近的，我不知不觉和她熟识了，我就别过秦美玉和她牵着手，走到后院来，那里有一棵白杨树。底下放着一块捣衣石，我们并肩坐在那里，这时正是黄昏的时候，柔媚的晚霞，缀成幔天红罩，金光闪射，正映在我们两人的头上，她忽然问我道："你会唱圣诗吗？"我摇头说"不会"，她低头沉思半晌说："我会唱好几首，我教你一首好不好？"我点头道："好！"她便轻轻柔柔地唱了一首。歌词我已记不得了。只是那爽脆的声韵，恰似娇莺低吟，春燕轻歌，到如今还深刻脑海。我们正在玩得有味，忽听一阵铃响，她告诉我吃晚饭了。我们依着次序，走进膳堂，那膳堂在地窖里，很大的一间房子，两旁都开着窗户，从窗户外望，平地上所种的杜鹃花正开得灿烂娇艳，迎着残阳，真觉爽心动目。屋子中间排着十几张长方桌，桌的两旁放着木头板凳，桌上当中放着一个绿盆，盛着白木头筷子和黑色粗碗，此外排着八碗茄子煮白水，每两人共吃一碗。在桌子东头，放着一簸箩棒子面的窝窝头，黄腾腾好似金子的颜色，这又是我从来没吃过的，秦美玉替我拿了两块放在面前。我拿起来咬了一口，有点甜味，但是嚼在嘴里，粗糙非常，至于那碗茄子，更不知道是什么味道，又涩又苦。想来既没有油，盐又放多了，我肚子其实很饿，

但我拿起筷子勉强吃了两口，实在咽不下，心里一急，那眼泪点点滴滴都流在窝窝头上了。那些同学见我这种情形，有的诽笑我，有的谈论我，我仿佛听见她们说："小姐的派头倒十足，但为什么不吃小厨房的饭呢？"我那时不知道这学校的饭是分等第的，有钱的吃小厨房饭，没钱就吃大厨房的饭，我只疑疑惑惑不知道她们说什么，只怔怔地看着饭菜垂泪。直等到大家都吃完，才一齐散了出来。我自从这一顿饭后，心里更觉得难受了。这一夜翻来覆去，无论如何睡不着，看那清碧的月光，从树杪上移到我屋子的窗棂上，又移到我的枕上，直至月光充满了全屋，我还不曾入梦，只听见那四个同学呼声雷动，更感焦躁，那眼泪又不由自主地流下来了。直到天快亮，这才迷迷糊糊睡了一觉。

第二天的饭菜，依旧是不能下箸。那个小朋友知道这消息，到吃饭的时候，特把她家里送来的菜，拨了一半给我，我才吃了一顿饱饭。这种苦楚直挨了两个星期，才略觉习惯些。我因为这个小朋友待我极好，因此更加亲热，直到光复那一年，我家里搬到天津去，我才离开这学校，我的小朋友也回通州去了。到光复以后我已经十三岁了，我的小朋友十二岁，我们一齐都进公立某小学校，后来她因为想学医到别处去，我们五六年不见，想不到前年她又到北京来，我们因又得欢聚，不过现在她又走了——听说她已和人结婚——很不得志，得了肺病，将来能否再见，就说不定了。

"你们说人生聚散有一定吗？"露沙说完，兀自不住声地叹息，这时公园游人已渐渐散尽，大家都有倦意。因趁着光慢慢散步出园来，一同雇车回学校去。

露沙自从上海回来后，宗莹和云青、玲玉，都觉格外高兴。这时候她们下课后，工作的时候很少，总是四个人拉着手，在芳草地上，轻歌快谈。说到快意时，便哈天扑地地狂笑，说到凄楚时便长吁短叹，其实都脱不了孩子气，什么是人生！什么是究

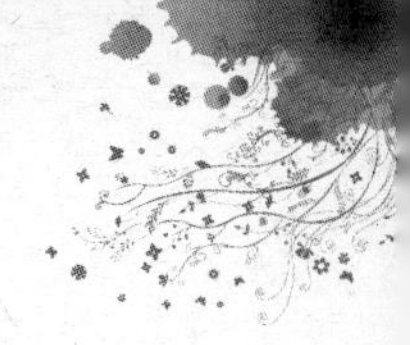



竟！不过嘴里说说，真的苦趣还一点没尝到呢！

三

光阴快极了，不觉又过了半年，不解事的露沙，玲玉，云青，宗莹，莲裳，不幸接二连三都卷入愁海了。

第一个不幸的便是露沙，当她幼年时饱受冷刻环境的熏染，养成孤僻倔强的脾气，而她天性又极富于感情，所以她竟是个智情不调和的人。当她认识那青年梓青时，正在学潮激烈的当儿。天上飘着鹅毛片般的白雪，空中风声凛冽，她奔波道途，一心只顾怎么开会，怎么发宣言，和那些青年聚在一起，讨论这一项，解决那一层，她初不曾预料到这一点的，因而生出绝大的果来。

梓青是个沉默孤高的青年，他的议论最彻底，在会议的席上，他不大喜欢说话，但他的论文极多。露沙最喜欢读他的作品，在心流的沟里，她和他不知不觉已打通了。因此不断地通信，从泛泛的交谊，变为同道的深契。这时露沙的生趣勃勃，把从前的冷淡态度，融化许多，她每天除上课外，便是到图书馆看书，看到有心得，她或者作短文，和梓青讨论，或者写信去探梓青的见解。在这个时期里，她的思想最有进步，并且她又开拓研究哲学，把从前懵懵懂懂的态度都改了。

有一天正上哲学课，她拿着一枝铅笔记先生口述的话，那时先生正讲人生观的问题，中间有一句说："人生到底做什么？"她听了这话，忽然思潮激涌，停了手里的笔，更听不见先生继续讲些什么，只怔怔地盘算，"人生到底做什么？……牵来牵去，忽想到恋爱的问题上去，——青年男女，好像是一朵含苞未放的玫瑰花，美丽的颜色足以安慰自己，诱惑别人，芬芳的气息，足以满足自己，迷恋别人。但是等到花残了，叶枯了，人家弃置，自己憎厌，花木不能躲时间空间的支配，人类也是如此，那么人生到底做什么？……其实又有什么可做？恋爱不也是一样吗？青春时互相爱恋，爱恋以后怎么样？……不是和演剧般，到结局无

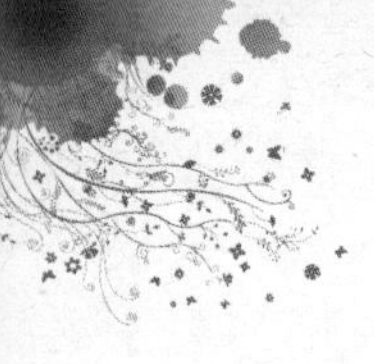



论悲喜，总是空的啊！并且爱恋的花，常常衬着苦恼的叶子，如何跳出这可怕的圈套，清净一辈子呢？……”她越想越玄，后来弄得不得主意，吃饭也不正经吃，有时只端着饭碗拿着筷子出神，睡觉也不正经睡，半夜三更坐了起来发怔，甚至于痛哭了。

这一天下午，露沙又正犯着这哲学病，忽然梓青来了一封信，里头有几句话说：“枯寂的人生真未免太单调了！……唉！什么时候才得甘露的润泽，在我空漠的心田，开朵灿烂的花呢？……恐怕只有膜拜‘爱神’，求她的怜悯了！”这话和她的思想，正犯了冲突。交战了一天，仍无结果。到了这一天夜里，她勉勉强强写了梓青的回信，那话处处露着彷徨矛盾的痕迹。到第二天早起重新看看，自己觉得不妥。因又撕了，结果只写了几个字道：“来信收到了，人生不过尔尔，苦也罢，乐也罢，几十年全都完了，管他呢！且随遇而安吧！”

活泼泼的露沙，从此憔悴了！消沉了！对于人间时而信，时而疑，神经越加敏锐，闲步到中央公园，看见鸭子在铁栏里游泳，她便想到，人生和鸭子一样地不自由，一样地愚钝，人生到底做什么？听见鹦鹉叫，她便想到人们和鹦鹉一样，刻板地说那几句话，一样的不能跳出那笼子的束缚，看见花落叶残便想到人的末路——死——仿佛天地间只有愁云满布，悲雾迷漫，无一不足引起她对世界的悲观，弄得精神衰颓。

露沙的命运是如此。云青的悲剧同时开演了，云青向来对于世界是极乐观的，她目的想作一个完美的教育家，她愿意到乡村的地方——绿山碧水——的所在，召集些乡村的孩子，好好地培植她们，完成甜美的果树，对于露沙那种自寻苦恼的态度，每每表示反对。

这天下午她们都在校园葡萄架下闲谈，同级张君拿了一封信来，递给露沙，她们都围拢来问：“这是谁的信，我们看得吗？”露沙说：“这是蔚然的信，有什么看不得的。”她说着因把信撕

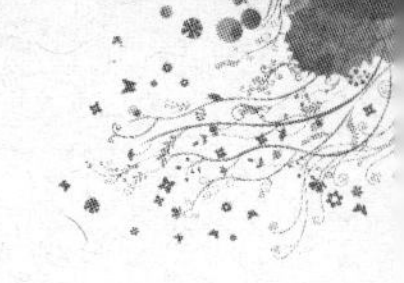

开，抽出来念道：

露沙君：

不见数月了！我近来很忙。没有写信给你，抱歉得很！你近状如何？念书有得吗？我最近心绪十分恶劣，事事都感到无聊的痛苦，一身一心都觉无所着落，好像黑夜中，独驾扁舟，漂泊于四无涯际，深不见底的大海汪洋里，彷徨到底点了啊！目前所云事，曾否进行，有效否，极盼望早得结果，慰我不定的心。别的再谈。

蔚然

宗莹说："这个人不就是我们上次在公园遇见的吗？……他真有趣，抱着一大捆讲义，睡在椅子上看，……他托你什么事？……露沙！"

露沙沉吟不语，宗莹又追问了一句，露沙说："不相干的事，我们说我们的吧！时候不早，我们也得看点书才对。"这时玲玉和云青正在那唧唧哝哝商量星期六照像的事，宗莹招呼了她们，一齐来到讲堂。玲玉到图书室找书预备作论文，她本要云青陪她去，被露沙拦住说："宗莹也要找书，你们俩何不同去。"玲玉才舍了云青，和宗莹去了。

露沙叫云青道："你来！我有话和你讲。"云青答应着一同出来，她们就在柳荫下，一张凳子上坐下了。露沙说："蔚然的信你看了觉得怎样？"云青怀疑着道："什么怎么样？我不懂你的意思！"露沙说："其实也没有什么！……我说了想你也不至于恼我吧？"云青说："什么事？你快说就是了。"露沙说："他信里说他十分苦闷，你猜为什么？……就是精神无处寄托，打算找个志同道合的女朋友，安慰他灵魂的枯寂！他对于你十分信任，从前和我说过好几次，要我先容，我怕碰钉子，直到如今不曾说过，今天他又来信，苦苦追问，我才说了，我想他的人格，

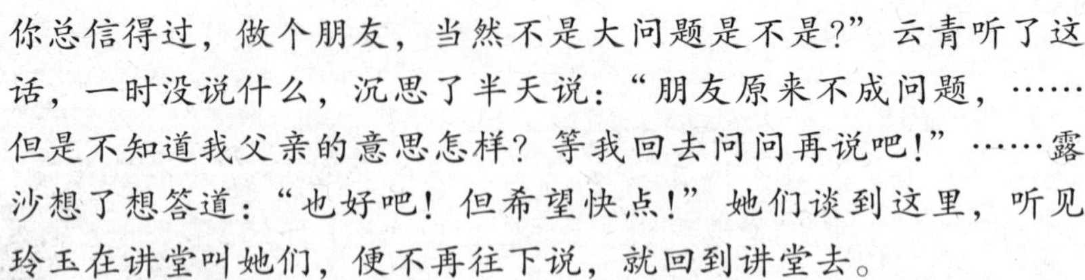

你总信得过，做个朋友，当然不是大问题是不是？”云青听了这话，一时没说什么，沉思了半天说：“朋友原来不成问题，……但是不知道我父亲的意思怎样？等我回去问问再说吧！”……露沙想了想答道：“也好吧！但希望快点！”她们谈到这里，听见玲玉在讲堂叫她们，便不再往下说，就回到讲堂去。

露沙帮着玲玉找出《汉书·艺文志》来，混了些时，玲玉和宗莹都伏案作文章，云青拿着一本唐诗，怔怔凝思，露沙叉着手站在玻璃窗口，听柳树上的夏蝉不住声地嘶叫，心里只觉闷闷地，无精打采地坐在书案前，书也懒看，字也懒写。孤云正从外头进来，抚着露沙的肩说，“怎么又犯毛病啦，眼泪汪汪是什么意思呵！”露沙满腔烦闷悲凉，经她一语道破，更禁不住，爽性伏在桌上呜咽起来，玲玉、宗莹和云青都急忙围拢来，安慰她，玲玉再三问她为什么难受，她只是摇头，她实在说不出具体的事情来。这一下午她们四个人都沉闷无言，各人叹息各人的，这种的情形，绝不是头一次了。

冬天到了，操场里和校园中没有她们四人的影子了，这时她们的生活只在图书馆或讲堂里，但是图书馆是看书的地方，她们不能谈心，讲堂人又太多，到不得已时，她们就躲在栉沐室里，那里有顶大的洋炉子，她们围炉而谈，毫无妨碍。

最近两个星期，露沙对于宗莹的态度，很觉怀疑。宗莹向来是笑容满面，喜欢谈说的；现在却不然了，镇日坐在讲堂，手里拿着笔在一张破纸上，画来画去，有时忽向玲玉说：“做人真苦呵！”露沙觉得她这种形态，绝对不是无因。这一天的第二课正好教员请假，露沙因约了宗莹到栉沐室谈心，露沙说：“你有什么为难的事吗？”她沉吟了半天说：“你怎么知道？”露沙说：“自然知道，……你自己不觉得，其实诚于中形于外，无论谁都瞒不了呢！”宗莹低头无言，过了些时，她才对露沙说：“我告诉你，但请你守秘密。”露沙说：“那自然啦，你说吧！”

“我前几个星期回家，我母亲对我说有个青年要向我求婚，据父亲和母亲的意思，都很欢喜他，他的相貌很漂亮，学问也很好，但只一件他是个官僚。我的志趣你是知道的，和官僚结婚多讨厌呵！而且他的交际极广，难保没有不规则的行动，所以我始终不能决定。我父亲似乎很生气，他说：‘现在的女孩子，眼里哪有父母呵，好吧！我也不能强迫你，不过我觉得这是个好机会，我作父亲的有对你留意的责任，你若自己错过了，那就不能怨人，……据我看那青年，实在是不可多得的人才，将来至少也有科长的希望……’我被他这一番话说得真觉难堪，我当时一夜不曾合眼，我心里只恨为什么这么倒霉，若果始终要为父母牺牲，我何必念书进学校。只过我六七年前小姐式的生活，早晨睡到十一二点起来，看看不相干的闲书，作两首谰调的诗，满肚皮佳人才子的思想，三从四德的观念，那么父母之命，媒妁之言，我自然遵守，也没有什么苦恼了！现在既然进了学校，有了知识，叫我屈伏在这种顽固不化的威势下，怎么办得到！我牺牲一个人不要紧，其奈良心上过不去，你说难不难？……”宗莹说到伤心时，泪珠儿便不断地滴下来。露沙倒弄得没有主意了，只得想法安慰她说：“你不用着急，天下没有不爱子女的父母，他绝不忍十分难为你……”

宗莹垂泪说：“为难的事还多呢！岂止这一件。你知道师旭常常写信给我吗？”露沙诧异道：“师旭是不是那个很胖的青年？”宗莹道：“是的。”……“他头一封信怎么写的？”露沙如此地问。宗莹道：“他提出一个问题和我讨论，叫我一定须答复，而且还寄来一篇论文叫我看完交回，这是使我不能不回信的原因。”露沙听完，点头叹道：“现在的社交，第一步就是以讨论学问为名，那招牌实在是堂皇得很，等你真真和他讨论学问时，他便再进一层，和你讨论人生问题，从人生问题里便渲染上许多愤慨悲抑的感情话，打动了你，然后恋爱问题就可以应运而生了。……简直是作

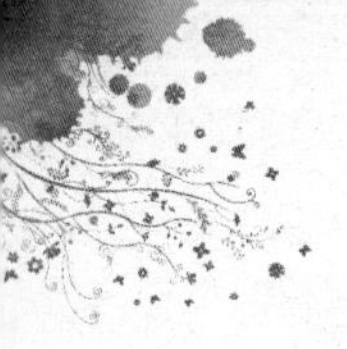



戏，所幸当局的人总是一往情深，不然岂不味同嚼蜡！”宗莹说：“什么事不是如此？……做人只得模糊些罢了。”

她们正谈着，玲玉来了，她对她们做出娇痴的样子来，似笑似恼地说：“啊哟！两个人像煞有介事，……也不理人家。”说着歪着头看她们笑。宗莹说：“来！来！……我顶爱你！”一边说，一边走，过来拉着她的手。她就坐在宗莹的旁边，将头靠在她的胸前说：“你真爱我吗？……真的吗？”……“怎么不真！”宗莹应着便轻轻在她手上吻了一吻。露沙冷冷地笑道：“果然名不虚传，情迷碰到一起就有这么些做作！”玲玉插嘴道：“咦！世界上你顶没有爱，一点都不爱人家。”露沙现出很悲凉的形状道：“自爱还来不及，说得爱人家吗？”玲玉有些恼了，两颊绯红说：“露沙顶忍心，我要哭了！我要哭了！”说着当真眼圈红了，露沙说：“得啦！得啦！和你闹着玩呵！……我纵无情，但对于你总是爱的，好不好？”玲玉虽是哈哈地笑，眼泪却随着笑声滚了下来。正好云青找到她们处来，玲玉不容她开口，拉着她就走，说，“走吧！去吧！露沙一点不爱人家，还是你好，你永远爱我！”云青只迟疑地说：“走吗？……真是的！”又回头对她们笑道：“这是怎么回事？……你们不走吗……”宗莹说：“你先走好了，我们等等就来。”玲玉走后，宗莹说：“玲玉真多情，……我那亲戚若果能娶她，真是福气！”露沙道：“真的！你那亲戚现在怎么样？你这话已对玲玉说过吗？”宗莹说：“我那亲戚不久就从美国回来了，玲玉方面我约略说过，大约很有希望吧！”“哦！听说你那亲戚从前曾和另外一个女子订婚，有这事吗？”露沙又接着问。宗莹叹道：“可不是吗？现在正在离婚，那边执意不肯，将来麻烦的日子有呢！”露沙说：“这恐怕还不成大问题，……只是玲玉和你的亲戚有否发生感情的可能，倒是个大问题呢？……听说现在玲玉家里正在介绍一个姓胡的，到底也不知什么结果。”宗莹道：“慢慢地再说吧！现在已经下堂了。

底下一课文学史，我们去听听吧！”她们就走向讲堂去。

她们四个人先后走到成人的世界去了。从前的无忧无愁的环境，一天一天消失。感情的花，已如荼如火地开着，灿烂温馨的色香，使她们迷恋，使她们尝到甜蜜的爱的滋味，同时使她们了解苦恼的意义。

这一年暑假，露沙回到上海去，玲玉回到苏州去，云青和宗莹仍留在北京。她们临别的末一天晚上，约齐了住在学校里，把两张木床合并起来，预备四个人联床谈心。在傍晚的时候，她们在残阳的余辉下，唱着离别的歌儿道：

漳水一桃花故人千里，
离歧默默情深，
两地思量共此心！
何时重与联襟？
愿化春波送君来去，
天涯海角相寻。

歌调苍凉，她们的声音越来越低，直至无声，露沙叹道：“十年读书，得来只是烦恼与悲愁，究竟知识误我，我误知识？”云青道：“真是无聊！记得我小的时候，看见别人读书，十分羡慕，心想我若能有了知识，不知怎样的快乐，若果知道越有知识，越与世界不相容，我就不当读书自苦了。”宗莹道：“谁说不是呢？就拿我个人的生活说吧！我幼年的时候，没有兄弟姊妹，父母十分溺爱，也不许进学校，只请了一个位老学究，教我读毛诗左传，闲时学作几首诗，一天也不出门，什么是世界我也不知道，觉得除依赖父母过我无忧无虑的生活外，没有一点别的思想，那时在别人或者看我很可惜，甚至于觉得我很可怜，其实我自己倒一点不觉得。后来我有一个亲戚，时常讲些学校的生活，及各种常识给我听，不知不觉中把我引到烦恼的路上去，从此觉得自己的生活，样样不对不舒服，千方百计和父母要求进学

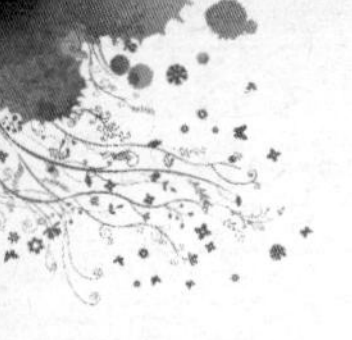



校。进了学校，人生观完全变了，不容于亲戚，不容于父母，一天一天觉得自己孤独，什么悲愁，什么无聊，逐件发明了。……岂不是知识误我吗?”她们三人的谈话，使玲玉受了极深的刺激，呆呆地站在秋千架旁，一语不发，云青无意中望见。因撇了露沙、宗莹走过来，拊在她的肩上说：“你怎样了？……有什么不舒服吗?”玲玉仍是默默无言，摇摇头回过脸去，那眼泪便扑簌簌滚了下来，她们三人打断了话头，拉着她到栉沐室里，替她拭干了泪痕，谈些诙谐的话，才渐渐恢复了原状。

到了晚上，她们四人睡在床上，不住地讲这样说那样，弄到四点多钟才睡着了。第二天下午露沙和玲玉乘京浦的晚车离开北京，宗莹和云青送到车站，当火车头转动时，玲玉已忍不住呜咽起来，露沙生性古怪，她遇到伤心的时候，总是先笑，笑够了，事情过了，她又慢慢回想着独自垂泪，宗莹虽喜言情，但她却不好哭，云青对于什么事，好像都不足动心的样子，这时对着渐去渐远的露沙、玲玉，只是怔怔呆望，直到火车出了正阳门，连影子都不见了，她才微微叹着气回去了。

在这分别的期中，云青有一天接到露沙的一封信说：

云青：

人间譬如一个荷花缸，人类譬如缸里的小虫，无论怎样聪明，也逃不出人间的束缚。回想临别的那天晚上，我们所说的理想生活——海边修一座精致的房子，我和宗莹开了对海的窗户，写伟大的作品。你和玲玉到临海的村里，教那天真的孩子念书，晚上回来，便在海边的草地上吃饭，谈故事，多少——但是我恐怕这话，永久是理想的呵！你知道宗莹已深陷于爱情的漩涡里，玲玉也有爱剑卿的趋势。虽然这都是她们俩的事，至于我们呢？蔚然对于你陷溺极深，我到上海后，见过他几次，觉得他比从前沉闷多了，每每仰天长叹，好像有无限隐忧似的。我屡次问他，虽不曾明说什么，

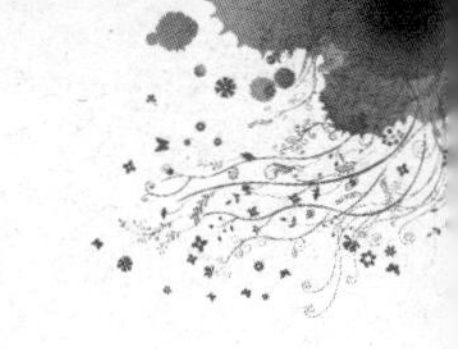



但对于你的渴慕仍不时流露出来。云青！你究竟怎么对付他呢？你向来是理智胜于感情的，其实这也是她们不到的观察，对于蔚然的诚挚，能始终不为所动吗？况且你对于蔚然的人格曾表示相信，那么你所以拒绝他的，岂另有苦衷吗？……

按说我的为人，在学校里，同学都批评我极冷淡寡情，其实人间的虫子，要想作太上的忘情，只是矫情罢了！不过有的人喜欢用情——即世上所谓的多情——有的不喜欢用情，一旦若是用了，更要比多情的深挚得多呢！我相信你不是无情，只是深情，你说是不是？

你前封信曾问我梓青的事，在事实上我没有和他发生爱情的可能，但爱情是没有条件的，外来的桎梏，正未必能防范得住呢？以后的结果，实不可预料，只看上帝的意旨如何罢了。

露沙

云青接到这封信，受了极大的刺激，用了两天两夜的思维，仍不能决定，她只得打电话叫宗莹来商量，宗莹问她对于蔚然本身有无问题，云青答道："我向来没有和男子们交接，我觉得男子可以相信的很少，至于蔚然的人格，我始终信仰，不过我向来理智强于感情，这事的结果，若是很顺当的，那末倒也没什么，若果我父母以为不应当……或者亲戚们有闲话，那我宁可自苦一辈子，报答他的情义，叫我勉强屈就是做不到的。"

宗莹听完这话，沉想些时说："我想你本身若是没有问题，那么就可以示意蔚然，叫他托人对你父母提出，岂不妥当吗？"云青懒懒道："大约也只有这么办了，……唉！真无聊……"她们商量妥当，宗莹也就回去了。

傍晚的时候，兰馨来找云青，谈话之间，便提到露沙。兰馨说："我前几天听见人说，露沙和梓青已发生恋爱了，但梓青已经结婚了，这事将来怎么办呢？"

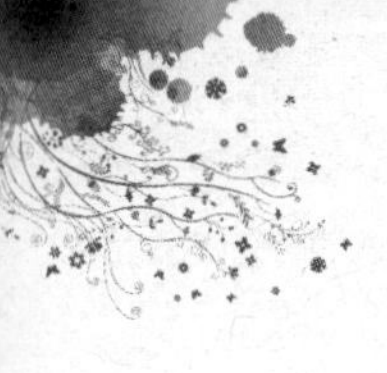



云青怔怔地看着墙上的风景画出神，歇了半天说："这或者是人们的谣传吧！……我看露沙不至于这么糊涂！"

"咦！你也不要说这话，……固然露沙是极明白，不至于上当，但梓青的婚姻是父母强迫的，本没有爱情可言，他纵对于露沙要求情爱，按真理说并不算大不道；不过社会上一般未免要说闲话罢了。……露沙最近有信吗？"

"有信，对于这事，她也曾说过，但她的主张，怕不至于就会随随便便和梓青结婚吧？她向来主张精神生活的，就是将来发生结婚的事情，也总得有相当的机会。"

"其实她近年来，在社会上已很有发展的机会，还是不结婚好，不然埋没了未免可惜……你写信还是劝她努力吧！"

她们正谈着，一阵电话铃响，原来是孤云找兰馨说话，因打断了她们的话头，兰馨接了电话。孤云要约她公园玩去，她于是辞了云青到公园去。

云青等她走后，便独自坐在廊子底下，默默沉思，觉得："人生真是有限，像露沙那种看得破的人，也不能自拔！宗莹更不用说了……便是自己也不免宛转因物！"云青正在遐想的时候，只见听差走进来说有客来找老爷，云青因急急回避了，到屋里看了几页书，倦上来就收拾睡下。

第二天早晨。云青才起来，她的父亲就叫她去说话，她走进父亲的书房，只见她父亲皱着眉道："你认得赵蔚然吗？"云青听了这话，顿时心跳血涨，嗫嚅半天说："听见过这人的名字。"她父亲点头道："昨天伊秋先生来，还提起他，我觉得这个人太懦弱了，而且相貌也不魁梧，"一边说着，一边看着云青，云青只是低头无言。后来她父亲又道："我对于你的希望很大，你应当努力预备些英文，将来有机会，到外国走走才是。"说到这里，才慢慢站起来走了。

云青怔怔望着窗外柳丝出神，觉有无限怅惘的情绪，萦绕心田，因到书案前，伸纸染毫写信给露沙道：

露沙：

前信甫发，接书一慰，因连日心绪无聊，未能即复，抱歉之至！来书以处世多磨，苦海无涯为言，知露沙感喟之深，子固生性豪爽者，读到“雄心壮志早随流水去”之句，令人不忍为设地深思也。“不享物质之幸福，这不愿受物质之支配。”诚然！但求精神之愉快，闭门读书，固亦云唯一之希望，然岂易言乎？

宗莹与师旭定婚有期矣，闻宗莹因此事，与家庭冲突，曾陪却不少眼泪。究竟何苦来？所谓“有情人都成眷属”亦不过霎时之幻影耳，百年容易，眼见白杨萧萧，荒冢累累，谁能逃此大限？此诚“天下本无事庸人自扰之也”。渠结婚佳期闻在中秋，未知确否，果确，则一时之兴尚望露沙能北来，共与其盛，未知如愿否？

玲玉事仍未能解决，而两方爱情则与日俱增，可怜！有限之精神，怎经如许消磨，玲玉为此事殊苦，不知冥冥之运命将何以处之也！嗟！嗟！造化弄人！

最后一段，欲不言而不得不言，此即蔚然之事。云自幼即受礼教之熏染，及长已成习惯，纵新文化之狂浪，汩没吾顶，亦难洗前此之遗毒，况父母对云又非恶意，云又安忍与抗乎？乃近闻外来传言，又多误会，以为家庭强制，实则云之自身愿为家庭牺牲，何能委责家庭。愿露沙有以正之！至于蔚然处，亦望露沙随时开导，云诚不愿陷人滋深，且愿终始以友谊相重，其他问题都非所愿闻，否则只得从此休矣！

思绪不宁，言失其序，不幸！不幸！不知无常之天道，伊于胡底也，此祝

健康！

云青

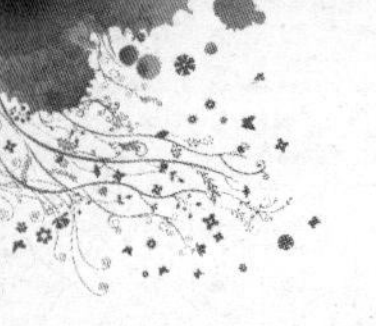



云青写完信后，就到姑妈家找表姊妹们谈话去了。

（原连载于1923年《小说日报》第14卷第10号、第12号，此文只是部分节选）

## “五四”女儿的哀歌

### ——《海滨故人》解读

与冰心相比，庐隐是另一种类型的人。虽同样出身于官宦之家，却因出生时恰逢祖母去世，招致父母亲的厌恶，周岁时身上长满疥疮，终日哭啼，令父母厌烦，把她丢给奶妈带回乡下抚养。六岁时父亲赴京就职，她随父母同行。在赴京的船上，她哭啼不停，差点被父亲抛进海中。因不讨家人喜欢，九岁时被送进教会学校。长期被冷落的经历，养成庐隐叛逆的性格，中学毕业后，她抗拒母命，与未婚夫解除婚约。之后，又顶住社会压力，与家人反目，嫁与有妇之夫郭梦良。她说：我喜欢玩火，我愿意让火把我烧成灰烬。生命是我自己的，我爱怎样处置就怎样处置。那是典型的“五四”女儿的方式。婚后才发现，郭仍爱发妻。随夫回家乡，遭郭的家人、乡人羞辱。两年后夫死，丢下她和不满周岁的女儿。绝望中，庐隐酗酒抽烟，醉时大哭大笑，放浪形骸。1928年认识清华大学西洋文学系三年级学生李唯建，李比她小8岁，两人一见钟情。他们的事北京文艺界无人不知，面对众人打趣，他们泰然处之。不幸的是，几年后，庐隐因难产逝世。

庐隐一生都在恋爱，她的生活就是一出绵绵不断的言情剧。她最酷爱的年龄是20岁，永远的20岁。她一直以女儿的身份写作，她拒绝成为母亲。她笔下的人物都是女儿、少女或少女样的女性。她是一个典型的“五四”之女。

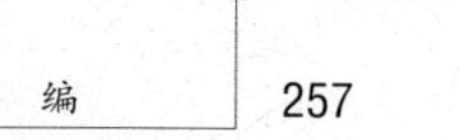

《海滨故人》开启20世纪中国女学生写作的先河。中国第一代进入现代学堂的女性得到一次尽致描述，哪怕这种描述在我们今天看来是多么矫情！

**1. 沉溺于由少女情谊筑造的象牙塔中**

暑期，五个少女相聚于海滩，她们幻想在海滨有一间属于她们的小白屋，聊天，倾诉，凝思，哭笑，玩乐，那是她们的极乐世界。这个世界是她们自我掩护、自我舔伤、自我快乐的天地。她们每个人都细细叙述自己的来历、折皱的心灵和流血的伤口，在女友们的宽慰中疗伤，获得快乐。"她们同级里有两个人，一个叫作兰馨，一个叫作孤云，她们两人最要好，然而也最爱打架。她们好的时候，手挽着手，头偎着头，低低地谈笑。或商量两个人做一样衣服，用什么样花边，或者做一样的鞋，打一样的别针……"这个同性世界与外面的世界相隔离甚至相对垒。暑期结束了，她们不得不又回到现实，"她们搬进学校了。暑假里浪漫的生活，只能在梦里梦见，在回想中想见。这几天她们都是无精打采的。露沙每天只在图书馆，一张长方桌前坐着，拿着一支笔，痴痴地出神……""人多么傻啊！因为不相干的什么知识——甚至于一张破纸文凭，把精神的快活完全牺牲了……"她们与外部世界、与现实生活格格不入。有意思的是，"五四"时期，女性在觉醒之初，她们为自己设置了一个可以抵挡外部世界的险恶、守住未婚少女纯洁身心、互相保护、支撑、安慰的同性世界。她们为自己不得不离开这个世界而哀戚不已。《海滨故人》有其隐喻性意味。

**2. 婚姻恐惧症**

她们都先后遭遇爱情，而爱情即是婚姻的序幕。由此她们以泪洗面，陷入"从此大事定了"的恐惧中。她们都是情种，宗莹最喜欢和同学谈情。她说："人生的乐趣，就是情。……情是滋润草木的甘露，要想开美丽的花，必定要用情汁来灌溉。"她们为爱所折磨，悲悲戚戚。露沙、云青、宗莹、玲玉，每个人都有自己的问题。爱情固然美好，婚嫁却是坟墓。对于每个走上婚姻之路的伙伴，她们都感到是“被胜利者从她们手里夺去一般”。她们面临着“觉醒”之后的困境：少女状态的破灭，梦中情人变成现实中有待重新认识的异性。她们不愿意离开少女的象牙之塔。庐隐说，“结婚，生子，做母亲，一切平淡收束了”最合乎人类本性、最平常的两性吸引，最终成了恐惧、敌意、哀伤的源头，她们都有婚姻恐惧症。

3. **阴郁是她们的通病**

其实她们并没有决绝地追求个人自由，她们的境况也没有那么糟糕，但她们的情绪都非常阴郁。庐隐说：“写文章的时候，也不是故意无病呻吟，说也奇怪，只要我什么时候想写文章，什么时候我的心便被阴郁渐渐遮满，深深地沉到悲伤的境地去。”那是一种时代情绪，一种女性刚刚觉醒时不明所以的悲伤和痛苦。

那个时期，中国传统的男女关系结构并没有发生本质性改变，庐隐们一旦步入婚姻阶段，就得进入这一结构性关系中，这是她们无法逃避的现实。她们的阴郁和悲伤，源于此。从庐隐的小说看，中国女性觉醒之初，注重的是情感自由的追求，不像西方的妇女，从教育权、就业权和选举权这些更为具体的问题入手来追求身心解放（当时的中国不是法治国家，基本还是以伦理约束形成人际秩序，伦理规则与“情”既关联又冲突，要突破这种规则引发的往往是情与理的冲突。因此“情”的要求突围的愿望会比别的要求来得更强烈）。中国接受现代教育的新一代女性由“人的觉醒”而产生情感要求，维护个人感情的正当性和纯洁性，是她们追求的要旨。她们多是爱情至上论者，迷恋于精神性的情感满足而非经济性的个人独立，这种精神追求难以像西方那样掀起轰轰烈烈的妇女运动，她们更主要是逗留于情感性的

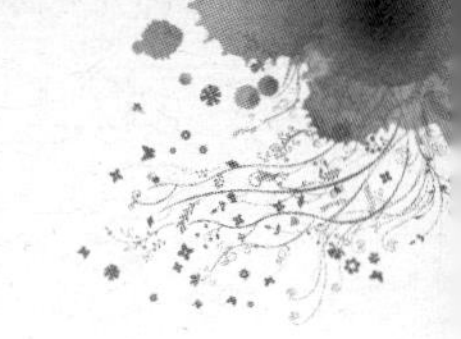

自我折磨、挣扎和呼喊上。

由于注重抒写情感，庐隐的小说写得像散文，结构松散，情节弱化，主观的表情达意色彩浓厚，带自叙传特点。这既是那个时代的社会心理情绪使然，也与现代小说还不成熟、叙事文类还没形成自己的体式有关。《海滨故人》呈现了两方面特点：

（1）人物语言和叙述语言抒情化、诗意化，唯情至上。人物对话没有采用日常口语，而是文绉绉的欧化的书面语。情感语调夸张、虚饰，伴以欢笑、打闹、流泪、哭泣等动作性情态，不断强化人物或“快乐”或“阴郁”的情绪，抒写一腔怨怨艾艾的哀伤之情。由于人物境况并没有如其所表达的那么糟糕，这种表达就有一种少年不识愁滋味，为赋新词强说愁的特点，这是一种典型的“五四”学生腔。日后中国女学生写作，多有这种腔调。

（2）小说采用“讲述”而非描摹的方式。《海滨故人》由人物“讲述”构成其行文推进的脉络。讲述自己的心情，讲述自己的故事，朋友间互相讲爱恋之情之事，恋人间情书的往返，都采用“讲述”的方式。“讲”构成小说的表达形态，平面的、抽象的、突出时间流程而缺乏空间感的。每人都有一腔情事要倾诉，要讲给别人听，这是自叙传小说的特点。

## 跳舞场归来

庐　隐

太阳的金光，照在淡绿色的窗帘上，庭前的桂花树影疏疏斜斜的映着。美樱左手握着长才及肩的柔发，右手的牙梳就插在头顶心。她的眼睛注视在一本小说的封面上，——那只是一个画得很单调的一些条纹的封面，而她的眼光却缠绕得非常紧。不久她把半长的头发卷了一个松松的髻儿，懒懒的把牙梳收拾起来；她

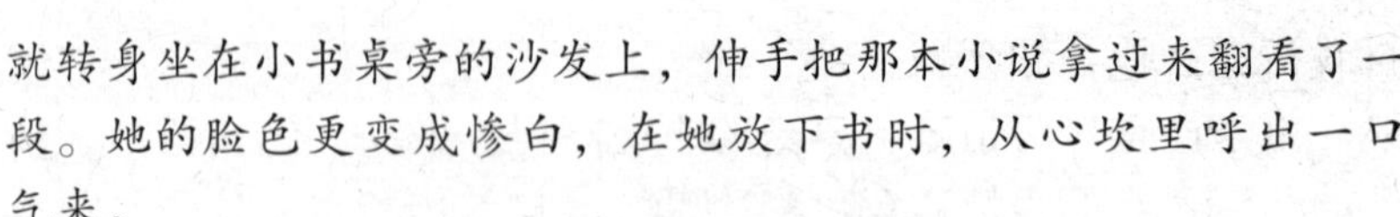

就转身坐在小书桌旁的沙发上，伸手把那本小说拿过来翻看了一段。她的脸色更变成惨白，在她放下书时，从心坎里呼出一口气来。

无情无绪的走到妆台旁，开了温水管洗了脸，对着镜子擦了香粉和胭脂。她向自己的影子倩然一笑，似乎说："我的确还是很美，虽说我已经三十四岁了。……但这有什么要紧，只要我的样子还年轻！迷得倒人，……"她想到这里，又向镜子仔细的端详自己的面孔，一条条的微细的皱痕，横卧在她的眼窝下面。这使她陡然感觉到气馁。呀，原来什么时候，已经有了如许的皱痕，莫非我真的老了吗？她有些不相信，……她还不曾结婚，怎么就被老的恐怖所压迫呢?！是了，大约是因为她近来瘦了，所以脸上便有了皱痕，这仅仅是病态的，而不是被可怕的流年所毁伤的成绩。同时她向自己笑了，哦！原来笑起来的时候，眼角也堆起如许的皱痕……她砰的一声，把一面镜子向桌子上一丢，伤心的躲到床上去哭了。

壁上的时计咄咄的敲了八下，已经到她去办公的时间了。没有办法，她起来揩干眼泪，从新擦了脂粉，披上夹大衣，走出门来。明丽的秋天太阳，照着清碧无尘的秋山，还有一阵阵凉而不寒的香风吹拂过来。马路旁竹篱边，隐隐开着各色的菊花，唉，这风景是太美丽了。……她深深的感到一个失了青春的女儿，孤单 的在这美得如画般的景色中走着，简直是太不调和了。于是她不敢多留意，低着头，急忙的跑到电车站，上了电车时，她似乎心里松快些了。几个摩登的青年，不时的向她身上投眼光，这很使她感到深刻的安慰，似乎她的青春并不曾真的失去，不然这些青年何致于……她虽然这样想，然而还是自己信不过。于是悄悄的打开手提包，一面明亮的镜子，对她照着，——一张又红又白的椭圆形的面孔；细而长的翠眉；有些带疲劳似的眼睛；直而高的鼻子；鲜红的樱唇，这难道算不得美丽吗？她傲然的笑了。

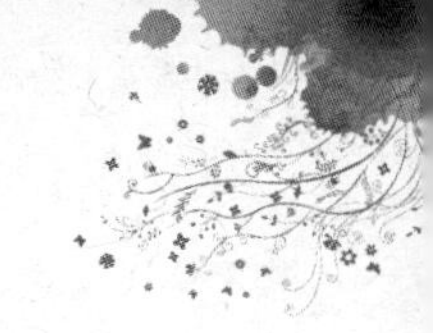

于是心头所有的阴云，都被一阵带有炒栗子香的风儿吹散了。她趾高气扬跑进办公室，同事们已来了一部分，她向大家巧笑的叫道：

“你们早呵！”

“早。”一个圆面孔的女同事，柔声柔气的说：“哦！美樱，你今天真漂亮！……这件玫瑰色的衣衫也正配你穿！”

“唷，你倒真会作怪，居然把这样漂亮的衣服穿到office来?!”那个最喜欢挑剔人错处的金英作着鬼脸说。

“这算什么漂亮！”美樱不服气的反驳着：“你自己穿的衣服难道还不漂亮吗?”

“我吗?”金英冷笑说：“我不需要那么漂亮，没有男人爱我，漂亮又怎么样? 不像你交际之花，今日这个请跳舞，明天那个请吃饭，我们是丑得连同男人们说一句话，都要吓跑了他们的。”

“唉！你这张嘴，就不怕死了下割舌地狱，专门嚼舌根！”一直沉默着的秀文到底忍不住插言了。

“你不用帮着美樱来说我。……你问她这个礼拜到跳舞场去了多少次? ……听说今天晚上那位林先生又来接她呢！”

“哦，原来如此！”秀文说：“那么是我错怪了你了！美樱小鬼，走过来，让我盘问盘问：这些日子你干些什么秘密事情，趁早公开，不然我告诉他去！”

“他是哪个?”美樱有些吃惊的问。

“他吗，你的爸爸呀！”

“唷，你真吓了我一跳，原来你简直是在发神经病呀！”

“我怎么在发神经病? 难道一个大姑娘，每天夜里抱着男人跳舞，不该爸爸管教管教吗? ……你看我从来不跳舞，就是怕我爸爸骂我……哈哈哈！”

金英似真似假，连说带笑的发挥了一顿。同事们也只一哄完事。但是却深深的惹起了美樱的心事：抱着男人跳舞，这是一句

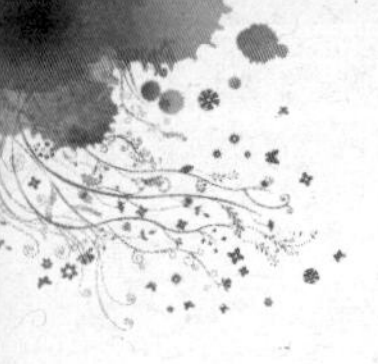



多么神秘而有趣味的话呀！她陡然感觉得自己是过于孤单了。假使她是被抱到一个男人的怀里，或者她热烈的抱着一个男人，似乎是她所渴望的。这些深藏着的意识，今天非常明显的涌现于她的头脑里。

办公的时间早到了，同事们都到各人的部门去作事了。只有她怔怔的坐在办公室，手里虽然拿着一支笔，但是什么也不曾写出来。一叠叠的文件，放在桌子上，她只漠然的把这些东西往旁边一推。只把笔向一张稿纸上画了一个圈，又是一个圈。这些无秩序的大小不齐的圈儿，就是心理学博士恐怕也分析不出其中的意义吧！但美樱就在这莫明其妙的画圈的生活里混了一早晨。下午她回到家里，心头似乎塞着一些什么东西，饭也不想吃，拖了一床绸被便蒙头而睡。

秋阳溜过屋角，慢慢的斜到山边，天色昏暗了。美樱从美丽的梦里醒来。她揉了揉眼睛，淡绿色窗帘上，只有一些灰黯的薄光。连忙起来开了电灯，正预备洗脸时，外面已听见汽车喇叭呜呜的响，她连忙锁上房屋，把热水瓶里的水倒出来，洗了个脸。隐隐已听见有人在外面说话的声音，又隔了一时，张妈敲着门说道：

“林先生来了！”

“哦！请客厅里坐一坐，我就来！”

美樱收拾得齐齐整整。推开房门，含笑的走了出来说道：

“Good evening，Mr. Ling.”那位林先生连忙走过去握住美樱那一双柔嫩的手，同时含笑说道：“我们就动身吧，已经七点了。”

“可以，”美缨踌躇说，“不过我想吃了饭去不好吗?”

“不，不。我们到外面吃，去吧！静安寺新开一家四川店菜很好，我们在那里吃完饭，到跳舞场去，刚刚是时候。”

“也好吧!”美樱披了大衣便同林先生坐上汽车到静安寺去。……

九点钟美樱同林先生已坐在跳舞场的茶桌上了。许多青年的舞女，正在那化妆室走了进来，音乐师便开始奏进行曲。林先生请美樱同他去跳。美樱含笑的站了起来，当她一只手扶在那位林先生的肩上时，她的心脉跳得非常快，其实她同林先生跳舞已经五次以上了，为什么今夜忽然有这种新现象呢？她四肢无力的靠着林先生，两颊如灼的烧着。一双眼睛不住盯在林先生的脸上，这使林先生觉得有点窘。正在这时候，音乐停了，林先生勉强镇静着和美樱回到原来的座位上。叫茶房开了一瓶汽水，美樱端着汽水，仍然在发痴。坐在旁边的两个外国兵，正吃得醉熏熏的，他们看见美樱这不平常的神色，便笑着向美樱丢眼色作鬼脸。美樱被这两个醉鬼一吓，这才清醒了。这夜不曾等跳舞散场他们便回去了。

一间小小的房间里，正开着一盏淡蓝色的电灯，美樱穿着浅紫色的印花乔其纱的舞衣，左手支着头部，半斜在沙发上，一双如笼雾的眼，正向对面的穿衣镜，端详着自己倩丽的身影。一个一个的幻想的影子，从镜子里漾过："呀，美丽的林！"她张起两臂向虚空搂抱。她闭紧一双眼睛，她愿意醉死在这富有诗意的幻境里，但是她摇曳的身体，正碰在桌角上，这一痛使她不能不回到现实界来。

"唉！"她黯然叹了一声，一个使她现在觉得懊悔的印象明显的向她攻击了：

七年前她同林在大学同学的时候。那时许多包围她的人中，林是最忠诚的一个。在一天清晨，学校里因为全体出发到天安门去开会，而美樱为了生病，住在疗养室里，正独自一个冷清清睡着的时候，听窗外有人在问："于美樱女士在屋里吗？"

"谁呀？"美樱怀疑的问。

"是林尚鸣……密司于，你病好点吗？"

"多谢！好得多了，一两天我仍要搬到寄宿舍去。怎么你今天不曾去开会吗？"

"是的，我因为还有别的事情，同时我惦记着你，所以不曾去。"美樱当时听了林的话，只淡淡的笑了笑。不久林走了，美樱便拿出了一本书来看，翻来翻去，忽翻出父亲前些日子给她的一封信来，她又摊开来念道：

"樱儿！你来信的见解很不错，我不希望你作一个平常的女儿，我希望你要作一个为人类为上帝所工作的一个伟大孩子，所以你终身不嫁，正足以实现你的理想，好好努力吧！……"

美樱念过这封信后，她对于林更加冷淡了；其余的男朋友也因为听了她抱独身主义的消息，知道将来没有什么指望，也就各人另打主张去了。而美樱这时候又因为在美国留学的哥哥写信喊她出去，从前所有的朋友，更不能不隔绝了。美樱在美国住了五年，回国来时，林已和一位姓蔡的女学生结婚了。其余的男朋友也都成了家，有的已经儿女成行了。而美樱呢，依然还是孤零零的一个人。而且近来更感到一种说不出来的烦闷……

美樱回想到过去的青春，和一切的生活，她只有深深的懊悔了。唉，多蠢呀！这样不自然的压制自己！难道结婚就不能再为上帝和社会工作吗？

美樱的心被情火所燃烧，她从沙发上跳了起来，把身上的衣服胡乱的扯了下来。她赤了一双脚，把一条白色的软纱披在身上，头发也散披在两肩。她怔怔的对着镜子，喃喃的道："一切都毁了，毁了！把可贵的青春不值一钱般的抛弃了，蠢呀！……"她有些发狂似的，伸手把花瓶里的一束红玫瑰，撕成无数的碎瓣，散落在她的四周，最后她昏然的倒在花瓣上。

第二天清晨，灼眼的阳光正射在她的眼上，把她从昏迷中惊醒！"呀！"她翻身爬了起来，含着泪继续她单调的枯燥的人生。

（原载 1932 年 12 月 25 日《申江日报》
副刊《海潮》第 15 号）

## 另一个庐隐：《跳舞场归来》解读

《跳舞场归来》载于 1932 年 12 月 25 日《申江日报》副刊《海潮》上，是庐隐后期的作品，它交代了“五四”那群少女后来的去处。这一时期，欲望明显地取代了情感，精神追求让位于肉欲满足。时过境迁，“五四”一代女性已经长大成人，她们投身职场，不再动辄哭泣哀伤，爱也非高高在上的神圣之物。当时，商品经济已在中国几个沿海城市尤其是上海全面铺开，消费主义生活方式已为人们普遍接受，并制约着人的心理意识，女性的追求也发生明显的变化。《跳舞场归来》的女主人公深受情欲的困扰，为自己当年独身主义的选择而懊悔不已，与已婚的老同学约会、跳舞，生活无序，为情火所燃烧，不知怎样消磨寂寞的时光。追求肉体的快乐和满足成为小说主人公奔赴的目标。

这篇小说在技法上也明显发生变化，庐隐已从昔日沉湎于讲述自己故事的自叙传叙述套路中走出来，以旁观者第三人称口吻，讲述一个孤寂女子的生活故事。写法更接近都市言情小说，有头有尾，艳情动人。当时电影的普及，影响了中国人的生活方式、观看方式和感受事物的方式。这篇小说明显受电影叙事方法的影响。视觉化、画面化的语言较多，故事像一部室内剧徐徐展开：“美樱的心被情火所燃烧，她从沙发上跳了起来，把身上的衣服胡乱的扯了下来。她赤了一双脚，把一条白色的软纱披在身上，头发也散披在两肩。她怔怔的对着镜子，喃喃的道：‘一切都毁了，毁了！把可贵的青春不值一钱般的抛弃了，蠢呀！……’她有些发狂似的，伸手把花瓶里的一束红玫瑰，撕成无数的碎瓣，散落在她的四周，最后她昏然的倒在花瓣上。”这是电影上通常会看到的场面：一个渐渐老去的独身女性困兽般发作的场面。

庐隐前期夸张、虚饰的文字风格从这篇小说中依然可见，但对人性的体察，显然成熟多了。就庐隐而言，最能代表她的风格和文学史成就的，仍是那批以《海滨故人》为代表的“五四”小说。

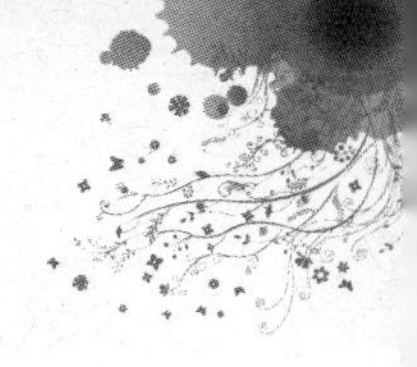



## 冯沅君简介

冯沅君（1900—1974），原名冯淑兰，字德馥，笔名淦女士、沅君等。河南唐河县人。与著名哲学家冯友兰和地质学家冯景兰为同胞兄妹。1917 年，离家赴京，考入北京女子高等师范学校国文系；1922 年毕业同时考取北京大学国学研究所研究生，研习中国古典文学。1932 年随夫陆侃如留学法国，1935 年毕业于巴黎大学文学院，获博士学位。回国后先后在金陵女子大学、复旦大学、中山大学、武汉大学、山东大学等任教。1924 年以淦女士笔名，在《创造季刊》发表《隔绝》、在《创造周报》发表《旅行》、《慈母》和《隔绝之后》等小说，引起较大反响。1926 年、1928 年、1929 年三个短篇小说集《卷葹》、《春痕》和《劫灰》先后由北新书局出版。1949 年起，一直任山东大学中文系教授，1955 年任山东大学副校长。1974 年 6 月 17 日病逝。一生主要从事学术研究，著有《中国诗史》（与陆侃如合著）以及《中国文学史》、《中国文学史简编》、《古优解》、《孤本元明杂剧题记》、《古剧说汇》和《中国古典文学简史》等学术著作。

## 隔　绝

冯沅君

青霭！再想不到我们计划得那样周密竟被我们的反动的势力战败了。固然我们的精神是绝对融洽的，然形式上竟被隔绝了。

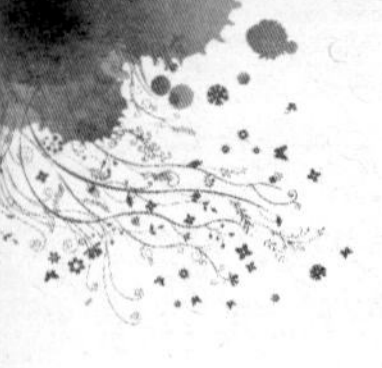



这是何等的厄运，对于我们的神圣的爱情！你现在也许悲悲切切的为我们的不幸的命运痛哭，也许在筹划救我出去的方法。如果你是个有为的青年，你就走第二条路。

从车站回来就被幽禁在这间小屋内。这间屋内有床，有桌，有茶几，有椅子，茶碗面盆之类都也粗备。只是连张破纸一枝秃头笔都寻不到。若不是昨晚我求我的表妹给我偷偷的送来几张纸和枝自来水钢笔，恐怕我真要寂寞死了。死了你还不知道我是怎样死的！

今天已是我被幽禁的第二天！我在这小屋内已经孤零零的过了一夜。我的哥哥姐姐们虽然很和我表同情，屡次谏我的母亲不要这般执拗，可是都失败了。她说我们这种行为直同姘识一样，我不但已经丢尽她的面子，并且使祖宗在九泉下为我气愤，为我含羞。假如她们要再帮我，她就不活了。青霭呵！怎的爱情在我们看来是神圣的，高尚的，纯洁的，而他们却看得这样卑鄙污浊！

身命可以牺牲，意志自由不可以牺牲，不得自由我宁死。人们要不知道争恋爱自由，则所有的一切都不必提了。这是我的宣言，也是你常常听见的。我又屡次说道：我们的爱情是绝对的，无限的，万一我们不能抵抗外来的阻力时，我们就同走去看海去。你现在看我已到了这样境地，还是这样偷安苟活着，或者以为我背前约了。唉，若然，你是完全错误了。

世界原是个大牢狱，人生的途中又偏生许多荆棘，我们还留恋些什么。况且万一看了什么意外的变动，你是必殉情的，那末我怎能独生！我所以不在我母亲捉我回来的时候，就往火车轨道中一跳，只待车轮子一动我就和这个恶浊世界长别的原因，就是这样。此刻离那可怕的日子（逼我做刘家的媳妇的一天）还有三天，刘慕汉现尚未到家，我现在方运动我的表妹和姐姐设法救我出去。假如爱神怜我们的至诚，保佑我们成功，则我们日后或

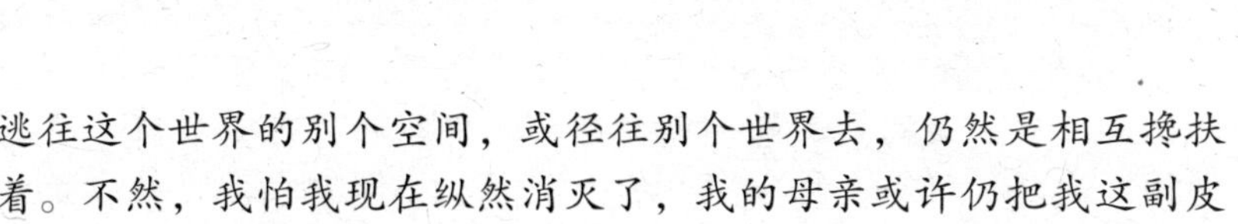

逃往这个世界的别个空间，或径往别个世界去，仍然是相互搀扶着。不然，我怕我现在纵然消灭了，我的母亲或许仍把我这副皮囊送葬在刘家坟内，那是多么可耻的事。

我的姊姊责备我，说我不该回此地来看母亲，不然，则鸿飞冥冥，弋人何慕？我虽不曾同她深辩，我原谅她为我计划的苦心。可是，青霭！我承认她是错了，我爱你，我也爱我的妈妈，世界上的爱情都是神圣的，无论是男女之爱，母子之爱。试想想六十多岁的老母六七年不得见面了，现在有了可以亲近她老人家的机会，而还是一点归志没有，这算人吗？我此次冒险归来的目的是要使爱情在各方面的都满足。不想爱情的根本是只一个，但因为表现出来的方面不同就矛盾得不能两立了。

当我刚被送进这间小屋子的时候，我曾为我不幸的命运痛哭，哭得我的泪也枯了，嗓也哑了。我的母亲向来是何等慈善的性质，此刻不知怎样变得这样残酷，不但不来安慰我，还在隔壁对我的哥哥数我的罪状，说我们的爱情是大逆不道的。我听了更气，气了更哭，哭得倦了，青霭呵！真奇怪，我不知几时室内的一切都变了，都变得和我们在京时一样！仿佛是热天，河中的荷叶密密的将水面盖了起来，好像一面翠色的毯子。红的花儿红得像我的双靥，白的更是清妍。在微波清浅的地方可以看得见游鱼唼喋萍藻，垂柳的条儿因风结了许多不同样的结子，风过处远远的送来阵阵清香大概是栀子之类。又似乎是早上，荷叶，荷花，柳枝，道旁的小草都满带着滚滚的零露。天边残月的光辉映得白色的荷花更显清丽绝伦。我们都穿着极薄的白色衣服，因晨风过凉，相互拥抱着，坐在个石矶上边。你伸手折了个荷叶，当顶帽子往我头上戴。我登时抓了下来放在你的头上时，你夺去丢在一边。我生气了，你来赔罪，把我手紧紧握着，对我微笑。我也就顺势倚在你的怀里，一切自然的美景顷刻都已忘了，只觉爱的甜蜜神妙。天边起块黑云渐渐的长大起来，接着就落下青铜钱大的

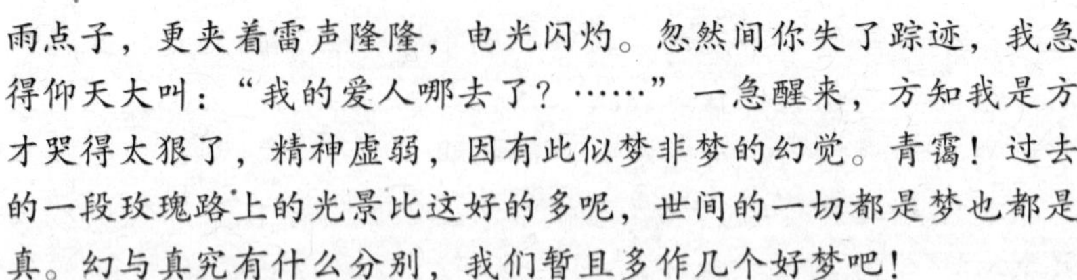

雨点子，更夹着雷声隆隆，电光闪灼。忽然间你失了踪迹，我急得仰天大叫："我的爱人哪去了？……"一急醒来，方知我是方才哭得太狠了，精神虚弱，因有此似梦非梦的幻觉。青霭！过去的一段玫瑰路上的光景比这好的多呢，世间的一切都是梦也都是真。幻与真究有什么分别，我们暂且多作几个好梦吧！

晚上没有月，星是极稠密的。十一点钟后人都睡了，四围真寂静呵，恐怕是个绣花针儿落在地上也可以听得出声音。黑洞的天空中点缀着的繁星，其间有堆不知叫作什么名字，手扯手作成了个大圆圈，看去同项圈上嵌的一颗明珠宝石相仿佛。我此刻真不能睡了，我披衣下床来到窗前呆呆的对天空望着，历乱的星光，沈寂的夜景，假如加上个如眉的新月，不和去年冬天我们游中央公园那夜的景色一般吗？

就在这样的夜里，
月瘦如眉，
星光历乱，
一切喧嚣的声音，
都被摒在别个世界了。

就在这样的夜里，
我们相搀扶着，
一会伫立在社稷坛的西侧，
一会散步在小河边的老柏树下，
踏碎了柏子，
惊醒了宿鸦，
听得河冰夜裂的声音。

就在这样的夜里，

我们相拥抱着，
说了平日含羞不敢说的话，
拌了嘴，
又陪了罪，
更深深的了解了彼此的心际。

就在这样的夜里，
我们回想到初次见面的情况，
说着想着，
最后是相视而笑了。
爱的神秘，
夜的神秘，
这时节并在一起！

青霭！这不是我们去年的履迹吗？这不是你所称为极好的写实诗吗？朋友们读了这首诗不是都很羡慕我们的甜蜜的生活吗？当我望着黑而无际的天空，低低的含泪念着的时候，我觉得那天晚上的情景都在我的眼前再现了。但是……但是情形的再现终究和真的差得远，他来得越甜蜜，我的心越觉得酸苦，越觉得痛楚，现在想使我得安慰，除非你把我拥抱在你的怀里，然而事实上怎样能够哟！

青霭！记得吗？在会馆我们初次见面的时候，你从人缝中钻了出来，什么话都不说，先问别人那位是绣华女士？你记得吗？初秋天气，一个很清爽的早晨，我们趁着“鬼东西”在考试，去游三贝子花园，刚进动物园门，阵阵凉风吹来，树林间都发出一种沙刺的声音。我那时因为穿得过少，支持不了这凉风的势力，就紧紧的靠着你走。你开始敢于握我的手，待走到了畅观楼旁绿树丛里，你左手抱着我的右肩，右手拉着我的左手，在那里

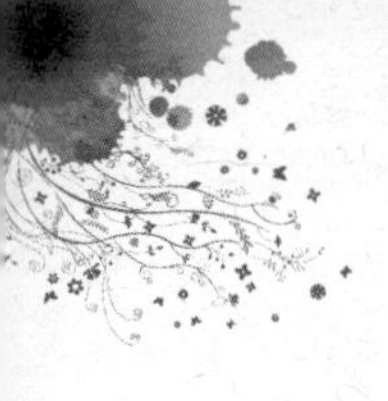



踱来踱去，几次试着要吻我，终归不敢。现在老实告诉你吧，青霭！那时我的心神也已经不能自持了，同维特的脚和绿蒂的脚接触时所感受的一样。你记得吗？因为在你室里你抱了我，把脸紧紧贴着我的右腮，我生气了回去写信骂你，你约我在东便门外河沿上道歉，刚相逢的时候两人都是默默无言，虽肚里装了千言万语，眼里充满了热泪。后来还是你勉强嗫嚅的说："我明知道对于异性的爱恋的本能不应该在你身上发展，你的问题是能解决的，我的问题是不能解决的……但是我不明白为什么对于我不爱的人非教我亲近不可，而对于我的爱人略亲近点，他们就视为大逆不道？……"那时我虽然有些害怕，很诧异你怎的为爱情迷到这步田地，怕我们这段爱史得不着幸福的归结，但是听了你的"假如你承认这种举动对于你是失礼的地方，我只有自沉在这小河里；只要我们能永久这样，以后我听信你的话，好好读书"，教我心软了，我牺牲自己完成别人的情感，春草似的生遍了我的心田。我仿佛受了什么尊严的天命立刻就允许了你的要求。你记得吗？在这桩事发生后，不久我们又去逛二闸，踏遍了秋郊，寻不到个人们的眼光注射不到的地方。后来还是你借事支开了舟子，躲在芦花深处拥抱了一会，Kiss 了几下，那时太阳已快要落了，红光与远山的黛色相映，渲染出片紫色的晚霞来。林头水边也还有他的余光依恋着。满目秋色显出一片无限的萧瑟和悲壮的美，更衬得我们的行为的艺术化了。无何苍茫的暮色自远而来，水上的波纹也辨不清晰，雪白的鸭儿更早已被人家唤了回去，我们不得不舍陆登舟，重寻来时的途径。我们并肩坐在船板上，我半身都靠在你的怀里，小舟过处，桨儿拨水的声音和芦荻的叶子发出的声音相和，宛如人们叹息的声气，但是我们心中的愉快，并不为外物所移。我们偎倚得更紧些，有时我想到前途的艰难，我几乎要倒在你怀里哭，你说，"我们的爱情是这样神圣纯洁，你还难受吗？"你说，"我们立志要实现易卜生、托尔斯泰所不

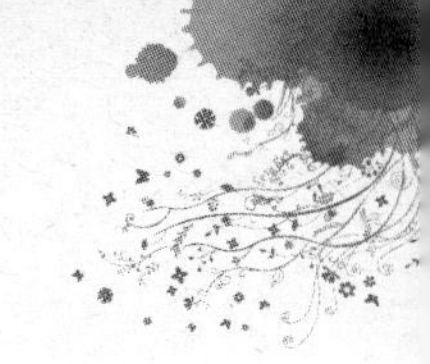

敢实现的……”你记得吗？就在那年冬天，万牲园内宴春楼上，你在我的面前哭着，说除我而外你什么都不信仰……我就是你的上帝……实行……的请求。我回答你：自此而后我除了你而外不再爱任何一个人，我们永久是这样，待有了相当时机我们再……你的目的达到了，温柔的微笑登时在你那还含着余泪的眼上涌现出来，你先用手按着我的双肩，低低的叫我声姐姐。并说我们是……后来你拉我坐在你的怀里。我手摸着你的颈子，你的头部低低垂着，恰恰当我的胸前。你哭诉了你在这个世界上所经历的，所遭逢的，最末一句是“我自略知人事以来，没有碰到一桩满意的事，只有在我的爱人跟前不曾受过一次委曲……”往事怎堪回首呵！爱的种子何啻痛苦烦恼的源泉，在人们未生之前，造物主已把甜蜜的花和痛苦的刺调得均均匀匀的散布在人生的路上。造物主在造爱的糖果的时候，已将其中掺了痛苦的汁儿呵。不说了吧……我们的甜蜜生活岂是叙述得尽的，这种情景的回忆，已经将我的心撕碎了，怎忍再教他们撕你的心呢？……爱的人儿啊！……

青霭！我的唯一的爱人！不要为我伤心！Hamlet说只要我的躯壳属我的时候，我终是你的。我可以对你说，只要我的灵魂还有一星半点儿知觉，我终不负你。

糊里糊涂地昨天给你写了两大张，此后无论我的精神怎样错乱，我总努力将我每天在这小屋内发生的感想写出来，这种办法我认为是于人无损，于我却有莫大的利益的。因为万一我今生不出这个樊笼，就到别个世界去了，你也可以由此得略知我被拘后的生活情况。我的表妹已自告奋勇，说将来无论如何总使你看到我这点血泪。唉，我的泪又流了，世间最惨的事，还有过于一个连死在哪里的自由都被剥夺了的吗？我现在还不及个已判决死刑而又将就法场的囚徒。因为他可以预先知道在什么时候什么地方死，好教他的亲人看他咽临终一口气。我呢，也许当我咽这口气

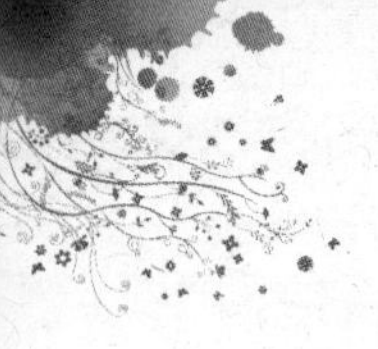



的时候，在我跟前的是我的不共戴天的仇人。

昨晚从给你写了那几句话后，我就勉强躺在床上，打算平心静气的想法儿逃走，谁知我们的过去的生活——甜蜜的生活，好像水被地心的吸力吸得不能不就下似的，在我心中涌出来了。呵，可惜人类的心太污浊了，最爱拿他们那卑鄙不堪的心，来推测别人。不然我怕没有一个人，只要他们曾听见过我们这回事，不相信并且羡慕我们的爱情的纯洁神圣的。试想以两个爱到生命可以为他们的爱情牺牲的男女青年，相处十几天而除了拥抱和接吻密谈外，没有丝毫其他的关系，算不算古今中外爱史中所仅见的？爱的人儿，我愿我们永久别忘了郑州旅馆中的最神圣的一夜哟！我们俩第一次上最甜蜜的爱的功课的一夜。呵，它的神秘和美妙！我含羞的默默的挨坐在床沿上不肯去睡，你来给我解衣服解到最里的一层，你代我把已解开的衣服掩了起来，低低的说道，“请你自己解吧……”说罢就远远的站在一边，像有什么尊严的什么监督着似的……当你抱我在你的怀里的时候，我虽说曾想到将来家庭会用再强横没有的手段压迫我们，破坏我们，社会上会怎样非难我们，伏在你怀里哭，可是我真觉得置身在个四无人烟，荆棘塞路，豺虎咆哮的山谷中一样，只有你是可依托的，你真爱我，能救我。……由此我深深的永久的承认人们的灵魂的确是纯洁的。这种纯洁只在绝对的无限的实用时方才表观出来。人之所以能为人也就在这点灵魂的纯洁。

当我这样想时，天忽然下了雨了，淅淅沥沥打在窗外的芭蕉叶上，如怨如慕，如泣如诉。我曾竭诚默然的祝道，快下吧，雨呀，下大了把被人类踏践脏了的地面，好好洗净，重新播自由，高尚，纯洁的爱的种子。

我的一生可说为爱情播弄够了。因为母亲的爱，所以不敢毅然解除和刘家的婚约，所以冒险回来看她老人家。因为情人的爱，所以宁愿牺牲社会上的名誉，天伦的乐趣。这幕惨剧的作者

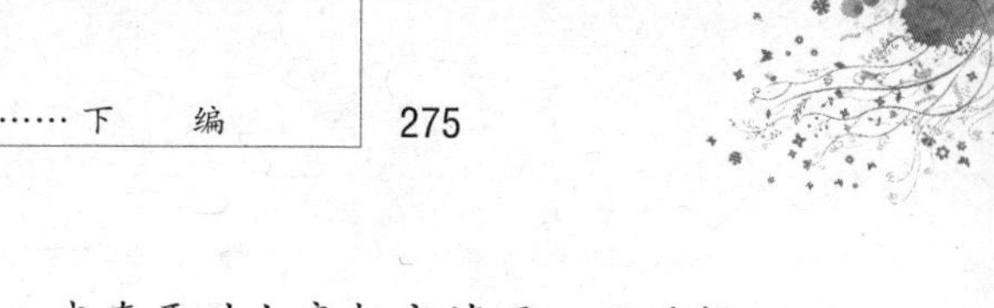

是爱情，扮演给大家看的是我。我真要对上帝起交涉了。以后假如他不能使爱情在各方面都是调和的，我誓要他种一颗爱子，我拔一颗爱苗，决不让爱字在这个世界再发现一次。索性让他们残酷得同野兽一样，你食我的肉，我寝你的皮，倒也痛快。

两天不自由的生活使我对于人间的一切明白了解了许多。我发现人类是自私的，纵然物质上可以牺牲自己以为别人，而精神上不妨因为要实现自己由历史环境得来的成见，置别人于不顾。母女可算是世间最亲爱的了，然而她们也不能逃出这个公例。其他更不用说了。又发现人间的关系无论是谁，你受他的栽培，就要受他的裁制。你说对吗？

今晨天忽晴了，阳光射在我的床上，屋内的一切似乎也都添了些生意。可是我的表妹同我的嫂嫂来看我时都很惊异的说我比昨天憔悴得更多了。我的表妹的大而有光的眼里，更装满了清泪，这也是不足为怪的。好生原是人类的本能，人生的经途中也不尽是毒蛇猛兽，我们这样轻生的心理原是变态的。

她们因为慰藉我的无聊起见，送了一瓶花来，嫣红姹紫，清香扑鼻，不过我心中的难受由此更加几倍。我想到你送我的海棠花映着灯光娇艳的样儿，想到你在你的小花园内海棠树下读书的情形。花原是爱的象征，你送我的花我都用从心坎上流出来的津液浸润着。当你在花下读书的时候，我曾用我的灵魂拥护你。现在呢，送花的人，爱花的人，都为造化小儿播弄到这步田地，眼看爱的花已经快要枯萎了，还说甚么慰藉呢？

下午我又听见我的母亲在对我姐姐谈我们去年春天规定的计划并且痛痛的骂我们……青霭呵，伊尔文说每种关于爱情的计划都是可以原谅的，他们的见解怎的却和伊氏相反呢？……

谢天谢地！我的表妹把我们的消息传通了，不然，我怕我们连死在一处的希望也没有了。可是再告诉你个怕人的消息：就是刘家的儿子今晚十二点就到家了（我的表妹说的）。我若不于今

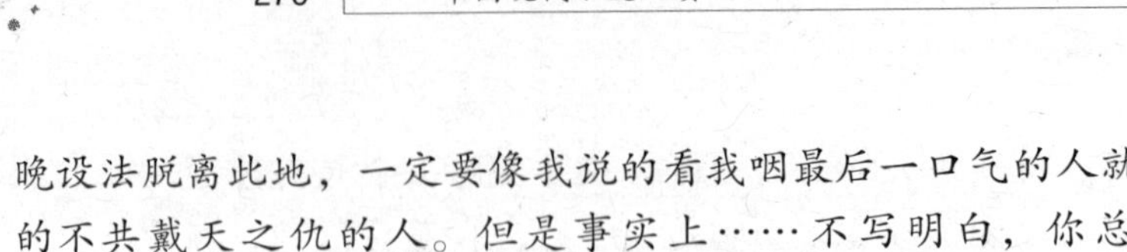

晚设法脱离此地，一定要像我说的看我咽最后一口气的人就是我的不共戴天之仇的人。但是事实上……不写明白，你总可猜得住。

青霭，虽然我们相见的希望还有一丝存在，但是我觉得穿黑衣的神已来我身旁了，我们的爱史的末一叶怕就翻到了。我们统共都只活了廿四五年，学问上不能对于社会有所贡献，但是我们的历史确是我们自己应该珍重的。我们的精神我们自己应该佩服的。无论如何我们总未向过我们良心上所不信任的势力乞怜。我们开了为要求心爱自由而死的血路。我们应将此路的情形指示给青年们，希望他们成功。不遭人忌是庸才，我也不必难受了。我能跑出去同你搬家到大海中住，听悲壮的涛声，看神秘的月色更好，万一不幸我是死了，你千万不要短气，你可以将我们的爱史的前前后后详详细细写出。六百封信，也将它们整好发出。……

我的表妹来了，她愿将此信送给你，并告诉我这间房的窗子只隔道墙就是一条僻巷，很可以逾越。今晚十二时你可在墙外候我。

（原刊载于1924年《创造》季刊第2卷第2号）

## 爱的“坠心”：《隔绝》解读

同样是北京女高师的学生，同样受“五四”时代背景的熏染，冯沅君与庐隐对爱情的审视角度略为不同。庐隐从少女情谊写起，写这个群体在“爱情”的干预下慢慢离散、消失，少女们先后进入一个陌生的夫家世界，为此感到恐惧、哀伤，她们以不同方式吊唁那个逝去的少女时代。冯则从爱情写起，写爱的美好及选择爱情的自由意志与母亲或家长的强权意志之间的冲突。有意思的是，她所面对的那个家长，并不是唯家长强权至上、心狠手辣、狰狞可恶的负面人物形象，而是她那慈爱的母亲。在冯沅君的小说，主人公反抗的始终是一个慈母，一个充满爱心，为子女操碎了心的慈母。这使她的反抗显得顾虑重重。爱情与母爱相冲突，将她撕裂，构成一个无以挣脱的怪圈。

1923 年起，以淦女士署名，冯沅君的《隔绝》、《旅行》、《慈母》和《隔绝之后》，陆续在《创造》季刊发表，加上稍后在《莽原》上发表的《写于母亲走后》和未完稿补完的《误点》，1926 年 6 篇小说以《卷葹》为题，出版单行本。6 篇小说从不同角度讲述同一个故事（细节略有不同）：镌华（女主人公）与士轸（男主人公）的恋爱，镌华自小与刘家有婚约，因此母亲立意要镌华嫁以刘家。镌华不肯。放假回家，镌华被母亲囚禁，她通过表妹送信给士轸，声称若不得逃跑，宁可一死。最后真的服药自杀。母亲后悔莫及。一个现代版的梁山伯与祝英台的故事。人物自杀的逻辑依据是："身命可以牺牲，意志自由不可以牺牲，不得自由我宁死。"爱情被视为自由选择的结果，爱情被否定即自由意志被否定，故勿宁死。有意思的是，这组小说没有将矛盾简单化，没有将家长脸谱化、反面化，而是各有道理，双方的理由构成一种相辩驳的张力。

青年人是在时代观念形态上申诉自己的理由，老年人是在日常观念形态上申诉自己的理由。青年人为自由而舍身，老年人为伦理而不让步："她说我们这种行为直同姘识一样，我不但已经丢尽她的面子，并且使祖宗在九泉下为我气愤，为我含羞。"从生活伦理考虑，已经订婚的女儿与一个有妇之夫同居，即便在今天，作为父母也会干涉，因为这侵害了正常的伦理秩序。因此母亲的坚持自有她的道理。两者之所以不可沟通、不可协调，很大程度上，是因为她们考虑问题的角度和范围不一致。

年轻人舍生取义，传达了一种时代的呼声。老年人谨慎做人，以日常之心对应年轻人怀有信念的生命体，母亲做梦也想不

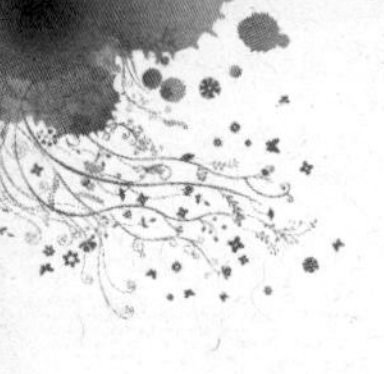



到女儿会为此轻生。一个忠实于信念，将爱情视为自由意志实践的象征物。一个只是普通的母亲，以人之常情，安排儿女的婚事。隽华的这桩婚事一直让母亲“坠心”，那是父辈早年的约定，男方一直等着，称海枯石烂永不反悔。那都是非常实际的问题。各方力量相持不下，使《隔绝》充满张力。

《卷葹》中，正面描写爱情的，有《隔绝》、《旅行》和《隔绝之后》等篇；正面写母亲与家人生活的，有《慈母》、《写于母亲走后》和《误点》等篇。前者采用书信体、第一人称叙述，人物直接倾诉，与情人对话，抒情色彩浓重，辞藻华丽，情态夸张，夹叙夹议，带散文笔法。可称为爱情类作品；后者虽然也采用第一人称叙事，但人物对话较多，有场面感和细节铺垫，叙述客观细腻，人物性格神态能跃然纸上。可称为家庭类作品。在这两类作品中，人物形象处理也不一样。

**1.“母亲”形象**

爱情类作品中，“母亲”作为家长制的执行者，形象抽象，比较概念化，是造成主人公痛苦的根源：“我的母亲向来是何等慈善的性质，此刻不知怎样变得这样残酷，不但不来安慰我，还在隔壁对我的哥哥数我的罪状，说我们的爱情是大逆不道的。”“我发现人类是自私的，纵然物质上可以牺牲自己以为别人，而在精神上不妨因为要实现自己由历史环境得来的成见，置别人于不顾。母女可算是世间最亲爱的了，然而她们也不能逃出这个公例。”在家庭类作品中，这个“母亲”比较丰满，有自己的性格逻辑。她做事有主见，有决断，爱子女，像老母鸡一样庇护着自己的子孙。“她一开门见回来的是我，便笑得几个不完全的牙齿都露出来了，同时眼中又充满了莹晶的老泪。她似乎已把全世界都忘了，只为她女儿忙，……她说已经不大认识我了，我的身材同面庞都变化大了，幸喜得声音还不大差……又说各校已快开学了，她自分是不能即刻见我了，不想我竟然回来……”“她最不满意于我的是我这一年来不常与家中写信，也不向家中要钱。因为她以为这是能自立了，要和家中断绝关系的证据。”“我又将我要同那家断绝关系的理由极委婉的向她说了，她也不曾大生气。在我说得轻的时候，她便用劝诫的口气说些什么人当乐天知命的话。我说到沉痛处，我哭了，她便默默无言的陪我哭……‘你们要代我想，我要是这样做了，怎有脸再见你们的伯叔们。但是我虽想得到而没有勇气去做。把你强送去……我心中不忍看你受委屈。……你们若以为你们主意为是，你们便照你们所认为的做去，我这个老人任她难受去吧！’”语言真实、诚挚，一个日常母亲的形象跃然纸上。在《慈母》中，母亲并没有把“我”囚禁起来，而是让“我”继续北上求学，把送“我”到火车头，一路叮咛。让人看到慈母的影面。

**2.“恋人”形象**

这一形象在爱情类作品中得到较多描绘。“他”作为“我”爱恋、倾诉对象，似乎无处不在，随时随地倾听“我”的诉说：“我真觉得置身在个四无人烟，荆棘塞路，豺虎咆哮的山谷中一样，只有你是可依托的，你真爱我，能救我。”“你记得吗？就在那年冬天，万胜园内宴春楼上，你在我的面前哭着，说除我而外你什么都不信仰……我就是你的上帝……”一方面，女主人公对恋人无限信赖，极尽美化。另一方面，恋人的形象极其模糊，看不到具体的性格心理内容包括血肉之躯，这种写法使男女主人公同体化，他只是一个虚幻的想象性的对象。

**3.“我”的形象**

冯沅君小说多数采用第一人称叙述，“我”是爱情悲剧的主人公，旧婚姻制度的控诉者、叛逆者，新时代年轻人的代言人，自由恋爱的享受者和实践者。作为抒情主人公，“我”的形象带有抽象性特点，是一个生活在观念和精神层面上的人物。这种人物只有出现在自叙传小说中，才能合乎逻辑。另外，由于“我”

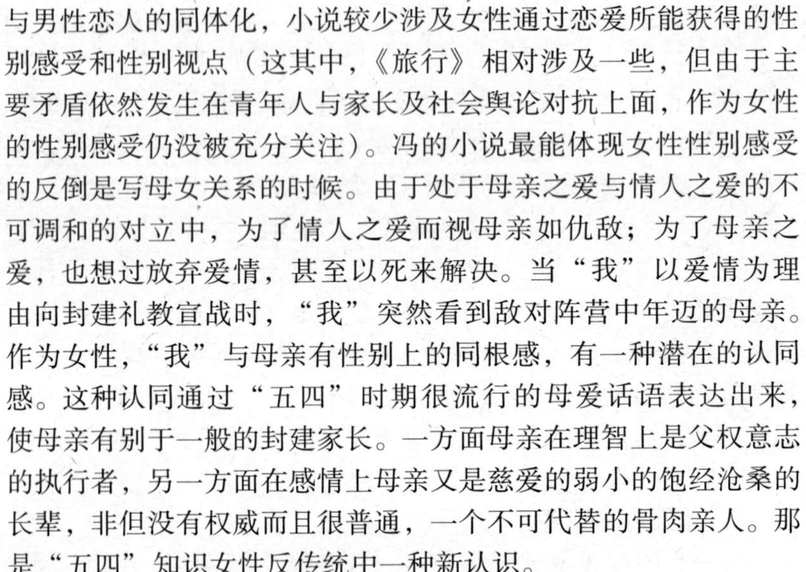

与男性恋人的同体化，小说较少涉及女性通过恋爱所能获得的性别感受和性别视点（这其中，《旅行》相对涉及一些，但由于主要矛盾依然发生在青年人与家长及社会舆论对抗上面，作为女性的性别感受仍没被充分关注）。冯的小说最能体现女性性别感受的反倒是写母女关系的时候。由于处于母亲之爱与情人之爱的不可调和的对立中，为了情人之爱而视母亲如仇敌；为了母亲之爱，也想过放弃爱情，甚至以死来解决。当“我”以爱情为理由向封建礼教宣战时，“我”突然看到敌对阵营中年迈的母亲。作为女性，“我”与母亲有性别上的同根感，有一种潜在的认同感。这种认同通过“五四”时期很流行的母爱话语表达出来，使母亲有别于一般的封建家长。一方面母亲在理智上是父权意志的执行者，另一方面在感情上母亲又是慈爱的弱小的饱经沧桑的长辈，非但没有权威而且很普通，一个不可代替的骨肉亲人。那是“五四”知识女性反传统中一种新认识。

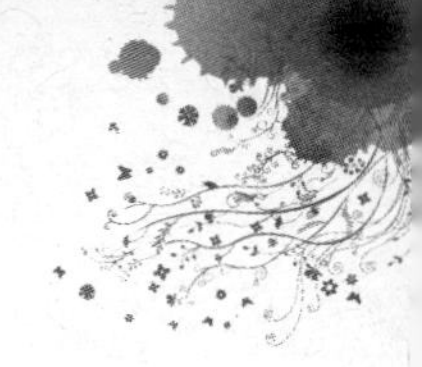

# 石评梅简介

石评梅（1902—1928），乳名心珠，学名石汝璧，字评梅。山西平定县人。少时入读山西省立女子师范学校附小，毕业后直接升入山西省立女子师范学校。1919年考入北京女子高等师范学校体育科。在女高师读书期间，她结识了冯沅君、苏雪林等，尤同庐隐、陆晶清结为至交。1923年女高师毕业后任教于北师大附中，任该校女子部主任，兼体育教员。大学期间开始在《语丝》、《晨报副刊》、《京报副刊》和《社会日报》等发表散文、诗和小说。与陆晶清参与编辑《妇女周刊》和《蔷薇周刊》等。以诗歌见长，有“北京著名女诗人”之誉。1925年目睹女师大事件和1926年的“3·18”惨案，悲痛至极，写了《血尸》、《痛哭和珍!》、《女师大惨剧的经过》和《报告停办后的女师大》等文章，记录惨案的经过，表达悲愤的心情。小说创作以《红鬃马》和《匹马嘶风录》为代表。1928年9月18日，猝患脑膜炎，医治无效，于9月30日死于北京协和医院。病逝后，诸友人为她出版作品集《涛语》等。

# 被践踏的嫩芽

石评梅

梦白毕业后便来到这城里的中学校当国文教员，兼着女生的管理。虽然一样是学校生活，但和从前的那种天真活泼的学生时代不同了。她宛如一块岩石在狂涛怒浪中间，任其冲激剥蚀，日

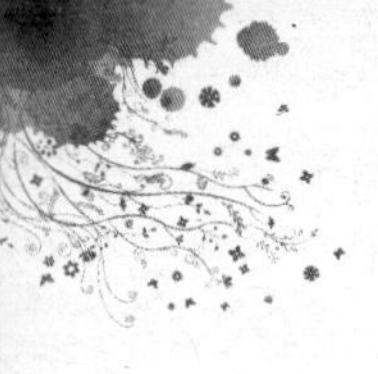



子长久了，洁莹如玉的岩石上遂留下不少的创洞和驳痕。黑影掩映在她的生命树上，风风雨雨频来欺凌她惊颤的心，任人间一切的崎岖，陷阱，罗网，都安排在她的眼前，她依然终日来来往往于人海车轨之中，勤苦服务她这神圣的职业。

她是想藉着这车马的纷驰，人声的嘈杂，忘掉她过去的噩梦，和一切由桃色变成黑影的希望。

不知道梦白身世的人，都羡慕她闲散幽雅的兴趣，和蔼温柔的心情；所以她在这学校内很得她们一群小天使的爱敬。她自己，劫后残灰，天涯飘萍，也将这余情专诚的致献于她们，殡埋了一切，在她们洁白的小心里。

有一天梦白正在办公处整理她的讲义，一阵阵凉风由窗纱吹进来，令她烦热的心境感到清爽舒畅。这时候已经日暮黄昏，回廊上走过一队一队挟书归去的白衣女郎，有时她偶然抬头和她们相触的目光嫣然微笑！

钟声息了，只剩下这寂寞的空庭，和沉沉睡去的花草，梦白为了这清静的环境沉思着！散乱的讲义依然堆集在桌上。这时忽然有轻轻叩门的声音，门开了走进一个颀长淡雅的女郎，丰容盛鬋，眉目如画，那种高洁超俗的丰度，令人又敬又爱。梦白认识她是这校中的高材生郑海妮。

海妮走到梦白的桌子前，她嗫嚅着说："先生！我有点事来烦扰您。"说着把书包打开拿出一束信来，这一束信真漂亮，颜色是淡青、淡黄、淡紫、淡红，还有的是素笺角上印着凸起的小花。梦白笑了！她说："呵！这一段公案又来了。"

海妮脸上轻泛起那微醉的酡红，薄怒娇嗔的告诉梦白这束信的来历和那厌烦的扰人，为了免除家庭的责难，同学的嘲笑，她希望梦白向学校提出，给他一种惩罚，不要再这样来扰人讨厌。梦白翻着这一束信静听她絮烦的妙语，她心现在有点醉了！"海妮！把这信留在这里我看看，你先回去，明天应该怎么办，我再

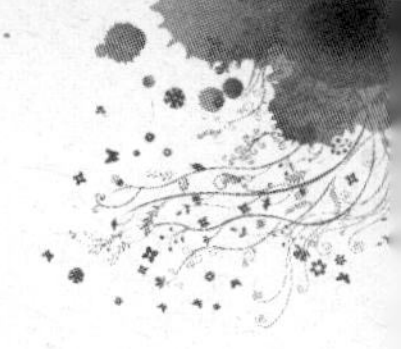

和你商量。”“谢谢先生!”海妮微微弯着腰，姗姗地走出去了。

晚餐后，梦白在灯下坐着看学生的试卷，她忽然想起海妮给她的一束信，她遂把试卷放在一边，她把那束信抽出来看:

海妮:

假如上帝安排下他的儿女是应该相爱的，那我就求你接到这信时你不必惊讶！我仅仅是个中学生，既不是名画家，更不是大诗人，我不能把我崇敬爱慕的女郎，用我的拙腕秃毫来描写于万一；我不须要赞美，我只求心灵有一块干净地方来供奉她，人间采一朵幽淡如兰的鲜花来祭献她，再用我的血泪灌溉这朵花永远是盛开着，令她色香不谢。

昨天我独自在图书馆看书，正是心神凝注时，门帘动了，你姗姗地由我身边走过去、借完书，你又姗姗地惊鸿一瞥似的走出去，就是这样一来一去，把我平静的心波鼓荡的狂涛怒浪，山立千仞。我不能在这里枯坐，遂挟了书走到操场的树荫下。我想在那噪杂人声中，来往人影里，消失了我心头的情影。谁知道你偏又和你的同伴来到操场上散步。我明知道是我自己的心情恍惚，但是我那时真恨你，并且恨那和你同行的女伴。

我自己也莫明其妙，在学校已经三年半了，女性的同学我见过数百人，在万花群艳中未曾令我神夺志移，但是你来了之后我就觉的两样了，几次自己想驱逐这幻影的来临，但是终于无效。海妮！这些诉告在你自然是值的卑视讪笑的，我本不愿把这些难邀一笑的言语来扰你清听，但是我的心在悄悄地督催我，我也觉真心的祭献是不至于令神嗔怪的！

林翰生

梦白看完后，觉得这信写的很真诚别致，还不怎样令人不能往下看，海妮的情书自然也该超出于旁人吧！她想着不禁笑了！

接着又抽看第二封：

海妮：

我早知道你是不理我的，也知道你对于这渴慕你的人们，环绕于你足下的人们是一样的与以冷笑！我不能把我自己怎样超拔于群侪，令你垂青，我只是一个中学生，我毫无特别的才能建设值的你敬慕。

我现在是求学时代，不幸便无意中受了爱神的戏弄，令我由光明的前途，沉溺于黑暗的陷阱，我哪敢怨你，我自然是痛恨咀咒那嘲弄人的命运，我好似驰骋山野的骏马，忽然自愿把鞍辔加上，任人鞭骑，这是令我日夜痛心怆然下泪的遭逢呵！海妮！不论怎样，我永远珍藏这颗心至永久罢！我不敢说是爱你。

我应该告诉你我的身世，我是孤儿，父母都在十年前相继弃我而去，族叔抚养我到如今，我从未曾奢望过人间的幸福，只求能有点树立时，不辜负叔父一场教养。在我这十八年凄空清寂的生活里，微微有点余温使我生命之火星光彩闪烁的就是你了，你的学问品格处处都令我敬慕，我才不自主的把这颗幼小被伤的嫩芽，重献到你的足下来求践踏。

你是名门闺秀，富室千金，天赋给你的是人间的欢乐和幸福，我也明白，到什么时候我和你也是两个世界的人，侯门似海，我终于是徘徊在朱门外的流浪者。我本不必把我的衷曲向你弹述，希望求你的怜恤，你是不能表同情于我的；但是海妮，我能够珍藏你于方寸灵台之中，我就不再奢求什么了。

林翰生

梦白连读了几封信后，她的神色异常颓丧，她觉这信里所说的话，好像十年前也有人这样向她说过一样。前尘梦影又涌现到

她的回忆边缘上来，令她默默地向着灯光沉思，她不知怎样来处理这一段公案。

翌晨，梦白同海妮商量，海妮的意思还要令梦白提出校务会议，因为不给他惩罚时，怕他还要再写信来，频频相扰。她是想藉此申明表白给她的家庭同学看一看的。梦白原想探一探海妮的口吻，如果她能通融和缓时，她是不愿意声明这件事的，因为这事的结果，在她素有经验的心中已都安排好了；林翰生又是品学皆优的高材生，她怕他受不住这无情的风波！但是海妮这样坚决她也无计再能调剂。这严重的空气，遂允许了海妮的要求，在当天下午把这件事情提出校务会议。

会议室里一张长桌上，铺着雪白的桌布，放着瓶花，四周都坐满了穿长衫西装的人们；这都是校中的重要职员。门开了，梦白手里拿着那一束鲜艳的信笺进来，他们都很注意的问道："这是什么?"开会时，梦白先把这一束信的公案报告了一遍，主席一面读着信一面征求各位的意见。有的主张重办，有的主张从宽，众见纷纭，莫衷一是。主席后来把两种意见折衷办理，议决给林翰生一个行为不检的特别惩戒，由本级级任面加训迪。这是姑念他平常品学皆优，所以这次才不出牌示给他保留情面。林翰生做梦也不知道，他写给海妮的情书遭了这般厄运，在这庄严堂皇的会议席上，互相传观。

三天后的早晨正是狂风暴雨时候，海妮神色仓忙，面容灰白，又来到梦白的办公处，她站在梦白面前嘤嘤啜泣！梦白不知她受了何人的委曲，再三问她，她由衣袋中拿出一封信来递在梦白手中，拆开来写的是：

海妮：

我不怨你对我这样绝情。就是这一点行为不检的惩戒，我也不介意；不过我三年多在学校里师长同学面前，我未曾失意过，这次事情发生后，似乎一切人们都觉着我是个轻薄可鄙的少年，将不齿于友侪，这是令我最痛心的。

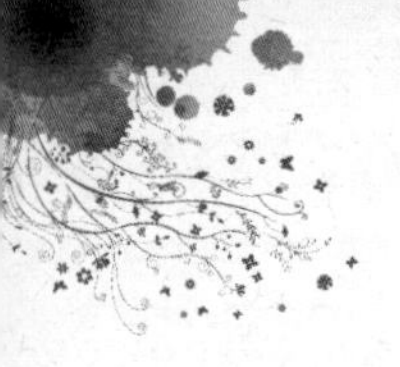



到如今我在情感上并不忏悔我过去是错误，我用天真忠诚的心血，滴沥着写给你的信，就是枪眼对着心口，钢刀放在颈上，我也不懊悔那是罪恶的表现，不道德的行为。他们那些假道学的人们，根本不能来讪笑我，虽然我自始至终，对于这件事我不愿有所表白。海妮！为了你的绝情，陷我于这黑暗的深渊，不能振作。但是我已另外发现了路途了。我已和叔父商议好，明日便束装回里，我不愿再在这学校逗留，这里对我无一点留意，海妮！就是你，我也不再向你说什么了，我为了你的清静，我从此不再写信，也不再在这里停留，愿我们从此永远隔绝好了。

本可以不必写信给你，不过我想告诉你我此后的消息，你也该放心了。海妮！我自然爱你一如往日，此后不论漂泊到天涯地角，我也遥远的替你祝福！也希望你慧心里不要忘了这被你践踏的嫩芽。海妮！海妮！从此你的倩影日离我远了，也许是日距我近了。假如你是有情人，愿你将来心幕上不要留今日的残痕。至于宇宙对我的命运和安排，我也不怨恨冷酷，因为我能在极短的时期中认识你，而且又与你以微小可纪的印象，我已曾满足了。夜深了，我按着惨痛的心灵，向你告别，向我认识你的学校告别！

林翰生

梦白看见这封信，她并不惊奇，不过她心头感到万分的凄酸！抬头见海妮还在低低的泣！纯是个不懂事的儿女态度，她本想说她几句，后来因她已经心碎便忍住了。

一阵风吹开了窗帏，梦白忽然见阶前的一株不知名的紫花，被风雨欺凌的落红满地。这时雨直如注，狂风卷着雨丝把纸窗都湿了，梦白低低的向海妮说了声："也许这时候他已经走了。"

（原载1927年7月12日《世界日报·蔷薇周刊》第三十三期，原署名碧茜）

## 爱途上的迷茫：《被践踏的嫩芽》解读

这是一篇由三封信组成的短篇小说。三封由男主人公写出来的信，构成小说的主体骨架。这回爱情由男主人公来叙述，讲了一个爱而不得、被毁誉、被学校警告、悄然离去的故事。缠绵而凄恻。

更为特别的是，这件事女主人公（海妮）不认账。海妮一直没有觉得她这样做有什么不妥。她将她的同学、暗恋她的男主人公给她的几封信交给老师，要老师在校务会上警告那男生，致使那男生自觉没趣，退学回家。

作为过来人，老师梦白，由海妮的幼稚、冒失而造成悲剧一事，萌生感触，重温了自己的往事，细细咀嚼了自己一段哀伤的情感经历。海妮的故事之中又套进梦白的故事。后者才是作者真正想讲的故事。

这篇小说叙事人的角度和位置的处理颇为特别，通过他人的事，重新浮现自己早年因爱情而留下的伤痕，往事不堪回首。与其说在反思自己，不如说抒写一腔缠绵哀伤之情。那个时代的女性总是为写情而写情，托故言情。而让她们柔肠寸断的那些情事，未必真的就那么难以解决的事。但在她们那里就是没法解决。石评梅早年就曾经错失爱情，在 W 君玷污她初恋的感情之后，她不敢再接受天辛君的爱，导致天辛早早去世。两人一直遥遥相望，终不可及。石评梅的好友庐隐说：“他死后，评梅在他的遗书中，发见他所以死的原因，是为了评梅拒绝他的爱。评梅这时候的悔恨，真到了万分。……直到她死，她没有一时一刻放下这件事的。……她还是人前欢笑，努力的挣扎着，直到她这凄艳的一生结束了，——同时她也把这悲哀带到坟墓里。唉……”（庐隐《石评梅略传》）将《被践踏的嫩芽》与石评梅这段经历

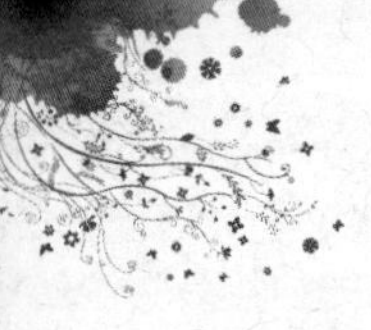



联系在一起看，小说的蕴意也就明晰了。

小说同样用书信体，散文笔法。男性的倾诉，与女性的倾诉没什么差别，那个时代的人爱得真苦！语言清浅，如一篇学生习作。

## 凌叔华简介

凌叔华（1900—1990），原名凌瑞棠，笔名素心、叔华、瑞唐等。原籍广东番禺，1900 年生于北京。父亲凌福彭为清末翰林，曾任兵部主事、天津知府等。娶有 6 位妻子，凌母为四夫人。凌父精于辞章，工于书画。凌叔华受其父亲影响，自小喜欢画画，从慈禧所宠爱的女画家缪素筠学画，还师从辜鸿铭学英文。名师传授，奠定了凌叔华深厚的文化艺术素养。1922 年考入燕京大学，就读于燕京大学外文系，并开始在《晨报》副刊等发表小说、散文。1925 年 1 月，凌叔华在《现代评论》上发表短篇小说《酒后》，因描写女性心理细腻大胆而一举成名，1926 年 7 月与北京大学教授陈西滢结婚。1928 年第一个短篇小说集《花之寺》由新月书店初版。1930 年短篇小说集《女人》由商务印书馆出版。先后任职于故宫博物院、武汉大学等。在武汉大学任教时，与同在武大执教的袁昌英、苏雪林过从甚密，被誉为“珞珈山三杰”。1946 年后旅居英国、法国、新加坡等。1989 年由英国回到北京。1990 年病逝于北京。

## 绣　枕

凌叔华

大小姐正在低头绣一个靠垫，此时天气闷热，小巴狗只有躺在桌底伸出舌头喘气的分儿，苍蝇热昏昏的满玻璃窗上打转。张

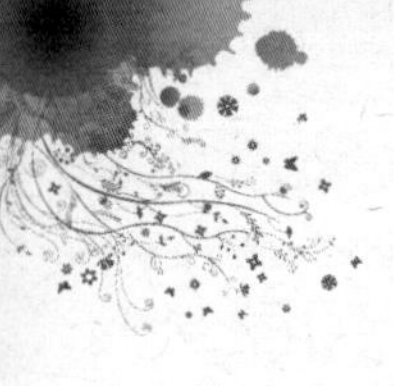



妈站在背后打扇子，脸上一道一道的汗渍，她不住的用手巾擦，可总擦不干。鼻尖的刚才干了，嘴边的又点点凸了出来。她瞧着她主人的汗虽然没有她那样多，可是脸热得酱红，白细夏布褂汗湿了一背脊，忍不住说道：

“大小姐，歇会儿，凉快凉快吧。老爷虽说明天得送这靠垫去，可是没定规早上或晚上呢。”

“他说了明儿早上十二点以前，必得送去才好，不能不赶了。你站过来扇扇。”小姐答完仍旧低头做活。

张妈走过左边，一面打着扇子，一面不住眼的看着绣的东西，叹口气道：

“我从前听人家讲故事，说那头面长得俊的小姐，一定也是聪明灵巧的，我总想这是说书人信嘴编的，那知道就真有。这样一个水葱儿似的小姐，还会这一手活计！这鸟绣的真爱死人！”大小姐嘴边轻轻的显露一弧笑涡，但刹那便止。张妈话兴不断，接着说：

“哼，这一封靠枕儿送到白总长那里，大家看了，别提有多少人来说亲呢。门也得挤破了。……听说白总长的二少爷二十多岁还没找着合适亲事。唔，我懂得老爷的意思了，上回算命的告诉太太今年你有红鸾星照命主，……”

“张妈，少胡扯吧。”大小组停针打住说，她的脸上微微红晕起来。

此时屋内又是很寂静，只听见绣花针噗噗的一上一下穿缎子的声音和那扇子扶扶轻微的风响，忽听竹帘外边有一个十三四岁的女孩子叫道：

“妈，我来了。”

“小妞儿吗？这样大热天跑来干什么？”张妈赶紧问。小妞儿穿着一身的蓝布裤褂，满头满脸的汗珠，一张窝瓜脸热得紫涨，此时已经闪身入到帘内，站在房门口边，只望着大小姐出神。她喘吁吁的说：

“妈，昨儿四嫂子说这里大小姐绣了一对甚么靠垫，已经绣了半年啦，说光是那只鸟已经用了三四十样线，我不信。四嫂子说，不信你赶快去看看，过两天就要送人啦。我今儿吃了饭就进城，妈，我到那儿看看，行吗?”

张妈听完连忙陪笑问：

“大小姐，你瞧小妞儿多么不自量，想看看你的活计哪!”

大小姐抬头望望小妞儿，见她的衣服很脏，拿住一条灰色手巾不住的擦脸上的汗，大张着嘴，露出两排黄板牙，瞪直了眼望里看，她不觉皱眉答——

“叫她先出去，等会儿再说吧。”

张妈会意这因为嫌她的女儿脏，不愿使她看的话，立刻对小妞儿说：

“瞧瞧你鼻子上的汗，还不擦把脸去。我屋里有脸水。大热天的这汗味儿可别薰着大小姐。”

小妞儿脸上显出非常失望的神气，听她妈说完还不想走出去。张妈见她不动，很不忍地瞪了她一眼，说：

“去我屋洗脸去吧。我就来。”

小妞儿撅着嘴掀帘出去。大小姐换线时偶尔抬起头往窗外看，只见小妞拿起前襟擦额上的汗，大半块衣襟都湿了。院子里盆栽的石榴吐着火红的花，直映着日光，更叫人觉得暑热，她低头看见自己的膈肢窝汗湿了一大片了。

光阴一晃便是两年，大小姐还在深闺做针线活，小妞儿已经长成和她妈一样粗细，衣服也懂得穿干净些了。现在她妈告假回家的当儿，她居然能做替工。

夏天夜上，小妞儿正在下房坐近灯旁缝一对枕头顶儿，忽听见大小姐喊她，便放下针线，跑到上房。

她与大小姐捶腿时，有一搭没一搭的说闲话：

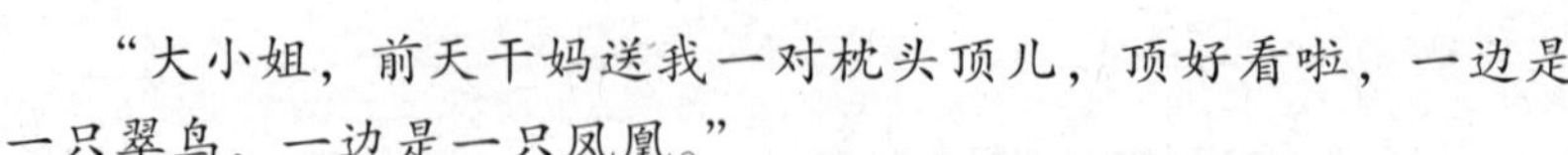

“大小姐，前天干妈送我一对枕头顶儿，顶好看啦，一边是一只翠鸟，一边是一只凤凰。”

“怎么还有绣半只鸟的吗？”大小姐似乎取笑她说。

“说起我这对枕头顶儿，话长哪。咳，为了它，我还和干姐姐怄了回子气。那本来是王二嫂子给我干妈的，她说这是从两个大靠垫子上剪下来的，因为已经弄脏了。新的时候好看极哪。一个绣的是荷花和翠鸟，那一个绣的是一只凤凰站在石山上。头一天，人家送给她们老爷，就放在客厅的椅子上，当晚便被吃醉了的客人吐脏了一大片；另一个给打牌的人，挤掉在地上，便有人拿来当作脚踏垫子用，好好的缎地子，满是泥脚印。少爷看见就叫王二嫂捡了去。干妈后来就和王二嫂要了来给我，那晚上，我拿回家来足足看了好一会子，真爱死人咧，那只凤凰尾巴就用了四十多样线。那翠鸟的眼睛望着池子里的小鱼儿真要绣活了，那眼睛真个发亮，不知用什么线绣的。”

大小姐听到这里忽然心中一动，小妞儿还往下说：

“真可惜，这样好看东西毁了。干妈前天见了我，教我剪去脏的地方拿来缝一对枕头顶儿。那知道干姐姐真小气，说我看见干妈好东西就想法子讨了去。”

大小姐没有理会她们呕气的话，却只在回想她在前年的伏天曾绣过一对很精细的靠垫——上头也有翠鸟与凤凰的。那时白天太热，拿不得针，常常留到晚上绣，完了工，还害了十多天眼病。她想看看这鸟比她的怎样，吩咐小妞儿把那对枕顶儿立刻拿了来。

小妞儿把枕顶片儿拿来说：

“大小姐你看看这样好的黑青云霞缎的地子都脏了。这鸟听说从前都是凸出来的，现在已经踏凹了。您看——这鸟的冠子，这鸟的红嘴，颜色到现在还很鲜亮。王二嫂说那翠鸟的眼球子，从前还有两颗真珠子镶在里头。这荷花不行了，都成了灰色，荷

叶太大，做枕顶儿用不着。……这个山石旁还有小花朵儿……”

大小姐只管对着这两块绣花片子出神，小妞儿末了说的话，一句都听不清了。她只回忆起她做那鸟冠子曾拆了又绣，足足三次，一次是汗污了嫩黄的线，绣完才发现；一次是配错了石绿的线，晚上认错了色；末一次记不清了。那荷花瓣上的嫩粉色的线她洗完手都不敢拿，还得用爽身粉擦了手，再绣。……荷叶太大块，更难绣，用一样绿色太板滞，足足配了十二色绿线。……做完那对靠垫以后，送了给白家，不少亲戚朋友对她的父母进了许多谀词。她的闺中女伴，取笑了许多话，她听到常常自己红着脸微笑。还有，她夜里也曾梦到她从来未经历过的娇羞傲气，穿戴着此生未有过的衣饰，许多小姑娘追她看，很羡慕她，许多女伴面上显出嫉妒颜色。那种是幻境，不久她也懂得，所以她永远不愿再想起它来撩乱心思。今天却不由得一一想起来。

小妞儿见她默默不言，直着眼，只管看那枕顶儿。便说道：

“大小姐也喜欢她不是？这样针线活，真爱死人呢。明儿也照样绣一对儿不好吗?”

大小姐没有听见小妞儿问的是什么，只能摇了摇头算答复了。

（原载 1925 年 3 月 21 日《现代评论》1 卷 15 期）

## 旧式深闺女性命运的隐喻：《绣枕》解读

几乎不约而同的，冰心、庐隐、沅君、石评梅都站在女儿的角度来写作，她们迷恋于女儿形象而拒绝成为母亲。她们的女主人公都是未经社会化的父母膝下的女儿，她们躲在象牙塔里，做着各式各样的少女梦，她们甚至拒绝成长。

20 世纪 20 年代，在这种女性写作几成模式的背景下，凌叔华是一例外。她关注着旧家庭里的各式女性人物：妻子、太太、母亲、小姐、婆婆、儿媳——未婚的已婚的在家庭里充当特定角色的女子。在古老中国，家庭作为社会最小的细胞，其实是一种人群组织。置于家庭格局里的女性都有其特定身份，这种身份将她们锁定在父权制的伦理秩序链上，要求她们履行相关义务，扮演好自己的角色。凌叔华笔下的女性正是这种人物。她致力于揭示家庭/社会角色对女性的生存样式——生活样式、心态样式所起的规定性、强制性作用。她提醒我们，这个时代固然有叛逆、弑父、追寻母亲和拒绝成为妻子的女性，更有另外一些女子，她们活在蒙昧、隐蔽的家的深处，过着更可悲可叹的生活。

凌叔华塑造得最成功的，是一群几乎被时代遗忘的深闺里旧式女性，《绣枕》中的大小姐，《吃茶》中的芳影，《茶会以后》的两姐妹，正是这样的人物。她们被囚困于闺阁之中，恪守传统的闺阁之道，个人与时代相脱节。《茶会之后》写两姐妹参加一次沙龙茶会，回家后的一阵闲聊。议论茶会上见到的摩登男女青年的长短；对时尚青年充满惊奇的刻薄的羡慕，对自己的落伍充满恐惧之感。她们有不合时宜、孤陋寡闻、守旧刻板以及异想天开的可笑之处。作者没有居高临下地嘲笑她们，而是带着沉痛的同情，注视她们的生活和命运。作为人，作为女性，她们在历史的变化中没有获得更自由的生存空间和通往幸福的途径，虽然时代打开了闺房的门锁，却没有打开闺秀们心灵的枷锁。这批小说中，《绣枕》是其代表作，它有几方面特色：

**1. “绣枕”：深闺女性命运的隐喻**

金玉其外，败絮其中。若被人捉弄，更是一文不值。绣枕是深闺女性命运的一种隐喻。

深闺里的主人并不是自己命运的主人，她们的去留、她们的价值取决于闺房外那个男性世界。无论是盛年未嫁的大小姐还是她千辛万苦、倾注心血、精心制作的果实——绣枕的价值，都得由他人来估定，她们只能待价而沽，没有自身的确定性。绣枕送到白家府上，“就放在客厅的椅子上，当晚便被吃醉了的客人吐脏了一大片；另一个给打牌的人，挤掉在地上，便有人拿来当作脚踏垫子用，好好的缎地子，满是泥脚印。少爷看见就叫王二嫂捡了去”。她们是暗哑无声的一群，社会变革与她们无关。鲁迅的原配夫人朱安就说：“我是一只蜗牛……”是的，旧式女性就像社会幽暗角落里的蜗牛，从墙底里一点一点往上爬，却永远无法爬到能见天日之处。

绣枕的遭遇成了大小姐命运的注脚。

**2. 精微、温婉的白描手法，活现深闺女性屈辱性的内心世界**

凌叔华擅长国画，懂得使用淡墨、白描、空白的方法，于细节处见精彩。大小姐绣一只鸟用三四十种颜色的线，色彩的丰富，形象的细腻，可想而知。那是一件精细的艺术杰作！这篇小说也是一件精心之作。大小姐绣枕的过程被细细摹写：“此时天气闷热，小巴狗只有躺在桌底伸出舌头喘气的分儿，苍蝇热昏昏的满玻璃窗上打转。张妈站在背后打扇子，脸上一道一道的汗渍，……她瞧着她主人的汗虽然没有她那样多，可是脸热得酱红，白细夏布褂汗湿了一背脊，忍不住说道：‘大小姐，歇会儿……’”大热天，拿不得针，白天不敢做，怕弄脏，晚上绣，害了得十多天眼病；嫌汗水淋淋的小妞儿脏，不让她进屋靠近绣枕……在层层铺写大小姐对绣枕的细心呵护后，绣枕几经辗转，被踩踏，弄脏，送人，最终沦落到小妞儿手上，才得到正面描写：“那只凤凰尾巴就用了四十多样线。那翠鸟的眼睛望着池子里的小鱼儿真要绣活了，那眼睛真个发亮，不知用什么线绣的。”“她只回忆起她做那鸟冠子曾拆了又绣，足足三次，……那荷花瓣上的嫩粉色的线她洗完手都不敢拿，还得用爽身粉擦了手，再绣。……荷叶太大块，更难绣，用一样绿色太板滞，足足配了十二色绿线。”大小姐的倾尽心血，绣枕的精美绝伦，与它最后的被糟蹋，又转

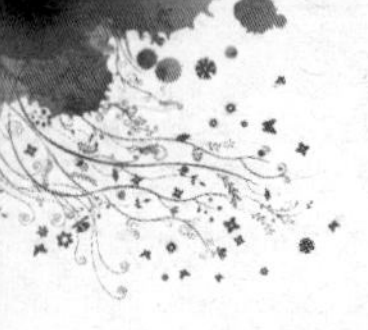



回闺中，形成强烈对照——其中的屈辱和悲凉，难以言传。沈从文称凌叔华是中国的曼殊斐尔，随你怎样奥妙的、细微的、曲折的、刻薄的心理，她都能一手擒住，闲闲写来，酷肖真实。

3. **对比的手法**

《绣枕》善用对比的手法，大小姐外表的优雅与内心的紧张，绣枕的精美与受糟蹋后的肮脏，大小姐的雅致与小妞儿的粗鲁，小妞儿最初的连看一眼绣枕的资格都没有与后来的成为绣枕真正的主人，都是对比。故事的每一关键转折，都采用对比手法，它不仅推动了情节的发展，揭示了人物潜在的心理意识，更揭示了人物命运悲凉的真相——处于老中国沉沉帷幕后面的旧女性活着的情形。

## 吃　茶

凌叔华

当太阳拥着早霞出来后，小鸟吱喳地闹了两个钟头，花影渐渐地被描在一间闺房的窗上。那鸟雀的啼歌跟着不相识的春风，直冲进芳影小姐的闺帷，把她吵醒了。

“几点钟了？”芳影搓搓眼睛低声地问。

“很早呢，才打九点。小姐还歇会儿吧。”一个女仆陪笑回答，接着提着水壶走了出去。

芳影仍旧闭目养神，但耳际一阵一阵的鸟声和街外小贩的叫号，使她不能再睡了，她沉思道：

“其实昨晚看完电影已经十一点半了，睡时已经一点，怎样再也不困了。……呀，昨晚见的淑贞的哥哥，相貌真是不俗，举止很是文雅……他很用神和我谈话……他跟我倒茶，拿戏单，捡掉在地上的手帕，临出戏院时，又帮我穿大氅……唔，真殷勤。……出戏院时，他搀扶我上车后，还摘下帽子，紧紧地望了

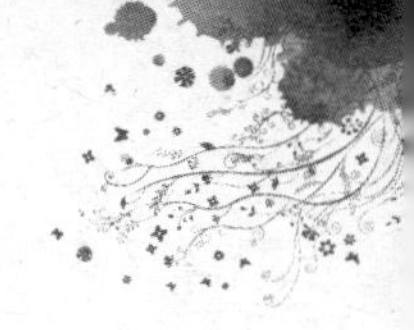

我一会儿呢……

“我起先同他坐近，觉得很不舒服，后来他仔细地和我翻译那幕上英文，不多工夫我就不觉得不舒服了。……对哪，他特别用心地翻译那几句‘爱能胜一切，爱是不死的’，在那幕少年与他情人分手时的话。……他还恐怕我不懂，告诉我说：外国所说的爱字，比中国的爱字稍差，情字似乎比较切实一点，但还不十分合适。他说时我的脸立刻热起来。……幸亏电影院是漆黑的，没有人看见。

“哦，淑贞说他们今天要去公园听音乐，很好的音乐，邀我务必同去。她又说今天下午接我。……那么我应当早些起来收拾收拾……

“但是我睡得太少，脸色又要发黄，眼睛也发红，人家看了多难看，还是多躺会儿养养神再起吧……

“这换洋取灯的老婆真讨厌！大清早起，谁换取灯儿呢？只这样喊，叫人睡不了。还是早点起来收拾收拾吧。”

芳影起来慢慢地踱到妆台前坐在椅上。此时女仆进来倒洗脸水，擦镜子，摆香粉和梳头的用具，忙成一片。

她默默地对着镜子出神。镜里的她，一双睡起惺忪的眼，腮上的胭红直连上眼皮，最是那一头乌油油的发，此时正蓬松着，衬出很细小的脸盘。一时诗情画意都奔向她的心头和眼底……末了想到“水晶帘下看梳头”，她连镜子都不好意思看了。

她洗漱完便梳头，一会儿想到自己正当芳菲时候，空在“幽闺自怜”；年华像水一般流去了，眼便蓄着一眶泪，一会儿想起昨晚看电影时，喁喁细语的光景，脸上便立刻有些发热，心里跳起来。

不多时把头发梳好，又重施一回粉，后来才把发抿齐。打扮完，对着镜子又出了回神。

“他今天来见我，不知……”她脸一热不好意思往下想了。

午饭后，她在闺房，看着窗上花影因日光忽明忽暗，花枝因微风摇曳，婀娜生姿，只觉得心里满满的有一种说不出的滋味。正在怅惘，忽见仆人进来回：

“王先生和王小姐来了。”

“请到客厅吧。”她说完又走到镜台前，重扑粉，掠抿一回发，然后走入客厅。

她心内怯怯的，因为她向来不大与青年男子来往，平常偶然碰到表兄弟，还要脸红红地回避呢。近年她见社会潮流变了，男女都可以做朋友，觉得这风气也得学学。

她来到客厅，淑贞和她哥立刻站起来招呼。

“昨晚你回来就睡了吗？”淑贞坐下说。

“我回来和娘谈了一会儿就睡了。”芳影答。

仆人递上茶来，她让了回茶，仍和淑贞说了些闲话。

“你已经和伯母说了我们去听音乐吧。我们去好吗？”淑贞说。

“说了，请用了点心再去，令兄第一次来，一点吃的东西也没有，太寒碜了。”芳影说完，见淑贞的哥哥坐在一旁用茶，很是恭谨，很想和他说几句话，但想不起说什么好，还是淑贞先开口：

“哥哥，芳影姐姐吟诗作对都会，她晚上吹起箫来，邻居的人都不愿意睡呢。”

“我早就听说了，不知芳影女士什么时候可以赏我一曲听听？”淑贞的哥哥陪笑地问。

芳影立刻红晕了两腮微笑答：

“王先生在外国什么好音乐没听过，我不来献丑。”

他们又静默了一会儿，淑贞说：

“我哥哥近来想找些中国词曲本看看，芳影姐姐，您一定知道不少。哥哥，你请教请教好吧！”淑贞的哥哥还未答话，芳影

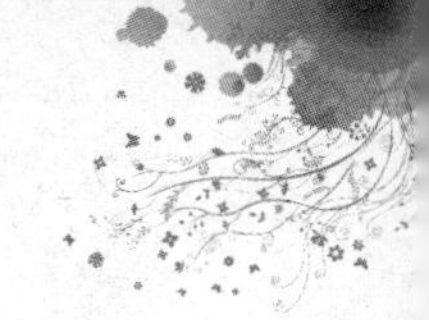

立刻抢着说：

“我哪里懂得什么词曲，淑贞！”

“我不管你讲不讲，等他请教你吧。咱们多找两个人去公园有兴味。等我去街口找周家的两个小弟弟一同去不好吗？”她说着站起来，“我去去就回来，哥哥，你在这里等会儿。”她的话完了就走出去，芳影伴她到门口，回到客厅时，淑贞的哥哥正开门迎她，等她进去才关了门，分宾主坐下。

此时客室中很是静寂，主客都默默地装作看墙上字画，一会儿淑贞的哥哥问道：

“淑贞告诉我说，芳影女士不但诗词作得很好，字还写得很美呢。几时求您写些东西可以吗？”

“我实在不会写字，不要笑话吧。现在听说不时兴写字了。”她答。

“哪有这话。我知道有许多留学生还一回中国便关起门学字呢。”

他们又默然了一会儿，他说：

“我回国以后很想找人学习些本国音乐，您的箫是哪位先生教的？”

“家婶娘教的。学了不多，吹的又不好。”她含笑地答。

“淑贞说，您吹的好极啦。我盼望我有耳福可以听到。”

她笑了笑，不知说什么好，耳畔听到理想的青年一句一句恭维话，想到今早醒来的胡思，不觉心里微微迷惘，脸上有些发热，举止极不自然起来。正在沉默的时候，淑贞跑回来嚷道：

“白跑了一趟。周家弟弟，一个出了门，一个发烧，咱们三个人去走走吧。哥哥，方才又打了电话给梅先家，他们说她明天准回来。”

他们三人坐汽车去了。

她觉到淑真的哥哥处处都对她用心，上车又扶她上去，下车

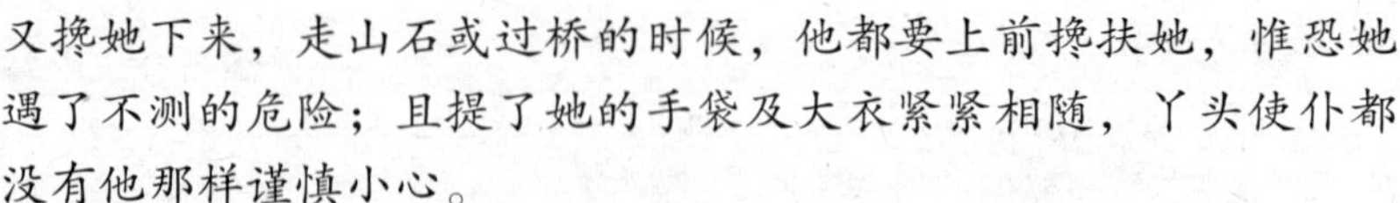

又搀她下来，走山石或过桥的时候，他都要上前搀扶她，惟恐她遇了不测的危险；且提了她的手袋及大衣紧紧相随，丫头使仆都没有他那样谨慎小心。

还有两样，令她不能不动疑的，就是每逢芳影和他答话，他便很留心地听，笑微微地望着她；她遗落手袋在车上，只提一声，他便从公园后边独自走回公园前面，很不少道，去替她拿回来。

快下太阳时候，他们送她回到家来。临行时，他说今天下午一同游玩得很乐，他又很诚恳地叮嘱她三十号务必请去北京饭馆吃茶。

从那回同游公园以后，芳影整天都觉得心口满满的，行也不安，坐又不宁，最厌同人说话，早上怕起来，晚上很迟都不觉得要困。白天父亲买了一盆大玫瑰花给她，她并不觉得高兴，却不住地对它长吁短叹，晚上月亮出来，母亲催她睡觉，她只倚着窗台发愣。

她妈也有点猜到她女儿犯心事烦恼，所以请了几个女伴来陪她解闷。可是她近来却是最怕和人家周旋，她们说的话，她都听不进耳，好似有个耳套蒙上一样，除非有时候人家提到淑贞的家，她才像把蒙耳的套子摘去。

她不知不觉地与许多素日亲近的人疏远，只有那妆台上一方镜子，她不但不想疏远，还时时刻刻去看看她。她本就好修饰，但每回妆罢对镜时，每念到“如此年华如此貌，为谁修饰为谁容?”时她就觉得惘然寡兴，现在她对镜时想到这两句话，每每抿嘴微笑，翻过身去不迭地照后身及左右。

她愔愔的过了一个星期。一天早晨她妆罢后倚在窗栏看着暖和的太阳照着廊下一盆粉色玫瑰花，那些花浸在日光里特别鲜艳，她正在赞叹，忽见仆人递给她一封信，上写“西四王缄”，她腮上立刻热起来，心里亦跳，急走到内房，才把信拆开，一看

乃是一个请帖：

张梅先女士与王斌先生订于本月三十日下午二时在北京饭店行结婚礼，恭请

光临

这请帖好似一大缸冷水，直从她头上倾泼下来。起先昏惘冰冷的，后来又有些发暖，不多会儿仍旧发凉，她一阵一阵的说不出的难受。请帖已经掉在地上，她捡起再看，依旧和方才的一样。随手甩了它，往大椅里很重地坐下，咳了一声，眼泪不禁滴滴点点地流下来。

她正在很懊丧地垂泪，淑贞在窗外一边走进来嚷道：

“芳影姐姐在家吗？我哥哥三十号便行结婚礼，我来找你挽新娘子。本来约好小梅表姐的，姑母昨晚有电报来叫她回去了。我跑了一早上找人作替身，一个找不着，其实她们也不衬，不是太胖就是高。姐姐，你的身裁和新娘子的配起来很好，你答应了吧。我求你。”

芳影神色已经够灰淡，只好有声无气的答道：

“我从来没做过挽亲的，恐怕做不来。近来又很不舒服，也许要生病，你还是另找人吧……请坐，淑贞。”她拉淑贞坐下。

“那……我可找不出别的合适人来了。你替我找一个行吗？”

她想了一想说：“回头我的堂妹妹回来，问问她吧。她过一会儿就下学了。”

淑贞听说喜欢地跳起来说：

“对了，她也很好，我坐在你这里多谈谈等等她。”

幸亏淑贞是很能说笑的，她会说许多事，女子都觉得有趣的。她谈了许多有趣的新闻，芳影虽不完全听见，倒也减去不少懊恼寂寞。末了一段话最使芳影不能不听的就是她谈到一个拐脚的小姐，她说：

“好笑得很，中国人吃饱了饭便想到婚嫁的事。自从我哥哥

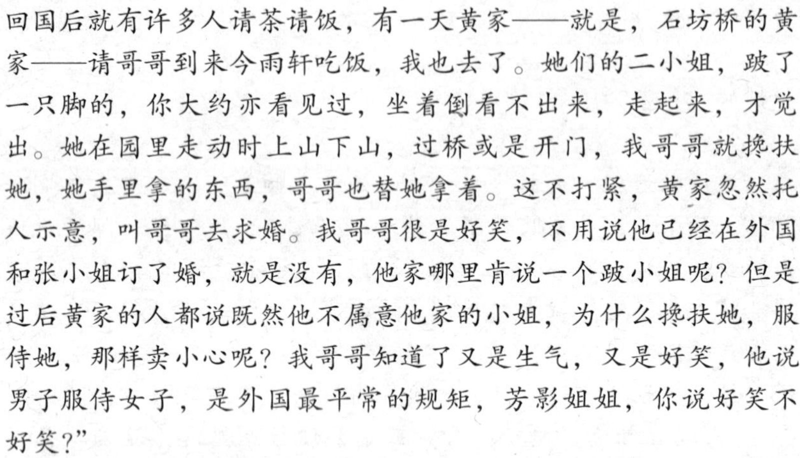

回国后就有许多人请茶请饭，有一天黄家——就是，石坊桥的黄家——请哥哥到来今雨轩吃饭，我也去了。她们的二小姐，跛了一只脚的，你大约亦看见过，坐着倒看不出来，走起来，才觉出。她在园里走动时上山下山，过桥或是开门，我哥哥就搀扶她，她手里拿的东西，哥哥也替她拿着。这不打紧，黄家忽然托人示意，叫哥哥去求婚。我哥哥很是好笑，不用说他已经在外国和张小姐订了婚，就是没有，他家哪里肯说一个跛小姐呢？但是过后黄家的人都说既然他不属意他家的小姐，为什么搀扶她，服侍她，那样卖小心呢？我哥哥知道了又是生气，又是好笑，他说男子服侍女子，是外国最平常的规矩，芳影姐姐，你说好笑不好笑？”

芳影此时觉得有说不出的一种情绪，她嘴边微微显露一弧冷冷的笑容，她的眼望着窗上的花影，依旧是因风摇曳，日光却一阵阵地浅淡。她迟迟地说：“外国……规矩……”

一九二五年三月十六日，文光书屋<br>（原载《现代评论》1925 年 4 月 1 卷 20 期）

## 另一位“大小姐”的尴尬：《吃茶》解读

芳影已不像《绣枕》中大小姐那样深藏于闺阁中了。她与外界有了一些接触，但她的经验仍停留在深闺生活层面上。她关于爱情的想象，仍是“水晶帘下看梳头”那种景象。大小姐只能把婚姻之事寄托在绣枕上，芳影比她幸运，有机会接触异性，能够把爱情寄托在某位她能够接触到的具体对象身上，比如，她同学的哥哥。小说写尽了旧式少女的个人经验与外部环境之间的矛盾冲突给女性带来的尴尬。那是两种文化密码的差异造成的理解错位。按照约定俗成的老中国文化密码，一个男子向一个女子献殷勤，赔小心，一起看电影、请吃茶、造访，应该有联姻之意，至少是表达某种爱慕之情，在初次与异性接触的芳影看来，更是如此。但按照西方文明的男女交往方式，这种行为却可能只是出于绅士式的礼貌、礼节，没有其他意思。留学归国的“同学的哥哥”属于后者。但在芳影的感受里，“哥哥”却是对她“有意”。于是，她心旌摇曳，想入非非，直至收到被邀参加“哥哥”婚礼的请柬，才如梦初醒。芳影的问题在于，她在一个变化了的新世界面前，失去了识读、理解人际交往尤其是两性交往的行为性质的能力。这是旧式少女的悲剧，她们深居简出，不知道时代已变，新时代的两性关系有其新的游戏规则，她们远远落后于时代。

凌叔华小说超越了“五四”浪漫主义、伤感主义的表达模式——像冰心、庐隐、石评梅、冯沅君等自叙传作品的那种抒情方式；也超越了极端反传统的讽刺性、批判性作品模式，如白薇的小说模式。她的小说叙述呈现了一种多元指向：站在时代的角度，她对那些落伍的与时代相脱节的旧式女性持某种批评的态度；但站在女性角度，她对总体处于劣势地位的旧式女性满怀同情和悲悯，她与她们之间有某种经验上的认同感和同根感。在她那里，性别经验认同与历史价值评价是两回事，这种观念与经验的不一致，造成了凌叔华的小说叙述的多元指向。

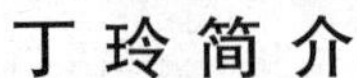

# 丁玲简介

丁玲（1904—1986），原名蒋伟，字冰之，笔名丁玲、彬芷等。原湖南籍临澧，生于湖南常德县外祖父家。四岁丧父，母亲余曼贞是中国第一代从事教育工作的职业女性。在她的安排下，丁玲从小接受新式教育。少时入读长沙小学、常德小学。1918 年就读于桃源第二女子师范学校预科，次年转入长沙周南女子中学。1922 年初赴上海，入平民女子学校，不久转入上海大学中国文学系。1925 年起与胡也频同居。1927 年底至 1928 年初，在《小说月报》发表小说《梦珂》和《莎菲女士的日记》，引起文坛热烈反响。小说集《在黑暗中》、《自杀日记》和《一个女人》相继出版，被称为“心灵上负着时代苦闷的创作的青年女性的叛逆的绝叫者”。1929 年与胡也频、沈从文在上海合办《红黑》杂志。1930 年在《小说月报》连载长篇小说《韦护》。1931 年，胡也频被捕并遇难，此遭遇促使她向“左翼”转向。出任左联机关刊物《北斗》主编。推出《水》、《母亲》和《一个人的诞生》等作品。1933 年被当局绑架，软禁于南京，1936 年脱离禁锢，抵达陕北。1941 年创作小说《我在霞村的时候》、《在医院中》和随笔《三八节有感》，在延安整风中受到批评，这才使她放下对解放区落后现实无法释然的困惑，参加土改队，创作长篇小说《太阳照在桑干河上》，此作于 1952 年获斯大林文学奖金二等奖。新中国成立后任中央文学研究所主任，中国作家协会副主席。1955 年因“丁、陈事件”受批判，遣送北大荒劳动改造，至 1979 年平反，复出后，当选为中国作家协会副主席，1986 年在北京去世。

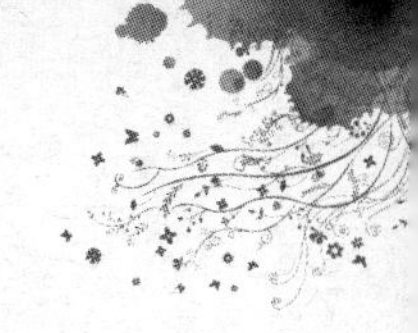

# 莎菲女士的日记

丁　玲

## 十二月二十四

今天又刮风！天还没亮，就被风刮醒了。伙计又跑进来生火炉。我知道，这是怎样都不能再睡得着了的。我也知道，不起来，便会头昏，睡在被窝里是太爱想到一些奇奇怪怪的事上去。医生说顶好能多睡，多吃，莫看书，莫想事，偏这就不能，夜晚总得到两三点才能睡着，天不亮又醒了。像这样刮风天，真不能不令人想到许多使人焦躁的事。并且一刮风，就不能出去玩，关在屋子里没有书看，还能做些什么？一个人能呆呆的坐着，等时间的过去吗？我是每天都在等着，挨着，只想这冬天快点过去；天气一暖和，我咳嗽总可好些，那时候，要回南便回南，要进学校便进学校，但这冬天可太长了。

太阳照到纸窗上时，我是在煨第三次的牛奶。昨天煨了四次。次数虽煨得多，却不定是要吃，这只不过是一个人在刮风天为免除烦恼的养气法子。这固然可以混去一小点时间，但有时却又不能不令人更加生气，所以上星期整整的有七天没玩它，不过在没想出别的法子时，是又不能不借重它来像一个老年人耐心着消磨时间。

报来了，便看报，顺着次序看那大号字标题的国内新闻，然后又看国外要闻，本埠琐闻……把教育界，党化教育，经济界，九六公债盘价……全看完，还要再去温习一次昨天前天已看熟了的那些招男女，编级新生的广告，那些为分家产生起诉的启事，连那些什么六〇六，百灵机，美容药水，开明戏，真光电影……都熟习了过后才懒懒的丢开报纸。自然，有时会发现点新的广告，但也除不了是些绸缎铺五年六年纪念的减价，恕讣不周的讣闻之类。

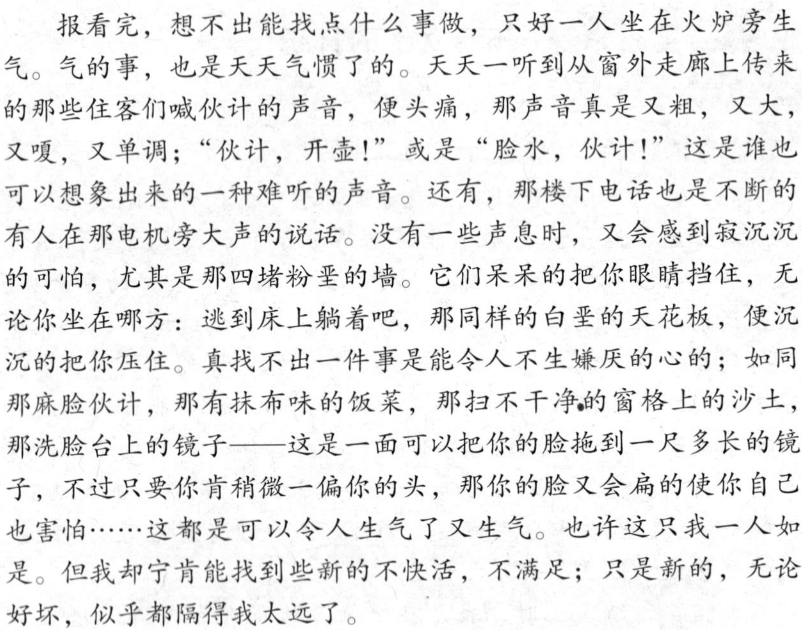

报看完，想不出能找点什么事做，只好一人坐在火炉旁生气。气的事，也是天天气惯了的。天天一听到从窗外走廊上传来的那些住客们喊伙计的声音，便头痛，那声音真是又粗，又大，又嗄，又单调；“伙计，开壶！”或是“脸水，伙计！”这是谁也可以想象出来的一种难听的声音。还有，那楼下电话也是不断的有人在那电机旁大声的说话。没有一些声息时，又会感到寂沉沉的可怕，尤其是那四堵粉垩的墙。它们呆呆的把你眼睛挡住，无论你坐在哪方：逃到床上躺着吧，那同样的白垩的天花板，便沉沉的把你压住。真找不出一件事是能令人不生嫌厌的心的；如同那麻脸伙计，那有抹布味的饭菜，那扫不干净的窗格上的沙土，那洗脸台上的镜子——这是一面可以把你的脸拖到一尺多长的镜子，不过只要你肯稍微一偏你的头，那你的脸又会扁的使你自己也害怕……这都是可以令人生气了又生气。也许这只我一人如是。但我却宁肯能找到些新的不快活，不满足；只是新的，无论好坏，似乎都隔得我太远了。

吃过午饭，苇弟便来了，我一听到他那特有的急遽的皮鞋声已从走廊的那端传来时，我的心似乎便从一种窒息中透出一口气来的感到舒适。但我却不会表示，所以当苇弟进来时，我只能默默的望着他；他反以为我又在烦恼，握紧我一双手，“姊姊，姊姊”那样不断的叫着。我，我自然笑了！我笑的什么呢，我知道！在那两颗只望到我眼睛下面的跳动的眸子中，我准懂得那收藏在眼睑下面，不愿给人知道的是些什么东西！这是有多么久了，你，苇弟，你在爱我！但他捉住过我吗？自然，我是不能负一点责，一个女人是应当这样。其实，我算够忠厚了；我不相信会有第二个女人这样不捉弄他的，并且我还在确确实实的可怜他，竟有时忍不住想去指点他：“苇弟，你不可以换个方法吗？这样是只能反使我不高兴的……”对的，假使苇弟能够再聪明一点，我是可以比较喜欢他些，但他却只能如此忠实的去表现他的

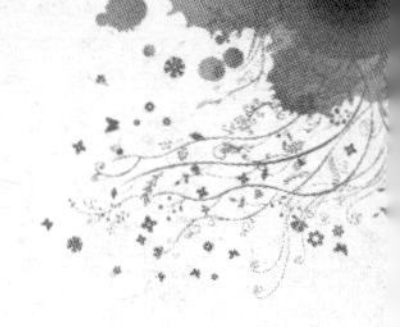

真挚！

苇弟看见我笑了，便很满足。跳过床头去脱大氅，还脱下他那顶大皮帽来。假使他这时再掉过头来望我一下，我想他一定可以从我的眼睛里得些不快活去。为什么他不可以再多的懂得我些呢？

我总愿意有那末一个人能了解得我清清楚楚的，如若不懂得我，我要那些爱，那些体贴做什么？偏偏我的父亲，我的姊姊，我的朋友都能如此盲目的爱惜我，我真不知他们所爱惜我的是些什么；爱我的骄纵，爱我的脾气，爱我的肺病吗？有时我为这些生气，伤心，但他们却都更容让我，更爱我，说一些错到更能使我想打他们的一些安慰话。我真愿意在这种时候会有人懂得我，便骂我，我也可以快乐而骄傲了。

没有人来理我，看我，我是会想念人家，或恼恨人家，但有人来后，我不觉得又会给人一些难堪，这也是无法的事。近来为要磨练自己，常常话到口边便咽住，怕又在无意中竟刺着了别人的隐处，虽说是开玩笑。因为如此，所以这是可以想象出来的，我是拿一种什么样的心情在陪苇弟坐。但苇弟若站起身来喊走时，我是又会因怕寂寞而感到怅惘，而恨起他来。这个，苇弟是早就知道了的，所以他一直到晚上十点钟才回去。不过我却不骗人，并不骗自己，我清白，苇弟不走，不特于他没有益处，反只能让我更觉得他太容易支使，或竟更可怜他的太不会爱的技巧了。

## 十二月二十八

今天我请毓芳同云霖看电影。毓芳却邀了剑如来。我气得只想哭，但我却纵声的笑了。剑如，她是多么可以损害我自尊之心的；我因为她的容貌，举止，无一不像我幼时所最投洽的一个朋友，所以我竟不觉的时常在追随她，她又特意给了我许多敢于亲近她的勇气，但后来，我却遭受了一种不可忍耐的待遇，无论什

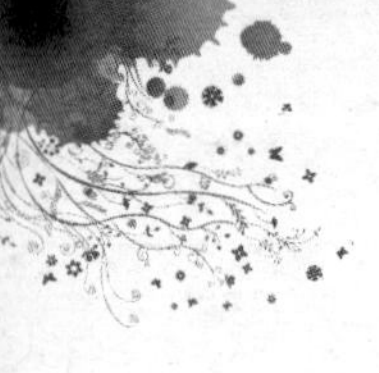



么时候想起，我都会痛恨我那过去的，已不可追悔的无赖行为：在一个星期中我曾足足的给了她八封长信，而未曾给人理睬过。毓芳真不知想的哪一股劲，明知我已不愿再提起从前的事，却故意要邀着她来，像有心要挑逗我的愤恨一样，我真气了。

我的笑，毓芳和云霖是不会留意这有什么变异，但剑如，她是能感觉得；可是她会装，装糊涂，同我毫无芥蒂的说话。我预备骂她几句，不过话只到口边便想到我为自己定下的戒条。并且做得太认真，怕越令人得意。所以我又忍下心去同她们玩。

到真光时，还很早，在门口又遇着一群同乡的小姐们，我真厌恶那些惯做的笑靥，我不去理她们，并且我无缘无故的生气到那许多去看电影的人。我乘毓芳同她们说到热闹中，我丢下我所请的客，悄悄回来了。

除了我自己，是没有人会原谅我的。谁也在批评我，谁也不知道我在人前所忍受的一些人们给我的感触。别人说我怪僻，他们哪里知道我却时常在讨人好，讨人欢喜，不过人们太不肯鼓励我去说那太违我心的话，常常给我机会，让我反省到我自己的行为，让我离人们却更远了。

夜深时，全公寓都静静的，我躺在床上好久了。我清清白白的想透了一些事，我还能伤心什么呢？

## 十二月二十九

一早毓芳就来电话。毓芳是好人，她不会扯谎，大约剑如是真病。毓芳说，起病是为我，要我去，剑如将向我解释。毓芳错了，剑如也错了，莎菲不是欢喜听人解释的人。根本我就否认宇宙间要解释。朋友们好，便好；合不来时，给别人点苦头吃，也是正大光明的事。我还以为我够大量，太没报复人了。剑如既为我病，我倒快活，我不会拒绝听别人为我而病的消息。并且剑如病，还可以减少点我从前自怨自艾的烦恼。

我真不知应怎样才能分析出我自己来。有时为一朵被风吹散

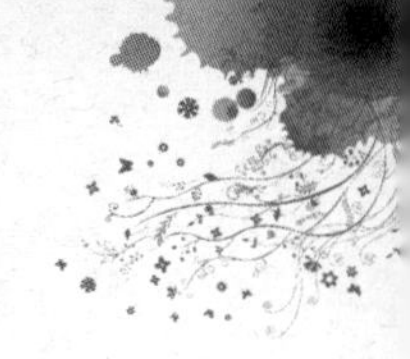

了的白云，会感到一种渺茫的，不可捉摸的难过，但看到一个二十多岁的男子（苇弟其实还大我四岁）把眼泪一颗一颗掉到我的手背时，却像野人一样的在得意的笑了。苇弟是从东城买了许多信纸信封来我这里玩，为了他很快乐，在笑，我便故意去捉弄，看到他哭了，我却快意起来，并且说“请珍重点你的眼泪吧，不要以为姊姊是像别的女人一样脆弱得受不起一颗眼泪……”“还要哭，请你转家去哭，我看见眼泪就讨厌……”自然，他不走，不分辩，不负气，只蜷在椅角边老老实实无声的去流那不知从哪里得来的那末多的眼泪。我，自然，得意够了，是又会惭愧起来，于是用着姊姊的态度去喊他洗脸，抚摩他的头发。他镶着泪珠又笑了。

在一个老实人面前，我是已尽自己的残酷天性去磨折了他，但当他走后，我真又想能抓回他来，只请求他一句：“我知道自己的罪过，请不要再爱这样一个不配承受那真挚的爱的女人了吧!”

## 一月一号

我不知道那些热闹的人们是怎样的过年法，我是只在牛奶中加了一个鸡子，鸡子还是昨天苇弟拿来的，一共是二十个，昨天煨了七个茶卤蛋，剩下的十三个，大约总够我两星期来吃它。若吃午饭时，苇弟会来，则一定有两个罐头的希望。我真希望他来。因为想到苇弟来，所以我便上单牌楼去买了四盒糖，两包点心，一篓橘子和苹果，是预备他来时给他吃的。我是准断定在今天只有他才能来。

但午饭吃过了，苇弟却没来。

我一共写了五封信，都是用前几天苇弟买来的好纸好笔。但我想能接得几个美丽的画片，却不能。连几个最爱弄这个玩艺儿的姊姊们都把我这应得的一份儿忘了。不得画片，不稀罕，单单只忘了我，却是可气的事。不过为了自己从不会给人拜过一次

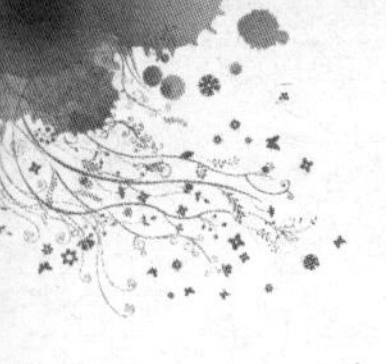



年，算了，这也是应该的。

晚饭还是我一人独吃，我烦恼透了。

夜晚毓芳云霖却来了，还引来一个高个儿少年，我只想他们才真算幸福；毓芳有云霖爱她，她满意，他也满意。幸福不是在有爱人，是在两人都无更大的欲望。商商量量平平和和的过日子。自然，也有人将不屑于这平庸。但那只是另外那人的，却与我的毓芳无关。

毓芳是好人，因为她有云霖，所以她“愿天下有情人皆成眷属”。她去年曾替玛丽作过一次恋爱婚姻介绍者。她又希望我能同苇弟好。因此她一来便问苇弟。但她却和云霖及那高个儿把我给苇弟买的东西吃完了。

那高个儿可真漂亮，这是我第一次感觉到男人的美上面，从来我是没有留心到。只以为一个男人的本行是在会说话，会看眼色，会小心就够了。今天我看了这高个儿，才懂得男人是另铸有一种高贵的模型，我看出那衬在他面前的云霖显得多么委琐，多么呆拙……我真要可怜云霖，假使他知道了他在这个人前所衬出的不幸时，他将怎样伤心他那些所有的粗丑的眼神，举止。我更不知，当毓芳拿着这一高一矮的男人相比时，是会起一种什么情感！

他，这生人，我将怎样去形容他的美呢？固然，他的颀长的身躯，白嫩的面庞，薄薄的小嘴唇，柔软的头发，都足以闪耀人的眼睛，但他却还另外有一种说不出，捉不到的丰仪来煽动你的心。如同，当我请问他的名字时，他是会用那种我想不到的不急遽的态度递过那只擎有名片的手来。我抬起头去，呀，我看见那两个鲜红的，嫩腻的，深深凹进的嘴角了。我能告诉人吗，我是用一种小儿要糖果的心情在望着那惹人的两个小东西。但我知道在这个社会里面是不会准许任我去取得我所要的来满足我的冲动，我的欲望，无论这是于人并不损害的事，所以我只得忍耐着，低下头去，默默的去念那名片上的字：

“凌吉士，新加坡……”

凌吉士，他是能那样毫无拘束的在我这儿谈话，像是在一个很熟的朋友处，难道我能说他这是有意来捉弄一个胆小的人？我是为要强迫的去拒绝引诱，从不敢把眼光抬平去一望那可爱慕的火炉的一角。并且害得两只从不知羞惭的破烂拖鞋，也逼着我不准走到桌前的灯光处。我并且生气我自己：怎么我只会那样拘束，不调皮的在应对？平日看不起别人的交际法，今天才知道自己是还只能显得又呆，又傻气。唉，他一定以为我是一个乡下才出来的姑娘了！

云霖同毓芳两人看见我木木的，以为我不欢喜这生人，常常去打断他的说话，不久带着他走了。这个我也能感激他们的好意吗？着那一高两矮的影子在楼下院子中消失时，我真不愿再回到这留得有那人的靴印，那人的声音，和那人吃剩的饼屑的屋子。

## 一月三号

这两夜通宵通宵的咳嗽。对于药，简直就不会有信仰，药与病不是已毫无关系吗？我明明已厌烦了那苦水，但却又按时去吃它，假使连药也不吃，我更能拿什么来希望我的病呢？神要人忍耐着生活，便安排许多痛苦在死的前面，使人不敢走拢死去。我呢，我是更为了我这短促的不久的生，所以我越求生的利害；不是我怕死，是我总觉得我还没享有我生的一切。我要，我要使我快乐。无论在白天，在夜晚，我都是在梦想可以使我没有什么遗憾在我死的时候的一些事情。我想我能睡在一间极精致的卧房的睡榻上，有我的姊姊们跪在榻前的熊皮毡子上为我祈诗，父亲悄悄的朝着窗外叹息，我读着许多封从那些爱我的人儿们寄来的长信，朋友们都纪念我流着忠实的眼泪……我迫切的需要这人间的感情，想占有许多不可能的东西。但人们给我的是什么呢？整整又两天，又一人幽囚在公寓里，没有一个人来，也没有一封信

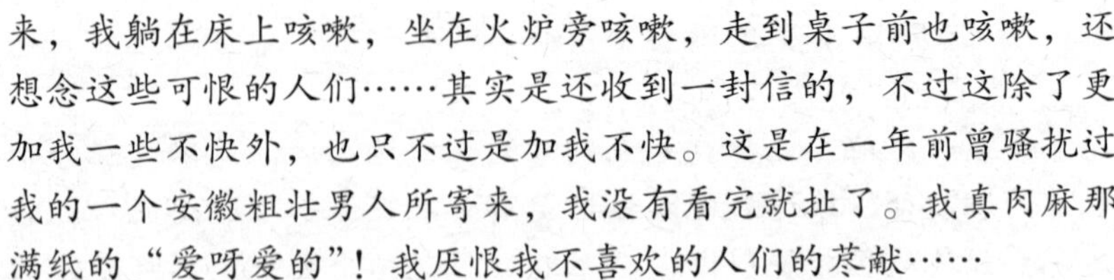

来，我躺在床上咳嗽，坐在火炉旁咳嗽，走到桌子前也咳嗽，还想念这些可恨的人们……其实是还收到一封信的，不过这除了更加我一些不快外，也只不过是加我不快。这是在一年前曾骚扰过我的一个安徽粗壮男人所寄来，我没有看完就扯了。我真肉麻那满纸的“爱呀爱的”！我厌恨我不喜欢的人们的荩献……

我，我能说得出我真实的需要，是些什么呢？

## 一月四号

事情不知错到什么地方去了。我为什么会想到搬家，并且在糊里糊涂中欺骗了云霖，好像扯谎也是本能一样，所以在今天能毫不费力的便使用了。假使云霖知道了莎菲也会哄骗他，他不知应如何伤心；莎菲是他们那样爱惜的一个小妹妹。自然我不是安心的，并且我现在在后悔。但我能决定吗，搬呢，还是不搬？

我是不能不向我自己说：“你是在想念那高个儿的影子呢！”是的，这几天几夜我是无时不神往到那些足以诱惑我的。为什么他不在这几天中单独来会我呢？他应当知道他是不该让我如此的去思慕他。他应当来看我，说他也想念我才对。假使他来，我是不会拒绝去听他所说的一些爱慕我的话，我还将令他知道我所要的是些什么。但他却不来。我估定这像传奇中的事是难实现了。难道我去找他吗？一个女人这样放肆，是不会得好结果的。何况还要别人能尊敬我呢。我想不出好法子来，只好先去到云霖处试一试，所以吃过午饭，我便冒风向东城去。

云霖是京都大学的学生，他的住房便租在一家间于京都大学一院和二院之间青年胡同里，我到他那里时，幸好他没出去，毓芳也没来。云霖当然很诧异我在大风天出来，我说是到德国医院看病，顺便来这里。他也就毫不疑惑，又来问我的病状，我却把话头故意引到那天晚上。不费一点气力，我便已打探得那人儿是住在第四寄宿舍，位置是在京都大学二院隔壁的。不久，我于是又叹起气来，我用了许多言辞把在西城公寓里的生活，描摹得怎

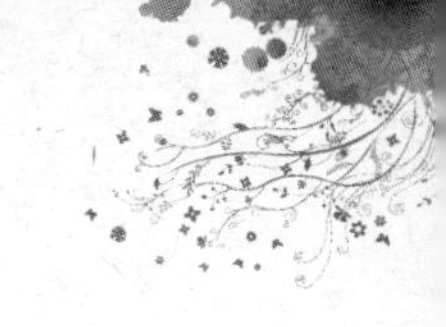



样的寂寞、暗淡。我又扯谎，说我唯一只想能贴近毓芳（我已知道毓芳已预备搬来云霖处）。我要求云霖同我往近处找房。云霖当然高兴这差事，不会迟疑的。

在找房的时候，凑巧竟碰着了凌吉士。他也陪着我们。我真高兴，高兴使我胆大了，我狠狠的望了他几次，他没有觉得，他问我的病，我说全好了，他不信似的在笑。

我看上一间又低，又小，又霉的东房，这是在云霖的隔壁一家叫大元的公寓里。他和云霖都说太湿，我却执意要在第二天便搬来，理由是那边太使我厌倦，而我急切的又要依着毓芳。云霖无法，也就答应了。还说好第二天一早他和毓芳过来替我帮忙。

我能告诉人，我单单选上这房子的用意吗？它是位置在第四寄宿舍和云霖庄所之间。

他不曾向我告别，所以我又转到云霖处，我尽所有的大胆在谈笑。我把他什么细小处都审视遍了。我觉得都有我嘴唇放上去的需要。他不会也想到我是在打量他，盘算他吗？后来我特意说我想请他替我补英文，云霖笑，他听后却受窘了，不好意思的在含含糊糊的回答，于是我向心里说，这还不是一个坏蛋呢，那样高大的一个男人却还会红脸？因此我的狂热更炎炽了。但我不愿让人懂得我，看得我太容易，所以我就驱遣我自己，很早的就回来了。

现在仔细一想，我唯恐我的任性，将把我送到更坏的地方去，暂时且住在这有洋炉的房里吧，难道我能说得上我是爱上了那南洋人吗？我还一丝一毫都不知道他呢。什么那嘴唇，那眉梢，那眼角，那指尖……多无意识，这并不是一个人所应需的，我着魔了，会想到那上面。我决计不搬，一心一意来养病。

我决定了。我懊悔，我懊悔我白天所做的一些不是，一个正经女人所做不出来的。

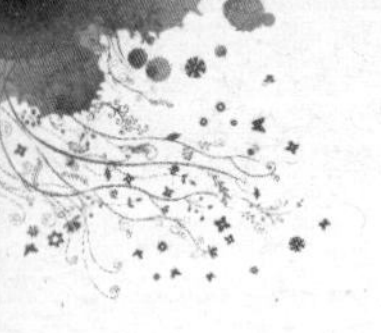



## 一月六号

都奇怪我，听说我搬了家，南城的金英，西城的江周，都来到我这低湿的小屋里。我笑着，有时在床上打滚，她们都说我越小孩气了，我更大笑起来，我只想告诉她们我想的是什么。下午苇弟也来了。苇弟最不快活我搬家，因为我未曾同他商量，并且离他更远了。他见着云霖时，竟不理他。云霖摸不着他为什么生气，望着他。他却更板起脸孔。我好笑，我向自己说，“可怜，冤枉他了，一个好人!”

毓芳不再向我说剑如。她决定两三天便搬来云霖处，因为她觉得我既这样想傍着她住，她不能让我一人寂寂寞寞的住在这里。她和云霖待我更比以前亲热。

## 一月十号

这几天我都见着凌吉士，但我从没同他多说过几句话，我是决不先提到补英文事。我看见他一天要两次的往云霖处跑，我发笑，我准断定他以前一定不会同云霖如此亲密的。我没有一次邀请他来我那儿去玩，虽说他问了几次搬了家如何，我都装出不懂的样儿笑一下便算回答。我是把所有的心计都放在这上面用，好像同着什么东西搏斗一样。我要着那样东西，我还不愿去取得，我务必想方设计的让他自己送来。是的，我了解我自己，不过是一个女性十足的女人，女人是只把心思放到她要征服的男人们身上。我要占有他，我要他无条件的献上他的心，跪着求我赐给他的吻呢。我简直癫了，反反复复的只想着我所要施行的手段的步骤，我简直癫了!

毓芳云霖看不出我的兴奋来，只说我病快好了。我也正不愿他们知道，说我病好，我就假装着高兴。

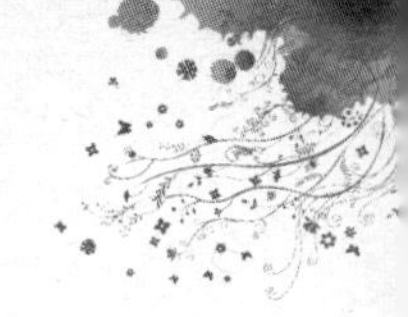

## 一月十二

毓芳已搬来，云霖却又搬走了。宇宙间竟会生出这样一对人来，为怕生小孩，便不肯住在一起，我猜想他们是连自己也不敢断定：当两人抱在一床时是不会另外又干出些别的事来，所以只好预先防范，不给那肉体接触的机会。至于那单独在一房时的拥抱和亲嘴，是不会发生危险，所以悄悄来表演几次，便不在禁止之列。我忍不住嘲笑他们了，这禁欲主义者！为什么会不需要拥抱那爱人的裸露的身体？为什么要压制住这爱的表现？为什么在两人还没睡在一个被窝里以前，会想到那些不相干足以担心的事？我不相信恋爱是如此的理智，如此的科学！

他俩不生气我的嘲笑，他俩还骄傲着他们的纯洁，而笑我小孩气呢。我体会得出他们的心情，但我不能解释宇宙间所发生的许许多多奇怪的事。

这夜我在云霖处（现在要说毓芳处了）坐到夜晚十点钟才回来，说了许多关于鬼怪的故事。

鬼怪这东西，我是在一点点大的时候就听惯了，坐在姨妈怀里听姨爹讲《聊斋》是常事，并且一到夜里就爱听。至于怕，又是另外一件不愿告人的。因为一说怕，准就听不成，姨爹便会踱过对面书房去，小孩就不准下床了。到进了学校，又从先生口里得知点科学常识，为了信服我们那位周麻子二先生，所以连书本也信服，从此鬼怪便不屑于害怕了。近来人是更在长高长大，说起来，总是否认有鬼怪的，但鸡粟却不肯因为不信便不出来，寒毛一个个也会竖起的。不过每次同人一说到鬼怪时，别人是不知道我正在想拗开些说到别的闲话上去，为的怕夜里一个人睡在被窝里时想到死去了的姨爹姨妈就伤心。

回来时，我看到那黑魆魆的小胡同，真有点胆悸。我想，假使在哪个角落里露出一个大黄脸，或伸来一只毛手，又是在这样象冻住了的冷巷里，我不会以为是意外。但看到身边的这高大汉

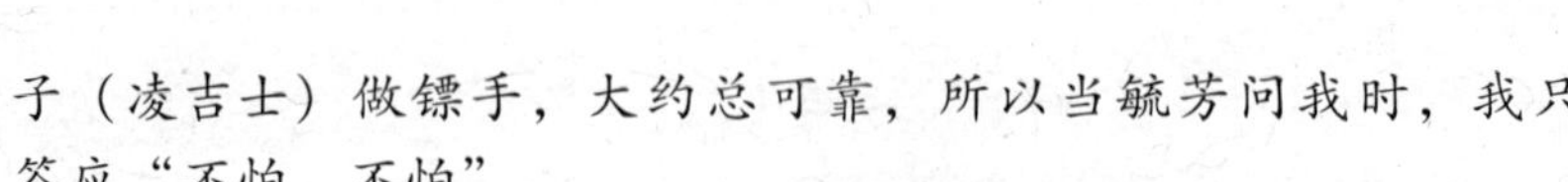

子（凌吉士）做镖手，大约总可靠，所以当毓芳问我时，我只答应“不怕，不怕”。

云霖也同我们出来，他回他的新房子去，他向南，我们向北，所以只走了三四步，便听不清那橡皮的鞋底在泥板上发出的声音。

他伸来一只手，拢住了我的腰：

“莎菲，你一定怕哟！”

我想挣，但挣不掉。

我的头停在他的胁前，我想，如若在亮处，看起来，我会像个什么东西，被挟在比我高一个头还多的人的腕中。

我把身一蹲，便窜出来了，他也松了手陪我站在大门边打门。

小胡同里黑极了，但他的眼睛望到何处，我却能很清楚的看见。心微微有点跳，等着开门。

“莎菲，你怕哟！”

门闩已在响，是伙计在问谁，我朝他说：

“再——”

他猛的却握住我的手，我也无力再说下去。

伙计看到我身后的大人，露着诧异。

到单独只剩两人在一房时有，我的大胆，已经是变得毫无用处了。想故意说几句客套话，也不会，只说：“请坐吧！”自己便去洗脸。

鬼怪的事，已不知忘掉到什么地方去了。

“莎菲！你还高兴读英文吗？”他忽然问。

这是他来找我，提头到英文，自然他未必欢喜白白牺牲时间去替人补课，这意思，在一个二十岁的女人面前，怎能瞒过，我笑了（这是只在心里笑）。我说：

“蠢得很，怕读不好，丢人。”

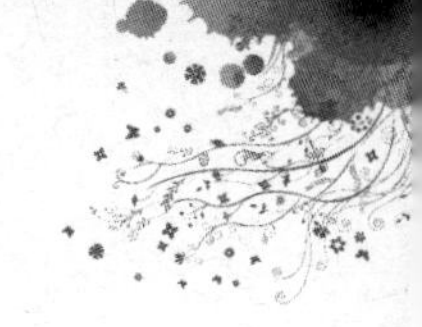

他不说话，把我桌上摆的照片拿来玩弄着，这照片是我姊姊的一个刚满一岁的女儿的。

我洗完脸，坐在桌子那头。

他望望我，便又去望那小女孩，然后又望我。是的，这小女孩长的真像我。于是我问他：

“好玩吗？你说像我不像？”

“她，谁呀！”显然，这声音就表示着非常之认真。

“你说可爱不可爱？”

他只追问着是谁。

忽的，我明白了他意思，我又想扯谎了。

“我的。”于是我把相片抢过来吻着。

他信了。我竟愚弄了他，我得意我的不诚实。

这得意，似乎便能减少他的妩媚，他的英爽。要不是，为什么当他显出那天真的诧愕时，我会忽略了他那眼睛，我会忘掉了他那嘴唇？否则，这得意一定将冷淡下我的热情来。

然而当他走后，我却懊悔了。那不是明明安放着许多机会吗？我只要在他按住我手的当儿，另做出一种眼色，让他懂得他是不会遭拒绝，那他一定可以还做出一些比较大胆的事。这种两性间的大胆，我想只要不厌烦那人，是也会像把肉体来融化了的感到快乐，是无疑。但我为什么要给人--些严厉，一些端庄呢？唉，我搬到这破房子里来，到底为的是什么呢？

## 一月十五

近来我是不算寂寞了，白天便在隔壁玩，晚上又有一个新鲜的朋友陪我谈话。但我的病却越深了。这真不能不令我灰心，我要什么呢，什么也于我无益。难道我有所眷恋吗？一切又是多么的可笑，但死却不期然的会让我一想到便伤心。每次看见那克利大夫的脸色，我便想：是的，我懂得，你尽管说吧，是不是我已没希望了？但我却拿笑代替了我的哭。谁能知道我在夜深流出的

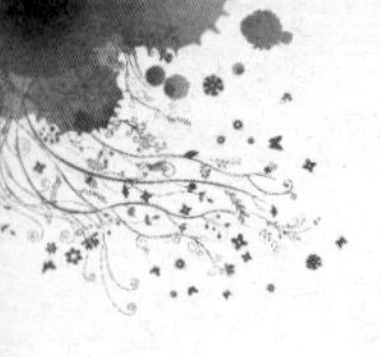



眼泪的分量！

几夜，凌吉士都接着接着来，他告人说是在替我补英文，云霖问我，我只好不答应。晚上我拿一本“Poor People”放在他面前，他真个便教起我来，我只好又把书丢开，我说：“以后你不要再向人说在替我补英文吧，我病，谁也不会相信这事的。”他赶忙便说：“莎菲，我不可以等你病好些就教你吗？莎菲，只要你喜欢。”

这新朋友似乎是来得如此够人爱，但我却不知怎的，反而懒于注意到这些事。我每夜看到他丝毫得不着高兴的出去，心里总觉得有点歉疚，我只好在他穿大氅的当儿向他说：“原谅我吧，我是有病！”他会错了我的意思，以为我同他客气。“病有什么要紧呢，我是不怕传染的。”后来我仔细一想，也许这话是另含得有别的意思，我真不敢断定人的所作所为是像可以想象出来的那样单纯。

## 一月十六

今天接到蕴姊从上海来的信，更把我引到百无可望的境地。我哪里还能找得几句话去安慰她呢？她信里说：“我的生命，我的爱，都于我无益了……”那她是更不必需要我的安慰，我为她而流的眼泪了。唉！但从她信中，我可以揣想得出她婚后的生活，虽说她未肯明明的表白出来。神为什么要去捉弄这些在爱中的人儿？蕴姊是最神经质，最热情的人，自然她是更受不住那渐渐的冷淡，那已遮饰不住的虚情……我想要蕴姊来北京，不过这是做得到的吗？这还是疑问。

苇弟来的时候，我把蕴姊的信给他看：他真难过，因为那使我蕴姊感到生之无趣的人，不幸便是苇弟的哥哥。于是我又向他说了我许多新得的“人生哲学”的意义；他又尽他唯一的本能在哭。我只是很冷静的去看他怎样使眼睛变红，怎样拿手去擦干，并且我在他那些举动中，加上许多残酷的解释。我未曾想到

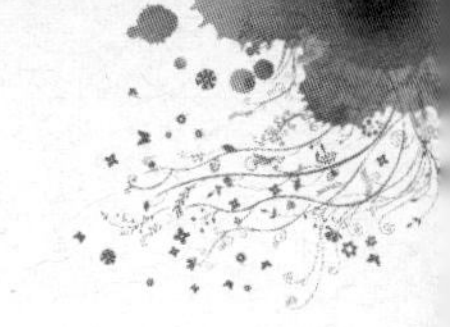

在人世中，他是一个例外的老实人，不久，我一个人悄悄的跑出去了。

为要躲避一切的熟人，深夜我才独自从冷寂寂的公园里转来，我不知怎样的度过那些时间，我只想：“多无意义啊！倒不如早死了干净……”

## 一月十七

我想：也许我是发狂了！假使是真发狂，我倒愿意。我想，能够得到那地步，我总可以不会再感到这人生的麻烦了吧……

足足有半年为病而禁绝了的酒，今天又开始痛饮了。明明看到那吐出来的是比酒还红的血。但我心却像有什么别的东西主宰一样，似乎这酒便可在今晚致死我一样，我是不愿再去细想那些纠纠葛葛的事……

## 一月十八

现在我还睡在这床上，但不久就将与这屋分别了，也许是永别，我断得定我还有那样能再亲我这枕头，这棉被……的幸福吗？毓芳，云霖，苇弟，金夏都保守着一种沉默围绕着我坐着，焦急的等着天明了好送我进医院去。我是在他们忧愁的低语中醒来的，我不愿说话，我细想昨天上午的事，我闻到屋子中所遗留下来的酒气和腥气，才觉得心是正在剧烈的痛，于是眼泪便汹涌了。因了他们的沉默，因了他们脸上所显现出来的凄惨和暗淡，我似乎感到这便是我死的预兆。假设我便如此长睡不醒了呢，是不是他们也将是如此的沉默的围绕着我僵硬的尸体？他们看见我醒了，便都走拢来问我。这时我真感到了那可怕的死别！我握着他们，仔细望着他们每个的脸，似乎要将这记忆永远保存着。他们便都把眼泪滴到我手上，好像觉得我就要长远的离开他们而走向死之国一样。尤其是苇弟，哭得现出丑的脸。唉，我想：朋友呵，请给我一点快乐吧……于是我反而笑了。我请他们替我清理

一下东西，他们便在床铺底下拖出那口大藤箱来，在箱子里有几捆花手绢的小包，我说："这我要的，随着我进协和吧。"他们便递给我，我又给他们看，原来都满满是信札，我又向他们笑："这，你们的也在内！"他们才似乎也快乐些了。苇弟又忙着从抽屉里递给我一本照片，是要我也带去的样子，我更笑了。这里面有七八张是苇弟的单像，我又特容许了苇弟接吻在我手上，并握着我的手在他脸上摩擦，于是这屋子才不至于像真的有个僵尸停着的一样，天光这时也慢慢显出了鱼肚白。他们又忙乱了，慌着在各处找洋车。于是我病院的生活便开始了。

### 三月四号

接蕴姊死电是二十天以前的事，而我的病却又一天有希望一天了。所以在一号又由送我进院的几人把我送转公寓来，房子已打扫得干干净净。又因为怕我冷，特生了一个小小的洋炉，我真不知应怎样才能表示我的感谢，尤其是苇弟和毓芳。金和周又在我这儿住了两夜才走，都充当我的看护，我是每日都躺着，简直舒服得不像住公寓，同在家里也差不了什么了！毓芳还决定再陪我住几天，等天气暖和点便替我上西山去找房子，我便好专去养病，我也真想能离开北京，可恨阳历三月了，还如是之冷！毓芳硬要住在这儿，我也不好十分拒绝，所以前两天为金和周搭的一个小铺又不能撤了。

近来在病院却把我自己的心又医转了，这实实在在却是这些朋友们的温情把它又重暖了起来，又觉得这宇宙还充满着爱呢。尤其是凌吉士，当他走到医院去看我时，我便觉得很骄傲，我想他那种丰仪才够去看一个在病院女友的病，并且我也懂得，那些看护妇都在羡慕着我呢。有一天，那个很漂亮的密司杨问我：

"那高个儿，是你的什么人呢?"

"朋友!"我是忽略了她问的无礼。

"同乡吗?"

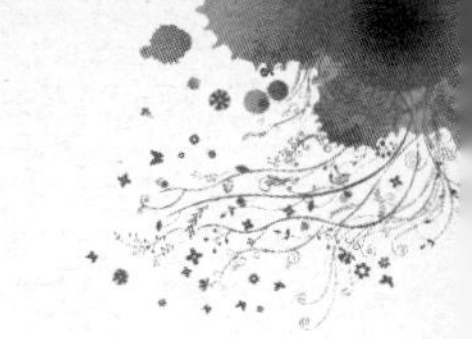

“不，他是南洋的华侨。”

“那末是同学?”

“也不是。”

于是她狡猾的笑了，“就仅是朋友吗?”

自然，我可以不必脸红，并且还可以警诫她几句，但我却惭愧了。她看到我闭着眼装要睡的狼狈样儿，便很得意的笑着走去。后来我一直都恼着她。并且为了躲避麻烦，有人问起苇弟时，我便扯谎说是我的哥哥。有一个同周很好的小伙子，我便说是同乡，或是亲戚的乱扯。

当毓芳上课去后，我一个人留在房里时，我就去翻在一月多中所收到的信，我又很快活，很满足，还有许多人在纪念我呢。我是需要别人纪念的，总觉得能多得点好意就好。父亲是更不必说，又寄了一张像来，只有白头发似乎又多了几根。姊姊们都好，可惜就为小孩们忙得很，不能多替我写信。

信还没有看完，凌吉士又来了。我想站起来，但他却把我按住。他握着我的手时，我快活得真想哭了。我说：

“你想没想到我又会回转这屋子呢?”

他只瞅着那侧面的小铺，表示一种不高兴的样子，于是我告诉他从前的那两位客已走了，这是特为毓芳预备的。

他听了便向我说他今晚不愿再来，怕毓芳会厌烦他。于是我的心里更充满乐意了，便说：

“难道你就不怕我厌烦吗?”

他坐在床头更长篇的述说他这一多月中的生活，还怎样和云霖冲突，闹意见，因为他赞成我早些出院，而云霖执着说不能出来。毓芳也附着云霖，他懂得他认识我的时间太少，说话自然不会起影响，所以以后他都不管这事了，并且在院中一和云霖碰见，自己便先回来了。

我懂得他的意思，但我却装着说：

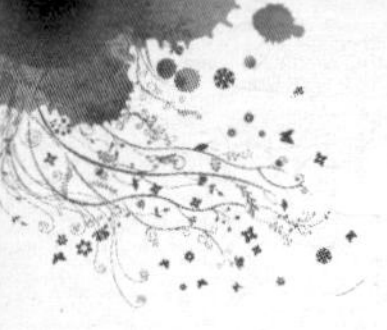



“你还说云霖，不是云霖我还不会出院呢，住在里面真舒服多了。”

于是我又看见他默默的把头掉到一边去，不答应转的话。

他算着毓芳快来时，便走了，还悄悄告诉我说等明天再来。果然，不久毓芳便回来了。毓芳不会问，我也不告她，并且她为我的病，不愿同我多说话，怕我费神，我更乐得藉此可以多去想些另外的小闲事。

## 三月六号

当毓芳上课去后，把我一人撂在房里时，我便会想起这所谓男女间的怪事；其实，在这上面，不是我爱自夸，我所受的训练，至少也有我几个朋友们的相加或相乘，但近来我却非常之不能了解了。当独自同着那高个儿时，我的心便会跳起来，又是羞惭，又是害怕，而他呢？他只是那样随便的坐着，类乎天真的讲他过去的历史，有时是握着我的手；但这也不过是非常之自然，然而我的手便不会很安静的被握在那大手中，慢慢的会发烧。并且一当他站起身预备走时，不由的我心便慌张了，好像我将跌入那可怕的不安中，于是我盯着他看，真说不清那眼光是求怜，还是怨恨；但他却忽略了我这眼光，偶尔懂得了，也只说：“毓芳要来了哟！”我应当怎样说呢？他是在怕毓芳！自然，我也会不愿有人知道我暗地一人所想的一些不近情理的事，不过近来我又感到我有别人了解我感情的必要；几次我向毓芳含糊的说起我的心境，她还是只那样忠实的替我盖被子，留心我的药，我真不能不有点烦闷了。

## 三月八号

毓芳已搬回去，苇弟却又想代替那看护的差事。我知道，如若苇弟来，一定比毓芳还好，夜晚若想茶吃时，总不至于因听到那浓睡中的鼾声而不愿搅扰人而把头缩进被窝点算了；但我自然拒绝他这好意，他又固执着，我只好说："你在这里，我有许多不方便，并且病呢，也好了。"他还要证明间壁的屋子是空着，他可以住间壁，我正在无法时，凌吉士却来了，我以为他们还不认识，而凌吉士已握着苇弟的手，说是在医院已见过两次。苇弟只冷冷的不理他，我笑着向凌吉士说："这是我的弟弟，小孩子，不懂交际，你常来同他玩吧。"苇弟真的变成了小孩子，丧着脸站起身就走了。我因为有人在面前，便感得不快，也只好掩藏住，并且觉得有点对凌吉士不住，但他却毫没介意，反问我："不是他姓白吗，怎么变成你的弟弟？"于是我笑了："那末你是只准姓凌的人叫你做哥哥弟弟的！"于是他也笑了。

近来青年人在一处时，便老喜欢研究到这一个"爱"字，虽说有时我也似乎懂得点，不过终究还是不很说得清。至于男女间的一些小动作，似乎我又太看得明白了。也许便是因为我懂得了这些小动作，而于"爱"才反迷糊，才没有勇气鼓吹恋爱，才不敢相信自己还是一个纯粹的够人爱的小女子，并且才会怀疑到世人所谓的"爱"，以及我所接受的"爱"……

在我刚稍微有点懂事的时候，便给爱我的人把我苦够了，给许多无事的人以诬蔑我、凌辱我的机会，以致我顶亲密的小伴侣们也疏远了。后来又为了爱的胁迫，使我害怕得离开了我的学校。以后，人虽说一天天大了，但总常常感到那些无味的纠缠，因此有时不特怀疑到所谓"爱"，竟会不屑于这种亲密。苇弟他说他爱我，为什么他只会常常给我一些难过呢？譬如今晚，他又来了，来了便哭，并且似乎带了很浓的兴味来哭一样，无论我说："你怎么了，说呀！""我求你，说话呀，苇弟！……"他都不理会。这是从未有的事，我尽我的脑力也猜想不出他所骤遭的这灾祸。我应当把不幸朝那一方去揣测呢？后来，大约他是哭够了，于是才大声说："我不喜欢他！""这又是谁欺侮了你呢，这样大嚷大闹的？""我不喜欢那高个子！那同你好的！"哦，我这

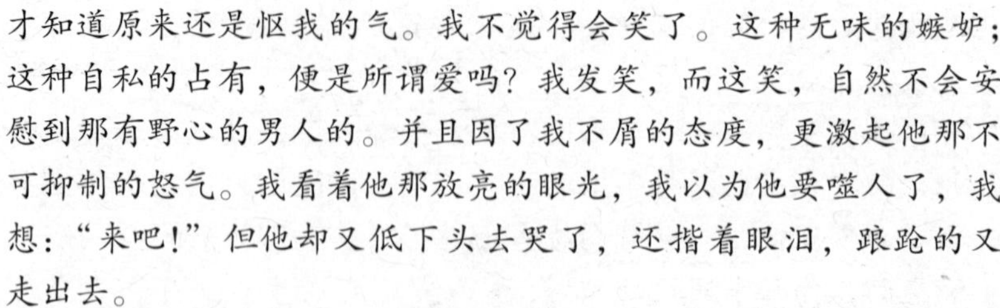

才知道原来还是怄我的气。我不觉得会笑了。这种无味的嫉妒；这种自私的占有，便是所谓爱吗？我发笑，而这笑，自然不会安慰到那有野心的男人的。并且因了我不屑的态度，更激起他那不可抑制的怒气。我看着他那放亮的眼光，我以为他要噬人了，我想："来吧！"但他却又低下头去哭了，还揩着眼泪，踉跄的又走出去。

这种表示，也许是称为狂热的，真率的爱的表现吧，但苇弟却毫不加思索的来使用在我面前，自然是只会失败；并不是我愿意别人虚伪点，做作点在爱上，我只觉得想靠这种小孩般举动来打动我的心，是全无用。或者这因为我的心是生来便如此硬；那我之种种不惬于人意而得来烦恼和伤心，也是应该的。

苇弟一走，自自然然我把我自己的心意去揣摩，去仔细回忆到那一种温柔的，大方的，坦白而又多情的态度上去，光这态度已够人欣赏得像吃醉一般的感到那融融的蜜意，于是我拿了一张画片，写了几个字，命伙计即刻送到第四寄宿舍去。

## 三月九号

我看见安安闲闲坐在我房里的凌吉士，不禁又可怜到苇弟，我祝祷世人不要像我一样，忽略了蔑视了那可贵的真诚而把自己陷到那不可拔的渺茫的悲境里；我更愿有那末一个真诚纯洁的女郎去饱领苇弟的爱，并填实苇弟所感得的空虚啊！

## 三月十三

好几天又不提笔，不知还是因为我心情不好，或是找不出所谓的情绪。我只知道，从昨天来我是更只想哭了。别人看到我哭，便以为我在想家，想到病，看见我笑呢，又以为我快乐了，还欣庆着这健康的光芒……但所谓朋友皆如是，我能告谁以我的不屑流泪，而又无力笑出的痴呆心境？并且因我看清了自己在人间的种种不愿舍弃的热望以及每次追求而得来的懊丧，所以连自

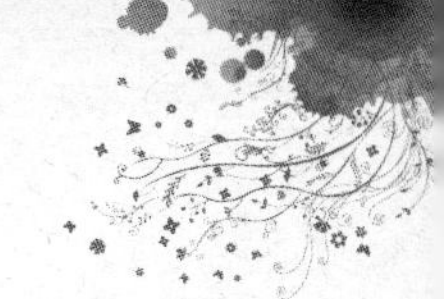

己也不愿再同情这未能悟彻所引起的伤心。更哪能捉住一管笔去详细写出自怨和自恨呢！

是的，我好像又在发牢骚了。但这只是隐忍着在心头而反复向自己说，似乎还无碍。因为我并未曾有过那种胆量，给人看我的蹙紧眉头，和听我的叹气，虽说人们早已无条件的赠送过我以“狷傲”“怪僻”等等好字眼。其实，我并不是要发牢骚，我只想哭，想有那末一个人来让我倒在他怀里哭，并告诉他：“我又糟蹋我自己了！”不过谁能了解我，抱我，抚慰我呢？是以我只能在笑声中咽住“我又糟蹋我自己了”的哭声。

我到底又为了什么呢，这真好难说！自然我是未曾有过一刻私自承从我是爱恋上那高个儿了的，但他之在我的心心念念中怎地又蕴蓄着一种分析不清的意义。虽说他那颀长的身躯，嫩玫瑰般的脸庞，柔软的嘴唇，惹人的眼角，是可以诱惑许多爱美的女子，并以他那娇贵的态度倾倒那些还有情爱的。但我岂肯为了这些无意识的引诱而迷恋到一个十足的南洋人！真的，在他最近的谈话中，我懂得了他的可怜的思想；他需要的是什么？是金钱，是在客厅中能应酬他买卖中朋友们的年轻太太，是几个穿得很标致的白胖儿子。他的爱情是什么？是拿金钱在妓院中，去挥霍而得来的一时肉感的享受，和坐在软软的沙发上，拥着香喷喷的肉体，嘴抽着烟卷，同朋友们任意谈笑，还把左腿叠压在右膝上；不高兴时，便拉倒，回到家里老婆那里去。热心于演讲辩论会，网球比赛，留学哈佛，做外交官，公使大臣，或继承父亲的职业，做橡树生意，成资本家……这便是他的志趣！他除了不满于他父亲未曾给他过多的钱以外，便什么都是可使他在一夜不会做梦的睡觉；如有，便也只是嫌北京好看的女人太少，让他有时也会厌腻起游戏园，戏场，电影院，公园来……唉，我能说什么呢？当我明白了那使我爱慕的一个高贵的美型里，是安置着如此的一个卑劣灵魂，并且无缘无故还接受过他的许多亲密。这亲

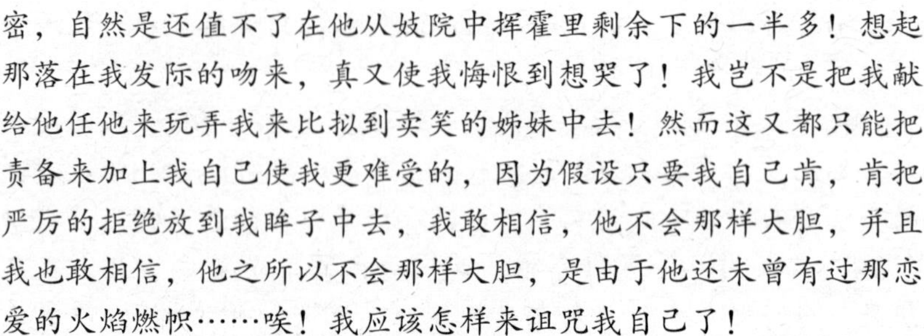

密，自然是还值不了在他从妓院中挥霍里剩余下的一半多！想起那落在我发际的吻来，真又使我悔恨到想哭了！我岂不是把我献给他任他来玩弄我来比拟到卖笑的姊妹中去！然而这又都只能把责备来加上我自己使我更难受的，因为假设只要我自己肯，肯把严厉的拒绝放到我眸子中去，我敢相信，他不会那样大胆，并且我也敢相信，他之所以不会那样大胆，是由于他还未曾有过那恋爱的火焰燃帜……唉！我应该怎样来诅咒我自己了！

### 三月十四

这是爱吗，也许要爱才具有如此的魔力，不是，为什么一个人的思想会变幻得如此不可测！当我睡去的时候，我看不起美人，但刚从梦里醒来，一揉开睡眼，便又思念那市侩了。我想：他今天会来吗？什么时候呢，早晨，过午，晚上？于是我跳下床来，急忙忙的洗脸，铺床，还把昨夜丢在地下的一本大书捡起，不住的在边缘处摩挲着，这是凌吉士昨夜遗忘在这儿的一本《威尔逊演讲录》。

### 三月十四晚上

我是有如此一个美的梦想，这梦想是凌吉士所给我的。然而同时又为他而破灭。所以我因了他才能满饮着青春的醇酒，在爱情的微笑中度过了清晨；但因了他，我认识了“人生”这玩艺，而灰心而又想到死；至于痛恨到自己甘于堕落，所招来的，简直只是最轻的刑罚！真的，有时我为愿保存我所爱的，我竟想到，“我有没有力去杀死一个人呢?”

我想遍了，我觉得为了保存我的美梦，为了免除使我生活的力一天天减少，顶好是即刻上西山好，但毓芳告诉我，说她所托找房子的那位住在西山的朋友还没有回信来，我又怎好再去询问或催促呢？不过我决心了，我决心让那高小子来尝一尝我的不柔顺，不近情理的倨傲和侮弄。

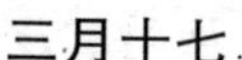

## 三月十七

那天晚上苇弟赌着气回去，今天又小小心心的自己来和解，我不觉笑了。并感到他的可爱。如若一个女人只要能找得一个忠实的男伴，做一身的归宿，我想谁也没有我苇弟可靠。我笑问：“苇弟，还恨姊姊不呢？”于是他羞惭的说：“不敢。姊姊，你了解我吧！我是除了希冀你不会摈弃我以外不敢有别的念头的。一切只要你好，你快乐就够了！”这还不真挚吗？这还不动人吗？比起那白脸庞红嘴唇的如何？但是后来我说：“苇弟，你好，你将来一定是一切都会很满你意的。”他却露出凄然的一笑。“永世也不会——但愿如你所说……”这又是什么呢？又是给我难受一下！我恨不得跪在他面前求他只赐我以弟弟或朋友的爱吧！单单为了我的自私，我愿我少些纠葛，多快乐点。苇弟爱我，并会说那样好听的话，但他忽略了：第一他应当真的减少他的热望，第二他也应该藏起他的爱来。我为了这一个老实的男人，所感到无能的抱歉，真也够受了。

## 三月十八

我又托夏在替我往西山找房了。

## 三月十九

凌吉士居然已几日不来我这里了。自然，我不会打扮，不会应酬，不会治事理家事，我有肺病，无钱，他来我这里做什么！我本无须乎要他来，但他真的不来了却又更令我伤心，更证实他以前的轻薄。难道他也是如苇弟一样老实，当他看到我写给他的字条：“我有病，请不要再来扰我。”就信为是真话，竟不可违背，而果真不来吗？这又使我只想再见他一面，到底审看一下这高大的怪物是怎样的在觑看我。

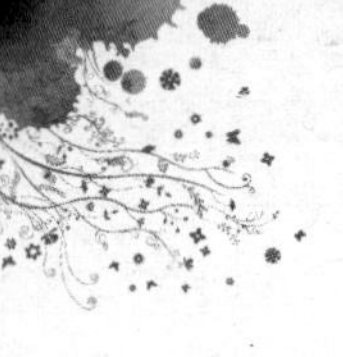



## 三月二十

今天我在云霖处跑了三次，都未曾遇见我想见的人，似乎云霖也有点疑惑，所以他问我这几天见着凌吉士没有。我只好又怅怅的跑回来。我实在焦烦得很，我敢自己欺自己说我这几日没有思念到他吗?

晚上七点钟的时候，毓芳和云霖来邀找到京都大学第三院去听英语辩论会，并且乙组的组长便是凌吉士。我一听到这消息，心就立刻砰砰的跳起来。我只得拿病来推辞了这善意的邀请。我这无用的弱者。我没有胆量去承受那激动，我还是希望我能不见着他。不过在他俩走时，我却又请他俩致意到凌占士，说我问候他。唉，这又是多无意识啊!

## 三月二十一

在我刚吃过鸡子牛奶，一种熟习的叩门声便响着，在纸格上还印上一个颀长的黑影。我只想跳过去开门，但不知为一种什么情感所支使，我咽着气，低下头去了。

“莎菲，起来没有?”这声音是如此柔嫩，令我一听到会想哭。

为了知道我已坐在椅子上吗?为了知道我无能发气和拒绝吗?他轻轻的托开门便走进来了。我不敢仰起我滋润的眼皮来。

“病好些没有，刚起来吗?”

我答不出一句话。

“你真在生我的气啊。莎菲，你厌烦我，我只好走了。莎菲!”

他走，于我自然很合适，但我又猛然抬起头拿眼光止住了他开门的手。

说他不是一个坏蛋呢，他懂得了。他敢于把我的双手握得紧紧的。他说：

“莎菲，你捉弄我了。每天我走你门前过，都不敢进来，不

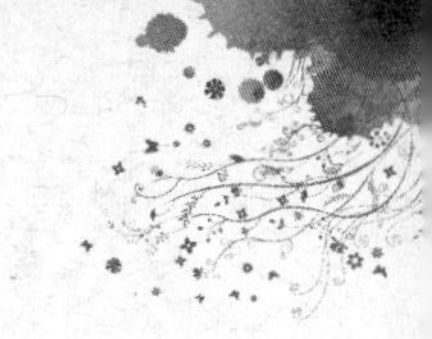



是云霖告诉我说你不会生我气，那我今天还不敢来。你，莎菲，你厌烦我不呢?”

谁都可以体会得出来，假使他这时敢于拥抱住我，狂乱的吻我，我一定会倒在他手腕上哭了出来：“我爱你呵！我爱你呵!”但他却如此的冷淡，冷淡得使我又恨他了。然而我心里又在想：“来呀，抱我，我要接吻在你脸上咧!”自然，他依旧还握着我的手，把眼光紧盯在我脸上，然而我搜遍了，在他的各种表示中，我得不着我所等待于他的赐与。为什么他仅仅只懂得我的无用，我的可轻侮，而不够了解他之在我心中所占的是一种怎样的地位！我恨不得用脚尖踢出他去，不过我又为了另一种情绪所支配，我向他摇了头，表示是不厌烦他的来到。

于是我又很柔顺的接受了他许多浅薄的情意，听他又说着那些使他津津有回味的卑劣享乐，以及“赚钱和化钱”的人生意义，并承他暗示我许多做女人的本分。这些又使我看不起他，暗骂他，嘲笑他，我拿我的拳头，隐隐痛击我的心，但当他扬扬的走出我房时，我受逼得又想哭了。因为我压制住我那狂热的欲念，我未曾请求他多留一会儿。

唉，他走了！

## 三月二十一夜

在去年这时候，我过的是一种什么生活！为了有蕴姊千依百顺的疼我，我便装病躺在床上不肯起来。为了想受蕴姊抚摩我，便因那着急无以安慰我而流泪的滋味，我伏在桌上想到一些小不满意的事而哼哼唧唧的哭。便有时因在整日静寂的沉思里得了点哀戚，但这种淡淡的凄凉，却更令我舍不得去扰乱这情调，似乎在这里面我也可以味出一缕甜意一样的。至于在夜深了的法国公园，听躺在草地上的蕴姊唱《牡丹亭》，那又是更不愿想到的事了。假使她不会被神捉弄般的去爱上那苍白脸色的男人，她一定不会死去的这样快，我当然不会一人漂流到北京，无亲无爱的在

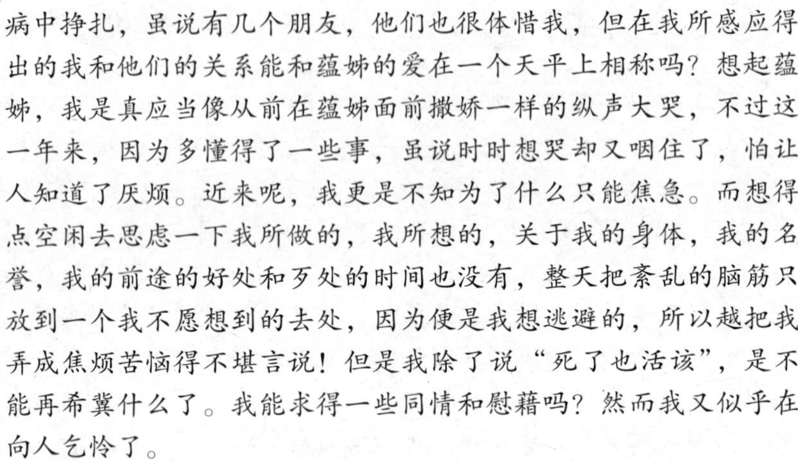

病中挣扎，虽说有几个朋友，他们也很体惜我，但在我所感应得出的我和他们的关系能和蕴姊的爱在一个天平上相称吗？想起蕴姊，我是真应当像从前在蕴姊面前撒娇一样的纵声大哭，不过这一年来，因为多懂得了一些事，虽说时时想哭却又咽住了，怕让人知道了厌烦。近来呢，我更是不知为了什么只能焦急。而想得点空闲去思虑一下我所做的，我所想的，关于我的身体，我的名誉，我的前途的好处和歹处的时间也没有，整天把紊乱的脑筋只放到一个我不愿想到的去处，因为便是我想逃避的，所以越把我弄成焦烦苦恼得不堪言说！但是我除了说“死了也活该”，是不能再希冀什么了。我能求得一些同情和慰藉吗？然而我又似乎在向人乞怜了。

晚饭一吃过，毓芳便和云霖来我这儿坐，到九点我还不肯放他俩走。我知道，毓芳碍住面子只好又坐下来，云霖藉口要预备明天的课，执意一人走回去了。于是我隐隐的向毓芳吐露我近来所感得的窘状，我只想她能懂得这事，并且能硬自作主来把我的生活改变一下，做我自己所不能胜任的。但她完全把话听到反面去了，她忠实的告诫我：“莎菲，我觉得你太不老实，自然你不是有意，你可太不留心你的眼波了。你要知道，凌吉士他们比不得在上海同我们玩耍的那群孩子，他们很少机会同女人接近，受不起一点好意的，你不要令他将来感到失望和痛苦。我知道，你哪里会爱到他呢？”这错误是不是又该归到我，假设我不想求助于她而向她饶舌，是不是她不会说出这更令我生气，更令我伤心的话来？我噎着气又笑了：“芳姊，不要把我说得太坏了吓！”

毓芳愿意留下住一夜时，我又赶着她走了。

像那些才女们，因为得了一点点不很受用，便能“我是多愁善感呀”，“悲哀呀我的心……”“……”做出许多新旧的诗。我呢，没出息的，白白被这些诗境困着，连想以哭代替诗句来表现一下我的情感的搏斗都不能。光在这上面，为了不如人，也应搭

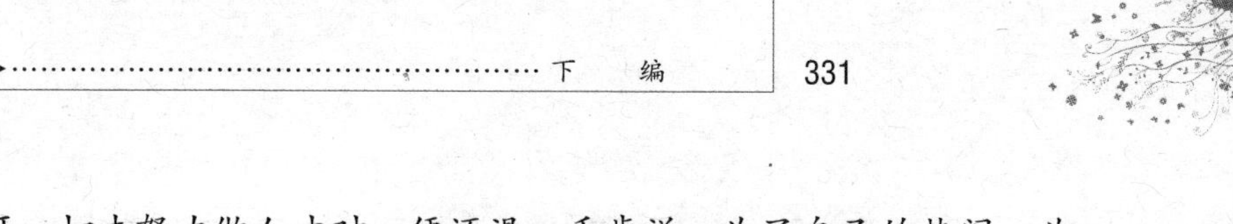

开一切去努力做人才对，便还退一千步说，为了自己的热闹，为了得一群浅薄眼光之赞颂，我总也不该拿不起笔或枪来。真的便把自己陷到比死还难忍的苦境里，单单为了那男人的柔发，红唇……

我又梦想到欧洲中古的骑士风度，这拿来比拟是不会有错，如其是有人看到凌吉士过的。他又能把那东方特长的温柔保留着。神把什么好的，都慨然赐给他了，但神为什么不再给他一点聪明呢？他还不懂得真的爱情呢，他确是不懂得，虽说他已有了妻（今夜毓芳告我的），虽说他，曾在新加坡乘着脚踏车追赶坐洋车的女人，因而恋爱过一小段时间，虽说他曾在韩家潭住过夜。但他真得到一个女人的爱吗？他爱过一个女人吗？我敢说不曾！

一种奇怪的思想又在我脑中燃烧了。我决定来教教这大学生。这宇宙并不是像他所懂的那样简单的啊！

## 三月二十二

在心的忙乱中，我勉强竟写了这些日记。早先是因为蕴姊写信来要，再三再四的，我只好开始来写。现在是蕴姊又死了好久，我还舍不得不继续下去，心想便为了蕴姊在世时所谆谆向我说的一些话而便永远写下去做纪念蕴姊也好。所以无论我那样不愿提笔，也只得胡乱画下一页半页的字来。本来是睡了的，但望到挂在壁上蕴姊的像，忍不住又爬起，为免掉想念蕴姊的难受而提笔了。自然，这日记，我总是觉得除了蕴姊我不愿给任何人看。第一是因为这是特为了蕴姊要知道我的生活而记下的一些琐琐碎碎的事，二来我也怕别人给一些理智的面孔给我看，好更刺透我的心；似乎我自己也会因了别人所尊崇的道德而真的也感到像犯下罪一样的难受。所以这黑皮的小本子我是许久以来都安放在枕头底下的垫被的下层。今天不幸我却违背我的初意了，然而也是不得已，虽说似乎是出于毫未思考。原因是苇弟近来非常误

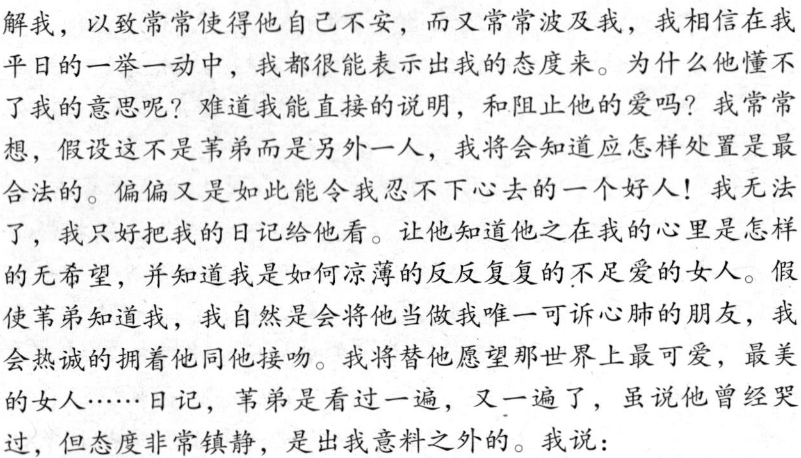

解我，以致常常使得他自己不安，而又常常波及我，我相信在我平日的一举一动中，我都很能表示出我的态度来。为什么他懂不了我的意思呢？难道我能直接的说明，和阻止他的爱吗？我常常想，假设这不是苇弟而是另外一人，我将会知道应怎样处置是最合法的。偏偏又是如此能令我忍不下心去的一个好人！我无法了，我只好把我的日记给他看。让他知道他之在我的心里是怎样的无希望，并知道我是如何凉薄的反反复复的不足爱的女人。假使苇弟知道我，我自然是会将他当做我唯一可诉心肺的朋友，我会热诚的拥着他同他接吻。我将替他愿望那世界上最可爱，最美的女人……日记，苇弟是看过一遍，又一遍了，虽说他曾经哭过，但态度非常镇静，是出我意料之外的。我说：

"懂得了姊姊吗?"

他点头。

"相信姊姊吗?"

"关于那方面的?"

于是我懂得那点头的意义。谁能懂得我呢，便能懂得了这只能表现我万分之一的日记，也只能令我看到这有限的而伤心哟！何况，希求人了解，而以想方设法用文字来反复说明的日记给人看，已够是多么可伤心的事！并且，后来苇弟还怕我以为他未曾懂得我，于是不住的说：

"你爱他！你爱他！我不配你！"

我真想一赌气扯了这日记。我能说我没有糟蹋这日记吗？我只好向苇弟说："我要睡了，明天再来吧。"

在人里面，真不必求什么！这不是顶可怕的吗？假设蕴姊在，看见我这日记，我知道，她是会抱着我哭："莎菲，我的莎菲！我为什么不再变得伟大点，让我的莎菲不至于这样苦啊……"但蕴姊已死了，我拿着这日记应怎样的来痛哭才对！

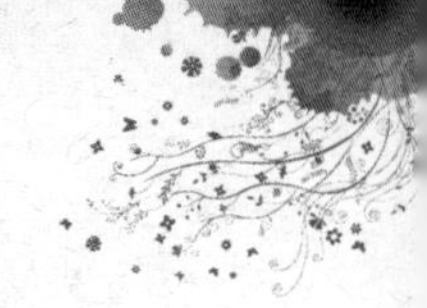

## 三月二十三

凌吉士向我说："莎菲！你真是一个奇怪的女子。"我了解这并不是懂得了我的什么而说出的一句赞叹。他所以为奇怪的，无非是看见我的破烂了的手套，搜不出香水的抽屉，无缘无故扯碎了的新棉袍，保存着一些旧的小玩具，……还有什么？听见些不常的笑声，至于别的，他便无能去体会了，我也从未向他说过一句我自己的话。譬如他说"我以后要努力赚钱呀"，我便笑；他说到邀起几个朋友在公园追着女学生时，"莎菲那真有趣"，我也笑。自然，他所说的奇怪，只是一种在他生活习惯上不常见的奇怪。并且我也很伤心，我无能使他了解我而敬重我。我是什么也不希求了，除了往西山去。我想到我过去的一切妄想，我好笑！

## 三月二十四

一当他单独在我面前时，我觑着那脸庞，聆着那音乐般的声音，我心便在忍受那感情的鞭打！为什么不扑过去吻住他的嘴唇，他的眉梢，他的……无论什么地方？真的，有时话都到口边了："我的王！准许我亲一下吧！"但又受理智，不，我就从没有过理智，是受另一种自尊的情感所裁制而又咽住了。唉！无论他的思想是怎样坏，而他使我如此癫狂的动情，是曾有过而无疑，那我为什么不承认我是爱上了他咧？并且，我敢断定，假使他能把我紧紧的拥抱着，让我吻遍他全身，然后他把我丢下海去，丢下火去，我都会快乐的闭着眼等待那可以永久保藏我那爱情的死的来到。唉！我竟爱他了，我要他给我一个好好的死就够了。

## 三月二十四夜深

我决心了。我为拯救我自己被一种色的诱惑而堕落，我明早便会到夏那儿去，以免看见了凌吉士又痛苦，这痛苦已缠缚我如

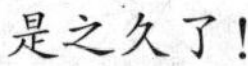

是之久了！

## 三月二十六

为了一种纠缠而去，但又遭逢着另一种纠缠，使我不得不又急速的转来了。在我去夏那儿的第二天，梦如便去了。虽说她是看另一人去的。但使我很感到不快活。夜晚，她大发其对感情的一种新近所获得的议论，隐隐的含着讥刺向我，我默然。为不愿让她更得意，我睁着眼，睡在夏的床上等到了天明，我才又忍着气转来……

毓芳告诉我，说西山房子已找好了，并且又另外替我邀了一个女伴，也是养病的，而这女伴同毓芳又算是一个很好的朋友。听到这消息，应该是很欢喜吧，但我刚刚在眉头舒展了一点喜色，而一种默然的凄凉便罩上了。虽说我从小便离开家，在外面混，但都有我的亲戚朋友随着我，这次上西山，固然说起来离城只是几十里，但在我，一个活了二十岁的人，开始一人跑到蓦生的地方去，还是第一次。假使我竟无声无息的死在那山上，谁是第一个发现我死尸的？我能担保我不会死在那里吗？也许别人会笑我担扰到这些小事，而我却真的哭过，当我问毓芳舍不舍得我时，而毓芳却笑，笑我问小孩话，说是这一点点路有什么舍不得，直到毓芳准许了我每礼拜上山一次，我才不好意思的揩干眼泪。

下午我到苇弟那儿去了，苇弟也说他一礼拜上山一次，填毓芳不去的空日。

回来已夜了，我一人寂寂寞寞的在收拾东西，想到我要离开北京的这些朋友们，我又哭了。但一想到朋友们都未曾向我流泪，我又擦去我脸上的泪痕。我又将一人寂寂寞寞的离开这古城了。

在寂寞里，我又想到凌吉士了，其实，话不是这样说，凌吉士简直不能说“想起”“又想起”，完全是整天都在系念到他，只能说："又来讲我的凌吉士吧。"这几天我故意造成的离别，在我是不可计的损失，我本想放松了他，而我把他捏得更紧了。我既不把他从心里压根儿拔去，我为什么要躲避着不见他的面呢？这真使我懊恼，我不能便如此同他离别，这样寂寂寞寞的走上西山……

## 三月二十七

一早毓芳便上西山去了，去替我布置房子，说好明天我便去。我为她这番盛情，我应怎样去找得那些没有的字来表示我的感谢？我本想再待一天在城里，便也不好说出去。

我正焦急的时候，凌吉士才来，我握紧他双手，他说：

"莎菲！几天没见你了！"

我很愿意在这时我能哭得出来，抱着他哭，但眼泪只能噙在眼里，我只好又笑了。他听见明天我要上山时，他显出的那惊诧和一种嗟叹，又很安慰到我，于是我真的笑了。他见到我笑，便把我的手反捏得紧紧的，紧得使我生痛。他怨恨似的说：

"你笑！你笑！"

这痛，是我从未有过的舒适，好像心里也正锥下去一个什么东西，我很想倒下他的手腕去，而这时苇弟却来了。

苇弟知道我恨他来，而他偏不走。我向着凌吉士使眼色，我说："这点钟有课吧？"于是我送凌吉士出来。他问我明早什么时候走，我告他；我问他还来不来呢，他说回头便来；于是我望着他快乐了，我忘了他是怎样可鄙的人格，和美的相貌了，这时他在我的眼里，是一个传奇中的情人。哈，莎菲有一个情人了！……

## 三月二十七晚

自从我赶走苇弟到这时已是整整五个钟头了。在这五点钟里，我应怎样才想得出一个恰合的名字来称呼它？像热锅上的蚂

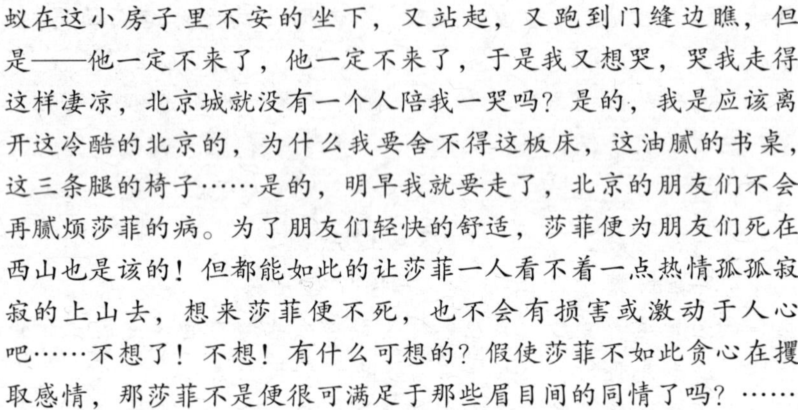

蚁在这小房子里不安的坐下，又站起，又跑到门缝边瞧，但是——他一定不来了，他一定不来了，于是我又想哭，哭我走得这样凄凉，北京城就没有一个人陪我一哭吗？是的，我是应该离开这冷酷的北京的，为什么我要舍不得这板床，这油腻的书桌，这三条腿的椅子……是的，明早我就要走了，北京的朋友们不会再腻烦莎菲的病。为了朋友们轻快的舒适，莎菲便为朋友们死在西山也是该的！但都能如此的让莎菲一人看不着一点热情孤孤寂寂的上山去，想来莎菲便不死，也不会有损害或激动于人心吧……不想了！不想！有什么可想的？假使莎菲不如此贪心在攫取感情，那莎菲不是便很可满足于那些眉目间的同情了吗？……

关于朋友，我不说了。我知道永世也不会使莎菲感到满足这人间的友谊的！

但我能满足些什么呢？凌吉士答应我来，而这时已晚上九点了。纵是他来了，我便会很快乐吗？他会给我所需要的吗？……

想起他不来，我又该痛恨自己了！在很早的从前，我懂得对付那一种男人便应用那一种态度，而到现在反蠢了。当我问他还来不来时，我怎能显露出那希求的眼光，在一个漂亮人面前是不应老实，让人瞧不起……但我爱他，为什么我要使用技巧？我不能直接向他表明我的爱吗？并且我觉得只要于人无损，便吻人一百下，为什么便不可以被准许呢？

他既答应来，而又失信，显见得是在戏弄我。朋友，留点好意在莎菲走时，总不至于像是一种损失吧。

今夜我简直狂了。语言，文字是怎样在这时显得无用！我心像被许多小老鼠啃着一样，又像一盆火在心里燃烧。我想把什么东西都摔破，又想冒着夜气在外面乱跑去，我无法制止我狂热的感情的激荡，我便躺在这热情的针毡上，反过去也刺着，翻过来也刺着，似乎我又是在油锅里听到那油沸的响声，感到浑身的灼热……为什么我不跑出去呢？我等着一种渺茫的无意义的希望到

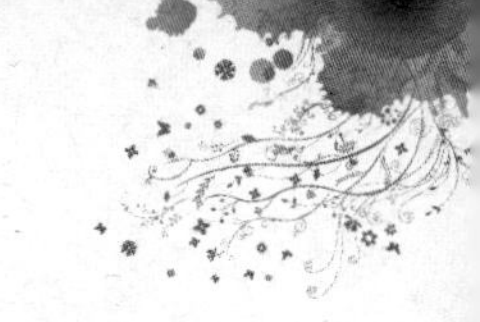

来！哈……想到红唇，我又癫了！假使这希望是可能的话——我独自又忍不住笑，我再三再四反复问我自己；“爱他吗?”我更笑了。莎菲不会傻到如此地步去爱上南洋人。难道因了我不承认我的爱，便不可以被人准许做一点儿于人也无损的事?

假使今夜他竟不来，我怎能甘心便恝然上西山去……

唉！九点半了！

九点四十分！

## 三月二十八晨三时

莎菲生活在世上，所要人们的了解她体会她的心太热太恳切了，所以长远的沉溺在失望的苦恼中，但除了自己，谁能够知道她所流出的眼泪的分量?

在这本日记里，与其说是莎菲生活的一段记录，不如直接算为莎菲眼泪的每一个点滴，是在莎菲心上，才觉得更切实。然而这本日记现在是要收束了，因为莎菲已无需乎此——用眼泪来泄愤和安慰，这原因是对于一切都觉得无意识，流泪更是这无意识的极深的表白。可是在这最后一页的日记上，莎菲应该用快乐的心情来庆祝，她是从最大的那失望中，蓦然得到了满足，这满足似乎要使人快乐得到死才对。但是我，我只从那满足中感到胜利，从这胜利中得到凄凉，而更深的认识我自己的可怜处，可笑处，因此把我这几月来所萦萦于梦想的一点“美”反缥缈了，——这个美便是那高个儿的丰仪！

我应该怎样来解释呢？一个完全癫狂于男人仪表上的女人的心理！自然我不会爱他，这不会爱，很容易说明，就是在他丰仪的里面是躲着一个何等卑丑的灵魂！可是我又倾慕他，思念他，甚至于没有他，我就失掉一切生活意义的保障了；并且我常常想，假使有那末一日，我和他的嘴唇合拢来，密密的。那我的身体就从这心的狂笑中瓦解去，也愿意。其实，单单能获得骑士一般的那人儿的温柔的一抚摩，随便他的手尖触到我身上的任何部

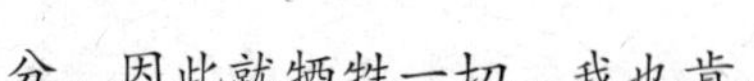

分，因此就牺牲一切。我也肯。

我应当发癫，因为这些幻想中的异迹，梦似的，终于毫无困难的都给我得到了。但是从这中间，我所感到的是我所想象的那些会醉我灵魂的幸福吗？不啊！

当他——凌吉士——在晚间十点钟来到时候，开始向我嗫嚅的表白，说他是如何的在想我……还使我心动过好几次；但不久我看到他那被情欲燃烧的眼睛，我就害怕了。于是从他那卑劣的思想中所发出的更丑的誓语，又振起我的自尊心来！假使他把这串浅薄肉麻的情话去对别个女人说，一定是很动听的，可以得一个所谓的爱的心吧。但他却向我，就由这些话语的力，把我推得隔他更远了。唉，可怜的男子！神既然赋与你这样的一副美形，却又暗暗的捉弄你，把那样一个毫不相称的灵魂放到你人生的顶上！你以为我所希望的是"家庭"吗？我所欢喜的是"金钱"吗？我所骄傲的是"地位"吗？"你，在我面前，是显得多么可怜的一个男子啊！"我真要为他不幸而痛哭，然而他依样把眼光镇住我脸上，是被情欲之火燃烧得如何的怕人！倘若他只限于肉感的满足，那末他倒可以用他的色来摧残我的心；但他却哭声的向我说："莎菲，你信我，我是不会负你的！"啊，可怜的人，他还不知道在他面前的这女人，是用如何的轻蔑去可怜他的使用这些做作，这些话！我竟忍不住而笑出声来，说他也知道爱，会爱我，这只是近于开玩笑！那情欲之火的巢穴——那两只灼闪的眼睛，不正在宣布他除了可鄙的浅薄的需要，别的一切都不知道吗？

"喂，聪明一点，走开吧，韩家潭那个地方才是你寻乐的场所！"我既然认清他，我就应该这样说，教这个人类中最劣种的人儿滚出去。然而，虽说我暗暗的在嘲笑他，但当他大胆的贸然伸开手臂来拥我时，我竟又忘记了一切，我临时失掉了我所有的一些自尊和骄傲，我是完全被那仅有的一副好丰仪迷住了，在我心中，我只想，“紧些！多抱我一会儿吧，明早我便走了。”假使我那时还有一点自制力，我该会想到他的美形以外的那东西，而把他像一块石头般，丢到房外去。

唉！我能用什么言语或心情来痛悔？他，凌吉士，这样一个可鄙的人，吻了我！我静静默默的承受着！但那时，在一个温润的软热的东西放到我脸上，我心中得到的是些什么呢？我不能像别的女人一样会晕倒在她那爱人的臂膀里！我是张大着眼睛望他，我想：“我胜利了！我胜利了！”因为他所以使我迷恋的那东西，在吻我时，我已知道是如何的滋味——我同时鄙夷我自己了！于是我忽然伤心起来，我把他用力推开，我哭了。

他也许忽略了我的眼泪，以为他的嘴唇是给我如何的温软，如何的嫩腻，是把我的心融醉到发迷的状态里吧，所以他又挨我坐着，继续的说了许多所谓爱情表白的肉麻话。

“何必把你那令人惋惜处暴露得无余呢？”我真这样的又可怜起他来。

我说：“不要乱想吧，说不定明天我便死去了！”

他听着，准知道他对于这话是得到怎样的感触？他又吻我，但我躲开了，于是那嘴唇便落到我手上……

我决心了，因为这时我有的是充足的清晰的脑力，我要他走，他带点抱怨颜色，缠着我。我想，“为什么你也是这样傻劲呢？”他于是直挨到夜十二点半钟才走。

他走后，我想起适间的事情。我就用所有的力量，来痛击我的心！为什么呢，给一个如此我看不起的男人接吻？既不爱他，还嘲笑他。又让他来拥抱？真的，单凭了一种骑士般的风度，就能使我堕落到如此地步吗？

总之，我是给我自己糟蹋了，凡一个人的仇敌就是自己，我的天，这有什么法子去报复而偿还一切的损失？

好在在这宇宙间，我的生命只是我自己的玩品，我已浪费得

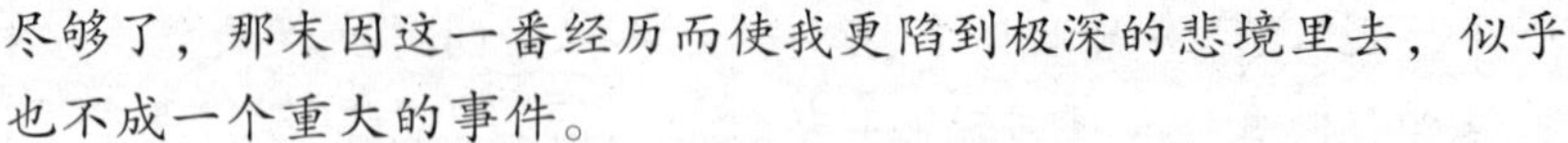

尽够了，那末因这一番经历而使我更陷到极深的悲境里去，似乎也不成一个重大的事件。

但是我不愿留在北京，西山更不愿去了，我决计搭车南下，在无人认识的地方，浪费我生命的余剩；因此我的心从伤痛中又兴奋起来，我狂笑的怜惜自己：

“悄悄的活下来，悄悄的死去，啊！我可怜你，莎菲！”

（原载一九二八年二月《小说月报》）

## 性别觉醒与女性的审视世界

——《莎菲女士的日记》解读

“五四”启蒙主义文化改革其实到了20世纪20年代末，仍没有给女性带来一块足以独立生存的空间。那个时候，中国社会依然分为两大块面：一是广大而贫穷落后的乡村，那里的妇女仍生活在“无历史”的处境中。二是民国新政权统治下，渐趋正规化、稳定化的城市，那里的女性角色正在发生变化。其时，资本主义商业社会的一套男性标准已经建立，并赋予女性以新的角色身份：家庭客厅里的花瓶，社交场合的交际花，文化市场的色情观看对象，市民生活中的驯服温柔或麻木平庸的小姐、夫人、太太们。形形色色的关于“女人味”、“女性美”的标准开始确立，关于女性的善、恶、美、神秘、诱惑种种界说随之出现。这一切如一张绵密而无形的网，罩住生活在城市的女性。“五四”时代的“女儿”与“儿子”的同盟关系已经解除，叛逆女性要么被男性同化，成为没有性别的革命者，要么陷入孤独，承担没有立足之地的个人问题。“五四”退潮之后，女儿们失去主流文化的庇护，失去盟友的支持，陷入孤独困境。

正是这一处境，使“五四”的女儿们长大成人。身心的成

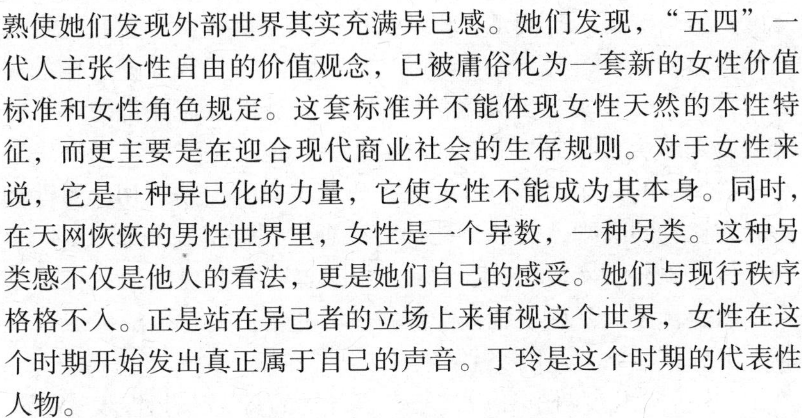

熟使她们发现外部世界其实充满异己感。她们发现，“五四”一代人主张个性自由的价值观念，已被庸俗化为一套新的女性价值标准和女性角色规定。这套标准并不能体现女性天然的本性特征，而更主要是在迎合现代商业社会的生存规则。对于女性来说，它是一种异己化的力量，它使女性不能成为其本身。同时，在天网恢恢的男性世界里，女性是一个异数，一种另类。这种另类感不仅是他人的看法，更是她们自己的感受。她们与现行秩序格格不入。正是站在异己者的立场上来审视这个世界，女性在这个时期开始发出真正属于自己的声音。丁玲是这个时期的代表性人物。

丁玲 4 岁时父亲去世，一直由母亲带着。她没有经过私塾教育阶段，7 岁起先后就读于常德小学、桃源第二女子师范学校和长沙周南女子中学等新式学校。少女时代深受母亲的影响。母亲早年守寡，在兄弟的支持下就读于当地的女子师范学校，与向警予是同班同学。她们读书期间，恰好遇上辛亥革命，深受其影响，成为中国第一代投身社会的职业女性。母亲师范学校毕业后从事小学教育，她和她的一帮朋友成为丁玲的引路人。好友王剑虹（瞿秋白的前妻，《莎菲女士的日记》中的“蕴姊”）对青年时期的丁玲也有很深影响。1927 年底至 1928 年春，丁玲发表《梦珂》、《莎菲女士的日记》，引起文坛极大的反响，茅盾称之为一颗重量级炸弹，震荡了整个文坛。从此丁玲走上文学之路。

从处女作《梦珂》伊始，丁玲明确地采用女性叙事人的视角和立场。《梦珂》写少女梦珂离开乡下到城市读书，因无法忍受学校恶浊下流的风气，退学寄居在姑母家，被表兄温文尔雅的外表所吸引，萌生爱情。无意间发现表兄是个伪君子，外边有女人。初恋破灭后，她离开姑母家，从此自谋生存。她在繁闹的马路上徘徊着，想寻求一份职业。见街边挂着“圆月剧社”招演员牌子，前往应聘，遭到难堪之事，不得不放下自尊自傲的心，

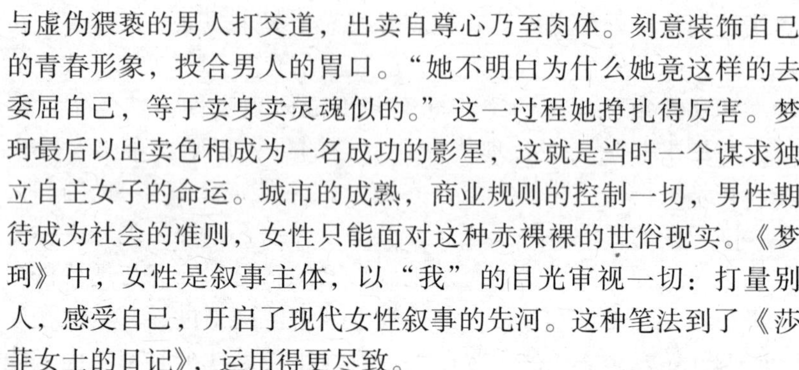

与虚伪猥亵的男人打交道，出卖自尊心乃至肉体。刻意装饰自己的青春形象，投合男人的胃口。“她不明白为什么她竟这样的去委屈自己，等于卖身卖灵魂似的。”这一过程她挣扎得厉害。梦珂最后以出卖色相成为一名成功的影星，这就是当时一个谋求独立自主女子的命运。城市的成熟，商业规则的控制一切，男性期待成为社会的准则，女性只能面对这种赤裸裸的世俗现实。《梦珂》中，女性是叙事主体，以“我”的目光审视一切：打量别人，感受自己，开启了现代女性叙事的先河。这种笔法到了《莎菲女士的日记》，运用得更尽致。

《梦珂》发表两个月后，《莎菲女士的日记》相继发表。如果说前者用戏剧性的经历表现梦珂在上海无路可走的处境，后者干脆用日记体形式直接沉入女性的内心世界，解剖自我的心理，发出真正属于女性自己的声音。寄宿旅馆的莎菲属于早已离开家庭，“自立于家庭主义网络之外”的新女性，养病是她全部的生活内容。由此也为她提供一个可以任情任性感受自己、宣泄自己的环境条件。她敏感、多疑、高傲、怪僻，“心像被许多小老鼠啃着一样，又像一盆火在心里燃烧”，“有时为一朵被风吹散了的白云，会感到一种渺茫的，不可捉摸的难过，但看到一个二十多岁的男子（苇弟其实还大我四岁）把眼泪一颗一颗掉到我手背时，却像野人一样的在得意的笑了。”她先后遇上两个男子，他们成为她表达对男性世界感受的活标本。

《莎菲女士的日记》是一部女性成人小说。所谓“成人”指女性已经进入敢于正视自己各种欲望的成熟阶段，她们懂得欲望的存在，肉体的需要。丁玲采用日记体形式，直接写出女性丰富的心理感受和身体感受。主要表现在几个方面：

**1. 女性身体的觉醒**

莎菲一直厌烦苇弟，因苇弟没法给她带来身心的激动。凌吉士的出现，让她第一次为异性所吸引：“那高个儿可真漂亮，这是我第一次感觉到男人的美上面，从来我是没有留心到。”该作首次从情欲的角度来认识女性自我，直接坦陈女性的欲望：“那嘴唇，那眉梢，那眼角，那指尖……多无意识，”“我是用一种小儿要糖果的心情在望着那惹人的两个小东西。但我知道在这个社会里面是不会准许任我去取得我所要的来满足我的冲动，我的欲望，无论这是于人并不损害的事……”虽然知道社会不允许我张扬欲望，我还是如实地写出我的感受。小说突出的是女主人公面对异性时自我感官及本能的愉悦而非精神、情感的愉悦。这是值得注意的现象。

2. **男性人物成为女性欲望的对象；女性成为两性关系的主动控制者**

几个男性人物都是“我”眼中的对象物。苇弟软弱，受尽“我”的捉弄：“这是有多么久了，你，苇弟，你在爱我！但他捉住过我吗？自然，我是不能负一点责，一个女人是应当这样。其实，我算够忠厚了；我不相信会有第二个女人这样不捉弄他的……”“‘还要哭，请你转家去哭，我看见眼泪就讨厌……’自然，他不走，不分辩，不负气，只蜷在椅角边老老实实无声的去流那不知从哪里得来的那末多的眼泪。我，自然，得意够了，是又会惭愧起来……”云霖也极委琐：“在他（指凌）面前的云霖显得多么委琐，多么呆拙……我真要可怜云霖，假使他知道了他在这个人前所衬出的不幸时，他将怎样伤心他那些所有的粗丑的眼神，举止。”凌吉士唤醒了“我”的情欲，让“我”懂得什么叫异性吸引：“今天我看了这高个儿，才懂得男人是另铸有一种高贵的模型。”“他的颀长的身躯，白嫩的脸庞，薄薄的小嘴唇，柔软的头发，都足以闪耀人的眼睛，但他却还另外有一种说不出，捉不到的丰仪来煽动你的心。”但当“我”明白凌吉士也只是“高贵的美型里”安置一个“卑劣灵魂”时，便一脚把他踢开，以免自己“被一种色的诱惑而堕落”。女性成为两性关系

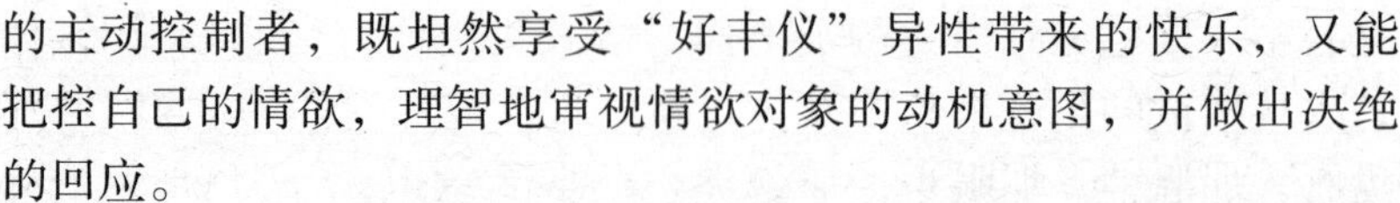

的主动控制者，既坦然享受“好丰仪”异性带来的快乐，又能把控自己的情欲，理智地审视情欲对象的动机意图，并做出决绝的回应。

**3. 女性自我孤独感的细腻呈现；女性自我价值高于一切**

小说以“我”为中心，我需要感情、友谊、异性之爱，“想占有许多不可能的东西”。“我”周围所有人价值高低都由我来判断，好丰仪的男人是“我”性想象的对象，软弱的男人让“我”呼之即来挥之即去。“我”任性而细腻地记述自己的感受，包括一个女人在漂亮异性诱惑下的冲动，难以抵御的种种感受：“我因了他才能满饮着青春的醇酒，在爱情的微笑中度过了清晨；但因了他，我认识了‘人生’这玩艺，而灰心而又想到死；……我决心让那高小子来尝一尝我的不柔顺，不近情理的倨傲和侮弄。”小说中，女主人公是一个中心，是种种感受的领会者和裁决者，原本男尊女卑的秩序被倒了过来，女性成了操控一切的主体。这种叙述，在20世纪20年代末的中国社会是绝无仅有的。

《莎菲女士的日记》是一部从女性立场、女性利益和女性角度出发而写成的小说。莎菲比梦珂更了解隐藏在男性那种温柔体贴的爱情背后真正的色情动机，她知道她即便能逃开某一个“表哥”或“凌吉士”，也逃脱不了整个规则化男性中心社会的文明机器，这套机器对女性唯一的处置就是将她们加工为现行秩序的规定性角色。这种清醒的自知，使《莎菲女士的日记》超越了空泛的“五四”个性解放诉求，而对整个以经济运转为背景的社会机制做更为深层、切题的追问，对女性个人处境做更切实际的揭示。从这个角度看，《莎菲女士的日记》是“五四”之后女性小说的重大突破。

# 白薇简介

白薇（1894—1987），原名黄彰，乳名珠珠。湖南省资兴秀流人。1918 年，为反抗家庭的包办婚姻，东渡日本留学，先后就读于东亚日语学校、东京御茶の水高等女子师范学校，在校期间主修生物与数理，自学过美学、哲学和佛学。在日期间曾与易漱瑜同住，由此认识田汉。自认为田汉是她“文学上唯一的导师”，她后来的主要写剧本，与田汉的影响不无关系。1926 年初回国，曾任武汉国民政府日语翻译。于这一年开始文学创作。1926 年在《小说月报》发表剧本《访雯》，1928 年在鲁迅主编的《奔流》上连载剧本《打出幽灵塔》，发表诗作《春笋的歌》，连载长篇小说《炸弹与征鸟》。1929 年长篇小说《炸弹与征鸟》由北新书局出版。抗日战争期间，先后写了《北宁路某站》、《屠刀下》和《中华儿女》等文章，长诗《火信》、《祭郭松龄夫人》和《马德里》以及小说《受难的女人们》等。新中国成立后在北京青年艺术剧院工作，后主动要求去北大荒生活了七年，写了不少反映北大荒生活的作品。白薇早年逃婚出走，之后在日本认识诗人杨骚，与杨有过一场轰轰烈烈的爱，之后又陷入一系列痛苦的感情纠葛中，终身未婚。1987 年在北京去世。

# 跳关记

白　薇

## 一

忧愁和希望激战很久了，烈火烧着我的心，热血如浪涛跃卷着，坚毅的意志虽如钢铁的堡垒，而卷我沉入苦海的力量，却像崩山倒海，要压碎我的心身！我像久关在笼中的鸟雀，心里总想飞，飞，飞！为着这要飞出的斗争呵，我的心身给弄疲倦了，像朵枯萎的小花了。

父亲是生我的上天，我的恩师，病中的神医，兼仙人似的护士。那爱我也将要杀我的父亲呵……他，早由湘粤分界的大庾岭脚的家乡，来到长沙，等候我们姊妹三人，毕业湖南第一女子师范，好一把拖回我们，作为最上的赠品，也了他们几桩心事。

我一看着他来，稚爱的童心热血来潮时，真想跳进他的怀里，像幼儿勾着母亲的颈亲吻，也勾着他亲一亲。但想到他这次来的意义，尤其对我的严重性，真是不寒而栗，仿佛天都要盖下来，而我像在暴风雷雨中，被一只又大又黑的封建的魔掌，一把捏住我，无边的恐怖袭着我，于是我被投入苦海中！

父亲，我的至亲至爱，我的恩师，神医！在这时候，他是处我死刑的法官，断我生命的死神！我对他有这种感觉。他对于我的问题，尽用封建的看法，实在看得太严重不近情理了！不但对我，对显妹也一样。

显妹，这只歌鸟呵！她，桃色的脸儿，十分活泼健美的小少女，以歌舞和体育指挥，名震省垣。她快活的情调，直爽的心儿和简单的脑子里，谁都以为她只装着喜悦；她风一般飞来飞去，带着甜美的歌声和天真的笑容，谁都觉得她只有愉快，不知人间有痛苦，辛酸。

她是一只云间的歌鸟，无比快活的神仙！

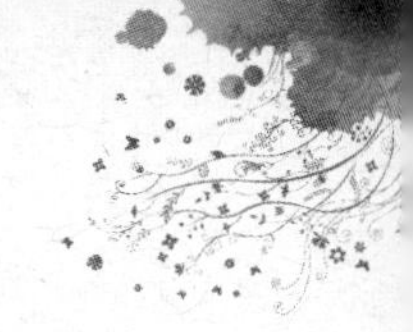

当毕业的前半年，她开始在课余，在黄昏，暗影中，在偏僻的教室里，悲切切地放声痛哭，一次，两次，三次，乃至无数次，哭得泪湿衣襟，桌椅，使同学们惊魂震魄，共流同情之泪。

只有我，感情不为她的痛哭起波动，当大家婉娩慰劝她，我不说一句话，在人散静寂中，我去寻找她，紧握着她的手，爽明地说：

“你别哭！这样哭毫无用处，毕业了我们逃跑。”

于是敛悲收哭的她，突然又热泪泉涌，怯怯迟疑地说：

“这……这……怎么行?”

“不行，那你只好回去嫁给那个大蠢宝!”

她悲愣着，咬紧牙关振振的闷哭，一忽，扑倒我的怀里。她痛哭中巨振的心躯情染着我，挑动了我凄楚的心，我也心酸，心碎，而毕竟是心硬，我憎恶她这样软弱，强烈地说：

“真不中用！……你别太胆小！你我的处境，毕业了，只有跑这一条路。”

她颤颤咽咽地抱着我，揩着眼泪说：

“跑……！你有胆子敢跑，但是……我……怕。”

“不要怕，有我和你在一起，不管跑到天涯地角，我们总在一起。我们好好努力，打出我们光明的前途!”

她听了我的话，茫茫然，缩缩然，噤口半天才说：

“那……那末做，爹妈都要急死去!”

“你不怕爹妈把我们逼死吗? ……但是……，喂你听！爹妈决不会因此急死的。”

“死！……我情愿死，却不愿被送……送到那里去!”

她梦呓的神情，答非所问地说着，眼泪一包一包滚下来，等她哭够了，我斩截地说：

“你到底愿意死呢？还是愿意活？愿意死，就不用哭；愿意活，就得决定一个办法。畏首畏尾，是逃不出悲惨的圈套，悲惨

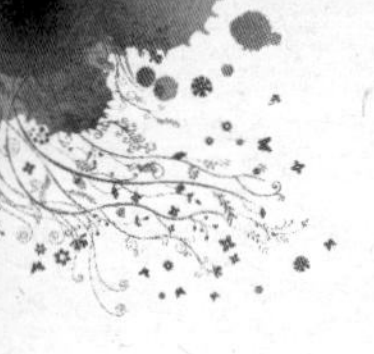



的圈套，就要套在我们的颈上了。”

“这我都知道，所以我一想就害怕……哦，多可怕呵！”

她又是哭，找着我的衣角揩眼泪，惹得我真不耐烦，我抓住她的双肩，眼对眼，睁亮着眼珠望她，摇着她，迫使她猛醒地：

“喂！你这也害怕，那也害怕，究竟怎么办？”

于是她楞着，停止了哭泣，心里在打什么转念，挺直地坐着说：

“姐姐，你想，我们的爹妈，答应了非把我们送去不可。假若我们逃跑了，爹妈受得住那些亲戚的逼迫吗？爹爹是特为来接我们回去的呵！”

“不错，但是不要紧，为着我们的前途，我们只好逃婚。逃了之后，写封信给当地的绅士们，说明我们的逃走，和爹妈无关，全是自己主动，自己觉得非逃不可。那些什么鬼亲鸟戚，在公理的舆论下，也不能怎样逼迫爹妈。这你不必那么担心！”

她慢慢地摇头惨叹：

“唉……！总是难！”

我有些生气，暴烈地：

“难又怎么样？我们已经处到生死关头！尤其是我，所以我们就要跳出这个难关。不然，我只有死。你大胆些，我们一同跳，跳出这个难关！走了之后，我们形影不相离。”

说完，我抱着她，如烧的热望，想她决心走。

她疯美的神色，带着冰凉的惨笑：

“哈哈哈，逃！像个鸟儿飞！……飞到那里去呢？”

“从长沙飞到汉口，随地教书，再飞到东京，巴黎。”

她的笑声更冰凉了，脆弱无力地说：

“哈哈哈！你真想得美！你可没有想到飞出以后的困难哩。”

我如烧的热血，希望她有转为勇气的心情，看到她这副神彩，我心血作退潮的激痛，她太使我失望了，我忿忿地骂道：

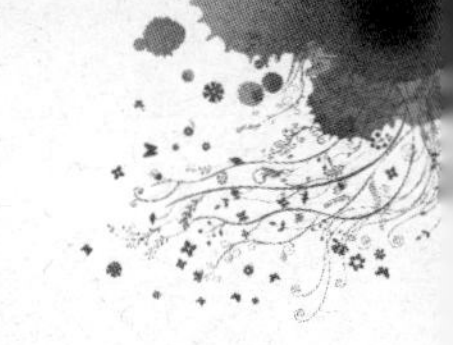

“傻瓜！你一点也不知道我们的本领！我是从父亲的教育，课外读了多少新旧的书，还学习了一些科学。图画更是拿手；你的歌舞，体操，更是超群出众，手工也不错。现在我们还没有毕业，来预聘我们教书的学校，各人有好多处。毕业了，我们跑出去教书，你教音乐，体操和手工；我哩，图画，地理，数学，自然科学和国文，都可以教。生活是没有困难的。你决定跑，别三心两意！”

我把她的手越握越紧，希望她给我断然的决定。但她的手软垂下去，模糊的神采忽然朗明：

“这样跑出去总是冒险……冒险！你太冒险！”

这话把我气伤了，我用力撒开她。

“小鬼！你等着走死路吧！”

我丢她在阴暗的角落里，自己爬到院里的树上，高高地坐在枝桠中，遥望苍茫的暮空嘘气，再嘘气，我胸上的沉重，总嘘不轻松。一忽，她来到我脚下，婉恋依依，满眼亲爱的光，娇红的嘴笑向我说：

“你从来是有反抗性的，你敢冒险。但是这样的时代，我们年轻轻的女子，跑到远处去，没有亲戚朋友，又没有钱，弄到可怜地流落在外面，那种苦处，怎么受得了？”

我听着她的话，虽不免有点不安。但是我钢铁的意志，除非天翻地覆，我被压碎了骨，是没有任何力量，能摇动我的。我跳下树来对她笑：

“决心走这条路，就不能顾虑那么多。我是准备吃苦的，你呢？”

在她长长的沉默无表示中，我深深地叹气，走了。

## 二

飞驶的光阴，毕业飞近眉睫间。她的悲哭声，愈来愈沉痛些，大概是想起她那蠢宝未婚夫，每次考试都背榜，总是倒数第

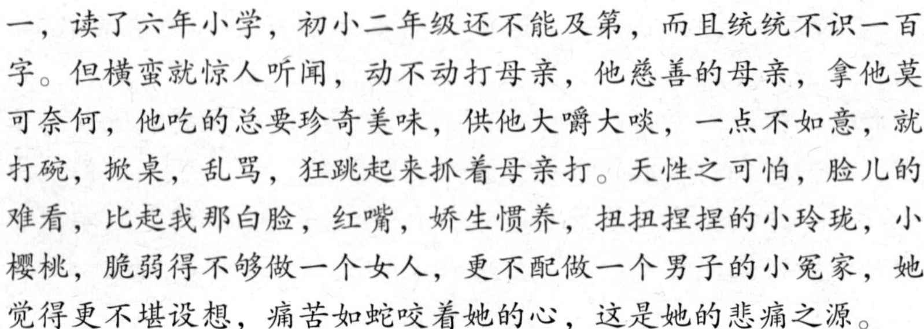

一，读了六年小学，初小二年级还不能及第，而且统统不识一百字。但横蛮就惊人听闻，动不动打母亲，他慈善的母亲，拿他莫可奈何，他吃的总要珍奇美味，供他大嚼大啖，一点不如意，就打碗，掀桌，乱骂，狂跳起来抓着母亲打。天性之可怕，脸儿的难看，比起我那白脸，红嘴，娇生惯养，扭扭捏捏的小玲珑，小樱桃，脆弱得不够做一个女人，更不配做一个男子的小冤家，她觉得更不堪设想，痛苦如蛇咬着她的心，这是她的悲痛之源。

尽管她那末痛苦，可是对于父亲这次到长沙来接我们，似乎没有加重她的害怕。那是因为她太年轻，看见父亲那崇高的品性，楚楚的仪表，藏威严于和蔼与亲爱中，谈话斯文又入情入理，面对着他，只感着乐意，愉快；尤其他对显妹的交友，舍得花钱供她阔绰的应酬，脑子简单的显妹，在亲子的恩爱，快乐，与心满意足之下，便不想起这次父亲来到长沙，对于我们一生一世的前途，是含着多么严重的意义。

但是我，知道父亲几次三番设宴我们的校长，教员们和舍监们，便看穿父亲在用讲究的宴饮作交情，将以残酷的压力授给这班人来共同压迫我，禁锢我，好和他们形成禁锢的铁网，严密地网着这可怜的鸟雀不准飞。

我环顾这层层的网罗，确是焦愁心碎！

父亲还在我毕业大考之前，把我们的衣服，书籍，一切用品，都搬上船了，仅准我留两件换洗的单衣和几本要考试的书了，又把我间接向赵恒惕先生借的路费，也回脱了。事急在眉睫之间，赵省长的侄女——我的好友赵毓华，她因代我借的款绝望，只得慨然将她叔父新近给她订婚的金手镯，金戒指，交给我换钱做路费。

我不忍因为我逃走，而牵及她的好事，坚辞不肯接受，而我身上，只有六块钱，还是全年一切的费用七十元中，节省下来的六块钱。这时，不得不叹一声：“天呀！够什么用？”

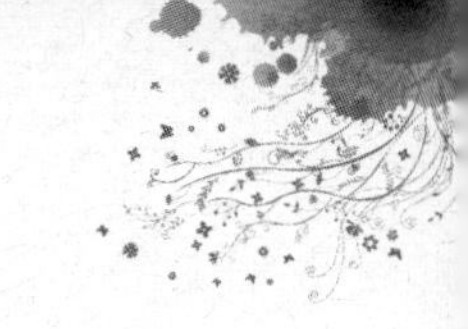



为着筹钱和打听轮船，定船票，我焦愁着，平日没有交到一个有钱的朋友，又从来没有走出湘省以外的我，对于弄钱，跑船码头，真是外行无法。我又在重重网罗禁锢之下，没有得到特许，是不能出学校的大门，而距毕业离校很近了，怎么办呢?

我焦愁了七天，几乎不能饮食，不能安眠，火热的暑天，我尽靠饮凉水喝稀饭拖命，人消瘦了，胃肠奇痛，对于毕业大考，自然不能专心了，往年94～96分的平均分数，这次能否及格，我都管不了它。记得毕业大考的国文题是：述毕业后的志愿。我直写着："为着我的志气，我要脱破铁笼样的环境，跳出留学去！万一不能脱离牢笼，我便是湘江之鬼。"三分钟我就交卷，管它有无分数，只要说出我的心。若不幸而真的成为湘江之鬼，这鬼也有一颗鬼心给人知道。

聪明的父亲，不像别的家长，来参加女儿的毕业礼，在举行毕业礼的第二天早晨，他却如迎接贵宾，把我们三姊妹接出学校，高兴地领着我们，游这逛那地，吃着喝着，又拜望他的高朋好友，好像显示他有三位千金，尤其两个那么年纪小的，也居然获取最高优等毕业。

夕阳西斜，市上已退去恶热，我们也奔走够了，我辞别父亲，要到学宫街去看我的好友杨容贞杨润余姊妹的母亲，那和蔼慈祥，深蕴感人肺腑的一种亲爱的母亲，那可敬爱，又有动人的善良的母亲！她艰苦守节，养大杨端六先生及其姊妹兄弟一群儿女，现在她们还是过着极贫寒刻苦的生活，精神却一心向上，处处表现清洁，美观，崇高，而自爱，我爱这一家人，爱她们姊妹的向上，更爱她们母亲的慈祥，亲爱。

我亲着这位母亲，心上的融乐，有时会胜过亲着自己的母亲。因为她是和蔼，慈祥，富情感的；我的母亲，是贤明，阔达，富理知的。

当我鞠躬向父亲礼别时，心碎了！心里想："别了，父亲！

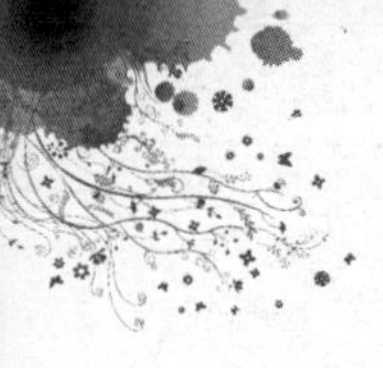



不知那年那日，或许七年八载再相见吧，也许永远不能再见了。”我热泪泫泫往肚里流，脸上是温静的微笑，依依之情想靠近他些，愿时间延长些，让我多看他几眼。但是他们已经跳上黄包车，父女三人奔他们的目的地了。我望着飞腾去的车流，望着车子走过的长街，列店，落泪了，待我自己坐上车跑去看杨母，难过得要哭出声来，“别了呵，父亲！”

跑马似地，我拜访了好几处，杨母，好友，学生和在落星田小学试教时熟识的那些教员，我都用诚恳的意识，亲热的谈话，淡淡地含着别离难过之情会见她们。而心里涌上每一个最难过的感情时，就是一阵淡淡的微笑。我用笑掩饰悲情，这不是毕业回家的离情，而是冒险潜逃，未卜生离死别的离情。

## 三

古稻田咆哮了，是默默无声的咆哮，然而每颗心都紧张活跃，人们的眼睛，脚步，姿态，动作，都为这咆哮而尽职，为这咆哮的胜利而活动。

为的是：古板，拘束，被人称为尼姑庵的古稻田女师范，一个尼子要反了。那不是“思凡”“归俗”，而是和千古杀人的礼教决斗！

昨天辞别了爱我也正待杀我的父亲，今天曙光朦胧中，我便拖起显妹，引她到偏僻的教室去，诉说我迫切的心事：

“我今天要走，你呢?”

她惊吓地张开嘴和眼，满眼含着泪光地说：

“走？……你真的走?”“是，我今天就走，你跟不跟我一道走?”

“天呀！你真的就这样走！没有一点准备，又没有钱，冒险，你太冒险！”

她一把抱住我哭，我很平静。

“别天呀地呀的！你到底走不走?”

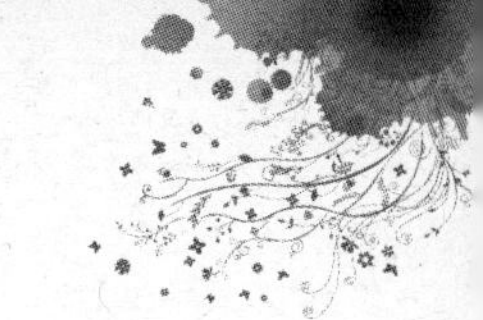

“我不能，昨天下午爹爹给我们买了许多东西，我们要回去。”

我才知道，昨天分别后，父亲是带她们买东西去了，我对她很失望，忿忿地说：

“好，你回去，那我一个人走。”

她没有意识我这话的深义，天真地若信若疑。

“你真的走吗？”

“唔，今天上午十点钟开船。”劈头就是痛哭，她紧紧地抱住我说：

“哦，那你会流落，你会饿死！”

“干么说这样不吉利的话？”

“你没有钱呵，又没有同伴……你太胆大！太冒险！”

她哭得更厉害了，抽抽地出响着。

“不许放声哭，怕别人听见，假若给大家知道了，我就完了。”

她停止哭。

“好，你只说，你怎么走得成？”

“你给我守秘密，我就把一切都告诉你。”

“我守秘密就是。”

“我和回九江的两位同学一起搭轮船，船票她们代替我买了。”

“啊，钱呢？那里来的钱？”

“我这一年来省下有六块钱，足够买到汉口的船票。还有几个同学要帮忙，合起来可以凑够十几块钱，那我可以买船票到上海。”

“到了上海，我去找陈祖威先生，她曾经答应给我八十元去日本。”

于是她放开我，比较定心地坐下来。

“既然这样，也许我也能给你搞点钱。昨晚爹爹给我一百块

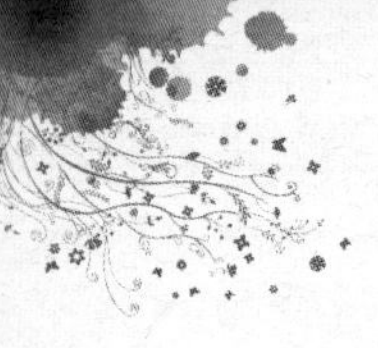



钱，我们买了些衣料和箱子，还剩下些钱。”

“啊，怎么不早说?”

“爹爹不许给你一个钱，我们剩下的钱在瑶瑶手上，我去问她要。”她拔步就走，我拖着她。

“不要去！你向她要钱，她会问你做什么用。你若告诉她，就会杀了我；你不告诉她，她就不会给你的。”

她顿一顿，热心地又想走，带些傻笑：

“嘿嘿，我骗她，要她拿出来。”

“哼，你这傻瓜，还骗得到她!”

“她觉悟了没有办法，带些丧恼而站着。”

“唉！她就是那末巧!”

彼此沉默，沉默得像正在甜睡的人们一样静。

“所以我恳求你，今天我走的事，你千万要守秘密，绝不能告诉她！你不能告诉瑶瑶呀!”

“好，我发誓不告诉她！发誓守秘密!”

她还答应我一口新买的小箱子，摇了早起的铃，我们分手了。

早饭后，眼看人们慌慌忙忙，带着警觉性，有的相对奇怪地丢着眼色，有的探子的面容，仿佛怀着一肚子鬼胎，整个学校都动荡着，像戒严一样紧张，这空气激动我的神经不安，我跑到学校大门口看，校长穿一件白绸长袍，在门前宽敞的花苑里徘徊着，教务长像一条金钢，挺直着高个儿站在大门口，舍监和教员们，门内门外都是，见了我就招呼我到里面去。“嘿，这末严重！是警察来检查学校吗?”我这末想。奇怪的是连挑洗脸水的姜嫂，陈妈，也对我丢着眼色，平日骄傲或者胆怯的同学，都向我丢着怪眼，都小心翼翼地奔来织去，有时也偷着说一两句话。“是什么神秘呵!”我在想着。

我拖着挑水的女人，到空寂的寝室里，塞进她手里一条龙，说：

“姜嫂。这一块钱给你买花生米吃，等回家的时候，我有了钱再给你。”

“小姐，不是说你今天要逃跑吗?”

“没有的事!”

“看啰，校长和教务长把守大门，许多人把学校都围起来了啦。”

“哦，我以为警察来搜查学校。”

什么都明白了，待她走后，我看到隔壁的寝室一位同班朋友，刚和几个同学密议过，这时只留着她，我走进去。

“胡贤英，怎么办？我的事被泄露了!”

“是呀，我们刚才在说，很多校工和教职员，把学校团团围围都围起来了。”

“一定是我妹妹走了风。”

“黄显么?”

“是。”

“那个小傻瓜!”

“我就去找她，请你把何勤，赵毓华，杨家姊妹和帮我的那些人，快找来，大家商量，帮忙，一定要给我打出一条出路！……是上午十点钟开船。”

“我知道，我准帮你能跑出去!”

她带些少妇风度，热心地先走了，我追着她。

“请告诉沈佳玥，尹蕴绮，上船要等我。”

“是。”

我没头没脑地找着了显妹，扭她到今早谈话的偏僻的教室里去。严厉地对她说：

“现在学校都包围起来了，是你走的风!”

她低头呆着不说话，我跳起来。

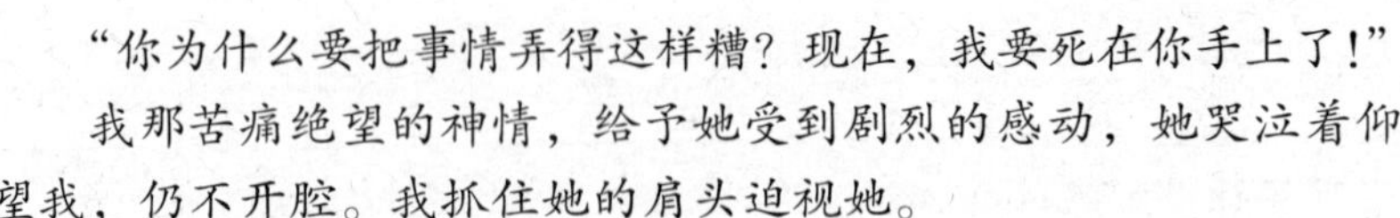

“你为什么要把事情弄得这样糟？现在，我要死在你手上了！”

我那苦痛绝望的神情，给予她受到剧烈的感动，她哭泣着仰望我，仍不开腔。我抓住她的肩头迫视她。

“你到底是爱我呢？还是要害我？你答应给我守秘密，现在叫人把学校包围了？”

她苍白着脸，惧怕的心理发出口吃的语言：

“这……这不……不是我弄……弄的，是……是瑶瑶要这样搅的。”

真把我气极了，我惊叫：

“呀！……瑶瑶要这样搅的？”

“唔。”

她哽咽着，一种自承错误的苦痛，使她抖抖的。我气得要发晕了，事情给瑶瑶知道，我怎么能斗得过她！动身的时间迫近了，我急极，要哭无泪，只是发火。

“混蛋！瑶瑶怎么会知道，是你告诉了她！”

“我只对她说了两句，谁知道她那末巧，硬套出我的话来；又去请求校长设法，无论如何，不许你走出去。”

“呸！你怎么这样靠不住！你不是对我发过誓，给我守秘密吗？”

火在我心上冒，我把她推开。一忽，我缩成一团，绝望地哭：

“现在，我像笼中的鸟，飞不出去了！……你知道，我这次逃走不成功，一定要跳湘江死的。”

我这段沉痛的话和颤栗着欲裂心魂的悲怆，刺激了她善良的心灵，她惊讶忧戚地对我晃着星样的眼光。

“呀……！你……你就这样决心吗？”

“唔，我就要实现我决心的话！”

我站起，挺直着表示坚决。她急扭住我的衣裳，一种爱怜灵

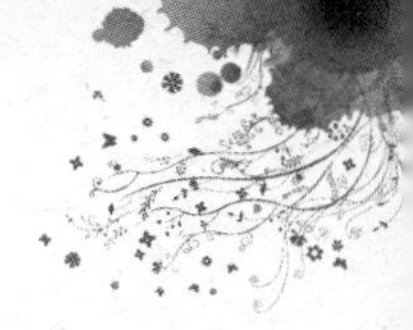



强的感情，说：

“你就逃走不出去，也不必想到死呀！”

“你知道我所处境遇呵，那悲惨的境遇，反正会把我压死。”

“唔，你的境遇实在太悲惨了，若不是你，是别人，早就给逼死了。”

“所以，凭你的良心说，那种地狱生活，我要过一辈子吗？今天，你不让我跑出去，我就和你拚了！”

我扭住她拚命，急去攒她的喉，不许做声在桌间打着。当然这是给她恐吓，未见得真要拚命。不过，开船的时间在催我，我急得怒火在冒。

“放我！放我！我当然不忍看你尽过那种无人道的生活。”

我放了她，仍然怒冲冲的。

“那你为什么要告诉瑶瑶？”

“我只怕你跑了，会急死父母亲。”

“傻蛋！对于父母的爱，我不会比你薄。你知道我屡次的被害，母亲急到什么地步吗？”

“急得吐血，急得害病。那次你被咬断了脚筋，血是那末流，你全身的衣服，也被撕掉了，妈一见你，就晕倒去。你的受罪，妈可真急够了！”

“对呵，妈为我的事，不知道跟爹爹吵过多少次。妈总要爹爹设法解放我，可是爹爹为他的问题，不肯救我。”

她义愤地辩解：

“并不是爹爹不肯救你，实在是那冤家太厉害了！……”

她滔滔说了一大堆，握着我又说：

“有一次，二舅特为来跟爹爹商量，要爹爹去起诉，把你救出来。”

你说爹爹怎么着？……他只是喝酒痛哭，爹爹是从来不哭的人，那天为着你的事，竟痛哭了一次。他不爱你吗？爱的！

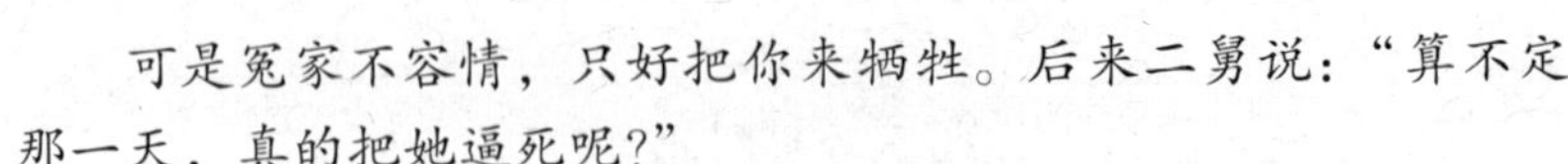

可是冤家不容情，只好把你来牺牲。后来二舅说：“算不定那一天，真的把她逼死呢？”

爹爹也只是喝酒叹气说：“唉，问题复杂，没有办法！反正我有六个女，给磨死她一个，还有五个。”

我不耐烦她这末多的话消磨时间，急急反问：

“你既然晓得这些，那末，你看，我回去被人逼死好呢？还是跳出去活着好？只要我跑出去还活着，比回去受罪，爹妈的心里，实在要快活得多哩。而且那些冤家的仇恨，我一走就没有出气的路线，也许从此要容易结束。”

谈到这儿，她透彻地明白了，爽快地说：

“这是道理！好，你就走吧！我救你，救你去！”

很愉快地抱着我，笑着，突然一个很灵活的姿势，急性地转身就去。一个老妈子高声叫着我奔来说：

“校长先生请你去。”

校长换了挺直的白夏布长袍，很尊严，慈和，又很礼貌的接待我。他首先把留我不放的意思说明，说那全是受我父亲之托，他告诉我，父亲今天上株洲去了，明天可回长沙来。这是给我一个欢喜的信息，我想：这机会是再好没有。在这一点钟之内，我也许还有办法跑出去，父亲不来阻我，到底好跑呵！

继续校长又说：这样苦留我并非他的本意，说在半年以前，他就有意派我去外国留学，因为从各方面看和每早天刚亮时，他就看见我在校园的树里读书，是那末潜心诵读课外的书籍，天天如是。所以他心目中，早就有意要派我去留学。等本校暑假毕业后，还派两三个留学生，我是被决定的一个。

这话是我初次听到的新闻，求学欲旺盛的我，是多末高兴呵！它也使我焦急发烧的心中，如灌入了清凉剂，我喜欢的兴奋，一时冲淡了焦愁。

但是他又回到我父亲的意旨，正像位教士，在现身说法，把

封建的毒素，女子该谨守“三从”，说得有声有色，说了点把钟，把开船的时间挨过去了，才让我呆呆地走出校长室，我仿佛自己的希望，力量，都随那开去的船倒了，我陷于绝望，绝望的神气在走……

## 四

我沿着早操的院子的挟道柳树走着，看看广长的院子周边，行人少了，探眼不大见了，似乎解除了戒严。往里走到内院，在长廊下，一个活泼的影子横掠我来，她从左手的门口出现，拍着我的肩头说：

“你知道吗？开船的时间改了，改到下午三点钟。”

我几乎要欢呼出来，杨润余又说：

“你的行李，写着我的名字，给你挑出去了，已经挑到轮船码头去了。”

我才消失的活力，忽然像开了活栓，力量又都涌上来了，我喜极又感激：

“谢谢！那好极了！但是我有什么行李？”

“黄显给你一口小箱子，把你的线毯，被单和一套换洗衣，洗脸手巾，牙刷，都放在里面。贴你的名字是挑不出去的，所以贴着我的名字。你准备一下吧，姐姐她们给你想办法去了。”

这高兴是能形容的吗！我闪身就去找那批帮我的战士去了。

午饭后，在炎热中，找竹梯，找绳子和破布，都到墙脚树荫下，两条竹梯扎成一条长梯，人多，手多，眼睛也多，动手的，放哨的，给我在高墙僻处寻找出口的，显妹是大将，统率我们的好友，飞快地来帮忙，从校园看到幼稚园，看是那处的高墙僻静最合于跳，而不致被人发觉。

我爬上长梯的梢头，正要跨过高墙的背脊，把另一条长梯扔出去，预备在墙外降下，那时，我愉快的心，像黎明中盛开的白莲！跳呵，这一跳。跳出了鬼门关！心花灿烂，我宏大的希望，

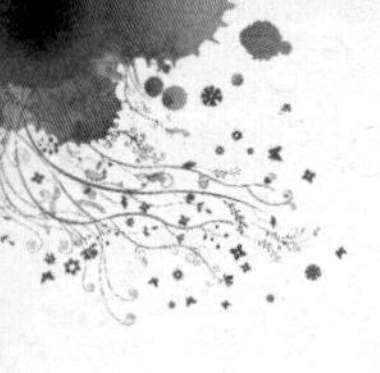



就可让我热烈的心去追求。跳呵，跳呵！欢喜的心情，像正开放的白莲花！

不料我正跨上墙头，那蹲伏在墙的校役们，抬头猛喝，使我魂胆震裂，我几乎翻下墙来。待降下长梯后，咚咚跳的心儿不自主了，带着沉重的警备，我把梯子移到别的墙根，许多的手为我架梯，许多的眼为我放哨，许多的嘴想说话，而许多的脸在绷紧，都静静地希望着我这回能跳墙成功。

我爬上长梯的梢头，正想跨上高墙的背脊，先探头往外看看，那墙外预伏的人们，吼喝起来，我只得惨淡地落下长梯。而敏捷的朋友，这时已在另一处架起另一长梯，爬上去窃窃看墙外，她也摇头咋舌，失望地降下梯来。于是大家的眼睛愕然相对，感到跳墙绝望。但还不至于灰心，又把梯子抬到别的墙阴，再爬上去看，墙外一样有人守住。

我恨那围墙的计策！对于一个少女为着求解放，想升学，怎么也用对敌作战的办法，居然是重重包围！

这末谋跳墙，引起了骚动，战斗真的开始了，我折回看见校中的各走道，同学梭来梭去奔忙着，一方面是探眼瞟流，猜疑的神光四射，暗中在监视着；一方面是活泼，勇敢，热情地东冲西撞忙，带些警觉的敏感。这显然是两个阵线，在混乱中交织。

显妹又活跃地，领导一方面的战斗。

在战斗的时候，人心划然分明，谁是进步或守旧，谁是朋友或敌人，同类的自然会形成集体。令我伤心的是：平日本是好朋友，或至亲爱的骨肉，此刻变为防我的探子，阻我的敌人！而使我快慰的是：平日本淡然算不了友情，此刻竟自告奋勇，热心来帮忙，卖力。胡贤英就是。这末一来，整个学校都震荡了，到了咆哮的高潮，更是每颗心都在跳动，而大家的眼耳脚，更都为着自己的阵容的胜利而奔劳，大家都用眼睛说话，认人，判明谁是同阵的或异阵的，努力着协助，或尽力在破坏，竞相防守或进

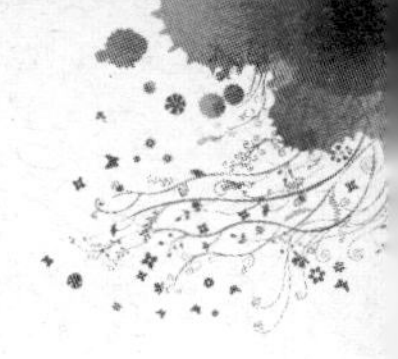



攻，学校成了战场。

## 五

未曾决战，就想把我掳过去。对方的主帅——校长，又把我叫到校长室了，这回，他的尊严化为怒气，慈和变为沉静不愉快，客气也变为傲慢了。俨然他是胜利将军，我是被俘的叛徒，我在这样的压力下，我的生机似在缩成一小点，我有些晃晃然，于是我感觉晕沉，感觉倦饿，十来天的绩忧，七天很少进食的身体，这时非常飘飘然，有空虚缥缈之感。校长背着手在踱来踱去，同学在校长室前挤得成山，不论是敌是友，或要清行李暑假回家的，都来参观这次审判。

对叛徒的审判。

校长转过身来，比较平静地对我说：

“今天上午我对你说的话，你听到没有?”

我挺直站着表示硬气，没有回答。他坐在办公桌前又说：

“是不是要我给你再讲一道?”

“够了!”

“那你为什么还要走?”

“因为我想走，所以走。”

校长气煞，门外轰笑。慢慢地校长抽口长气，眼睛一转就变成威严，意思是想用威严来镇压我这叛逆，门外的同学更挤来看。校长令我就坐以后，又说：

“你不听我的话，我也不勉强你。不过，你要走，也得等你父亲回来，你父亲回来了，我把你交给你父亲，那我脱了干系，就随便你怎么样。”

他还说了许多，但是我沉重的心板，他说的什么，我不爱听也不能听那许多，我的心，只想着那三点钟要开汉口的轮船。但是他有意要拖时间，尽管往下说去，而且请了我们那古板的新任先生来，要我在这宝贵无比的时间内，听他那顽固的说教，他搬

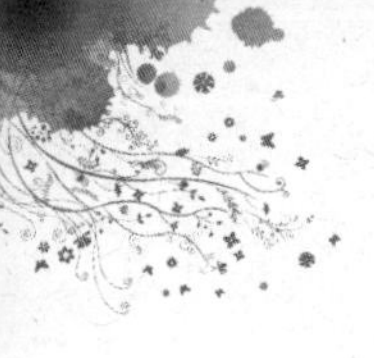



出班昭的女诫，用他腐朽的意识，胡扯一番，又把三从四德，加上他否认女子是人的观念，讲演一顿，真令我听不进耳！他显然是要把开船的时间，消磨过去！我感到从来没有听过这样讨厌的说话！我不由站起就跑。校长起来挡住我说：

“喂喂……你还是听你父亲的话，好好儿做个孝女。”我低头欲泣，苦叹着：

“唔……孝女是要像一个人才能够做呵！可是，别人不许我做人，只许我当牛马，奴隶。”

他似乎也知道我的痛苦，要慰我一番，劝道：

“所以，你要安心立命！”

我表示烈痛的心情，不由惨笑惨泣着。意识是：“哦，你说话容易，我受罪难！要我在这样悲惨的遭遇里，受着恐怖的摧残中，安心立命！啊。那等于要杀我！”

校长又轻步踱着，看他的表。我一眼望在表上，已经到了三点一刻前，我心里滚灼地说话：“天呀！除了飞，是赶不上轮船了！”于是用惊叫的声音回答：

“要我安心立命吗？”

像什么戮着我的生命，我悲狂骚动，要冲出去，校长阵立我面前挡住我，互不语言，又是一部悲惨的历史，一页页展开在我眼前，我心儿刺痛。流出眼泪在颤慄。走不成了！我比死还难过地伤心病狂，我发狂一样，把那话重叫一次：

“要我安心立命！”

那位级任先生，很不高兴我，冷狠狠地说：

“你不安心立命，又怎么样？难道想不守规矩吗？”

于是我再不能忍耐了！沉潜的苦痛都活跃着，苦痛自己说起话来：

“我是过着什么地狱的日子？您知道吗？”

两位先生注意看我，于是我火山爆发，开了话匣子：

“我常常被毒打，打得身青背肿……”

“也常常一连三四天没有饭给我吃，斡跑到村子里，长辈们给我吃了饭。就家家被骂得祖先不安……”

“有时候我整天像牛马劳动了，供给了别人所有的享受力，也不许我吃饭，我胆大添了饭来吃，别人就双手端着两大碗饭菜，狠狠地向我打来，打破我的眼睛，打得头破血流，晕倒去……”

“夜晚，更是地狱一样……”

我咽住了喉咙，惨然饮泪，想起那身受而不能说的情景，肝胆欲裂！校长也凄然默默，静听我泣诉。在门外的显妹，只是流泪。我继续说：

“而且深更半夜，常常被人守在房门口，终夜咒骂不停……”

“在冰天雪地的时候，被人夺去我的被单，把我撵下床来，睡在冰冷的地上过夜……”

级任先生板着脸说：

“那为了什么?”

显妹在门外插起嘴来：

“为着她喜欢读书，还……”

校长作禁止她的手势，我接着她说：

“还有一次，突然像只猴子，跳在我背上，抓起我就掷在地下毒打，又反复掷在壁上，我的脑袋儿被掷了几次就晕了，后来听到两只手。四只手，狠狠地痛打我，把我遍身打伤，打烂，又咬伤，还咬断了我的脚筋，我断了的脚筋血在流，又撕破我全身的衣裳，使我一丝不挂，还拿起斧头赶我，赶到大路上，赶到河水边，我赤身不敢走远，只好跳进河水躲避，河水被我断了的脚筋，和胸背手臂上流的血染红了。”

我滔滔的诉说，校长静静哑然，抽口气似乎对我表同情，门口站着的一堆同学，很多人不忍听而哗啦絮语，惊叹并发。震荡

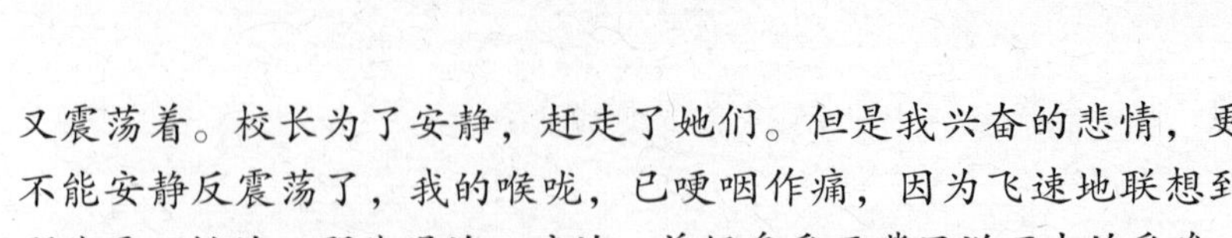


又震荡着。校长为了安静，赶走了她们。但是我兴奋的悲情，更不能安静反震荡了，我的喉咙，已哽咽作痛，因为飞速地联想到那些更可怕的，那些明的，暗的，曾经身受而嘴里说不出的受难。

思想比飞行还快，我想我以未曾发育的年龄，就迫着过那地狱生活，那常常莫名其妙的无风起浪，闹得天翻地覆，一吵就十天半月乃至一月多，谁也不能排解，虽然当地的名绅太太们，常常成群地连袂来劝解，也屡次对此毫无办法。谁都觉得这种压迫，吵闹，这种地狱的情况，足有把我逼死的危险，大家为我的生命耽心，而我总在那危险的岁月里度着，含悲饮泣，直到被迫要我解决我所不能解决，也为我所不能理解的问题的时候，眼看别人对我抛出一把利刀，一绻绳子，命我："快是刀，慢是绳。"……

我忧郁地想到这儿，才给校长严重的回答：

"要我在这样的景况下安心立命！安的是什么心？立的是什么命？做的是什么孝女？"

我疯了一般，真是每想到自己心身都未尽发育，就过着那地狱生活，还要迫我解决那我所不能理解的冤孽！这些时，我的心要碎，身也要碎的！在这一瞬间，万念集中在逃跑，开船，我希望还能逃脱。还能赶上轮船，快，去追船！我身子弹跳就走，就要跳渡大海重洋，和那地狱的压迫，永远告别。

校长被我的悲痛影响不安，踱着踱着，见我走，又障立我面前，和气地说：

"我这样留你，要你做一个孝女者，据说，你若是走了，你唯一的弟弟，恐怕要遭你父亲的仇人所害。"

"啊……！"

我这声惊叹是：一面我奇怪校长，怎么会知道这事；一面我是很爱我弟弟的，听到这话，不免惊心难过。校长又说些"不孝有三，无后为大"的古话，劝我看在这上面，也要为我父亲的后

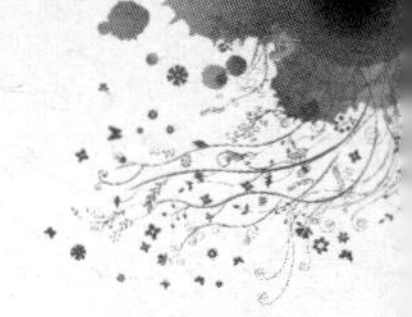

代作想，做一个孝女。

我感慨又悖痛地点头，说：

“是的。”

校长乐了。我又把我的想法说明：

“不过，我不知道我父亲的仇人，可真会那样干。如果会那样，我父亲应该自己去负责解决，他既然有帮人做禀帖，打赢官司的本领，就该有保全无罪的儿女的本领。难道除了牺牲我，就没有保全弟弟的办法了吗？我有何罪？

“而且我不走，也许真会激起那种不幸的事情发生，所以我决心去日本，将来我要把弟弟也叫去，那是最安全的办法。”

校长默默很久，又把他原想送我留学的话说一遍，然后把我引渡给舍监。三位完全不同情我的舍监，狱卒似地押着我去舍监室。厅里敲了三点钟，啊，敲着我希望的丧钟！船开了啊，希望变成了泡影！我蒸热的汗水，泡一样地涌而流，我全身乏力地跟着走……

我走着，也知道院子的走道，有成群结队的人跟着我，而舍监室和外厅，人们挤得要堆起来，人们都当我做囚犯看。我望望周围，显妹不在，我这一面的战士都不在，她们呢？

舍监看我悲愁无以覆加，几乎站不稳了，以怜悯一个败北者的口吻来安慰我，献清茶，又给我搧扇子。我想：父亲几次丰富的酒席，竟使她们做出那猫哭老鼠的姿态。

她们命我解下裙子凉一凉，劝我躺在床上休息一会，待我解下裙来，她们又叫我睡到后房去，拥我进后房时，一位年长的舍监，悄悄地拿了一把锁，我看到锁就心一跳，不知她们还摆什么鬼计，我踟躇不前行，四顾在想：“我的显妹呢？我的战友呢？”

我急找裙子，不见，我要冲出，不能，我很急，陷于迷惘中。我七天很少吃东西的空肚子，加上这番绝望的悲痛，我飘飘然要晕倒了。

显妹飞跳而来，大家看她如看锦标胜将，她叫我：

“姐姐，我给你冲了碗藕粉，快去吃！”

舍监不放我走，显妹说：

“她好几天吃不下饭，快饿死了！”

活鲜鲜的可爱，疾风似的力量，她拖我飞跑了。

六

在寝室里，五六个同学候着我，外面几处站着些哨眼，她们抢着说：

“船三点钟还不开，沈佳玥她们上船了。”

“你真运气好！还赶得及上船！”

“你快吃藕粉吧，吃了好跑路。”

“我们已经给你开了条路，那儿真没有人在外面看守，包你能够走出去。”

你一句我一句，使我乐得说不出！这些天真诚恳的友情，这股观放的军队，把我垂死的心弄复活了！我在显妹的催促下，边乐笑边忙着吃完了藕粉，放哨的叫散开，散开了。一忽，显妹引我到一个偏僻又肮脏的地方去，我知道那是没有出路的，怎么不能出去呢？显妹告诉我：“在那个残厕所的出粪处，我们掘了一个大洞。”我虽逃走心急，却不原意钻毛厕洞！

走到那儿了，一大堆人站在一排废厕所的小院子里，大家对我欢笑招手，哑然雀跃，我答礼了她们，看看间隔成小间一长排焦干废厕所，其中一间的后背，被掘了个小洞，但不能通人，而同学们正用手指示那尽头的小门，那个门平日是锁着的，又用砖叠成墙，使人不注意它，现在被她们忽然弄开了，我看到那略略打开的小门，乐得不能说话，大家也不让我再说话，几十双手，急忙忙而小心翼翼地，推我走出去，我既走出门外，大家还是不是敢扬声说话，只是高兴如狂，窃窃喜笑，跳跃欢心着。直到我招呼了车子，要跳上车子时，他们才欢跃扬手，喊着：“万岁！”

说道：

“这是桂花井，将来你成名回来，把这条巷子，像黄兴街一样，取你的名字，这侧门，也为你筑成大大的凯旋门。”

这种光荣的鼓励，使我感激要流泪。

来不及一一握别，手林齐对我挥，胜利的笑声高扬，又潮水一样，她们急退进去，把门关紧，上了锁。

糟糕！我才发觉身上只穿着雪白的夏布短衣，没有穿裙，当时长沙的女学生，不穿裙是不能走出街的，下车敲门吗？又怕裙子要不成反被人看见抓回去，不穿裙是做不得的，怎么没呢？忽然，一条轻软的黑纺绸裙，由墙内抛出墙外，还有显妹的声音在叫：“裙子，裙子！”她的裙和我的裙大小一样而稍短些，我急忙穿上裙子，叫车夫放下车帘。坐上去，别了，亲爱的朋友！别了，母校！

忽然想到：“啊，还有一个妹妹呢？平日我们是那么友爱的，亲爱的，聪明绝顶，又美丽高贵的瑶妹呢？她……呵她……在我临别的时候，不能和我见一面！”

逃走者的心理，总觉得车夫的脚是慢不过，跑不快的，催着催着，他也跑着，还觉得他太慢，我忐忑的心很害怕有人追我，想着：“假若警察知道我是逃跑的来追我，假若学校有人追我来，把我抓回去呢？怎么不快点跑呵！”

四点钟到了码头，找着我那可怜的行李，忽忙挤上小火轮船上的人堆里去，看到和我同走的同学，我才吐出了一口气，安魂定魄地，感到胜利的快乐，也给帮我成功的一群战士快乐，心里想：“啊，跳出了鬼门关！永远不再回到那鬼地狱！父亲呵，您的策略都失败了！”这时，我只盼望船快开，快离开码头，驶向江心，驶向洞庭湖，向汉口去。

五点钟过了。六点钟也快到了。还没有开船的动静。“是怎么回事？哦，这样挨，挨，挨，定有人来和我捣鬼！假若学校追

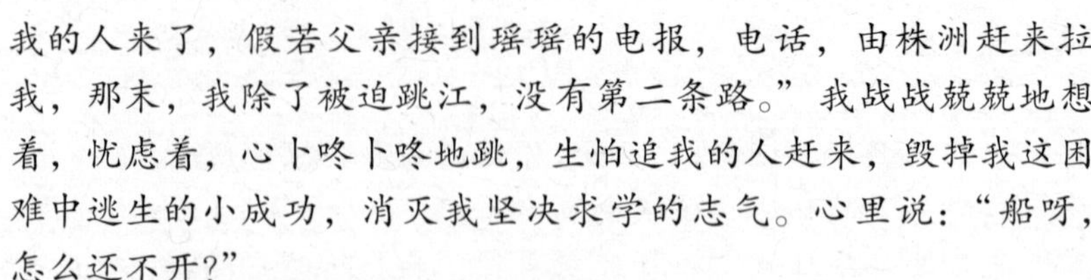

我的人来了，假若父亲接到瑶瑶的电报，电话，由株洲赶来拉我，那末，我除了被迫跳江，没有第二条路。”我战战兢兢地想着，忧虑着，心卜咚卜咚地跳，生怕追我的人赶来，毁掉我这困难中逃生的小成功，消灭我坚决求学的志气。心里说：“船呀，怎么还不开?”

黑暮到了，明月出来，还没有开船的音讯。江风吹散了蒸热，皓月映在江中，银样的波光中，蛇动着千百桅影；沉默的狱麓山，丛林甜梦在净亮的白云下，夜莺几声，隔江传来；而碧绿的水陆洲，柳影飘摇，流萤在草里飞，也遥遥在望。这样的良时美景，平日颇能钩我的魂。但此刻，只盼船快些开，逃脱追我的人来。

“嗬！来了那末多女学生!”

我听到船上的人这一叫，惊魂不定地走出看。高梳着东洋头的女学生，一大群驰下码头，驰向船坞来了，我欢惧交腾，想着：是来抓我的呢？是来送我的！我该躲避？还是迎接？天呵，成败就决定在这一瞬间！

跳板上如蚂蚁出阵，啊，拥来的是：曾经为策动过战斗的一群战士！但领头的不是神勇活泼的显妹，而是温静沉着的何勤，牵着豪情疯癫的赵毓华，总之，全衡山的同学，连李珪，李琬，廖丹，和谭氏们都到，长沙的杨氏姊妹和其他，共到二十多人，我欢喜得真想一把拥抱她们，沸腾着感谢的热血说道：

“啊，你们都来啦!”

“黄显呢？怎么她不来?”

“学校里已经知道你走了。她不能来，她若来，就有人跟着她来追你。”

“呵……!”

我很难过，临别时，不能看看这次帮我的第一位功人。

“那你们怎么能来，又不怕有人跟在背后?”

“我们是分头请假出来的，有的说回家，有的说看亲戚朋友，约在一个地方，等齐了才来的。”

大家畅聚了一会，然后她们各掏各的腰包，带有钱的人，尽量拿出，一共凑上三十元左右，亦给我做路费，加上我身上用剩的，总共三十四元不到，这数目虽然不大，却表现了可感的友情，且用到上海尽有余。不一会，开船的锣声响了，大家和我握手，彼此很恋恋不舍，而时间已不容许再诉依依之情，我带着酸心也带着喜悦，尤其充满着感激——感激这些友情，助成了我的志气！我无限依依，送她们下船了。

船上我们同路的三个，和岸上她们一群，这时候，彼此没有什么话说，却有说不尽的离情，彼此都用眼睛传神。船开动了，岸上船中，彼此挥手并挥手巾，眼光亦递，也挥眼泪，皎皎的月光照着码头，照着江滨，别了，朋友！别了，长沙！也别了，不在面前的显妹！

“啊，瑶瑶呢？整天不见她！她在那里整天筹划着战术，胜利又偏不属于她！临别，都不能见一面呀！”我在想着，船走远了，对于岸上送行的一群人，影儿模糊越远越淡了，独对于瑶，起着强烈的想头：

想起在学校几年，我们常常是枕对枕地，在夜深人静中，我们细语谈心，谈了多少心事，我们越谈越亲密，我们那超等的亲爱，是寻常姊妹所不及的。在两三个月前，她大病不起，我和显妹，昼夜轮流看护她，招呼她一切的麻烦，我们一个守半夜，一个守下半夜，又劳累，又旷课，服侍周到，把她从危病中救出来，使她恢复健康，现在她，变成与我作战的主将！临别时，也不能见一面！啊，人事真无常！突然地大变！

追想和月色，都淡没了，人静了，只听到船走的响声和水流声。

## 七

我像鸟儿飞出了牢笼，感到从来没有的平静又轻松，虽然怀念父母的心千回百转，身下却如放下了重担。快活地看着湖光江色，放量吃着船上的粗饭，可不幸病了！

在汉口我患痢疾，换上江沪轮船到中途，痢越凶了，同路的两位已在九江上岸，此刻船上没有一个熟人，肚子是那么绞痛又发烧，还稍微有些吐，我疑心是痢疾兼霍乱，果真，那就糟糕，不但办法毫无，死了又有谁知？未曾因压迫沉冤于湘水，今将以疾病被投长江，想到家乡的父母，想到悲运临头的显妹，想到自己过去的悲惨，和渺渺的前途正开始，如果病亡，不觉伤心泪下。

泪光还挂在眼角，为着排遣悲思，我步出闷热的房舱，到走栏眺望浩浩长江的流水，两岸平野的浓绿，和浅浅的丘山，淡蓝浅碧的横黛天边，而遥远地淡灭于云际。

忽然一声：

“大小姐！”

这个耳熟的呼声，在一丈来外，我惊吓一跳，想是“追我的人了”。抬头四望，原来是我们学校里做工的陈妈，她笑嘻嘻走过来说：

“小姐，你在这儿！”

“啊，陈妈！怎么你也在船上？”

“我给一位下江太太看孩子，一同到上海的。”

我异常欢喜，得到了一个旅伴！

她告诉我，在我走了之后，学校闹翻了。她又用满怀的同情对我说：

“小姐，你这样走出来，实在太苦了！你们三姊妹在学校里，还带着丫头服侍的，如今你走出去，没有钱，又没有衣服，也没有亲戚朋友照顾，这怎么得了呢？”

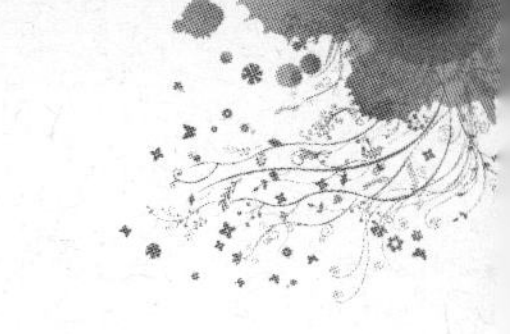



说完，她很感情地抱着我哭，长于我母亲的她，这时，俨然母女的情感，我们拥抱着哭成一团。一个飘零的弱女，在这样孤寂的途中，看见她真慈真爱的表露太动人了。不觉百倍感伤，我深深地感激她的真情而更哭了。她看我脸色苍白，带着病容，问我是否害病，我告诉她，我病了，她不假思索，立忙从怀里掏出两块光洋，塞在我手里说：

“这两块钱，我送给你用，现在，我没有什么钱，等到了上海，我还可以给你四五块钱。”

她的盛意隆情，简直压倒了我可怜的心！当时她每月的工资，恐怕还不到两块钱，她把一个月的工钱都送给我，何等慷慨！说是还要给我四五元，她对我的同情，多末深而特殊呵！一个从来和我没有特殊亲近的女佣，今天，俨然是一位痛爱我的奶妈！我得了安慰，在无论如何都推却不了的情况下，我无限感激地受了她的钱。然而我的心软了，给穷人的互助心，给这种真实伟大的同情弄软了！我想，将来用什么来报答她呢？或者等到了上海有办法时，还给她钱吗？

她很高兴地引我去看她的下江太太，在大菜间里，我看到了这位冷隽而时髦的太太，她三十多岁，有两个孩子，一个奶娃娃，一个约三岁，她丈夫在湖南当中学教员。

经陈妈详细介绍，那位太太非常愉快地欢迎我，殷勤的谈话外，还拿咖啡、点心来款待我，听说我病了！还给我些应时的药。我坐了一忽告别时，声声要我再去玩。

真谢谢她的药！服了，晚上热退，也不想吐了。第二天我再去看她，脚一踏进大菜间，只见她板着冷脸，白眼瞟我复朝天，我进退为难的叫她，不应，我立即退出，她使劲地把门一关，骂道：“呸！啥东西！”我风一般奔到自己的房舱，莫名其妙她会给我这种侮辱——有生以来，第一次受到的大侮辱！一忽，陈妈来，她很着急，又亲切地拉着我的手说：

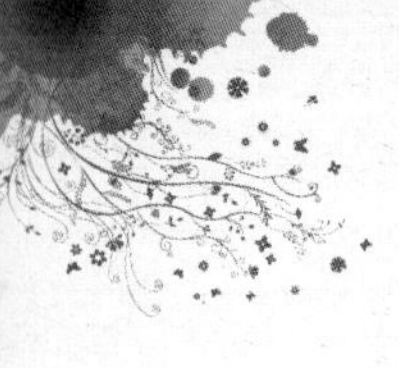



“真对不起，小姐！昨晚上，我把你从学校里逃出来的事，告诉我太太，原想她待你再好一点，那晓得她叽哩咕噜骂起来：‘不听父亲的话，不听校长的话，要偷偷地逃出来的女人，一定不是好东西！’所以她刚才，这样对你不客气。小姐，我本是好意，现在反叫你不好过。”

“不要紧。”

我明白这是碰钉子，在封建社会，一个奋斗的女子所遭的侮辱，我虽硬气地压制悲感，仍不免要流泪。

“小姐，你别发愁！我总要招呼你到上海上岸，妥妥当当给你找到旅馆，然后我常到旅馆里去看你。”

在这举目无亲的轮船，又刚遭到这种侮辱，陈妈的安慰，实在太神圣了！我不能忘记她的恩，因问：

“陈妈，到上海你住在那里？把地址写给我，我要去看你，或者给你写信。”

“我暂时就住在那位太太家里，回头我请她把门牌写给你就是。”

谁知道，这就是最后的谈话，她不再来了！吃着她人饭的陈妈不能来，下船我找不到陈妈，陈妈呵，不能再相见了！陈妈！陈妈！你留给我的恩呀……

我不得已接了湘益公寓的招客单，初次远行为着谨慎，我定要老板娘来招呼我住，一个秀美年轻的老板娘，说着长沙话，和蔼的笑来迎接我，并且介绍她翩翩伶俐的丈夫，她丈夫姓柳，湖南湘潭人，聪秀像书生，还有豪迈气，不像普通的旅馆老板，他们和我认起同乡来，我极被优待，他夫妻还领我游大世界，新世界，又看戏，我想：“出门何其多好人！”

组威先生在嘉兴生孩子，我带病还不能去找她。

朋友的母亲魏母陈夫人把我接去了。

提起陈夫人，值得写一篇感慨淋漓的诗来纪念，她是一个奇

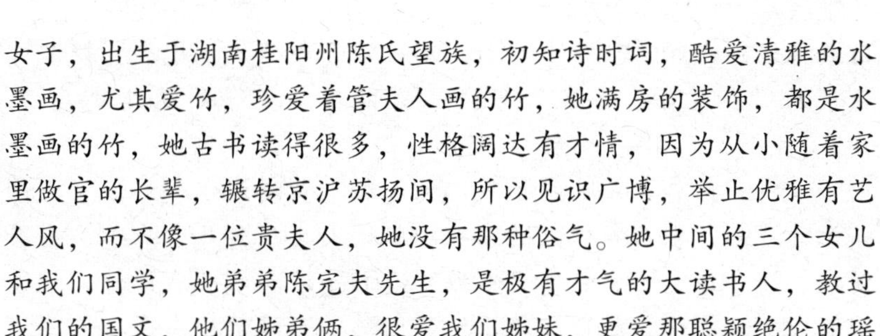

女子，出生于湖南桂阳州陈氏望族，初知诗时词，酷爱清雅的水墨画，尤其爱竹，珍爱着管夫人画的竹，她满房的装饰，都是水墨画的竹，她古书读得很多，性格阔达有才情，因为从小随着家里做官的长辈，辗转京沪苏扬间，所以见识广博，举止优雅有艺人风，而不像一位贵夫人，她没有那种俗气。她中间的三个女儿和我们同学，她弟弟陈完夫先生，是极有才气的大读书人，教过我们的国文，他们姊弟俩，很爱我们姊妹，更爱那聪颖绝伦的瑶妹，逢人就称赞瑶的文章，天资。

当我们在衡阳读书，和她女儿同学的时候，她因为爱我们，常用珠子饰的官轿，接我们三姊妹过江，在古雅风致的客厅，辉煌的华灯下吃饭，看了珍奇的古物，听了高雅的谈论之后，又用那珠子的三人轿送我们回学校。又常领我们到她亲戚杨家去玩，并游览杨家花园，当时杨家富贵盖衡阳，我们对于贵族的家庭，礼节，人情，有些印象，就由她领我们见识的。她又常过江来，到我们学校里看她的弟弟、女儿和我们，并交际那些江浙的女教员，见她一来，我们就欢喜如迎天女，我们很爱她，并非爱她是贵妇人，我呢，爱她像维娜斯和圣玛利亚的合体，爱她有崇高，优雅，又大方的才女艺人风！爱她有一颗光辉爱自由的心！那位约四十岁的慈母兼良师呵，永远我记念您！

几年以后，曾经以富贵居衡阳第三家的魏家，被她丈夫荡光了，她素与浪荡不务正道又拥有多妾的丈夫不和睦，早已携带一群女儿，流离在外，到现在，景况清贫如洗，困在上海没有饭吃，靠在女学校帮忙，或母女卖画过活。但她对于我，仍亲如慈母，爱若我师，心灵上比我母亲和我，有的地方更接近些：因为她有一颗爱人材，爱自由，爱文艺的心灵，她是才情双绝缺少造就的艺人；我母亲是不通诗书，而精明贤良的智多星。

她对我既然深深地爱护，所以她在穷不聊生的时候，还为我请了中医，又请西医，把我的痢疾医好；每早到外面，给我特买

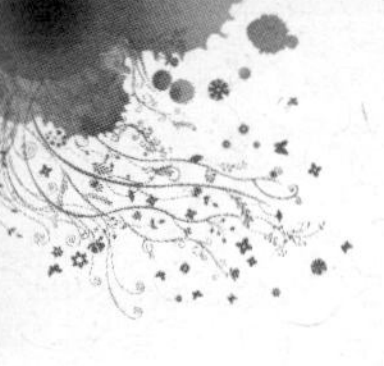



白米稀饭；（她们是吃学校的粗饭）天天命她几位小姐，轮流守在我面前；最后，给我买了张三等船票，我得如愿渡过大海，重洋。

云白，天青，爽快的早晨，秋阳晒着黄浦江水，波浪声打着江上的浮船，在人声喧嚣的滩头，柳氏夫妻提着几盒点心，在等候我，还介绍一个丈夫在日本做生意的宁波女人给我做伴，魏家小姐文萱，文荷，和现在梅花歌舞团的团长魏萦波，手牵着手送我上船。

汽笛呜呜轮船开了，我这时的心情，不是“别了呀上海！别了呀，中国！别了呀，亲爱的朋友和同乡！”而是：心中触着可感的人情和交谊，我对于这种人情和交谊，有无限的感激和无限的爱！它们也有无限的力，鼓励着我前进！尤其温暖着我冒险漂泊的少女心。

渡过漫漫的碧海，汪洋，看到松林的岛屿，散散地挟着日本内海，澄澈的海水那样碧绿可爱，添上我心头多少愉快！我在横滨上岸了，身上只剩两角钱。我记起显妹的话：“冒险！你太冒险！”

## 记　　后

两年以后，我这跳过了关的人，虽然做些苦工以谋生，但已经在设备完善的专门理科，同一班日本少女一道学习，实验，每人把握一架大显微镜，和几个小显微镜，和一套解剖的仪器，在教室里，在实验室，解剖研究着各种生物，及结晶矿石等无生物，也时常由三五位或七八位教授，领着我们一班人，爬高山，涉浅海，采集标本，然后制作。后来，还划些时间，和同学们读世界文艺名著。

显妹不敢跳那个关，毕业后躲难似地在外面教了两年音乐，体操，便被迫嫁了那牛一样蛮，虎一样凶的郎君，当她屡次被迫出嫁，每次都急成病来，回不了家，最后一次，她在家里，竟被

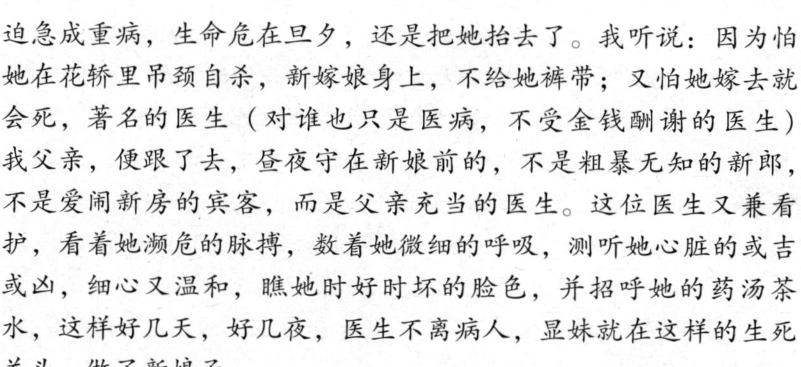

迫急成重病，生命危在旦夕，还是把她抬去了。我听说：因为怕她在花轿里吊颈自杀，新嫁娘身上，不给她裤带；又怕她嫁去就会死，著名的医生（对谁也只是医病，不受金钱酬谢的医生）我父亲，便跟了去，昼夜守在新娘前的，不是粗暴无知的新郎，不是爱闹新房的宾客，而是父亲充当的医生。这位医生又兼看护，看着她濒危的脉搏，数着她微细的呼吸，测听她心脏的或吉或凶，细心又温和，瞧她时好时坏的脸色，并招呼她的药汤茶水，这样好几天，好几夜，医生不离病人，显妹就在这样的生死关头，做了新娘子。

本来新婚是人生的开花，女儿发挥美艳快乐的黄金时刻。像显妹这样，是什么意义的新婚呵！

我从日本，寄了封二万字的长信给父亲，以对立的地位和他讲理，痛责他不该这样嫁显妹，怪他过于拘守无谓的诺言，竟给显妹造成无底的悲剧；对于家里给十二岁的弟弟娶妻，给更幼的侄子弄个牛马冤家不对头的年纪很大的老婆，给聪敏美丽风度卓绝的瑶妹许配一个她不认识，也极不相称的老实笨伯，被绰号为"愚公"的贵公子，我也极力反对；并且反对到我们有送一个留欧学生的家产，不把它拿出作为子女深造的学费，却拼命浪费在毒害的婚姻上。为着这些，父亲一面书信如雪片纷飞，逼我回去，一面想阻止湘省教育厅，别发给我学费，要我因于海外不得活，我只好屈服，飞回投网罗。那真令我无限愤慨！所以那二万字的长信，我理直陈辞，气壮宣战。不过我少年的火气，确触犯了父亲的尊严。

宣战的辞中，述自己饱尝的悲痛，意在救未沉沦他的人。当然，过去的已无法挽救，但也要父亲明白，别再让封建的毒焰，火上加油；尤其想救出刚刚订婚的瑶妹，勿使她平安的少女心，将来感受人生无尽的烦恼。

哦！父亲的回信，大骂我"家庭革命，父子革命，大逆不

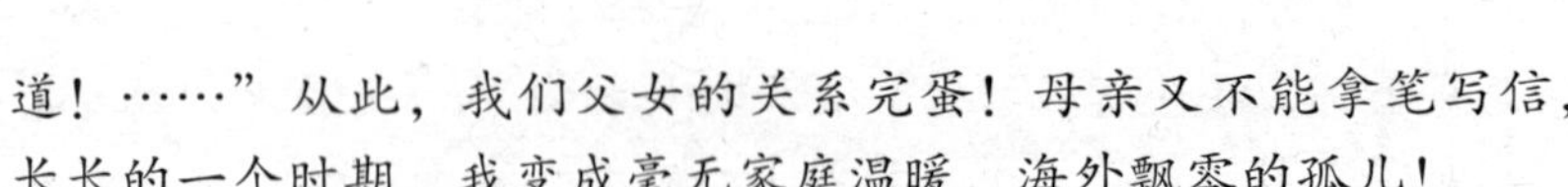

道！……”从此，我们父女的关系完蛋！母亲又不能拿笔写信，长长的一个时期，我变成毫无家庭温暖，海外飘零的孤儿！

在上学无法做工，衣食住都没有办法的时候；在做工又无法上学，身为女仆，跪着给美国太太擦脚上的皮鞋的时候；及每受侮辱，夜深人静，悲思勃发的时候；我想：父亲骂我“大逆不道”，我才不知革命者的父亲，这是走的什么道？……以革命的父亲，还是那末牺牲儿女的幸福，去将就封建的恶毒！又那末害怕魔鬼的横强，竟无情地对我这个有志向上的女儿！好不伤心！不觉泪潸潸下。

于是我得了结论：父亲那辈反满清的革命者，只革满清末年的政治腐败、外交失败的命，不是对整个社会的不合理，更不为被压迫的女子伸诉而革命。

从此，显妹是丈夫出气的木鱼，得时常被卜啰卜啰敲，丈夫是魔王，是凶神，暴性发作，常在扭着显妹猛打，乱踢，打得肉碎筋伤，红紫块块，撕开她的耳朵，鲜血淋淋，十年，二十年；反复演着这种惨剧。

那鸟一样飞，轻飘飘的；鸟一样唱，歌声迷人的显妹，变成骨瘦如柴，常常吐血，胎儿在肚里的，一打就流产，生下来的娃娃，因母体弱而夭亡再三，往日活鲜鲜，甜歌活跳的光荣风采，早已不知那里去了！

那只歌鸟呵，永远不能歌了！

现在，就是父母心痛她太受罪，力劝她跑出地狱，另谋生计，她也已经安于痛苦，不肯跑了。什么时候都被卜啰卜啰地敲，她是她丈夫永恒的木鱼！

不敢跳那一关，二十年后的显妹是如此：敢于跳出鬼门关，一十年后的我又怎样呢？演过比她更大更复杂的悲剧，落得孤零贫苦，没有知音！悲剧生涯，却足足十年！想跑进社会，又没处安身插足，更无法表现自我，自己的理想和要展开的心灵，除了永远埋藏于五脏内，是没处使它能生根，滋长，更何从扬花，结实？没有根干，晒不到太阳，得不着养气，虽有待开的鲜美的花儿，怎能开哟？中心忧伤无底，回忆当年往事，真想放声痛哭！但退想一步，在这抗战的时候，虽未能使我去抒怀救国，尽心尽力，尚未穷困到成为街头的饿殍，就算幸运。

近来虽然有了安身吃饭的地方，但收入不及一个司书，和孩子剧团刚出来的女孩子，得着同等的待遇，忍辱含耻，晦气宣难！贫病交加，生机将绝！

跳，我一关一关地跳，跳出个什么来？

在这社会里，女子，除了几个特殊环境的妇女以外，一般女子的天地，都像是鱼养在盆中，池里，不像男人的天地，如鱼在长江，大海，随处能游来泳去，生长活跃于广大无边的水里。

盆中池里的鱼儿，如不安于狭窄的苦闷：你跳，爱跳，跳吧！跳出盆外或池外，是没有水的干地，硬岸，枯草，或荆棘，算不定还有猫儿，獭儿，等着要捕而吞噬你！

但跳吧！想跳的，跳呵跳！跳破那个盆！跳出小小的池！跳到长江，大海，完全和男子一样游泳！一样努力，建造新的光荣，促进人类文明！不然，怎能消除闹遍两性间的悲剧。不然，怎能消除思想落后，和封建桎梏？怎能增进民族国家的进步与光荣？

跳呵，跳！为着前进，光荣，女孩子们，千关当前，跳跳跳！

一九四四年九月一日，脱稿于重庆远郊赖家桥。

附言：这篇东西，它事实的本身，就像小说，我把它如实地记写下来，成这篇文字。也就拿它纪念我的一群朋友，显妹，陈妈。并献于魏母陈紫垣夫人之灵，及亡友赵毓华女士之灵。

## 跳出鬼门关：《跳关记》解读

20世纪20年代中下叶开始写作的那批女作家中，白薇是独特的一位，“是少有的几个用女性的心灵而不是用中性的大脑写作”的人。从1925年的诗剧《琳丽》伊始，到稍后的剧作《打出幽灵塔》和《乐土》，小说《炸弹与征鸟》、《受难的女性们》和《跳关记》，到长篇自传《悲剧生涯》，她一直为保护自己而处于作战式的警戒状态中。也许是写剧本出身，她对人与人关系的理解，带有戏剧化的激烈和突兀，她笔下的人物关系不是日常性的而是戏剧性的，充满不可理喻的悲剧性纠结。她学理科出身，文字不够流畅自然，却充满抑郁欲爆的张力。其背后有她现实生活中不堪承受的痛苦和悲哀，笔成为她表达对生之挚爱、对生之愤恨的依仗。

白薇《我投到文学圈子的初衷》（《文学》一周年纪念特辑《我与文学》，1934年7月上海生活出版社）记述了她的身世：她父亲早年留学日本，与同盟会诸君有诸多接触，白薇自小翻阅父亲的书籍，暗地里读《新民丛报》，“秋瑾、吴樾、陈天华、宋教仁之死，不知赢去我多少眼泪；又读《饮冰室》，看到罗兰夫人之死，使我悲痛暗叹好一晌，曾用我的意想画了张白衣就刑的罗兰夫人的像，贴在壁上虔诚流泪地凭吊她”。父亲是她的启蒙老师，在家里教她数学和其他科学，没有国文课本，“他就把《近世中国外交失败史》一书当作国文教我，关于‘鸦片战争’、‘甲午战争’、‘朝鲜独立’、‘台湾琉球割让’等史迹，我都以一个小学生澎湃的热血，接受了那些刺激”。在日本留学时，她恰好与易漱瑜同寝室，由此认识了田汉。“清理我文学上的因缘，唯一的导师，的确就是田汉先生！”她学的是理科，本与文学无缘，是田汉把她引上了文学之路——从写剧本开始。在这篇文章中，白薇记述她身世的细节，与《跳关记》和《炸弹与征鸟》

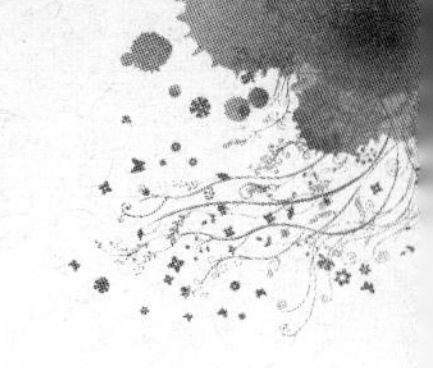

的情节很相似，可见她的小说或多或少带有自传色彩。

《跳关记》从题目看，有跳出鬼门关的意思，可见女主人公视父权制、夫权制所设置的障碍如鬼门关，因逃离鬼门关的不易，整个过程尽显女主人公反抗的激烈和决绝。毕业前夕，姐妹都面临出嫁或回到夫家的问题。妹妹终日以泪洗面却毫无办法，胆小、温顺，在遵父命与追求个人幸福之间挣扎。“我”则态度决绝，冲破从校长到学监到全校戒严的重重关卡，从旧粪池的孔洞爬出，终于逃离鬼门关。形影相随姐妹的设置既是为了对比，也是为了呈现女性的一体两面，女性心理行为的多重矛盾。在这个过程中，父亲不仅严格监控姐妹的行动，而且不断瓦解姐妹计划出逃的意志。他带姐妹逛街、买时尚物品、拜见社会名流。面对父亲的好，妹妹即便对前途充满恐惧，也下不了要与父亲决裂的决心，正因为妹妹对父亲抱有幻想，对出逃三心二意，以致泄露了风声，导致“我”行动的困难。在重重阻力面前，如果不是“我”的出逃意志坚强如钢，一切几成泡影。这篇小说在女性思考方面呈现两个特点：

第一，女性与父权/夫权制抗争的艰难不仅在于对方力量的强大，更可能由于女性自身的软弱、依赖乃至善良而造成的障碍。《跳关记》通过“我”与显妹在毕业前夕的不同选择，写出女性追求的两重性：叛逆与孝顺，刚强与柔弱，独立自主与小鸟依人，向往革命与追求爱情……的两层侧面。她经由“跳关”的艰难和决绝，思考女性的角色命运问题。她的父亲有六个女儿，有的是父亲膝下的娇娇女、掌上的明珠，受百般宠爱。而她却是父亲欲置之于死地的逆女。她的至死反抗，导致她与父亲、与夫家、与整个男性世界没有调和余地。同时代的女作家，几乎没有谁像白薇这样，对女性反抗的艰难、对女性两重性的认识，如此透彻。

第二，白薇多篇自传性小说都在控诉“父亲”，这篇小说也

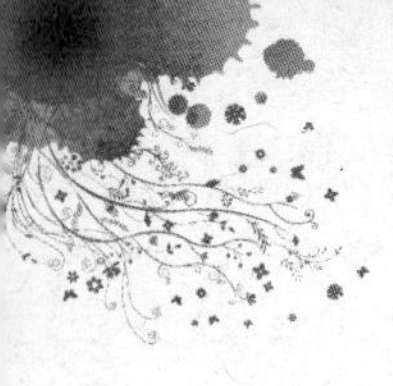



不例外。这个父亲有多个侧面，用她的话说："父亲是生我的上天，我的恩师，病中的神医，兼仙人似的护士。"她回忆说："一个妙嫩的小姑娘，跪在父亲面前哭泣，含羞地说：'爸爸，我无论如何不嫁，我要读书。''哎，孩子！你要知道，别人的独生子病得那末惨，非娶亲是没救的。我们礼教名家，你要听父母的话……'"父亲有他的道理。女儿被夫家打破眼睛，被咬断了脚筋，血流满面，父亲却断然拒绝母亲让女儿回家的哀求："急什么？你给她打死一个女儿，难道还会再送一个女儿给她打死么？让女儿和他们脱离！我们礼教名家，亏你说得出口！"冷酷之至，已经是置女儿之死活于不顾。这样的父亲，"爱我也正待杀我的父亲"，成为我求生不得、时刻面对的死神！那控诉父权制的悲痛情感，溢于纸上。白薇反复用"打出幽灵塔"、"跳关"一类词语表达其逃出父权魔掌、家庭地狱的决心，这种表达在其他女性作家笔下，并不多见。

《跳关记》艺术上比较粗糙，文字不很流畅。人物情绪过于激烈，表达过于直接。这种表达往往妨碍作者对人物心理做更从容、更细致、更深入的摹写。这应该也是白薇小说在其时没有造成很大影响的原因。

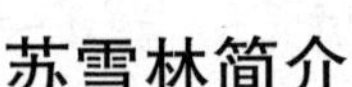

# 苏雪林简介

苏雪林（1897—1999），原名苏梅，字雪林。安徽太平县岭下人。1917 年毕业于安徽省立第一女子师范学校，1919 年入读北京高等女子师范学校，因错过了考期，暂当旁听生，经过学期考试后才转为正式生。1921 年赴法国留学，先后入读里昂中法大学、里昂国立艺术学院。1925 年因母亲病危辍学回国，同年奉母命与麻省理工学院毕业的张宝龄结婚。曾任教于苏州东吴大学、上海沪江大学、省立安徽大学。1931 年起任教于国立武汉大学。1928 年 1 月起长篇自传体小说《棘心》在《北新》半月刊连载。1928 年散文集《绿天》、1929 年长篇自传体小说《棘心》以绿漪女士署名由北新书局出版。在武汉大学任教期间，开设“新文学”课程。与女作家袁昌英、凌叔华过从甚密，被戏称为“珞珈三剑客”。1949 年赴香港，服务于香港真理学会。1950 年再度赴法国，于巴黎研究神话。两年后回台湾，先任教于省立师范学院，之后任教于成功大学，1973 年在成大退休。1991 年完成《浮生九四——雪林回忆录》，1998 年回安徽太平故里探亲。1999 年在台南去世。

# 白朗女士（《棘心》之一）

苏雪林

醒秋在丹乡住了一个多月，曾应她朋友陆芳树之召，到郭霍诺波城玩了三四日，领略了多少云容水态，游览了多少古迹名胜，回来之后心旷体轻，精神一爽。暑假后她想到里昂省立女子中学读书，但由圣蒂爱纳天天搭电车进城，未免过于辛苦，便想在城里找个适当的宿所。

她的法文补习教员白朗女士对她说居停伯克莱小姐在城里开着一个女子补习学校，又有一片寄宿舍，离那中学止有五分钟的路，里面寄寓的中学生甚多，膳宿费并不贵，但居停取人，甚为严格，非有人担保不收。如果她愿意去住的话，白朗情愿保证她，因为她原是那补习学校的教员，有说话的资格。

醒秋答应了，暑假后便搬进了那个寄宿所。居停深居简出，宿舍中一切的事务都由舍监亚克塞女士招呼。宿舍中还有几个修女，有的在厨房里执炊爨之役，有些收拾房间，一个老修女做她们的领袖。马沙女士也由丹乡回来，在厨房里帮忙。

醒秋进了宿舍之后，才知道这地方带点宗教性质。饭厅隔壁，即醒秋寝室的对面，有一个小小的经堂，里面祭台灯烛，设备亦极庄严，信教的寄宿生每晚进去祈祷。

“宗教也罢，非宗教也罢，反正同我不相干，只要我住在这里安适罢了。”醒秋这样想。

白朗在丹乡时对于醒秋的爱，已一天比一天深切。她常说醒秋是一个坦白朴实的孩子，她虽然没有信仰，然而她有一个极纯洁的灵魂，现在又屡次对居停和舍监赞美她。宿舍中上下众人都和醒秋要好，不久，醒秋便有了一个好徽号：“一朵中华的小小玫瑰花。”

修女们对于醒秋，人人喜爱，有事便帮她的忙。醒秋室中书

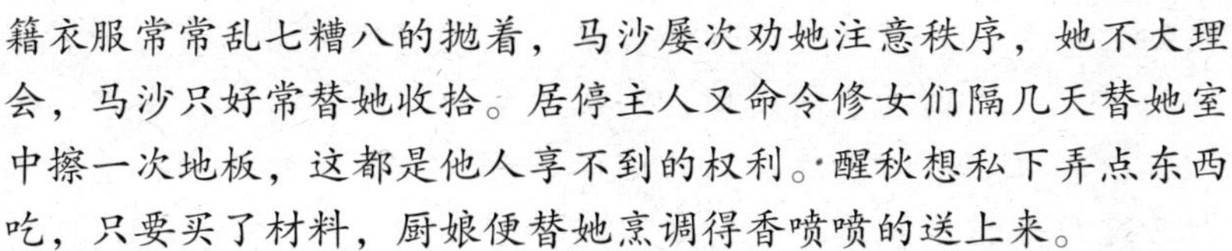

籍衣服常常乱七糟八的抛着，马沙屡次劝她注意秩序，她不大理会，马沙只好常替她收拾。居停主人又命令修女们隔几天替她室中擦一次地板，这都是他人享不到的权利。醒秋想私下弄点东西吃，只要买了材料，厨娘便替她烹调得香喷喷的送上来。

她在中学报了名，选了十几课文学和历史。白朗见她甚闲，强邀她到伯克莱补习学校听她的课。这补习学校的学生都是工人子女，虽有几个教员，学问和教授法比之中学教员相差自远。但白朗在那里面，不能不算是出类拔萃的人物，她对于文学有高深的造就，口齿尤为清晰，无论什么艰深的句法，她都能用极浅显的话，解释出来。她爱学生像自己的子女，学生也没有一个不爱她。

久之，醒秋知道白朗也是一位宗教家了。白朗讲书，讲到"神""耶稣"字样，便很感动，声调微颤，脸上显出一片精诚的颜色。醒秋和她谈到马沙女士，白朗说：她自己将来也要出家的，不过现在老母在堂，不得不尽孝养之责，母氏一终天年，她就到远处去传教了。

醒秋在丹乡住了几时，本已恢复了些康健，更加宿舍中饮食得宜，那同她缠纠不清的病好了许多，精神比较宁静，对于功课颇能用功，到法国以来只有这几个月，她读书有进步。

有一回，白朗讲陆蒂（Pierre Loti）的渔海泪波，讲到青年水手起程到中国去打仗，和他衰年祖母分别一段，出了一个拟题"……的起程"叫学生们做了当做作文课。

醒秋想起在北京和母亲分别的情形，到法国后家庭发生的不幸，和自己想念母亲的痛苦，觉得有一述的价值。她便费了几天功夫做了一篇小说式的文章，一共八大张，文法上虽有不少的错误，但思想自比那些十五六岁的法国女郎不同。白朗读了不胜赏识，她将那篇文字当着班上的学生宣读了一遍，又带去给居停主人，以及一切朋友看。她说：这篇作品里，充满了感人的情绪，

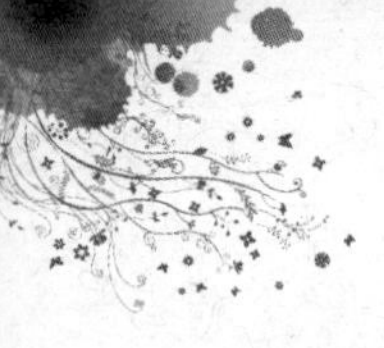



精细的描写，可见作者天性之真挚。不过醒秋所谓母亲临别时不幸的预兆，已由爱子的死别，娇儿的生离而证实云云，白朗不大相信，而且也不以为然，因为这话带有异端迷信的色彩，基督教对于这种迷信，是素所反对的。

白朗自读了醒秋作品之后，对于她更青眼相看。她每星期五原要在伯克莱宿舍中寄舍一宵，定要邀醒秋到她房中谈话。醒秋在补习学校并非天天有课，白朗一天不见她，便像失去了一件心爱的东西，无论风雨，必定赶来和她相聚几分钟。她若和学生作郊游，或参观什么会，也必邀醒秋加入。不过邀她到教堂，她却不大肯去。

一天，白朗请了一大群学生和醒秋到她家茶会。她家住香本尼乡，离里昂有半小时的路程。上了火车后，大家坐的坐，站的站，团团围住白朗，如众星之拱北斗，如一群雏鸡绕着母鸡。白朗一一加以爱抚，教她们唱歌，分糖果给她们吃，又猜谜，又讲故事，车厢中弥漫了爱的空气，和欢乐的声音。

醒秋又见着她在丹乡时的老朋友了。一个叫做蜜蜜，不过十一岁，脸黄肌瘦，像患了什么病，但一种老成气度，虽五十岁的人也不过如此。说话锋利，惯能刺人的心，在丹乡时，她喊醒秋，居然老声老气的："我的女儿"，所以醒秋很讨厌她，觉得这孩子简直是个小怪物。一个叫做佛郎赛特，却和蜜蜜不同，淡黄色的头发，粉红的脸，衬着一双蔚蓝色大眼，加之一身白绸衣，腰间束着一条红缎带，秀美得真像一个小天使。她爬在白朗怀里，咭咭呱呱，笑语不绝，白朗时时摩抚她的脸和她亲吻；又将蜜蜜拉在身边，同她说话。这两个女孩子由醒秋看来，不免有一爱一憎的心思，但白朗却一视同仁，待遇毫无差别。最奇怪的，那蜜蜜永远哭丧着脸，和人说话总没有好声气，见了白朗却有说有笑，恢复了小儿娇憨的常态了。白朗的慈爱，真能融化一切人的心啊！

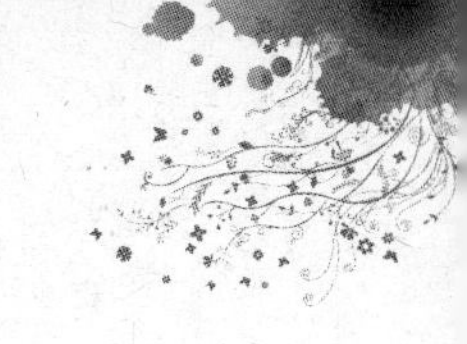



白朗是一位奇人，她无论什么小孩都爱，她是一切小孩的母亲。她在里昂各校授课，据说有八百余学生，但八百学生个个得了白朗完全的爱情。她对于她们的爱抚、温柔、亲密、扶助，不是世间数字可以计尽，世间尺度可以测量的。她的一颗心，括尽了普天下母亲的爱。

她有绝人的记忆力，她不但能将八百学生的姓名、年龄、容貌、性情、通信地址，一齐记在心里，连学生家族，都清清楚楚像写了一本账似的记住。她自己说每晚祈祷，往往要到十二点钟，她认识的人实在太多了，单拣重要的求神的福佑，也够消磨她小半夜的光阴了。

夏季时有些工人的儿女，居住在仄隘蒸郁的屋中，往往生病，白朗便组织夏令营将那些孩子带往乡村避暑。每年多则三四十人，少则十五六人，膳宿大半由她担负。耶诞前，她又要捐集许多恩物，分赠那些孩子。至于平时对于学生之问暖嘘寒，慰病赠药，要说也说不得许多。总之她一天到晚，年头到腊底，忙忙碌碌，无非为了这群小孩子。

白朗一星期要教授英法文四十几点钟，里昂各私立学校都有她的课，连星期日都不得闲。醒秋初见她这样忙，以为家里很穷，非多得薪俸不足自赡。但替她算算每小时功课，平均以七佛郎计，一个月也有千余佛郎进款了。看她穿得还是那样朴陋，消费在哪里？可见她竟是一个要钱不要命的财虏。一个预备出家修道的人，这样贪婪，醒秋觉得有些好笑，她对于白朗的信仰竟减退了许多。后来她渐渐知道白朗钱的用途了。她将进款完全用在那班穷苦孩子身上，自己一文都不享受。醒秋第一次看见基督教徒积极服务的精神，爱人的道德不禁引起无穷钦羡和惊异。

白朗对于自己还有许多苦行。她的身体同马沙女士一般不强健，而日夕劳碌过之，所以天天惨白着脸，像有贫血症。但每天饮食却极菲薄，每星期五她在伯克莱宿舍吃饭，享用一个鸡蛋，

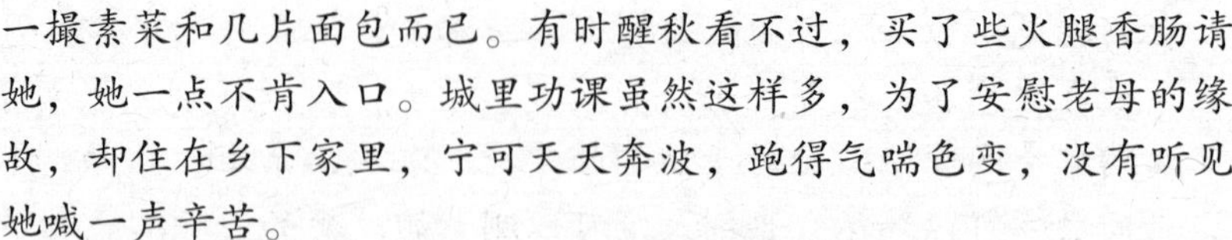

一撮素菜和几片面包而已。有时醒秋看不过，买了些火腿香肠请她，她一点不肯入口。城里功课虽然这样多，为了安慰老母的缘故，却住在乡下家里，宁可天天奔波，跑得气喘色变，没有听见她喊一声辛苦。

醒秋所见德行高尚之士也不少，白朗却是一个最可亲可爱可钦敬的人，她爱她的心思，遂与日俱进。白朗也很爱醒秋，她虽有八百学生要爱，仍能将醒秋完全置之心坎。她既爱了她，便要同她的灵魂发生交涉，她于是常常同她谈论天道，劝她信仰耶稣。

醒秋从前喜以新学家自命，一年前她写信给叔健还反对过宗教。自于丹乡见了马沙女士，现在又到伯克莱宿舍，她完全置身于宗教氛围中，耳濡目染，宗教的仪式，已经看惯了，信徒高尚的人格，也教她受了不少的感动。再者她正在青年烦闷时期，又生于二十世纪思想最混乱的时代，不能寻得一个正确的人生观，便常感到人生之无意义和价值。既没有勇气自杀，又不愿陶醉于颓唐放纵的生涯，她于是乎想寻得一个信仰，以为生活的标准。

她是一个理性颇强，而感情又极丰富的女青年。她赞成唯物派哲学，同时又要求精神生活，倾向科学原理，同时又富有文艺的情感，几种矛盾的思潮，常在她脑海中冲突，正不知趋向哪方面好。而且她自到法国以来，心灵上不断受刺激，身体常在疾病之中，也想求一种精神的慰安。前一种思想是积极的，后一种思想是消极的，两种相反的思想，都是引她走上研究宗教的一条路。那时候她的日记有这样的几段话，可以看出她思想的变迁。

**八月四日**

青年时代，是人生最烦闷的时代吧。我的朋友陆芳树女士是个哲学家，但她近来对于人生也很怀疑。她说："人到这世界上来，忙忙碌碌，无非为解决穿衣吃饭问题，上焉者则进而求文艺之陶情，名誉和事业的满足。然而所谓文字，古人久喻之如好鸟之鸣春，飘风之过耳：希腊优美的雕刻和建筑，只剩下些断址颓垣，供后人的凭吊；圣贤豪杰，终归黄土一抔；造福苍生，流芳百世，结果也归于消灭，这样一想，人生的意义，究竟在哪里呢？我们既觉人生之无谓，又不能脱离人生，我们还要生存，然而我们没有生存的目的，所以我精神上觉得不安和烦闷。”芳树的思想就是我的思想，芳树的烦闷，也就是我的烦闷，我想青年像我们一样的还多着呢。芳树近来想从宗教中寻得人生的究竟，所以她常和有信仰的某女友往还，又借了些哲学和宗教书来研究。我希望她能够寻出些真理来。

## 八月七日

今天又想起叔健的信来，烦恼了半天。但人生本是痛苦的，在短促的生命历程上欢笑的时日少，忧患的时日多，玫瑰花丛下藏着毒蛇，蜜甜的美酒中搀和着胆汁，我觉悟了，我不想再在爱情上寻求慰安了。但说在宗教里求慰安，可以吗？不见得吧。

什么叫做人生观？世界上的一切，都是虚幻的，何况人生？滢然可爱的柔波，在青萍下悄然逝去；强烈的阳光下，草木畅茂，万汇欣欣向荣，但一两片枯叶，已预告秋风的肃杀了；青年口角边含着微笑，睡在沉酣的梦里，时光老人却已用他的利斧，将忧患的皱纹，镌刻在他额上了。一切由盛而衰，由有而无；一切在变动，一切在消灭。当春尽花飞，人亡琴碎，地球化为微尘，太阳系变为星气，终古的宇宙，只剩下漫漫的黑暗和空虚！

黑暗中能探出光明？空虚中能觅得真理？这是宗教家的梦想吧。

## 八月九日

我原反对宗教的存在的，但看见我的朋友马沙和白朗女士积极服务的精神，又使我觉悟宗教信仰的好处。而基督教的信仰有三种特色：第一是虔洁，第二是热忱，第三是神乐。

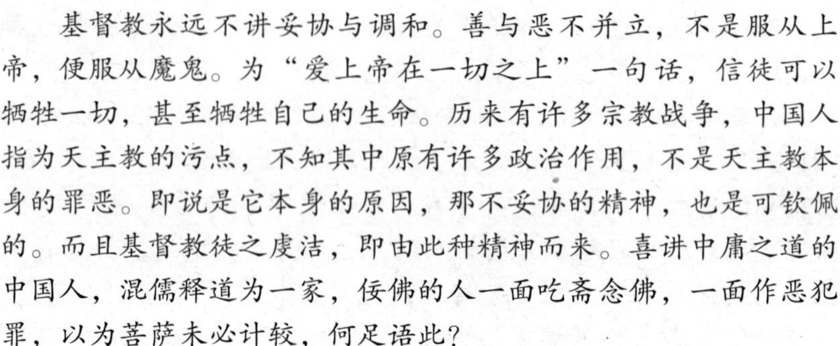

基督教永远不讲妥协与调和。善与恶不并立，不是服从上帝，便服从魔鬼。为“爱上帝在一切之上”一句话，信徒可以牺牲一切，甚至牺牲自己的生命。历来有许多宗教战争，中国人指为天主教的污点，不知其中原有许多政治作用，不是天主教本身的罪恶。即说是它本身的原因，那不妥协的精神，也是可钦佩的。而且基督教徒之虔洁，即由此种精神而来。喜讲中庸之道的中国人，混儒释道为一家，佞佛的人一面吃斋念佛，一面作恶犯罪，以为菩萨未必计较，何足语此？

讲到热忱，那更使我们惊异了。世界有千万献身于基督的人，割舍骨肉的恩情，远离自己的乡里，到别处去传教，航海梯山，无远不届。在毒日如焚，鳄鱼猛虎出没的非洲，在冰天雪地的寒国，在低污潮湿，瘟疫流行的半开化地方，都有他们的踪迹。他们到了一处，则拯灾赈饥，济贫救病，如穷谷之回春霁，如久旱之沛甘霖。但像这样的赔尽小心，受尽艰苦，有时还不能得人谅解，还不时被人辱骂攻击；一旦遇有仇教运动，他们更不声不响，像柔驯的羔羊般在五毒千灾中死去。他们的忍耐和勇敢，表现信德的伟大，鲜红的热血，化为朵朵爱之花，点缀着这残酷无情的世界。

他们的热忱都是由信仰激发的。信仰确是一件不可思议的东西，人的本性是自私的，能使他变为利他；人的本性是怯弱的，能使他变为神勇。罗马尼罗皇那样的淫威，斗兽场中那样千奇百怪的惨刑，曾不能夺去数百万原始基督教徒的信德。白发的老翁，红颜的少妇，以及成年和小儿，投向沸汤，奔赴烈火，婉转撑拒于狮吻之间，谈笑就死于刀锯之下，还是念念心心的归向他们的救主。试想吧，这一幕幕惨悲的故事，是何等的壮烈动人呀！

再想那连亘一百七十年，兴兵八次的十字军，在历史上也不是留下许多如火如荼的壮举么？一声“保护圣陵”，帝王跳下宝座，公侯离开采邑，教士走出经堂，农夫抛下耒耜，数十万大军跃马横刀，于飞扬十字宝纛下，浩浩荡荡，杀向耶路撒冷。途中犯死海的洪涛，冒小亚细亚的炎威，穿渡万里的沙漠，死于饿渴，死于劳顿，死于瘟疫者不计其数，但他们只凭着一念热忱，百折不挠，万死无惧，誓非达到目的地不止。他们这种壮烈坚忍的行为，又是何等的教人感动，教人钦仰！

有人说信仰是一种变态心理，等于疯狂，这话我不能承认。我以为信仰是人类最高精神力之活动，是生命的火焰，是灵性的泉源，它是由感情的激发，而也经过理智的考查的。即以疯狂二字而论，也不足以辱没了信仰，普通人每谓天才为疯狂，天才果然是疯人院中的角色么？谁也知道是不然的。不过天才的理智比人高，精神的活动，比人飞跃，普通人不能了解，便奉送他以疯狂两字的批评罢了。

基督信徒性情最愉快。尤其是出家人，肉体刻苦，而精神安宁，他们谓此为神乐。神乐之来源亦有数端，虔诚祈祷，精神与上帝契合，热忱洋溢，如光返照，如火内燃，自有无穷之乐，此其一。仰不愧于天，俯不怍于人，安贫乐道，视富贵如浮云，精神上脱然无累；更日读圣贤之书，聆道义之言，孟子所谓“理义之悦我心，如刍豢之悦我口”道德之美，原是世界上最高之美，领略了这个美，自然心满意足，不思其他，此其二。马沙本是某煤矿主的女公子，家财数千万，她抛却锦衣玉食的生涯，来当贫苦的修女。我每天见她满头灰尘，满脸热汗，扫除各室，或冲洗臭秽薰人的厕所，辄代她难堪，她却欢天喜地，视之为乐事。白朗每星期担任那许多功课，干那许多善功，虽然累得面青气喘，而笑靥常开，心里像有藏掩不得的欢乐。基督徒自言到这世界上来为的攻打罪恶，发扬神的光荣，他们是天天置身战场上的。但难得的是临阵时如此欢欣鼓舞，踊跃直前。斯巴达战士之临敌，长歌奏乐，如赴盛宴，如归洞房，历史传为佳话，我以为基督徒的精神比他们更勇壮百倍，因为他们是去杀人，这却是去救人的

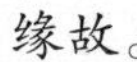



缘故。

## 八月十九日

有人说人类的本性是自私的，为恶固自私，行善亦未尝非自私。基督徒之博爱与牺牲，无非为自己将来天国赏赉之地，其用心甚为可鄙，我以前也作此想，自和白朗等接触以来，始知我前此之推测，真大错而特错。他们之行善，固然为的想立功德，但语其实际，则为爱神一念而来；他们认神为人类的宗向，敬之爱之，发扬其光荣，引一人皈依于神，即他们对神多尽一分义务。如孝子之爱亲，只要能博亲之喜悦，无论如何牺牲，他都不辞。孝子之行孝，不望亲给他报酬，基督徒之爱神，也非由完全谋自己身后的利益。

说人类的行善，为出于自私，最不满人意。我以为动机与行为，须分别清楚。善的动机未必出于自私，我已说过了，即说出于自私，而行为已变成道德的了。一把刀可以杀人也可救人，杀人和救人的功用决不是一样。水是氢氧二原素合成，经过化学分析之后，便不能更名之为水。明乎此，则自私的动机，经道德观念陶冶后，自然不能更名之为自私了。

日本小泉八云说："一般人类的生活中，每个人爱的情热，都有两方面：一面是自私的，一面是更坚强的——不自私的。换句话说：能够对于旁底人类有真实的爱，他的结果，便是愿为爱人而牺牲自己，为爱人的幸福，而打破一切的困难，忍受一切的痛苦……这种爱的表现，不限于一方面，如忠实的信仰，爱国的热忱……都属于此。"这段话，可为我的主张作注脚。

## 八月廿五日

我也承认人类的肉体和精神，不过是物质的集合和运动，人生或是没有意义和价值的。然而我又不能认物质生活为人生的究竟，因为这是人类进化的障碍，而且过于拘泥于物质生活，到头会不见得能享受物质生活的快乐。中国人是全世界最讲物质的民族，他们生在世界上，除满足物质生活外，不求其他，所以“得过且过”；“及时行乐”；“不如饮美酒，披服纨与素”；“今朝有酒今朝醉；明日无花明日愁”，都是他们行乐的格言。读书是为将来做官，发财是为将来享福，道德不过是口头禅，礼教也不过是欺骗弱者的工具。宋子京于上元夜张灯饮宴，其兄宋郊令人语之云：“寄语学士，闻昨夕烧灯设宴，穷极奢丽，不知还记得那年上元夜同在州学中吃斋饭否?”子京答曰：“寄语相公，不知那年在学里吃斋饭，却是为着甚的?”哈！这几句痛快绝伦的话，真是我们中国民族心理的写照。中国人抱着这样的人生观，若民族能永久繁荣，国家能永久强盛，我还说什么？然而海禁开了，同白种民族一比，便相形见绌了。要想享乐，也享不成了。

我们见白种民族物质之发达，便以为他们只注重物质生活，其实不然，他们有宗教信仰，不以现世为满足。注意精神生活，每牺牲小我而成其大我。他们有无量数志士仁人抛头颅，流热血，才建筑了今日庄严灿烂的文明。他们有无数学者发明家，终身埋首于试验室中才造成今日科学的世界。物质不过是他们精神生活的结果，不是它的原因。

### 八月廿九日

前两日看见白朗博爱和服务的精神，我不胜其感触，所以写了那几篇日记。真的，欧洲人民，已经人人克尽道德的本分，和对于社会上的义务了，却还有一班宗教家，在他们中间，补罅苴漏，汲汲然犹恐不足。我们中国已经是这样穷，这样的千疮百孔，这样的灭亡无日，然而军阀、政客、奸商、工蠹，还在那里宰割的宰割，抢掠的抢掠，只顾自己享乐，不管同胞的痛苦，如此，国安得不灭，民族安得不亡!

要救中国，提倡科学固是急务，然而先要讲究心灵的改造，讲究心灵的改造，第一项须得打破传统的自私自利人生观，注意

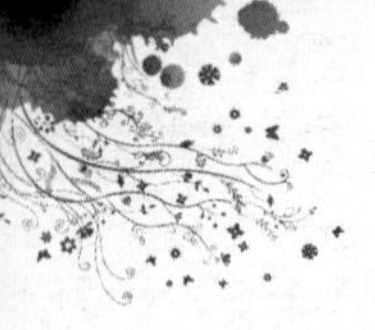



道德的生活。

九月十日

我已经知道宗教的好处，但恨不能信仰，因为我的理性，不能信耶稣是神和一切超自然的灵迹。前日寄宿舍请来一位神学博士演说，马沙再三要我去听，我却不过她的情分，只得去枯坐了两点钟。神学博士讲的是耶稣人神两性，他说耶稣是一个有血、有肉、能受痛苦、能死亡的人，然而同时含有天主性，所以又是一个神。他说的时候，声色俨然，听者也穆然不动，没有一个以为疑者。我初次听到这样奇谈，只觉满肚暗笑，想不到号称文明的法国人，竟荒谬至此。讲完之后，我摇摇头走出讲堂，嘴里念着赫克尔书里的话："文明民族之虚诳，文明民族之虚诳!"

造物主或者是存在的，所谓宇宙的神秘，我也承认有的，但我不能承认耶稣是神。

以上几段日记，可以看出醒秋对于宗教思想之一斑了。她现在已经欢喜宗教，但因为不信耶稣是神，所以她不能皈依。马沙屡次同她辩论，引种种灵迹，证明耶稣之为神，醒秋道：

"你能使耶稣显一个灵迹我看，我便立刻相信。"

"灵迹不是随意可以叫它显示的，神哪能受你的支配?"马沙说。

"那么，耶稣还不算神，我不能信他。"醒秋回答。

醒秋在火车中回想这些时的经过，火车已于不觉间到了香本尼乡。白朗带她们下了车。她的家离车站不远，步行一刻钟便到了。她家的屋子是自己的，收拾颇为雅洁。马丹白朗是一个六十上下的老妇人，容色慈祥，但颇有忧郁之态。她有一个儿子，大战时阵亡了，所以将全副心情贯注在白朗身上。醒秋平时见白朗每日之必回家，以及说她母亲如何不要她在外服务，每日倚闾望她时之如何焦灼，便知道她们母女的爱情很深厚。现在见马丹白朗对于女儿的爱，果然热烈，虽在人前也不自禁其流露。她一双忧愁慈爱的眼光，只注定她的女儿，有时，眶中且隐有泪痕。白朗才到厨房去打一转，她便立刻沉默了，白朗一回到她的跟前，她精神便又活泼起来。女儿是她甜蜜的生命，是她快乐的世界，女儿在身边，她便一切满足。然而白朗为热心宗教之故，却偏要整天在外奔波。听说马丹白朗是耶稣教徒，白朗小时也随着母亲信奉耶稣教，后以听人辩论教理，改奉了天主教，信教之后异常热心，她母亲很不以为然。但也没法阻止她，上帝夺了她女儿的爱，她怨上帝。

“为实行博爱主义，不得已而暂时割绝母子的爱，还说得过去，我却为的是什么呢？咳，我的求学的野心呀，你夺去我们母子的爱，我恨你！”

醒秋那天从白朗家里回来，想起她可怜的母亲，又难过了几日。

（原载《北新》3卷1期，1929年1月1日）

## 女性生存方式的探寻：《白朗女士》解读

苏雪林与庐隐、冯沅君、石评梅是北京女高师的同学，但在女高师作家群中，她颇为独特。她与其说具有作家的气质，不如说更具有学者的气质，一个带有男性气质的关注社会问题和人类问题而不是区区的性别问题、情感问题的学者。她为人理智，固守己见，甚至有些偏执、偏激。她相信科学，却皈依于宗教；她主张爱情自由，却遵从父母之命，践行旧式婚约。她婚后的生活并不美满，名实相离，却仍以名分的相守和实际的独身，苦撑了一辈子。几年后她离婚，之后一直独身。这种生活境遇使她愤世嫉俗，比较“好战”，在文坛上常与人论战。1936年11月12日

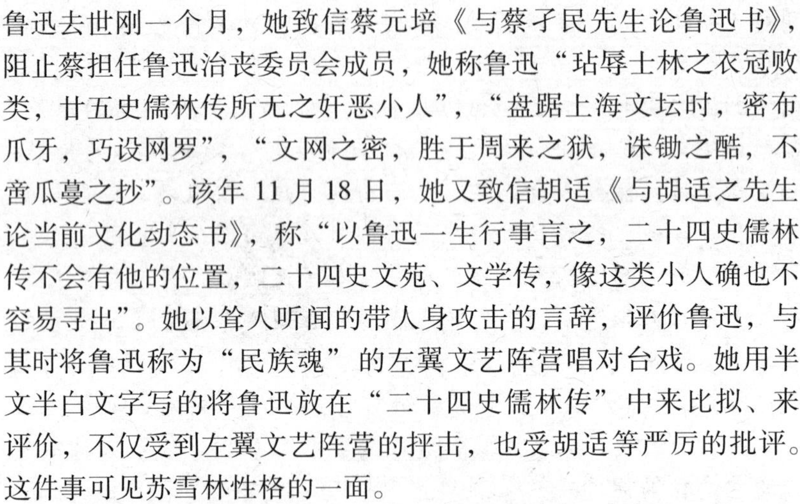

鲁迅去世刚一个月，她致信蔡元培《与蔡孑民先生论鲁迅书》，阻止蔡担任鲁迅治丧委员会成员，她称鲁迅“玷辱士林之衣冠败类，廿五史儒林传所无之奸恶小人”，“盘踞上海文坛时，密布爪牙，巧设网罗”，“文网之密，胜于周来之狱，诛锄之酷，不啻瓜蔓之抄”。该年 11 月 18 日，她又致信胡适《与胡适之先生论当前文化动态书》，称“以鲁迅一生行事言之，二十四史儒林传不会有他的位置，二十四史文苑、文学传，像这类小人确也不容易寻出”。她以耸人听闻的带人身攻击的言辞，评价鲁迅，与其时将鲁迅称为“民族魂”的左翼文艺阵营唱对台戏。她用半文半白文字写的将鲁迅放在“二十四史儒林传”中来比拟、来评价，不仅受到左翼文艺阵营的抨击，也受胡适等严厉的批评。这件事可见苏雪林性格的一面。

《棘心》是苏雪林早期的一部自传体小说，出版于 1929 年。说它是小说，其实是自传，它缺乏小说富有张力的情节性结构，只是按照个人的生活流程进行记录。下半部长篇幅引述醒秋的日记，更是论说式而非叙述式的。与庐隐等抒情性的自叙传小说也不大一样，后者基本是理智地夹叙夹议地讲述她的留法经历和思想变化的一本传记。

《白朗女士》是《棘心》的一章，通过写女主人公醒秋与她的老师白朗女士相处的一段生活，以这个有纯洁情操、博大爱心、执着信仰、甘于奉献的白朗女士为对比、为激发，讨论基督教的真伪问题，人生的信仰问题，人该如何活着才有意义的问题，宗教信仰如何带来欧洲的社会文明和经济繁荣等。醒秋从白朗身上获得许多启迪，更正了自己原先认为“人类的本性是自私的，为恶固自私，行善亦未尝非自私。基督徒之博爱与牺牲，无非为自己将来天国赏赉之地，其用心甚为可鄙”的观念。作品插入几则日记，在分析上述问题的同时，实际上也交代了自己在信仰问题上的挣扎以及最终皈依宗教的心路历程。小说有个细节颇

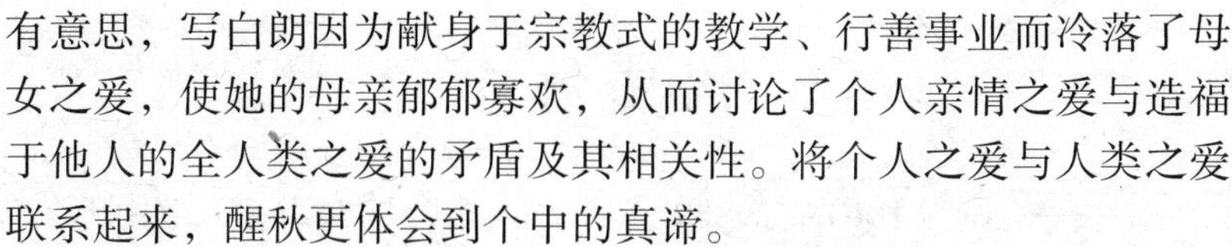

有意思，写白朗因为献身于宗教式的教学、行善事业而冷落了母女之爱，使她的母亲郁郁寡欢，从而讨论了个人亲情之爱与造福于他人的全人类之爱的矛盾及其相关性。将个人之爱与人类之爱联系起来，醒秋更体会到个中的真谛。

需要指出的是，白朗作为一位圣母式的女性，有其女性的特点和魅力。她对孩子们的爱，孩子们“如一群雏鸡绕着母鸡”的那种凝聚力，她对乖戾孤僻的蜜蜜还是对活泼可爱的佛郎赛特的一视同仁，她其实是一位慈母。她用博大的爱心抚慰着每个孩子，使这种爱变成一种日常之爱，像母亲对待自家孩子那种无微不至的关爱。如果不是醒秋一再提醒我们白朗怀的是多么虔诚的宗教情感，谁也不会把她的爱与高高在上的圣母的神光惠泽相联系。这是一个充满爱心的普通人。从这个角度看，苏雪林的小说其实仍有其独一无二的女性特征。

这篇小说有些像文化散文，笔法上也有小说散文化的特征。但与上述庐隐等小说的散文笔法不一样，苏雪林小说的散文笔法不是抒情性的而是分析性、思想性、说理性的，有点像后来余秋雨的文化散文或思想随笔。尤其是那几则日记，说理色彩浓厚，致力于生存问题的探索。与其说是女性小说不如说是哲理小说。苏雪林后来研究古典文学，她的小说语言半文半白，常用四字成语和排比句，文雅古朴，显然是学者的手笔。

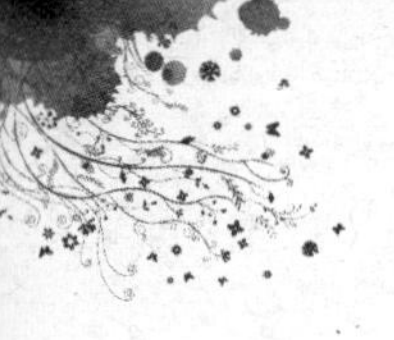



# 沉樱简介

沉樱（1907—1988），原名陈瑛，笔名沉樱、陈因，山东省潍县人。1925 年考入上海大学中文系，开始文学创作。两年后，上海大学（因是共产党人开办的）关闭，转入复旦大学。1928 年课堂习作《归家》在复旦大学中文系主任陈万道编的《大江》月刊第 2 期发表，署名陈因。《大江》第 3 期刊载茅盾的来信《致平兄——关于陈因女士的〈归家〉》，称“不知此女士为新进作家乎？抑老作家乎？《归家》一篇的风格是诗的风格，动作发展亦是诗的发展，此等风格，文坛上不多见”。这篇小说深为茅盾所欣赏。1929 年短篇小说《欲》在《北新》半月刊发表。1929—1935 年出版五部短篇小说集《喜筵之后》（1929，北新书局）、《夜阑》（1929，大光书局）、《某少女》（1929，北新书局）、《一个女作家》（1935，北新书局）和《女性》（1935，上海生活书店）。1934 年赴日本专攻日本文学，1935 年回国。与诗人、翻译家梁宗岱结婚。抗战八年蛰居重庆，1946 年任上海实验戏剧学校教员，1947 年任复旦大学生中文系教授。1949 年赴台湾，一直在中学任教。1967 年赴美国定居，1988 年在美国去世。

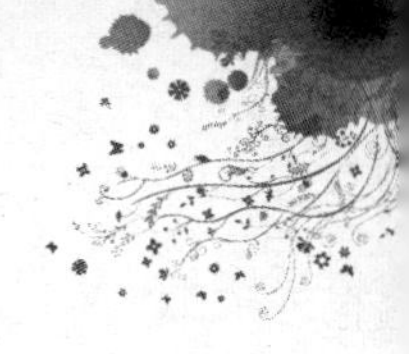

# 喜筵之后

沉　樱

这生活像缚着身体的锁链，又像咬着心灵的毒蛇，茜华近来常这样感觉着。生活并非困苦，只是寂寞，寂寞的生活使茜华的心无时间歇地在承受着苦痛。

近来男人时常出去，茜华整日孤独地留在家里的时候就非常之多，在这些时候，因了现实的黯淡，心情随之异常消沉。坐在那里，眼睛说不定注视着什么东西，便凝住了，逞其种种幻想，可是这幻想再不复是往昔少女时代那样美丽，而种种的过去现在及将来，在忆想中形成一个灰色的圈子，把自己紧紧地围住，这样，灰色的四周就愈来愈加浓厚，像向着黑暗的深渊陷去似的，想摆脱都不可能，直到等待着的男人在晚间归来了，这才似乎将她从其中救出，那些灰色的幻想暂时消去。

几天之前的一晚，和从外面归来的男人对坐在火炉旁边，彼此望着炉内的火在沉默着。这时，茜华忽然很寂寞的样子，并不对着谁似的自己喃喃地说着：

“现在真寂寞死了，连一个朋友都没有。”

“密司胡呢?”男人作着表示同情的样子。

“给她过两封信都没有见回信，她现在什么地方都不知道。”茜华一面说，一面对这唯一的好友怅然地眷念着。

在恋爱的狂热中，任何亲近的朋友也无意地疏远起来，及至从这爱情的梦中醒来，就又狂热地追念起那隔绝了的友人。恋爱的欢情是飞也似的全无痕迹的消去了，淡漠，愁苦却永远地留住，在这情况中眷念起旧日的好友，似乎是想对之倾吐一下自己的难言的悲苦，但实际上茜华是绝无这样的意思，既是难言的悲苦，就要抱着决心自己默默地忍受，任是怎样的好友，也不想对之诉苦。

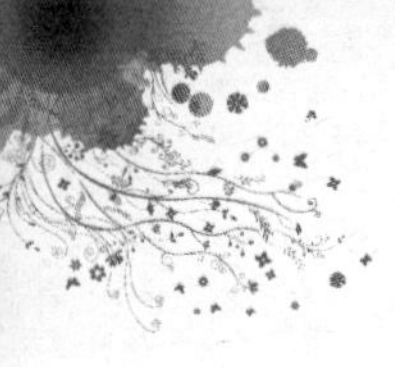



男人出去时，是这样被孤寂压着；但即使在家，看了那冷淡的颜色，也只有更加感着悲哀。

这男人现在对自己是连普通的夫妇的感情都没有；每日早晚在家的时候，彼此也只是板着脸相对，除了必须回答的几句话之外，很少交谈。有时男人高兴了，便说几句刻毒的取笑她的话。譬如看见她不时在发呆的样子，故意注视一会，忽然笑了说：

“呀，你的脸快成了大理石的雕像了！”

茜华对此总是苦涩地勉强地一笑，男人看见这样子有时就更以为有趣地再取笑着，有时是不耐烦地把脸转向一旁去表示着厌恶。

男人近来正向别的女性追求，茜华是知道的，而男人自己公然承认着，好像是说：“就是又爱了别的女人，你能怎样?!”明白地表示着欺侮！有时或者取笑的说：“怎么这样不伟大呵！”

茜华近来什么话也不想说，抱着决心要向这悲哀沉默地消沉去。

在这冷酷的待遇之下，茜华对于男人仍然热烈地爱着：是自己也莫名其妙的事实。

一天在男人又出去了的时候，接到一张姓吴的朋友的请柬，上面写着两个人的名字，那一个是这姓吴的爱人，请柬上虽然没有结婚的字样，但这筵会，无疑地是婚筵，这姓吴的并非是怎样至好的朋友，但这请柬给了她很大的欢喜，是想到在这筵席上可以会见一些隔绝了的旧友，尤其是密司胡。

暗淡的心情暂时活泼起来，将那请柬不时拿起看着。同时似乎比往日更急切地在等待男人归来。

“明天有人请我吃喜酒呢！”男人刚从外面回来，茜华便高高兴兴对他这样说。

“是谁?”男人随便地问着，拿起桌上的请柬来看。对于那姓吴的虽然听说过，却并不认识，把请柬放下后，仍是随便地问

着："你去吗?"

"想去呢!"不知为什么在"去"字上面加了个"想"字，说了后，茜华觉到连那声调也颇为柔弱的可怜。

"这有什么意思?"男人说了，便全不在意地去作别的事。

茜华先刻的活泼的心情立即消失了!

第二日男人又要出去的时候，茜华喃喃地说着：

"今晚我要去吃喜酒的，你什么时候回来?"

"真要去吗?有什么意思?晚上家里没有人，怎么行!"说话时的眼光冷冷地望着她，她在说了前头一句话时，像预料到这回答，早就黯然地低着头。

"我是因为要见密司胡，想到那里或者能遇到她。"想到自己近来被寂寞的生活快要压毙了的情况，他并非不知道，遇到这偶然的可以消遣一下的机会，以为他一定也很替我欢喜地愿意自己去，但想不到他竟是这样子，并且几乎是把自己看作是应该将在家看门为责任的人看待，不平的意念逐渐成了凄凉，觉得有许多话要说，但只在心中想着，就一句话也不愿说了。

"非去不可吗?"男人又紧迫问着。

"嗳!"这不硬不软的回答，说出后心中像受着压迫，同时又引起了悲愤，觉得眼泪要流出来了，竭力把心胸强硬起来忍住。

"为什么这样子!总要使人不快才完事!"男人的声调简直变成了斥责。

在茜华的心中不平地想着："动不动就是这类的话，仿佛使你不快就是过错，可是为什么你自己对别人任是怎样都仿佛应该似的?就是旧式的丈夫对待也不过这样了吧!"

愤然之情受不住悲哀的侵袭，她忽然想将自己的心使它死去，她什么也不想说了。可是不知怎的，像并非她自己的意思，她的嘴里反应出一种低怨的声音说。

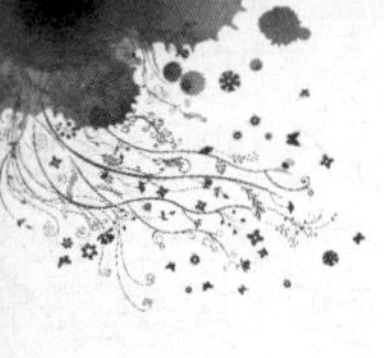



“我总是使你不快的！”

“为什么这样子！”男人瞪起了凶恶的眼睛，在其中像燃烧着愤怒的火焰，灼灼地逼视着。

“什么样子?”茜华似乎反抗似的说，但声音强硬不起来，头也仍然低着。

男人像气得更厉害了，无言地瞪视了一会，忽然又像转了念头，恶狠狠地点了一下头，仿佛是说着“哼！这样就好！”走向门口去，门砰地一声关了后，脚步的声音洋洋地向着远处走去而且消失了。

茜华任是怎样感着这侮辱的难堪，但心中仿佛早已消失了愤恨的勇气，并且总是在无可奈何的愤恨的顶巅一转念头便变成悲哀。悲哀重压着的心像有点麻木又像有点疲倦，无力地倒向床里去后，莫名其妙的眼泪不绝地涌出来，茜华听着眼泪滴到枕上去的声音，在竭力地屏息着心的活动。

近时种种消极的幻念，常常袭来，而她自己也常有着怎样将身心毁灭了才好的意想。任是多大的悲愤，总是归到这上面完结。一面悲伤地想着种种的事实，一方面是解脱地似乎默默说着“不要想了！不要想了！”因此这一日的下午，虽仍是悲凉，但并不更是悲凉地过去了。在傍晚的时候，照旧想起筵会的事，在悠闲地换着赴喜筵的衣服，但那心情已不复是最初的心情，这时莫名其妙地仿佛全不为什么，只是为去而去了。

打扮完了，赴会的时间已经到了，全无情绪地呆了地走出去。到了马路上，忽然在露着的手腕上，有着冷了的感觉，茜华伸出手去仔细地试了一下，是下雨了。这时离家很近，想着不如回去算了，但这样一想，忽然又变成“就是下雨也要去！”这雨使她的心有点灰丧，但同时又使她的心无端激愤起来。昂然地站在电车停留处。

乘客稀少的电车内，门窗都严关着，玻璃窗上的雨点渐渐地

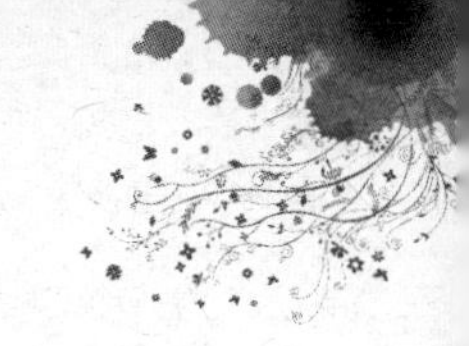

增多起来，模糊得已经看不清外面的景色，但经过热闹的门市之前，灯光射在雨湿了的车窗上，是格外辉煌着。茜华坐在那里情绪非常紊乱地说不出是在想些什么事，但关于去赴筵的事却似乎完全忘掉了。今天男人的凶横的神气不时浮在眼前，平日的种种痛心的情状也一齐涌现出来，但她不愿去想，将那些忆想竭力排除着，但排除了又随即再想起，无可奈何地一路这样纠缠着。

从电车内走出时，雨已经落得很大了，柏油马路被雨水洗得更光滑了，悬在空中的电灯照下来，在地上形成一条条的金光，防备滑跌，仔细看着脚下在走着的茜华觉得头有点晕眩。

茜华迷茫地走进同兴楼，问了姓吴的所订的房间，便一直走上楼去，在那充满了菜香酒气，灯光，笑语的同兴楼中，她才像从一个梦境醒来，重回到现实的境界，向着两位主人，致了普通的贺词以后，环望了一下先到的许多客人们，一时看不清楚是谁们，只向着靠近的几位认识的招呼着，想起密司胡来，便向主人询问着，听见她今晚病了不能来的消息，似乎并未失望，询悉了她现在的住址，已经非常满足了似的，再向着别的熟人们叙谈起来，她带着毫无心事的欢乐的神气。

“今杰也在这里哪！”女主人忽然附在茜华的肩上低声笑着这样说，叫人看不出说这话的意义是什么？

“啊！在哪里？”茜华初有点吃惊，但接着就很平淡地笑了问着，一面抬起头来向着远处望去。

“在廊子上呢，见你来了，他就出去了。”那女主人仍然是方才那种神气，笑着说，仿佛觉着这事很有趣似的。

“呵！让我去看看他去。”茜华听了女主人的话把视线移到廊子上，看见了一个久别的熟稔的男子的后影。装着把这事看作非常随便的样子，茜华向着那女主人莫名其妙地笑了一下，走向廊子上去。

这男人是茜华过去的恋人，是曾将茜华当作生命那般狂恋着

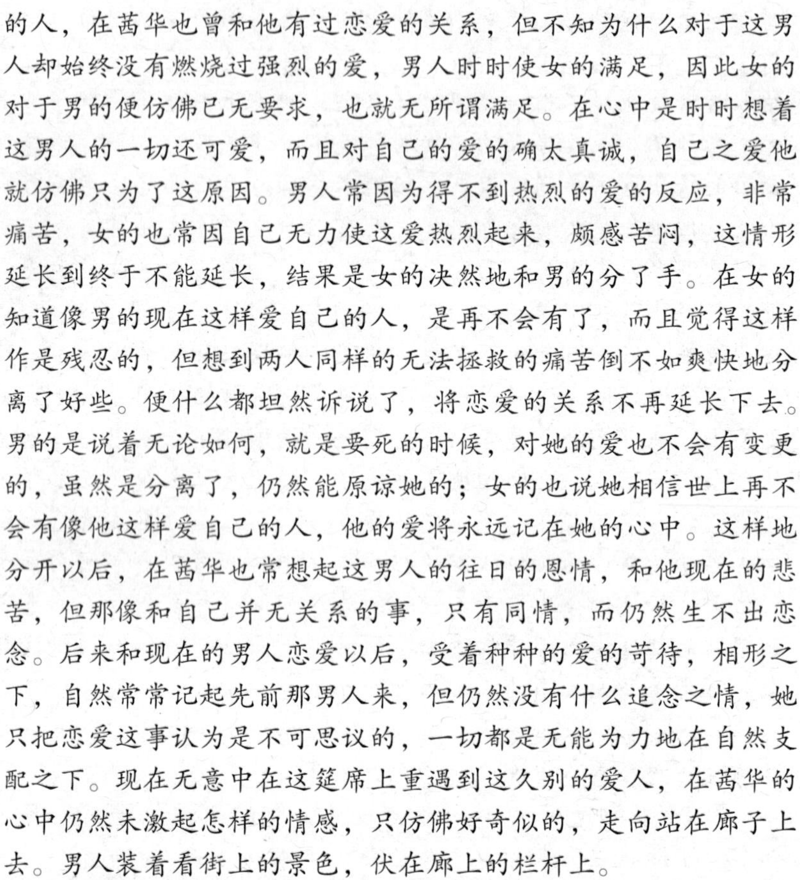

的人，在茜华也曾和他有过恋爱的关系，但不知为什么对于这男人却始终没有燃烧过强烈的爱，男人时时使女的满足，因此女的对于男的便仿佛已无要求，也就无所谓满足。在心中是时时想着这男人的一切还可爱，而且对自己的爱的确太真诚，自己之爱他就仿佛只为了这原因。男人常因为得不到热烈的爱的反应，非常痛苦，女的也常因自己无力使这爱热烈起来，颇感苦闷，这情形延长到终于不能延长，结果是女的决然地和男的分了手。在女的知道像男的现在这样爱自己的人，是再不会有了，而且觉得这样作是残忍的，但想到两人同样的无法拯救的痛苦倒不如爽快地分离了好些。便什么都坦然诉说了，将恋爱的关系不再延长下去。男的是说着无论如何，就是要死的时候，对她的爱也不会有变更的，虽然是分离了，仍然能原谅她的；女的也说她相信世上再不会有像他这样爱自己的人，他的爱将永远记在她的心中。这样地分开以后，在茜华也常想起这男人的往日的恩情，和他现在的悲苦，但那像和自己并无关系的事，只有同情，而仍然生不出恋念。后来和现在的男人恋爱以后，受着种种的爱的苛待，相形之下，自然常常记起先前那男人来，但仍然没有什么追念之情，她只把恋爱这事认为是不可思议的，一切都是无能为力地在自然支配之下。现在无意中在这筵席上重遇到这久别的爱人，在茜华的心中仍然未激起怎样的情感，只仿佛好奇似的，走向站在廊子上去。男人装着看街上的景色，伏在廊上的栏杆上。

“你现在住在什么地方？”茜华看见男人听见自己走来，故意装作没有听见什么，仍然伏在那里不动，站在他的身边一时不知怎样好，随口这样问着。

“啊！你才来吗？”男人回过头来，全无表情地这样反问着。

“嗳！”茜华忽然觉得讨厌，勉强答应着。

男人又伏到栏杆上，茜华觉得来这里很讨厌，暂时又不愿走开，也伏到廊子上去，伏视着下面雨中奔走着的人众，比平日格

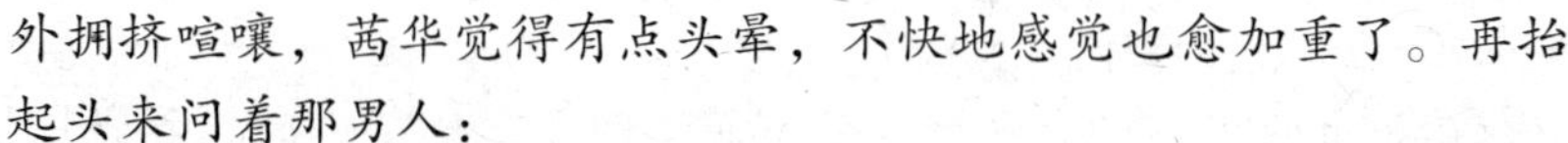

外拥挤喧嚷，茜华觉得有点头晕，不快地感觉也愈加重了。再抬起头来问着那男人：

“你现在住在什么地方?”

“还没有一定，住在朋友的地方。”像是不愿将自己的住址说出。

茜华抬起眼来望着，见男人的样子和从前没有多大改变，面色仍然很红润，眉目间的清秀也还照旧，头发，服装是一向那样的整洁，但不知在哪里现示着一种呆气，也可以说是过于忠厚的表现，茜华心中想着“这样子是说不出缺点的，但说是可爱却又不可能。”尤其是说话时嘴角向下扯着的样子，更给了茜华一种特别难看的印象。

“为什么站在这里?”茜华又问着，忽然意识到自己的口吻像是质问似的全无一点旧情，觉得怪滑稽的。

“我老早就在这里的，所以你来我也没有看见。”男人懦懦地说，显着老实人的样子。像表示着并不是因为见茜华来了，才故意走到这里来的。茜华听了，想起女主人方才说的“见你来了，就出去了”的话，觉得他那老实的样子，怪可怜的，心里想笑起来。又想起那样子非常不大方，这一定使相熟的朋友在那里看着窃笑了，心中更加觉得讨厌地望了一下伏在那里的男人的后影。

“等席散了的时候，我有话给你说。”茜华仍然用着往昔那自信可以支配他的口吻，并无商量的意思，说了便向里面走去。在她的脸上照旧显着毫无心事的快活的笑容。

茜华是有着孤独的性情的人，对于交际一类的事，素来憎恶。常是愈在热闹的地方，她愈沉默着。这晚竟不时地听见她的笑声，她像是对每个人都爱交谈的一个长于言笑的人似的。这在她是不觉得欢喜也不觉得惨恶，只觉得这样可以使她忘记一切，暂时忘记一切。在廊子上男人给予的不快的印象，回到里面也随

即在笑声中全然忘净。

在廊上的男人一会也进来了，茜华间或向他望去时，总见一个人坐在那里，寂寞地笑着旁观别人的谈笑，茜华想着“一个人假设在群众中沉默着，也怪可爱的，但那既不沉默又不活泼的样子，除了可怜，就再无别的了。”有时也见他随着别人参加着几句取笑的话，但也总是无趣得可厌。茜华装作不留意地听着，便不时皱一下眉。

在席散之后，向着主人告别了，走出去时故意走过那男人的面前，低声说着“我在门口等你。”并不管他的同意与否，自信可以这样命令他。

在向外面走着时，想着为什么要约这男人说有话要谈，是要谈什么呢？这莫名其妙的心情，想起来有点好笑。这仿佛是自己空虚而又激愤的心需要追求，无目的的追求。放慢了脚步走到门口，在马路旁边站住了。雨仍在落着。茜华呆呆地望着面前的地上，说不出在想着什么，那男人已经出来了。

“你还是回去吧，有什么话说呢？”

茜华暂时没有回答，望了他一下，想着“来了又说这样话，只是使人讨厌！”停了一下说：

“那末你送我回去！”一面是不耐烦，一面又不肯放松似的。

“天还早，你自己回去吧。”男人虽然这样说着，但又没有决然走开的意思，一点没有志气的样子，使茜华有点动气。

“不，一定要送我回去。”说着便喊了两部车子，对车夫说了到电车站去，不管男人怎样，自己先上了车子。走到不远的电车站停下时，两人同时从车内走出来。

“在这里你自己坐电车回去吧！”男的又在商量着。茜华作着难看的脸色，望着别处冷冷地说：

“好！那么就请先走吧！”

男人却又迟疑地站在那里了。茜华心中想着“为什么不会残

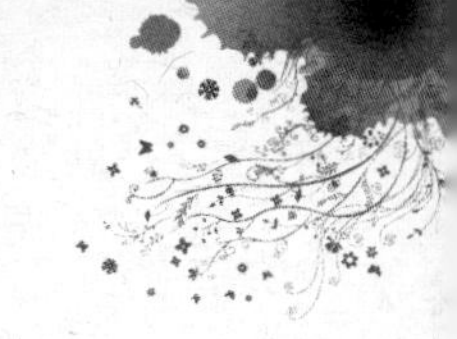



酷一点或者怨恨一点，只是这样子!”有点恨起这男人来。恨着这男人的忠厚，不能使自己燃起些微的爱意。

“那么，我们在这马路走一回，你就回去吧?”男的更让了步，但这只增加了茜华对他的懦弱的轻视。

“我不愿意!”眼睛仍然望着别处这样回答。

电车驶来了，男人还在后面说着“你自己回去吧”的话，茜华不理地走向电车门口，才低低地说：“你不愿意来，自然不能勉强。”一直走向车内，果然不出预料的，男人也随着走了进来。虽然这支配男人的权威是胜利了，但茜华仍然没感到快意，觉得这男人连使入追求的魔力都没有，她失望而且愤恨着。

茜华取出钱来买了到自己下车的地方的票子两张，和男人并排坐下来。男人把脸向旁面看着，茜华连方才无目的的追求的心情也疲倦了似的，看着坐在身边的那男人颇觉有点憎恶，但这憎恶的情感不久也就消去了，仿佛完全忘记了他的存在，而在想着与这全不相关的事情。想到现在的男人这时不知在什么地方，说不定正陪着爱人在看电影或是怎样吧?嫉妒的火焰将她的心焦灼了一般地在燃烧着。在悲恨之中她又不能抑制地对自己的男人热烈地爱着，这使她陷到更深的痛苦中，但同时仿佛唯其如此，她对自己的男人爱的追求愈加强烈。对于爱着而又恨着的自己的男人，她忽然起了复仇的心思，想到不能整个的自己爱着的男人的身心，就想将全给与了他的自己这人来毁损了，她愿意无所为地将自己投向任何自己所不爱的人的怀里，但一看到自己现在身边坐着的男子的样子，她的心思便立时消灭了，只剩了厌恶之情。如果这男人更狡猾一点或是更残忍一点相待，倒不见得不比现在这样子可爱得多吧?茜华睨视了一下坐在那里动也不动的侧影，愤然地将脸转开去。又想到说不定他看见这样以为是因为他方才不肯顺从地跟来而生气，正在不安吧。在心中浮着一种轻侮的笑容。

电车到了自己要下去的地方。下了车回头看见在后面跟着走下来的男人，忽然想起在这长途的电车中像把他遗忘了似的没曾交谈一句话，觉得很是滑稽的事。在意想中要约着旧时的爱人，在这样的夜晚到咖啡店去叙谈一下，对他施着诱惑，即使没有爱的燃烧，只需要暂时的欢乐的追求，复仇的利用。可是一回到现实，种种的幻想都被打消了，她的心里难言的苦闷紧压着。

“在这里你可以自己回去了吧?”男人仍和先前一样地开了口，这显然是要他怎样仍可以怎样的，但她已无这心情，她已经失望而且厌倦了。

“好的，请你回去吧!”

男人还以为是故意说怄气的话，听见这样说了，还又迟疑了一下才告别。

“这样的人哪里有呢?”茜华在心中卑视起这男人来。

看着那两脚分开得很阔，而迈步很小，两手紧急地向后摆动着的行路的后影，留给了茜华最后的恶劣的印象。

茜华因为路很泥泞，便喊了一部车子坐着向家中走去。

天已经很晚，又因为落雨的缘故，马路上已经夜色沉沉的样子，雨还在迷濛地下着，风吹到脸上，颇觉寒冷。在车上坐着的茜华，回忆着方才的事，简直是演了一出莫名其妙的滑稽戏，但这感想不久就消去了，一切都被遗忘得像未有其事似的。车子渐向着家中走近的时候，想着自己的男人这时一定回来了，也许正在盼待着吧。夜晚在他的等候中走回去，觉得定是很甜美的，心情又兴奋起来，想立刻就回到家中才好。车子在门口停下来先望了一下自己屋中的窗子，已经有电灯亮着，知道他是真的已经回来了，快乐得像把一切都忘记了急急向里面走着。又故意放轻了脚步，走到门口猛然推开门，想使男的意外地吃惊一下，自己随着格格地笑着走进来。

随即和气地熄灯睡觉。

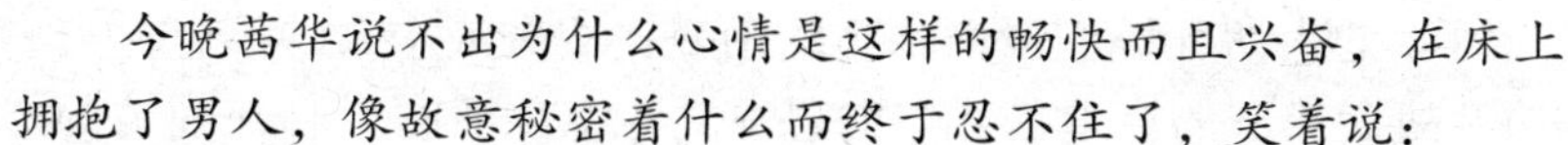

今晚茜华说不出为什么心情是这样的畅快而且兴奋，在床上拥抱了男人，像故意秘密着什么而终于忍不住了，笑着说：

“今晚有一件想不到的事，你猜猜是什么。”

“什么事。告诉我！”

茜华便将遇到旧日恋人的事，以为有趣地从头仔细地述说着。

“真是奇怪呢，为什么当我怨恨你，想着向别人追求时，总要想起你来，觉得谁都没有你可爱？”茜华说完后撒娇地将脸偎在男人的脸上这样说。

“这样你就可以知道我向别人追求时也是一样总忘不了你的呵！”男人很为得意地引证着说。

茜华满腔的热情立刻灰冷了，瞪大了眼睛仰望着帐顶在沉思着什么。

“怎么啦？在后悔没约那男人去谈谈吗？”男人见茜华忽然不说话，这样取笑着。

“唔！”茜华答应着，眼睛仍然在黑暗中凝视着。

（原载于沉樱小说集《喜筵之后》，上海北新书局1929年6月）

## 步入婚姻的女性：《喜筵之后》解读

1907年出生于山东省历城县的沉樱，属于“五四”之后成长起来的第二代女作家。1929年刚满22岁的沉樱已是一位颇知名的作家，出版《夜阑》和《喜筵之后》两部短篇集和中篇小说《某少女》，她的许多重要作品创作于这一年。沉樱的小说叙事是“五四”女学生爱情叙事的后续：这些女学生经过与家庭抗争，与命运抗争，大多数的，终于与所爱的人步入婚姻阶段。这批以《喜筵之后》为代表的作品多写女学生婚后（或与异性

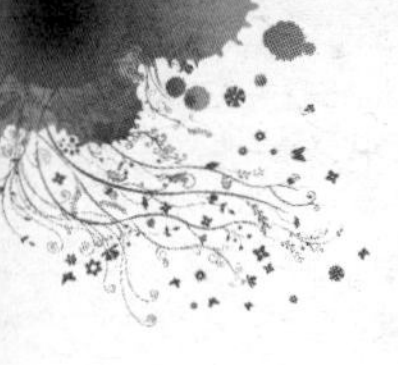



同居）的生活，她们所面临新的困境：丈夫或恋人的不忠，夫妻的冷战，经济的窘迫，怀孕的恐惧，斗室生活的无聊，爱情的逝去。她通过多种笔法，当事人或旁观者的多种身份，写这种困境。她笔法细腻，善于抓住生活的某一片段，精心营构，层层铺垫，峰回路转，写尽女性幽微曲折的心理世界。像《下雪》、《回家》、《爱情的开始》和《空虚》等，其中《喜筵之后》是其代表作。

小说集《喜筵之后》中那组小说，《下雪》、《回家》、《爱情的开始》、《空虚》和《喜筵之后》，近乎姐妹篇，从不同角度，写一个初为人妇的女学生痛苦挣扎的心理感受。“喜筵”之后是人生的一个转折，沉樱笔下初婚的男女，关系并不和谐，多数是冷冷相对，心事重重。《下雪》写年关即至，女的想回家却因囊中空空，迟迟未能启程，不幸又接到书局推迟寄稿酬的通知，一筹莫展。男的冒着风雪外出向朋友借款，勉强筹到路费，但后面的生活依然无着，最终女的打消回家的念头。他们脆弱的关系随时会被生活压垮。《爱情的开始》写新婚男女在怄气、冷战。男的不忠，女的揪住不放，一想到自己为这“黑暗的同居生活”牺牲了学业，断送了前途，女的伤感不已。始终感到男的虚情假意，狡猾虚伪，一切都是在做戏。《下午》女主人公原来就读的大学因政治原因被关闭。在那里，她曾经参加政党活动，到新学校后，她已经厌烦政党活动，羡慕又看不起新同学的沉湎于平庸的快乐中。下午政党开会，她故意缺席，与一个富家子弟开车外出兜风。她并不爱那男子，她只是想借此逃避那个会，甚至有意表明她与政党原则的背道而驰。《空虚》写女的经过自我斗争，决定到男友寓所与之幽会。不想男友的父亲来访迷路，男友连夜赶到火车站寻父，撇下她在他房间里度过一夜，做了一夜的噩梦。沉樱笔下，结婚是女性的绝路、是爱情的坟墓。两性关系处于游离状态，女性情感找不到归宿。

《喜筵之后》是沉樱的代表作。写初婚的茜华深感生活“像缚着身体的锁链，又像咬着心灵的毒蛇”；感情不忠的丈夫对她的无视、粗暴，毫不尊重；寂寞给她带来无边的痛苦，她疯狂地追念隔绝了很久的友人，决意奔赴一次无足轻重的婚宴。在婚宴上，她遇上昔日的追求者，她拿出一副高高在上的神气招呼旧恋人，试图对他施加诱惑，与他重温浪漫，哪怕是没有爱情的逢场作戏，却遭到这位忠厚男子一再温和的拒绝。她只能以“无趣可厌”结束这场邂逅。回家还与丈夫兴奋地谈起这位旧恋人，以“谁都没有你可爱”来讨好丈夫，谁料遭到丈夫的抢白和讽刺。小说写尽了女性自尊与自卑、自得与自贱相交织的矛盾心理——她们沉溺于感情小天地里，渴望被爱，却遭无视和屈辱；真的被爱，又嫌对方不够残忍狠毒，相比之下，觉得还是她那位专横跋扈的丈夫“可爱”。婚后的女性，多数只能回到传统妻子角色上来，命运被丈夫拽在手里。虽于心不甘，也无力改变。婚姻是爱情的坟墓，婚后的男女或互不信任，或陷于经济困境，或缠于感情死结，他们没有出路。沉樱小说没有着眼于“观念”，只在“感情”上做文章。

从艺术上看，《喜筵之后》是真正名副其实的短篇佳构，不只是篇幅的短，更有短篇的结构讲究，围绕一件事来精心营构，波澜起伏，步步推进，最终的结局却出人意料。

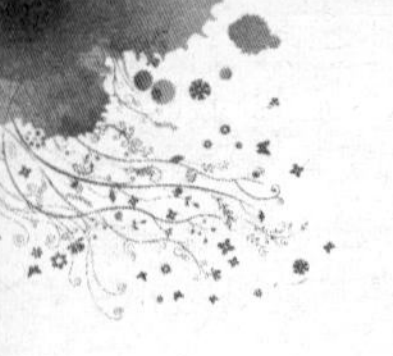



# 萧红简介

萧红（1911—1942），原名张廼莹、张秀环，笔名悄吟、萧红。出生于黑龙江省呼兰县城，童年寂寞，受父母的冷落。唯有祖父的爱给她带来安慰和快乐："我走不动的时候，祖父就抱着我，我走动了，祖父就拉着我。一天到晚，门里门外，寸步不离，而祖父多半是在后园里，于是我也在后园里。" 1927 年入读哈尔滨第一女子中学。1930 年为反抗包办婚姻，逃离家庭，开始其流浪生活，从此再没回家。据说与一位男子同赴北京，因受始乱终弃的打击，"怀着一颗破碎、迷茫的心"，返回哈尔滨。困窘间向《国际协报》投信求救，结识萧军，两人相爱同居。1932 年底以"悄吟"笔名参加《国际协报》新年征文，发表第一篇作品《王阿嫂的死》。1933 年 10 月与萧军合作、自印作品集《跋涉》。1934 年到上海，与鲁迅相识，并建立很深友谊。1935 年中篇小说《生死场》，被列入鲁迅主编的"奴隶丛书"之三出版，鲁迅为小说作序。这部小说把萧红带进文坛。之后至去世前 7 年间，先后推出《手》、《商市街》、《牛车上》、《旷野的呼喊》、《小城三月》、《马伯乐》和《呼兰河传》等一批力作。《生死场》以女性作家的直觉感悟历史，用一种本真的、原始的、粗粝的文字，写 20 世纪 30 年代东北农村闭塞沉滞的环境和乡民悲苦麻木的生活，既有对历史的诘问，更有对乡土愚昧人生的忧虑。下半部写外来入侵者对生灵的涂炭，不甘当亡国奴的东北乡民的反抗。1938 年初与萧军正式分手，同年与端木蕻良在汉口举行婚礼。1940 年 1 月

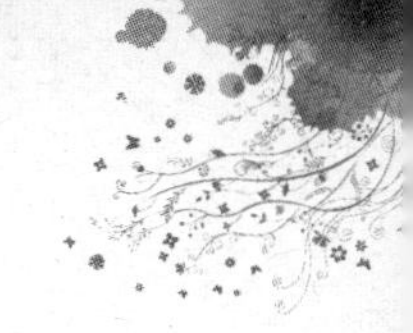

到香港。在凄惶和疾病缠身的境遇中，完成其生命中最后的两部重要作品：《马伯乐》和《呼兰河传》。1942年初，在香港病逝，终年32岁。

# 生死场（节选）

## 一、麦场

一只山羊在大道边啮嚼榆树的根端。

城外一条长长的大道，被榆树荫蒙蔽着。走在大道中，像是走进一个动荡遮天的大伞。

山羊嘴嚼榆树皮，黏沫从山羊的胡子流延着。被刮起的这些黏沫，仿佛是胰子的泡沫，又像粗重浮游着的丝条；黏沫挂满羊腿。榆树显然是生了疮疖，榆树带着诺大的疤痕。山羊却睡在荫中，白囊一样的肚皮起起落落。

菜田里一个小孩慢慢地踱走。在草帽盖伏下，像是一棵大型菌类。捕蝴蝶吗？捉蚱虫吗？小孩在正午的太阳下。

很短时间以内，跌步的农夫也出现在菜田里。一片白菜的颜色有些相近山羊的颜色。

毗连着菜田的南端生着青穗的高粱的林。小孩钻入高粱之群里，许多穗子被撞着，从头顶坠下来。有时也打在脸上。叶子们交结着响，有时刺痛着皮肤。那是绿色的甜味的世界，显然凉爽一些。时间不久，小孩子争着又走出最末的那棵植物。立刻太阳烧着他的头发，机灵的他把帽子扣起来，高空的蓝天遮覆住菜田上闪耀的阳光，没有一块行云。一株柳条的短枝，小孩夹在腋下，走路的他两腿膝盖远远的分开，两只脚尖向里勾着，勾得腿在抱着个盆样。跌脚的农夫早已看清是自己的孩子了，他远远地完全用喉音在问着：

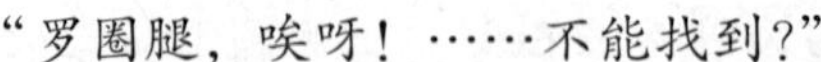

“罗圈腿，唉呀！……不能找到?”

这个孩子的名字十分象征着他。他说：“没有。”

菜田的边道，小小的地盘，绣着野菜。经过这条短道，前面就是二里半的房窝，他家门前种着一株杨树，杨树翻摆着自己的叶子。每日二里半走在杨树下，总是听一听杨树的叶子怎样响；看一看杨树的叶子怎样摆动？杨树每天这样……他也每天停脚。今天是他第一次破例，什么他都忘记，只见跌脚跌得更深了！每一步像在踏下一个坑去。

土屋周围，树条编做成墙，杨树一半荫影洒落到院中；麻面婆在荫影中洗濯衣裳。正午田圃间只留着寂静，惟有蝴蝶们为着花，远近的翩飞，不怕太阳烧毁它们的翅膀。一切都回藏起来，一只狗出寻着有荫的地方睡了！虫子们也回藏不鸣！

汗水在麻面婆的脸上，如珠如豆，渐渐浸着每个麻痕而下流。麻面婆不是一只蝴蝶，她生不出翅膀来，只有印就的麻痕。

两只蝴蝶飞戏着闪过麻面婆，她用湿的手把飞着的蝴蝶打下来，一个落到盆中溺死了！她的身子向前继续伏动，汗流到嘴了，她舐尝一点盐的味，汗流到眼睛的时候，那是非常辣，她急切用湿手揩拭一下，但仍不停地洗濯。她的眼睛好像哭过一样，揉擦出脏污可笑的圈子，若远看一点，那正合乎戏台上的丑角；眼睛大得那样可怕，比起牛的眼睛来更大，而且脸上也有不定的花纹。

土房的窗子，门，望去那和洞一样。麻面婆踏进门，她去找另一件要洗的衣服，可是在炕上，她抓到日影，但是不能拿起，她知道她的眼睛是晕花了！好像在光明中忽然走进灭了灯的夜。她休息下来，感到非常凉爽。过一会在席子下面抽出一条自己的裤子。她用裤子抹着头上的汗，一面走回树荫放着盆的地方，她把裤子也浸进泥浆去。

裤子在盆中大概还没有洗完，可是搭到篱墙上了！也许已经洗完？麻面婆的事是一件跟紧一件，有必要时，她放下一件又去做别的。

邻屋的烟筒，浓烟冲出，被风吹散着，布满全院，烟迷着她的眼睛了！她知道家人要回来吃饭，慌张着心弦，她用泥浆浸过的手去墙角拿茅草，她沾了满手的茅草，就那样，她烧饭，她的手从来没用清水洗过。她家的烟筒也冒着烟了。过了一会，她又出来取柴，茅草在手中，一半拖在地面，另一半在围裙下，她是拥着走。头发飘了满脸，那样，麻面婆是一只母熊了！母熊带着草类进洞。

浓烟遮住太阳，院中一霎幽暗，在空中烟和云似的。

篱墙上的衣裳在滴水滴，蒸着污浊的气。全个村庄在火中窒息。午间的太阳权威着一切了！

"他妈的，给人家偷着走了吧？"

二里半跌脚利害的时候，都是把屁股向后面斜着，跌出一定的角度来。他去拍一拍山羊睡觉的草棚，可是羊在哪里？

"他妈的，谁偷了羊……混账种子！"

麻面婆听着丈夫骂，她走出来凹着眼睛：

"饭晚啦吗？看你不回来，我就洗些个衣裳。"

让麻面婆说话，就像让猪说话一样，也许她喉咙组织法和猪相同，她总是发着猪声。

"唉呀！羊丢啦！我骂你那个傻老婆干什么？"

听说羊丢，她去扬翻柴堆，她记得有一次羊是钻过柴堆。但，那在冬天，羊为着取暖。她没有想一想，六月天气，只有和她一样傻的羊才要钻柴堆取暖。她翻着，她没有想。全头发洒着一些细草，她丈夫想止住她，问她什么理由，她始终不说。她为着要作出一点奇迹，为着从这奇迹，今后要人看重她。表明她不傻，表明她的智慧是在必要的时节出现，于是像狗在柴堆上耍得疲乏了！手在扒着发间的草杆，她坐下来。她意外的感到自己的

聪明不够用，她意外的对自己失望。

过了一会邻人们在太阳底下四面出发，四面寻羊；麻面婆的饭锅冒着气，但，她也跟在后面。

二里半走出家门不远，遇见罗圈腿，孩子说：

“爸爸，我饿！”

二里半说：“回家去吃饭吧！”

可是二里半转身时老婆和一捆稻草似的跟在后面。

“你这老婆，来干什么？领他回家去吃饭！”

他说着不停的向前跌走。

黄色的，近黄色的麦地只留下短短的根苗。远看来麦地使人悲伤。在麦地尽端，井边什么人在汲水。二里半一只手遮在眉上，东西眺望，他忽然决定到那井的地方，在井沿看下去，什么也没有，用井上汲水的桶子向水底深深的探试，什么也没有。最后，绞上水桶，他伏身到井边喝水，水在喉中有声，像是马在喝。

老王婆在门前草场上休息：

“麦子打得怎样啦？我的羊丢了！”

二里半青色的面孔为了丢羊更青色了！

“咩……咩……”羊叫？不是羊叫，寻羊的人叫。

林荫一排砖车经过，车夫们哗闹着。山羊的午睡醒转过来，它迷茫着用犄角在周身剔毛。为着树叶绿色的反映，山羊变成浅黄。卖瓜的人在道旁自己吃瓜。那一排砖车扬起浪般的灰尘，从林荫走上进城的大道。

山羊寂寞着，山羊完成了它的午睡，完成了它的树皮餐，而回家去了。山羊没有归家，它经过每棵高树，也听遍了每张叶子的刷鸣，山羊也要进城吗！它奔向进城的大道。

咩……咩……羊叫？不是羊叫，寻羊的人叫，二里半比别人叫出更大声，那不像是羊叫，像是一条牛了！

最后，二里半和地邻动打，那样，他的帽子，像断了线的风

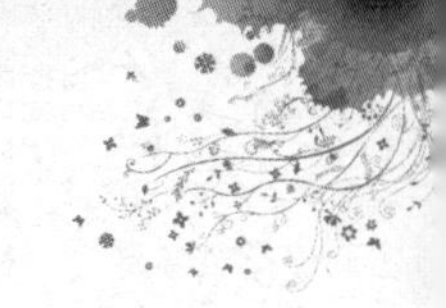

筝，飘摇着下降，从他头上飘摇到远处。

“你踏碎了俺的白菜！你……你……”

那个红脸长人，像是魔王一样，二里半被打得眼睛晕花起来，他去抽拔身边的一棵小树；小树无由的被害了，那家的女人出来，送出一支搅酱缸的耙子，耙子滴着酱。

他看见耙子来了，拔着一棵小树跑回家去，草帽是那般孤独的丢在井边，草帽他不知戴了多少年头。

二里半骂着妻子：“混蛋，谁吃你的焦饭！”

他的面孔和马脸一样长。麻面婆惊惶着，带着愚蠢的举动，她知道山羊一定没能寻到。

过了一会，她到饭盆那里哭了！“我的……羊，我一天一天喂喂……大的，我抚摸着长起来的！”

麻面婆的性情不会抱怨。她一遇到不快时，或是丈夫骂了她，或是邻人与她拌嘴，就连小孩子们扰烦她时，她都是像一摊蜡消融下来。她的性情不好反抗，不好争斗。她的心像永远贮藏着悲哀似的，她的心永远像一块衰弱的白棉。她哭抽着，任意走到外面把晒干的衣裳搭进来，但她绝对没有心思注意到羊。

可是会旅行的山羊在草棚不断的搔痒，弄得板房的门扇快要掉落下来，门扇摔摆的响着。

下午了，二里半仍在炕上坐着。

“妈的，羊丢了就丢了吧！留着它不是好兆相。”

但是妻子不晓得养羊会有什么不好的兆相，她说：

“哼！那么白白地丢了？我一会去找，我想一定在高粱地里。”

“你还去找？你别找啦！丢就丢了吧！”

“我能找到它呢！”

“唉呀，找羊会出别的事哩！”

他脑中回旋着挨打的时候：——草帽像断了线的风筝飘摇着

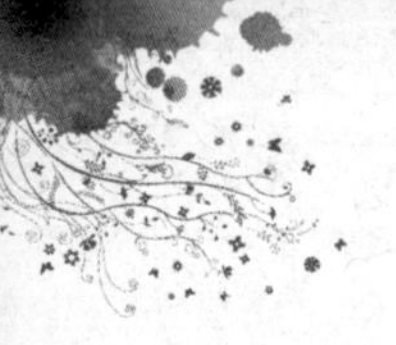



下落，酱耙子滴着酱。快抓住小树，快抓住小树。……二里半心中翻着这不好的兆相。

他的妻子不知道这事。她朝高粱地去了。蝴蝶和别的虫子热闹着，田地上有人工作。她不和田上的妇女们搭话，经过留着根的麦地时，她像微点的爬虫在那里。阳光比正午钝了些，虫鸣渐多了；渐飞渐多了！

老王婆工作剩余的时间，尽是述说她无穷的命运。她的牙齿为着述说常常切得发响，那样她表示她的愤恨和潜怒。在星光下，她的脸纹绿了些，眼睛发青，她的眼睛是大的圆形。有时她讲到兴奋的话句，她发着嗄而没有曲折的直声。邻居的孩子们会说她是一头“猫头鹰”，她常常为着小孩子们说她“猫头鹰”而愤激；她想自己怎么会成那样的怪物呢？像啐着一件什么东西似的，她开始吐痰。

孩子们的妈妈打了他们，孩子跑到一边去哭了！这时王婆她该终止她的讲说，她从窗洞爬进屋去过夜。但有时她并不注意孩子们哭，她不听见似地，她仍说着那一年麦子好；她多买了条牛，牛又生了小牛，小牛后来又怎样？……她的讲话总是有起有落；关于一条牛，她能有无量的言词：牛是什么颜色？每天要吃多少水草？甚至要说到牛睡觉是怎样的姿势。

但是今夜院中一个讨厌的孩子也没有，王婆领着两个邻妇，坐在一条喂猪的槽子上，她们的故事便流说一般地在夜空里延展开。

天空一些云忙走，月亮陷进云围时，云和烟样，和煤山样，快要燃烧似地。再过一会，月亮埋进云山，四面听不见蛙鸣；只是萤虫闪闪着。

屋里，像是洞里，响起鼾声来，布遍了的声波旋走了满院。天边小的闪光不住的在闪合。王婆的故事对比着天空的云：

“……一个孩子三岁了，我把她摔死了，要小孩子我会成了个废物。……那天早晨……我想一想！……早晨，我把她坐在草堆上，我去喂牛；草堆是在房后。等我想起孩子来，我跑去抱她，我看见草堆上没有孩子；看见草堆下有铁犁的时候，我知道，这是恶兆，偏偏孩子跌在铁犁一起，我以为她还活着呀！等我抱起来的时候……啊呀！”

一条闪光裂开来，看得清王婆是一个兴奋的幽灵。全麦田，高粱地，菜圃，都在闪光下出现，妇人们被惶惑着，像是有什么冷的东西，扑向她们的脸去。闪光一过，王婆的声音又继续下去：

“……啊呀！……我把她丢到草堆上，血尽是向草堆上流呀！她的小手颤颤着，血在冒着汽从鼻子流出，从嘴也流出，好像喉管被切断了。我听一听她的肚子还有响；那和一条小狗给车轮压死一样。我也亲眼看过小狗被车轮轧死，我什么都看过。这庄上的谁家养小孩，一遇到孩子不能养下来，我就去拿着钩子，也许用那个掘菜的刀子，把那孩子从娘的肚子里硬搅出来。孩子死，不算一回事，你们以为我会暴跳着哭吧？我会嚎叫吧？起先我心也觉得发颤，可是我一看见麦田在我眼前时，我一点都不后悔，我一滴眼泪都没淌下。以后麦子收成很好，麦子是我割倒的，在场上一粒一粒我把麦子拾起来，就是那年我整个秋天没有停脚，没讲闲话，像连口气也没得喘似的，冬天就来了！到冬天我和邻人比着麦粒，我的麦粒是那样大呀！到冬天我的背曲得有些厉害，在手里拿着大的麦粒。可是，邻人的孩子却长起来了！……到那时候，我好像忽然才想起我的小钟。”

王婆推一推邻妇，荡一荡头：

“我的孩子小名叫小钟呀！……我接连着煞苦了几夜没能睡，什么麦粒？从那时起，我连麦粒也不怎样看重了！就是如今，我也不把什么看重。那时我才二十几岁。”

闪光相连起来，能言的幽灵默默坐在闪光中。邻妇互相望

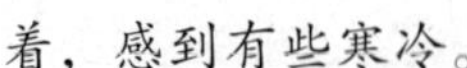

着，感到有些寒冷。

狗在麦场张狂着咬过去，多云的夜什么也不能告诉人们。忽然一道闪光，看见的黄狗卷着尾巴向二里半叫去，闪光一过，黄狗又回到麦堆，草茎折动出细微的声音。

“三哥不在家里?”

“他睡着哩!”王婆又回到她的默默中，她的答话像是从一个空瓶子或是从什么空的东西发出。猪槽上她一个人化石一般地留着。

“三哥！你又和三嫂闹嘴吗？你常常和她闹嘴，那会坏了平安的日子的。”

二里半，能宽容妻子，以他的感觉去衡量别人。

赵三点起烟火来，他红色的脸笑了笑：“我没和谁闹嘴哩!”

二里半他从腰间解下烟带，从容着说：

“我的羊丢了！你不知道吧？它又走了回来。要替我说出买主去，这条羊留着不是什么好兆相。”

赵三用粗嘎的声音大笑，大手和红色脸在闪光中伸现出来：

“哈……哈，倒不错，听说你的帽子飞到井边团团转呢!”

忽然二里半又看见身边长着一棵小树，快抓住小树，快抓住小树。他幻想终了，他知道被打的消息是传布出来，他捻一捻烟灰，解辩着说：

“那家子不通人情，那有丢了羊不许找的勾当？她硬说踏了她的白菜，你看，我不能和她动打。”

摇一摇头，受着辱一般的冷没下去，他吸烟管，切心地感到羊不是好兆相，羊会伤着自己的脸面。

来了一道闪光，大手的高大的赵三，从炕沿站起，用手掌擦着眼睛。他忽然响叫：

“怕是要落雨吧！——坏啦！麦子还没打完，在场上堆着!”

赵三感到养牛和种地不足，必须到城里去发展。他每日进

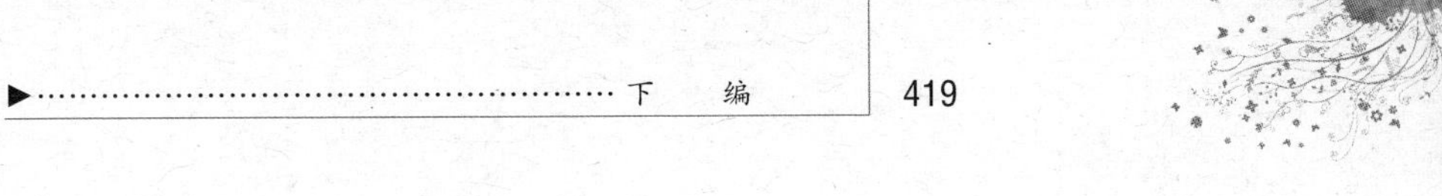

城，他渐渐不注意麦子，他梦想着另一桩有望的事业。

“那老婆，怎不去看麦子？麦一定要给水冲走呢？”

赵三习惯的总以为她会坐在院心，闪光更来了！雷响，风声。一切翻动着黑夜的村庄。

“我在这里呀！到草棚拿席子来，把麦子盖起吧！”

喊声在有闪光的麦场响出，声音像碰着什么似的，好像在水上响出，王婆又震动着喉咙：“快些，没有用的，睡觉睡昏啦！你是摸不到门啦！”

赵三为着未来的大雨所恐吓，没有与她拌嘴。

高粱地像要倒折，地端的榆树吹啸起来，有点像金属的声音，为着闪的原故，全庄忽然裸现，忽然又沉埋下去。全庄像是海上浮着的泡沫。邻家和距离远一点的邻家有孩子的哭声，大人在嚷吵，什么酱缸没有盖啦！驱赶着鸡雏啦！种麦田的人家嚷着麦子还没有打完啦！农家好比鸡笼，向着鸡笼投下火去，鸡们会翻腾着。

黄狗在草堆开始做窝，用腿扒草，用嘴扯草。王婆一边颤动，一边手里拿着耙子。

“该死的，麦子今天就应该打完，你进城就不见回来，麦子算是可惜啦！”

二里半在电光中走近家门。有雨点打下来，在植物的叶子上稀疏的响着。雨点打在他的头上时，他摸一下头顶而没有了草帽。关于草帽，二里半一边走路一边怨恨山羊。

早晨了，雨还没有落下。东边一道长虹悬起来；感到湿的气味的云掠过人头，东边高粱头上，太阳走在云后，那过于艳明，像红色的水晶，像红色的梦。远看高粱和小树林一般森严着；村家在早晨趁着气候的凉爽，各自在田间忙。

赵三门前，麦场上小孩子牵着马，因为是一条年青的马，它跳着荡着尾巴跟它的小主人走上场来。小马欢喜用嘴撞一撞停在

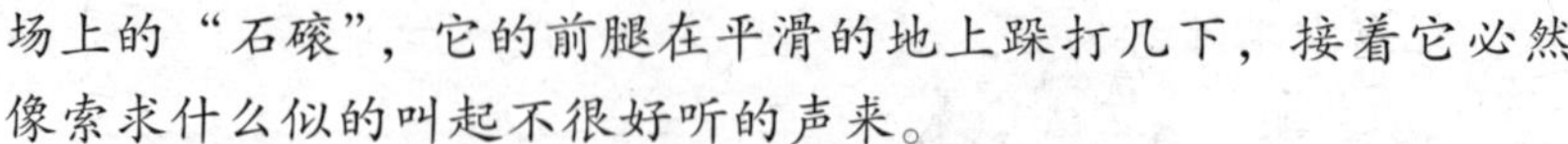



场上的“石磙”，它的前腿在平滑的地上踩打几下，接着它必然像索求什么似的叫起不很好听的声来。

王婆穿的宽袖的短袄，走上平场。她的头发毛乱而且绞卷着。朝晨的红光照着她，她的头发恰像田上成熟的玉米缨穗，红色并且蔫卷。

马儿把主人呼唤出来，它等待给它装置“石磙”，“石磙”装好的时候，小马摇着尾巴，不断的摇着尾巴，它十分驯顺和愉快。

王婆摸一摸席子潮湿一点，席子被拉在一边了；孩子跑过去，帮助她，麦穗布满平场，王婆拿着耙子站到一边。小孩欢跑着立到场子中央，马儿开始转跑。小孩在中心地点也是转着。好像画圆周时用的圆规一样，无论马儿怎样跑，孩子总在圆心的位置。因为小马发疯着，飘扬着跑，它和孩子一般地贪玩，弄得麦穗溅出场外。王婆用耙子打着马，可是走了一会它游戏够了，就和厮耍着的小狗需要休息一样，休息下来。王婆着了疯一般地又挥着耙子，马暴跳起来，它跑了两个圈子，把“石磙”带着离开铺着麦穗的平场；并且嘴里咬嚼一些麦穗。系住马勒带的孩子挨着骂：

“呵！你总偷着把它拉上场，你看这样的马能打麦子吗？死了去吧！别烦我吧！”

小孩子拉马走出平场的门；到马槽子那里，去拉那个老马。把小马束好在杆子间。老马差不多完全脱了毛，小孩子不爱它，用勒带打着它起，可是它仍和一块石头或是一棵生了根的植物那样不容搬运。老马是小马的妈妈，它停下来，用鼻头偎着小马肚皮间破裂的流着血的伤口。小孩子看见他爱的小马流血，心中惨惨的眼泪要落出来，但是他没能晓得母子之情，因为他还没能看见妈妈，他是私生子。脱着光毛的老动物，催逼着离开小马，鼻头染着一些血，走上麦场。

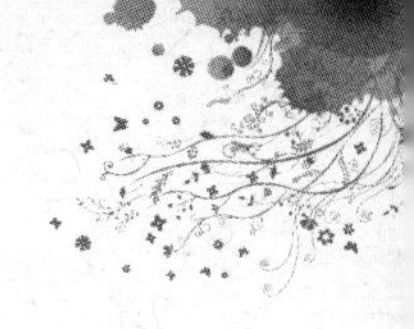

村前火车经过河桥，看不见火车，听见隆隆的声响。王婆注意着旋上天空的黑烟。前村的人家，驱着白菜车去进城，走过王婆的场子时，从车上抛下几个柿子来，一面说："你们是不种柿子的，这是贱东西，不值钱的东西，麦子是发财之道呀！"驱着车子的青年结实的汉子过去了；鞭子甩响着。

老马看着墙外的马不叫一声，也不响鼻子。小孩子拿柿子吃，柿子还不十分成熟，半青色的柿子，永远被人们摘取下来。

马静静地停在那里，连尾巴也不甩一下。也不去用嘴触一触石磙；就连眼睛它也不远看一下，同是它也不怕什么工作，工作来的时候，它就安心去开始；一些绳锁束上身时，它就跟住主人的鞭子。主人的鞭子很少落到它的皮骨，有时它过分疲惫而不能支持，行走过分缓慢；主人打了它，用鞭子，或是用别的什么，但是它并不暴跳，因为一切过去的年代规定了它。

麦穗在场上渐渐不成形了！

"来呀！在这儿拉一会马呀！平儿！"

"我不愿意和老马在一起，老马整天像睡着。"

平儿囊中带着柿子走到一边去吃，王婆怨怒着：

"好孩子呀！我管不好你，你还有爹哩！"

平儿没有理谁，走出场子，向着东边种着花的地端走去。他看着红花，吃着柿子走。

灰色的老幽灵暴怒了："我去唤你的爹爹来管教你呀！"

她像一支灰色的大鸟走出场去。

清早的叶子们！树的叶子们，花的叶子们，闪着银珠了！太阳不着边际地圆轮在高粱棵的上端，左近的家屋在预备早饭了。

老马自己在滚压麦穗，勒带在嘴下拖着，它不偷食麦粒，它不走脱了轨，转过一个圈，再转过一个，绳子和皮条有次序的向它光皮的身子摩擦，老动物自己无声的动在那里。

种麦的人家，麦草堆得高涨起来了！福发家的草地也涨过墙

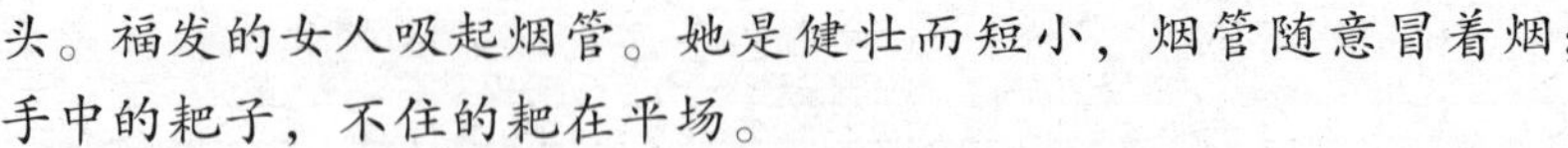

头。福发的女人吸起烟管。她是健壮而短小，烟管随意冒着烟；手中的耙子，不住的耙在平场。

侄儿打着鞭子行经在前面的林荫，静静悄悄的他唱着寂寞的歌；她为歌声感动了！耙子快要停下来，歌声仍起在林端：

“昨晨落着毛毛雨，……小姑娘，披蓑衣……小姑娘，……去打鱼。”

## 二、菜　圃

菜圃上寂寞的大红的西红柿，红着了。小姑娘们摘取着柿子，大红大红的柿子，盛满她们的筐篮；也有的在拔青萝卜、红萝卜。

金枝听着鞭子响，听着口哨响，她猛然站起来，提好她的筐子惊惊怕怕地走出菜圃。在菜田东边，柳条墙的那个地方停下，她听一听口笛渐渐远了！鞭子的响声与她隔离着了！她忍耐着等了一会，口笛婉转地从背后的方向透过来；她又将与他接近着了！菜田上一些女人望见她，远远的呼唤：

“你不来摘柿子，干什么站到那儿?”

她摇一摇她成双的辫子，她大声摆着手说：“我要回家了!”

姑娘假装着回家，绕过人家的篱墙，躲避一切菜田上的眼睛，朝向河湾去了。筐子挂在腕上，摇摇搭搭。口笛不住地在远方催逼她，仿佛她是一块被引的铁跟住了磁石。

静静的河湾有水湿的气味，男人等在那里。

五分钟过后，姑娘仍和小鸡一般，被野兽压在那里。男人着了疯了！他的大手敌意一般地捉紧另一块肉体，想要吞食那块肉体，想要破坏那块热的肉。尽量地充涨了血管，仿佛他是在一条白的死尸上面跳动，女人赤白的圆形的腿子，不能盘结住他。于是一切音响从两个贪婪着的怪物身上创造出来。

迷迷荡荡的一些花穗颤在那里，背后的长茎草倒折了！不远的地方打柴的老人在割野草。他们受着惊扰了，发育完强的青年的汉子，带着姑娘，像猎犬带着捕捉物似的，又走下高粱地去。他手是在姑娘的衣裳下面展开着走。

吹口哨，响着鞭子，他觉得人间是温存而愉快。他的灵魂和肉体完全充实着，婶婶远远地望见他，走近一点，婶婶说：

“你和那个姑娘又遇见吗？她真是个好姑娘。……唉……唉！”

婶婶像是烦躁一般紧紧靠住篱墙。侄儿向她说：

“婶娘你唉唉什么呢？我要娶她哩！”

“唉……唉……”

婶婶完全悲伤下去，她说：

“等你娶过来，她会变样，她不和原来一样，她的脸是青白色；你也再不把她放在心上，你会打骂她呀！男人们心上放着女人，也就是你这样的年纪吧！”

婶婶表示出她的伤感，用手按住胸膛，她防止着心脏起什么变化，她又说：

“那姑娘我想该有了孩子吧？你要娶她，就快些娶她。”

侄儿回答：“她娘还不知道哩！要寻一个做媒的人。”

牵着一条牛，福发回来。婶婶望见了，她急旋着走回院中，假意收拾柴栏。叔叔到井边给牛喝水，他又拉着牛走了！婶婶好像小鼠一般又抬起头来，又和侄儿讲话：

“成业，我对你告诉吧！年青的时候，姑娘的时候，我也到河边去钓鱼，九月里落着毛毛雨的早晨，我披着蓑衣坐在河沿，没有想到，我也不愿意那样；我知道给男人做老婆是坏事，可是你叔叔，他从河沿把我拉到马房去，在马房里，我什么都完啦！可是我心也不害怕，我欢喜给你叔叔做老婆。这时节你看，我怕男人，男人和石块一般硬，叫我不敢触一触他。”

“你总是唱什么落着毛毛雨，披蓑衣去打鱼……我再也不愿听这曲子，年轻人什么也不可靠，你叔叔也唱这曲子哩！这时他再也不想从前了！那和死过的树一样不能再活。”

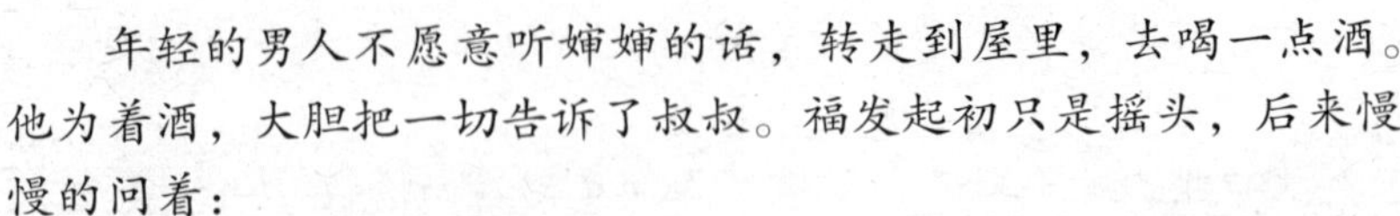

年轻的男人不愿意听婶婶的话，转走到屋里，去喝一点酒。他为着酒，大胆把一切告诉了叔叔。福发起初只是摇头，后来慢慢的问着：

“那姑娘是十七岁吗？你是二十岁。小姑娘到咱们家里，会做什么活计？”

争夺着一般的，成业说：

“她长得好看哩！她有一双亮油油的黑辫子。什么活计她也能做，很有力气呢！”

成业的一些话，叔叔觉得他是喝醉了，往下叔叔没有说什么，坐在那里沉思过一会，他笑着望着他的女人：

“啊呀……我们从前也是这样哩！你忘记吗？那些事情，你忘记了吧！……哈……哈，有趣的呢，回想年青真有趣的哩。”

女人想过去拉着福发的臂，去抚媚他。但是没有动，她感到男人的笑脸不是从前的笑脸，她心中被他无数生气的面孔充塞住，她没有动，她笑一下赶忙又把笑脸收了回去。她怕笑得时间长，会要挨骂。男人叫把酒杯拿过去，女人听了这话，听了命令一般把杯子拿给他。于是丈夫也昏沉的睡在炕上。

女人悄悄地蹑着脚走出了，停在门边，她听着纸窗在耳边鸣，她完全无力，完全灰色下去。场院前，蜻蜓们闹着向日葵的花。但这与年青的妇人绝对隔碍着。

纸窗渐渐地发白，渐渐可以分辨出窗棂来了！进过高粱地的姑娘一边幻想着一边哭，她是那样的低声，还不如窗纸的鸣响。

她的母亲翻转过身时，哼着，有时也锉响牙齿。金枝怕要挨打，连在黑暗中把眼泪也拭得干净。老鼠一般地整夜好像睡在猫的尾巴下。通夜都是这样，每次母亲翻动时，像爆裂一般地，向自己的女孩的枕头的地方骂一句：

“该死的！”

接着她便要吐痰，通夜是这样，她吐痰，可是她并不把痰吐到地上；她愿意把痰吐到女儿的脸上。这次转身她什么也没有吐，也没骂。

可是清早，当女儿梳好头辫，要走上田的时候，她疯着一般夺下她的筐子：

“你还想摘柿子吗？金枝，你不像摘柿子吧？你把筐子都丢啦！我看你好像一点心肠也没有，打柴的人幸好是朱大爷，若是别人拾去还能找出来吗？若是别人拾得了筐子，名声也不能好听哩！福发的媳妇，不就是在河沿坏的事吗？全村就连孩子们也是传说。唉！……那是怎样的人呀？以后婆家也找不出去。她有了孩子，没法做了福发的老婆，她娘为这事羞死了似的，在村子里见人，都不能抬起头来。”

母亲看着金枝的脸色马上苍白起来，脸色变成那样脆弱。母亲以为女儿可怜了，但是她没晓得女儿的手从她自己的衣裳里边偷偷的按着肚子，金枝感到自己有了孩子一般恐怖。母亲说：

“你去吧！你可别再和小姑娘们到河沿去玩，记住，不许到河边去。”

母亲在门外看着姑娘走，她没立刻转回去，她停住在门前许多时间，眼望着姑娘加入田间的人群。母亲回到屋中一边烧饭，一边叹气，她体内像染着什么病患似的。

农家每天从田间回来才能吃早饭。金枝走回来时，母亲看见她手在按着肚子：

“你肚子疼吗？”

她被惊着了，手从衣裳里边抽出来，连忙摇着头：“肚子不疼。”

“有病吗？”

“没有病。”

于是她们吃饭。金枝什么也没有吃下去，只吃过粥饭就离开饭桌了！母亲自己收拾了桌子说：

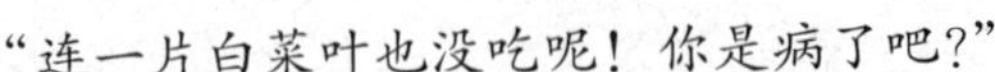

“连一片白菜叶也没吃呢！你是病了吧？”

等金枝出门时，母亲呼唤着：

“回来，再多穿一件夹袄，你一定是着了寒，才肚子疼。”

母亲加一件衣服给她，并且又说：

“你不要上地吧？我去吧！”

金枝一面摇着头走了！披在肩上的母亲的小袄没有扣钮子，被风吹飘着。

金枝家的一片柿地，和一个院宇那样大的一片。走进柿地嗅到辣的气味，刺人而说不定是什么气味。柿秧最高的有两尺高，在枝间挂着金红色的果实。每棵，每棵挂着许多，也挂着绿色或是半绿色的一些。除了另一块柿地和金枝家的柿地连接着，左近全是菜田了！八月里人们忙着扒“土豆”；也有的砍着白菜，装好车子进城去卖。

二里半就是种菜田的人。麻面婆来回的搬着大头菜，送到地端的车子上。罗圈腿也是来回向地端跑着，有时他抱了两棵大形的圆白菜，走起来两臂像是架着两块石头样。

麻面婆看见身旁别人家的倭瓜红了。她看一下，近处没有人，起始把靠菜地长着的四个大倭瓜都摘落下来了。两个和小西瓜一样大的，她叫孩子抱着。罗圈腿脸累得涨红和倭瓜一般红，他不能再抱动了！两臂像要被什么压掉一般。还没能到地端，刚走过金枝身旁，他大声求救似的：

“爹呀，西……西瓜快要摔啦，快要摔碎啦！”

他着忙把倭瓜叫西瓜。菜田许多人，看见这个孩子都笑了！凤姐望着金枝说：

“你看这个孩子，把倭瓜叫成西瓜。”

金枝看了一下，用面孔无心的笑了一下。二里半走过来，踢了孩子一脚；两个大的果实坠地了！孩子没有哭，发愣地站到一边。二里半骂他：

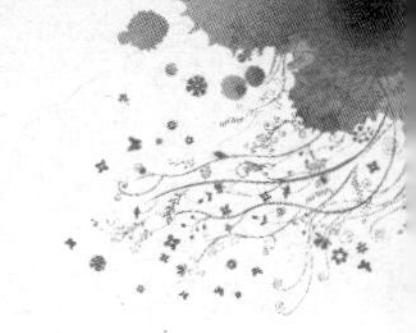



"混蛋，狗娘养的，叫你抱白菜，谁叫你摘倭瓜啦？……"

麻面婆在后面走着，她看到儿子遇了事，她巧妙地弯下身去，把两个更大的倭瓜丢进柿秧中。谁都看见她做这种事，只是她自己感到巧妙。二里半问她：

"你干的吗？糊涂虫！错非你……"

麻面婆哆嗦了一下，口齿比平常更不清楚了："……我没……"

孩子站在一边尖锐地嚷着："不是你摘下来叫我抱着送上车的吗？不认账！"

麻面婆她使着眼神，她急得要说出口来："我是偷的呢！该死的……别嚷叫啦，要被人抓住啦！"

平常最没有心肠看热闹的，不管田上发生了什么事，也沉埋在那里的人们，现在也来围住她们了！这里好像唱着武戏，戏台上耍着他们一家三人。二里半骂着孩子：

"他妈的混账，不能干活，就能败坏，谁叫你摘倭瓜？"

罗圈腿那个孩子，一点也不服气地跑过去，从柿秧中把倭瓜滚弄出来了！大家都笑了，笑声超过人头。可是金枝好像患着传染病的小鸡一般，眨着眼睛蹲在柿身下，她什么也没有理会，她逃出了眼前的世界。

二里半气愤得几乎不能呼吸，等他说出"倭瓜"是自家种的，为着留种子的时候，麻面婆站在那里才松了一口气。她以为这没有什么过错，偷摘自己的倭瓜。她仰起头来向大家表白："你们看，我不知道，实在不知道倭瓜是自家的呢！"

麻面婆不管自己说话好笑不好笑，挤过人围，结果把倭瓜抱到车子那里。于是车子走向进城的大道，弯腿的孩子拐拐歪歪跑在后面。马，车，人渐渐消失在道口了！

田间不断地讲着偷菜棵的事。关于金枝也起着流言：

"那个丫头也算完啦！"

"我早看她起了邪心，看她摘一个柿子要半天工夫；昨天把

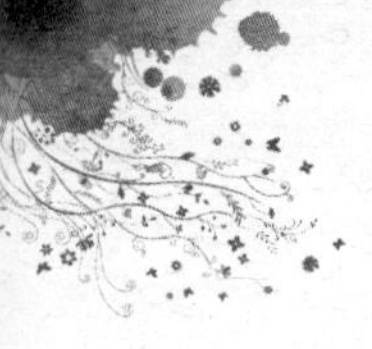



柿筐都忘在河沿!"

"河沿不是好人去的地方。"

凤姐身后,两个中年的妇人坐在那里扒胡萝卜。可是议论着,有时也说出一些淫污的话,使凤姐不大明白。

金枝的心总是悸动着,时间像蜘蛛缕着丝线那样绵长;心境坏到极点。金枝脸色脆弱朦胧得像罩着一块面纱。她听一听口哨还没有响。辽阔得可以看到福发家的围墙,可是她心中的哥儿却永不见出来。她又继续摘柿子,无论青色的柿子她也摘下。她没能注意到柿子的颜色,并且筐子也满着了!她不把柿子送回家去,一些杂色的柿子被她散乱的铺了满地。那边又有女人故意大声议论她:

"上河沿去跟男人,没羞的,男人扯开她的裤子……"

金枝关于跟前的一切景物和声音,她忽略过去;她把肚子按得那样紧,仿佛肚子里面跳动了!忽然口哨传来了!她站起来,一个柿子被踏碎,像是被踏碎的蛤蟆一样,发出水声。她被跌倒了,口哨也跟着消灭了!以后无论她怎样听,口哨也不再响了。

金枝和男人接触过三次;第一次还是在两个月以前,可是那时母亲什么也不知道,直到昨天筐子落到打柴人手里,母亲算是渺渺茫茫地猜度着一些。

金枝过于痛苦了,觉得肚子变成个可怕的怪物,觉得里面有一块硬的地方,手按得紧些,硬的地方更明显。等她确信肚子里有了孩子的时候,她的心立刻发呕一般颤嗦起来,她被恐惧把握着了。奇怪的,两个蝴蝶叠落着贴落在她的膝头。金枝看着这邪恶的一对虫子而不拂去它。金枝仿佛是米田上的稻草人。

母亲来了,母亲的心远远就系在女儿的身上。可是她安静地走来,远看她的身体几乎呈出一个完整的方形,渐渐可以辨得出她尖形的脚在袋口一般的衣襟下起伏的动作。在全村的老妇人中什么是她的特征呢?她发怒和笑着一般,眼角集着愉快的多形的

纹绉。嘴角也完全愉快着，只是上唇有些差别，在她真正愉快的时候，她的上唇短了一些。在她生气的时候，上唇特别长，而且唇的中央那一小部分尖尖的，完全像鸟雀的嘴。

母亲停住了。她的嘴是显着她的特征，——全脸笑着，只是嘴和鸟雀的嘴一般。因为无数青色的柿子惹怒她了！金枝在沉想的深渊中被母亲踢打了：

“你发傻了吗？啊……你失掉了魂啦？我撕掉你的辫子……”

金枝没有挣扎，倒了下来。母亲和老虎一般捕住自己的女儿。金枝的鼻子立刻流血。

她小声骂她，大怒的时候她的脸色更畅快笑着，慢慢地掀着尖唇，眼角的线条更加多的组织起来。

“小老婆，你真能败毁。摘青柿子。昨夜我骂了你，不服气吗？”

母亲一向是这样，很爱护女儿，可是当女儿败坏了菜棵，母亲便去爱护菜棵了。农家无论是菜棵，或是一株茅草也要超过人的价值。

该睡觉的时候了！火绳从门边挂手巾的铁线上倒垂下来，屋中听不着一个蚊虫飞了！夏夜每家挂着火绳。那绳子缓慢而绵长的燃着。惯常了，那像庙堂中燃着的香火，沉沉的一切使人无所听闻，渐渐催人入睡。艾蒿的气味渐渐织入一些疲乏的梦魂去。蚊虫被艾蒿烟驱走。金枝同母亲还没有睡的时候，有人来在窗外，轻慢的咳嗽着。

母亲忙点灯火，门响开了！是二里半来了。无论怎样母亲不能把灯点着，灯心处爆着水的炸响，母亲手中举着一枝火柴，把小灯举得和眉头一般高，她说：

“一点点油也没有了呢！”

金枝到外房去倒油。这个时间，他们谈说一些突然的事情。母亲关于这事惊恐似的，坚决的，感到羞辱一般的荡着头：

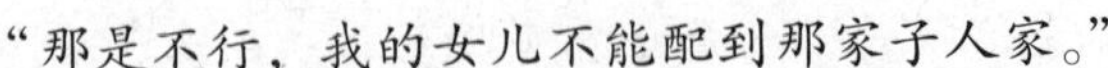

“那是不行，我的女儿不能配到那家子人家。”

二里半听着姑娘在外房盖好油罐子的声音，他往下没有说什么。金枝站在门限向妈妈问：“豆油没有了，装一点水吧？”

金枝把小灯装好，摆在炕沿。燃着了！可是二里半到她家来的意义是为着她，她一点不知道，二里半为着烟袋向倒悬的火绳取火。

母亲，手在按住枕头，她像是想什么，两条直眉几乎相连起来。女儿在她身边向着小灯垂下头。二里半的烟火每当他吸过了一口便红了一阵。艾蒿烟混加着烟叶的气味，使小屋变做地下的窖子一样黑重！二里半作窘一般的咳嗽了几声。金枝把流血的鼻子换上另一块棉花。因为没有言语，每个人起着微小的潜意识的动作。

就这样坐着，灯火又响了。水上的浮油烧尽的时候，小灯又要灭，二里半沉闷着走了！二里半为人说媒被拒绝，羞辱一般的走了。

中秋节过去，田间变成残败的田间；太阳的光线渐渐从高空忧郁下来，阴湿的气息在田间到处撩走。南部的高粱完全睡倒下来，接接连连的望去，黄豆秧和揉乱的头发一样蓬蓬在地面，也有的地面完全拔秃似的。

早晨和晚间都是一样，田间憔悴起来。只见车子，牛车和马车轮轮滚滚地载满高粱的穗头，和大豆的秆秧。牛们流着口涎愚直的挂下着，发出响动的车子前进。

福发的侄子驱着一条青色的牛，向自家的场院载拖高粱。他故意绕走一条曲道，那里是金枝的家门，她心涨裂一般的惊慌，鞭子于是响来了。

金枝放下手中红色的辣椒，向母亲说：

“我去一趟茅屋。”

于是老太太自己串辣椒，她串辣椒和纺织一般快。

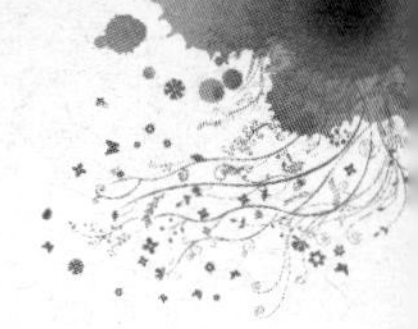

金枝的辫子毛毛着，脸是完全充了血。但是她患着病的现象，把她变成和纸人似的，像被风飘着似的出现房后的围墙。

你害病吗？倒是为什么呢？但是成业是乡村长大的孩子，他什么也不懂得问。他丢下鞭子，从围墙宛如飞鸟落过墙头，用腕力掳住病的姑娘；把她压在墙角的灰堆上，那样他不是想要接吻她，也不是想要热情的讲些情话，他只是被本能支使着想动作一切。金枝打断着一般的说：

"不行啦！娘也许知道啦，怎么媒人还不见来？"

男人回答：

"嗳，李大叔不是来过吗？你一点不知道！他说你娘不愿意。明天他和我叔叔一道来。"

金枝按着肚子给他看，一面摇头："不是呀！……不是呀！你看到这个样子啦！"

男人完全不关心，他小声响起："管他妈的，活该愿意不愿意，反正是干啦！"

他的眼光又失常了，男人仍被本能不停的要求着。

母亲的咳嗽声，轻轻的从薄墙透出来。墙外青牛的角上挂着秋空的游丝。

母亲和女儿在吃晚饭，金枝呕吐起来，母亲问她："你吃了苍蝇吗？"

她摇头，母亲又问："是着了寒吧！怎么你总有病呢？你连饭都咽不下去。不是有痨病啦?!"

母亲说着去按女儿的腹部，手在夹衣上来回的摸了阵。手指四张着在肚子上思索了又思索："你有了痨病吧？肚子里有一块硬呢！有痨病人的肚子才是硬一块。"

女儿的眼泪要垂流一般地挂到眼毛的边缘。最后滚动着从眼毛滴下来了！就是在夜里，金枝也起来到外边去呕吐，母亲迷蒙中听着叫娘的声音。窗上的月光差不多和白昼一般明，看得清金

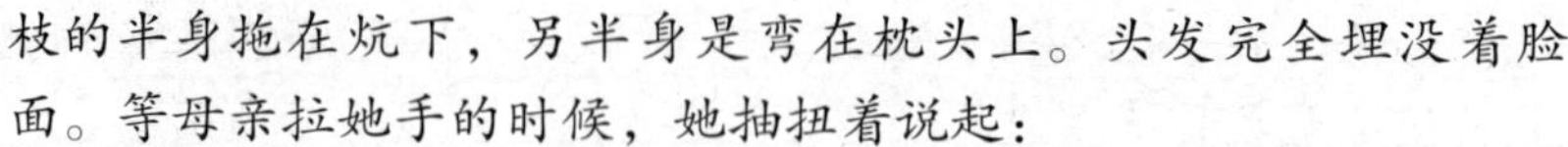

枝的半身拖在炕下，另半身是弯在枕头上。头发完全埋没着脸面。等母亲拉她手的时候，她抽扭着说起：

“娘……把女儿嫁给福发的侄子吧！我肚里不是……病，是……”

到这时节母亲更要打骂女儿了吧？可不是那样，母亲好像本身有了罪恶，听了这话，立刻麻木着了，很长的时间她像不存在一样。过了一刻母亲用她从不用过温和的声调说：

“你要嫁过去吗？二里半那天来说媒，我是顶走他的，到如今这事怎么办呢？”

母亲似乎是平息了一下，她又想说，但是泪水塞住了她的嗓子，像是女儿窒息了她的生命似的，好像女儿把她羞辱死了！

## 三、老马走进屠场

老马走上进城的大道，“私宰场”就在城门的东边。那里的屠刀正张着，在等待这个残老的动物。

老王婆不牵着她的马儿，在后面用一条短枝驱着它前进。

大树林子里有黄叶回旋着，那是些呼叫着的黄叶。望向林子的那端，全林的树棵，仿佛是关落下来的大伞。凄沉的阳光，晒着所有的秃树。田间望遍了远近的人家。深秋的田地好像没有感觉的光了毛的皮革，远近平铺着。夏季埋在植物里的家屋，现在明显地好像突出地面一般，好像新从地面突出。

深秋带来的黄叶，赶走了夏季的蝴蝶。一张叶子落到王婆的头上，叶子是安静地伏贴在那里。王婆驱着她的老马，头上顶着飘落的黄叶；老马，老人，配着一张老的叶子，他们走在进城的大道。

道口渐渐看见人影，渐渐看见那个人吸烟，二里半迎面来了。他长形的脸孔配起摆动的身子来，有点像一个驯顺的猿猴。他说：“唉呀！起得太早啦！进城去有事吗？怎么，驱着马进城，不装车粮拉着？”

振一振袖子，把耳边的头发向后抚弄一下，王婆的手颤抖着说了："到日子了呢！下汤锅去吧！"王婆什么心情也没有，她看着马在吃道旁的叶子。她用短枝驱着又前进了。

二里半感到非常悲痛。他痉挛着了。过了一个时刻转过身来，他赶上去说："下汤锅是下不得的，……下汤锅是下不得……"但是怎样办呢？二里半连半句语言也没有了！他扭歪着身子跨到前面，用手摸一摸马儿的鬃发。老马立刻响着鼻子了！它的眼睛哭着一般，湿润而模糊。悲伤立刻掠过王婆的心孔。哑着嗓子，王婆说："算了吧！算了吧！不下汤锅，还不是等着饿死吗？"

深秋秃叶的树，为了惨厉的风变，脱去了灵魂一般吹啸着。马行在前面，王婆随在后面，一步一步屠场近着了；一步一步风声送着老马归去。

王婆她自己想着：一个人怎么变得这样厉害？年青的时候，不是常常为着送老马或是老牛进过屠场吗？她颤寒起来，幻想着屠刀要像穿过自己的背脊，于是，手中的短枝脱落了！她茫然晕昏地停在道旁，头发舞着好像个鬼魂样。等她重新拾起短枝来，老马不见了！它到前面小水沟的地方喝水去了！这是它最末一次饮水吧！老马需要饮水，它也需要休息，在水沟旁倒卧下了！它慢慢呼吸着。王婆用低音、慈和的音调呼唤着："起来吧！走进城去吧，有什么法子呢？"马仍然仰卧着。王婆看一看日午了，还要赶回去烧午饭，但，任她怎样拉缰绳，马仍是没有移动。

王婆恼怒着了！她用短枝打着它起来。虽是起来，老马仍然贪恋着小水沟。王婆因为苦痛的人生，使她易于暴怒，树枝在马儿的脊骨上断成半截。

又安然走在大道上了！经过一些荒凉的家屋，经过几座颓败的小庙。一个小庙前躺着个死了的小孩，那是用一捆谷草束扎着的。孩子小小的头顶露在外面，可怜的小脚从草梢直伸出来；他

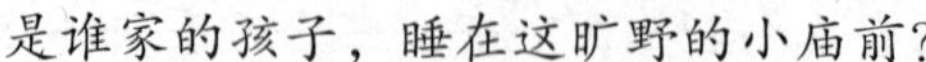

是谁家的孩子，睡在这旷野的小庙前?

屠场近着了，城门就在眼前；王婆的心更翻着不停了。

五年前它也是一匹年青的马，为了耕种，伤害得只有毛皮蒙遮着骨架。现在它是老了！秋末了！收割完了！没有用处了！只为一张马皮，主人忍心把它送进屠场。就是一张马皮的价值，地主又要从王婆的手里夺去。

王婆的心自己感觉得好像悬起来；好像要掉落一般，当她看见板墙钉着一张牛皮的时候。那一条小街尽是一些要坍落的房屋；女人啦，孩子啦，散集在两旁。地面踏起的灰粉，污没着鞋子，冲上人的鼻孔。孩子们抬起土块，或是垃圾团打击着马儿，王婆骂道：

“该死的呀！你们这该死的一群。”

这是一条短短的街。就在短街的尽头，张开两张黑色的门扇。再走近一点，可以发见门扇斑斑点点的血印。被血痕所恐吓的老太婆好像自己踏在刑场了！她努力镇压着自己，不让一些年青时所见到的刑场上的回忆翻动。但，那回忆却连续地开始织张：——一个小伙子倒下来了，一个老头也倒下来了！挥刀的人又向第三个人作着势子。

仿佛是箭，又像火刺烧着王婆，她看不见那一群孩子在打马，她忘记怎样去骂那一群顽皮的孩子。走着，走着，立在院心了。四面板墙钉住无数张毛皮。靠近房檐立了两条高杆，高杆中央横着横梁；马蹄或是牛蹄折下来用麻绳把两只蹄端扎连在一起，做一个叉形挂在上面，一团一团的肠子也搅在上面；肠子因为日久了，干成黑色不动而僵直的片状的绳索。并且那些折断的腿骨，有的从折断处涔滴着血。

在南面靠墙的地方也立着高杆，杆头晒着在蒸气的肠索。这是说，那个动物是被杀死不久哩！肠子还热着呀！

满院在蒸发腥气，在这腥味的人间，王婆快要变做一块铅

了！沉重而没有感觉了！

老马——棕色的马，它孤独地站在板墙下，它借助那张钉好的毛皮在搔痒。此刻它仍是马，过一会它将也是一张皮了！

一个大眼睛的恶面孔跑出来，裂着胸襟。说话时，可见他胸膛在起伏：

"牵来了吗？啊！价钱好说，我好来看一下。"

王婆说："给几个钱我就走了！不要麻烦啦。"

那个人打一打马的尾巴，用脚踢一踢马蹄；这是怎样难忍的一刻呀！

王婆得到三张票子，这可以充纳一亩地租。看着钱比较自慰些，她低着头向大门走去，她想还余下一点钱到酒店去买一点酒带回去，她已经跨出大门，后面发着响声：

"不行，不行，……马走啦！"

王婆回过头来，马又走在后面；马什么也不知道，仍想回家。屠场中出来一些男人，那些恶面孔们，想要把马抬回去，终于马躺在道旁了！像树根盘结在地中。无法，王婆又走回院中，马也跟回院中。她给马搔着头顶，它渐渐卧在地面了！渐渐想睡着了！忽然王婆站起来向大门奔走。在道口听见一阵关门声。

她哪有心肠买酒？她哭着回家，两只袖子完全湿透。那好像是送葬归来一般。

家中地主的使人早等在门前，地主们就连一块铜板也从不舍弃在贫农们的身上，那个使人取了钱走去。

王婆半日的痛苦没有代价了！王婆一生的痛苦也都是没有代价。

## 四、荒　山

冬天，女人们像松树子那样容易结聚，在王婆家里满炕坐着女人。五姑姑在编麻鞋，她为着笑，弄得一条针丢在席缝里，她寻找针的时候，做出可笑的姿势来，她像一个灵活的小鸽子站起

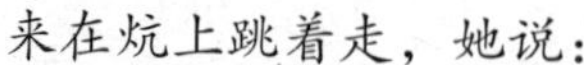

来在炕上跳着走，她说：

“谁偷了我的针？小狗偷了我的针？”

“不是呀！小姑爷偷了你的针！”

新娶来的菱芝嫂嫂，总是爱说这一类的话。五姑姑走过去要打她。

“莫要打，打人将要找一个麻面的姑爷。”

王婆在厨房里这样搭起声来；王婆永久是一阵忧默，一阵欢喜，与乡村中别的老妇们不同。她的声音又从厨房打来：

“五姑姑编成几双麻鞋了？给小丈夫要多多编几双呀！”

五姑姑坐在那里做出表情来，她说：

“哪里有你这样的老太婆，快五十岁了，还说这样话！”

王婆又庄严点说：

“你们都年青，哪里懂什么，多多编几双吧！小丈夫才会稀罕哩。”

大家哗笑着了！但五姑姑不敢笑，心里笑，垂下头去，假装在席上找针。等菱芝嫂把针还给五姑姑的时候，屋子安然下来，厨房里王婆用刀刮着鱼鳞的声响，和窗外雪擦着窗纸的声响，混杂在一起了。

王婆用冷水洗着冻冰的鱼，两只手像个胡萝卜样。她走到炕沿，在火盆边烘手。生着斑点在鼻子上的死去丈夫的妇人放下那张小破布，在一摊乱布里去寻更小的一块；她迅速的穿补。她的面孔有点像王婆，腮骨很高，眼睛和琉璃一般深嵌在好像小洞似的眼眶里，并且也和王婆一样，眉峰是突出的。那个女人不喜欢听一些妖艳的词句，她开始追问王婆：

“你的第一家那个丈夫还活着吗？”

两只在烘着的手，有点腥气；一颗鱼鳞掉下去，发出小小响声，微微上腾着烟。她用盆边的灰把烟埋住，她慢慢摇着头，没有回答那个问话。鱼鳞烧的烟有点难耐，每个人皱一下鼻头，或是用手揉一揉鼻头。生着斑点的寡妇，有点后悔，觉得不应该问这话。墙角坐着五姑姑的姐姐，她用麻绳穿着鞋底的吵音单调地起落着。

厨房的门，因为结了冰，破裂一般地鸣叫。

“呀！怎么买这些黑鱼？”

大家都知道是打鱼村的李二婶子来了。听了声音，就可以想象她稍长的身子。

“真是快过年了？真有钱买这些鱼？”

在冷空气中，音波响得很脆；刚踏进里屋，她就看见炕上坐满着人：“都在这儿聚堆呢！小老婆们！”

她生得这般瘦，腰，临风就要折断似的；她的奶子那样高，好像两个对立的小岭。斜面看她的肚子似乎有些不平起来。靠着墙给孩子吃奶的中年妇人，望察着而后问：

“二婶子，不是又有了呵？”

二婶子看一看自己的腰身说：

“像你们呢！怀里抱着，肚子里还装着……”

她故意在讲骗话，过了一会她坦白告诉大家：

“那是三个月了呢？你们还看不出？”

菱芝嫂在她肚皮上摸了一下，她邪昵地浅浅地笑了：

“真没出息，整夜尽搂着男人睡吧？”

“谁说？你们新媳妇才那样。”

“新媳妇……？哼！倒不见得！”

“像我们都老了！那不算一回事啦，你们年青，那才了不得哪！小丈夫才会新鲜哩！”

每个人为了言词的引诱，都在幻想着自己，每个人都有些心跳；或是每个人的脸都发烧。就连没出嫁的五姑姑都感着神秘而不安了！她羞羞迷迷地经过厨房回家去了！只留下妇人们在一起，她们言调更无边际了！王婆也加入这一群妇人的队伍，她却

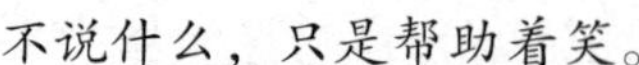

不说什么，只是帮助着笑。

在乡村永久不晓得，永久体验不到灵魂，只有物质来充实她们。

李二婶子小声问菱芝嫂；其实小声人们听得更清！

菱芝嫂她毕竟是新嫁娘，她猛然羞着了！不能开口。李二婶子的奶子颤动着，用手去推动菱芝嫂：

“说呀！你们年青，每夜要有那事吧?”

在这样的当儿，二里半的婆子进来了！二婶子推撞菱芝嫂一下：

“你快问问她!”

那个傻婆娘一向说话是有头无尾：

“十多回。”

全屋人都笑得流着眼泪了！孩子从母亲的怀中起来，大声的哭号。

李二婶子静默一会，她站起来说：

“月英要吃咸黄瓜，我还忘了，我是来拿黄瓜。”

李二婶子，拿了黄瓜走了，王婆去烧晚饭，别人也陆续着回家了。王婆自己在厨房里炸鱼。为了烟，房中也不觉得寂寞。

鱼摆在桌子上，平儿也不回来，平儿的爹爹也不回来，暗色的光中王婆自己吃饭，热气作伴着她。

月英是打鱼村最美丽的女人。她家也最穷，和李二婶子隔壁住着。她是如此温和，从不听她高声笑过，或是高声吵嚷。生就的一对多情的眼睛，每个人接触她的眼光，好比落到绵绒中那样愉快和温暖。

可是现在那完全消失了！每夜李二婶子听到隔壁惨厉的哭声；十二月严寒的夜，隔壁的哼声愈见沉重了！

山上的雪被风吹着像埋蔽这傍山的小房似的。大树号叫，风雪向小房遮蒙下来。一株山边斜歪着的大树，倒折下来。寒月怕

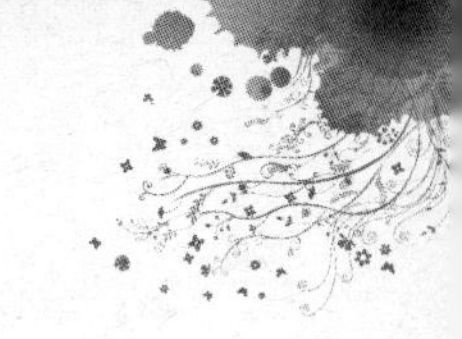

被一切声音扑碎似的，退缩到天边去了！这时候隔壁透出来的声音，更哀楚。

“你……你给我一点水吧！我渴死了！”

声音弱得柔惨欲断似的：

“嘴干死了！……把水碗给我呀！”

一个短时间内仍没有回应，于是孱弱哀楚的小响不再作了！啜泣着，哼着，隔壁像是听到她流泪一般，滴滴点点地。

日间孩子们集聚在山坡，缘着树枝爬上去，顺着结冰的小道滑下来，他们有各样不同的姿势：——倒滚着下来，两腿分张着下来。也有冒险的孩子，把头向下，脚伸向空中溜下来。常常他们要跌破流血回家。冬天，对于村中的孩子们，和对于花果同样暴虐。他们每人的耳朵春天要脓胀起来，手或是脚都裂开条口，乡村的母亲们对于孩子们永远和对敌人一般。当孩子把爹爹的棉帽偷着戴起跑出去的时候，妈妈追在后面打骂着夺回来，妈妈们摧残孩子永久疯狂着。

王婆约会五姑姑来探望月英。正走过山坡，平儿在那里。平儿偷穿着爹爹的大毡靴子；他从山坡奔逃了！靴子好像两只大熊掌样挂在那个孩子的脚上，平儿蹒跚着了！从上坡滚落着了！可怜的孩子带着那样黑大不相称的脚，球一般滚转下来，跌在山根的大树干上。王婆宛如一阵风落到平儿的身上；那样好像山间的野兽要猎食小兽一般凶暴。终于王婆提了靴子，平儿赤脚回家，使平儿走在雪上，好像使他走在火上一般不能停留。任孩子走得怎样远，王婆仍是说着：

“一双靴子要穿过三冬，踏破了哪里有钱买？你爹进城去都没穿哩！”

月英看见王婆还不及说话，她先哑了嗓子。王婆把靴子放在炕下，手在抹擦鼻涕：

“你好了一点？脸孔有一点血色了！”

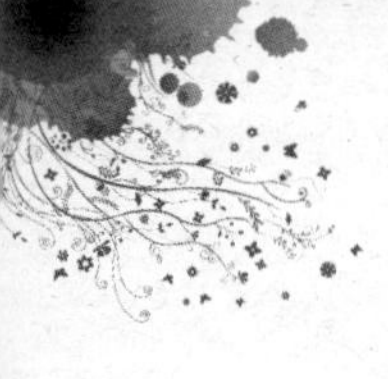



月英把被子推动一下，但被子仍然伏盖在肩上，她说：

“我算完了，你看我连被子都拿不动了！”

月英坐在炕的当心。那幽黑的屋子好像佛龛，月英好像佛龛中坐着的女佛。用枕头四面围住她，就这样过了一年。一年月英没能倒下睡过。她患着瘫病，起初她的丈夫替她请神，烧香，也跑到土地庙前索药。后来就连城里的庙也去烧香，但是奇怪的是月英的病并不为这些香火和神鬼所治好。以后做丈夫的觉得责任尽到了，并且月英一个月比一个月加病，做丈夫的感着伤心！他嘴里骂：

“娶了你这样老婆，真算不走运气！好像娶个小祖宗来家，供奉着你吧！”

起初因为她和他分辩，他还打她。现在不然了，绝望了！晚间他从城里卖完青菜回来，烧饭自己吃，吃完便睡下，一夜睡到天明，坐在一边那个受罪的女人一夜呼唤到天明。宛如一个人和一个鬼安放在一起，彼此不相关联。

月英说话只有舌尖在转动。王婆靠近她，同时那一种难忍的气味更强烈了！更强烈的从那一堆污浊的东西，发散出来。月英指点身后说：

“你们看看，这是那死鬼给我弄来的砖，他说我快死了！用不着被子了！用砖依住我，我全身一点肉都瘦空。那个没有天良的，他想法折磨我呀！”

五姑姑觉得男人太残忍，把砖块完全抛下炕去。月英的声音欲断一般又说：

“我不行啦！我怎么能行，我快死啦！”

她的眼睛，白眼珠完全变绿，整齐的一排前齿也完全变绿，她的头发烧焦了似的，紧贴住头皮。她像一头患病的猫儿，孤独而无望。

王婆给月英围好一张被子在腰间，月英说：

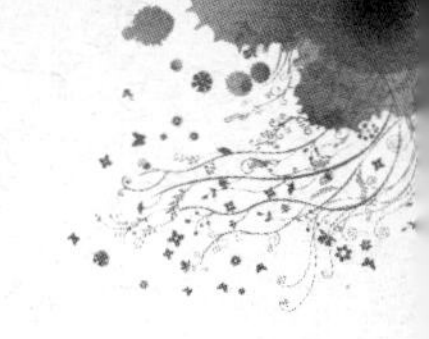

“看看我的身下，脏污死啦！”

王婆下地用条枝拢了盆火，火盆腾着烟放在月英身后。王婆打开她的被子时，看见那一些排泄物淹浸了那座小小的骨盆。五姑姑扶住月英的腰，但是她仍然使人心楚地在呼唤！

“唉呦，我的娘！……唉呦疼呀！”

她的腿像一双白色的竹竿平行着伸在前面。她的骨架在炕上正确的做成一个直角，这完全用线条组成的人形，只有头阔大些，头在身子上仿佛是一个灯笼挂在杆头。

王婆用麦草揩着她的身子，最后用一块湿布为她擦着。五姑姑在背后把她抱起来，当擦臀部下时，王婆觉得有小小白色的东西落到手上，会蠕行似的。借着火盆边的火光去细看，知道那是一些小蛆虫，她知道月英的臀下是腐了，小虫在那里活跃。月英的身体将变成小虫们的洞穴！王婆问月英：

“你的腿觉得有点痛没有？”

月英摇头。王婆用凉水洗她的腿骨，但她没有感觉，整个下体在那个瘫人像是外接的，是另外的一件物体。当给她一杯水喝的时候，王婆：

“牙怎么绿了？”

终于五姑姑到隔壁借一面镜子，同时她看了镜子，悲痛沁人心魂地她大哭起来。但面孔上不见一点泪珠，仿佛是猫忽然被斩轧，她难忍的声音，没有温情的声音，开始低哑。

她说：“我是个鬼啦！快些死吧！活埋了我吧！”

她用手来撕头发，脊骨摇扭着，一个长久的时间她忙乱的不停。现在停下了，她是那样无力。头是歪斜地横在肩上；她又那样微微的睡去。

王婆提了靴子走出这个傍山的小房。荒寂的山上有行人走在天边，她昏旋了！为着强的光线，为着瘫人的气味，为着生、老、病、死的烦恼，她的思路被一些烦恼的波所遮拦。

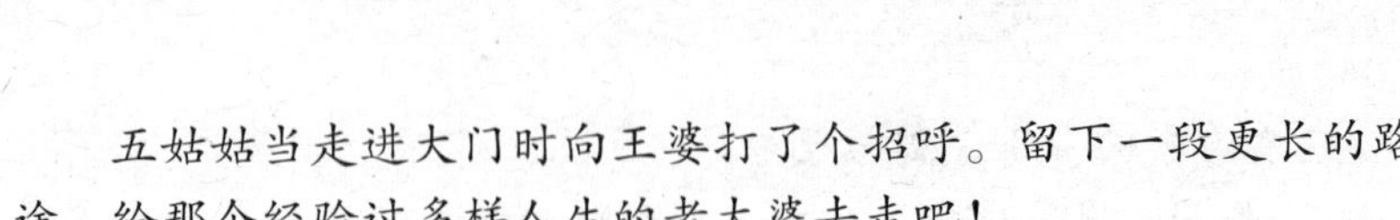

五姑姑当走进大门时向王婆打了个招呼。留下一段更长的路途，给那个经验过多样人生的老太婆去走吧！

王婆束紧头上的蓝布巾，加快了速度，雪在脚下也相伴而狂速地呼叫。

三天以后，月英的棺材抬着横过荒山而奔着去埋葬，葬在荒山下。

死人死了！活人计算着怎么活下去。冬天女人们预备夏季的衣裳；男人们计虑着怎样开始明年的耕种。

那天赵三进城回来，他披着两张羊皮回家。王婆问他：

“哪里来的羊皮？——你买的吗？……哪来的钱呢？……”

赵三有什么事在心中似的，他什么也没言语。摇闪地经过炉灶，通红的火光立刻鲜明着，他走出去了。

夜深的时候他还没有回来。王婆命令平儿去找他。平儿的脚已是难于行动，于是王婆就到二里半家去。他不在二里半家，她到打鱼村去了。赵三阔大的喉咙从李青山家的窗纸透出，王婆知道他又是喝过了酒。当她推门的时候她就说：

“什么时候了？还不回家去睡？”

这样立刻全屋别的男人们也把嘴角合起来。王婆感到不能意料了。青山的女人也没在家，孩子也不见。赵三说：

“你来干么？回家睡吧！我就去……去……”

王婆看一看赵三的脸神，看一看周围也没有可坐的地方，她转身出来，她的心徘徊着：

——青山的媳妇怎么不在家呢？这些人是在做什么？

又是一个晚间。赵三穿好新制成的羊皮小袄出去。夜半才回来。披着月亮敲门。王婆知道他又是喝过了酒，但他睡的时候，王婆一点酒味也没嗅到。那么出去做些什么呢？总是愤怒的归来。

李二婶子拖了她的孩子来了，她问：

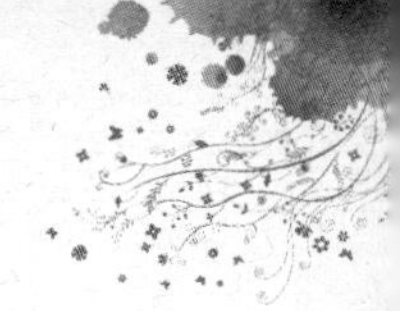



“是地租加了价吗?”

王婆说:“我还没听说。”

李二婶子做出一个确定的表情:

“是的呀!你还不知道吗?三哥天天到我家去和他爹商量这事。我看这种情形非出事不可,他们天天夜晚计算着,就连我,他们也躲着。昨夜我站在窗外才听到他们说哩:‘打死他吧!那是一块恶祸。’你想他们是要打死谁呢?这不是要出人命吗?”

李二婶子抚着孩子的头顶,有一点哀怜的样子:

“你要劝说三哥,他们若是出了事,让我们怎样活?孩子还都小着哩!”

五姑姑和别的村妇们带着她们的小包袱,约会着来的,踏进来的时候,她们是满脸盈笑。可是立刻她们转变了,当她们看见李二婶子和王婆默无言语的时候。

把事件告诉了她们,她们也立刻忧郁起来,一点闲情也没有!一点笑声也没有,每个人痴呆地想了想,惊恐地探问了几句。五姑姑的姐姐,她是第一个扭着大圆的肚子走出去,就这样一个连着一个寂寞地走去。她们好像群聚的鱼似的,忽然有钓竿投下来,她们四下分行去了!

李二婶子仍没有走,她为的是嘱告王婆怎样破坏着件险事。

赵三这几天常常不在家吃饭;李二婶子一天来过三四次:

“三哥还没回来?他爹爹也没回来。”

一直到第二天下午赵三回来了,当进门的时候,他打了平儿,因为平儿的脚病着,一群孩子集到家来玩。在院心放了一点米,一块长板用短条棍架着,条棍上系着长绳,绳子从门限拉进去,雀子们去啄食谷粮,孩子们蹲在门限守望,什么时候雀子满集成堆时,那时候,孩子们就抽动绳索。许多饥饿的麻雀丧亡在长板下。厨房里充满了雀毛的气味,孩子们在灶堂里烧食过许多雀子。

赵三焦烦着，他看见一只鸡被孩子们打住。他把板子给踢翻了！他坐在炕沿上燃着小烟袋，王婆把早饭从锅里摆出来。他说：

“我吃过了！”

于是平儿来吃这些残饭。

“你们的事情预备得怎样了？能下手便下手。”

他惊疑。怎么会走漏消息呢？王婆又说：

“我知道的，我还能弄支枪来。”

他无从想象自己的老婆有这样的胆量。王婆真的找来一支老洋炮。可是赵三还从没用过枪。晚上平儿睡了以后王婆教他怎样装火药，怎样上炮子。

赵三对于他的女人慢慢可以感到可以敬重！但是更秘密一点的事情总不向她说。

忽然从牛棚里发现五个新镰刀。王婆意度这事情是不远了！

李二婶子和别的村妇们挤上门来打听消息的时候，王婆的头沉埋一下，她说：

“没有这回事，他们想到一百里路外去打围，弄得几张兽皮大家分用。”

是在过年的前夜，事情终于发生了！北地端鲜红的血染着雪地；但事情做错了！赵三近些日子有些失常，一条梨木杆打折了小偷的腿骨。他去呼唤二里半，想要把那小偷丢在土坑去，用雪埋起来。二里半说：

“不行，开春时节，土坑发现死尸，传出风声，那是人命哩！”

村中人听着极痛的呼叫，四面出来寻找。赵三拖着独腿人转着弯跑，但他不能把他掩藏起来。在赵三惶恐的心情下，他愿意寻到一个井把他放下去。赵三弄了满手血。

惊动了全村的人，村长进城报告警所。

于是赵三去坐监狱，李青山他们的“镰刀会”少了赵三也

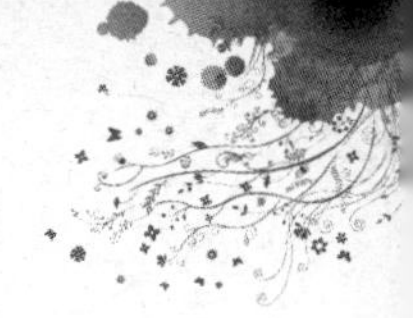



就衰弱了！消灭了！

正月末赵三受了主人的帮忙，把他从监狱里提放出来。那时他头发很长，脸也灰白了些，他有点苍老。

为着给那个折腿的小偷做赔偿，他牵了那条仅有的牛上市去卖；小羊皮袄也许是卖了？再不见他穿了！

晚间李青山他们来的时候，赵三忏悔一般地说：

“我做错了！也许是我该招的灾祸；那是一个天将黑的时候，我正喝酒，听着平儿大喊有人偷柴。刘二爷前些日子来说要加地租，我不答应，我说我们联合起来不给他加，于是他走了！过了几天他又来，说非加不可。再不然叫你们滚蛋！我说好啊！等着你吧！那个管事的，他说：你还要造反？不滚蛋，你们的草堆，就要着火！我只当是那个小子来点着我的柴堆呢！拿着杆子跑出去就把腿给打断了！打断了也甘心，谁想那是一个小偷？哈哈！小偷倒霉了！就是治好，那也是跌子了！”

关于“镰刀会”的事情他像忘记了一般。李青山问他：

“我们应该怎样铲除二爷那恶棍？”

是赵三说的话：

“打死他吧！那个恶祸。”

还是从前他说的话，现在他又不那样说了：

“铲除他又能怎样？我招灾祸，刘二爷也向东家（地主）说了不少好话。从前我是错了！也许现在是受了责罚！”

他说话时不像从前那样英气了！脸是有点带着忏悔的意味，羞惭和不安了。王婆坐在一边，听了这话她后脑上的小发卷也像生着气：“我没见过这样的汉子，起初看来还像一块铁，后来越看越是一堆泥了！”

赵三笑了：“人不能没有良心！”

于是好良心的赵三天天进城，弄一点白菜担着给东家送去，弄一点土豆也给东家送去。为着送这一类菜，王婆同他激烈地吵

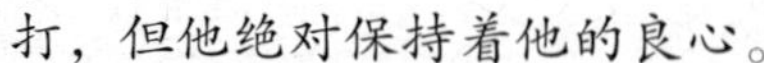

打，但他绝对保持着他的良心。

有一天少东家出来，站在门阶上像训诲着他一般：

“好险！若不为你说一句话，三年大狱你可怎么蹲呢？那个小偷他算没走好运吧！你看我来着手给你办，用不着给他接腿，让他死了就完啦。你把卖牛的钱也好省下，我们是‘地东’、‘地户’哪有看着过去的……”

说话的中间，间断了一会，少东家把话尾落到别处：

“不过今年地租是得加。左近地邻不都是加了价吗？地东地户年头多了，不过得……少加一点。”

过不了几天小偷从医院抬出来，可真的死了就完了！把赵三的牛钱归还一半，另一半少东家说是用做杂费了。

二月了。山上的积雪现出毁灭的色调。但荒山上却有行人来往。渐渐有送粪的人担着担子行过荒凉的山岭。农民们蛰伏的虫子样又醒过来。渐渐送粪的车子忙着了！只有赵三的车子没有牛挽，平儿冒着汗和爹爹并架着车辕。

地租就这样加成了！

## 五、羊　　群

平儿被雇做了牧羊童。他追打群羊跑遍山坡。山顶像是开着小花一般，绿了！而变红了！山顶拾野菜的孩子，平儿不断地戏弄她们，他单独的赶着一只羊去吃她们筐子里拾得的野菜。有时他选一条大身体的羊，像骑马一样地骑着来了！小的女孩们吓得哭着，她们看他像个猴子坐在羊背上。平儿从牧羊时起，他的本领渐渐得已发展。他把羊赶到荒凉的地方去，招集村中所有的孩子练习骑羊。每天那些羊和不喜欢行动的猪一样散遍在旷野。

行在归途上，前面白茫茫的一片，他在最后的一个羊背上，仿佛是大将统帅着兵卒一般。他手耍着鞭子，觉得十分得意。

“你吃饱了吗？午饭。”

赵三对儿子温和了许多。从遇事以后他好像是温顺了。

那天平儿正戏耍在羊背上，在进大门的时候，羊疯狂地跑着，使他不能从羊背跳下，那样他像耍着的羊背上张狂的猴子。一个下雨的天气，在羊背上进大门的时候，他把小孩撞倒，主人用拾柴的耙子把他打下羊背来，仍是不停，像打着一块死肉一般。

夜里，平儿不能睡，辗转着不能睡。爹爹动着他庞大的手掌拍抚他：

“跑了一天！还不困倦，快快睡吧！早早起来好上工！”

平儿在爹爹温顺的手下，感到委屈了！

“我挨打了！屁股疼。”

爹爹起来，在一个纸包里取出一点红色的药粉给他涂擦破口的地方。

爹爹是老了！孩子还那样小，赵三感到人活着没有什么意趣了。第二天平儿去上工被辞退回来，赵三坐在厨房用谷草正织鸡笼，他说：

“好啊！明天跟爹爹去卖鸡笼吧！”

天将明他叫着孩子：

“起来吧，跟爹爹去卖鸡笼。”

王婆把米饭用手打成坚实的团子，进城的父子装进衣袋去，算做午餐。

第一天卖出去的鸡笼很少，晚间又都背着回来。王婆弄着米缸响：“我说多留些米吃，你偏要卖出去……又吃什么呢？……又吃什么呢？”

老头子把怀中的铜板给她，她说：

“不是今天没有吃的，是明天呀？”

赵三说：“明天，那好说，明天多卖出几个笼子就有了！”一个上午，十个鸡笼卖出去了！只剩下三个大些的，堆在那里。爹爹手心上数着票子，平儿在吃饭团。

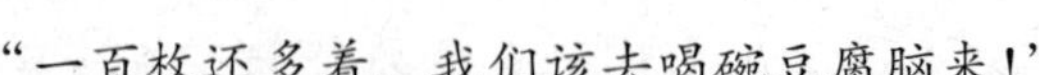

“一百枚还多着，我们该去喝碗豆腐脑来！”

他们就到不远的那个布棚下，蹲在担子旁吃着冒气的食品。是平儿先吃，爹爹的那碗才正在上面倒醋。平儿对于这食品是怎么新鲜呀！一碗豆腐脑是怎样舒畅着平儿的小肠子呀！他的眼睛圆圆地把一碗豆腐脑吞食完了！

那个叫卖人说：“孩子再来一碗吧！”

爹爹惊奇着：“吃完了？”

那个叫卖人把勺子放下锅去说：“再来一碗算半碗的钱吧！”

平儿的眼睛溜着爹爹把碗给过去。他喝豆腐脑作出大大的抽响来。赵三却不那样，他把眼光放在鸡笼的地方，慢慢吃，慢慢吃终于也吃完了！他说：

“平儿，你吃不下吧？倒给我碗点。”

平儿倒给爹爹很少很少。给过钱爹爹去看守鸡笼。平儿仍在那里，孩子贪恋着一点点最末的汤水，头仰向天，把碗扣在脸上一般。

菜市上买菜的人经过，若注意一下鸡笼，赵三就说：

“买吧！仅是十个铜板。”

终于三个鸡笼没有人买，两个分给爹爹，留下一个在平儿的背上突起着。经过牛马市，平儿指嚷着：

“爹爹，咱们的青牛在那儿。”

大鸡笼在背上荡动着，孩子去看青牛。赵三笑了，向那个卖牛人说：

“又出卖吗？”

说着这话，赵三无缘地感到酸心。到家他向王婆说：

“方才看见那条青牛在市上。”

“人家的了，就别提了。”王婆整天地不耐烦。

卖鸡笼，渐渐地赵三会说价了；慢慢地坐在墙根他会招呼了，也常常给平儿买一两块红绿的糖球吃。后来连饭团也不用带。

他弄些铜板每天交给王婆，可是她总不喜欢，就像无意之中把钱放起来。

二里半又给说妥一家，叫平儿去做小伙计。孩子听了这话，就生气。

“我不去，我不能，他们好打我呀！”平儿为了卖鸡笼所迷恋：“我还是跟爹爹进城。”

王婆绝对主张孩子去做小伙计。她说：

“你爹爹卖鸡笼你跟着做什么？”

赵三说：“算了吧，不去就不去吧。”

铜板兴奋着赵三，半夜他也是织鸡笼，他向王婆说：

“你就不好也来学学，一种营生呢！还好多织几个。”

但是王婆仍是去睡，就像对于他织鸡笼，怀着不满似的，就像反对他织鸡笼似的。

平儿同情着父亲，他愿意背鸡笼，多背一个。爹爹说：

“不要背了！够了！”

他又背一个，临出门时他又找个小一点的提在手里。爹爹问：

“你能拿动吗？送回两个去吧，卖不完啊！”

有一次从城里割一斤肉回来，吃了一顿像样的晚餐。

村中妇人羡慕王婆：

“三哥真能干哩！把一条牛卖掉，不能再种粮食，可是这比种粮食更好，更能得钱。”

经过二里半门前，平儿把罗圈腿也领进城去。平儿向爹爹要了铜板给小朋友买两片油煎馒头。又走到敲锣搭着小棚的地方去挤撞，每人花一个铜板看一看“西洋景”（街头影戏）。那是从一个嵌着小玻璃镜，只容一个眼睛的地方看进去，里面有一张放大的画片活动着。打仗的，拿着枪的，很快又换上一张别样的。

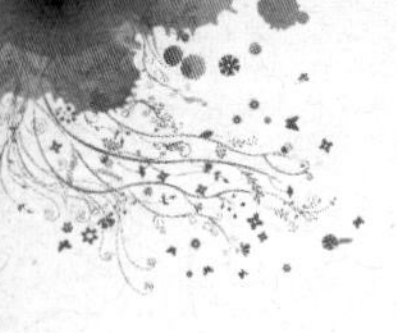



耍画片的人一面唱；一面讲：

“这又是一片洋人打仗。你看‘老毛子’夺城，那真是哗啦啦！打死的不知多少……”

罗圈腿嚷着看不清，平儿告诉他：“你把眼睛闭起一个来！”

可是不久这就完了！从热闹的、孩子热爱的城里把他们又赶出来。平儿又被装进这睡着一般的乡村。原因，小鸡初生卵的时节已经过去。家家把鸡笼全预备好了。

平儿不愿意跟着，赵三自己进城，减价出卖。后来折本卖。最后他也不去了。厨房里鸡笼靠墙高摆起来。这些东西从前会使赵三欢喜，现在会使他生气。

平儿又骑在羊背上去牧羊。但是赵三是受了挫伤！

## 六、刑罚的日子

房后的草堆上，温暖在那里蒸腾起了。全个农村跳跃着泛滥的阳光。小风开始荡漾田禾，夏天又来到人间，叶子上树了！假使树会开花，那么花也上树了！

房后草堆上，狗在那里生产。大狗四肢在颤动，全身抖擞着。经过一个长时间，小狗生出来。

暖和的季节，全村忙着生产。大猪带着成群的小猪喳喳地跑过，也有的母猪肚子那样大，走路时快要接触着地面，它多数的乳房有什么在充实起来。

那是黄昏时候，五姑姑的姐姐她不能再延迟，她到婆婆屋中去说：

“找个老太太来吧！觉得不好。”

回到房中放下窗帘和幔帐。她开始不能坐稳，她把席子卷起来，就在草上爬行。收生婆来时，她乍望见这房中，她就把头扭着。她说：

“我没见过，像你们这样大户人家，把孩子还要养到草上。‘压柴，压柴，不能发财。’”

家中的婆婆把席下的柴草又都卷起来，土炕上扬起灰尘。光着身子的女人，和一条鱼似的，她趴在那里。

黄昏以后，屋中起着烛光。那女人是快生产了，她小声叫号了一阵，收生婆和一个邻居的老太婆架扶着她，让她坐起来，在炕上微微的移动。可是罪恶的孩子，总不能生产，闹着夜半过去，外面鸡叫的时候，女人忽然苦痛得脸色灰白，脸色转黄，全家人不能安定。为她开始预备葬衣，在恐怖的烛光里四下翻寻衣裳，全家为了死的黑影所骚动。

赤身的女人，她一点不能爬动，她不能为生死再挣扎最后的一刻。天渐亮了。恐怖仿佛是僵尸，直伸在家屋。

五姑姑知道姐姐的消息，来了，正在探询：

“不喝一口水吗？她从什么时候起？”

一个男人撞进来，看形象是一个酒疯子。他的半面脸红而肿起，走到幔帐的地方，他吼叫：

“快给我的靴子！”

女人没有应声，他用手撕扯幔帐，动着他厚肿的嘴唇：

“装死吗？我看看你还装不装死！”

说着他拿起身边的长烟袋来投向那个死尸。母亲过来把他拖出去。每年是这样，一看见妻子生产他便反对。

日间苦痛减轻了些，使她清明了！她流着大汗坐在幔帐中，忽然那个红脸鬼，又撞进来，什么也不讲，只见他怕人的手中举起大水盆向着帐子抛来。最后人们拖他出去。

大肚子的女人，仍涨着肚皮，带着满身冷水无言地坐在那里。她几乎一动不敢动，她仿佛是在父权下的孩子一般怕着她的男人。

她又不能再坐住，她受着折磨，产婆给换下她着水的上衣。门响了她又慌张了，要有神经病似的。一点声音不许她哼叫，受罪的女人，身边若有洞，她将跳进去！身边若有毒药，她将吞下

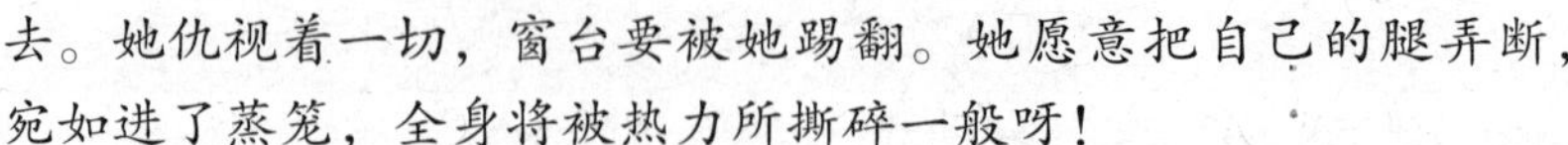

去。她仇视着一切，窗台要被她踢翻。她愿意把自己的腿弄断，宛如进了蒸笼，全身将被热力所撕碎一般呀！

产婆用手推她的肚子：

“你再刚强一点，站起来走走，孩子马上就会下来的，到了时候啦！”

走过一个时间，她的腿颤颤得可怜，患着病的马一般，倒了下来。产婆有些失神色，她说：“媳妇子怕要闹事，再去找一个老太太来吧！”

五姑姑回家去找妈妈。

这边孩子落产了，孩子当时就死去！佣人拖着产妇站起来，立刻孩子掉在炕上，像投一块什么东西在炕上响着。女人横在血光中，用肉体来浸着血。

窗外，阳光洒满窗子，屋内妇人为了生产疲乏着。

田庄上绿色的世界里，人们洒着汗滴。

四月里，鸟雀们也孵雏了！常常看见黄嘴的小雀飞下来，在檐下跳跃着啄食。小猪的队伍逐渐肥起来，只有女人在乡村夏季更贫瘦，和耕种的马一般。

刑罚，眼看降临到金枝的身上，使她短的身材，配着那样大的肚子，十分不相称。金枝还不像个妇人，仍和一个小女孩一般。但是肚子膨胀起了！很快做妈妈了，妇人们的刑罚快擒着她。

并且她出嫁还不到四个月，就渐渐会诅咒丈夫，渐渐感到男人是严凉的人类！那正和别的村妇一样。

坐在河边沙滩上，金枝在洗衣服。红日斜照着河水，对岸林子的倒影，随逐着红波模糊下去！

成业在后边，站在远远的地方：

“天黑了呀！你洗衣裳，懒老婆，白天你做什么来？”

天还不明，金枝就摸索着穿起衣裳。在厨房，这大肚子的小女人开始弄得厨房蒸着气。太阳出来，铲地的工人掮着锄头回来。堂屋挤满着黑黑的人头，吞饭、吞汤的声音，无纪律地在响。

中午又烧饭；晚间烧饭，金枝过于疲乏了！腿子痛得折断一般。天黑下来卧倒休息一刻。在她迷茫中坐起来，知道成业回来了！努力掀起在睡的眼睛，她问：

“才回来?”

过了几分钟，她没有得到答话。只看男人解脱衣裳，她知道又要挨骂了！正相反，没有骂，金枝感到背后温热一些，男人努力低音向她说话：

“……”

金枝被男人朦胧着了！

立刻，那和灾难一般，跟着快乐而痛苦追来了。金枝不能烧饭。村中的产婆来了！她在炕角苦痛着脸色，她在那里受着刑罚，王婆来帮助她把孩子生下来。王婆摇着她多经验的头颅：

“危险，昨夜你们必定是不安着的。年轻什么也不晓得，肚子大了，是不许那样的。容易丧掉性命!”

十几天后金枝又行动在院中了！小金枝在屋中哭唤她。

牛或是马在不知觉中忙着栽培自己的痛苦。夜间乘凉的时候，可以听见马或是牛棚做出异样的声音来。牛也许是为了自己的妻子而角斗，从牛棚撞出来了。木杆被撞掉，狂张着，成业去拾了耙子猛打疯牛，于是又安然被赶回棚里。

在乡村，人和动物一起忙着生，忙着死……

二里半的婆子和李二婶子在地端相遇。

“啊呀！你还能弯下腰去?”

“你怎么样?”

“我可不行了呢?”

“你什么时候的日子?”

“就是这几天。”

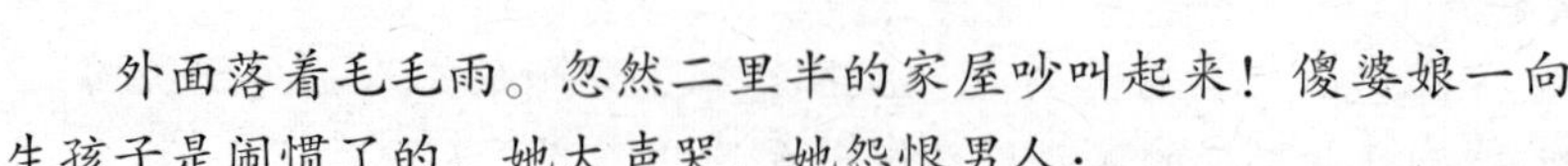

外面落着毛毛雨。忽然二里半的家屋吵叫起来！傻婆娘一向生孩子是闹惯了的，她大声哭，她怨恨男人：

“我说再不要孩子啦！没有心肝的，这不都是你的吗？我算死在你身上！”

惹得老王婆扭着身子闭住嘴笑。过了一会傻婆娘又滚转着高声嚷叫：

“肚子疼死了，拿刀快把我肚子给割开吧！”

吵叫声中看得见孩子的圆头顶。

在这时候，五姑姑变青脸色，走进门来，她似乎不会说话，两手不住的扭绞：

“没有气了！小产了，李二婶子快死了呀！”

王婆就这样丢下麻面婆赶向打鱼村去。另一个产婆来时，麻面婆的孩子已在土炕上哭着。产婆洗着刚会哭的小孩。

等王婆回来时，窗外墙根下，不知谁家的猪也正在生小猪。

## 七、罪恶的五月节

五月节来临，催逼着两件事情发生：王婆服毒，小金枝惨死。

弯月如同弯刀刺上林端。王婆散开头发，她走向房后柴栏，在那儿她轻开篱门。柴栏外是墨沉沉的静甜的，微风不敢惊动这黑色的夜面；黄瓜爬上架了！玉米响着雄宽的叶子，没有蛙鸣，也少虫声。

王婆披着散发，幽魂一般的，跪在柴草上，手中的杯子放到嘴边。一切涌上心头，一切诱惑她。她平身向草堆倒卧过去。被悲哀汹淘着大哭了。

赵三从睡床上起来，他什么都不清楚，柴栏里，他带点愤怒对待王婆：

“为什么？在发疯！”

他以为她是闷着刺到柴栏去哭。

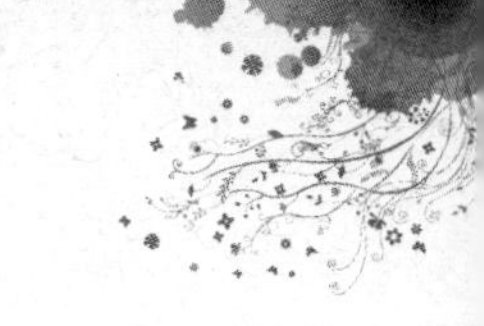

赵三撞到草中的杯子了，使他立刻停止一切思维。他跑到屋中，灯光下，发现黑色浓重的液体东西在杯底。他先用手拭一拭，再用舌头拭一拭，那是苦味。

“王婆服毒了！”

次晨村中嚷着这样的新闻。村人凄静地断续的来看她。

赵三不在家，他跑出去，乱坟岗子上，给她寻个位置。

乱坟岗子活人为死人掘着坑子了，坑子深了些，二里半先跌下去。下层的湿土，翻到坑子旁边，坑子更深了！大了！几个人都跳下去，铲子不住的翻着，坑子埋过人腰。外面的土堆涨过人头。

坟场是死的城廓，没有花香，没有虫鸣，即使有花，即使有虫，那都是唱奏着别离歌，陪伴着说不尽的死者永久的寂寞。

乱坟岗子是地主施舍给贫苦农民们死后的住宅。但活着的农民，常常被地主们驱逐，使他们提着包袱，提着小孩，从破房子再走进更破的房子去。有时被逐着在马棚里借宿。孩子们哭闹着马棚里的妈妈。

赵三去进城，突然的事情打击着他，使他怎样柔弱呵！遇见了打鱼村进城卖菜的车子，那个驱车人麻麻烦烦地讲一些：“菜价低了，钱贴毛荒。粮食也不值钱。”

那个车夫打着鞭子，他又说：

“只有布匹贵，盐贵。慢慢一家子连咸盐都吃不起啦！地租是增加，还叫老庄活不活呢?”赵三跳上车，低了头坐在车尾的辕边。两条衰乏的腿子，凄凉的挂下，并且摇荡。车轮在辙道上哐啷的牵响。

城里，大街上拥挤着了！菜市过量的纷嚷。围着肉铺，人们吵架一般。忙乱的叫卖童，手中花色的葫芦，随着空气而跳荡，他们为了“五月节”而癫狂。

赵三他什么也没看见，好像街上的人都没有了！好像街是空

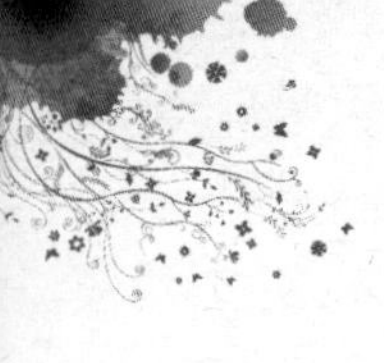



街。但是一个小孩跟在后面：

“过节了，买回家去，给小孩玩吧！”

赵三听见这话，那个卖葫芦的孩子，好像自己不是孩子，自己是大人了一般，他追逐：

“过节了，买回家去，给小孩玩吧！”

柳条枝上各色花样的葫芦好像一些被系住的蝴蝶，跟住赵三在后面跑。

一家棺材铺，红色的，白色的，门口摆了多多少少，他停在那里。孩子也停止追逐。

一切都准备好！棺材停在门前，掘坑的铲子停止翻扬了！

窗子打开，使死者见一见最后的阳光。王婆跳突着胸口，微微尚有一点呼吸，明亮的光线照拂着她素静的打扮。已经为她换上一件黑色棉裤和一件浅色短单衫。除了脸是紫色，临死她没有什么怪异的现象，人们吵嚷说：

“抬吧！抬她吧！”

她微微尚有一点呼吸，嘴里吐出一点点白沫，这时候她已经被抬起来了。外面平儿急叫：

“冯丫头来了！冯丫头！”

母女们相逢太迟了！母女们永远不会再相逢了！那个孩子手中提了小包袱，慢慢慢慢走到妈妈面前。她细看一看，她的脸孔快要接触到妈妈脸孔的时候，一阵清脆的暴裂的声浪嘶叫开来。她的小包袱滚滚着落地。

四围的人，眼睛和鼻子感到酸楚和湿浸。谁能止住被着小女孩唤起的难忍的酸痛而不哭呢？不相关连的人混同着女孩哭她的母亲。

其中新死去丈夫的寡妇哭得最利害，也最哀伤。她几乎完全哭着自己的丈夫，她完全幻想是坐在她丈夫的坟前。

男人们嚷叫：“抬呀！该抬了。收拾妥当再哭！”

那个小女孩感到不是自己家，身边没有一个亲人，她不哭了。

服毒的母亲眼睛始终是张着，但她不认识女儿，她什么也不认识了！停在厨房板块上，口吐白沫，她心坎尚有一点微微跳动。

赵三坐在炕沿，点上烟袋。女人们找一条白布给女孩包在头上，平儿把白带束在腰间。

赵三不在屋的时候，女人们便开始问那个女孩：

“你姓冯的那个爹爹多咱死的?”

“死两年多。”

“你亲爹呢?”

“早回山东了!”

“为什么不带你们回去?”

“他打娘，娘领着哥哥和我到了冯叔叔家。”

女人们探问王婆旧日的生活，她们为王婆感动。那个寡妇又说：

“你哥怎不来？回家去找他来看看娘吧!”

包白头的女孩，把头转向墙壁，小脸孔又爬着眼泪了！她努力咬住嘴唇，小嘴唇偏张开，她又张着嘴哭了！接受女人们的温暖使她大胆一点，走到娘的近边，紧紧捏住娘的冰寒手指，又用手给妈妈抹擦唇上的泡沫。小心地只为母亲所惊扰，她带来的包袱踏在脚下。女人们又说：

“家去找哥哥来看看你娘吧!”

一听说哥哥，她就要大哭，又勉强止住。那个寡妇又问：

“你哥哥不在家吗?”

她终于用白色的包头布拢络住脸孔大哭起来了。借了哭势，她才敢说哥哥：

“哥哥前天死了呀，官项捉去枪毙的。”

包头布从头上扯掉，孤独的孩子癫痫着一般用头摇着母亲的心窝哭：

"娘呀…娘呀…"

她再怎么也不会哭，她还小呢！

女人们彼此说："哥哥多久死的？怎么都没听…"

赵三的烟袋出现在门口，他听清楚她们议论王婆的儿子。赵三晓得那小子是个"红胡子"。怎样死的，王婆服毒不是听说儿子枪毙才自杀的吗？这只有赵三晓得。他不愿意叫别人知道，老婆自杀还关联着某个匪案，他觉得当土匪无论如何有些不光明。

摇起他的烟袋来，他僵直的空的声音响起，用烟袋催着女孩：

"你走好啦！她已死啦！没有什么看的，你快走回你家去！"

小女孩被爹爹抛弃，哥哥又被枪毙了，带来包袱和妈妈同住，妈妈又死了，妈妈不在，让她和谁生活呢？

她昏迷地忘掉包袱，只顶了一块白布，离开妈妈的门槛。离开妈妈的门庭，那有点像丢开她的心让她远走一般。

赵三因为他年老。他心中裁判着年青人：

"私姘妇人，有钱可以，无钱怎么也去姘？没见过。到过节，那个淫妇无法过节，使他去抢，年青人就这样丧掉性命。"

当他看到也要丧命的自己的老婆的时候，他非常仇恨那个枪毙的小子。当他想起去年冬天，王婆借来老洋炮的那回事。他又佩服人了：

"久当胡子哩！不受欺侮哩！"

妇人们燃柴，锅渐渐冒气。赵三燃着烟袋他来回踱走。

过一会他看看王婆仍多多少少有一点气息，气息仍不断绝。他好像为了她的死等待得不耐烦似的，他困倦了，依着墙瞌睡。

长时间死的恐怖，人们不感到恐怖！人们集聚着吃饭，喝酒，这时候王婆在地下作出声音，看起来，她紫色的脸变成淡紫。人们放下杯子，说她又要活了吧？

不是那样，忽然从她的嘴角流出一些黑血，并且她的嘴唇有

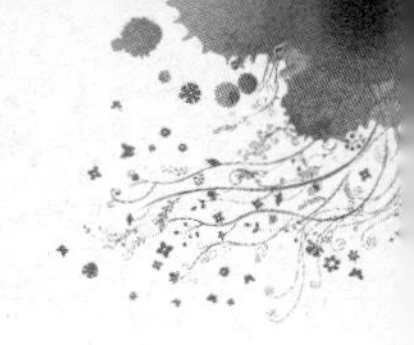



点像是起动，终于她大吼两声，人们瞪住眼睛说她就要断气了吧！

许多条视线围着她的时候，她活动着想要起来了！人们惊慌了！女人跑在窗外去了！男人跑去拿挑水的扁担。说她是死尸还魂。

喝过酒的赵三勇猛着：

“若让她起来，她会抱住小孩死去，或是抱住树，就是大人她也有力量抱住。”

赵三用他的大红手贪婪着把扁担压过去。扎实的刀一般的切在王婆的腰间。她的肚子和胸膛突然增涨，像是鱼泡似的。她立刻眼睛圆起来，像发着电光。她的黑嘴角也动了起来，好像说话，可是没有说话，血从口腔直喷，射了赵三的满单衫。赵三命令那个人：

“快轻一点压吧！弄得满身血。”

王婆就算连一点气息也没有了！她被装进等在门口的棺材里。

后村的庙前，两个村中无家可归的老头，一个打着红灯笼，一个手提水壶，领着平儿去报庙。绕庙走了三周，他们顺着毛毛的行人小道回来，老人念一套成谱调的话，红灯笼伴了孩子头上的白布，他们回家去。平儿一点也不哭，他只记得住那年妈妈死的时候不也是这样报庙吗？

王婆的女儿却没能同来。

王婆的死信传遍全存，女人们坐在棺材边大大地哭起！扭着鼻涕，号啕着：哭孩子的，哭丈夫的，哭自己命苦的，总之，无管有什么冤屈都到这里来送了！村中一有年岁大的人死，她们，女人之群们，就这样做。

将送棺材上坟场！要钉棺材盖了！

王婆终于没有死，她感到寒凉，感到口渴，她轻轻说：

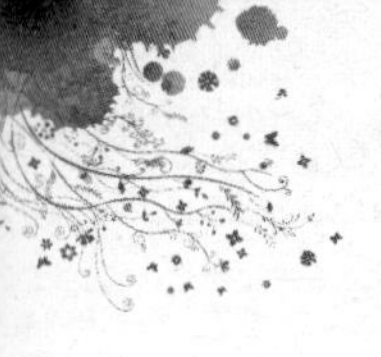



“我要喝水！”

但她不知道，她是睡在什么地方。

五月节了，家家门上挂起葫芦。二里半那个傻婆子屋里有孩子哭着，她却蹲在门口拿刷马的铁耙子给羊刷毛。

二里半跛着脚。过节，带给他的感觉非常愉快。他在白菜地里看见白菜被虫子吃倒几棵。若在平日他会用短句咒骂虫子，或是生气把白菜用脚踢着。但是现在过节了，他一切愉快着，他觉得自己是应该愉快。走在地边他看一看柿子还没红，他想摘几个柿子给孩子吃吧！过节了！

全村表示着过节，菜田和麦地，无管什么地方都是静静的，甜美的。虫子们也仿佛比平日会唱了些。

过节渲染着整个二里半的灵魂。他经过家门没有进去，把柿子扔给孩子又走了！他要趁着这样愉快的日子会一会朋友。

左近邻居的门上都挂了纸葫芦，他经过王婆家，那个门上摆荡着的是绿的葫芦。再走，就是金枝家。金枝家，门外没有葫芦，门里没有人了！二里半张望好久：孩子的尿布在锅灶旁被风吹着，飘飘地在浮游。

小金枝来到人间才够一个月，就被爹爹摔死了。婴儿为什么来到这样的人间？使她带了怨悒回去！仅仅是这样短促呀！仅仅是几天的小生命！

小小的孩子睡在许多死人中，她不觉得害怕吗？妈妈走远了！妈妈啜泣声不见了！

天黑了！月亮也不来为孩子做伴。

五月节的前些日子，成业总是进城跑来跑去。家来和妻子吵打。他说：“米价落了！三月里买的米现在卖出去折本一小半。卖了还债也不足，不卖又怎能过节？”

并且他渐渐不爱小金枝，当孩子夜里把他吵醒的时候，他说：“拼命吧！闹死吧！”

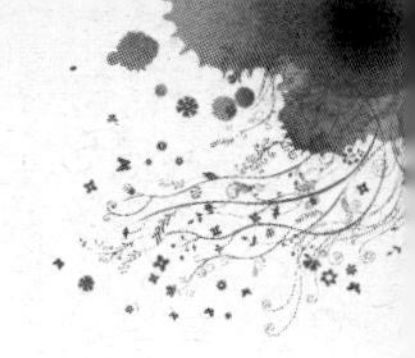

过节的前一天，他家什么也没预备，连一斤面粉也没买。烧饭的时候豆油罐子什么也倒流不出。

成业带着怒气回家，看一看还没有烧菜。他厉声嚷叫：

“啊！像我……该饿死啦，连饭也没得吃……我进城……我进城。”

孩子在金枝怀中吃奶。他又说：

“我还有好的日子吗？你们累得我，是我做强盗都没有机会。”

金枝垂了头把饭摆好，孩子在旁边哭。

成业看着桌上的咸菜和粥饭，他想了一刻又不住地说起：

“哭吧！败家鬼，我卖掉你去还债。”

孩子仍哭着，妈妈在厨房里，不知是扫地，还是收拾柴堆。爹爹发火了：

“把你们都一块卖掉，要你们这些吵家鬼有什么用……”

厨房里的妈妈和火柴一样被燃着：

“你像个什么？回来吵打，我不是你的冤家，你会卖掉，看你卖吧！”

爹爹飞着饭碗！妈妈暴跳起来。

“我卖：我摔死她吧！……我卖什么！”

就这样小生命被截止了。

王婆听说金枝的孩子死，她要来看看，可是她只扶了杖子立起又倒卧下来。她的腿骨被毒质所侵还不能行走。

年青的妈妈过了三天她到乱岗子去看孩子。但那能看到什么呢？被狗扯得什么也没有。

成业他看到一堆草染了血，他幻想是捆小金枝的草吧！他俩背向着流过眼泪。

乱岗子不知晒干多少悲惨的眼泪？永年悲惨的地带，连个乌鸦也不落下。

成业又看见一个坟窟，头骨在那里重见天日。

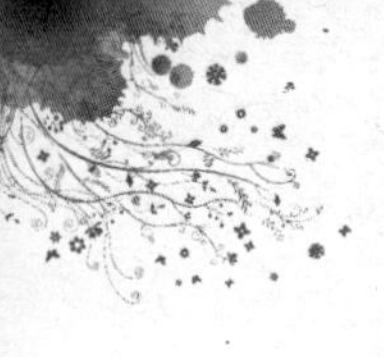



走出坟场，一些棺材，坟堆，死寂死寂的印象催迫着他们加快着步子。

## 八、蚊虫繁忙着

她的女儿来了！王婆的女儿来了！

王婆能够拿着鱼竿坐在河沿钓鱼了！她脸上的纹褶没有什么增多或减少，这证明她依然没有什么变动，她还必须活下去。

晚间河边蛙声振耳。蚊子从河边的草丛出发，嗡声喧闹的队伍，迷漫着每个家庭。日间太阳也炎热起来！太阳烧上人们的皮肤，夏天，田庄上人们怨恨太阳和怨恨一个恶毒的暴力者一般。全个田间，一个大火球在那里滚转。

但是王婆永久欢迎夏天。因为夏天有肥绿的叶子，肥的园林，更有夏夜会唤起王婆诗意的心田，她该开始向着夏夜述说故事。今夏她什么也不说了！她偎在窗下和睡了似的，对向幽邃的天空。

蛙鸣振碎人人的寂寞；蚊虫骚扰着不能停息。

这相同平常的六月，这又是去年割麦的时节。王婆家今年没种麦田。她更忧伤而悄默了！当举着钓竿经过作浪的麦田时，她把竿头的绳线绕起来，她仰了头望着高空，就这样睬也不睬地经过麦田。

王婆的性情更恶劣了！她又酗酒起来。她每天钓鱼。全家人的衣服她不补洗，她只每夜烧鱼，吃酒，吃得醉疯疯地，满院、满屋地旋走；她渐渐要到树林里去旋走。

有时在酒杯中她想起从前的丈夫；她痛心看见来在身边孤独的女儿，总之在喝酒以后她更爱烦想。

现在她近于可笑，和石块一般沉在院心，夜里她习惯于在院中睡觉。

在院中睡觉被蚊虫迷绕着，正像蚂蚁群拖着已腐的苍蝇。她是再也没有心情了吧！再也没有心情生活！

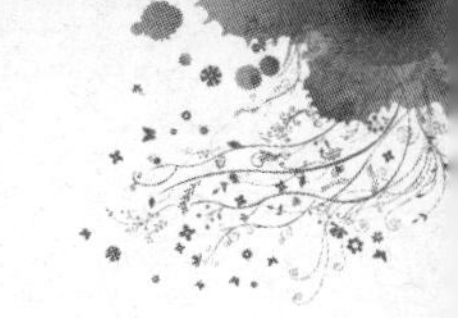

王婆被蚊虫所食，满脸起着云片，皮肤肿起来。

王婆在酒杯中也回想着女儿初来的那天，女儿横在王婆怀中：

"妈呀！我想你是死了！你的嘴吐着白沫，你的手指都凉了呀！……哥哥死了，妈妈也死了，让我到那里去讨饭吃呀！……他们把我赶出时，带来的包袱都忘了啦，我哭……哭昏啦……妈妈，他们坏心肠，他们不叫我多看你一刻……"

后来孩子从妈妈怀中站起来时，她说出更有意义的话：

"我恨死他们了！若是哥哥活着，我一定告诉哥哥把他们打死。"

最后那个女孩，拭干眼泪说：

"我必定要像哥哥……"

说完她咬一下嘴唇。

王婆思想着女孩怎么会这样烈性呢？或者是个中用的孩子？

王婆忽然停止酗酒，她每夜，开始在林中教训女儿，在静的林里，她严峻地说：

"要报仇。要为哥哥报仇，谁杀死你的哥哥？"

女孩子想："官项杀死哥哥的。"她又听妈妈说："谁杀死哥哥，你要杀死谁……"

女孩子想过十几天以后，她向妈妈踌躇着：

"是谁杀死哥哥？妈妈明天领我去进城，找到那个仇人，等后来什么时候遇见他我好杀死他。"

孩子说了孩子话，使妈妈笑了！使妈妈心痛。

王婆同赵三吵架的那天晚上，南河的河水涨出了河床。南河沿嚷着：

"涨大水啦！涨大水啦！"

人们来往在河边，赵三在家里也嚷着：

"你快叫她走，她不是我家的孩子，你的崽子我不招留。快——"

第二天家家的麦子送上麦场。第一场割麦，人们要吃一顿酒

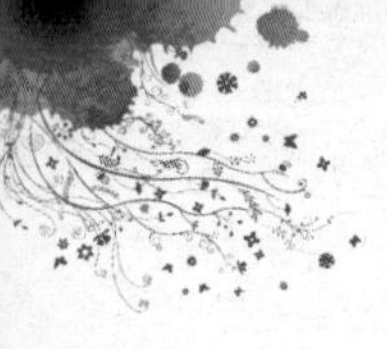



来庆祝。赵三第一年不种麦，他家是静悄悄的。有人来请他，他坐到别人欢说的酒桌前，看见别人欢说，看见别人收麦，他红色的大手在人前窘迫着了！不住地胡乱的扭搅，可是没有人注意他，种麦人和种麦人彼此谈话。

河水落了却带来众多的蚊虫。夜里蛤蟆的叫声，好像被蚊子的嗡嗡声压住似的。日间蚊群也是忙着飞。只有赵三非常哑默。

## 九、传 染 病

乱坟岗子，死尸狼藉在那里。无人掩埋，野狗活跃在尸群里。

太阳血一般昏红；从朝至暮蚊虫混同着朦雾充塞天空。

高粱、玉米和一切菜类被人丢弃在田圃。每个家庭是病的家庭，是将要绝灭的家庭。

全村静悄了。植物也没有风摇动它们。一切沉浸在雾中。

赵三坐在南地端出卖五把新镰刀。那是组织“镰刀会”时剩下的。他正看着那伤心的遗留物，村中的老太太来问他：

“我说……天象，这是什么天象？要天崩地陷了。老天爷叫人全死吗？嗳……”

老太婆离去赵三，曲背立即消失在雾中，她的语声也像隔远了似的：

“天要灭人呀！……老天早该灭人啦！人世尽是强盗、打仗、杀害，这是人自己招的罪……”

渐渐远了！远处听见一个驴子在号叫，驴子号叫在山坡吗？驴子号叫在河沟吗？

什么也看不见，只能听闻：那是，二里半的女人作嗄的不愉悦的声音来近赵三。赵三为着镰刀所烦恼，他坐在雾中，他用烦恼的心思在忌恨镰刀，他想：

“青牛是卖掉了！麦田没能种起来。”

那个婆子向他说话，但他没有注意到。那个婆子被脚下的土块跌倒，她起来慌张着，在雾层中看不清她怎样张惶。她的音波织起了网状的波纹，和老大的蚊音一般：

"三哥，还坐在这里！家怕是有'鬼子'来了，就连小孩子，'鬼子'也要给打针，你看我把孩子抱出来，就是孩子病死也甘心，打针可不甘心。"

麻面婆离开赵三去了！抱着她未死的、连哭也不会哭的孩子沉没在雾中。

太阳变成暗红色的放大而无光的圆轮，当在人头。昏茫的村庄埋着天然灾难的种子，渐渐种子在滋生。

传染病和放大的太阳一般勃发起来，茂盛起来！

赵三踏着死蛤蟆走路；人们抬着棺材在他身边暂时现露而滑过去！一个歪斜面孔的小脚女人跟在后面，她小小的声音哭着。又听到驴子叫，不一会驴子闪过去，背上驮着一个重病的老人。

西洋人，人们叫他"洋鬼子"，身穿白外套，第二天雾退时，白衣女人来到赵二的窗外，她嘴上挂着白囊，说起难懂的中国话：

"你的，病人的有？我的治病好，来。快快的。"

那个老的胖一些的，动一动胡子，眼睛胖得和猪一般，把头探着窗子望。

赵三慌说没有病人，可是终于给平儿打针了！

"老鬼子"向那个"小鬼子"说话，嘴上的白囊一动一动的。管子，药瓶和亮刀从提包倾出，赵三去井边提一壶冷水。那个"鬼子"开始擦他通孔的玻璃管。

平儿被停在窗前的一块板上，用白布给他蒙住眼睛。隔院的人们都来看着，因为要晓得鬼子怎样治病，"鬼子"治病究竟怎样可怕。

玻璃管从肚脐一寸的地方插下，五寸长的玻璃管只有半段在肚皮外闪光。于是人们捉紧孩子，使他仰卧不得摇动。"鬼子"

开始一个人提起冷水壶，另一个对准那个长长的橡皮管顶端的漏水器。看起来“鬼子”像修理一架机器。四面围观的人好像有叹气的，好像大家一起在缩肩膀。孩子只是作出“呀！呀”的短叫，很快一壶水灌完了！最后在滚涨的肚子上擦一点黄色药水，用小剪子剪一块白棉贴在破口。就这样白衣“鬼子”提了提包轻便的走了！又到别人家去。

又是一天晴朗的日子，传染病患到绝顶的时候！女人们抱着半死的小孩子，女人们始终惧怕打针，惧怕白衣的“鬼子”用水壶向小孩子肚里灌水。她们不忍看那肿涨起来奇怪的肚子。

恶劣的传闻布遍着。

“李家的全家死了！”“城里派人来检查，有病象的都用车子拉进城去，老太婆也拉，孩子也拉，拉去打药针。”

人死了听不见哭声，静悄地抬着草捆或是棺材向着乱坟岗子走去，接接连连的，不断……

过午二里半的婆子把小孩送到乱坟岗子去！她看到别的几个小孩有的头发蒙住白脸，有的被野狗拖断了四肢，也有几个好好的睡在那里。

野狗在远的地方安然的嚼着碎骨发响。狗感到满足，狗不再为着追求食物而疯狂，也不再猎取活人。

平儿整夜呕着黄色的水，绿色的水，白眼珠满织着红色的丝纹。

赵三喃喃着走出家门，虽然全村的人死了不少，虽然庄稼在那里衰败，镰刀他却总想出卖，镰刀放在家里永久刺着他的心。

（本文有节选，1934 年 9 月 9 日完成。
1935 年 12 月作为鲁迅主编的“奴隶丛书”之三，
假上海容光书局名义自费出版，书前有
鲁迅《序言》，书后有胡风《读后记》）

## 乡场上没有名目的生与死：《生死场》解读

1936年，一向严谨的鲁迅用激赏的口吻赞誉萧红的艺术潜能，他说："她是我们女作家中最有希望的一位，她很可能取丁玲的地位而代之，就像丁玲取代冰心一样。"萧红比丁玲小6岁，来自东北的乡土，她选择了一个与丁玲迥然不同的小说角度，写东北荒茫的乡土上，动物般的人群忙着生、忙着死、为存活这个最低要求而挣扎着的故事，写对痛苦和不幸没有明显知觉、茫然麻木的芸芸众生，写下层乡民永无休止遭受难产、衰老、病痛、瘟疫、饥饿……这些肉体自然伤损的苦役。她的小说没有主人公，没有个人精神创痛的绝叫；有的是面目模糊、灵魂空洞、多数没有名姓只有绰号的张三李四——一群个体特征不明显的东北乡场上的生命。《生死场》有三个问题值得注意：

**1. 乡场上没有名目的生与死**

《生死场》没有主人公，写的是众生相。哈尔滨近郊的乡场上，动物般活着的人群：王婆、金枝、二里半、成业、麻面婆、罗圈腿、赵三、平儿、五姑姑及其姐姐……有名姓的没名姓的人物，连缀着来。他们无目的地活着，无目的地死去。生命遵循春夏秋冬、生老病死的顺序重复轮转着，如一条混浊而平静的河流，汩汩流淌，无声无息，把生存简化为两大主题：生殖与死亡。他们可以为本能所驱动而让家里的女人一年生育两次，可以为一场口角而摔死无辜的婴儿，可以为一匹羸马而逼疯孤寡的老人。传染病漫延整个村庄，"乱坟岗子，死尸狼藉在那里。无人掩埋，野狗活跃在尸群里。太阳血一般昏红；从朝至暮蚊虫混同着朦雾充塞天空。高粱、玉米和一切菜类被人丢弃在田圃。每个家庭是病的家庭，是将要绝灭的家庭"。除了发出"天要灭人啊！"的慨叹外，人们无能为力。在这片土地上，从人到动物到植物，遵循的是自生自灭法则。生命在无名目中繁殖，又在无名目中消

耗、消失。萧红笔下，乡土人群生命目的之匮乏令人震惊。

**2. 惊心动魄的女性体验**

作为一名女性，萧红把她那副悲凉的笔墨更多地留给了女性。在人类最基本的存活结构中，女性别无选择地承担了灾难性的义务：妊娠、生育、抚养。东北乡场上的女性像蚊虫、像猪狗一样，一年到头，忙着生殖繁衍。

> 黄昏以后，屋中起着烛光。那女人是快生产了，她小声叫号了一阵，收生婆和一个邻居的老太婆架扶着她，让她坐起来，在炕上微微的移动。可是罪恶的孩子，总不能生产，闹着夜半过去，外面鸡叫的时候，女人忽然苦痛得脸色灰白，脸色转黄，全家人不能安定。为她开始预备葬衣，在恐怖的烛光里四下翻寻衣裳，全家为了死的黑影所骚动。
>
> ……
>
> 一个男人撞进来，看形象是一个酒疯子。他的半面脸红而肿起，走到幔帐的地方，他吼叫：
>
> "快给我的靴子!"
>
> 女人没有应声，他用手撕扯幔帐，动着他厚肿的嘴唇：
>
> "装死吗？我看看你还装不装死!"说着他拿起身边的长烟袋来投向那个死尸。母亲过来把他拖出去。每年是这样，一看见妻子生产他便反对。
>
> ……忽然那个红脸鬼，又撞进来，什么也不讲，只见他怕人的手中举起大水盆向着帐子抛来。最后人们拖他出去。
>
> 大肚子的女人，仍涨着肚皮，带着满身冷水无言地坐在那里。
>
> ……
>
> 这边孩子落产了，孩子当时就死去！佣人拖着产妇站起来，立刻孩子掉在炕上，像投一块什么东西在炕上响着。女人横在血光中，用肉体来浸着血。

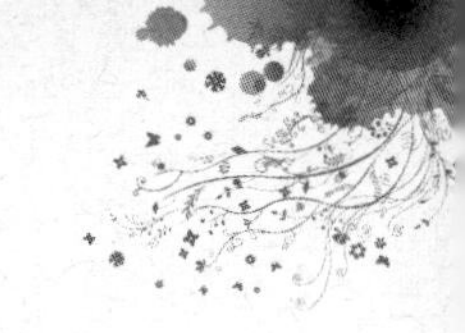

生育给予她们别无选择又无以拒绝的痛苦，这种痛苦是无偿的、无目的、无意义的。如果说，乡土的男性是大自然、土地和地主的奴隶，那么，女性就是奴隶的奴隶，挣扎于人类生存等级结构的最底层。《生死场》的女性描写，充满萧红个人生命体验的色彩：异样的，透骨的，独一无二的。

**3. 体验式的历史感悟**

萧红对乡土历史现实的描写从切身体验出发，注重直觉感悟，她不做宏大叙述，却能活生生呈现历史留在东北乡土人群身上的纹理和细节，她有一种非常敏感而天然的历史直觉。其历史呈现与众不同：（1）经由乡土人群猪狗般活着的细节，写尽中国人精神匮乏的历史真相；（2）经由乡场女性肉体受难的悲剧，揭示乡土下层社会两性关系的等级性、女性及儿童的卑微命运。小说中，女性、儿童、老人普遍被无视、受虐待。五姑姑的姐姐难产的同时还受丈夫百般虐待；“小金枝来到人间才够一个月，就被爹爹摔死了”；麻面婆丢了羊，惊惶失措，整个人“像一摊蜡消融下来”。（3）乡土沦丧，异族入侵，遭受蹂躏的乡民的反抗，也是个人体验式。如赵三率领乡民的屠羊宣誓抗日的那个场面：

> 老赵三立在桌子前面：国……国亡了！我……我也……老了！你们还年轻，你们去救国吧！我的骨头再……再也不中用了！我是个老亡国奴，我不会眼见你们把日本旗撕碎，等着我埋在坟里……也要把中国旗子插在坟顶，我是中国人！

赵三的语言是萧红式的语言，“老骨头”、“老亡国奴”、“把中国旗子插在坟顶”之类，都是赵三可能会说出来的话，不是其时流行的民族救亡宏大话语。萧红不会操作抗战时期的时髦话

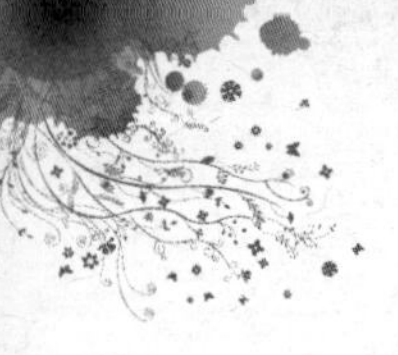



语，她只是用自己的语言或人物的语言，写东北乡土父老的抗日誓师，写乡场老农赵三鼓动乡亲们起来保家卫国的那番生硬的不地道的话。长期生活在东北乡土的赵三只能这样说，这番表述，这种语言，不仅贴切于人物身份，更经由文字呈现一种特别的历史感。萧红的历史感性融化在这类生硬、稚拙的话语中。金枝流落哈尔滨，遭遇种种不幸。相关的场面描写和人物表达也非常个人化、本土化：

> “你的……站住！”金枝好比中了枪弹，滚下小沟去，日本兵走近，看一看她脏污的样子。他们和肥鸭一般，嘴里发响摆动着身子，没理她走了。金枝鼻子作出哼响：“从前恨男人，现在恨小日本子。”最后她转到伤心路上去，“我恨中国人！除外我什么也不恨。”

金枝的话有些语无伦次，它透出一个伤心女人的紊乱、言不及义和无名愤恨。外敌入侵，加重了乡土女性的灾难，但女性的受侵犯、受伤害、受虐待不仅来自外来入侵者，更来自本国的男性。金枝恨“男人”，恨“小日本子”，更恨“中国人”，不分阶级、民族，给金枝带来灾难的是共同的男性，质朴而有些笼统、意气的表述，呈现着人物别样的体验。那也是萧红的体验。对个人经验的忠实，对个人表达的坚持，萧红的小说有其与众不同的感染力和穿透力，鲁迅的所谓“力透纸背”正指此。

## 手

萧　红

在我们的同学中，从来没有见过这样的手：蓝的，黑的，又好像紫的；从指甲一直变色到手腕以上。

她初来的几天，我们叫她“怪物”。下课以后大家在地板上跑着也总是绕着她。关于她的手，但也没有一个人去问过。

教师在点名，使我们越忍越忍不住了，非笑不可了。

“李洁!”“到。”

“张楚芳!”“到。”

“徐桂真!”“到。”

迅速而有规律性的站起来一个，又坐下去一个。但每次一喊到王亚明的地方，就要费一些时间了。

“王亚明，王亚明……叫到你啦!”别的同学有时要催促她，于是她才站起来，把两只青手垂得很直，肩头落下去，面向着棚顶说：

“到，到，到。”

不管同学们怎样笑她，她一点也不感到慌乱，仍旧弄着椅子响，庄严的，似乎费掉了几分钟才坐下去。

有一天上英文课的时候，英文教师笑得把眼镜脱下来在擦着眼睛：

“你下次不要再答‘黑耳’了，就答‘到’吧!”

全班的同学都在笑，把地板擦得很响。

第二天的英文课，又喊到王亚明时，我们又听到了“黑耳——黑——耳。”

“你从前学过英文没有?”英文教师把眼镜移动了一下。

“不就是那英国话吗? 学是学过的，是个麻子脸先生教的……铅笔叫‘喷丝儿’，钢笔叫‘盆’。可是没学过‘黑耳’。”

“here 就是‘这里’的意思，你读：here! here!”

“喜儿，喜儿。”她又读起“喜儿”来了。这样的怪读法，全课堂都笑得颤慄起来。可是王亚明，她自己却安然地坐下去，青色的手开始翻转着书页。并且低声读了起来：

“华提……贼死……阿儿……”

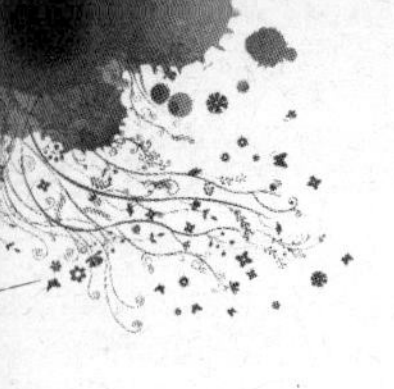



数学课上，她读起算题来也和读文章一样：

“$2x+y=\cdots\cdots x^2=\cdots\cdots$”

午餐的桌上，那青色的手已经抓到了馒头，她还想着“地理”课本：“墨西哥产白银……云南……唔，云南的大理石。”

夜里她躲在厕所里边读书，天将明的时候，她就坐在楼梯口。只要有一点光亮的地方，我常遇到过她。有一天落着大雪的早晨，窗外的树枝挂着白绒似的穗头，在宿舍的那边，长筒过道的尽头，窗台上似乎有人睡在那里了。

“谁呢？这地方多么凉！”我的皮鞋拍打着地板，发出一种空洞洞的嗡声，因是星期日的早晨，全个学校出现在特有的安宁里。一部分的同学在化着装；一部分的同学还睡在眠床上。

还没走到她的旁边，我看到那摊在膝头上的书页被风翻动着。

“这是谁呢？礼拜日还这样用功！”正要唤醒她，忽然看到那青色的手了。

“王亚明，嗳……醒醒吧……”我还没有直接招呼过她的名字，感到生涩和直硬。

“喝喝……睡着啦！”她每逢说话总是开始钝重的笑笑。

“华提……贼死，右……爱……”她还没找到书上的字就读起来。

“华提……贼死，这英国话，真难……不像咱们中国字：什么字旁，什么字头……这个：曲里拐弯的，好像长虫爬在脑子里，越爬越糊涂，越爬越记不住。英文先生也说不难，不难，我看你们也不难。我的脑筋笨，乡下人的脑筋没有你们那样灵活。我的父亲还不如我，他说他年青的时候，就记他这个‘王’字，记了半顿饭的工夫还没记住。右……爱……右……阿儿……”说完一句话，在末尾不相干的她又读起单字来。

风车哗啦哗啦的响在壁上，通气窗时时有小的雪片飞进来，

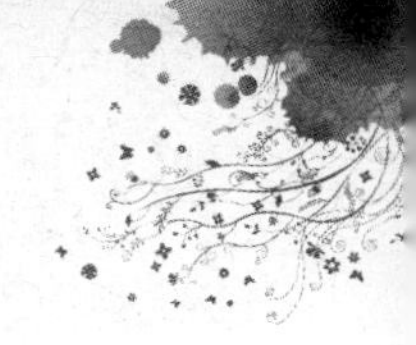

在窗台上结着些水珠。

她的眼睛完全爬满着红丝条；贪婪，把持，和那青色的手一样在争取她那不能满足的愿望。

在角落里，在只有一点灯光的地方我都看到过她，好像老鼠在啮嚼什么东西似的。

她的父亲第一次来看她的时候，说她胖了：

“妈的，吃胖了，这里吃的比自家吃的好，是不是？好好干吧！干下三年来，不成圣人吧，也总算明白明白人情大道理。”在课堂上，一个星期之内人们都是学着王亚明的父亲。第二次，她的父亲又来看她，她向她父亲要一副手套。

“就把我这副给你吧！书，好好念书，要一副手套还没有吗？等一等，不用忙……要戴就先戴这副，开春啦！我又不常出什么门，明子，上冬咱们再买，是不是？明子！”在接见室的门口嚷嚷着，四周已经是围满着同学，于是他又喊着明子明子的，又说了一些事情：

“三妹妹到二姨家去串门啦，去啦两三天啦！小肥猪每天又多加两把豆子，胖得那样你没看见，耳朵都挣挣起来了，……姐姐又来家腌了两罐子咸葱……”

正讲得他流汗的时候，女校长穿着人群站到前面去：

“请到接见室里面坐吧——”

“不用了，不用了，耽搁工夫，我也是不行的，我还就要去赶火车……赶回去，家里一群孩子，放不下心……”他把皮帽子放在手上，向校长点着头，头上冒着气，他就推开门出去了。好像校长把他赶走似的，可是他又转回身来，把手套脱下来。

“爹，你戴着吧，我戴手套本来是没用的。”

她的父亲也是青色的手，比王亚明的手更大更黑。

在阅报室里，王亚明问我：

“你说，是吗？到接见室去坐下谈话就要钱的吗？”

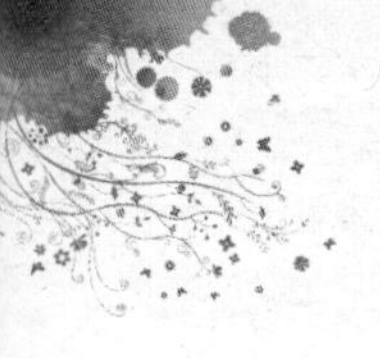



“哪里要钱！要的什么钱！”

“你小点声说，叫她们听见，她们又谈笑话了。”她用手掌指点着我读着的报纸，“我父亲说的，他说接见室里摆着茶壶和茶碗，若进去，怕是校役就给倒茶了，倒茶就要钱了。我说不要，他可是不信，他说连小店房进去喝一碗水也多少得赏点钱，何况学堂呢？你想学堂是多么大的地方！”

校长已说过她几次：

“你的手，就洗不净了吗？多加点肥皂！好好洗洗，用热水烫一烫。早操的时候，在操场上竖起来的几百条手臂都是白的，就是你，特别呀！真特别。”女校长用她贫血的和化石一般透明的手指去触动王亚明的青色手，看那样子，她好像是害怕，好像微微有点抑止着呼吸，就如同让她去接触黑色的已经死掉的鸟类似的。“是褪得很多了，手心可以看到皮肤了。比你来的时候强得多，那时候，那简直是铁手……你的功课赶得上了吗？多用点功，以后，早操你就不用上，学校的墙很低，春天里散步的外国人又多，他们常常停在墙外看的。等你的手褪掉颜色再上早操吧！”校长告诉她，停止了她的早操。

“我已经向父亲要到了手套，戴起手套来不就看不见了吗？”打开了书箱，取出她父亲的手套来。

校长笑得发着咳嗽，那贫血的面孔立刻旋动着红的颜色：“不必了！既然是不整齐，戴手套也是不整齐。”

假山上面的雪消融了去，校役把铃子也打得似乎更响些，窗前的杨树抽着芽，操场好像冒着烟似的，被太阳蒸发着。上早操的时候，那指挥官的口笛振鸣得也远了，和窗外树丛中的人家起着回应。

我们在跑在跳，和群鸟似的在嘈杂。带着糖质的空气迷漫着我们，从树梢上面吹下来的风混和着嫩芽的香味。被冬天枷锁了的灵魂和被束掩的棉花一样舒展开来。

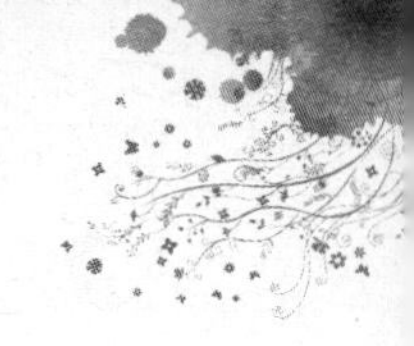

正当早操刚收场的时候，忽然听到楼窗口有人在招呼什么，那声音被空气负载着向天空响去似的：

“好和暖的太阳！你们热了吧？你们……”在抽芽的杨树后面，那窗口站着王亚明。

等杨树已经长了绿叶，满院结成了荫影的时候，王亚明却渐渐变成了干缩，眼睛的边缘发着绿色，耳朵也似乎薄了一些，至于她的肩头一点也不再显出蛮野和强壮。当她偶然出现在树荫下，那开始陷下的胸部使我立刻从她想到了生肺病的人。

“我的功课，校长还说跟不上，倒也是跟不上，到年底若再跟不上，喝喝！真会留级的吗？”她讲话虽然仍和从前一样“喝喝”的，但她的手却开始畏缩起来，左手背在背后，右手在衣襟下面突出个小丘。

我们从来没有看到她哭过，大风在窗外倒拔着杨树的那天，她背向着教室，也背向着我们，对着窗外的大风哭了。那是那些参观的人走了以后的事情，她用那已经开始在褪着色的青手捧着眼泪。

“还哭！还哭什么？来了参观的人，还不躲开。你自己看看，谁像你这样特别！两只蓝手还不说，你看看，你这件上衣，快变成灰的了！别人都是蓝上衣，哪有你这样特别，太旧的衣裳颜色是不整齐的……不能因为你一个人而破坏了制服的规律性……”她一面嘴唇与嘴唇切合着，一面用她惨白的手指去撕着王亚明的领口：“我是叫你下楼，等参观的走了再上来，谁叫你就站在过道呢？在过道，你想想：他们看不到你吗？你倒戴起了这样大的一副手套……”

说到“手套”的地方，校长的黑色漆皮鞋，那亮晶的鞋尖去踢了一下已经落到地板上的一只：

“你觉得你戴上了手套站在这地方就十分好了吗？这叫什么玩艺？”她又在手套上踏了一下，她看到那和马车夫一样肥大的

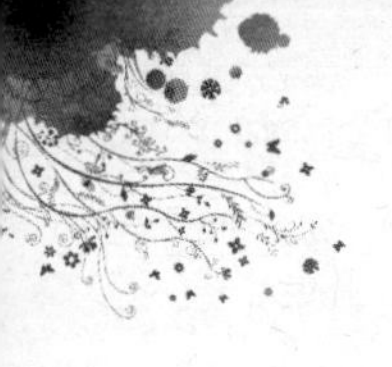



手套，抑止不住的笑出声来了。

王亚明哭了这一次，好像风声都停止了，她还没有停止。

暑假以后，她又来了。夏末简直和秋天一样凉爽，黄昏以前的太阳染在马路上使那些铺路的石块都变成了朱红色。我们集着群在校门里的山丁树下吃着山丁。就是这时候，王亚明坐着的马车从“喇嘛台”那边哗啦哗啦地跑来了。只要马车一停下，那就全然寂静下去。她的父亲搬着行李，她抱着面盆和一些零碎。走上台阶来了，我们并不立刻为她闪开，有的说着：“来啦！”“你来啦！”有的完全向她张着嘴。

等她父亲腰带上挂着的白毛巾一抖一抖的走上了台阶，就有人在说：

“怎么！在家住了一个暑假，她的手又黑了呢？那不是和铁一样了吗？”

秋季以后，宿舍搬家的那天，我才真正注意到这铁手。我似乎已经睡着了，但能听到隔壁在吵叫着：

“我不要她，我不和她并床……”

“我也不和她并床。”

我再细听了一些时候，就什么也听不清了，只听到嗡嗡的笑声和绞成一团的吵嚷。夜里我偶然起来到过道去喝了一次水。长椅上睡着一个人，立刻就被我认出来，那是王亚明。两只黑手遮着脸孔，被子一半脱落在地板上，一半挂在她的脚上。我想她一定又是借着过道的灯光在夜里读书，可是她的旁边也没有什么书本，并且她的包袱和一些零碎就在地板上围绕着她。

第二天的夜晚，校长走在王亚明的前面，一面走一面响着鼻子，她穿着床位，她用她的细手推动那一些连成排的铺平的白床单：

“这里，这里的一排七张床，只睡八个人，六张床还睡九个呢！”她翻着那被子，把它排开一点，让王亚明把被子就夹在这

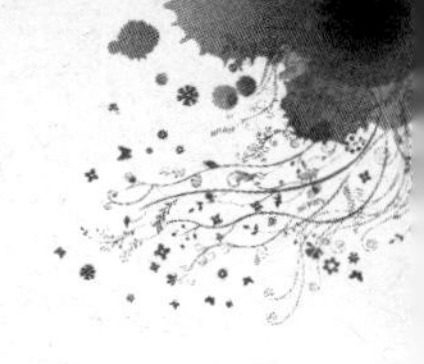



地方。

王亚明的被子展开了，为着高兴的缘故，她还一边铺着床铺，一边嘴里似乎打着哨子，我还从没听到过这个，在女学校里边，没有人用嘴打过哨子。

她已经铺好了，她坐在床上张着嘴，把下颚微微向前抬起一点，像是安然和舒畅在镇压着她似的。校长已经下楼了，或者已经离开了宿舍，回家去了。但，舍监这老太太，鞋子在地板上擦擦着，头发完全失掉了光泽，她跑来跑去：

“我说，这也不行……不讲卫生，身上生着虫类，什么人还不想躲开她呢？”她又向角落里走了几步，我看到她的白眼球好像对着我似的：“看这被子吧！你们去嗅一嗅，隔着二尺远都有气味了……挨着她睡着，滑稽不滑稽！谁知道……虫类不会爬了满身吗？去看看，那棉花都黑得什么样子啦！”

舍监常常讲她自己的事情，她的丈夫在日本留学的时候，她也在日本，也算是留学。同学们问她：

“学的什么呢？”

“不用专学什么！在日本说日本话，看看日本风俗，这不也是留学吗？”她说话总离不了“不卫生，滑稽不滑稽……肮脏”，她叫虱子特别要叫虫类。

“人肮脏手也肮脏。”她的肩头很宽，说着肮脏她把肩头故意抬高了一下，她像寒风忽然吹到她似的，她跑出去了。

“这样的学生，我看校长可真是……可真是多余要……”打过熄灯铃之后，舍监还在过道里和别的一些同学在讲说着。

第三天夜晚，王亚明又提着包袱，卷着行李，前面又是走着白脸的校长。

“我们不要，我们的人数够啦！”

校长的指甲还没接触到她们的被边时，她们就嚷了起来，并且换了一排床铺也是嚷了起来：

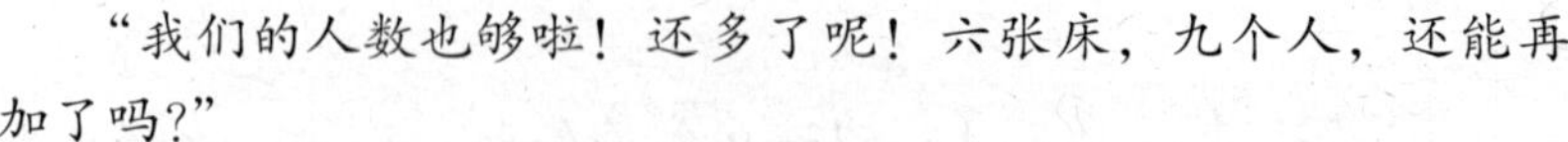

“我们的人数也够啦！还多了呢！六张床，九个人，还能再加了吗?”

“一二三四……”校长开始计算：“不够，还可以再加一个，四张床，应该六个人，你们只有五个……来！王亚明！”

“不，那是留给我妹妹的，她明天就来……”那个同学跑过去，把被子用手按住。

最后，校长把她带到别的宿舍去了。

“她的虱子，我不挨着她……”

“我也不挨着她……”

“王亚明的被子没有被里，棉花贴着身子睡，不信，校长看看!”

后来她们就开着玩笑，至于说出害怕王亚明的黑手而不敢接近她。

以后，这黑手人就睡在过道的长椅上。我起得早的时候，就遇到她在卷着行李，并且提着行李下楼去。我有时也在地下储藏室遇到她，那当然是夜晚，所以她和我谈话的时候，我都是看看墙上的影子，她搔着头发的手，那影子印在墙上也和头发一样颜色。

“惯了，椅子也一样睡，就是地板也一样，睡觉的地方，就是睡觉，管什么好歹！念书是要紧的……我的英文，不知在考试的时候，马先生能给我多少分数？不够六十分，年底要留级的吗?”

“不要紧，一门不能够留级。”我说。

“爹爹可是说啦！三年毕业，再多半年，他也不能供给我学费……这英国话，我的舌头可真转不过弯来。喝喝……”

全宿舍的人都在厌烦她，虽然她是住在过道里。因为她夜里总是咳嗽着……同时在宿舍里边她开始用颜料染着袜子和上衣。

“衣裳旧了，染染差不多和新的一样。比方，夏季制服，染

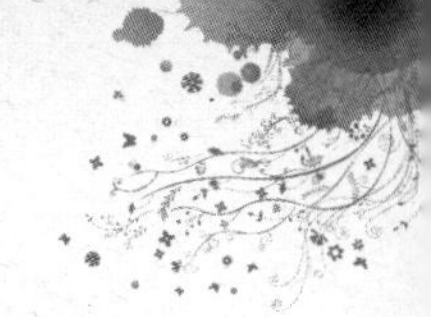



成灰色就可以当秋季制服穿……比方，买白袜子，把它染成黑色，这都可以……”

“为什么你不买黑袜子呢?”我问她。

“黑袜子，他们是用机器染的，矾太多……不结实，一穿就破的……还是咱们自己家染的好……一双袜子好几毛钱……破了就破了还得了吗?”

礼拜六的晚上，同学们用小铁锅煮着鸡子。每个礼拜六差不多总是这样，她们要动手烧一点东西来吃。从小铁锅煮好的鸡子，我也看到的，是黑的，我以为那是中了毒。那端着鸡子的同学，几乎把眼镜咆哮得掉落下来：

“谁干的好事！谁？这是谁?”

王亚明把面孔向着她们来到了厨房，她拥挤着别人，嘴里喝喝的：

“是我，我不知道这锅还有人用，我用它煮了两双袜子……喝喝……我去……”

“你去干什么？你去……”

“我去洗洗它！”

“染臭袜子的锅还能煮鸡子吃！还要它?”铁锅就当着众人在地板上光郎、光郎的跳着，人咆哮着，戴眼镜的同学把黑色的鸡子好像抛着石头似的用力抛在地上。

人们都散开的时候，王亚明一边拾着地板上的鸡子，一边在自己说着话：

“哟！染了两双新袜子，铁锅就不要了！新袜子怎么会臭呢?”

冬天，落雪的夜里，从学校出发到宿舍去，所经过的小街完全被雪片占据了。我们向前冲着，扑着，若遇到大风，我们就风雪中打着转，倒退着走，或者是横着走。清早，照例又要从宿舍出发，在十二月里，每个人的脚都冻木了，虽然是跑着也要冻木

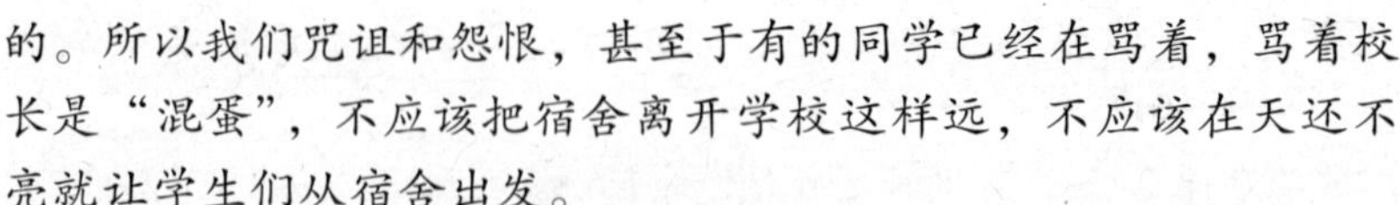

的。所以我们咒诅和怨恨，甚至于有的同学已经在骂着，骂着校长是“混蛋”，不应该把宿舍离开学校这样远，不应该在天还不亮就让学生们从宿舍出发。

有些天，在路上我单独的遇到王亚明。远处的天空和远处的雪都在闪着光，月亮使得我和她踏着影子前进。大街和小街都看不见行人。风吹着路旁的树枝在发响，也时时听到路旁的玻璃窗被雪扫着在呻叫。我和她谈话的声音，被零度以下的气温所反应也增加了硬度。等我们的嘴唇也和我们的腿部一样感到了不灵活，这时候，我们总是终止了谈话，只听着脚下被踏着的雪，乍乍乍地响。

手在按着门铃，腿好像就要自己脱离开，膝盖向前时时要跪了下去似的。

我记不得哪一个早晨，腋下带着还没有读过的小说，走出了宿舍，我转过身去，把栏栅门拉紧。但心上总有些恐惧，越看远处模糊不清的房子，越听后面在扫着的风雪，就越害怕起来。星光是那样微小，月亮也许落下去了，也许被灰色的和土色的云彩所遮蔽。

走过一丈远，又像增加了一丈似的，希望有一个过路的人出现，但又害怕那过路人，因为在没有月亮的夜里，只能听到声音而看不见人，等一看见人影那就从地面突然长了起来似的。

我踏上了学校门前的石阶，心脏仍在发热，我在按铃的手，似乎已经失去了力量。突然石阶又有一个人走上来了：

“谁？谁？”

“我！是我。”

“你就走在我的后面吗？”因为一路上我并没听到有另外的脚步声，这使我更害怕起来。

“不，我没走在你的后面，我来了好半天了。校役他是不给开门的，我招呼了不知道多大工夫了。”

“你没按过铃吗?”

“按铃没有用，喝喝，校役开了灯，来到门口，隔着玻璃向外看看……可是到底他不给开。”

里边的灯亮起来，一边骂着似的咣啷咣啷的把门给闪开了：

“半夜三更叫门……该考背榜不是一样考背榜吗?”

“干什么？你说什么?”我这话还没有说出来，校役就改变了态度：

“萧先生，您叫门叫了好半天了吧?”

我和王亚明一直走进了地下室，她咳嗽着，她的脸苍黄得几乎是打着皱纹似的颤索了一些时候。被风吹得而挂下来的眼泪还停留在脸上，她就打开了课本。

“校役为什么不给你开门?”我问。

“谁知道？他说来得太早，让我回去，后来他又说校长的命令。”

“你等了多少时候了?”

“不算多大工夫，等一会，就等一会，一顿饭这个样子。喝喝……”

她读书的样子完全和刚来的时候不一样，那喉咙渐渐窄小了似的，只是喃喃着，并且那两边摇动的肩头也显着紧缩和偏狭，背脊已经弓了起来，胸部却平了下去。

我读着小说，很小的声音读着，怕是搅扰了她；但这是第一次，我不知道为什么这只是第一次?

她问我读的什么小说，读没读过《三国演义》？有时她也拿到手里看看书面，或是翻翻书页。“像你们多聪明！功课连看也不看，到考试的时候也一点不怕。我就不行，也想歇一会，看看别的书……可是那就不成了……”

有一个星期日，宿舍里面空朗的，我就大声读着《屠场》上正是女工马利亚昏倒在雪地上的那段，我一面看着窗外的雪地

一面读着，觉得很感动。王亚明站在我的背后，我一点也不知道。

“你有什么看过的书，也借给我一本，下雪天气，实在沉闷，本地又没有亲戚，上街又没有什么买的，又要花车钱……”

“你父亲很久不来看你了吗？”我以为她是想家了。

“哪能来！火车钱，一来回就是两元多……再说家里也没有人……”

我就把《屠场》放在她的手上，因为我已经读过了。

她笑着，“喝喝”着，她把床沿颤了两下，她开始研究着那书的封面。等她走出去时，我听在过道里她也学着我把那书开头的第一句读得很响。

以后，我又不记得是哪一天，也许又是什么假日，总之，宿舍是空朗朗的，一直到月亮已经照上窗子，全宿舍依然被剩在寂静中。我听到床头上有沙沙的声音，好像什么人在我的床头摸索着，我仰过头去，在月光下我看到了是王亚明的黑手，并且把我借给她的那本书放在我的旁边。

我问她：“看得有趣吗？好吗？”

起初，她并不回答我，后来她把脸孔用手掩住，她的头发也像在抖着似的。她说：

“好。”

我听她的声音也像在抖着，于是我坐了起来。她却逃开了，用着那和头发一样颜色的手横在脸上。

过道的长廊空朗朗的，我看着沉在月光里的地板的花纹。

“马利亚，真像有这个人一样，她倒在雪地上，我想她没有死吧！她不会死吧……那医生知道她是没有钱的人，就不给她看病……喝喝！”很高的声音她笑了，借着笑的抖动眼泪才滚落下来：“我也去请过医生，我母亲生病的时候，你看那医生他来吗？他先向我要马车钱，我说钱在家里，先坐车来吧！人要不行了……你看他来吗？他站在院心问我：'你家是干什么的？你家开染缸房[1]吗？'不知为什么，一告诉他是开'染缸房'的，他就拉开门进屋去了……我等他，他没有出来，我又去敲门，他在门里面说：'不能去看这病，你回去吧！'我回来了……"她又擦了擦眼睛才说下去，"从这时候我就照顾着两个弟弟和两个妹妹。爹爹染黑的和蓝的，姐姐染红的……姐姐定亲的那年，上冬的时候，她的婆婆从乡下来住在我们家里，一看到姐姐她就说：'唉呀！那杀人的手！'从这起，爹爹就说不许某个人专染红的；某个人专染蓝的。我的手是黑的，细看才带点紫色，那两个妹妹也都和我一样。"

"你的妹妹没有读书？"

"没有，我将来教她们，可是我也不知道我读得好不好，读不好连妹妹都对不起……染一匹布多不过三毛钱……一个月能有几匹布来染呢？衣裳每件一毛钱，又不论大小，送来染的都是大衣裳居多……去掉火柴钱，去掉颜料钱……那不是吗！我的学费……把他们在家吃咸盐的钱都给我拿来啦……我哪能不用心念书，我哪能？"她又去摸触那本书。

我仍然看着地板上的花纹，我想她的眼泪比我的同情高贵得多。

还不到放寒假时，王亚明在一天的早晨，整理着手提箱和零碎，她的行李已经束得很紧，立在墙根的地方。

并没有人和她去告别，也没有人和她说一声再见。我们从宿舍出发，一个一个的经过夜里王亚明睡觉的长椅，她向我们每个人笑着，同时也好像从窗口在望着远方。我们使过道起着沉重的骚音，我们下着楼梯，经过了院宇，在栏栅门口，王亚明也赶到了，并且呼喘，并且张着嘴：

---

① 染缸房，即染衣铺。

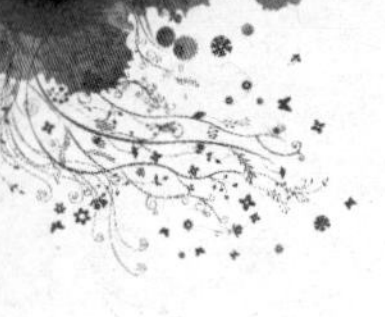



“我的父亲还没有来，多学一点钟是一点钟……”她向着大家在说话一样。

这最后的每一点钟都使她流着汗，在英文课上她忙着用小册子记下来黑板上所有的生字。同时读着，同时连教师随手写的已经是不必要的读过的熟字她也记了下来，在第二点钟地理课上她又费着力气模仿着黑板上教师画的地图，她在小册子上也画了起来……好像所有这最末一天经过她的思想都重要起来，都必得留下一个痕迹。

在下课的时间，我看了她的小册子，那完全记错了：英文字母，有的脱落一个，有的她多加上一个……她的心情已经慌乱了。

夜里，她的父亲也没有来接她，她又在那长椅上展了被褥，只有这一次，她睡得这样早，睡得超过平常以上的安然。头发接近着被边，肩头随着呼吸放宽了一些。今天她的左右并不摆着书本。

早晨，太阳停在颤抖的挂着雪的树枝上面，鸟雀刚出巢的时候，她的父亲来了。停在楼梯口，他放下肩上背来的大毡靴，他用围着脖子的白毛巾掳去胡须上的冰溜：

“你落了榜吗？你……”冰溜在楼梯上溶成小小的水珠。

“没有，还没考试，校长告诉我，说我不用考啦，不能及格的……”

她的父亲站在楼梯口，把脸向着墙壁，腰间挂着的白手巾动也不动。

行李拖到楼梯口了，王亚明又去提着手提箱，抱着面盆和一些零碎，她把大手套还给她的父亲。

“我不要，你戴吧！”她父亲的毡靴一移动就在地板上压了几个泥圈圈。

因为是早晨，来围观的同学们很少。王亚明就在轻微的笑声

里边戴起了手套。

“穿上毡靴吧！书没念好，别再冻掉了两只脚。”她的父亲把两只靴子相连的皮条解开。

靴子一直掩过了她的膝盖，她和一个赶马车的人一样，头部也用白色的绒布包起。

“再来，把书回家好好读读再来。喝……喝。”不知道她向谁在说着。当她又提起了手提箱，她问她的父亲：

“叫来的马车就在门外吗?”

“马车，什么马车？走着上站吧……我背着行李……”

王亚明的毡靴在楼梯上扑扑的拍着，父亲走在前面，变了颜色的手抓着行李的两角。

那被朝阳拖得苗长的影子，跳动着在人的前面先爬上了木栅门。从窗子看去，人也好像和影子一般轻浮，只能看到他们，而听不到关于他们的一点声音。

出了木栅门，他们就向着远方，向着迷漫着朝阳的方向走去。

雪地好像碎玻璃似的，越远那闪光就越刚强。我一直看到那远处的雪地刺痛了我的眼睛。

（原载于1936年4月5日《作家》第1卷第1号）

## 受孤立、被放逐的异类：《手》解读

萧红的《手》是一篇很特别的小说。以“我”为视角，写“我”的同学王亚明，有一双“蓝的，黑的，又好像紫的；从指甲一直变色到手腕以上”的手。家里开染房的穷孩子，都会有这样一双手。正因为有这双手，加上脑子笨，傻气，英语等功课学不好，同学们叫她“怪物”。从校长、舍监、老师、校役到同

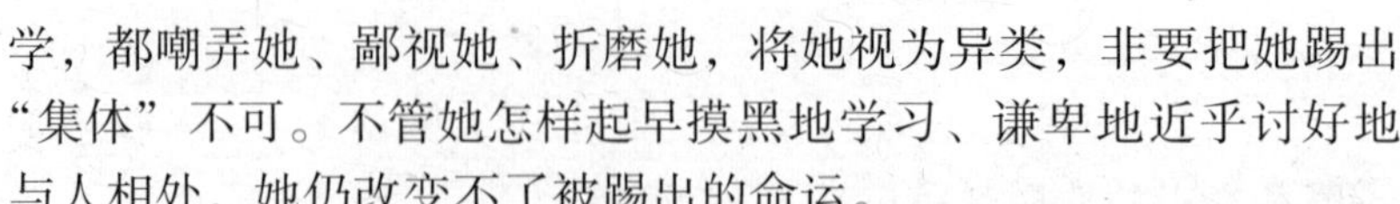

学，都嘲弄她、鄙视她、折磨她，将她视为异类，非要把她踢出“集体”不可。不管她怎样起早摸黑地学习、谦卑地近乎讨好地与人相处，她仍改变不了被踢出的命运。

这篇小说有其抽象意味。在一个愚昧又自以为是的群体里，任何异质的弱质的个体，都会被视为低能者、异类而备受欺侮，成为众人的笑料，最终受驱逐。萧红本人在与萧军及其朋友群相处时，也应该有这种体会。男性的强势，他们对女性“缺陷”的嘲弄鄙视，他们从虐待的狂欢里得到的快乐及满足，等等。萧红以自己沉痛的经验来写王亚明的无助，她的被驱逐是某种“另类者”共同的命运。

这篇小说以一位女中学生、王亚明的同学“我”为叙事者，从她的角度来讲述这个故事。叙事者比《呼兰河传》那位“女童”略为年长，天真、诚实而有些无知。随着故事的展开，“我”身份渐渐发生变化：先是嘲弄者群体中的一员，既是王亚明受虐的目击者又是施虐狂欢者中的一员。继而渐渐脱离这个群体，成为王亚明的同情者和帮助者，但对王亚明的观察和描述，依然带有嘲弄意味。再接着是嘲弄的眼光转向施虐者群体——从校长到舍监到校役到同学，他们的自以为是、愚蠢丑恶、两面三刀、践踏弱者。由于用的是少女视角，对施虐者群体丑态的天真描述中带有轻喜剧的色彩，将对弱者施虐而习以为常，当作一个笑话的庸众群体的冷漠、残酷，暴露无遗。

另者，由于叙述者与主人公是同龄人，对主人公作为弱势者渴望上学念书的个性心理语言的把握尤为贴切、到位。

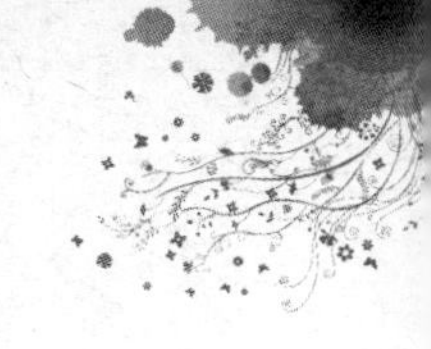

# 张爱玲简介

张爱玲（1920—1995），原名张瑛，祖籍河北丰润，出生于天津，在上海长大。家庭曾是显赫的晚清贵族，祖父张佩纶为晚清重臣，祖母李菊耦是李鸿章女儿。父亲张廷重，典型的遗少，母亲黄逸梵是个新派女性，曾留学英国。幼时父母离婚。1931 年就读于上海圣玛利亚女校，1932 年在该校发表短篇小说《不幸的她》。1937 年在圣玛利亚女校校刊《国光》发表小说《牛》和《霸王别姬》等。因与后母口角被父亲责打并拘禁。1937 年底逃离家庭，到母亲家居住。1939—1941 年就读于香港大学，因香港沦陷，返回上海，从此以写作为生。1940 年《天才梦》获《西风》征文荣誉奖。1943 年在《紫罗兰》、《杂志》、《万象》、《天地》和《古今》等月刊发表小说《沉香屑：第一炉香》、《沉香屑：第二炉香》、《茉莉香片》、《倾城之恋》、《金锁记》和《封锁》等小说，一时声名鹊起。1944 年发表中篇小说《连环套》和《红玫瑰与白玫瑰》等，第一本小说集《传奇》由上海杂志社出版。同年，散文集《流言》由上海五洲书报社出版。1943 年，结识 38 岁的胡兰成，坠入爱河，与胡成婚。1947 年离婚。1946 年应桑弧之邀编写电影剧本《不了情》和《太太万岁》。1950 年以梁京为笔名在上海《亦报》连载《十八春》（后改名《半生缘》）。1952 年赴香港，在美国驻香港新闻处工作。1954 年长篇小说《秧歌》和《赤地之恋》在《今日世界》连载，并在香港出版这两部小说的英文本及中文本。1955 年赴美定居。1956 年与美国作家赖雅结婚。

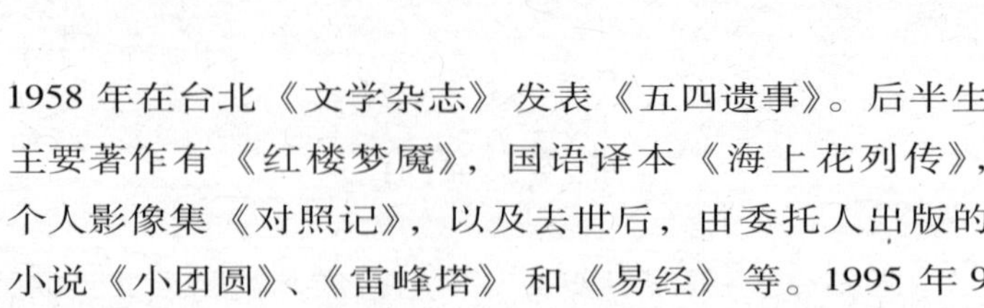
1958 年在台北《文学杂志》发表《五四遗事》。后半生主要著作有《红楼梦魇》，国语译本《海上花列传》，个人影像集《对照记》，以及去世后，由委托人出版的小说《小团圆》、《雷峰塔》和《易经》等。1995 年 9 月 8 日逝世于洛杉矶寓所。

## 红玫瑰与白玫瑰

张爱玲

振保的生命里有两个女人，他说的一个是他的白玫瑰，一个是他的红玫瑰。一个是圣洁的妻，一个是热烈的情妇——普通人向来是这样把节烈两个字分开来讲的。

也许每一个男子全都有过这样的两个女人，至少两个。娶了红玫瑰，久而久之，红的变了墙上的一抹蚊子血，白的还是"床前明月光"；娶了白玫瑰，白的便是衣服上沾的一粒饭粘子，红的却是心口上的一颗朱砂痣。在振保可不是这样的。他是有始有终，有条有理的。他整个地是这样一个最合理想的中国现代人物，纵然他遇到的事不是尽合理想的，给他自己心问口，口问心，几下子一调理，也就变得仿佛理想化了，万物各得其所。

他是正途出身，出洋得了学位，并在工厂实习过，非但是真才实学，而且是半工半读赤手空拳打下来的天下。他在一家老牌子的外商染织公司做到很高的位置。他太太是大学毕业的，身家清白，面目姣好、性格温和，从不出来交际。一个女儿才九岁，大学的教育费已经给筹备下了。侍奉母亲，谁都没有他那么周到；提拔兄弟，谁都没有他那么经心；办公，谁都没有他那么火爆认真；待朋友，谁都没有他那么热心，那么义气，克己。他做人做得十分兴头；他是不相信有来生的，不然他化了名也要重新

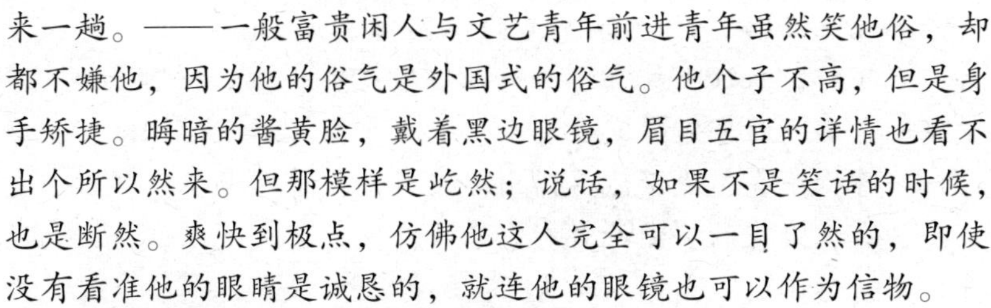

来一趟。——一般富贵闲人与文艺青年前进青年虽然笑他俗，却都不嫌他，因为他的俗气是外国式的俗气。他个子不高，但是身手矫捷。晦暗的酱黄脸，戴着黑边眼镜，眉目五官的详情也看不出个所以然来。但那模样是屹然；说话，如果不是笑话的时候，也是断然。爽快到极点，仿佛他这人完全可以一目了然的，即使没有看准他的眼睛是诚恳的，就连他的眼镜也可以作为信物。

振保出身寒微，如果不是他自己争取自由，怕就要去学生意，做店伙，一辈子生死在一个愚昧无知的小圈子里。照现在，他从外国回来做事的时候，是站在世界之窗的窗口，实在很难得的一个自由的人，不论在环境上，思想上。普通人的一生，再好些也是“桃花扇”，撞破了头，血溅到扇子上，就这上面略加点染成为一枝桃花。振保的扇子却还是空白，而且笔酣墨饱，窗明几净，只等他落笔。

那空白上也有淡淡的人影子打了底子的，像有一种精致的仿古信笺，白纸上印出微凸的粉紫古装人像——在妻子与情妇之前还有两个不要紧的女人。

第一个是巴黎的一个妓女。

振保学的是纺织工程，在爱丁堡进学校。苦学生在外国是看不到什么的，振保回忆中的英国只限于地底电车，白煮卷心菜，空白的雾、饿、馋。像歌剧那样的东西，他还是回国之后才见识了上海的俄国歌剧团。只有某一年的暑假里，他多下几个钱，匀出点时间来到欧洲大陆旅行了一次。道经巴黎，他未尝不想看看巴黎的人有多坏，可是没有内幕的朋友领导——这样的朋友他结交不起，也不愿意结交——自己闯了去呢，又怕被人欺负，花钱超过预算之外。

在巴黎这一天的傍晚，他没事可做，提早吃了晚饭，他的寓所在一条僻静的街上，他步行回家，心里想着：“人家都当我到过巴黎了。”未免有些怅然。街灯已经亮了，可是太阳还在头上，一点一点往下掉，掉到那方形的水门汀建筑的房顶上，再往下掉，往下掉，房顶上仿佛雪白地蚀去了一块。振保一路行来，只觉荒凉。不知谁家宅第家里有人用一只手指在那里弹钢琴，一个字一个字揿下去，迟慢地，弹出圣诞节赞美诗的调子，弹了一支又一支。圣诞夜的圣诞诗自有它的欢愉气氛，可是在这暑天的下午，在静静晒满了太阳的长街上，太不是时候了，就象是乱梦颠倒，无聊得可笑。振保不知道为什么，竟不能忍耐这一只指头弹出的钢琴。

他加紧了步伐往前走，裤袋里的一只手，手心在出汗。他走得快了，前面的一个黑衣妇人倒把脚步放慢了，略略偏过头来瞟了他一眼。她在黑蕾丝纱底下穿着红衬裙。他喜欢红色的内衣。没想到这种地方也有这等女人，也有小旅馆。

多年后，振保向朋友们追述到这一桩往事，总是带着点愉快的哀感打趣着自己，说："到巴黎之前还是个童男子呢！该去凭吊一番。"回想起来应当是很浪漫的事了，可是不知道为什么，浪漫的一部分他倒记不清了，单拣那恼人的部分来记得。外国人身上往往比中国人多着点气味，这女人自己老是不放心，他看见她有意无意抬起手臂来，偏过头去闻了一闻。衣服上、胳肢窝里喷了香水，贱价的香水与狐臭与汗酸气混合了，是使人不能忘记的异味。然而他最讨厌的还是她的不放心。脱了衣服，单穿件衬裙从浴室里出来的时候，她把一只手高高撑在门上，歪着头向他笑，他知道她又下意识地闻了闻自己。

这样的一个女人，就连这样的一个女人，他在她身上花了钱，也还做不了她的主人。和她在一起的三十分钟是最羞耻的经验。

还有一点细节是他不能忘记的。她重新穿上衣服的时候，从头上套下去，套了一半，衣裳散乱地堆在两肩，仿佛想起了什么似的，她稍微停了一停。这一刹那之间他在镜子里看见她，她有很多的蓬松的黄头发，头发紧紧绷在衣裳里面，单露出一张瘦长的脸，眼睛是蓝的罢，但那点蓝都蓝到眼下的青晕里去了，眼珠子本身变了透明的玻璃球。那是个森冷的，男人的脸，古代的兵士的脸。振保的神经上受了很大的震动。

出来的时候，街上还有太阳，树影子斜斜卧在太阳影子里。这也不对，不对到恐怖的程度。

嫖，不怕嫖得下流、随便、肮脏黯败。越是下等的地方越有乡土气息。可是不像这样。振保后来每次觉得自己嫖得精刮上算的时候便想起当年在巴黎，第一次，有多么傻。现在他生的世界里的主人。

从那天起振保就下了决心要创造一个“对”的世界，随身带着。在那袖珍世界里，他是绝对的主人。

振保在英国住久了，课余东奔西跑找了些小事做着，在工场实习又可以拿津贴，用度宽裕了些，因也结识了几个女朋友。他是正经人，将正经女人与娼妓分得很清楚。可是他同时又是个忙人，谈恋爱的时间有限，因此自然而然地喜欢比较爽快的对象。爱丁堡的中国女人本就寥寥可数，内地来的两个女同学，他嫌过于矜持做作，教会派的又太教会派了。现在的教会毕竟是较近人情了，很有些漂亮人物点缀其间，可是前十年的教会里，那些有爱心的信徒们往往是不怎么可爱的。活泼的还是几个华侨。若是杂种人，那比华侨更大方了。

振保认识了一个名叫玫瑰的姑娘，因为是初恋，所以他把以后的两个女人都比作玫瑰。这玫瑰的父亲是体面的英国商人，在南中国多年，因为一时的感情作用，娶了个广东女子为妻，带了她回国。现在那太太大约还在那里，可是似有如无，等闲不出来应酬。玫瑰进的是英国学校，就为了她是不完全的英国人，她比任何英国人还要英国化。英国的学生派是一种潇洒的漠然。对于最要紧的事尤为潇洒，尤为漠然。玫瑰是不是爱上了他，振保看

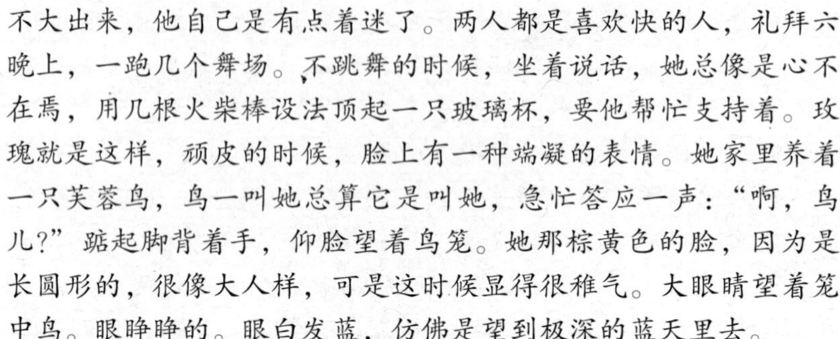

不大出来，他自己是有点着迷了。两人都是喜欢快的人，礼拜六晚上，一跑几个舞场。不跳舞的时候，坐着说话，她总像是心不在焉，用几根火柴棒设法顶起一只玻璃杯，要他帮忙支持着。玫瑰就是这样，顽皮的时候，脸上有一种端凝的表情。她家里养着一只芙蓉鸟，鸟一叫她总算它是叫她，急忙答应一声：“啊，鸟儿?”踮起脚背着手，仰脸望着鸟笼。她那棕黄色的脸，因为是长圆形的，很像大人样，可是这时候显得很稚气。大眼睛望着笼中鸟。眼睁睁的。眼白发蓝，仿佛是望到极深的蓝天里去。

也许她不过是个极平常的女孩子。不过因为年青的缘故，有点什么地方使人不能懂得。

也像那只鸟，叫那么一声。也不是叫哪个人，也没叫出什么来。

她的短裙子在膝盖上面就完了，露出一双轻巧的腿，精致得像橱窗里的木腿，皮色也像刨光油过的木头，头发剪得极短，脑后剃出一个小小的尖子。没有头发护着脖子，没有袖子护着手臂，她是个没遮拦的人，谁都可以在她身上捞一把。她和振保随随便便，振保认为她是天真。她和谁都随便，振保就觉得她有点疯疯傻傻的，这样的女人在外国或是很普通，到中国来就行不通了。把她娶来移植在家乡的社会里，那是劳神伤财，不上算的事。

有天晚上他开着车送她回家去。他常常这样送她回家，可是这次似乎有些不同，因为他就快要离开英国了，如果他有什么话要说，早就该说了，可是他没有。她家住在城外很远的地方。深夜的汽车道上，微风白露，轻轻拍在脸上像个毛毛的粉扑子。车里的谈话也是轻飘飘的，标准英国式的，有一下没一下。玫瑰知道她已经失去他了。由于一种绝望的执拗，她从心里热出来。快到家的时候，她说：“就在这里停下罢。我不愿意让家里人看见我们说再会。”振保笑道：“当着他们的面，我一样地会吻你。”

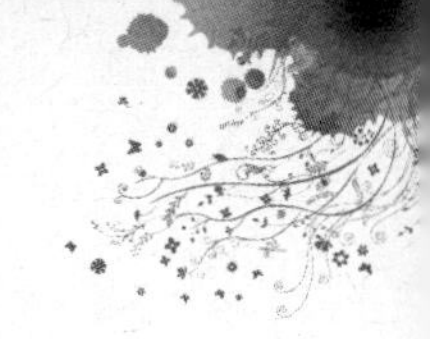

一面说，一面就伸过手臂去兜住她的肩膀，她把脸磕在他身上，车子一路开过去，开过她家门口几十码，方才停下了。振保把手伸到她的丝绒大衣底下去搂着她，隔着酸凉的水钻，银脆的绢花，许许多多玲珑累赘的东西，她的年青的身子仿佛从衣服里蹦了出来。振保吻她，她眼泪流了一脸，是他哭了还是她哭了，两人都不分明。车窗外还是那不着边际的轻风湿雾，虚飘飘叫人浑身气力没处用，只有用在拥抱上。玫瑰紧紧吊在他颈项上，老是觉得不对劲，换了一个姿势，又换一个姿势，不知道怎样贴得更紧一点才好，恨不得生在他身上，嵌在他身上。振保心里也乱了主意。他做梦也没想到玫瑰爱他到这程度，他要怎样就怎样。可是……这是绝对不行的。玫瑰到底是个正经人。这种事不是他做的。

玫瑰的身子从衣服里蹦出来，蹦到他身上，但是他是他自己的主人。

他的自制力，他过后也觉得惊讶。他竟硬着心肠把玫瑰送回家去了。临别的时候，他捧着她的湿濡的脸，捧着咻咻的鼻息，眼泪水与闪动的睫毛，睫毛在他手掌心里扑动像个小飞虫，以后他常常拿这件事来激励自己："在那种情形下都管得住自己，现在就管不住了吗？"

他对他自己那晚上的操行充满了惊奇赞叹，但是他心里是懊悔的。背着他自己，他未尝不懊悔。

这件事他不大告诉人，但是朋友中没有一个不知道他是个坐怀不乱的柳下惠，他这名声是传出去了。

因为成绩优越，毕业之前他已经接了英商鸿益染织厂的聘书，一回上海便去就职。他家住在江湾，离事务所太远了，起初他借住在熟人家里，后来他弟弟佟笃保读完了初中，振保设法把他带出来，给他补书，要考鸿益染织厂附设的专门学校，两人一同耽搁在朋友家，似有不便。恰巧振保有个老同学名唤王士洪的，早两年回国，住在福开森路一家公寓里，有一间多余的屋子，振保和他商量着，连家具一同租了下来。搬进去这天，振保下了班，已经黄昏的时候，忙忙碌碌和弟弟押着苦力们将箱笼抬了进去。王士洪立在门首叉腰看着，内室走出一个女人来，正在洗头发，堆着一头的肥皂沫子，高高砌出云石塑像似的雪白的波鬈。她双手托住了头发，向士洪说道："趁挑夫在这里，叫他们把东西一样样布置好了罢。要我们大司务帮忙，可是千难万难，全得趁他的高兴。"王士洪道："我替你们介绍，这是振保，这是笃保，这是我的太太。还没见过面罢？"这女人把右手从头发里抽出来，待要与客人握手，看看手上有肥皂，不便伸过来，单只笑着点了个头，把手指在浴衣上揩了一揩。溅了点肥皂沫子到振保手背上。他不肯擦掉它，由它自己干了，那一块皮肤便有一种紧缩的感觉，像有张嘴轻轻吸着它似的。

王太太一闪身又回到里间去了，振保指挥工人移挪床柜，心中只是不安，老觉得有个小嘴吮着他的手。他搭讪着走到浴室里去洗手，想到王士洪这太太，听说是星嘉坡的华侨，在伦敦读书的时候也是个交际花。当时和王士洪在伦敦结婚，振保因为忙，没有赶去观礼。闻名不如见面。她那肥皂塑就的白头发底下的脸是金棕色的，皮肉紧致，绷得油光水滑，把眼睛像伶人似的吊了起来。一件条纹布浴衣，不曾系带，松松合在身上，从那淡墨条子上可以约略猜出身体的轮廓，一条一条，一寸一寸都是活的。世人只说宽袍大袖的古装不宜于曲线美，振保现在方才知道这话是然而不然。他开着自来水龙头，水不甚热，可是楼底下的锅炉一定在烧着，微温的水里就像有一根热的芯子。龙头里挂下一股子水一扭一扭流下来，一寸寸都是活的。振保也不知想到哪里去了。

王士洪听见他在浴室里放水放个不停，走过来说道："你要洗澡么？这边的水再放也放不出热的来，热水管子安得不对，这

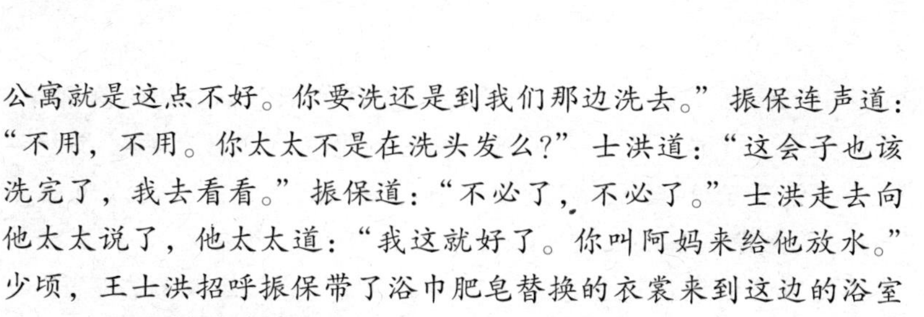

公寓就是这点不好。你要洗还是到我们那边洗去。”振保连声道：“不用，不用。你太太不是在洗头发么？”士洪道：“这会子也该洗完了，我去看看。”振保道：“不必了，不必了。”士洪走去向他太太说了，他太太道：“我这就好了。你叫阿妈来给他放水。”少顷，王士洪招呼振保带了浴巾肥皂替换的衣裳来到这边的浴室里，王太太还在那里对着镜子理头发，头发烫得极其蜷曲，梳起来很费劲，大把大把撕将下来。屋子里水汽蒸腾，因把窗子大开着，夜风吹进来，地下的头发成团飘逐，如同鬼影子。

振保抱着毛巾立在门外，看着浴室里强烈的灯光的照耀下，满地滚的乱头发，心里烦恼着。他喜欢的是热的女人，放浪一点的，娶不得的女人。这里的一个已经做了太太，而且是朋友的太太，至少没有危险了，然而……看她的头发！到上都是——到处都是她，牵牵绊绊的。

士洪夫妻两个在浴室里说话，浴缸里哗哗放着水，听不清楚。水放满了一盆，两人出来了。让振保进去洗澡。振保洗完了澡，蹲下地去，把瓷砖上的乱头发一团团捡了起来，集成一股儿。烫过的头发，梢子上发黄，相当的硬，像传电的细钢丝。他把它塞到裤袋里去，他的手停留在口袋里，只觉浑身热燥。这样的举动毕竟是太可笑了，他又把头发取了出来，轻轻抛入痰盂。

他携着肥皂毛巾回到自己屋里去，他弟弟笃保正在开箱子理东西，向他说道：“这里从前的房客不知是个什么样的人——你看，椅套子下，地毯下，烧的净是香烟洞！你看桌上的迹子，擦不掉的。将来王先生不会怪我们的罢？”振保道：“那当然不会，他们自己心里有数。而且我们是多年的老同学了，谁像你这么小气？”因笑了起来。笃保沉吟片刻，又道：“从前那个房客，你认识么？”振保道：“好像姓孙，也是从英国回来的，在大学里教书。你问他做什么？”笃保未开口，先笑了一笑，说道：“刚才你不在这儿，他们家的大司务同阿妈进来替我们挂窗帘，我听

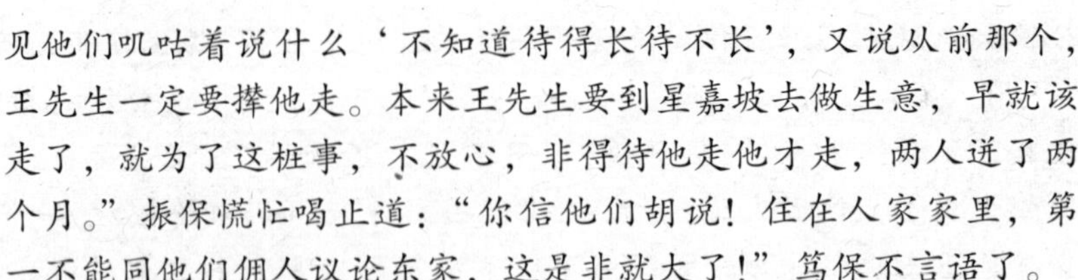

见他们叽咕着说什么‘不知道待得长待不长’，又说从前那个，王先生一定要撵他走。本来王先生要到星嘉坡去做生意，早就该走了，就为了这桩事，不放心，非得待他走他才走，两人迸了两个月。”振保慌忙喝止道：“你信他们胡说！住在人家家里，第一不能同他们佣人议论东家，这是非就大了！”笃保不言语了。

须臾，阿妈进来请吃饭，振保兄弟一同出来。王家的饭菜是带点南洋风味的，中菜西吃，主要的是一味咖喱羊肉。王太太自己面前却只有薄薄的一片烘面包，一片火腿，还把肥的部分切下了分给她丈夫。振保笑道：“怎么王太太饭量这么小?”士洪道：“她怕胖。”振保露出诧异的神气，道：“王太太这样正好呀，一点儿也不胖。”王太太笑道：“新近减少了五磅，瘦多了。”士洪笑着伸过手去拧了拧她的面颊道：“瘦多了？这是什么?”他太太瞅了他一眼道：“这是我去年吃的羊肉。”这一说，大家全都哈哈笑了起来。

振保兄弟和她是初次见面，她做主人的并不曾换件衣服下桌子吃饭，依然穿着方才那件浴衣，头上头发没有干透，胡乱缠了一条白毛巾，毛巾底下间或滴下水来，亮晶晶缀在眉心。她这不拘束的程度，非但一向在乡间的笃保深以为异，便是振保也觉稀罕。席上她问长问短，十分周到，虽然看得出来她是个不善于治家的人，应酬功夫是好的。

士洪向振保道：“前些时没来得及同你说，明儿我就要出门了，有点事要到星嘉坡去一趟。好在现在你们搬了进来了，凡事也有个照应。”振保笑道：“王太太这么个能干人，她照应我们，还差不多，哪儿轮得到我们来照应她?”士洪笑道：“你别看她叽哩喳啦的——什么事都不懂，到中国来了三年了，还是过不惯，话都说不上来。”王太太微笑着，并不和他辩驳，自顾自唤阿妈取过碗橱上那瓶药来，倒出一匙子吃了。振保看见匙子里那白漆似的厚重的液汁，不觉皱眉道：“这是钙乳么？我也吃过的，

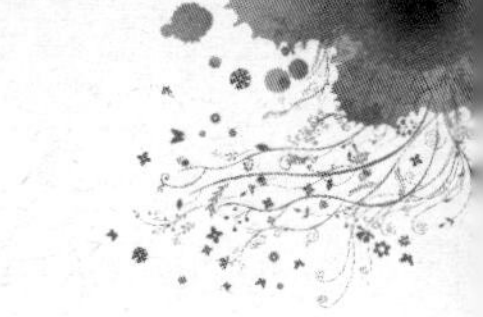



好难吃。”王太太灌下一匙子，半晌说不出话来，吞了口水，方道：“就像喝墙似的！”振保又笑了起来道：“王太太说话，一句是一句，真有劲道！”

王太太道：“佟先生，别尽自叫我王太太。”说着，立起身来，走到靠窗一张书桌跟前去。振保想了一想道：“的确王太太这三个字，似乎太缺乏个性了。”王太太坐在书桌跟前，仿佛在那里写些什么东西，士洪跟了过去，手撑在肩上，弯腰问道：“好好的又吃什么药？”王太太只顾写，并不回头，答道：“火气上来了，脸上生了个疙瘩。”士洪把脸凑上去道：“在哪里？”王太太轻轻地往旁边让，又是皱眉，又是笑，警告地说道：“嗳，嗳，嗳。”笃保是旧家庭里长大的，从来没见过这样的夫妻，坐不住，只做观看风景，推开玻璃门，走到洋台上去了。振保相当镇静地削他的苹果，王太太却又走了过来，把一张纸条子送到他跟前，笑道：“哪，我也有个名字。”士洪笑道：“你那一手中国字，不拿出来也罢，叫人家见笑。”振保一看，纸上歪歪斜斜写着“王娇蕊”三个字，越写越大，一个“蕊”字，零零落落，索性成了三个字，不觉噗嗤一笑。士洪拍手道：“我说人家要笑你，你瞧，你瞧！”振保忍住笑道：“不，不，真是漂亮的名字！”士洪道：“他们那些华侨，取出名字来，实在欠大方。”

娇蕊鼓着嘴，一手抓起那张纸，团成一团，翻身便走，像是赌气的样子。然而她出去不到半分钟，又进来了，手里捧着个开了盖的玻璃瓶，里面是糖核桃，她一路走着，已是吃了起来，又让振保笃保吃。士洪笑道：“这又不怕胖了！”振保笑道：“这倒是真的，吃多了糖，最容易发胖。”士洪笑道：“你不知道他们华侨——”才说了一半，被娇蕊打了一下道：“又是‘他们华侨！’不许你叫我‘他们！’”士洪继续说下去道：“他们华侨，中国人的坏处也有，外国人的坏处也有。跟外国人学会了怕胖，这个不吃，那个不吃，动不动就吃泻药，糖还是舍不得不吃的。

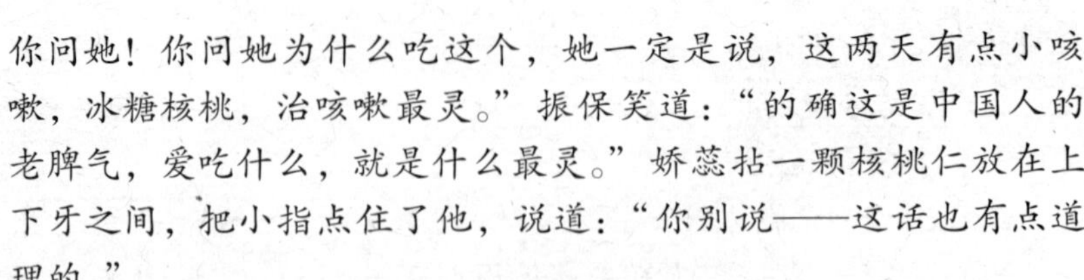

你问她！你问她为什么吃这个，她一定是说，这两天有点小咳嗽，冰糖核桃，治咳嗽最灵。”振保笑道：“的确这是中国人的老脾气，爱吃什么，就是什么最灵。”娇蕊拈一颗核桃仁放在上下牙之间，把小指点住了他，说道：“你别说——这话也有点道理的。”

振保当着她，总好像吃醉了酒怕要失仪似的，搭讪着便也踱到洋台上来。冷风一吹，越发疑心刚才是不是有点红头涨脸了，他心里着实烦恼，才同玫瑰永诀了，她又借尸还魂，而且做了人家的妻。而且这女人比玫瑰更有程度了，她在那间房里，就仿佛满房都是朱粉壁画，左一个右一个画着半裸的她。怎么会净碰见这一类女人呢？难道要怪他自己，到处一触即发？不罢？纯粹中国人里面这一路的人究竟少。他是因为刚回国，所以一混又混在半中半西的社交圈里。在外国的时候，但凡遇见一个中国人便是“他乡遇故知”。在家乡再遇见他乡的故知，一回熟、两回生，渐渐地也就疏远了——可是这王娇蕊，士洪娶了她不也弄得很好么？当然王士洪，人家老子有钱，不像他全靠自己往前闯，这样的女人是个拖累。况且他不像王士洪那么好性儿，由着女人不规矩。若是成天同她吵吵闹闹呢，也不是个事，把男人的志气都磨尽了。当然……也是因为王士洪制不住她的缘故。不然她也不至于这样……振保抱着胳膊伏在栏杆上，楼下一辆煌煌点着灯的电车停在门首，许多人上去下来，一车的灯，又开走了。街上静荡荡只剩下公寓下层牛肉庄的灯光。风吹着两片落叶踏啦踏啦仿佛没人穿的破鞋，自己走上一程子……这世界上有那么许多人，可是他们不能陪着你回家。到了夜深人静，还有无论何时，只要生死关头，深的暗的所在，那时候只能有一个真心爱的妻，或者就是寂寞的。振保并没有分明地这样想着，只觉得一阵凄惶。

士洪夫妇一路说着话，也走到洋台上来。士洪向他太太道：“你头发干了么？吹了风，更要咳嗽了。”娇蕊解下头上的毛巾，把头发抖了一抖道："没关系。"振保猜他们夫妻离别在即，想必有些体己话要说，故意握住嘴打了个呵欠道："我们先去睡了。笃保明天还得起个大早到学校里拿章程去。"士洪说："我明天下午走，大约见不到你了。"两人握手说了再会，振保笃保自回房去。

次日振保下班回来，一揿铃，娇蕊一只手握着电话听筒替他开门。穿堂里光线很暗，看不清楚，但见衣架子上少了士洪的帽子与大衣，衣架底下搁着的一只皮箱也没有了，想是业已动身。振保脱了大衣挂在架上，耳听得那厢娇蕊拨了电话号码，说道："请孙先生听电话。"振保便留了个心。又听娇蕊问道："是悌米么？……不，我今天不出去，在家里等一个男朋友。"说着，格格笑将起来，又道："他是谁？不告诉你。凭什么要告诉你？……哦，你不感兴趣么？你对你自己不感兴趣么？……反正我五点钟等他吃茶，专等他，你可别闯了来。"

振保不待她说完，早就到屋里去，他弟弟不在屋里，浴室里也没有人。他找到洋台上来，娇蕊却从客室里迎了出来道："笃保丢下了话，叫我告诉你，他出去看看有些书可能在旧书摊上买到。"振保谢了她，看了她一眼。她穿着的一件曳地长袍，是最鲜辣的潮湿的绿色，沾着什么就染绿了。她略略移动一步，仿佛她刚才所占有的空气上便留着个绿迹子。衣服似乎做得太小了，两边迸开一寸半的裂缝，用绿缎带十字交叉一路络了起来，露出里面深粉红的衬裙。那过份刺眼的色调是使人看久了要患色盲症的。也只有她能够若无其事地穿着这样的衣服。她道："进来吃杯茶么？"一面说，一面回身走到客室里去，在桌子旁边坐下，执着茶壶倒茶。桌上齐齐整整放着两份杯盘。碟子里盛着酥油饼干与烘面包，振保立在玻璃门口笑道："待会儿有客人来罢？"娇蕊道："咱们不等他了，先吃起来罢。"振保踌躇了一会，始终揣摩不出她是什么意思，姑且陪她坐下了。

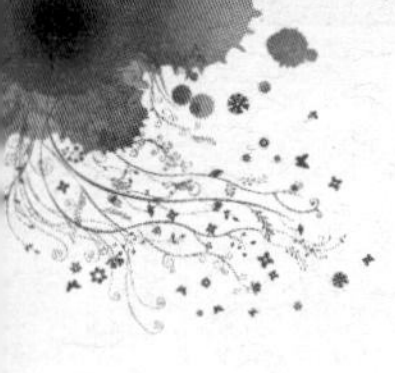



娇蕊问道："要牛奶么？"振保道："我都随便。"娇蕊道："哦，对了，你喜欢喝清茶，在外国这些年，老是想吃没得吃，昨儿个你说的。"振保笑道："你的记性真好。"娇蕊起身揿铃，微微瞟了他一眼道："不，你不知道，平常我的记性最坏。"振保心里怦的一跳，不由得有些恍恍惚惚的。阿妈进来了，娇蕊吩咐道："泡两杯清茶来。"振保笑道："顺便叫她带一份茶杯同盘子来罢，待会儿客人来了又得添上。"娇蕊瞅了他一下，笑道："什么客人，你这样记挂他？阿妈，你给我拿支笔来，还要张纸。"她嗖嗖地写了个便条，推过去让振保看，上面是很简洁的两句话："亲爱的悌米，今天对不起得很，我有点事，出去了。娇蕊。"她把那张纸双折了一下，交给阿妈道："一会儿孙先生来了，你把这个给他，就说我不在家。"

阿妈出去了，振保吃着饼干，笑道："我真不懂你了，何苦来呢？约了人家来，又让人白跑一趟。"娇蕊身子往前探着，聚精会神考虑着盘里的什锦饼干，挑来挑去没有一块中意的，答道："约的时候，并没打算让他白跑。"振保道："哦？临时决定的吗？"娇蕊笑道："你没听见过这句话么？女人有改变主张的权利。"

阿妈送了绿茶进来，茶叶满满地浮在水面上，振保双手捧着玻璃杯，只是喝不进嘴里。他两眼望着茶，心里却研究出一个缘故来了。娇蕊背着她丈夫和那姓孙的藕断丝连，分明是嫌他在旁碍眼，所以今天有意地向他特别表示好感，把他吊上了手，便堵住了他的嘴；其实振保绝对没那心肠去管他们的闲事。莫说他和王士洪够不上交情，再是割头换颈的朋友，在人家夫妇之间挑拨是非，也是犯不着。可是无论如何，这女人是不好惹的，他又添了几分戒心。

娇蕊放下茶杯，立起身，从碗橱里取出一罐子花生酱来，笑道："我是个粗人，喜欢吃粗东西。"振保笑道："哎呀！这东西最富于滋养料，最使人发胖的！”娇蕊开了盖子道：“我顶喜欢犯法。你不赞成犯法么？”振保把手按住玻璃罐，道：“不。”娇蕊踌躇半日，笑道：“这样罢，你给我面包上塌一点。你不会给我太多的。”振保见她做出那楚楚可怜的样子，不禁笑了起来，果真为她的面包上敷了些花生酱。娇蕊从茶杯口上凝视着他，抿着嘴一笑道：“你知道我为什么支使你？要是我自己，也许一下子意志坚强起来，塌得极薄极薄。可是你，我知道你不好意思给我塌得太少的！”两人同声大笑。禁不起她这样的稚气的娇媚，振保渐渐软化了。

正喝着茶，外面门铃响，振保有点坐立不安，再三地道：“是你请的客罢？你不觉得不过意么？”娇蕊只耸了耸肩。振保捧着玻璃杯走到洋台上去道：“等他出来的时候，我愿意看看他是怎样的一个人。”娇蕊随后跟了出来道：“他么？很漂亮，太漂亮了。”振保倚着栏杆笑道：“你不喜欢美男子？”娇蕊道：“男人美不得。男人比女人还要禁不起惯。”振保半阖着眼睛看看她微笑道：“你别说人家，你自己也是被惯坏了的。”娇蕊道：“也许，你倒是刚刚相反，你处处克扣你自己，其实你同我一样的是一个贪玩好吃的人。”振保笑了起来道：“哦？真的吗？你倒晓得了！”娇蕊低着头，轻轻去拣杯中的茶叶，拣半天，喝一口。振保也无声地吃着茶。不大的工夫，公寓里走出一个穿西装的，从三层楼上望下去，看不分明，但见他急急地转了个弯，仿佛是憋了一肚子气似的。振保忍不住又道：“可怜，白跑了一趟！”娇蕊道：“横竖他成天没事做。我自己也是个没事做的人，偏偏瞧不起没事做的人。我就喜欢在忙人手里如狼似虎地抢下一点时间来——你说这是不是犯贱？”

振保靠在栏杆上，先把一只脚去踢那栏杆，渐渐有意无意地踢起她那藤椅来，椅子一震动，她手臂上的肉就微微一哆嗦，她的肉并不多，只因骨架子生得小，略微显胖一点。振保笑道：

"你喜欢忙人?"娇蕊把一只手按在眼睛上，笑道："其实也无所谓。我的心是一所公寓房子。"振保笑道："那，可有空的房间招租呢?"娇蕊却不答应了。振保道："可是我住不惯公寓房子。我要住单幢的。"娇蕊哼了一声道："看你有本事拆了重盖!"振保又重重地踢了她椅子一下道："瞧我的罢!"娇蕊拿开脸上的手，睁大了眼睛看着他道："你倒也会说两句俏皮话!"振保笑道："看见了你，不俏皮也俏皮了。"

娇蕊道："说真的，你把你从前的事讲点我听听。"振保道："什么事?"娇蕊把一条腿横扫过去，踢得他差一点泼翻了手中的茶，她笑道："装样！我都知道了。"振保道："知道了还问?倒是你把你的事说点给我听罢。"娇蕊道："我么?"她偏着头，把下颏在肩膀上挨来挨去，好一会，低低地道："我的一生，三言两语就可以说完了。"半晌，振保催道："那么，你说呀。"娇蕊却又不做声，定睛思索着。振保道："你跟士洪是怎样认识的?"娇蕊道："也很平常。学生会在伦敦开会，我是代表，他也是代表。"振保道："你是在伦敦大学?"娇蕊道："我家里送我到英国读书，无非是为了嫁人，好挑个好的。去的时候年纪小着呢，根本也不想结婚，不过借着找人的名义在外面玩。玩了几年，名声渐渐不大好了，这才手忙脚乱地抓了个士洪。"振保踢了她椅子一下道："你还没玩够?"娇蕊道："并不是够不够的问题。一个人，学会了一样本事，总舍不得放着不用。"振保笑道："别忘了你是在中国。"娇蕊将残茶一饮而尽，立起身来，把嘴里的茶叶吐到栏杆外面去，笑道："中国也有中国的自由，可以随意的往街上吐东西。"

门铃又响了，振保猜是他弟弟回来了，果然是笃保。笃保一回来，自然就两样了。振保过后细想方才的情形，在那黄昏的阳台上，看不仔细她，只听见了那低小的声音，秘密地，就像在耳根子底下，痒梭梭吹着气。在黑暗里，暂时可以忘记她那动人心的身体的存在，因此有机会知道她另外还有点别的，她仿佛是个聪明直爽的人，虽然是为人妻子，精神上还是发育未完全的，这是振保认为最可爱的一点。就在这上面他感到了一种新的威胁，和这新的威胁比较起来，单纯的肉的诱惑简直不算什么了。他绝对不能认真哪！那是自找麻烦。也许……也许还是她的身子在作怪。男子憧憬一个女人的身体的时候，就关心到她的灵魂，自己骗自己说是爱上了她的灵魂。惟有占领了她的身体之后，他才能够忘记她的灵魂。也许这是惟一的解脱的方法。为什么不呢？她有许多情夫，多一个少一个，她也不在乎。王士洪虽不能说是不在乎，也并不受到更大的委屈。

振保突然提醒他自己，他正在这里挖空心思想出各种的理由，证明他为什么应当同这女人睡觉。他觉得羞惭，决定以后设法躲着她，同时着手找房子。有了适当的地方就立刻搬家。他托人从中张罗，把他弟弟安插到专门学校的寄宿舍里去，剩下他一个人，总好办，午饭原是在办公室附近的馆子里吃的，现在他晚饭也在外面吃，混到很晚方才回家，一回去便上床了。

有一天晚上听见电话铃响，许久没有人来接。他刚跑出来，仿佛听见娇蕊房门一开，他怕万一在黑暗的甬道里撞在一起，便打算退了回去。可是娇蕊仿佛匆促间摸不到电话机，他便就近将电灯一捻。灯光之下一见王娇蕊，去把他看呆了。她不知可是才洗了澡，换上一套睡衣，是南洋华侨家常穿的沙笼布制的袄裤，那沙笼布上印的花，黑压压的也不知是龙蛇还是草木，牵丝攀藤，乌金里面绽出橘绿。衬得屋里的夜色也深了。这穿堂在暗黄的灯照里很像一截火车，从异乡开到异乡。火车上的女人是萍水相逢的，但是个可亲的女人。

她一只手拿起听筒，一只手伸到胁下去扣那小金核桃钮子，扣了一会，也并没扣上。其实里面什么也看不见，振保免不了心悬悬的，总觉关情。她扭身站着，头发乱蓬蓬地斜掠下来。面色

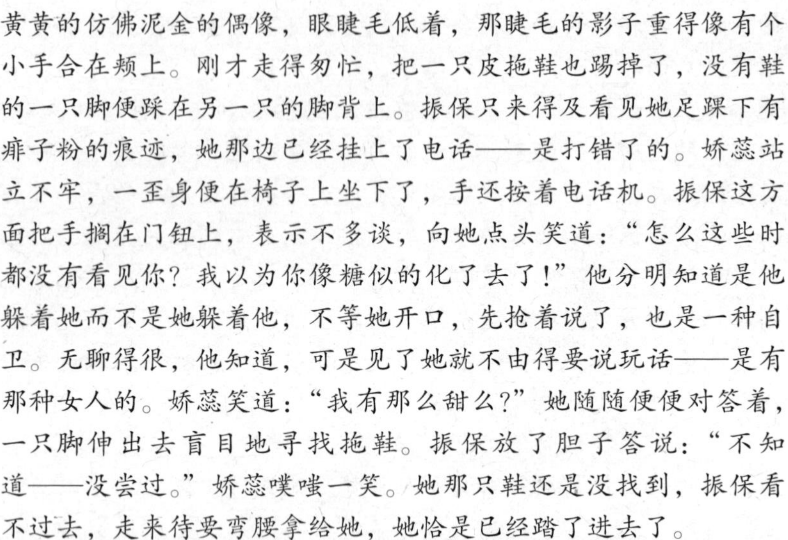

黄黄的仿佛泥金的偶像，眼睫毛低着，那睫毛的影子重得像有个小手合在颊上。刚才走得匆忙，把一只皮拖鞋也踢掉了，没有鞋的一只脚便踩在另一只的脚背上。振保只来得及看见她足踝下有痱子粉的痕迹，她那边已经挂上了电话——是打错了的。娇蕊站立不牢，一歪身便在椅子上坐下了，手还按着电话机。振保这方面把手搁在门钮上，表示不多谈，向她点头笑道："怎么这些时都没有看见你？我以为你像糖似的化了去了！"他分明知道是他躲着她而不是她躲着他，不等她开口，先抢着说了，也是一种自卫。无聊得很，他知道，可是见了她就不由得要说玩话——是有那种女人的。娇蕊笑道："我有那么甜么？"她随随便便对答着，一只脚伸出去盲目地寻找拖鞋。振保放了胆子答说："不知道——没尝过。"娇蕊噗嗤一笑。她那只鞋还是没找到，振保看不过去，走来待要弯腰拿给她，她恰是已经踏了进去了。

他倒又不好意思起来，无缘无故略有点悻悻地问道："今天你们的佣人都到哪里去了？"娇蕊道："大司务同阿妈来了同乡，陪着同乡玩大世界去了。"振保道："噢。"却又笑道："一个人在家不怕么？"娇蕊站起来，踏啦踏啦往房里走，笑道："怕什么？"振保笑道："不怕我？"娇蕊头也不回，笑道："什么？……我不怕同一个绅士单独在一起的！"振保这时却又把背心倚在门钮的一只手上，往后一靠，不想走了的样子。他道："我并不假装我是个绅士。"娇蕊笑道："真的绅士是用不着装的。"她早已开门进去了，又探身过来将甬道里电灯啪的一关。振保在黑暗中十分震动，然而徒然兴奋着，她已经不在了。

振保一晚上翻来覆去地告诉自己这是不妨事的，娇蕊与玫瑰不同，一个任性的有夫之妇是最自由的妇人，他用不着对她负任何责任，可是，他不能不对自己负责。想到玫瑰，就想到那天晚上，在野地的汽车里，他的举止多么光明磊落，他不能对不住当初的自己。

这样又过了两个礼拜，天气骤然暖了，他没穿大衣出去，后来下了两点雨，又觉寒飕飕的，他在午饭的时候赶回来拿大衣，大衣原是挂在穿堂里的衣架上的，却不看见。他寻了半日，着急起来，见起坐间的房门虚掩着，便推门进去，一眼看见他的大衣钩在墙上一张油画的画框上，娇蕊便坐在图画下的沙发上，静静地点着支香烟吸。振保吃了一惊，连忙退出门去，闪身在一边，忍不住又朝里看了一眼。原来娇蕊并不在抽烟，沙发的扶手上放着只烟灰盘子，她擦亮了火柴，点上一撅吸残的烟，看着它烧，缓缓烧到她手指上，烫着了手，她抛掉了，把手送到嘴跟前吹一吹，仿佛很满意似的。他认得那景泰蓝的烟灰盘子就是他屋里那只。

振保像做贼似的溜了出去，心里只是慌张。起初是大惑不解，及至想通了之后还是迷惑。娇蕊这样的人，如此痴心地坐在他大衣之旁，让衣服上的香烟味来笼罩着她，还不够，索性点起他吸剩的香烟……真是个孩子，被惯坏了，一向要什么有什么，因此，遇见了一个略具抵抗力的，便觉得他是值得思念的。婴儿的头脑与成熟的妇人的美是最具诱惑性的联合。这下子振保完全被征服了。

他还是在外面吃了晚饭，约了几个朋友上馆子，可是座上众人越来越变得言语无味，面目可憎。振保不耐烦了，好容易熬到席终，身不由主地立即跳上公共汽车回寓所来，娇蕊在那里弹琴，弹的是那时候最流行的《影子华尔兹》。振保两只手抄在口袋里，在洋台上来回走着。琴上安着一盏灯，照亮了她的脸，他从来没看见她的脸那么肃静。振保跟着琴哼起那支歌来，她仿佛没听见，只管弹下去，换了支别的。他没有胆量跟着唱了。他立在玻璃门口，久久看着她，他眼睛里生出泪珠来，因为他和她到底是在一处了，两个人，也有身体，也有心。他有点希望她看见他的眼泪，可是她只顾弹她的琴，振保烦恼起来，走近些，帮她

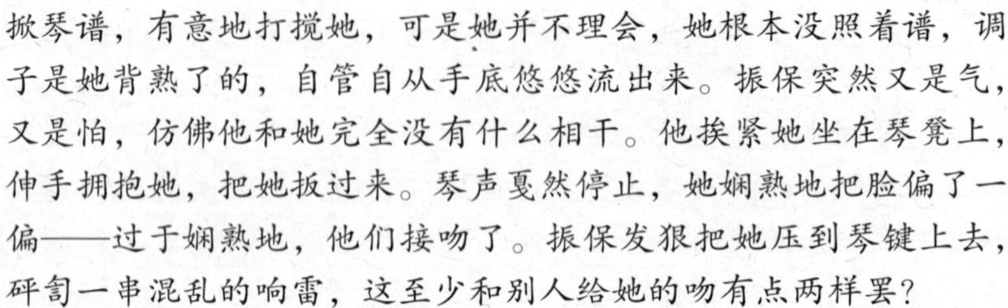

掀琴谱，有意地打搅她，可是她并不理会，她根本没照着谱，调子是她背熟了的，自管自从手底悠悠流出来。振保突然又是气，又是怕，仿佛他和她完全没有什么相干。他挨紧她坐在琴凳上，伸手拥抱她，把她扳过来。琴声戛然停止，她娴熟地把脸偏了一偏——过于娴熟地，他们接吻了。振保发狠把她压到琴键上去，砰訇一串混乱的响雷，这至少和别人给她的吻有点两样罢？

娇蕊的床太讲究了，振保睡不惯那样厚的褥子，早起还有晕床的感觉，梳头发的时候他在头发里发现一弯剪下来的指甲，小红月牙。因为她养着长指甲，把他划伤了，昨天他朦胧睡去的时候看见她坐在床头剪指甲。昨天晚上忘了看看有月亮没有，应当是红色的月牙。

以后，他每天办完了公回来，坐在双层公共汽车的楼上，车头迎着落日，玻璃上一片光，车子轰轰然朝太阳驰去，朝他的快乐驰去，他的无耻的快乐——怎么不是无耻的？他这女人，吃着旁人的饭，住着旁人的房子，姓着旁人的姓。可是振保的快乐更为快乐，因为觉得不应该。

他自己认为是堕落了。从高处跌落的物件，比他本身的重量要重上许多倍，那惊人的重量跟娇蕊撞上了，把她砸得昏了头。

她说："我真爱上了你了。"说这话的时候，她还带着点嘲笑的口气，"你知道么？每天我坐在这里等你回来，听着电梯咕隆咕隆慢慢开上来，开过我们这层楼，一直开上去了，我就像把一颗心提了上去，放不下来。有时候，还没开到这层楼就停住了，我又像是半中间断了气。"振保笑道："你心里还有电梯，可见你的心还是一所公寓房子。"娇蕊淡淡地一笑，背着手走到窗前，望外看着，隔了一会，方道："你要的那所房子，已经造好了。"振保起初没有懂，懂得了之后，不觉呆了一呆。他从来不是舞文弄墨的人，这一次破了例，在书桌上拿起笔来，竟写了一行字："心居落成志喜。"其实也说不上欢喜，许多唧唧喳喳

的肉的喜悦突然静了下来，只剩下一种苍凉的安宁，几乎没有情感的一种满足。

再拥抱的时候，娇蕊极力紧匝着他，自己又觉羞惭，说：“没有爱的时候，不也是这样的么？若是没有爱，也能够这样，你一定看不起我。”她把两只手臂勒得更紧些，问道：“你觉得有点两样么？有一点两样么？”振保道：“当然两样。”可是他实在分不出。从前的娇蕊是太好的爱匠。

现在这样的爱，在娇蕊还是生平第一次。她自己也不知道为什么单单爱上了振保。常常她向他凝视，眼色里有柔情，又有轻微的嘲笑，也嘲笑他，也嘲笑她自己。

当然，他是个有作为的人，一等一的纺织工程师。他在事务所里有一种特殊的气派，就像老是忙得不抬头。外国上司一叠连声叫喊：“佟！佟！佟在哪儿呢？”他把额前披下的一绺子头发往后一推，眼镜后的眼睛熠熠有光，连镜片的边缘上也闪着一抹流光。他喜欢夏天，就不是夏天他也能忙得汗流浃背，西装上一身的皱纹，肘弯，腿弯，皱得像笑纹。中国同事里很多骂他穷形极相的。

他告诉娇蕊他如何如何能干，娇蕊也夸奖他，把手搓弄他的头发，说：“哦？嗯，我这孩子很会做事呢。可这也是你分该知道的。这个再不知道，那还了得？别的上头你是不大聪明的。我爱你——知道了么？我爱你。”

他在她跟前逞能，她也在他跟前逞能。她的一技之长是耍弄男人。如同那善翻斤斗的小丑，在圣母的台前翻斤斗，她也以同样的虔诚把这一点献给她的爱。她的挑战引起了男子们的适当的反应的时候，她便向振保看看，微笑里有谦逊，像是说：“这也是我分该知道的。这个再不知道，那还了得？”她从前那个悌米孙，自从那天赌气不来了，她却又去逗他。她这些心思，振保都很明白，虽然觉得无聊，也都容忍了，因为是孩子气。同娇蕊在

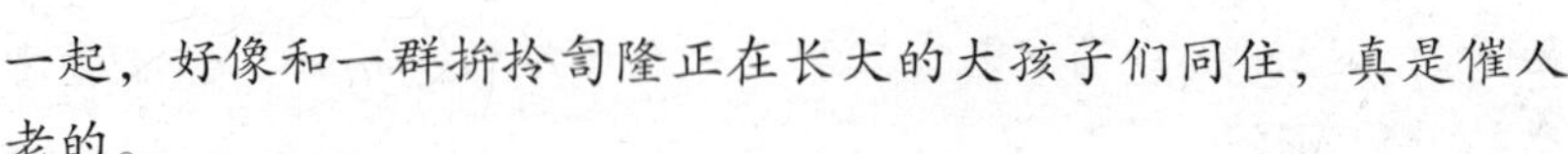

一起，好像和一群拚拎訇隆正在长大的大孩子们同住，真是催人老的。

也有时候说到她丈夫几时回来。提到这个，振保脸上就现出黯败的微笑，眉梢眼梢往下挂，整个的脸拉杂下垂像拖把上的破布条。这次的恋爱，整个地就是不应该，他屡次拿这犯罪性来刺激他自己，爱得更凶些。娇蕊没懂得他这层心理，看见他痛苦，心里倒高兴，因为从前虽然也有人扬言要为她自杀，她在英国读书的时候，大清早起来没来得及洗脸便草草涂红了嘴唇跑出去看男朋友，他们也曾经说："我一夜都没睡，在你窗子底下走来走去，走了一夜。"那到底不算数。当真使一个男人为她受罪，还是难得的事。

有一天她说："我正在想着，等他回来了，怎么样告诉他——"就好像是已经决定了的，要把一切都告诉士洪，跟他离了婚来嫁振保。振保没敢接口，过后，觉得光把那黯败的微笑维持下去，太嫌不够了，只得说道："我看这事莽撞不得。我先去找个做律师的朋友去问问清楚。你知道，弄得不好，可能很吃亏。"以生意人的直觉，他感到，光只提到律师二字，已经将自己牵涉进去，到很深的地步。他的迟疑，娇蕊毫未注意。她是十分自信的，以为只要她这方面的问题解决了，别人总是绝无问题的。

娇蕊常常打电话到他办公室里来，毫无顾忌，也是使他烦心的事。这一天她又打了来说："待会儿我们一块到哪儿玩去。"振保问为什么这么高兴，娇蕊道："你不是喜欢我穿规规矩矩的中国衣服么？今天做了来了。我想穿了出去。"振保道："要不要去看电影？"这时候他和几个同事合买了部小汽车自己开着，娇蕊总是搭他们的车子，还打算跟他学着开，扬言"等我学会了我也买一部。"——叫士洪买吗？这句话振保听了却是停在心口不大消化，此刻他提议看电影，娇蕊似乎觉得不是充分的玩。她

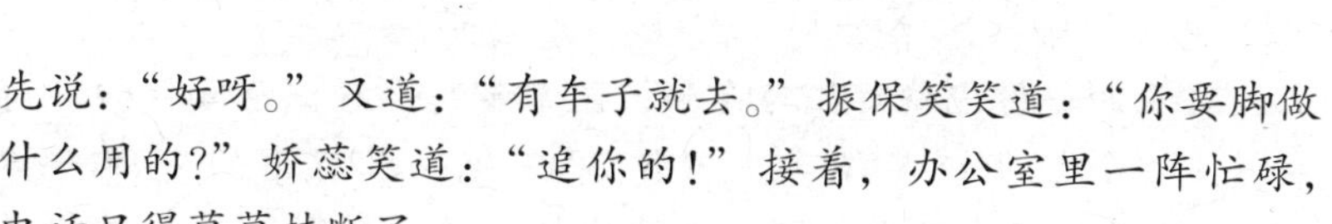

先说："好呀。"又道："有车子就去。"振保笑笑道："你要脚做什么用的？"娇蕊笑道："追你的！"接着，办公室里一阵忙碌，电话只得草草挂断了。

这天恰巧有个同事也需要汽车，振保向来最有牺牲精神，尤其在娱乐上。车子将他在路角丢了下来，娇蕊在楼窗口看见他站定了买一份夜报，不知是不是看电影广告，她赶出来在门口街上迎着他，说："五点一刻的一场，没车子就来不及了，不要去了。"振保望着她笑道："那要不要到别处去呢？——打扮得这么漂亮。"娇蕊把他的手臂一勾，笑道："就在马路上走走不也很好么？"一路上他耿耿于心地问可要到这里到那里。路过一家有音乐的西洋茶食店，她拒绝进去之后，他才说："这两天倒是穷得厉害！"娇蕊笑道："哎哟——先晓得你穷，不跟你好了！"

正说着，遇见振保素识的一个外国老太太，振保留学的时候，家里给他汇钱带东西，常常托她的。艾许太太是英国人，嫁了个杂种人，因此处处留心，英国得格外地道。她是高高的，驼驼的，穿的也是相当考究的花洋纱，却剪裁得拖一片挂一片，有点像个老叫花子。小鸡蛋壳藏青呢帽上插着飞燕翅，珠头帽针，帽子底下镶着一圈灰色的鬈发，非常地像假发，眼珠也像是淡蓝瓷的假眼珠。她吹气如兰似的，絮絮地轻声说着英语。振保与她握手，问："还住在那里吗？"艾许太太道："本来我们今年夏天要回家去一趟的——我丈夫实在走不开！"到英国去是"回家"，虽然她丈夫是生在中国的，已经是在中国的第三代；而她在英国的最后一个亲属也已经亡故了。

振保将娇蕊介绍给她道："这是王士洪太太。王从前也是在爱丁堡的。王太太也在伦敦多年。现在我住在他们一起。"艾许太太身边还站着她的女儿。振保对于杂种姑娘本来比较最有研究。这艾许小姐抿着红嘴唇，不大做声，在那尖尖的白桃子脸上，一双深黄的眼睛窥视着一切。女人还没得到自己的一份家

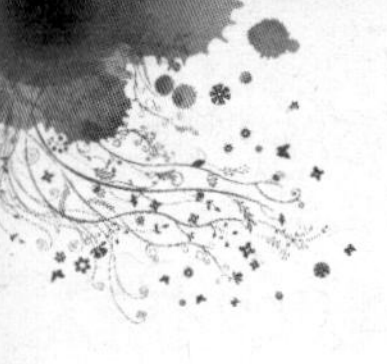



业，自己的一份忧愁负担与喜乐，是常常有那种注意守候的神情的。艾许小姐年纪虽不大，不像有些女人求归宿的“归心似箭”，但是都市的职业女性，经常地紧张着，她眼眶底下肿起了两大块，也很憔悴了。不论中外的“礼教之大防”，本来也是为女人打算的，使美貌的女人更难到手，更值钱，对于不好看的女人也是一种保护，不至于到处面对着这些失败。现在的女人没有这种保护了，尤其是地位全然没有准的杂种姑娘。艾许小姐脸上露出的疲倦与窥伺，因此特别尖锐化了些。

娇蕊一眼便看出来，这母女二人如果“回家”去了也不过是英国的中下阶级。因为是振保的朋友，她特意要给她们一个好的印象，同时，她在妇女面前不知怎么也觉得自己是“从了良”的，现在是太太身份，应当显得端凝富态。振保从来不大看见她这样矜持地微笑着，如同有一种的电影明星，一动也不动像一颗蓝宝石，只让梦幻的灯光在宝石深处引起波动的光与影。她穿着暗紫蓝乔琪纱旗袍，隐隐露出胸口挂的一颗冷艳的金鸡心——仿佛除此之外她也没有别的心。振保看着她，一方面得意非凡，一方面又有点怀疑，只要有个男人在这里，她一定就会两样些。

艾许太太问候佟老太太，振保道：“我母亲身体很好，现在还是一家人都由她照应着。”他转向娇蕊笑道：“我母亲常常烧菜呢，烧得非常好。我总是说像我们这样的母亲真难得的！”因为里面经过这许多年的辛酸刻苦，他每次赞扬他的寡母总不免有点咬牙切齿的，虽然微笑着，心变成一块大石头，硬硬地“秤胸襟”。艾许太太又问起他弟妹，振保道：“笃保这孩子倒还好的，现在进了专门学校，将来可以由我们厂里送到英国去留学。”连两个妹妹也赞到了，一个个金童玉女似的。艾许太太笑道：“你也好呀！一直从前我就说：你母亲有你真是值得骄傲的！”振保谦虚了一会，因也还问艾许先生一家的职业状况。

艾许太太见他手里卷着一份报，便问今天晚上可有什么新

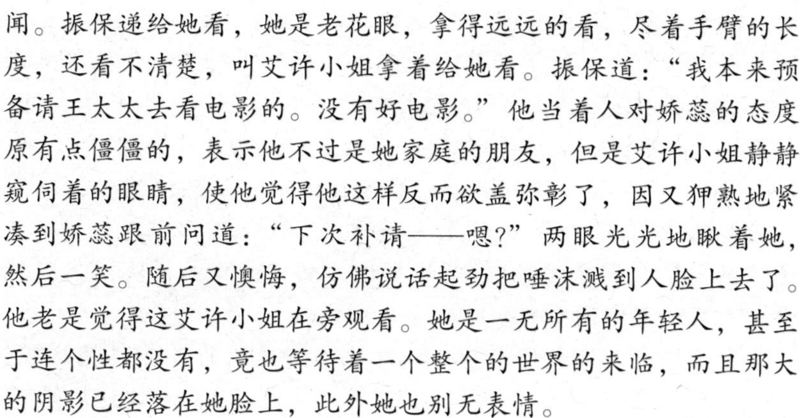

闻。振保递给她看，她是老花眼，拿得远远的看，尽着手臂的长度，还看不清楚，叫艾许小姐拿着给她看。振保道：“我本来预备请王太太去看电影的。没有好电影。”他当着人对娇蕊的态度原有点僵僵的，表示他不过是她家庭的朋友，但是艾许小姐静静窥伺着的眼睛，使他觉得他这样反而欲盖弥彰了，因又狎熟地紧凑到娇蕊跟前问道：“下次补请——嗯?”两眼光光地瞅着她，然后一笑。随后又懊悔，仿佛说话起劲把唾沫溅到人脸上去了。他老是觉得这艾许小姐在旁观看。她是一无所有的年轻人，甚至于连个性都没有，竟也等待着一个整个的世界的来临，而且那大的阴影已经落在她脸上，此外她也别无表情。

像娇蕊呢，年纪虽轻，已经拥有许多东西，可是有了也不算数的，她仿佛有点糊里糊涂，像小孩一朵一朵去采上许多紫罗兰，扎成一把，然后随手一丢。至于振保，他所有的一点安全，他的前途，都是他自己一手造成的，叫他怎么舍得轻易由它风流云散呢？阔少爷小姐的安全，因为是承袭来的，可以不拿它当回事，他却是好不容易的呀！……一样的四个人在街上缓缓走着，艾许太太等于在一个花纸糊墙的房间里安居乐业，那三个年轻人的大世界却是危机四伏，在地底訇訇跳着舂着。

天还没黑，霓虹灯都已经亮了，在天光里看着非常假，像戏子戴的珠宝，经过卖灯的店，霓虹灯底下还有无数的灯，亮做一片。吃食店的洋铁格子里，女店员俯身夹取甜面包，胭脂烘黄了的脸颊也像是可以吃的。——在老年人的眼中也是这样的么？振保走在老妇人身边，不由得觉得青春的不久长。指示行人在此过街，汽车道上拦腰钉了一排钉，一颗颗烁亮的圆钉，四周微微凹进去，使柏油道看上去乌暗柔软，踩在脚下有弹性。振保走得挥洒自如，也不知是马路有弹性还是自己的步伐有弹性。

艾许太太看见娇蕊身上的衣料说好，又道：“上次我在惠罗公司也看见像这样的一块，桃丽嫌太深了没买。我自己都想买了

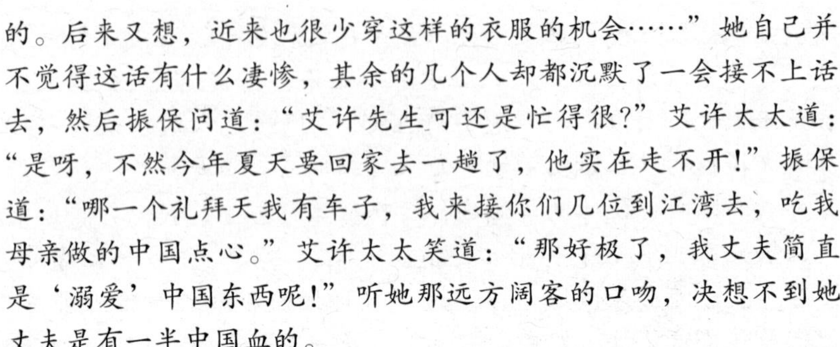

的。后来又想，近来也很少穿这样的衣服的机会……”她自己并不觉得这话有什么凄惨，其余的几个人却都沉默了一会接不上话去，然后振保问道：“艾许先生可还是忙得很？”艾许太太道：“是呀，不然今年夏天要回家去一趟了，他实在走不开！”振保道：“哪一个礼拜天我有车子，我来接你们几位到江湾去，吃我母亲做的中国点心。”艾许太太笑道：“那好极了，我丈夫简直是‘溺爱’中国东西呢！”听她那远方阔客的口吻，决想不到她丈夫是有一半中国血的。

和艾许太太母女分了手，振保仿佛解释似的告诉娇蕊：“这老太太人实在非常好。”娇蕊望望他，笑道：“我看你这人非常好。”振保笑道：“嗯？怎么？——我怎么非常好？”一直问到她脸上来了。娇蕊笑道：“你别生气，你这样的好人，女人一见了你就想替你做媒，可并不想把你留给自己。”振保笑道：“唔，哦。你不喜欢好人。”娇蕊道：“平常女人喜欢好人，无非是觉得他这样的人可以给当给他上的。”振保道：“嗳呀，那你是存心要给我上当呀？”娇蕊顿了一顿，瞟了他一眼，待笑不笑地道：“这一次，是那坏女人上了当了！”振保当时简直受不了这一瞟和那轻轻的一句话。然而那天晚上，睡在她床上，他想起路上碰见的艾许太太，想起他在爱丁堡读书，他家里怎样为他寄钱、寄包裹，现在正是报答他母亲的时候。他要一贯地向前，向上，第一先把职业上的地位提高。有了地位之后他要做一点有益社会的事，譬如说，办一个贫寒子弟的工科专门学校，或是在故乡的江湾弄个模范布厂，究竟怎样，还有点渺茫，但已经渺茫地感到外界的温情的反应，不止有一个母亲，一个世界到处都是他的老母，眼泪汪汪，睁眼只看见他一个人。

娇蕊熟睡中偎依着他，在他耳根底下放大了她的咻咻的鼻息，忽然之间成为身外物了。他欠起身来，坐在床沿，摸黑点了一支烟抽着。他以为她不知道，其实她已经醒了过来。良久良久，她伸手摸索他的手，轻轻说道："你放心，我一定会好好的。"她把他的手牵到她臂膊上。

她的话使他下泪，然而眼泪也还是身外物。

振保不答话，只把手摸到它去熟了的地方。已经快天明了，满城喑嗄的鸡啼。

第二天，再谈到她丈夫的归期，她肯定地说："总就在这两天，他就要回来了。"振保问她如何知道，她这才说出来，她写了航空信去，把一切都告诉了士洪，要他给她自由。振保在喉咙里"嗯"地叫了一声，立即往外跑，跑到街上，回头看那崔巍的公寓，灰赭色流线型的大屋，像大得不可想象的火车，正冲着他轰隆轰隆开过来，遮得日月无光。事情已经发展到不可救药的阶段。他一向以为自己是有分寸的，知道适可而止，然而事情自管自往前进行了，跟她辩论也无益。麻烦的就是：和她在一起的时候，根本就觉得没有辩论的需要，一切都是极其明白清楚，他们彼此相爱，而且应当爱下去。没有她在跟前，他才有机会想出诸般反对的理由。像现在，他就疑心自己做了傻瓜，入了圈套。她爱的是悌米孙，却故意地把湿布衫套在他头上，只说为了他和她丈夫闹离婚，如果社会不答应，毁的是他的前途。

他在马路上乱走，走了许多路，到一家小酒店去喝酒，要了两样菜，出来就觉肚子痛。叫了部黄包车，打算到笃保的寄宿舍里去转一转，然而在车上，肚子仿佛更疼得要紧，振保的自制力一涣散，就连身体上一点点小痛苦也禁受不起了。发了慌，只怕是霍乱，吩咐车夫把他拉到附近的医院里去，住院之后，通知他母亲，他母亲当天赶来看他，次日又为他买了藕粉和葡萄汁来。娇蕊也来了。他母亲略有点疑心娇蕊和他有些首尾，故意当着娇蕊的面劝他："吃坏了肚子事小，这么大的人了，还不知道当心自己，害我一夜都没睡好惦记着你。我哪儿照顾得了这许多？随你去罢，又不放心。多咱你娶了媳妇，我就不管了。王太太你帮

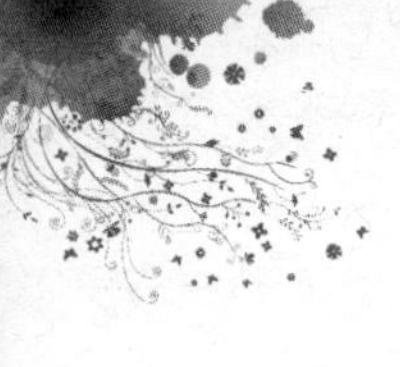



着我劝劝他，朋友的话他听得进去，就不听我的话。唉！巴你念书上进好容易巴到今天，别以为有了今天了，就可以胡来一气了。人家越是看得起你，越得好好儿地往下做。王太太你劝劝他。”娇蕊装做听不懂中文，只是微笑。振保听他母亲的话，其实也和他自己心中的话相仿佛，可是到了他母亲嘴里，不知怎么，就像是沾辱了他的逻辑。他觉得羞愧，想法子把他母亲送走了。

剩下他同娇蕊，娇蕊走到床前，扶着白铁栏干，全身的姿势是痛苦的询问。振保烦躁地翻过身去，他一时不能解释，摆脱不了他母亲的逻辑。太阳晒到他枕边，随即一阵阴凉，娇蕊去把窗帘拉上了。她不走，留在那里做看护妇的工作，递茶递水，递溺盆。洋瓷盆碰在身上冰冷的，她的手也一样地冷。有时他偶然朝这边看一眼，她就乘机说话，说：“你别怕……”说他怕，他最怕听，顿时变了脸色，她便停住了。隔了些时，她又说：“我都改了……”他又转侧不安，使她说不下去了。她又道：“我决不会连累你的，”又道，“你离了我是不行的，振保……”几次未说完的话，挂在半空像许多钟摆，以不同的速度滴答滴答摇，各有各的理路，推论下去，各自到达高潮，于不同的时候当当打起钟来，振保觉得一房间都是她的声音，虽然她久久沉默着。

等天黑了，她趁着房里还没点上灯，近前伏在他身上大哭起来。即使在屈辱之中她也有力量。隔着绒毯和被单他感到她的手臂的坚实。可是他不要力量，力量他自己有。

她抱着他的腰腿号啕大哭，她烫得极其蓬松的头发像一盆火似的冒热气。如同一个含冤的小孩，哭着，不得下台，不知道怎样停止，声嘶力竭，也得继续哭下去，渐渐忘了起初是为什么哭的。振保他也是，吃力地说着：“不，不，不要这样……不行的……”只顾聚精会神克服层层涌起的欲望，一个劲儿地说“不，不”，全然忘了起初是为什么要拒绝的。

最后他到底找到了相当的话，他用力躬起膝盖，想使她抬起身来，说道："娇蕊，你要是爱我的，就不能不替我着想。我不能叫我母亲伤心。她的看法同我们不同，但是我们不能不顾到她，她就只依靠我一个人。社会上是决不肯原谅我的——士洪到底是我的朋友。我们的爱只能是朋友的爱。以前是我的错，我对不起你。可是现在，不告诉我就写信告诉他，都是你的错了……娇蕊，你看怎样，等他来了，你就说是同他闹着玩的，不过是哄他早点回来，他肯相信的，如果他愿意相信。"

娇蕊抬起红肿的脸来，定睛看着他，飞快地一下，她已经站直了身子，好像很诧异刚才怎么会弄到这步田地。她找到她的皮包，取出小镜子来，侧着头左右一照，草草把头发往后掠两下，用手帕擦眼睛，擤鼻子，正眼都不朝他看，就此走了。

振保一晚上都没睡好，清晨补了一觉，朦胧中似乎又有人爬在他身上哭泣，先还当是梦魇，后来知道是娇蕊，她又来了，大约已经哭了不少时。这女人的心身的温暖覆在他上面像一床软缎面上的鸭绒被，他悠然地出了汗，觉得一种情感上的奢侈。

等他完全清醒了，娇蕊就走了，一句话没说，他也没有话。以后他听说她同王士洪协议离婚，仿佛是离他很远很远的事。他母亲几次向他流泪，要他娶亲，他延挨了些时，终于答应说好。于是他母亲托人给他介绍。看到孟烟鹂小姐的时候，振保就向自己说："就是她罢。"

初见面，在人家的客厅里，她立在玻璃门边，穿着灰地橙红条子的绸衫，可是给人的第一个印象是笼统的白。她是细高身量，一直线下去，仅在有无间的一点波折是在那幼小的乳的尖端，和那突出的胯骨上。风迎面吹来，衣裳朝后飞着，越显得人的单薄。脸生得宽柔秀丽。可是，还是单只觉得白。她父亲过世，家道中落之前，也是个殷实的商家，和佟家正是门当户对。小姐今年二十二岁，就快大学毕业了。因为程度差，不能不拣一个比较马虎的学校去读书，可是烟鹂是坏学校里的好学生，兢兢业业，和同学不甚来往。她的白把她和周围的恶劣的东西隔开来了，像病院里的白屏风，可同时，书本上的东西也给隔开了。烟鹂进学校十年来，勤恳地查生字，背表格，黑板上有字必抄，然而中间总像是隔了一层白的膜。在中学的时候就有同学的哥哥之类写信来，她家里的人看了信总是说这种人少惹他的好，因此她从来没回来信。

振保预备再过两个月，等她毕了业之后就结婚。在这期间，他陪她看了几次电影。烟鹂很少说话，连头都很少抬起来，走路总是走在靠后。她很知道，按照近代的规矩她应当走在他前面，应当让他替她加大衣，种种地方伺候着她，可是她不能够自然地接受这些分内的权利，因为踌躇，因而更为迟钝了。振保呢，他自己也不是生成的绅士派，也是很吃力地学来的，所以极其重视这一切，认为她这种地方是个大缺点，好在年轻的女孩子，羞缩一点也还不讨厌。

订婚与结婚之间相隔的日子太短了，烟鹂私下里是觉得惋惜的，据她所知，那应当是一生最好的一段。然而真到了结婚那天，她还是高兴的，那天早上她还没有十分醒过来，迷迷糊糊地已经仿佛在那里梳头，抬起胳膊，对着镜子，有一种奇异的努力的感觉，像是装在玻璃试验管里，试着往上顶，顶掉管子上的盖，等不及地一下子要从现在跳到未来。现在是好的，将来还要好——她把双臂伸到未来的窗子外，那边的浩浩的风，通过她的头发。

在一品香结婚，喜筵设在东兴楼——振保爱面子，同时也讲究经济，只要过得去就行了。他在公事房附近租下了新屋，把母亲从江湾接来同住。他挣的钱大部分花在应酬联络上，家里开销上是很刻苦的。母亲和烟鹂颇合得来，可是振保对于烟鹂有许多不可告人的不满的地方，烟鹂因为不喜欢运动，连“最好的户内运动”也不喜欢。振保忠实地尽了丈夫的责任使她喜欢的，但是他对她的身体并不怎样感到兴趣。起初间或也觉得可爱，她的不发达的乳，握在手里像睡熟的鸟，像有它自己的微微跳动的心脏，尖的喙，啄着他的手，硬的，却又是酥软的，酥软的是他自己的手心。后来她连这一点少女美也失去了。对于一切渐渐习惯了之后，她变成一个很乏味的妇人。

振保这时候开始宿娼。每三个礼拜一次——他的生活各方面都很规律化的。和几个朋友一起，到旅馆里开房间，叫女人，对家里只说是为了公事到苏杭去一趟。他对于妓女的面貌不甚挑剔，比较喜欢黑一点胖一点的，他所要的是丰肥的有增辱屈。这对于从前的玫瑰与王娇蕊是一种报复，但是他自己并不肯这样想。如果这样想，他立即谴责自己，认为是亵渎了过去的回忆。他心中留下了神圣而感伤的一角，放着这两个爱人。他记忆中的王娇蕊变得和玫瑰一而二二而一了，是一个痴心爱着他的天真热情的女孩子，没有头脑，没有一点使他不安的地方，而他，为了崇高的理智的制裁，以超人的铁一般的决定，舍弃了她。

他在外面嫖，烟鹂绝对不疑心到。她爱他，不为别的，就因为在许多人之中指定了这一个男人是她的。她时常把这样的话挂在口边：“等我问问振保看。”“顶好带把伞，振保说待会儿要下雨的。”他就是天，振保也居之不疑。她做错了事，当着人他便呵责纠正，便是他偶然疏忽没看见，他母亲必定看见了。烟鹂每每觉得，当着女佣丢脸丢惯了，她怎么能够再发号施令？号令不行，又得怪她。她怕看见仆人眼中的轻蔑，为了自卫，和仆人接触的时候，没开口先就锁着眉，嘟着嘴，一脸的稚气的怨愤。她发起脾气来，总像是一时性起的顶撞，出于丫头姨太太，做小伏低惯了的。

只有在新来的仆人前面，她可以做几天当家少奶奶，因此她宁愿三天两天换仆人。振保的母亲到处宣扬媳妇不中用：“可怜

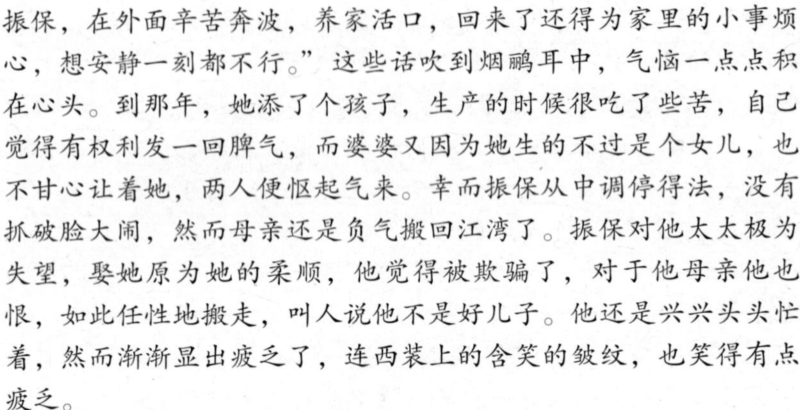

振保，在外面辛苦奔波，养家活口，回来了还得为家里的小事烦心，想安静一刻都不行。”这些话吹到烟鹂耳中，气恼一点点积在心头。到那年，她添了个孩子，生产的时候很吃了些苦，自己觉得有权利发一回脾气，而婆婆又因为她生的不过是个女儿，也不甘心让着她，两人便怄起气来。幸而振保从中调停得法，没有抓破脸大闹，然而母亲还是负气搬回江湾了。振保对他太太极为失望，娶她原为她的柔顺，他觉得被欺骗了，对于他母亲他也恨，如此任性地搬走，叫人说他不是好儿子。他还是兴兴头头忙着，然而渐渐显出疲乏了，连西装上的含笑的皱纹，也笑得有点疲乏。

笃保毕业之后，由他汲引，也在厂内做事。笃保被他哥哥的成就笼罩住了，不成材，学着做个小浪子，此外也没有别的志愿，还没结婚，在寄宿舍里住着，也很安心。这一天一早他去找振保商量一件事，厂里副经理要回国了，大家出份子送礼，派他去买点纪念品。振保叫他到公司里看看银器。两人一同出来，搭公共汽车。振保在一个妇人身边坐下，原有个孩子坐在他的位子上，妇人不经意地抱过孩子去，振保倒没留心她，却是笃保，坐在那边，呀了一声，欠身向这里勾了勾头，振保这才认得是娇蕊，比前胖了，但也没有如当初担忧的，胖到痴肥的程度；很憔悴，还打扮着，涂着脂粉，耳上戴着金色的缅甸佛顶珠环，因为是中年的女人，那艳丽便显得是俗艳。笃保笑道：“朱太太，真是好久不见了。”振保记起了，是听说她再嫁了，现在姓朱，娇蕊也微笑，道：“真是好久不见了。”振保向她点头，问道：“这一向都好么?”娇蕊道：“好，谢谢你。”笃保道：“您一直在上海么?”娇蕊点头。笃保又道：“难得这么一大早出门罢?”娇蕊笑道：“可不是?”她把手放在孩子肩上道：“带他去看牙医生。昨儿闹牙疼，闹得我一晚上也没睡觉，一早就得带他去。”笃保道：“您在哪儿下车?”娇蕊道：“牙医生在外滩。你们是上公事房去么?”笃保道:“他上公事房,我先到别处兜一兜,买点东西。”娇蕊道:“你们厂里还是那些人罢?没大改?”笃保道:“赫顿要回国去了,他这一走,振保就是副经理了。”娇蕊笑道:“呦!那多好!”笃保当着哥哥说那么多的话,却是从来没有过,振保也看出来了,仿佛他觉得在这种局面之下,他应当负全部的谈话责任,可见娇蕊和振保的事,他全部知道。

再过了一站,他便下车。振保沉默了一会,并不朝她看,向空中问道:“怎么样?你好么?”娇蕊也沉默了一会,方道:“很好。”还是刚才那两句话,可是意思全两样了。振保道:“那姓朱的,你爱他么?”娇蕊点点头,回答他的时候,却是每隔两个字就顿一顿,道:“是从你起,我才学会了,怎样,爱,认真的……爱到底是好的,虽然吃了苦,以后还是要爱的,所以……”振保把手卷着她儿子的海军装背后垂下的方形翻领,低声道:“你很快乐。”娇蕊笑了一声道:“我不过是往前闯,碰到什么就是什么。”振保冷笑道:“你碰到的无非是男人。”娇蕊并不生气,侧过头去想了一想,道:“是的,年纪轻,长得好看的时候,大约无论到社会上去做什么事,碰到的总是男人。可是到后来,除了男人之外总还有别的……总还有别的……”

振保看着她,自己当时并不知道他心头的感觉是难堪的妒忌。娇蕊道:“你呢?你好么?”振保想把他的完满幸福的生活归纳在两句简单的话里,正在斟酌字句,抬起头,在公共汽车司机人座右突出的小镜子里看见自己的脸,很平静,但是因为车身的摇动,镜子里的脸也跟着颤抖不定,非常奇异的一种心平气和的颤抖,像有人在他脸上轻轻推拿似的。忽然,他的脸真的抖了起来,在镜子里,他看见他的眼泪滔滔流下来,为什么,他也不知道。在这一类的会晤里,如果必须有人哭泣,那应当是她。这完全不对,然而他竟不能止住自己。应当是她哭,由他来安慰她的。她也不安慰他,只是沉默着,半晌,说:“你是这里下车罢?”

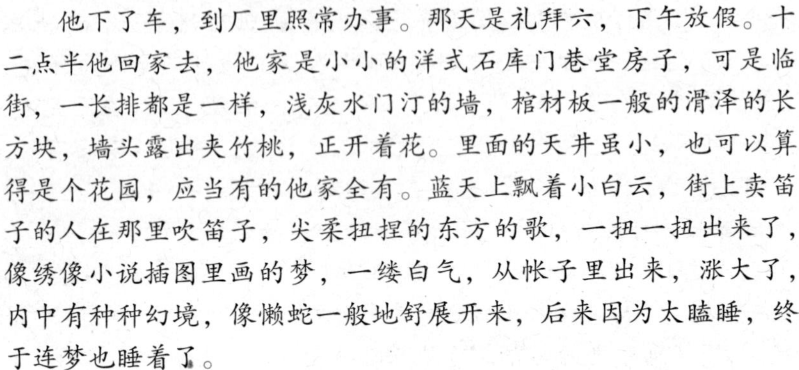

他下了车，到厂里照常办事。那天是礼拜六，下午放假。十二点半他回家去，他家是小小的洋式石库门巷堂房子，可是临街，一长排都是一样，浅灰水门汀的墙，棺材板一般的滑泽的长方块，墙头露出夹竹桃，正开着花。里面的天井虽小，也可以算得是个花园，应当有的他家全有。蓝天上飘着小白云，街上卖笛子的人在那里吹笛子，尖柔扭捏的东方的歌，一扭一扭出来了，像绣像小说插图里画的梦，一缕白气，从帐子里出来，涨大了，内中有种种幻境，像懒蛇一般地舒展开来，后来因为太瞌睡，终于连梦也睡着了。

振保回家去，家里静悄悄的，七岁的女儿慧英还没放学，女仆到幼稚园接她去了。振保等不及，叫烟鹂先把饭开上桌来，他吃得很多，仿佛要拿饭来结结实实填满他心里的空虚。

吃完饭，他打电话给笃保，问他礼物办好了没有。笃保说看了几件银器，没有合适的。振保道："我这里有一对银瓶，还是人家送我们的结婚礼。你拿到店里把上头的字改一改，我看就行了。他们出的份子你去还给他们，就算是我捐的。"笃保说好，振保道："那你现在就来拿罢。"他急于看见笃保，探听他今天早上见到娇蕊之后的感想，因为这件事略有点不近情理，他自己的反应尤为荒唐，也几乎疑心根本是个幻像。笃保来了，振保闲闲地把话题引到娇蕊身上，笃保磕了磕香烟，做出有经验的男子的口吻，道："老了，老得多了。"仿佛这就结束了女人。

振保追想恰才那一幕，的确，是很见老了。连她的老，他也妒忌她。他看看他的妻，结了婚八年，还是像什么事都没经过似的，空洞白净，永远如此。

他叫她把炉台的一对银瓶包扎起来给笃保带去，她手忙脚乱掇过一张椅子，取下椅垫，立在上面，从橱顶上拿报纸，又到抽屉里找绳子，有了绳子，又不够长，包来包去，包得不成模样，把报纸也搠破了。振保恨恨地看着，一阵风走过去夺了过来，唉

了声道："人笨事皆难！"烟鹂脸上掠过她的婢妾的怨愤，随即又微笑，自己笑着，又看看笃保可笑了没有，怕他没听懂她丈夫说的笑话。她抱着胳站在一边看振保包扎银瓶，她脸上像拉上了一层白的膜，很奇怪地，面目模糊了。

笃保有点坐不住——到他们家来的亲戚朋友很少坐得住的——要走。烟鹂极力想补救方才的过失，振作精神，亲热地挽留他："没事就多坐一会儿。"她眯细了眼睛笑着，微微皱着鼻梁，颇有点媚态。她常常给人这么一阵突如其来的亲热。若是笃保是个女的，她就要拉住他的手了，潮湿的手心，绝望地拉住不放，使人不快的一种亲热。

笃保还是要走，走到门口，恰巧遇见老妈子领着慧英回来，笃保从裤袋里摸出口香糖来给慧英，烟鹂笑道："谢谢二叔，说谢谢！"慧英扭过身子去，笃保笑道："哟！难为情呢！"慧英扯起洋装的绸裙蒙住了脸，露出里面的短裤，烟鹂忙道："嗳，嗳，这真难为情了！"慧英接了糖，仍旧用裙子蒙了头，一路笑着跑了出去。

振保远远坐着看他那女儿，那舞动的黄瘦的小手小腿。本来没有这样的一个孩子，是他把她由虚空的虚空之中唤了出来。

振保上楼去擦脸，烟鹂在楼底下开无线电听新闻报告，振保认为这是有益的，也是现代主妇教育的一种，学两句普通话也好，他不知道烟鹂听无线电，不过是愿意听见人的声音。

振保由窗子里往外看，蓝天白云，天井里开着夹竹桃，街上的笛子还在吹，尖锐扭捏的下等女人的嗓子。笛子不好，声音有点破，微觉刺耳。

是和美的春天的下午，振保看着他手造的世界，他没有法子毁了它。

寂静的楼房里晒满了太阳。楼下无线电有个男子侃侃发言，一直说下去，没有完。

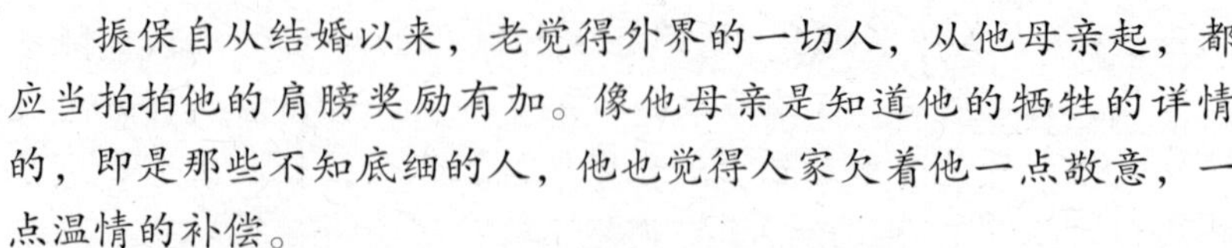

振保自从结婚以来，老觉得外界的一切人，从他母亲起，都应当拍拍他的肩膀奖励有加。像他母亲是知道他的牺牲的详情的，即是那些不知底细的人，他也觉得人家欠着他一点敬意，一点温情的补偿。

人家也常常为了这个说他好，可是他总嫌不够，因此特别努力去做分外的好事，而这一类的好事向来是不待人兜揽就黏上身来的。他替他弟弟笃保还了几次债，替他娶亲，替他安家养家。另外他有个成问题的妹妹，为了她的缘故，他对于独身或是丧偶的朋友格外热心照顾，替他们谋事、筹钱，无所不至。后来他费了许多周折，把他妹妹介绍到内地一个学校里去读书，因为听说那边的男教员都是大学毕业的，还没结婚的。可是他妹子受不了苦，半年的合同没满，就闹脾气回上海来了。事后他母亲心痛女儿，也怪振保太冒失。

烟鹂在旁看着，着实气不过，逢人便叫屈，然而烟鹂很少机会遇见人，振保因为家里没有一个活泼大方的主妇，应酬起来宁可多花两个钱，在外面请客，从来不把朋友往家里带。难得有朋友来找他，恰巧振保不在，烟鹂总是小心招待，把人家当体己人，和人家谈起振保："振保就吃亏在这一点——实心眼儿待人，自己吃亏！唉，张先生你说是不是？现在这世界上是行不通的呀！连他自己弟弟妹妹也这么忘恩负义，不要说朋友了，有事找你的时候来找你——没有一个不是这样！我眼里看得多了，振保一趟一趟吃亏还是死心眼儿。现在这时世，好人做不得呀！张先生你说是不是？"朋友觉得自己不久也要被归人忘恩负义的一群，心里先冷了起来。振保的朋友全都不喜欢烟鹂，虽然她是美丽娴静的，最合理想的朋友的太太，可以做男人们高谈阔论的背景。

烟鹂自己也没有女朋友，因为不和人家比着，她还不觉得自己在家庭中地位的低落。振保也不鼓励她和一般太太们来往，他是体谅她不会那一套，把她放在较生疏的形势中，徒然暴露她的短处，徒然引起许多是非。她对人说他如何如何吃亏，他是原宥她的，女人总是心眼儿窄，而且她不过是护卫他，不肯让他受一点委屈。可是后来她对老妈子也说这样的话了，他不由得要发脾气干涉。又有一次，他听见她向八岁的慧英诉冤，他没做声，不久就把慧英送到学校里去住读。于是家里更加静悄悄起来。

烟鹂得了便秘症，每天在浴室里一坐坐上几个钟头——只有那个时候可以名正言顺地不做事，不说话，不思想，其余的时候她也不说话，不思想，但是心里总有点不安，到处走走，没着没落的，只有在白天的浴室里她是定了心，生了根。她低头看着自己雪白的肚子，白皑皑的一片，时而鼓起来些，时而瘪进去，肚脐的式样也改变，有时候是甜净无表情的希腊石像的眼睛，有时候是突出的怒目，有时候是邪教神佛的眼睛，眼里有一种险恶的微笑，然而很可爱，眼角弯弯的，撇出鱼尾纹。

振保带烟鹂去看医生，按照报纸上的广告买药给她吃，后来觉得她不甚热心，仿佛是情愿留着这种病，挟以自重。他也就不管了。

某次他代表厂方请客吃中饭，是黄梅天，还没离开办公室已经下起雨来。他雇车兜到家里去拿雨衣，晚上不由得回想到从前，住在娇蕊家，那天因为下了两点雨，天气变了，赶回去拿大衣，那可纪念的一天。下车走进大门，一直包围在回忆的淡淡的哀愁里，进去一看，雨衣不在衣架上。他心里怦的一跳，仿佛十年前的事又重新活了过来。他向客室里走，心里继续怦怦跳，有一种奇异的命里注定的感觉。手按在客室的门钮上，开了门，烟鹂在客室里，还有个裁缝，立在沙发那一头。一切都是熟悉的，振保把心放下了，不知怎的蓦地又提了上来，他感到紧张，没有别的缘故，一定是因为屋里其他的两个人感到紧张。

烟鹂问道："在家吃饭么？"振保道："不，我就是回来拿件雨衣。"他看看椅上搁着的裁缝的包袱，没有一点潮湿的迹子，

这雨已经下了不止一个钟头了。裁缝脚上也没穿套鞋。裁缝给他一看，像是昏了头，走过去从包袱里抽出一管尺来替烟鹂量尺寸。烟鹂向振保微弱地做了个手势道："雨衣挂在厨房过道里阴干着。"她那样子像是要推开了裁缝去拿雨衣，然而毕竟没动，立在那里被他测量。

振保很知道，和一个女人发生过关系以后，当着人再碰到她的身体，那神情完全是两样的，极其明显。振保冷眼看着他们俩。雨的大白嘴唇紧紧贴在玻璃窗上，喷着气，外头是一片冷与糊涂，里面关得严严的，分外亲切地可以觉得房间里有这样的三个人。

振保自己是高高在上的，瞭望着这一对没有经验的奸夫淫妇。他再也不懂："怎么能够同这样的一个人？"这裁缝年纪虽轻，已经有点伛偻着，脸色苍黄，脑后略有几个瘌痢疤，看上去也就是一个裁缝。

振保走去拿他的雨衣穿上了，一路扣纽子，回到客厅里来，裁缝已经不在了。振保向烟鹂道："待会儿我不定什么时候回来，晚饭不用等我。"烟鹂迎上前来答应着，似乎还有点心慌，一双手没处安排，急于要做点事，顺手捻开了无线电。又是国语新闻报告的时间，屋子里充满了另一个男子的声音。振保觉得他没有说话的必要，转身出去，一路扣纽子。不知怎么有那么多的纽子。

客室里大敞着门，听得见无线电里那正直明朗的男子侃侃发言，都是他有理。振保想道："我待她不错呀！我不爱她，可是我没有什么对不起她的地方。我待她不算坏了。下贱东西，大约她知道自己太不行，必须找个比她再下贱的，来安慰她自己。可是我待她这么好，这么好——"

屋里的烟鹂大概还是心绪不定，啪地一声，把无线电关上了，振保站在门洞子里，一下子像是噎住了气；如果听众关上无

线电，电台上滔滔演说的人能够知道的话，就有那种感觉——突然的堵塞、胀闷的空虚。他立在阶沿上，面对着雨天的街，立了一会，黄包车过来兜生意，他没讲价就坐上拉走了。

晚上回来的时候，阶沿上淹了一尺水，暗中水中的家仿佛大为改变了，他看了觉得很适合。但是进得门来，嗅到那严紧暖热的气味，黄色的电灯一路照上楼梯，家还是家，没有什么两样。

他在大门口脱下湿透的鞋袜，交给女佣，自己赤了脚上楼走到卧室里，探手去摸电灯的开关，浴室里点着灯，从那半开的门里望进去，淡黄白的浴间像个狭长的立轴。灯下的烟鹂也是本色的淡黄白。当然历代的美女画从来没有采取这样尴尬的题材——她提着裤子，弯着腰，正在站起身，头发从脸上直披下来，已经换了白地小花的睡衣，短衫搂得高高地、一半压在领下，睡裤臃肿地堆在脚面上，中间露出长长一截白蚕似的身躯。若是在美国，也许可以做很好的草纸广告，可是振保匆匆一瞥，只觉得在家常中有一种污秽，像下雨天头发窠里的感觉，稀湿的，发出滃郁的人气。

他开了卧室的灯，烟鹂迎见他回来了，连忙问："脚上弄潮了没有?"振保应了一声道："马上得洗脚。"烟鹂道："我就出来了。我叫余妈烧水去。"振保道："她在烧。"烟鹂洗了手出来，余妈也把水壶拎了来了。振保打了个喷嚏。余妈道："着凉了罢！可要把门关起来?"振保关了门独自在浴室里，雨还下得很大，忒啦啦打在玻璃窗上。

浴缸里放着一盆不知什么花，开足了，是娇嫩的黄，虽没淋到雨，也像是感到了雨气。脚盆就放在花盆隔壁，振保坐在浴缸的边缘，弯腰洗脚，小心不把热水溅到花朵上，低下头的时候也闻到一点有意无意的清香。他把一条腿搁在膝盖上，用毛巾揩干每一个脚趾，忽然疼惜自己起来。他看着自己的皮肉，不像是自己在看，而像是自己之外的一个爱人，深深悲伤着，觉得他白糟

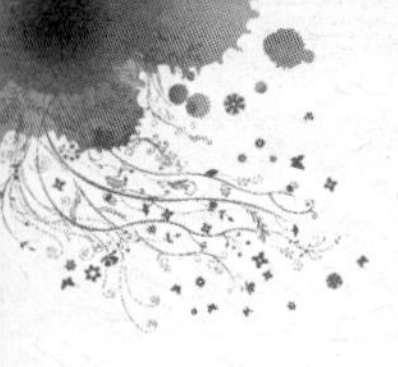



蹋了自己。

他趿了拖鞋出来，站在窗口往外看。雨已经小了不少，渐渐停了。街上成了河，水波里倒映着一盏街灯，像一连串射出去就没有了的白金箭镞。车辆行过，“铺拉铺拉”拖着白烂的浪花，孔雀屏似的展开了，掩了街灯的影子。白孔雀屏里渐渐冒出金星，孔雀尾巴渐长渐淡，车过去了，依旧剩下白金的箭镞，在暗黄的河上射出去就没有了，射出去就没有了。

振保把手抵着玻璃窗，清楚地觉得自己的手，自己的呼吸，深深悲伤着。他想起碗橱里有一瓶白兰地酒，取了来，倒了满满一玻璃杯，面向外立在窗口慢慢呷着。烟鹂走到他背后，说道：“是应当喝口白兰地暖暖肚子，不然真要着凉了。”白兰地的热情直冲到他脸上，他变成火眼金睛。掉过头来憎恶地看了她一眼。他讨厌那样的殷勤啰唆，尤其讨厌的是：她仿佛在背后窥伺着，看他知道多少。

以后的两个礼拜内烟鹂一直窥伺着他，大约认为他并没有什么改常的地方，觉得他并没有起疑，她也就放心下来，渐渐地忘了她自己有什么可隐藏的，连振保也疑疑惑惑起来，仿佛她根本没有任何秘密。像两扇紧闭的白门，两边阴阴点着灯，在旷野的夜晚，拼命地拍门，断定了门背后发生了谋杀案。然而把门打开了走进去，没有谋杀案，连房屋都没有，只看见稀星下的一片荒烟蔓草——那真是可怕的。

振保现在常常喝酒，在外面公开地玩女人，不像从前，还有许多顾忌。他醉醺醺回家，或是索性不回来，烟鹂总有她自己的解释，说他新添上许多推不掉的应酬。她再也不肯承认这与她有关。她固执地向自己解释，到后来，他的放浪渐渐显著到瞒不了人的程度，她又向人解释，微笑着，忠心地为他掩饰。因之振保虽然在外面闹得不像样，只差把妓女往家里带，大家看着他还是个顶天立地的好人。

一连下了一个月的雨。有一天，老妈子说他的纺绸衫洗缩了，要把贴边放下来。振保坐在床上穿袜子，很随便的样子，说道："让裁缝拿去放一放罢。"余妈道："裁缝好久不来了。不知下乡去了没有。"振保心里想："哦？这么容易就断掉了吗？一点感情也没有——真是龌龊的！"他又问："怎么？端午节没有来收账么？"余妈道："是小徒弟来的。"这余妈在他家待了三年了，她把小褂裤叠了放在床沿上，轻轻拍了它一下，虽然没朝他看，脸上那温和苍老的微笑却带着点安慰的意味。振保生起气来了。

那天下午他带着个女人出去玩，故意兜到家里来拿钱。女人坐在三轮车上等他。新晴的天气，街上水还没退，黄色的河里有洋梧桐团团的影子。对街一带小红房子，绿树带着青晕，烟囱里冒出湿黄烟，低低飞着。振保拿了钱出来，把洋伞打在水面上，溅了女人一身水。女人尖叫起来，他跨到三轮车上，哈哈笑了，感到一种拖泥带水的快乐。抬头望望楼上的窗户，大约是烟鹂立在窗口向外看，像是浴室的墙上贴了一块有黄渍的旧白累丝茶托，又像一个浅浅的白碟子，心子上沾了一圈茶污。振保又把洋伞朝水上打——打碎它！打碎它！

砸不掉他自造的家，他的妻，他的女儿，至少他可以砸碎他自己，洋伞敲在水面上，腥冷的泥浆飞到他脸上来，他又感到那样恋人似的疼惜，但同时，另有一个意志坚强的自己站在恋人的对面，和她拉着，扯着，挣扎着——非砸碎他不可，非砸碎他不可！

三轮车在波浪中行驶，水溅潮了身边那女人的皮鞋、皮夹子与衣服，她闹着要他赔。振保笑了，一只手搂着她，还是去泼水。

此后，连烟鹂也没法替他辩护了。振保不拿钱回来养家，女儿上学没有学费，每天的小菜钱都成问题。烟鹂这时候倒变成了一个勇敢的小妇人，快三十的人了，她突然长大了起来，话也说得流利动听了，滔滔向人哭诉：“这样下去怎么得了呵！真是要了我的命—— 一家老小靠他一个人，他这样下去厂里的事情也要弄丢了……疯了心似的，要就不回来，一回来就打人砸东西。这些年了，他不是这样的人呀！刘先生你替我想想，你替我想想，叫我这日子怎么过？”

烟鹂现在一下子有了自尊心，有了社会地位，有了同情与友谊。振保有一天晚上回家来，她坐在客厅里和笃保说话，当然是说的他，见了他就不开口了。她穿着一身黑，灯光下看得出忧伤的脸上略有皱纹，但仍然有一种沉着的美。振保并不冲台拍凳，走进去和笃保点头寒暄，燃上一支香烟，从容坐下谈了一会时局与股票，然后说累了要早点睡，一个人先上楼去了。烟鹂简直不懂这是怎么一回事，仿佛她刚才说了谎，很难加以解释。

笃保走了以后，振保听见烟鹂进房来，才踏进房门，他便把小柜上的台灯热水瓶一扫扫下地去，豁朗朗跌得粉碎。他弯腰捡起台灯的铁座子，连着电线向她掷过去，她疾忙翻身向外逃。振保觉得她完全被打败了，得意之极，立在那里无声地笑着，静静的笑从他眼里流出来，像眼泪似的流了一眼。

老妈子拿着笤帚与簸箕立在门口张了张，振保把灯关了。她便不敢进来。振保在床上睡下，直到半夜里，被蚊子咬醒了，起来开灯。地板正中躺着烟鹂的一双绣花鞋，微带八字式，一只前些，一只后些，像有一个不敢现形的鬼怯怯向他走过来，央求着。振保坐在床沿上，看了许久。再躺下的时候，他叹了口气，觉得他旧日的善良的空气一点一点偷着走近，包围了他。无数的烦忧与责任与蚊子一同嗡嗡飞绕，叮他，吮吸他。

第二天起床，振保改过自新，又变了个好人。

（原连载于1944年5月至7月《杂志》月刊第13卷二、三、四期）

## 现代两性关系的困境：<br>从《倾城之恋》到《红玫瑰与白玫瑰》

张爱玲成长于晚清贵族遗老家庭，一落世便注定被抛在普通人正常的生活轨道之外。精神上的无所归属使她在家道衰败之后本能地附着于市民社会。当时的上海，商业都会世俗务实的风气不仅影响着人们的生活方式，更影响着人们的精神观念。平凡，务实，沉溺于日常性，这种生活态度令一切虚幻的“信念”土崩瓦解。张爱玲认同于这种态度。应该说，反精英化的世俗态度——对“人生飞扬的一面”的不屑与对人生“安稳的一面”的看重，是张爱玲与丁玲、萧红在人生观乃至审美观上的重大区别。

发表于1943年《杂志》上的《倾城之恋》是张爱玲的成名作。小说主人公，离婚后六亲无靠的白流苏在生存处境的激励下投身于一场寻偶的赌博。她遇上了范柳源。台面上是热烈而俏皮的谈情说爱，台底下是无情而互设圈套的心智较量，表象与真相互为对照，互相拆台。一场男女各怀目的的交往，始终无法与所谓的“爱”沾边。终于借助香港战事，假戏真做，周旋着的男女成了一对夫妻。“香港的陷落成全了她。但是在这不可理喻的世界里，谁知道什么是因，什么是果？谁知道呢？也许就因为要成全她，一个大都市倾覆了。”这个题点得有点冷酷，它裸露了故事的芯子——人生不可把握、不可理喻的苍凉质地。

《红玫瑰与白玫瑰》是张爱玲的另一篇代表作，同样用冷漠调侃的笔调写现代小市民两性关系的困境。既写了操控一切的男性——佟振保的主宰他人又为他人所主宰的无奈境遇；更写了卑微的女性——不论是热烈而放荡的“红玫瑰”娇蕊，还是端庄而无味的“白玫瑰”烟鹂，都逃不出被抛弃的命运。“每一个男子全都有过这样的两个女人，至少两个。娶了红玫瑰，久而久之，红的变了墙上的一抹蚊子血，白的还是‘床前明月光’；娶了白玫瑰，白的便是衣服上沾的一粒饭粘子，红的却是心口上的一颗朱砂痣。”她们偏偏遇上出身贫寒、有板有眼做人、冷静而懂得谋取最大好处的佟振保，在他的处置中，红玫瑰落得如风中残叶的命运：“踏啦踏啦仿佛没人穿的破鞋，自己走上一程子”；白玫瑰幸运些，成为佟妻。但她只是佟家客厅里的一件摆设，被搁置着，一如她摊在地上的那双绣花鞋：“微带八字式，一只前些，一只后些，像有一个不敢现形的鬼怯怯向他走过来，央求着……”这双图有其表的深闺绣鞋，与大街上那两片破鞋似的落叶，其实没有差别。如果说，白流苏尚能绵里藏针，以柔克刚，凭才智和耐心，借香港战事，获得了一桩婚姻，那么，平和时期的娇蕊和烟鹂，则没有这种可能。她们的命运拽在佟振保手里，几乎没有“偶然”的可能性。更有意思的是，作者也没有让精刮盘算的、患得患失的佟振保逍遥法外，除了自己他谁都不爱的他，最终也摆脱不了顾此失彼的困境，妻子的偷情、家政的涣散，抽掉他那点主宰一切的自信。他撕下“好人”的面具，酗酒玩女人，破罐破摔。

张爱玲是一个感兴趣于讲“故事”的小说家，她对人生的诘问与质疑，都深藏在那些曲曲折折、悲欢离合的故事里。她用真正小说化的叙事方式，把人物圈定在一个封闭的空间里——有点类似于戏台空间，带有室内剧的味道。通过为数不多的几个人困兽犹斗式的关系，去呈现普通人生苍凉的质地。

## 封　锁

张爱玲

开电车的人开电车。在大太阳底下，电车轨道像两条光莹莹的，水里钻出来的曲蟮，抽长了，又缩短了；抽长了，又缩短了，就这么样往前移——柔滑的，老长老长的曲蟮，没有完，没有完……开电车的人眼睛盯住了这两条蠕蠕的车轨，然而他不发疯。

如果不碰到封锁，电车的进行是永远不会断的。封锁了。摇铃了。"叮玲玲玲玲玲，"每一个"玲"字是冷冷的一小点，一点一点连成了一条虚线，切断了时间与空间。

电车停了，马路上的人却开始奔跑，在街的左面的人们奔到街的右面，在右面的人们奔到左面。商店一律地沙啦啦拉上铁门。女太太们发狂一般扯动铁栅栏，叫道："让我们进来一会儿！我这儿有孩子哪，有年纪大的人！"然而门还是关得紧腾腾的。铁门里的人和铁门外的人眼睁睁对看着，互相惧怕着。

电车里的人相当镇静。他们有座位可坐，虽然设备简陋一点，和多数乘客的家里的情形比较起来，还是略胜一筹。街上渐渐地也安静下来，并不是绝对的寂静，但是人声逐渐渺茫，像睡梦里所听到的芦花枕头里的窸窣。这庞大的城市在阳光里盹着了，重重地把头搁在人们的肩上，口涎顺着人们的衣服缓缓流下去，不能想象的巨大的重量压住了每一个人。上海似乎从来没有这么静过——大白天里！一个乞丐趁着鸦雀无声的时候，提高了喉咙唱将起来："阿有老爷太太先生小姐做做好事救救我可怜人哇？阿有老爷太太……"然而他不久就停了下来，被这不经见的沉寂吓噤住了。

还有一个较有勇气的山东乞丐，毅然打破了这静默。他的嗓子浑圆嘹亮："可怜啊可怜！一个人啊没钱！"悠久的歌，从一个世纪唱到下一个世纪。音乐性的节奏传染上了开电车的。开电车的也是山东人。他长长地叹了一口气，抱着胳膊，向车门上一靠，跟着唱了起来："可怜啊可怜！一个人啊没钱！"

电车里，一部分的乘客下去了。剩下的一群中，零零落落也

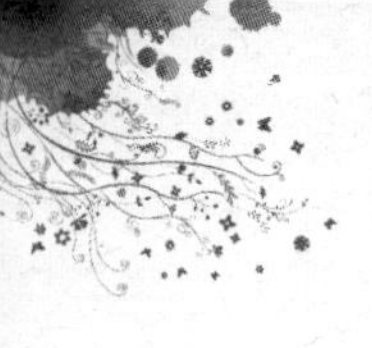



有人说句把话。靠近门口的几个公事房里回来的人继续谈讲下去。一个人撒喇一声抖开了扇子，下了结论道："总而言之，他别的毛病没有，就吃亏在不会做人。"另一个鼻子里哼了一声，冷笑道："说他不会做人，他把上头敷衍得挺好的呢！"

一对长得颇像兄妹的中年夫妇把手吊在皮圈上，双双站在电车的正中，她突然叫道："当心别把裤子弄脏了！"他吃了一惊，抬起他的手，手里拎着一包熏鱼。他小心翼翼使那油汪汪的纸口袋与他的西装裤子维持二寸远的距离。他太太兀自絮叨道："现在干洗是什么价钱？做一条裤子是什么价钱？"

坐在角落里的吕宗桢，华茂银行的会计师，看见了那熏鱼，就联想到他夫人托他在银行附近一家面食摊子上买的菠菜包子。女人就是这样！弯弯扭扭最难找的小胡同里买来的包子必定是价廉物美的！她一点也不为他着想——一个齐齐整整穿着西装戴着玳瑁边眼镜提着公事皮包的人，抱着报纸里的热腾腾的包子满街跑，实在是不像话！然而无论如何，假使这封锁延长下去，耽误了他的晚饭，至少这包子可以派用场。他看了看手表，才四点半。该是心理作用罢？他已经觉得饿了。他轻轻揭开报纸的一角，向里面张了一张。一个个雪白的，喷出淡淡的麻油气味。一部分的报纸粘住了包子，他谨慎地把报纸撕了下来，包子上印了铅字，字都是反的，像镜子里映出来的，然而他有这耐心，低下头去逐个认了出来："讣告……申请……华股动态……隆重登场候教……"都是得用的字眼儿，不知道为什么转载到包子上，就带点开玩笑性质。也许因为"吃"是太严重的一件事了，相形之下，其他的一切都成了笑话。吕宗桢看着也觉得不顺眼，可是他并没有笑，他是一个老实人。他从包子上的文章看到报上的文章，把半页旧报纸读完了，若是翻过来看，包子就得跌出来，只得罢了。他在这里看报，全车的人都学了样，有报的看报，没有报的看发票，看章程，看名片。任何印刷物都没有的人，就看街

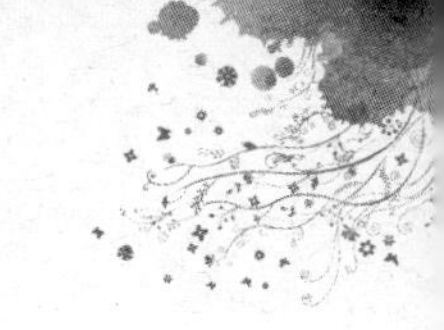



上的市招。他们不能不填满这可怕的空虚——不然，他们的脑子也许会活动起来。思想是痛苦的一件事。

只有吕宗桢对面坐着的一个老头子，手心里骨碌碌骨碌碌搓着两只油光水滑的核桃，有板有眼的小动作代替了思想。他剃着光头，红黄皮色，满脸浮油，打着皱，整个的头像一个核桃。他的脑子就像核桃仁，甜的，滋润的，可是没有多大意思。

老头子右首坐着吴翠远，看上去像一个教会派的少奶奶，但是还没有结婚。她穿着一件白洋纱旗袍，滚一道窄窄的蓝边——深蓝与白，很有点讣闻的风味。她携着一把蓝白格子小遮阳伞。头发梳成千篇一律的式样，唯恐唤起公众的注意。然而她实在没有过分触目的危险。她长得不难看，可是她那种美是一种模棱两可的，仿佛怕得罪了谁的美，脸上一切都是淡淡的，松弛的，没有轮廓。连她自己的母亲也形容不出她是长脸还是圆脸。

在家里她是一个好女儿，在学校里她是一个好学生。大学毕了业后，翠远就在母校服务，担任英文助教。她现在打算利用封锁的时间改改卷子。翻开了第一篇，是一个男生做的，大声疾呼抨击都市的罪恶，充满了正义感的愤怒，用不很合文法的，吃吃艾艾的句子，骂着“红嘴唇的卖淫妇……大世界……下等舞场与酒吧间”。翠远略略沉吟了一会，就找出红铅笔来批了一个“A”字。若在平时，批了也就批了，可是今天她有太多的考虑的时间，她不由地要质问自己，为什么她给了他这么好的分数：不问倒也罢了，一问，她竟涨红了脸。她突然明白了：因为这学生是胆敢这么毫无顾忌地对她说这些话的唯一的一个男子。

他拿她当做一个见多识广的人看待；他拿她当做一个男人，一个心腹。他看得起她。翠远在学校里老是觉得谁都看不起她——从校长起，教授、学生、校役……学生们尤其愤慨得厉害：“申大越来越糟了！一天不如一天！用中国人教英文，照说，已经是不应当，何况是没有出过洋的中国人！”翠远在学校里受

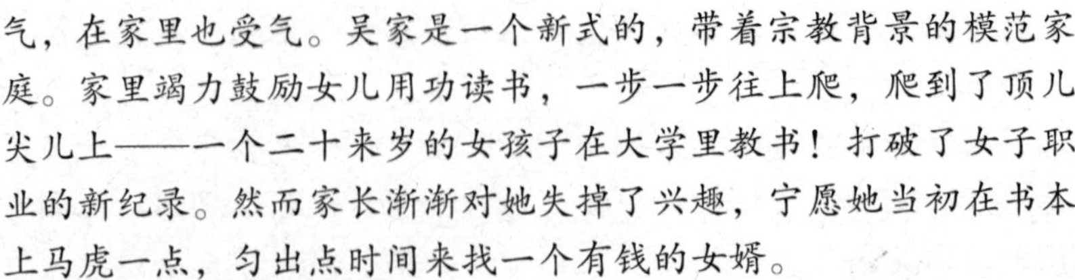

气，在家里也受气。吴家是一个新式的，带着宗教背景的模范家庭。家里竭力鼓励女儿用功读书，一步一步往上爬，爬到了顶儿尖儿上——一个二十来岁的女孩子在大学里教书！打破了女子职业的新纪录。然而家长渐渐对她失掉了兴趣，宁愿她当初在书本上马虎一点，匀出点时间来找一个有钱的女婿。

她是一个好女儿，好学生。她家里都是好人，天天洗澡，看报，听无线电向来不听申曲滑稽京戏什么的，而专听贝多芬瓦格涅的交响乐，听不懂也要听。世界上的好人比真人多……翠远不快乐。

生命像圣经，从希伯莱文译成希腊文，从希腊文译成拉丁文，从拉丁文译成英文，从英文译成国语。翠远读它的时候，国语又在她脑子里译成了上海话。那未免有点隔膜。

翠远搁下了那本卷子，双手捧着脸。太阳滚热地晒在她背脊上。

隔壁坐着个奶妈，怀里躺着小孩，孩子的脚底心紧紧抵在翠远的腿上。小小的老虎头红鞋包着柔软而坚硬的脚……这至少是真的。

电车里，一位医科学生拿出一本图画簿，孜孜修改一张人体骨骼的简图。其他的乘客以为他在那里速写他对面盹着的那个人。大家闲着没事干，一个一个聚拢来，三三两两，撑着腰，背着手，围绕着他，看他写生。拎着熏鱼的丈夫向他妻子低声道："我就看不惯现在兴的这些立体派，印象派！"他妻子附耳道："你的裤子！"

那医科学生细细填写每一根骨头，神经，筋络的名字。有一个公事房里回来的人将折扇半掩着脸，悄悄向他的同事解释道："中国画的影响。现在的西洋画也时兴题字了，倒真是'东风西渐'！"

吕宗桢没凑热闹，孤零零地坐在原处。他决定他是饿了。大

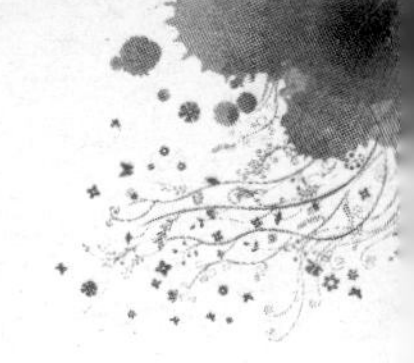



家都走开了，他正好从容地吃他的菠菜包子，偏偏他一抬头，瞥见了三等车厢里有他一个亲戚，是他太太的姨表妹的儿子。他恨透了这董培芝。培芝是一个胸怀大志的清寒子弟，一心只想娶个略具资产的小姐，作为上进的基础。吕宗桢的大女儿今年方才十三岁，已经被培芝睃在眼里，心里打着如意算盘，脚步儿越发走得勤了。吕宗桢一眼望见了这年青人，暗暗叫声不好，只怕培芝看见了他，要利用这绝好的机会向他进攻。若是在封锁期间和这董培芝困在一间屋子里，这情形一定是不堪设想！他匆匆收拾起公事皮包和包子，一阵风奔到对面一排座位上，坐了下来。现在他恰巧被隔壁的吴翠远挡住了，他表侄绝对不能够看见他。翠远回过头来，微微瞪了他一眼。糟了！这女人准是以为他无缘无故换了一个座位，不怀好意。他认得出那被调戏的女人的脸谱——脸板得纹丝不动，眼睛里没有笑意，嘴角也没有笑意，连鼻洼里都没有笑意，然而不知道什么地方有一点颤巍巍的微笑，随时可以散布开来。觉得自己太可爱了的人，是熬不住要笑的。

该死，董培芝毕竟看见了他，向头等车厢走过来了，谦卑地，老远地就躬着腰，红喷喷的长长的面颊，含有僧尼气息的灰布长衫——一个吃苦耐劳，守身如玉的青年，最合理想的乘龙快婿。宗桢迅疾地决定将计就计，顺水推舟，伸出一只手臂来搁在翠远背后的窗台上，不声不响宣布了他的调情的计划。他知道他这么一来，并不能吓退了董培芝，因为培芝眼中的他素来是一个无恶不作的老年人。由培芝看来，过了三十岁的人都是老年人，老年人都是一肚子的坏。培芝今天亲眼看见他这样下流，少不得一五一十要去报告给他太太听——气气他太太也好！谁叫她给他弄上这么一个表侄！气，活该气！

他不怎么喜欢身边这女人。她的手臂，白倒是白的，像挤出来的牙膏。她的整个的人像挤出来的牙膏，没有款式。

他向她低声笑道：“这封锁，几时完哪？真讨厌！”翠远吃

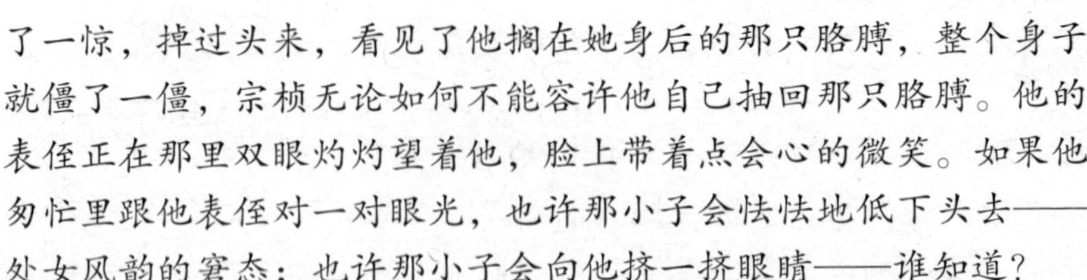

了一惊，掉过头来，看见了他搁在她身后的那只胳膊，整个身子就僵了一僵，宗桢无论如何不能容许他自己抽回那只胳膊。他的表侄正在那里双眼灼灼望着他，脸上带着点会心的微笑。如果他匆忙里跟他表侄对一对眼光，也许那小子会怯怯地低下头去——处女风韵的窘态；也许那小子会向他挤一挤眼睛——谁知道？

他咬一咬牙，重新向翠远进攻。他道："您也觉着闷罢？我们说两句话，总没有什么要紧！我们——我们谈谈！"他不由自主的，声音里带着哀恳的调子。翠远重新吃了一惊，又掉回头来看了他一眼。他现在记得了，他瞧见她上车的——非常戏剧化的一刹那，但是那戏剧效果是碰巧得到的，并不能归功于她。他低声道："你知道么？我看见你上车，前头的玻璃上贴的广告，撕破了一块，从这破的地方我看见你的侧面，就只一点下巴。"是乃络维奶粉的广告，画着一个胖孩子，孩子的耳朵底下突然出现了这女人的下巴，仔细想起来是有点吓人的。"后来你低下头去从皮包里拿钱，我才看见你的眼睛，眉毛，头发。"拆开来一部分一部分地看，她未尝没有她的一种风韵。

翠远笑了。看不出这人倒也会花言巧语——以为他是个靠得住的生意人模样！她又看了他一眼。太阳光红红地晒穿他鼻尖下的软骨。他搁在报纸包上的那只手，从袖口里出来，黄色的，敏感的——一个真的人！不很诚实，也不很聪明，但是一个真的人！她突然觉得炽热，快乐。她背过脸去，细声道："这种话，少说些罢！"

宗桢道："嗯？"他早忘了他说了些什么。他眼睛盯着他表侄的背影——那知趣的青年觉得他在这儿是多余的，他不愿得罪了表叔，以后他们还要见面呢，大家都是快刀斩不断的好亲戚；他竟退回三等车厢去了。董培芝一走，宗桢立刻将他的手臂收回，谈吐也正经起来。他搭讪着望了一望她膝上摊着的练习簿，道："申光大学……您在申光读书？"

他以为她这么年轻？她还是一个学生？她笑了，没做声。

宗桢道："我是华济毕业的。华济。"她颈子上有一粒小小的棕色的痣，像指甲刻的印子。宗桢下意识地用右手捻了一捻左手的指甲，咳嗽了一声，接下去问道："您读的是哪一科？"

翠远注意到他的手臂不在那儿了，以为他态度的转变是由于她端凝的人格，潜移默化所致。这么一想，倒不能不答话了，便道："文科。您呢？"宗桢道："商科。"他忽然觉得他们的对话，道学气太浓了一点，便道："当初在学校里的时候，忙着运动，出了学校，又忙着混饭吃。书，简直没念多少！"翠远道："你公事忙么？"宗桢道："忙得没头没脑。早上乘电车上公事房去，下午又乘电车回来，也不知道为什么去，为什么来！我对于我的工作一点也不感到兴趣。说是为了挣钱罢，也不知道是为谁挣的！"翠远道："谁都有点家累。"宗桢道："你不知道——我家里——咳，别提了！"翠远暗道："来了！他太太一点都不同情他！世上有了太太的男人，似乎都是急切需要别的女人的同情。"宗桢迟疑了一会，方才吞吞吐吐，万分为难地说道："我太太——一点都不同情我。"

翠远皱着眉毛望着他，表示充分了解。宗桢道："我简直不懂我为什么天天到了时候就回家去。回到哪儿去？实际上我是无家可归的。"他褪下眼镜来，迎着亮，用手绢子拭去上面的水渍，道："咳！混着也就混下去了，不能想——就是不能想！"近视眼的人当众摘下眼镜子，翠远觉得有点秽亵，仿佛当众脱衣服似的，不成体统。宗桢继续说道："你——你不知道她是怎么样的一个女人！"翠远道："那么，你当初……"宗桢道："当初我也反对来着。她是我母亲给订下的。我自然是愿意让我自己拣，可是……她从前非常的美……我那时又年青……年青的人，你知道……"翠远点点头。

宗桢道："她后来变成了这么样的一个人——连我母亲都跟

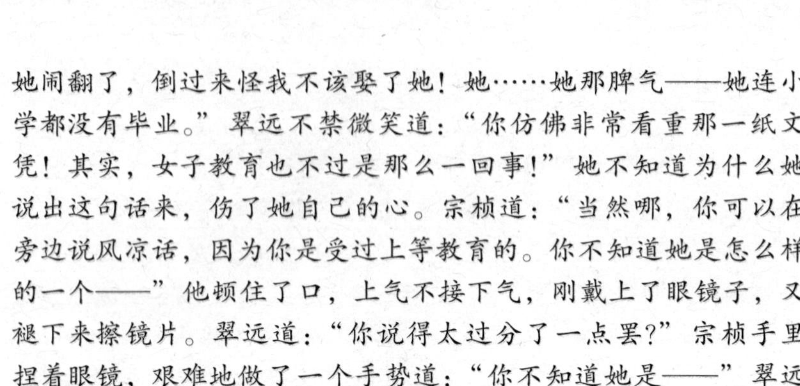

她闹翻了，倒过来怪我不该娶了她！她……她那脾气——她连小学都没有毕业。”翠远不禁微笑道：“你仿佛非常看重那一纸文凭！其实，女子教育也不过是那么一回事！”她不知道为什么她说出这句话来，伤了她自己的心。宗桢道：“当然哪，你可以在旁边说风凉话，因为你是受过上等教育的。你不知道她是怎么样的一个——”他顿住了口，上气不接下气，刚戴上了眼镜子，又褪下来擦镜片。翠远道：“你说得太过分了一点罢？”宗桢手里捏着眼镜，艰难地做了一个手势道：“你不知道她是——”翠远忙道：“我知道，我知道。”她知道他们夫妇不和，决不能单怪他太太，他自己也是一个思想简单的人。他需要一个原谅他，包涵他的女人。

街上一阵乱，轰隆轰隆来了两辆卡车，载满了兵。翠远与宗桢同时探头出去张望；出其不意地，两人的面庞异常接近。在极短的距离内，任何人的脸都和寻常不同，像银幕上特写镜头一般的紧张。宗桢和翠远突然觉得他们俩还是第一次见面。在宗桢的眼中，她的脸像一朵淡淡几笔的白描牡丹花，额角上两三根吹乱的短发便是风中的花蕊。

他看着她，她红了脸，她一脸红，让他看见了，他显然是很愉快。她的脸就越发红了。

宗桢没有想到他能够使一个女人脸红，使她微笑，使她背过脸去，使她掉过头来。在这里，他是一个男子。平时，他是会计师，他是孩子的父亲，他是家长，他是车上的搭客，他是店里的主顾，他是市民。可是对于这个不知道他的底细的女人，他只是一个单纯的男子。

他们恋爱着了。他告诉她许多话，关于他们银行里，谁跟他最好，谁跟他面和心不和，家里怎样闹口舌，他的秘密的悲哀，他读书时代的志愿……无休无歇的话，可是她并不嫌烦。恋爱着的男子向来是喜欢说，恋爱着的女人向来是喜欢听。恋爱着的女

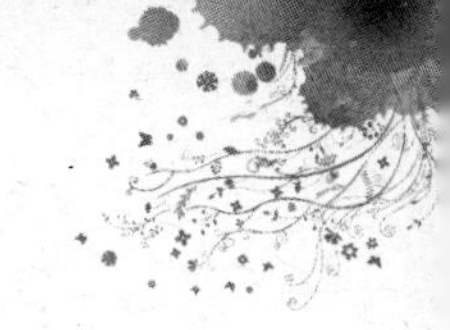

人破例地不大爱说话，因为下意识地她知道：男人彻底地懂得了一个女人之后，是不会爱她的。

宗桢断定了翠远是一个可爱的女人——白，稀薄，温热，像冬天里你自己嘴里呵出来的一口气。你不要她，她就悄悄地飘散了。她是你自己的一部分，她什么都懂，什么都宽宥你。你说真话，她为你心酸；你说假话，她微笑着，仿佛说："瞧你这张嘴！"

宗桢沉默了一会，忽然说道："我打算重新结婚。"翠远连忙做出惊慌的神气，叫道："你要离婚？那……恐怕不行罢？"宗桢道："我不能够离婚。我得顾全孩子们的幸福。我大女儿今年十三岁了，才考进了中学，成绩很不错。"翠远暗道："这跟当前的问题又有什么关系？"她冷冷地道："哦，你打算娶妾。"宗桢道："我预备将她当妻子看待。我——我会替她安排好的。我不会让她为难。"翠远道："可是，如果她是个好人家的女孩子，只怕她未见得肯罢？种种法律上的麻烦……"宗桢叹了口气道："是的。你这话对。我没有这权利。我根本不该起这种念头……我年纪也太大了。我已经三十五了。"翠远缓缓地道："其实，照现在的眼光看来，那倒也不算大。"宗桢默然。半晌方说道："你……几岁？"翠远低下头去道："二十五。"宗桢顿了一顿，又道："你是自由的么？"翠远不答。宗桢道："你不是自由的。即使你答应了，你的家里人也不会答应的，是不是？……是不是？"

翠远抿紧了嘴唇。她家里的人——那些一尘不染的好人——她恨他们！他们哄够了她。他们要她找个有钱的女婿，宗桢没有钱而有太太——气气他们也好！气，活该气！

车上的人又渐渐多了起来，外面许是有了"封锁行将开放"的谣言，乘客一个一个上来，坐下，宗桢与翠远给他们挤得紧紧的，坐近一点，再坐近一点。

宗桢与翠远奇怪他们刚才怎么这样的糊涂，就想不到自动地

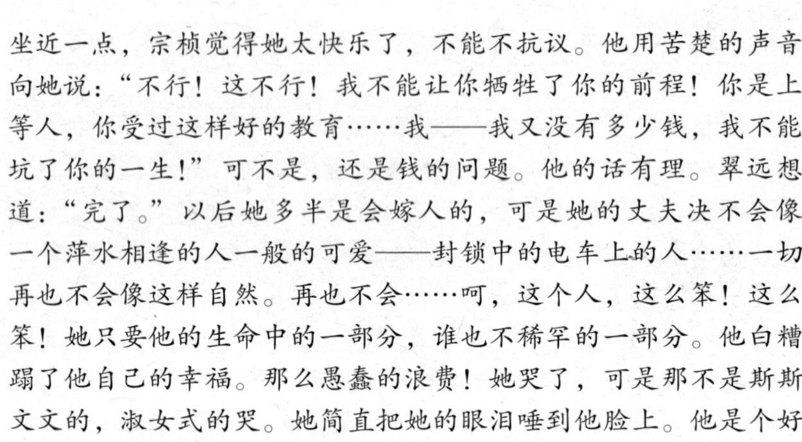

坐近一点，宗桢觉得她太快乐了，不能不抗议。他用苦楚的声音向她说："不行！这不行！我不能让你牺牲了你的前程！你是上等人，你受过这样好的教育……我——我又没有多少钱，我不能坑了你的一生！"可不是，还是钱的问题。他的话有理。翠远想道："完了。"以后她多半是会嫁人的，可是她的丈夫决不会像一个萍水相逢的人一般的可爱——封锁中的电车上的人……一切再也不会像这样自然。再也不会……呵，这个人，这么笨！这么笨！她只要他的生命中的一部分，谁也不稀罕的一部分。他白糟蹋了他自己的幸福。那么愚蠢的浪费！她哭了，可是那不是斯斯文文的，淑女式的哭。她简直把她的眼泪唾到他脸上。他是个好人——世界上的好人又多了一个！

向他解释有什么用？如果一个女人必须倚仗着她的言语来打动一个男人，她也就太可怜了。

宗桢一急，竟说不出话来，连连用手去摇撼她手里的阳伞。她不理他。他又去摇撼她的手，道："我说——我说——这儿有人哪！别！别这样！等会儿我们在电话上仔细谈。你告诉我你的电话。"翠远不答。他逼着问道："你无论如何得给我一个电话号码。"翠远飞快地说了一遍道："七五三六九。"

宗桢道："七五三六九？"她又不做声了。宗桢嘴里喃喃重复着："七五三六九，"伸手在上下的口袋里掏摸自来水笔，越忙越摸不着。翠远皮包里有红铅笔，但是她有意地不拿出来。

她的电话号码，他理该记得。记不得，他是不爱她，他们也就用不着往下谈了。

封锁开放了。"叮玲玲玲玲玲"摇着铃，每一个"玲"字是冷冷的一点，一点一点连成一条虚线，切断时间与空间。

一阵欢呼的风刮过这大城市。电车当当当往前开了。宗桢突然站起身来，挤到人丛中，不见了。翠远偏过头去，只做不理会。他走了。对于她，他等于死了。电车加足了速力前进，黄昏

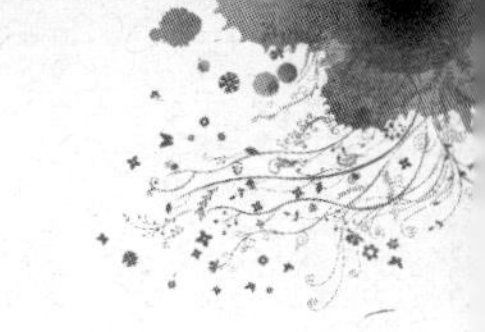

的人行道上，卖臭豆腐干的歇下了担子，一个人捧着文王神卦的匣子，闭着眼霍霍地摇。一个大个子的金发女人，背上背着大草帽，露出大牙齿来向一个意大利水兵一笑，说了句玩笑话。翠远的眼睛看到了他们，他们就活了，只活那么一刹那。车往前当当地跑，他们一个个的死去了。

翠远烦恼地合上了眼。他如果打电话给她，她一定管不住她自己的声音，对他分外的热烈，因为他是一个死去了又活过来的人。

电车里点上了灯，她一睁眼望见他遥遥坐在他原先的位子上。她震了一震——原来他并没有下车去！她明白他的意思了：封锁期间的一切，等于没有发生。整个的上海像打了个盹，做了个不近情理的梦。

开电车的放声唱道："可怜啊可怜！一个人啊没钱！可怜啊可……"一个缝穷婆子慌里慌张掠过车头，横穿过马路。开电车的大喝道："猪猡！"

吕宗桢到家正赶上吃晚饭。他一面吃一面阅读他女儿的成绩报告单，刚寄来的。他还记得电车上那一回事，可是翠远的脸已经有点模糊——那是天生使人忘记的脸，他不记得她说了些什么，可是他自己的话他记得很清楚——温柔地：

"你——几岁？"慷慨激昂地："我不能让你牺牲了你的前程！"饭后，他接过热毛巾擦着脸，踱到卧室里来，扭开了电灯。一只乌壳虫从房这头爬到房那头，爬了一半，灯一开，它只得伏在地板的正中一动也不动。在装死么？在思想着么？整天爬来爬去，很少有思想的时间吧？然而思想毕竟是痛苦的，宗桢捻灭了电灯，手按在机括上，手心汗潮了，浑身一滴滴沁出汗来，像小虫子痒痒地在爬。他又开了灯，乌壳虫不见了，爬回窠里去了。

（原载于1943年11月《天地》月刊）

# 空间的设定：《封锁》解读

《封锁》是张爱玲最见艺术功力和人性沉思深度的小说。小说将生活中线性移动的时空链切断——封锁了，关闭在电车里的人群，被切断了与外界的联系。于是，小说在一个相对静止的、与正常生活相隔离的环境中，演绎它的人物故事。正是在这种环境中，人物原本被身份属性牢牢约束着的人性，才有蠢动的机会。

作者讲得从容不迫，絮絮叨叨，充满细节性的铺垫。平常“运动、流动性和无休止”的城市处于凝固状态——“这庞大的城市在阳光里盹着了，重重地把头搁在人们的肩上，口涎顺着人们的衣服缓缓流下去，不能想象的巨大的重量压住了每一个人。”在这种状态下，电车里紧挨着的一对陌生男女，会计师吕宗桢与教会学校的英文助教吴翠远，才会调起情来。作者从现代城市不可理喻的环境空间着眼、从人物充满历史文化印痕的心理深处着笔、从人的欲望本性在现实重压下寻找宣泄途径的情形入手，写电车上这对男女一段短暂的浪漫经历。其特点有几：

**1. 无根、荒诞的生命体验**

在战乱时期，在城市无序的状态下，人会被抛进一个不可理喻、失真的境况中：“电车停了，马路上的人却开始奔跑，在街的左面的人们奔到街的右面，在右面的人们奔到左面。商店一律地沙啦啦拉上铁门。女太太们发狂一般扯动铁栅栏，叫道：‘让我们进来一会儿！我这儿有孩子哪，有年纪大的人！’然而门还是关得紧腾腾的。铁门里的人和铁门外的人眼睁睁对看着，互相惧怕着。”这个时候，真实变得格外重要：“他向她低声笑道：‘这封锁，几时完哪？真讨厌！’翠远吃了一惊，掉过头来，看见了他搁在她身后的那只胳膊，整个身子就僵了一僵。”“太阳光红红地晒穿他鼻尖下的软骨。他搁在报纸包上的那只手，从袖口里出来，黄色的，敏感的——一个真的人!”抓住霎那间的真实，是错乱中人们所能抓住的一根救命稻草。“他道：‘您也觉着闷罢？我们说两句话，总没有什么要紧！我们——我们谈谈!’他不由自主的，声音里带着衰恳的调子。翠远重新吃了一惊，又掉回头来看了他一眼。”“‘你知道么？我看见你上车，前头的玻璃上贴的广告，撕破了一块，从这破的地方我看见你的侧面，就只一点下巴’……‘后来你低下头去从皮包里拿钱，我才看见你的眼睛，眉毛，头发。’拆开来一部分一部分地看，她未尝没有她的一种风韵。”“她突然觉得炽热，快乐。她背过脸去，细声道：‘这种话，少说些罢!’”“街上一阵乱，轰隆轰隆来了两辆卡车，载满了兵……”置身于这种特殊境况中，一切感受都是特殊的，怪异的，不可确定的。抓住眼前的真实，是人的本能。生命的无根感和荒诞感，格外触目。

**2. 人物行为及性格心理的细节性雕镂**

小说用铺满细节的笔触，写人物的行为心理，起承转合，点点滴滴，滴水不漏，合情合理。小说写出了那是特定环境下，在内外各种力量挤兑下，男女主人公关系发展所会有的和应该有的一种情形。两人都是正经人，一个是华茂银行的会计师，手里拿着一条熏鱼，端坐在角落里，养家糊口过着正经人的日子；一个“看上去像一个教会派的少奶奶，……穿着一件白洋纱旗袍，滚一道窄窄的蓝边——深蓝与白，很有点讣闻的风味”，这身打扮足以证明她是个良家女子。如果不是宗桢为了躲过也在车上的一位远房亲戚的纠缠，他俩也未必迈出这一步：“宗桢迅疾地决定将计就计，顺水推舟，伸出一只手臂来搁在翠远背后的窗台上，不声不响宣布了他的调情的计划。”有了第一步就有第二步，他们都与自己的过去、与自己的家人赌气，这种赌气怂恿着他们，彼此不知道底细，他们只是纯粹的男人与女人，“他们恋爱着

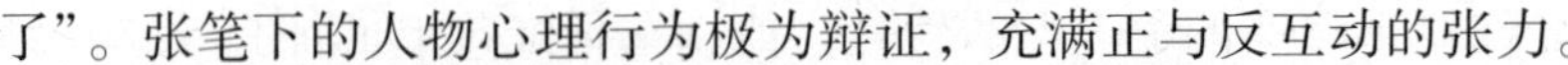

了”。张笔下的人物心理行为极为辩证，充满正与反互动的张力。

3. **夹叙夹议的笔调**

“议”来自作者，也来自人物。“叙”织成故事的链条，“议”则勾连历史、照应现实、揭开真相，为“叙”织上更丰富的纹理。两种笔法夹缠展开，表与里相嵌合又相剥离。宗桢、翠远坠入情网，已到了谈婚论嫁的地步：“翠远抿紧了嘴唇。她家里的人——那些一尘不染的好人——她恨他们！他们哄够了她。他们要她找个有钱的女婿，宗桢没有钱而有太太——气气他们也好！气，活该气！”这种议论交代翠远的背景，加强了她自投情网的信心。即便在荒诞的格局里，张爱玲的人物还得以赌气式的理由说服自己，人物身上的道德重负可想而知。张对人物故事的处理，可谓出其外而入其里。

4. **好人与真人**

小说写出了每个人身上均具有的“好人”与“真人”的双重面目：会计师吕棕桢，在公司是好职员，在家里是好丈夫：“一个齐齐整整穿着西装戴着玳瑁边眼镜提着公事皮包的人，抱着报纸里的热腾腾的包子满街跑……”里里外外，克己尽职。而英文助教吴翠远更“是一个好女儿，好学生。她家里都是好人，天天洗澡，看报，听无线电向来不听申曲滑稽京戏什么的，而专听贝多芬瓦格涅的交响乐，听不懂也要听。世界上的好人比真人多……翠远不快乐。”他们都戴着“好人”面具但活得并不快乐。正因此，封锁时段电车上的相遇，不管“她”漂亮不漂亮，不管“他”靠不靠得住，只因为他或她是“真”的，就足以让人动容，让人坠入情网。“真实”成为这个世界唯一能抓住的救命稻草。